Kartellrechtliche Innovationstheorie
für digitale Plattformen

Von der Carl von Ossietzky Universität Oldenburg – Fakultät II – Informatik, Wirtschafts- und Rechtswissenschaften – zur Erlangung des Grades eines Doktors der Rechtswissenschaften (Dr. iur.)

genehmigte Dissertation

von Herrn Sebastian Louven

geboren am 18.06.1985 in Hameln

D1722941

Referent:	Prof. Dr. Prof. h. c. Jürgen Taeger
Korreferentin:	Prof. Dr. Louisa Specht-Riemenschneider

Tag der Disputation: **17.9.2020**

Kartellrechtliche Innovationstheorie für digitale Plattformen

Sebastian Louven

Fachmedien Recht und Wirtschaft | dfv Mediengruppe | Frankfurt am Main

Bibliografische Information Der Deutschen Nationalbibliothek

Die Deutsche Nationalbibliothek verzeichnet diese Publikation in der Deutschen National-
bibliografie; detaillierte bibliografische Daten sind im Internet über http://dnb.de abrufbar.

ISBN 978-3-8005-1753-4

dfv Mediengruppe

© 2021 Deutscher Fachverlag GmbH, Fachmedien Recht und Wirtschaft, Frankfurt am Main

Druck: WIRmachenDRUCK GmbH, Backnang

Printed in Germany

Vorwort

Diese Arbeit ist das Ergebnis aus meiner Forschung an der Carl von Ossietzky Universität Oldenburg, in der ich zahlreiche Grundlagenfragen zum Kartellrecht der Informationsgesellschaft klären konnte. Einige Gedanken bewegten mich bereits länger und reichen noch in meine ersten beruflichen Jahre zurück. Inspiriert wurde ich unter anderem von der Streitfrage, ob es einen Schutz vor Veränderung geben kann.

Ich habe hier mehrere Aspekte miteinander verbunden, die mich auch persönlich sehr stark bewegen: Wie können ständige Veränderungen (kartell-)rechtlich erfasst werden; welche Relevanz und Bedeutung hat Wissen; was ist der Unterschied zwischen Effizienz und Effektivität und welche Konsequenzen löst die Antwort auf das Recht und die Rechtsfindung aus? Die Erkenntnisse der Arbeit haben ihren letzten Stand zur Abgabe im Dezember 2019, noch bevor der BGH mit seinem bahnbrechenden Facebook-Beschluss eine ihrer wesentlichen Annahmen zum effektiven Wettbewerb und der mittelbaren Drittwirkung von Grundrechten bei der Auslegung der kartellrechtlichen Vorschriften bestätigte.

Ich danke meinem Doktorvater Prof. Dr. Prof. h.c. Jürgen Taeger, dass er mir dieses Vorhaben ermöglicht hat. Auch meiner Korreferentin Prof. Dr. Louisa Specht-Riemenschneider danke ich für kreative und bereichernde Austausche. Beide haben mich in den letzten Jahren wissenschaftlich und freundschaftlich begleitet und ich bin froh über diese Vorbilder.

Bereits seit mehreren Jahren bin ich Mitglied des Telemedicus-Kernteams und darf damit einem sehr kreativen Umfeld angehören, das sich für diese Arbeit als äußerst produktiv erwiesen hat. Für die zahlreichen tollen Gelegenheiten und die Zusammenarbeit danke ich dem gesamten Team. Mein ganz besonderer Dank gilt dabei meinem Freund und Mentor Dr. Sebastian Brüggemann, M.A., der mir immer wieder helfend zur Seite stand und diese Arbeit durch zahlreiche Diskussionen bereichert hat.

Meinem Schwiegervater Dr. Johannes-Wilhelm Louven danke ich für die sorgfältige und interessierte Durchsicht des Manuskripts.

Mein größter Dank geht aber an meine Frau, Dr. Verena Louven. Ihr verdankt diese Arbeit ihre Existenz, denn ohne ihre Kritik, Motivierung und Offenheit wären viele Gedanken unausgesprochen und fragmentarisch geblieben, die Arbeit möglicherweise erst viel später oder sogar überhaupt nicht fertig gestellt worden. Ich widme diese Arbeit meiner Tochter, der größten Veränderung in meinem Leben, die mich zu einem besseren Menschen macht.

November 2021   Dr. Sebastian Louven

Inhaltsübersicht

Inhaltsverzeichnis

XVII

Abkürzungen

AB	The Antitrust Bulletin
ABl.	Amtsblatt
AcP	Archiv für die civilistische Praxis
AEJ	The American Economic Journal
AER	The American Economic Review
AEUV	Vertrag über die Arbeitsweise der Europäischen Union
AG	Die Aktiengesellschaft
ALJ	Antitrust Law Journal
AöR	Archiv des öffentlichen Rechts
APuZ	Aus Politik und Zeitgeschichte
BeckRS	BeckOnline Rechtsprechung
Begr.	Begründer
BPaaS	Business Process as a Service
BT-Drs.	Bundestagsdrucksache
ColLR	Columbia Law Review
CPI AC	Competition Policy International Antitrust Cronicle
CR	Computer und Recht
CRi	Computer Law Review International
DB	DER BETRIEB
DGRI	Deutsche Gesellschaft für Recht und Informatik
DÖV	Die Öffentliche Verwaltung
DSGVO	Verordnung (EU) 2016/679 des Europäischen Parlaments und des Rates vom 27. April 2016 zum Schutz natürlicher Personen bei der Verarbeitung personenbezogener Daten, zum freien Datenverkehr und zur Aufhebung der Richtlinie 95/46/EG (Datenschutz-Grundverordnung)
DSRI	Deutsche Stiftung für Recht und Informatik
DuD	Datenschutz und Datensicherheit
DVO	Verordnung (EG) Nr. 1/2003 des Rates vom 16. Dezember 2002 zur Durchführung der in den Artikeln 81 und 82 des Vertrags niedergelegten Wettbewerbsregeln
ECJ	European Competition Journal
ECLR	European Competition Law Review
EJ	The Economic Journal
ELJ	European Law Journal
EnZW	Zeitschrift für das gesamte Recht der Energiewirtschaft
ET	Economic Theory
EuCML	Journal of European Consumer and Market Law
EuR	Europarecht
EUV	Vertrag über die Europäische Union
EuZW	Europäische Zeitschrift für Wirtschaftsrecht
EWS	Europäisches Wirtschafts- und Steuerrecht
F&E	Forschung und Entwicklung
FKVO	Verordnung (EG) Nr. 139/2004 des Rates vom 20. Januar 2004 über die Kontrolle von Unternehmenszusammenschlüssen („EG-Fusionskontroll-verordnung")
FRAND	Fair, reasonable and non-discriminatory
FSULR	Florida State University Law Review

GA	Generalanwalt
GRC	Charta der Grundrechte der Europäischen Union
GRUR	Zeitschrift für Gewerblichen Rechtsschutz und Urheberrecht
GRUR Int.	Gewerblicher Rechtsschutz und Urheberrecht, Internationaler Teil
GRUR Prax.	Gewerblicher Rechtsschutz und Urheberrecht, Praxis im Immaterialgüter- und Wettbewerbsrecht
GVO	Gruppenfreistellungsverordnung
GWB	Gesetz gegen Wettbewerbsbeschränkungen
GWR	Gesellschafts- und Wirtschaftsrecht
HBR	Harvard Business Review
HJLT	Harvard Journal of Law & Technology
HLR	Harvard Law Review
Hrsg.	Herausgeber
HTML	Hypertext Markup Language
HTTP	Hypertext Transport Protocol
IaaS	Infrastructure as a Service
ICC	Industrial and Corporate Change
IIC	International Review of Intellectual Property and Competition Law
IJIO	International Journal of Industrial Organization
InTeR	Zeitschrift für Innovations- und Technikrecht
IP	Internet Protocol
IRLCT	International Review of Computers Technology and the Law
IS	Informatik-Spektrum
IWRZ	Zeitschrift für Internationales Wirtschaftsrecht
JBE/ZfB	Journal of Business Economics
JBNST	Jahrbücher für Nationalökonomie und Statistik
JCA	Journal of Consumer Affairs
JCLE	Journal of Competition Law & Economics
JECLaP	Journal of European Competition Law & Practice
JEE	Journal of Evolutionary Economics
JEEA	Journal of the European Economic Association
JEL	Journal of Economic Literature
JIE	Journal for Industrial Economics
JIPITEC	Journal of Intellectual Property, Information Technology and E-Commerce Law
JLE	The Journal of Law & Economics
JLEO	Journal of Law, Economics, and Organization
JM	Juris die Monatszeitschrift
JSI	Journal of Social Issues
JZ	Juristenzeitung
K&R	Kommunikation & Recht
LCLR	Loyola Consumer Law Review
MMR	MultiMedia und Recht
NJW	Neue Juristische Wochenschrift
NVwZ	Neue Zeitschrift für Verwaltungsrecht
NZG	Neue Zeitschrift für Gesellschaftsrecht
NZKart	Neue Zeitschrift für Kartellrecht
OEM	Original Equipment Manufacturer
ORDO	Jahrbuch für die Ordnung von Wirtschaft und Gesellschaft

OTT	Over the Top
PaaS	Platform as a Service
PinG	Privacy in Germany
QJE	The Quarterly Journal of Economics
RabelZ	Rabels Zeitschrift für ausländisches und internationales Privatrecht
REStud	The Review of Economic Studies
RFID	Radio Frequency Identification
RIO	Review of Industrial Organization
RIW	Recht der Internationalen Wirtschaft
RJE	The RAND Journal of Economics
RNE	Review of Network Economics
Rspr.	Rechtsprechung
RW	Rechtswissenschaft
SaaS	Software as a Service
SEP	Standardessenzielles Patent
SIEC	Significant Impediment of Effective Competition
Slg.	Sammlung
SLR	Suffolk Law Review
SMJ	Strategic Management Journal
SMU STLR	SMU Science and Technology Law Review
SSNIP	Small but significant and non-transitory increase in price
TCP	Transmission Control Protocol
TKG	Telekommunikationsgesetz
TT	Technologietransfer
UPLR	University of Pennsylvania Law Review
VVDStRL	Veröffentlichungen der Vereinigung der Deutschen Staatsrechtslehrer
VwGO	Verwaltungsgerichtsordnung
VwVfG	Verwaltungsverfahrensgesetz
WiST	Wirtschaftswissenschaftliches Studium
WLAN	Wireless Local Area Network
WOCO	World Competition: Law and Economics Review
WRP	Wettbewerb in Recht und Praxis
WUJLP	Washington University Journal of Law & Policy
WuW	WIRTSCHAFT UND WETTBEWERB
YJR	Yale Journal on Regulation
YLJ	The Yale Law Journal
ZEuP	Zeitschrift für Europäisches Privatrecht
ZfPW	Zeitschrift für die gesamte Privatrechtswissenschaft
ZHR	Zeitschrift für das gesamte Handels- und Wirtschaftsrecht
ZÖR	Zeitschrift für öffentliches Recht
ZRP	Zeitschrift für Rechtspolitik
ZUM	Zeitschrift für Urheber und Medienrecht
ZVertriebsR	Zeitschrift für Vertriebsrecht
ZWeR	Zeitschrift für Wettbewerbsrecht

A. Heranführung an die Untersuchung

Immer mehr Unternehmen richten ihre Geschäftsmodelle darauf aus, mehrere Kundengruppen gleichzeitig anzusprechen und miteinander zu verbinden.[1] Es handelt sich dabei häufig um digitale Plattformen, was aus dem Umstand folgt, dass diese Angebote derzeit im Wesentlichen über das offene Internet mittels des hierfür verwendeten Internetprotokolls erbracht werden. Digitale Plattformen zeichnen sich dadurch aus, dass sie nicht nur verschiedene Kundengruppen, zwischen denen indirekte Netzwerkeffekte wirken, zusammenbringen, sondern sie stellen oftmals konventionelle Geschäftsmodelle digitalisiert dar, virtualisieren sie also. Letzteres meint, dass diese Unternehmen über das Konstrukt einer digitalen Plattform ein Produkt anbieten, das nicht zwingend grundsätzlich neu sein muss, sondern eine Nachfrage befriedigt, die bereits bestand und durch konventionelle Angebote nicht ausreichend befriedigt werden konnte. Dennoch können diese Angebote als neu, erweiternd, revolutionär oder verdrängend anzusehen sein[2] – allgemein als „innovativ". In der Kartellrechtswissenschaft sowie -praxis gewinnen Plattform-Sachverhalte eine zunehmende Bedeutung. Hierbei treten zunehmend Fragen auf, die im weiten wie auch im engeren Sinne mit Innovation in Verbindung gebracht werden. Der Sammelbegriff „digitale Plattformen" umschreibt also innovationserhebliche Lebenssachverhalte. Erheblich meint hierbei diejenigen den Innovationsbegriff umschreibenden Umstände, die sich im Zusammenhang mit kartellrechtlichen Sachverhalten zur Beeinflussung rechtlicher Entscheidungen eignen. Dabei stellt sich ebenso die Frage, inwiefern diese erheblichen Umstände und auf ihnen basierende Annahmen in rechtliche Entscheidungen übertragen werden können. Ausgehend von einem in dieser Arbeit angenäherten Innovationsbegriff soll die Arbeit eine methodische Einordnung in das geltende europäische und deutsche Kartellrecht vornehmen und neue Denkansätze für innovationsbezogene Sachverhalte vorschlagen.

I. Digitale Plattformen als Herausforderer des Kartellrechts

Wirtschaftlich wie politisch haben digitale Plattformen in den letzten Jahren zunehmend an Bedeutung gewonnen.[3] Dies lässt sich besonders an den diversen Social-Media-Netzwerken festmachen, wie zum Beispiel Facebook, Twitter, LinkedIn und weitere. Aber auch Content-Angebote wie auf den Stream-Plattformen oder Handelsplattformen wie Amazon spielen eine wichtige Rolle.

---

1 Zusammenfassend für die Diskussion in der deutschen Literatur *Körber*, ZUM 2017, S. 93 (94); *Höppner/Grabenschröer*, NZKart 2015, S. 162 (162); die Begriffsumschreibung geht maßgeblich auf die Erkenntnisse bei *Rochet/Tirole*, RJE 2006, S. 645 (664 f.) zurück.

2 *Kurz*, Wirtschaftsdienst 2017, S. 785.

3 *Evans/Schmalensee*, Was unterscheidet Plattformen von traditionellen Unternehmen? v. 14.7.2016, http://www.harvardbusinessmanager.de/blogs/was-unterscheidet-plattformen-von-traditionellen-unternehmen-a-1102862.html (abgerufen 14.12.2019); auch bereits *Wieddekind*, in: Eifert/Hoffmann-Riem, Innovation und rechtliche Regulierung, 2002, S. 134.

Digitale Plattformen erwirtschaften zunehmend höhere Rekordumsätze und gewinnen immer mehr Einfluss. So scheint sich bereits oberflächlich betrachtet der Trend stets zu bestätigen, dass sich, wenn in einem bestimmten Bereich eine Plattform einmal etabliert ist, immer mehr weitere Unternehmen wie auch Kunden auf das Angebot dieser Plattform einstellen.[4] Gleichzeitig stehen sie als Unternehmen sinnbildlich für den Erfolg und die Bedeutung im Zeitalter der Informationsgesellschaft.[5]

Die wirtschaftswissenschaftliche Analyse von Plattformen hat sich seit Beginn des Jahrtausends verstärkt. Erkenntnisse aus der Forschung zu Industrieökonomie und Volkswirtschaft ermöglichen bereits die Erfassung digitaler Plattformen.[6] So lässt sich hinsichtlich der Einordnung digitaler Plattformen in das System der Marktabgrenzung und Marktmachtbestimmung auf verschiedene Theorien zurückgreifen, insbesondere das Konzept von Plattformen als „mehrseitigen Märkten".[7] Die Anwendbarkeit dieser wirtschaftswissenschaftlichen Erkenntnisse wurde bereits in ersten Entscheidungen der europäischen Kommission und des Bundeskartellamts erörtert.[8] Auch juristische Arbeiten setzen sich mit diesem Konzept auseinander.[9] Dabei sind derzeit einige Fragen noch offen, die für diese Untersuchung relevant sind. Bereits auf der begrifflichen Ebene ist nicht abschließend geklärt, inwieweit das Konzept der mehrseitigen Märkte zur Erfassung von Plattform als solches geeignet ist auch den Begriff Markt auszufüllen.[10] Da nämlich der Markt verkürzt gesagt durch Angebot und Nachfrage beschrieben wird[11] und diese beiden Merkmale mehrseitigen Wirtschaftszweige regelmäßig mehrfach, nämlich mindestens in der jeweils beschriebenen Plattform-Seite, vorkommen, ist auch das Vorliegen eines oder mehrerer sachlich relevanter Märkte fraglich. So scheint jedenfalls klar, dass das Konzept der mehrseitigen Marktbeziehungen die Feststellung eines Marktes an sich nicht ersetzen kann. Stattdessen müssen auch bei Plattformen zunächst die jeweiligen Plattform-Seiten untersucht werden. Entsprechend ist der Begriff „mehrseitige

---

4 *Schweitzer* et al., Modernisierung der Missbrauchsaufsicht für marktmächtige Unternehmen, 2018, S. 15.

5 *Dewenter/Rösch*, Einführung in die neue Ökonomie der Medienmärkte, 2015, S. 8.

6 Vgl. insbesondere den für die Entwicklung des Konzepts der mehrseitigen Plattformen maßgeblichen Aufsatz von *Rochet/Tirole*, JEEA 2003, S. 990 ff.; eine historische Darstellung findet sich bei *Evans/Schmalensee*, Matchmakers, 2016, S. 14 ff.

7 *Evans*, YJR 2002, S. 325 (325 ff.); *Rochet/Tirole*, JEEA 2003, S. 990 (990 ff.); *Rochet/Tirole*, RJE 2006, S. 645 (645 ff.); *Armstrong*, RJE 2006, S. 668 (668 ff.); *Armstrong/Wright*, ET 2007, S. 353 (353 ff.); *Evans/Noel*, JCLE 2008, S. 663 (663 ff.); grundlegend im deutschsprachigen Raum dazu *Budszinski/Lindstädt*, WiST 2010, S. 436 (436 ff.); *Dewenter/Rösch*, Einführung in die neue Ökonomie der Medienmärkte, 2015, S. 8 ff.

8 Bundeskartellamt, Arbeitspapier – Marktmacht von Plattformen und Netzwerken v. 9.6.2016, https://www.bundeskartellamt.de/SharedDocs/Publikation/DE/Berichte/Think-Tank-Bericht. pdf?__blob=publicationFile&v=2 (abgerufen 14.12.2019), S. 14 ff.

9 Siehe insbesondere die Arbeit von *Blaschczok*, Kartellrecht in zweiseitigen Wirtschaftszweigen, 2015.

10 *Grave*, in: Kersting/Podszun, Die 9. GWB-Novelle, Kapitel 2, Rn. 15 m. w. N.

11 *Podszun*, in: Kersting/Podszun, Die 9. GWB-Novelle, Kapitel 1, Rn. 5; *Podszun/Franz*, NZKart 2015, S. 121 (124).

Märkte" missverständlich. Geeigneter erscheint hier die Bezeichnung „mehrseitige Wirtschaftszweige", „mehrseitige Marktbeziehungen" oder aber „mehrseitige Geschäftsmodelle".[12] Dennoch wird in der neuen Regelung des § 18 Abs. 3a GWB der Begriff „mehrseitige Märkte" verwendet. Die Arbeit wird hierzu eine Klarstellung vornehmen.

Der wissenschaftliche Diskurs im Kartellrecht beschäftigt sich im Zusammenhang mit digitalen Plattformen mit mehreren grundlegenden Problemen.[13] So geht es um das Verhältnis digitaler Plattform zum Begriff des relevanten Marktes. Hier bildet das in der ökonomischen Wissenschaft entwickelte Konzept der mehrseitigen Marktbeziehungen eine prägende Rolle für rechtliche Lösungskonzepte.[14] Denn aufgrund der für digitale Plattformen prägenden Matchmaker-Funktionen[15] lassen sich diese nicht mehr ohne weiteres in das von einem bipolaren Markt Begriff geprägte Kartellrecht einordnen. Die Tätigkeit der meisten Unternehmen am Markt besteht nicht mehr allein in der Befriedigung spezifischer Produkt- oder Leistungsnachfragen, sondern zunehmend in der Vermittlung unterschiedlicher Interessen oder jedenfalls Verknüpfung mehrerer Marktverhältnisse. Hinzu kommt, dass digitale Plattformen ihr Angebot häufig an eine Nutzergruppe ohne ein unmittelbares monetäres Entgelt bereitstellen. Wenn sich digitale Plattformen aber bereits nicht ohne weiteres in das konventionelle bipolare Marktverständnis, dass nämlich der Markt durch Angebot und Nachfrage geprägt ist, einzuordnen lassen scheinen, ist in der Folge die Bestimmung einer marktbeherrschenden Stellung vor neue Herausforderungen gestellt. Dies ist bereits in einigen Fusionskontroll- bzw. Marktmachtmissbrauchsverfahren zum Gegenstand einer praktischen Entscheidung gemacht worden.[16] Hier sind noch Prüfkonzepte zu entwickeln und zu vermitteln, die einer rechtlichen Überprüfung standhalten.

Der deutsche Gesetzgeber hat mit der 9. GWB-Novelle im Jahr 2017 neue Regelungen aufgenommen, wie sie zuvor in der Rechtspraxis und insbesondere von den Kartellbehörden diskutiert wurden. Eines dieser Merkmale, dass bei Plattform-Sachverhalten anwendbar sein soll, ist das des „innovationsgetriebenen

---

12 *Blaschczok*, Kartellrecht in zweiseitigen Wirtschaftszweigen, 2015, S. 25.

13 Vgl. *Wolf*, Kartellrechtliche Grenzen von Produktinnovationen, 2004, S. 72, der ein Ändern „aller essentiellen Variablen einer kartellrechtlichen Überprüfung wie Wettbewerber, Marktdefinition, Wettbewerbsvorteile, Auswirkungen bestimmter Verhaltensweisen und Natur der zu erwartenden Renten" bereits 2004 voraussah.

14 Bundeskartellamt, Big Data und Wettbewerb v. 6.10.2017, http://www.bundeskartellamt.de/SharedDocs/Publikation/DE/Schriftenreihe_Digitales/Schriftenreihe_Digitales_1.pdf?__blob=publicationFile&v=3 (abgerufen 14.12.2019), S. 5; eine Erörterung und kartellrechtliche Einordnung des Phänomens der mehrseitigen Wirtschaftsbeziehungen erfolgt auch bei *Blaschczok*, Kartellrecht in zweiseitigen Wirtschaftszweigen, 2015.

15 *Evans/Schmalensee*, Matchmakers, 2016, S. 16.

16 Siehe vor allem Kommission, Entsch. v. 6.12.2016 – M.8124 (Microsoft/LinkedIn); Kommission, Entsch. v. 3.10.2014 – M.7217 (Facebook/WhatsApp); BKartA, Beschl. v. 20.4.2015 – B6-39/15 (Online-Immobilienplattformen), nicht veröffentlicht; BKartA, Beschl. v. 24.7.2015 – B8-76/15 (Online-Vergleichsplattformen), nicht veröffentlicht.

Wettbewerbsdrucks" nach § 18 Abs. 3a Nr. 5 GWB. Eine hilfreiche Begründung liefert der Gesetzgeber hierzu nicht, relativiert sich vielmehr selbst, indem in der Gesetzesbegründung die bloße Aussicht auf das zukünftige Wegfallen einer marktbeherrschenden Position als nicht ausreichender Einwand zu sehen ist.[17] Es komme stattdessen auf eine nicht nur abstrakte, zeitlich vage Angreifbarkeit der Marktposition an. Für die kartellrechtliche Fallmethodik stellt sich hier zum einen ebenso die Herausforderung der Klärung des Innovationsbegriffs, und zwar als Bestandteil des Kriteriums eines innovationsgetriebenen Wettbewerbsdrucks, zum anderen ist eine Abgrenzung zwischen dem von diesem Kriterium erfassten Druck einerseits und den nicht mehr erfassten abstrakten Veränderungen andererseits vorzunehmen. Die Arbeit soll an dieser Stelle eine aufgreifende Auslegung dieser neuen Vorschrift vornehmen.

Kartellrecht ist bereits innovationsrelevantes Recht unabhängig von dieser konkreten Neuregelung in der Form, dass es aufgrund seiner Zielbestimmung, seines Schutzzwecks und seines Wortlauts innovationserhebliche Sachverhalte miterfasst. Über die Frage nach bestehender Marktmacht hinaus lässt sich Innovation in einen Zusammenhang mit dem tatsächlichen oder erwarteten Verhalten marktmächtiger Unternehmen stellen. Daneben kann Innovation in mehrseitigen Maßnahmen verschiedener Unternehmen eine Rolle spielen. Es handelt sich hierbei um einen sprachlichen Ausdruck, der im Zusammenhang mit kartellrechtlichen Sachverhalten – und insbesondere mit Plattform-Sachverhalten – also vielfältig verwendet wird und dessen begriffliche Einordnung deshalb zu erörtern ist.[18]

II. Innovation als Herausforderung für die Rechtsanwendung

Gegenwärtige wissenschaftliche Auseinandersetzungen beschäftigen sich bereits partikular mit einzelnen Aspekten dieser Untersuchung.[19] So werden der Plattform-Begriff und das Konzept der mehrseitigen Märkte in den letzten Jahren bereits allgemein unter rechtlichen Aspekten diskutiert, zunehmend speziell in kartellrechtlicher Hinsicht.[20] Auch rechtswissenschaftliche Innovationsforschung wird bereits seit mehreren Jahrzehnten mit unterschiedlichen Schwer-

---

17 Regierungsbegründung zur 9. GWB-Novelle, BT-Drs. 18/10207, S. 51.

18 Einführend zur Bedeutung sprachlicher Ausdrücke und ihrer Funktion der Rechtswissenschaft: *Rüthers/Fischer/Birk*, Rechtstheorie, 2018, Rn. 155a.

19 Zur Übersicht auch mit den historischen Bezügen der Forschung *Kerber*, Competition, Innovation, and Competition Law: Dissecting the Interplay, MAGKS Joint Discussion Paper Series in Economics v. 6.10.2017, https://www.uni-marburg.de/fb02/makro/forschung/magkspapers/paper_2017/42-2017_kerber.pdf (abgerufen 14.12.2019); Siehe auch *Ellger*, ZWeR 2018, S. 272 (274) mit einer anschließenden Einordnung in das allgemeine Kartellrecht.

20 Vgl. bereits *Volmar*, Digitale Marktmacht, 2019; BKartA, Beschl. v. 22.10.2015 – B6-57/15 (Online-Datingplattformen), BeckRS 2016, 1137, Rn. 72; *Blaschczok*, Kartellrecht in zweiseitigen Wirtschaftszweigen, 2015; *Assion*, Must Carry, 2015; *Kumkar*, Online-Märkte und Wettbewerbsrecht, 2017; *Bardong*, in: Langen/Bunte, Kartellrecht, § 18 GWB, Rn. 159; *Zimmerlich*, Marktmacht in dynamischen Märkten, 2007.

punkten betrieben, vorangetrieben insbesondere von *Hoffmann-Riem*.[21] Besonders stark in der Diskussion stehen hier die Ausgangstheorien von *Schumpeter* zu Innovation und Wirtschaft, auf die es besonders ankommen wird.[22] Jedoch gibt es für Plattform-Sachverhalte in der Digitalwirtschaft bislang noch kein Bindeglied zwischen Innovationstheorie und Kartellrecht in Form einer substantiierten Aufarbeitung eines eigenständigen kartellrechtlich fassbaren Innovationsbegriffs. Vereinzelten Darstellungen zu Einzelproblemen fehlt es an ganzheitlich verwertbaren Erkenntnissen, die sich methodisch abstrakt-generell auf andere innovationserhebliche Sachverhalte übertragen lassen.[23] Insbesondere beschränken sich bisherige Forschungen sehr stark auf dynamische Effizienz und lassen dabei den Aspekt der Effektivität außer Acht.[24] *Hoffmann-Riem* weist hierzu darauf hin, dass regelmäßig nicht zwischen Effizienz und Effektivität unterschieden wird, dies aber zur Klärung einer Innovationstheorie erforderlich sei.[25] Dies erscheint noch deutlicher angesichts des von der EU-Kommission vorangetriebenen *More Economic Approach*, der sehr stark auf die Betrachtung von Effizienzen abstellt.[26] Angesichts dieser Entwicklung stellt sich die Frage nach der Geltung von Recht in dynamischen Wettbewerbssachverhalten und einem eigenständigen rechtstheoretischen Begründungsansatz. Dies ist mit dem Problem sich stark verändernder Sachverhalte und weitgehend offener und

---

21 *Hoffmann-Riem*, Innovation und Recht, Recht und Innovation, 2016; siehe in diesem Zusammenhang aber auch *Wieddekind*, in: Eifert/Hoffmann-Riem, Innovation und rechtliche Regulierung, 2002, S. 134; *Wolf*, Kartellrechtliche Grenzen von Produktinnovationen, 2004, S. 72 f.; *Fleischer*, Behinderungsmissbrauch durch Produktinnovation, 1997.

22 *Schumpeter*, Konjunkturzyklen, 1961, S. 95 ff.; *Schumpeter*, in: Stolper/Seidl, Aufsätze zur Wirtschaftspolitik, 1985, S. 226; *Schumpeter*, Theorie der wirtschaftlichen Entwicklung, 1993.

23 Zuletzt siehe den Aufsatz mit einem Schwerpunkt auf einer innovationsbezogenen Effizienzeinrede von *Holzweber*, in: Maute/Mackenrodt, Recht als Infrastruktur für Innovation, 2019, S. 41; vgl. auch die längeren Arbeiten von *Leber*, Dynamische Effizienzen in der EU-Fusionskontrolle, 2018; *Wurmnest*, Marktmacht und Verdrängungsmissbrauch, 2012; *Schuhmacher*, Effizienz und Wettbewerb, 2011; *Gauß*, Die Anwendung des kartellrechtlichen Missbrauchsverbots nach Art. 82 EG (Art. 102 AEUV) in innovativen Märkten, 2010; *Heidrich*, Das evolutorisch-systemtheoretische Paradigma in der Wettbewerbstheorie, 2009; *Brinkmann*, Marktmachtmissbrauch durch Verstoß gegen außerkartellrechtliche Rechtsvorschriften, 2018; *Volmar*, Digitale Marktmacht, 2019.

24 *Podszun*, in: Surblytė, Competition on the Internet, 2015, S. 101; *Podszun*, Wirtschaftsordnung durch Zivilgerichte, 2014; *Leber*, Dynamische Effizienzen in der EU-Fusionskontrolle, 2018; *Zimmerlich*, Marktmacht in dynamischen Märkten, 2007; *Holzweber*, in: Maute/Mackenrodt, Recht als Infrastruktur für Innovation, 2019, S. 41; kritisch hierzu aufgrund der schwierigen Feststellbarkeit *Kerber*, Competition, Innovation, and Competition Law: Dissecting the Interplay, MAGKS Joint Discussion Paper Series in Economics v. 6.10.2017, https://www.uni-marburg.de/fb02/makro/forschung/magkspapers/paper_2017/42-2017_kerber.pdf (abgerufen 14.12.2019); ähnlich *Schmidt*, in: Joost/Oetker/Paschke, Festschrift für Franz Jürgen Säcker zum 70. Geburtstag, 2011, S. 937 (942 f.).

25 *Hoffmann-Riem*, Innovation und Recht, Recht und Innovation, 2016, S. 369.

26 Einführend *Kersting/Walzel*, in: Busche/Röhling, Kölner Kommentar zum Kartellrecht, Art. 101 AEUV, Rn. 527 ff.; *Böni/Regenthal*, WuW 2006, S. 1230; *Hildebrand*, WuW 2005, S. 513; *Schmidtchen*, WuW 2006, S. 6; *Basedow*, WuW 2007, S. 712; *Zimmer*, WuW 2007, S. 1198 (1203); zu den historischen Hintergründen siehe *Witt*, The more economic approach to EU antitrust law, 2016, S. 54 ff.

unbestimmter Rechtsbegriffe des Kartellrechts konfrontiert. Effektivität kann als Maßstab des Wettbewerbs die Grundlage seiner Innovationsgeneigtheit darstellen. Offen ist bislang seine rechtliche Rückanbindung. Diese Arbeit soll die Lücke schließen und methodische verallgemeinerungsfähige Argumentationsinstrumente bereitstellen, indem sie eine kartellrechtliche Innovationstheorie für digitale Plattform-Sachverhalte entwickelt und dabei gleichzeitig eine dogmatische Abgrenzung zwischen Effektivität und Effizienz vornimmt. Untersucht wird auch die Auswirkung des Umstands Dynamik in kartellrechtlich zu bewertenden Sachverhalten. Dynamik ist die Grundannahme der Untersuchung in tatsächlicher Hinsicht, ausgehend von der ein rechtliches Innovationsverständnis aus dem Rechtsbegriff Wettbewerb abgeleitet wird. Grundlage ist hierbei die von *Möschel* entwickelte Theorie der beweglichen Schranken, die ein auf die Effektivität der ausgelebten Wettbewerbsfreiheiten gestütztes materielles Abwägungskonzept ermöglicht und angesichts der jüngeren BGH-Rechtsprechung erneute Bedeutung gewinnt.[27]

Die technische Umsetzung von digitalen Plattform-Geschäftsmodellen erfolgt über das Internet und die damit verbundenen Protokolle. Auf eine grundsätzliche Erläuterung der technischen Voraussetzungen wird es hierbei aus kartellrechtlicher Hinsicht zwar nicht ankommen. Gleichwohl ist es für die Klärung einiger sich aus Plattform-Sachverhalten ergebender Fragen erforderlich, Grundbegriffe aus der Informatik und Fernmeldetechnik mit Bezügen zur Digitalisierung und der Internetstruktur zu erläutern. Hier soll auf gesicherte Erkenntnisse zurückgegriffen werden. Dies betrifft ebenso sämtliche Schlagworte, die im Zusammenhang mit dem Lebenssachverhalt der digitalen Plattformen stehen könnten. Hierzu zählen unter anderem „Internet", „IP", „Digitalisierung", „virtuell" und „Over the Top". Dogmatisch steht dies bei dieser Untersuchung im Zusammenhang mit der Vermittlung von Informationen durch digitale Plattformen. Informationen, Daten und übergreifend Wissen gewinnen in einem dynamischen Wettbewerb weitere Bedeutung und damit für diese Untersuchung.

Für die materiell-rechtliche Analyse soll im Weiteren die Entwicklung in der jüngeren Rechtsprechung des BGH zum Marktmachtmissbrauchsverbot aufgegriffen werden, das positive Kartellrecht unter Berücksichtigung von außerhalb dieses Rahmens liegenden Wertungen auszulegen.[28] Dies könnte auf eine

---

27 *Möschel*, ORDO 1979, S. 295 (310); ähnlich im Hinblick auf die dort angenommenen Zielkonflikte *Möschel*, Recht der Wettbewerbsbeschränkungen, 1983, S. 49, 76 ff., 332, 406 ff.; dies unter Bezug auf BGH, Urt. v. 7.6.2016 – KZR 6/15 (Claudia Pechstein), NZKart 2016, 328 = NJW 2016, 2266, Rn. 48 bei digitalen Plattformen aufgreifend *Künstner*, K&R 2019, S. 605 (611); vgl. dazu *Fuchs*, in: Immenga/Mestmäcker, Wettbewerbsrecht. Band 2 GWB, § 19 GWB, Rn. 33; siehe hierzu auch die Arbeiten von *Unseld*, Zur Bedeutung der Horizontalwirkung von EU-Grundrechten, 2016; *Hornung*, Grundrechtsinnovationen, 2015; auch die Darstellungen bei *Bueren*, ZWeR 2019, S. 403; nunmehr BGH, Beschl. v. 23.6.2020 – KVR 69/19 (Facebook), ECLI: DE:BGH:2020:230620BKVR69.19.0, NZKart 2020, 473 = GRUR-RS 2020, 20737, Rn. 105 ff.

28 BGH, Urt. v. 6.11.2013 – KZR 58/11 (VBL-Gegenwert I), NZKart 2014, 31; BGH, Urt. v. 24.1.2017 – KZR 47/14 (VBL-Gegenwert II), NZKart 2017, 242; BGH, Urt. v. 7.6.2016 – KZR 6/15 (Claudia Pechstein), NZKart 2016, 328 = NJW 2016, 2266.

Auslegung des Kartellrechts hindeuten, die nicht allein nach wirtschaftlichen statistischen oder verallgemeinerten Erkenntnissen erfolgt, sondern eine einzelfallbezogene Wertung vornimmt und dabei wiederum stärker auf das geltende Recht und den Zweck des Kartellrechts als Entscheidungsgrundlage abstellt.[29] Eine ähnliche Entwicklung zeichnete sich im Bereich des Verbots wettbewerbsbeschränkender Maßnahmen zwischen mehreren Unternehmen ab, indem die möglichen wettbewerbsimmanenten Zwecke hier deutlich mehr herausgearbeitet wurden.[30] Hieraus kann wiederum auf ein eigenständiges rechtliches Verständnis des Innovationsbegriffs innerhalb der Rechtsordnung zu schließen sein.

III. Wettbewerb unter Dynamik, Wissen und Effektivität

Ausgehend von diesen Darstellungen ergeben sich folgende Ausgangsthesen und Annahmen, die in dieser Arbeit untersucht werden:

- Bei dem Ausdruck „digitale Plattformen" handelt es sich um einen möglichen Sammelbegriff für besonders innovationserhebliche Lebenssachverhalte;
- Kartellrecht als abgrenzbare rechtliche Materie ist innovationsrelevantes Recht[31];
- Wettbewerb als Schutzgut des Kartellrechts ist dynamisch und muss deshalb erstens ständig unter Berücksichtigung neuer wettbewerbstheoretischer Erkenntnisse und Empirie und zweitens unter Berücksichtigung einer Abwägung seiner jeweiligen Zwecke ausgelegt werden;
- Ein dynamischer Wettbewerb kann rechtlich nicht allein an einem Ziel gemessen werden, sondern muss im Rahmen einer an vielfältigen Prinzipien sich orientierenden graduellen Abwägung auf seine Effektivität hin betrachtet werden;
- „Innovation" ist ein kartellrechtlich erfassbarer Begriff, der über eine bloße Sachverhaltserfassung hinaus einer eigenständigen Einordnung in das geltende Rechtssystem bedarf;
- „Innovation" kann Entfaltungsfreiraum und Grad des effektiven Wettbewerbs sein;
- Digitale Plattformen sind nach dem geltenden Kartellrecht bereits grundsätzlich erfassbar, jedoch bedarf es hierfür den Besonderheiten mehrseitiger Geschäftsmodelle Bedeutung tragende methodische Argumentationsstrukturen;
- Das Streben nach Monopolstellungen oder Vorsprüngen ist dem effektiven Wettbewerb immanent, kann also nicht durch das geltende Kartellrecht ver-

---

29 *Podszun*, in: Kokott/Pohlmann/Polley, Europäisches, deutsches und internationales Kartellrecht, 2018, S. 613 (632); *Müller-Graff*, EuR 2014, S. 3 (13).

30 EuGH, Urt. v. 6.12.2017 – C-230/16 (Coty Germany), ECLI:EU:C:2017:941, MMR 2018, 77 (m. Anm. v. Hoeren) = NZKart 2018, 36 = GRUR 2018, 211 (m. Anm. v. Funke/Neubauer) = ZVertriebsR 2018, 52.

31 Vgl. zu dieser Aussage bereits *Hoffmann-Riem*, in: Hoffmann-Riem/Schneider, Rechtswissenschaftliche Innovationsforschung, 1998, S. 11.

hindert werden, sondern nur durch den Wettbewerb selbst, der deshalb als Auf- und Abbauprozess zu schützen ist;
- Der Forderung nach einem „perfekten Wettbewerb" kann als Einwand das Risiko eines innovationsfeindlichen Zustands entgegengehalten werden, der den eigentlichen Zielen des geltenden Kartellrechts zuwiderlaufen würden;
- Ein Prima-facie-Kartellrechtsverstoß kann im Zusammenhang mit Innovationen tatbestandlich ausgeschlossen sein;
- Kartellrechtlich tatbestandliche Maßnahmen können im Zusammenhang mit Innovationen freigestellt sein.

Dabei beschränkt sich die Untersuchung in materiellrechtlicher Hinsicht auf die drei Kernbereiche des Kartellrechts, nämlich das Verbot wettbewerbsbeschränkender Maßnahmen zwischen mehreren Unternehmen gemäß Art. 101 AEUV bzw. § 1 GWB, das Verbot des Missbrauchs einer marktbeherrschenden Stellung gemäß Art. 102 AEUV bzw. §§ 19, 20 GWB sowie die Zusammenschlusskontrolle nach der EU-Fusionskontrollverordnung bzw. §§ 35 ff. GWB. Nicht untersucht werden soll das Beihilfenrecht. Sektorspezifische Vorschriften mit marktregulatorischen Bezügen sollen nur betrachtet werden, soweit sich hieraus Rückschlüsse auf den Untersuchungsgegenstand ziehen lassen. Diese „drei Säulen" des Kartellrechts können in ihrem überschaubaren Wortlautbestand ausgelegt werden, wobei sie sich besonders stark durch unbestimmte Rechtsbegriffe und Generalklauseln auszeichnen. Dies betrifft unter anderem die Begriffe „Wettbewerb", „Verhinderung, Einschränkung oder Verfälschung", „bezwecken oder bewirken" beim Verbot wettbewerbsbeschränkender Maßnahmen zwischen mehreren Unternehmen, „missbräuchliche Ausnutzung", „unbillige Behinderung", „ohne sachliche gerechtfertigten Grund", „hohe Wahrscheinlichkeit bei wirksamem Wettbewerb", „abweichen" beim Marktmachtmissbrauchsverbot sowie „abhängig", „ausreichende und zumutbare Ausweichmöglichkeiten" bei der Sondervorschrift des § 20 Abs. 1 S. 1 GWB zu relativer Marktmacht und schließlich „erhebliche Inlandstätigkeit" und „erhebliche Behinderung wirksamen Wettbewerbs" bei der Fusionskontrolle.

Ziel ist dabei zum einen eine Auslegung der für eine derartige Berücksichtigung von Innovation maßgeblichen rechtlichen Vorschriften. Zum anderen wird die rechtliche Bedeutung von Innovation im europäischen und deutschen Kartellrecht analysiert. Da Innovation in einem Zusammenhang mit Wettbewerb steht, setzt sich ein wesentlicher Teil dieser Arbeit mit der Definition des Begriffs „Wettbewerb" auseinander und nimmt eine Einordnung des wettbewerblichen Innovationsbegriffs vor. Hierbei soll das Verhältnis zwischen Wettbewerbs- und Rechtsordnung erörtert werden und hieran anknüpfend die Frage diskutiert werden, ob sich überhaupt ein fassbarer Innovationsbegriff ableiten lässt. Im Ergebnis können sich im Zusammenhang mit der hier entwickelten kartellrechtlichen plattformbezogenen Innovationstheorie verallgemeinerbare und auf andere Sachverhalte übertragbare Auslegungs- und Abwägungskriterien ergeben. Methodisch wird angesichts des überschaubaren positiv geregelten Vorschriftenbereichs und der enthaltenen Generalklauseln und offenen Tatbestandsmerkmale eine Wortlautanalyse oder systematische Auslegung eine geringere Bedeutung haben als eine teleologisch-historische Auslegung am eigentlichen Gesetzeszweck. Dabei soll sich diese Arbeit nicht von anekdotischer Evidenz der zunehmenden behördlichen und gerichtlichen Kasuistik leiten lassen, sondern diese vielmehr in einen allgemeinen dogmatischen Zusammenhang stellen und anhand dessen vertretbare Argumentationen für innovationserhebliche Plattformsachverhalte ableiten.

In dem folgenden ersten untersuchenden Abschnitt wird der Lebensbereich digitale Plattform mit seinen gesellschaftlichen und ökonomischen Besonderheiten erläutert. Dabei soll diese Untersuchung zunächst deduktiv ausgehend von gegenwärtigen Beispielen typische Gemeinsamkeiten bei Plattform-Sachverhalten darstellen, anhand derer sich das in der Wirtschaftswissenschaft entwickelte Konzept der „mehrseitigen Wirtschaftszweige" erörtern lässt und in das geltende europäische und deutsche Kartellrecht eingeordnet werden soll. Er schließt mit der Feststellung, dass digitale Plattformen aufgrund technischer Entwicklungen und sozialer Veränderungen einen besonderen wettbewerblichen Bezug zu Innovation haben. Dieser Ausdruck wird im Weiteren genauer auf ein rechtlich erhebliches Verständnis hin diskutiert. Dabei soll ausgehend von einem sprachlichen Verständnis zunächst ein allgemeiner rechtstheoretischer Ansatz erarbeitet werden, anhand dessen ein allgemeiner sprachlicher Ausdruck rechtlich erheblich sein kann. Unter Berücksichtigung des hierbei erzielten Verständnisses und damit einhergehender Begriffseingrenzungen sollen verfassungsrechtliche Grundlagen sowie philosophische, sozialwissenschaftliche und wettbewerbstheoretische Konzepte zur Innovationstheorie erörtert werden. Diese setzten sich mit der Fragestellung auseinander, wie in innovationserheblichen Sachverhalten überhaupt Recht gefunden und kartellrechtliche Fälle entschieden werden können. Schließlich sollen die jüngeren Entwicklungen in der Rechtspraxis im Zusammenhang mit Plattform-Sachverhalten daraufhin untersucht werden, ob und wenn ja unter welchen Bedingungen eine innovationsbezogene Schadenstheorie bereits besteht oder noch entwickelt werden kann, es also nicht nur um „Innovation und Kartellrecht" geht, sondern um einen Aspekt der „Innovation im Kartellrecht". An diesen kartellrechtlichen Schnittstellen anknüpfend wird sich der letzte Abschnitt mit der kartellrechtlichen Bewertung des Verhältnisses zwischen Plattform-Sachverhalten und Innovation befassen.

B. Innovationserheblichkeit digitaler Plattformen

In der Rechtspraxis der letzten Jahre haben digitale Plattformen und damit besonders verbunden datengetriebene Geschäftsmodelle ein zunehmend bedeutenderes Gewicht in der kartellrechtlichen Dogmatik gewonnen.[32] Eine einheitliche rechtliche Bewertung oder ein dieser vorausgehendes Verständnis fehlt bislang noch. *Evans/Schmalensee* sehen die Besonderheiten der Plattform-Wirtschaft in den technischen Entwicklungen der Informations- und Kommunikationstechnologien in Form eines zunehmend kommerziell offeneren Internets seit den mittleren 1990er Jahren sowie dem zusätzlichen Ausbau mobiler Breitbandnetze und damit verbundenen gesunkenen Transaktionskosten.[33] Diese Besonderheiten rücken digitale Plattformen in eine besondere Nähe zu innovationsbezogenen Technologien, indem sie diese einerseits als Vehikel für ihren wirtschaftlichen Erfolg nutzen, andererseits das Begriffspaar Innovation und Wettbewerb durch ständig sich wandelnde Geschäftsmodelle und ihre enge Verzahnung untereinander in neue Verhältnisse untereinander bringen, die mit dieser Untersuchung beleuchtet werden sollen.[34] Plattformen umschreiben also innovationserhebliche Sachverhalte. Datengetrieben meint dabei, dass diese Plattformen in besonderer Weise mit dem gestiegenen Interesse an einem Austausch an Informationen

---

32 Vgl. allein: Bundeskartellamt, Digitale Ökonomie – Internetplattformen zwischen Wettbewerbsrecht, Privatsphäre und Verbraucherschutz v. 1.10.2015, https://www.bundeskartellamt.de/SharedDocs/Publikation/DE/Diskussions_Hintergrundpapier/AK_Kartellrecht_2015_Digitale_Oekonomie.pdf?__blob=publicationFile&v=2 (abgerufen 14.12.2019), S. 8 ff.; zur Übersicht *Telle*, in: Blocher/Heckmann/Zech, DGRI Jahrbuch 2016, 2017, S. 143 (143); aus der Rechtspraxis der EU-Kommission vgl. exemplarisch Kommission, Entsch. v. 18.7.2018 – AT.40099 (Google Android); Kommission, Entsch. v. 27.6.2017 – AT.39740 (Google Search (Shopping)), http://ec.europa.eu/competition/antitrust/cases/dec_docs/39740/39740_14996_3.pdf (abgerufen 29.11.2018); Kommission, Entsch. v. 6.12.2016 – COMP/M.8124 (Microsoft/LinkedIn), http://ec.europa.eu/competition/mergers/cases/decisions/m8124_1349_5.pdf (abgerufen 29.11.2018); Kommission, Entsch. v. 3.10.2014 – COMP/M.7217 (Facebook/WhatsApp), ABl. C 417, 4; aus der Rechtspraxis des Bundeskartellamts vgl exemplarisch BKartA, Beschl. v. 6.2.2019 – B6-22/16 (Facebook), BeckRS 2019, 4895; BKartA, Beschl. v. 22.12.2015 – B9-121/13 (Meistbegünstigungsklauseln bei Booking.com), BeckRS 2016, 4449; BKartA, Beschl. v. 22.10.2015 – B6-57/15 (Online-Datingplattformen), BeckRS 2016, 1137; BKartA, Beschl. v. 26.8.2015 – B2-98/11 (Asics), BeckRS 2016, 9244; aus der europäischen Rechtsprechung siehe allein EuGH, Urt. v. 6.12.2017 – C-230/16 (Coty Germany), ECLI:EU:C:2017:941, MMR 2018, 77 (m. Anm. v. Hoeren) = NZKart 2018, 36 = GRUR 2018, 211 (m. Anm. v. Funke/Neubauer) = ZVertriebsR 2018, 52; EuGH, Urt. v. 21.1.2016 – C-74/14 (Eturas), ECLI:EU:C:2016:42, NZKart 2016, 133; EuG, Urt. v. 17.9.2007 – T-201/04 (Microsoft), ECLI:EU:T:2007:289, Slg. 2007, II-03601 = BeckRS 2007, 70806; in der deutschen Rechtsprechung BGH, Beschl. v. 21.6.2018 – I ZR 40/17 (Ersatzteilinformation), GRUR 2018, 955; BGH, Urt. v. 12.12.2017 – KZR 50/15 (Rimowa), NZKart 2018, 134.

33 *Evans/Schmalensee*, Matchmakers, 2016, S. 19.

34 *Bester*, Theorie der Industrieökonomik, 2017, S. 185; Bundeskartellamt, Arbeitspapier – Marktmacht von Plattformen und Netzwerken v. 9.6.2016, https://www.bundeskartellamt.de/SharedDocs/Publikation/DE/Berichte/Think-Tank-Bericht.pdf?__blob=publicationFile&v=2 (abgerufen 14.12.2019), S. 84; bereits *Boehme-Neßler*, ZÖR 2009, S. 145 (149).

und Daten in einem weiteren Sinne verbunden werden können.[35] Plattformen machen sich die technologischen wie wirtschaftlichen und wettbewerblichen Vorteile der Entwicklungen in der Internetwirtschaft zu eigen.

Plattformen sind als solche keine völlig neue Erscheinungsform.[36] Bereits vor dem sogenannten „digitalen Zeitalter" gab es Unternehmen, die Netzwerkeffekte für sich ausnutzten und verschiedene Nutzergruppen mit unterschiedlichen Interessen miteinander verbanden, zum Beispiel im Zusammenhang mit Software, Medienportalen, Zeitschriften und Zahlungsdiensten.[37] Mit zunehmender Digitalisierung und größerer Wertschöpfung in der Online- und Digitalwirtschaft gewinnen Plattformen ebenso weitere wie neue Bedeutungen.[38] Dies liegt an den mit dem Internet verbundenen Vorteilen, insbesondere den noch aufzuzeigenden Kostenvorteilen, besserer Verteilung nachgefragter Produkte und Vermittlung von Informationen und damit Wissen, sowie einer schnellen Erschließung nächster Kapitalisierungsmöglichkeiten.[39] Besonders stark zeigt sich dies in technischer Hinsicht darin, dass die neuen Technologien vor allem auf eine schnellere und wirtschaftlichere Verarbeitung von Informationen ausgerichtet sind, weshalb digitale Plattformen als besonderes soziales Phänomen des sogenannten „Informationszeitalters" angesehen werden können. Eine besondere Bedeutung haben hier zudem Netzwerkeffekte, die in Zusammenhang mit den Entscheidungen einzelner Individuen einer bestimmten Nutzergruppe und deren Auswirkungen auf andere Individuen derselben oder einer anderen Nutzergruppe stehen. Die beiden wesentlichen Herausforderungen für Plattform-Anbieter liegen hier einerseits darin, verschiedene Nutzergruppen zu adressieren und Nutzerbeziehungen zu generieren, und andererseits in einem hiermit einhergehenden Henne-Ei-Paradoxon hinsichtlich der zuerst präsenten Nutzergruppe.[40] Dabei kann der Zusatz „digital" ebenso wenig wie bereits der Plattformbegriff fest definiert werden, sondern dient vielmehr einer ersten Annäherung an den

---

35 *Telle*, in: Blocher/Heckmann/Zech, DGRI Jahrbuch 2016, 2017, S. 143; *Graef*, EU competition law, data protection and online platforms, 2016; *Drexl*, JIPITEC 2017, S. 257; *König*, in: Hennemann/Sattler, Immaterialgüter und Digitalisierung, 2017, S. 89; *Louven*, NZKart 2018, S. 217; *Schweitzer*, GRUR 2019, S. 569; die Bedeutung und weitere Einzelaspekte dazu auch darstellend *Kaben*, in: Körber/Immenga, Daten und Wettbewerb in der digitalen Ökonomie, 2016, S. 123; *Mayer-Schönberger/Ramge*, Das Digital, 2017; *Richter/Slowinski*, IIC 2019, S. 4; *Sattler*, in: Sassenberg/Faber, Rechtshandbuch Industrie 4.0 und Internet of Things, § 2; *Schweitzer/Peitz*, NJW 2018, S. 275; *Körber*, NZKart 2016, S. 303; *Körber*, NZKart 2016, S. 348.

36 Vgl. zu dieser Aussage kritisch *Dewenter/Rösch*, Einführung in die neue Ökonomie der Medienmärkte, 2015, S. 8.

37 *Rochet/Tirole*, JEEA 2003, S. 990 (990); *Rochet/Tirole*, RJE 2006, S. 645 (646); *Dewenter/Rösch/Terschüren*, NZKart 2014, S. 387 (388).

38 Einführend dazu *Henseler-Unger*, in: Sassenberg/Faber, Rechtshandbuch Industrie 4.0 und Internet of Things, § 1, Rn. 6 ff.; *Scheer*, IS 2016, S. 275 (277); Nach *Körber*, ZUM 2017, S. 93 (94) sind mehrseitige Geschäftsmodelle wie Plattformen „im Internet" die Regel und nicht die Ausnahme.

39 *Rochet/Tirole*, JEEA 2003, S. 990 (990).

40 *Dewenter/Rösch*, Einführung in die neue Ökonomie der Medienmärkte, 2015, S. 4 f; *Blaschczok*, Kartellrecht in zweiseitigen Wirtschaftszweigen, 2015, S. 111 ff.; dies zurückführend auf die Untersuchungen ausgehend von *Rochet/Tirole*, JEEA 2003, S. 990 (990).

Untersuchungsgegenstand und seiner Eingrenzung, um daraus die für eine rechtliche Bewertung erheblichen Besonderheiten herauszuarbeiten.

I. Eingrenzung und technische Hintergründe

Der wirtschaftliche Erfolg vieler Plattformen hängt mit den zunehmend besseren, schnelleren und kostengünstigeren Möglichkeiten zusammen, Informationen zu verarbeiten, zu transportieren und zu teilen.[41] Dies lässt sich an den im ausgehenden 20. Jahrhundert eintretenden Entwicklung der Informationstechnologie beobachten, die schließlich in die als solche genannte „digitale Revolution" überging.[42] Es besteht also ein erster enger Zusammenhang zwischen Innovation und den technischen Entwicklungen der letzten Jahre und dem Erfolg einiger Plattform-Unternehmen.[43] Informationstechnologie beschreibt dabei den Oberbegriff für eingesetzte physische Informationstechnik bzw. -infrastruktur sowie standardisierte Protokolle und Anwendungen.[44] In den letzten Jahren kamen weitere Entwicklungen wie die Blockchain-Technologie oder andere vernetzte Systeme, virtuelle oder augmentierte Realität und schließlich im weitesten Sinne künstliche Intelligenz hinzu. Allen diesen technischen Entwicklungen und Eigenschaften gemein ist, dass sie nicht im herkömmlichen Sinn wie physische Produkte verschleißen, und dass sie alle Akteure zu ständig neuen Entwicklungen herausfordern.[45]

Ausgang nahmen diese Entwicklungen etwa in der Mitte des 20. Jahrhunderts anlässlich durch das US-Militär aufgrund seines Bedarfs nach einem informationstechnischen Vorsprung gegenüber den damaligen Ostblock-Staaten im kalten Krieg vorangetriebener Forschungsprojekte, mittels derer eine verbesserte Vernetzung der Kapazitäten bereits vorhandener Computer erzielt werden sollte.[46] Dies bezog sich zunächst ausschließlich auf vorhandene Computer des Militärs, sowie anderer staatlicher und wissenschaftlicher Einrichtungen. Die Vernetzung ließ sich dabei über bereits bestehende Telekommunikationsinfrastrukturen herstellen. Später wurde die Internettechnik entwickelt, die sich von der herkömm-

---

41 *Evans/Schmalensee*, Matchmakers, 2016, S. 40; *Goldfarb/Tucker*, JEL 2019, S. 3 (3 ff.).
42 *Federrath* et al., IS 2015, S. 277 (277); *Dewenter/Rösch*, Einführung in die neue Ökonomie der Medienmärkte, 2015, S. 6; *Evans/Schmalensee*, Matchmakers, 2016, S. 41; *Boehme-Neßler*, ZÖR 2009, S. 145 (149); *Podszun*, in: Surblytė, Competition on the Internet, 2015, S. 101 (104); *Engert*, AcP 2018, S. 304 (307); *Kurz*, Wirtschaftsdienst 2017, S. 785 (787).
43 *Podszun*, in: Surblytė, Competition on the Internet, 2015, S. 101 (102); *Dreher*, ZWeR 2009, S. 149 (151).
44 *Evans/Schmalensee*, Matchmakers, 2016, S. 41 ff. machen folgende sechs Merkmale dieser Entwicklung aus: bessere Computer-Chips, die Entwicklung des Internets, das WWW, Breitbandkommunikation, die weitere Entwicklung von Programmiersprachen und Betriebssystemen und schließlich die Cloud.
45 *Dreher*, ZWeR 2009, S. 149 (152 f.).
46 *Sieber*, in: Hoeren/Sieber/Holznagel, Handbuch Multimedia-Recht, Teil 1 Technische Grundlagen, 45. EL Juli 2017, Rn. 1; *Braun*, IS 2010, S. 201 (201); *Meinel/Sack*, Internetworking, 2012, S. 4; *Goldfarb/Tucker*, JEL 2019, S. 3 (5).

lichen Leitungsvermittlung durch die Verwendung der auf Paketvermittlung ausgerichteten Protokollfamilie TCP/IP unterscheidet.[47] Die dadurch geschaffene Internet-Infrastruktur wurde zu Beginn der 1990er Jahre für den kommerziellen Betrieb geöffnet.[48] Hauptsächlich erfolgt dies über das sogenannte World Wide Web (WWW), das eine einheitliche Darstellungsform für im Internet übertragene Inhalte ist und dem Nutzer die einfache Wahrnehmung von über das Internet bereitgestellten Inhalten mittels einer Browser-Anwendung ermöglicht.[49] Die Nutzung erfolgte dabei zunächst hauptsächlich statisch in Form der einfachen Bereitstellung und Verwaltung von Inhalten.[50] Es handelte sich also zunächst um ein alternatives Medium, über das sich Nutzer Informationen beschafften. Zunehmend wandelte sich dieses Nutzungsverhalten und Anbieter wie Nutzer gingen zu einem stärkeren Austausch an Informationen untereinander und einer stärkeren Vernetzung miteinander über, wobei sie sich immer mehr der Funktionen von Intermediären wie zum Beispiel Forenbetreibern, Suchmaschinen oder sozialen Netzwerken bedienten. Für diese Entwicklung wird auch die Bezeichnung Web 2.0 verwendet.[51] Zunehmend werden unter dem Schlagwort „Internet der Dinge" neuere technologische Entwicklungen zusammengefasst, die sich mit der Vernetzung weiterer Akteure, Gegenstände oder Maschinen befassen.[52] Außerdem werden in der Internet-Wirtschaft zunehmend Ressourcen oder Kapazitäten vernetzt, um sie in einem größeren Zusammenhang nutzen zu können, wie dies bei Cloud- oder Distributed-Ledger-Technologien der Fall ist. Die Nutzung digitaler Plattformen durch ihre Nutzer wird damit stetig dynamisiert.

1. Internet und Infrastruktur

Das Internet ist die grundlegende Infrastruktur der Digitalisierung und der „digitalen Revolution".[53] Es ermöglicht den Austausch von als binären Codes abgespeicherten Informationen, sogenannter Bits[54], zwischen verschiedenen an das Internet angebundenen Computer oder anderen Endgeräten. Dies erfolgt zum einen über ein weltweites dezentrales Netzwerk an miteinander verwobenen physischen Kommunikationsinfrastrukturen und zum anderen durch die Verwendung einheitlicher Transportprotokolle aus der sogenannten Internetprotokollfamilie. Typische physische Infrastrukturen sind zum Beispiel Kabel oder Funkmasten zur Realisierung von Festnetz- und Mobilfunk-Telekommunikati-

---

47 *Braun*, IS 2010, S. 201 (202); *Meinel/Sack*, Internetworking, 2012, S. 6.
48 *Evans/Schmalensee*, Matchmakers, 2016, S. 41.
49 *Sieber*, in: Hoeren/Sieber/Holznagel, Handbuch Multimedia-Recht, Teil 1 Technische Grundlagen, 45. EL Juli 2017, Rn. 3; *Meinel/Sack*, Internetworking, 2012, S. 6.
50 *Andelfinger/Hänisch*, Internet der Dinge, 2015, S. 12; *Meinel/Sack*, Internetworking, 2012, S. 8.
51 Ebenda, S. 9.
52 Vgl. zur Übersicht hierzu: *Henseler-Unger*, in: Sassenberg/Faber, Rechtshandbuch Industrie 4.0 und Internet of Things, § 1, Rn. 12 ff.
53 *Charlesworth*, Die digitale Revolution, 2011, S. 6 ff.; *Podszun*, in: Surblytė, Competition on the Internet, 2015, S. 101; *Kretschmer*, Wirtschaftsdienst 2018, S. 459; *Martinek*, ZVertriebsR 2018, S. 139 (140).
54 *Meinel/Sack*, Internetworking, 2012, S. 46.

on.[55] Mit dem Internet verbundenen Geräten wird eine IP-Adresse zugewiesen, mittels derer sie über das Internet Informationen austauschen können.[56] Hierbei wird das sogenannte Internet Protokoll (IP) verwendet, das eine verbindungsunabhängige Adressierung der Daten ermöglicht.[57] Verbindungsunabhängige Adressierung bedeutet, dass diese Weiterleitung nicht über eine spezifische für diese konkrete Informationsübermittlung vorgesehene Leitung erfolgt. Stattdessen werden die Datenpakete über alle zum Übermittlungszeitpunkt zur Verfügung stehenden Infrastrukturen als ein einheitlicher Bitstrom transportiert.[58] Hierfür werden die über das Internet zu transportierenden Informationen in bestimmten Formaten abgespeichert, den Paketen. Die einzelnen Pakete werden dabei mit den nötigen Informationen versehen, die den mit dem Internet verbundenen Infrastrukturen eine Weiterleitung an das vorgesehene Ziel ermöglichen. Moderne internetgestützte Angebote wie unter anderem Streaming-Plattformen oder Internet-of-Things-Dienste benötigen dabei zunehmend höhere Übertragungsraten. Verbindungsunabhängig bedeutet für den weiteren Verlauf dieser Untersuchung, dass darauf aufbauende Geschäftsmodelle nicht mehr aus technischen Gründen den Betrieb einer eigenen Verbindungsinfrastruktur voraussetzen, sondern auf den öffentlich bereitgestellten physischen Infrastrukturen anderer Anbieter aufbauen können.[59]

Die Telekommunikationsinfrastruktur hat sich dabei in den letzten Jahrzehnten ebenso stark verändert. Die meisten Netze wurden mittlerweile auf einen IP-basierten Datenaustausch umgestellt, sodass der Datentransport nunmehr flächendeckend paketorientiert erfolgt. Auch die physischen Möglichkeiten der Infrastruktur haben sich entwickelt. Herkömmliche Kupferkabel können mittels neuerer DSL-Technologien für höhere Bitraten verwendet werden, also mehr Informationen schneller transportieren. Die bereits für das Angebot von Kabel-Fernsehen bestehende Infrastruktur, also ursprünglich für Pay-TV verwendete monodirektionale Koaxialkabel[60], konnte durch die Einführung eines Rückkanals auch für das Internet aufgerüstet werden. Besonders hohe Bitraten lassen sich mit Glasfaserkabeln, sogenannten Lichtwellenleitern, erzielen. Ebenso steigen die Übertragungsraten im Mobilfunkbereich zunehmend und ermöglichen für mobile Endgeräte den schnellen Austausch hoher Datenmengen unter Teilnahme einer großen Nutzeranzahl.[61] Damit einher gehen sinkende Kosten

---

55 Vgl. die Differenzierung zwischen kabelgebundenen und kabelungebundenen Übertragungsmedien bei ebenda, S. 47; auch: *Zarnekow/Wulf/von Bornstaedt*, Internetwirtschaft, 2013, S. 8.
56 Ebenda, S. 16.
57 Ebenda, S. 14.
58 *Meinel/Sack*, Internetworking, 2012, S. 43; *Zarnekow/Wulf/von Bornstaedt*, Internetwirtschaft, 2013, S. 17.
59 *Braun*, IS 2010, S. 201 (204 f.); *Wilde*, World Wide Web, 1999, S. 26 ff.; *Zarnekow/Wulf/von Bornstaedt*, Internetwirtschaft, 2013, S. 15 ff.
60 Ebenda, S. 97.
61 *Swann*, The economics of innovation, 2009, S. 92.

für den Betrieb dieser Infrastrukturen bei gleichzeitig steigender Flexibilität hinsichtlich der übertragbaren Daten.[62]

2. Informationstechnik

Als Informationstechnik können für den Zweck dieser Untersuchung diejenigen physikalischen Ressourcen und Kapazitäten zusammengefasst werden, die der Verarbeitung von Informationen oder allgemein der Bewältigung von Rechenaufgaben dienen. Hierzu gehören zunächst Computer sowie weitere Geräte, die mittels Chip-Technologie nach einer Eingabe vorgegebene Aufgaben selbstständig lösen können. Werden Daten über das Internet, also durch IP-Routing, ausgetauscht, müssen die aufgrund des Transportprotokolls vorgegebenen Informationen durch selbstständig im Netzwerk angeschlossene Computer, zum Beispiel Router, Server oder Switche, umgesetzt werden.

Etwa seit Beginn des 21. Jahrhunderts werden zunehmend Technologien zur mobilen Internetanbindung und -nutzung eingesetzt. Dies hat zu einer Entwicklung von leistungsstärkeren Computer-Chips für mobile Endgeräte geführt.[63] Zum Beispiel werden Rechner nicht mehr bloß stationär an einem Schreibtisch verwendet, sondern können von dem jeweiligen Nutzer transportiert werden. Smartphones kombinieren bisherige Mobilfunk-Telefone mit Computer-Technologie und Breitband-Internetanbindung. Dies führte zu einer noch stärkeren persönlichen Vernetzung der Smartphone-Nutzer mit der weiteren Folge, dass eine Vielzahl an Internetdiensten ihr Angebot auf diese Endgeräte erweiterte und Apps für Smartphones anbot. Die zunehmend mobile Anbindung der Informationstechnik ist Ausdruck der Dynamisierung der Nutzung digitaler Plattformen.

3. Protokolle und Schnittstellen

Damit Telekommunikationswege und Informationstechnik flexibel und einfach Daten transportieren oder verarbeiten können, benötigen sie Protokolle wie zum Beispiel das bereits erwähnte Internet Protokoll. Bei diesen handelt es sich um Anwendungsregeln für spezifische vorgegebene technische Standardsituationen, die entweder einseitig durch ein Unternehmen als Anwender gesetzt werden oder aber kooperativ durch mehrere Anwender entwickelt und akzeptiert werden. Protokolle stellen technische Regelwerke für die Kommunikation dar und legen Formate sowie Austauschinformationen fest.[64] So schreibt das Internet Protokoll die Zerlegung der einzelnen Informationen in Pakete und ihren anschließenden leitungsunabhängigen Transport vor. Daneben werden über die Ausgestaltung der Protokolle logische Schnittstellen bereitgestellt, über die andere Aufgaben

---

62 Diese Entwicklung zusammenfassend *Evans/Schmalensee*, Matchmakers, 2016, S. 41.
63 Ebenda, S. 40 f.
64 *Zarnekow/Wulf/von Bornstaedt*, Internetwirtschaft, 2013, S. 12; *Meinel/Sack*, Internetworking, 2012, S. 33.

erfüllt werden können.[65] Das bedeutet, dass Protokolle Spielräume eröffnen, um neue Funktionen anbieten zu können. Dies ist insbesondere in komplexen Wirkungszusammenhängen zwischen unterschiedlichen technischen Kapazitäten der Fall, die mit unterschiedlichen Protokollen arbeiten. Um den Austausch von Daten oder Informationen zwischen unterschiedlichen Akteuren zu ermöglichen, werden Schnittstellen eingesetzt, die ebenso häufig standardisiert sind.

4. Nutzeranwendungen

Anwendungen stellen den Oberbegriff für internet- oder softwaregestützte Hilfsmittel dar, die durch Benutzer zur Lösung von Aufgaben nach individuellen Vorgaben verwendet werden. Zahlreiche digitale Plattformen bieten eigene Anwendungen zur Inanspruchnahme ihrer Angebote an.

Die für den grundlegenden Betrieb des Internets bedeutendste Anwendung ist das World Wide Web (WWW), ein über das Internet durch Protokolle vernetztes System an Inhalten und Hyperlinks, das dem Nutzer den Zugriff zu im Internet bereitgestellten Inhalten ermöglicht.[66] Die für seinen Betrieb maßgeblichen Anwendungsprotokolle sind Hypertext Transfer Protocol (HTTP) und Hypertext Markup Language (HTML). Das WWW wird häufig mit dem Internet gleichgesetzt, setzt dieses aber voraus und stellt lediglich eine über das Internet vermittelte Anwendung dar.[67] Für den Internetnutzer stellt sich das World Wide Web als „Oberfläche" des Internet dar, das durch „browsen" erkundet werden kann.

5. Technische Standardisierung

Einen wesentlichen Anteil an den vorausgehend beschriebenen wirtschaftlichen Entwicklungen im Zusammenhang mit der „digitalen Revolution" bilden Initiativen, die zu einer Standardisierung beitragen.[68] Standards sind Regelwerke, die unabhängig von staatlichen Regelungsvorgängen durch ihre Anwender selbst geprägt werden können und der einheitlichen Bewältigung eines bestimmten Vorgangs dienen.[69] In der Internetwirtschaft beschreiben technische Standards Vorgaben, die der Interoperabilität und Kompatibilität beteiligter Kapazitäten, Ressourcen oder Akteure dienen.[70] Die EU-Kommission beschreibt dies unter dem Begriff „Normen" und grenzt demgegenüber „Standardbedingungen" als

---

65 Ebenda, S. 33.
66 *Strobel*, Web-Technologien in E-Commerce-Systemen, S. 26; *Evans/Schmalensee*, Matchmakers, 2016, S. 42.
67 *Strobel*, Web-Technologien in E-Commerce-Systemen, S. 26; *Zarnekow/Wulf/von Bornstaedt*, Internetwirtschaft, 2013, S. 161; Vgl. insofern klarstellend *Assion*, Must Carry, 2015, S. 102 (Fn. 547).
68 *Zimmerlich*, Marktmacht in dynamischen Märkten, 2007, S. 104; *Dreher*, ZWeR 2009, S. 149 (152); zur Begriffsverwendung und Abgrenzung *Loest/Bartlik*, ZWeR 2008, S. 41 (42).
69 *Swann*, The economics of innovation, 2009, S. 101.
70 *Körber*, ZUM 2017, S. 93 (94); *Delfs*, in: Eifert/Hoffmann-Riem, Innovation und rechtliche Regulierung, 2002, S. 171.

gleichförmig verwendete Kauf- und Verkaufsbedingungen ab.[71] Die Anwender eines Standards können sich also darauf verlassen, dass andere Anwender sich an ihre jeweils einschlägigen technischen Vorgaben halten werden. Dabei kann grob zwischen durch Normierungsgremien kooperativ beschlossenen Standards und von Unternehmen eigenständig gesetzten De-facto-Standards unterschieden werden.[72] Sie können offen oder nicht-offen ausgestaltet sein. Offene Standards können von allen Anwendern zu gleichen Bedingungen genutzt werden. Nicht-offene Standards können dagegen aus technischen oder rechtlichen Gründen nicht von jedem Anwender genutzt werden. Nicht aufgrund kooperativer Abstimmungen zustande gekommene Standards können aufgrund ihrer Akzeptanz und Durchsetzung in der Branche sowie im Wettbewerb zu verbindlichen De-facto-Standards werden.[73]

Über die Verwendung von Standards lassen sich Effizienzvorteile und damit positive wettbewerbliche Effekte erzielen, wenn hierdurch technische Barrieren abgebaut werden und Wissen verteilt wird.[74] Sie stehen deshalb in einem möglichen Zusammenhang mit den Freistellungswirkungen des Art. 101 Abs. 3 AEUV. Die Einhaltung von technischen Standards bei der Entwicklung von Technologien führt dazu, dass die neue Entwicklung mit anderen Technologien zusammenwirken kann.[75] Dies ist gerade bei internetgenutzten Technologien der Vorteil, da keine Lösung für eine „Übersetzung" notwendig ist und damit Informationsverluste geringer ausfallen. Indem dort standardisierte Kommunikationsprotokolle zur Anwendung kommen, wird zum einen sichergestellt, dass überhaupt ein Datenaustausch stattfinden kann und nicht verschiedene technologische Entwicklungen ohne Vernetzung existieren. Standardisierung ist damit gerade im digitalen Bereich ein wichtiger Faktor für einen erleichterten Informationsaustausch. Zum anderen werden Kosten für die Entwicklung von individuellen Übersetzungs- oder Vermittlungstechnologien vermieden oder gesenkt, indem der dafür erforderliche Entwicklungsaufwand gesenkt wird. Offene Standardisierungsinitiativen können damit in der Internetwirtschaft verhindern, dass jeder Akteur eine eigene technische Lösung für ein spezifisches Kompatibilitäts- oder Interoperabilitätsproblem entwickeln muss und stattdessen auf einer abgestimmten Entwicklung aufbauen kann und sie über eine abstrakte logische Schnittstelle weiterentwickeln kann. Auf der anderen Seite bedeutet die Durchsetzung eines Standards die gleichzeitige Verhinderung anderer, nicht mit ihm konformgehender Lösungen. Die EU-Kommission sieht deshalb bei kooperativ gesetzten Standards das grundsätzliche Risiko von Wettbewerbsbeschränkun-

---

71 Kommission, Leitlinien zur Anwendbarkeit von Artikel 101 des Vertrags über die Arbeitsweise der Europäischen Union über Vereinbarungen über horizontale Zusammenarbeit – Horizontalleitlinien v. 14.1.2011, Rn. 259.
72 *Loest/Bartlik*, ZWeR 2008, S. 41 (44).
73 Zusammenfassend hierzu Kommission, Leitlinien zur Anwendbarkeit von Artikel 101 des Vertrags über die Arbeitsweise der Europäischen Union auf Vereinbarungen über horizontale Zusammenarbeit – Horizontalleitlinien v. 14.1.2011, Rn. 258 ff.
74 *Delfs*, in: Eifert/Hoffmann-Riem, Innovation und rechtliche Regulierung, 2002, S. 171.
75 *Dreher*, ZWeR 2009, S. 149 (153).

gen, lässt aber eine Untersuchung im Einzelfall offen.[76] Maßgeblich seien dabei die Auswirkungen der gesetzten Standardbedingungen auf Produktqualität, Produktvielfalt und Innovation.[77]

6. Fortschreitende Digitalisierung

Die grundlegende Architektur des Internet sowie die Treiber der Digitalisierung verändern sich fortwährend.[78] So zeichnet sich in den letzten Jahren eine neue Entwicklung in der internetgestützten Wirtschaft ab, das Internet der Dinge. Der deutsche IT-Gipfel beschreibt dieses Phänomen als *„massive Vernetzung unterschiedlichster Dinge und Geräte und deren virtuelle Erreichbarkeit über das Internet"*.[79] Es geht also um die Anbindung von anderen physischen Gegenständen als Computern an das Internet. Dies erfolgt auf verschiedene Weisen. Zum einen ist es möglich, andere Maschinen als Computer mit internettauglicher Technologie auszustatten oder bereits vorhandene Technologie aufzurüsten. So werden mittlerweile marktgängige Lichtsysteme angeboten, bei denen die einzelnen Leuchtmittel über technische Schnittstellen oder einen WLAN-Router mit dem Internet verbunden werden und durch eine App gezielt gesteuert werden können.[80] Alternativ können Gegenstände mit bestimmten Chips ausgestattet werden, die eine Erkennung und Auswertung über kurze Distanzen ermöglicht. Dies erfolgt derzeit hauptsächlich mittels der sogenannten RFID-Technologie.[81] Unterstützend wird dabei häufig die Blockchain-Technologie herangezogen.

Das Besondere an diesen Entwicklungen im Zusammenhang mit dieser Untersuchung ist zum einen, dass eine weitere Vernetzung stattfindet und zwar von Objekten. Das bedeutet im Vergleich zu dem vorherigen Internet, das zunächst vor allem auf die Darstellung von Inhalten ausgerichtet war und anschließend mehr für Kommunikationsaustausch verwendet wurde, eine noch tiefere Durchdringung des alltäglichen menschlichen Lebens.[82] Das Internet ist nicht mehr nur Medium oder Kommunikationskanal, sondern dient als Träger für eine Vielzahl an darüberhinausgehenden alltäglichen Vorgängen. Das zieht wiederum neue

---

76 Kommission, Leitlinien zur Anwendbarkeit von Artikel 101 des Vertrags über die Arbeitsweise der Europäischen Union auf Vereinbarungen über horizontale Zusammenarbeit – Horizontalleitlinien v. 14.1.2011, Rn. 270.

77 Kommission, Leitlinien zur Anwendbarkeit von Artikel 101 des Vertrags über die Arbeitsweise der Europäischen Union auf Vereinbarungen über horizontale Zusammenarbeit – Horizontalleitlinien v. 14.1.2011, Rn. 306.

78 *Goldfarb/Tucker*, JEL 2019, S. 3 (10).

79 Vgl. https://it-gipfelglossar.hpi-web.de/internet-der-dinge/, abgerufen am 20.3.2018, zitiert nach *Henseler-Unger*, in: Sassenberg/Faber, Rechtshandbuch Industrie 4.0 und Internet of Things, § 1, Rn. 15.

80 Vgl. u. a. das Angebot Philips Hue.

81 Vgl. hierzu *Adamowsky*, in: Sprenger/Engemann, Internet der Dinge, 2015, S. 120; *Andelfinger/Hänisch*, Internet der Dinge, 2015, S. 45; *Meinel/Sack*, Internetworking, 2012, S. 356.

82 *Henseler-Unger*, in: Sassenberg/Faber, Rechtshandbuch Industrie 4.0 und Internet of Things, § 1, Rn. 13 ff.

Angebote und Wertschöpfungsmöglichkeiten nach sich.[83] Gegenstände können erfasst werden und Informationen über ihren gegenwärtigen Zustand und den gesamten „Lebenszyklus" in Echtzeit erhoben, transportiert und ausgewertet werden.[84] Hierauf aufbauend könnten neue oder bessere Angebote zur Verfügung gestellt werden, zum Beispiel weil sich neue Erkenntnisse über bestimmtes Nutzerverhalten oder Bedarfe ergeben. Der steigende Informationsbedarf wird als ein weiterer Faktor die Nachfrage nach höherbitratigen Telekommunikationsinfrastrukturen steigern.

Zum anderen lassen sich eine Vielzahl dieser neuen Produkte und Leistungen wiederum erneut über Plattformen vertreiben oder abbilden oder werden von diesen gar allein vorangetrieben. Industrielle Plattformen könnten einen noch schnelleren Informationsaustausch zwischen vernetzten Maschinen oder Produktionsstätten zu Lieferanten oder Abnehmern ermöglichen, zu verarbeitende Güter könnten schneller und effizienter zugeordnet werden oder beim Endkunden verwendete Maschinen könnten einfacher mit Gütern versorgt oder gewartet werden. Für Endkunden und Verbraucher könnten zusätzliche Bedarfe bestehen, diese neuen Angebote mit anderen Angeboten zu verbinden. Als ein einfaches Beispiel ließe sich hierfür der vernetzte Kühlschrank in einem Privathaushalt anführen, der aufgrund des bisherigen datenmäßig erfassten Einkaufsverhaltens und einer ständigen Überwachung seines Inhalts feststellen kann, wann ein bestimmtes Produkt aufgebraucht ist und hierdurch ausgelöst einen automatischen Vorgang auslöst, der zur Nachlieferung des fehlenden Produktes – gegebenenfalls wiederum über einen vernetzten Supermarkt – führt. Ähnlich können vernetzte Garagentoröffner mit einem internetgebundenen Lokalisierungsdienst eines bestimmten in der Garage zu parkenden Fahrzeugs verknüpft werden und sich bei Annäherung automatisch öffnen.

Schließlich nehmen kryptografische und algorithmische Technologien zunehmend Platz in der Diskussion ein. Ersterer Umstand erfährt seinen derzeit prominentesten Anwendungsfall in den immer mehr verwendeten Blockchain-Technologien. Hierbei handelt es sich ebenso um Netzwerke, die zusätzlich über ein besonderes kryptografisches Verfahren, das sogenannte Hashing, miteinander verbunden sind.[85] Hierfür werden wiederum Algorithmen verwendet, bei denen es sich um vorbereitete Anwendungsmuster zur Lösung von Aufgaben handelt, die selbstständig durch Computer ausgeführt werden.[86] Diese werden auch in Technologien eingesetzt, die allgemeinhin als „Künstliche Intelligenz" oder „Autonome Systeme" beschrieben werden. Hier regeln Algorithmen die Zusammenarbeit verschiedener Kapazitäten, meistens besonders umfangreicher wie zum Beispiel Netze, Rechnerressourcen oder Datenbanken.

---

83 Ebenda, Rn. 26 ff.
84 Ebenda, Rn. 26.
85 *Drescher*, Blockchain Basics, 2017, S. 81 ff.
86 Ebenda, S. 34.

7. Zusammenfassung der technischen Begrifflichkeiten

Voraussetzungen dafür, dass man von einer „digitalen" Plattform sprechen kann, sind also zum einen der Einsatz von internettauglicher Infrastruktur und zum anderen für die Verarbeitung digitalisierter Informationen geeigneter Informationstechnik. Beides hat sich in den letzten Jahrzehnten rapide verändert. Die Übertragungswege sind schneller geworden und ermöglichen den Transport großer Datenmengen in kurzer Zeit. Gleichzeitig finden sich stets neue Methoden des Austauschs und der Verwendung von Informationen. Dies wiederum fördert und fordert die Weiterentwicklung bereits vorhandener Technologien.[87] Dabei sind diese Entwicklungen in technischer Hinsicht insofern stark miteinander verbunden, als dass sich eine sogenannte Pfadabhängigkeit ergibt.[88] Das bedeutet, dass sich Entscheidungen für bestimmte Optionen nicht nur nach ihrer konkreten Auswirkung bewerten lassen, sondern vielmehr auch eine Entscheidung für ein technologisches Regime ausdrücken können.[89]

II. Systematik der Erscheinungsformen von Plattformen

1. Begegnungsorte und physische Plattformen

Als klassische Archetypen einer Plattform-Konstellation lassen sich zunächst Formen beschreiben, in denen Menschen mit unterschiedlichen Interessenlagen seit jeher zueinander fanden und in irgendeiner gedachten Form Waren oder Leistungen austauschten. Entsprechend weisen *Evans/Schmalensee* zurecht auf die historische Bedeutung von *Matchmakern* seit Beginn der gesellschaftlich organisierten Menschheit hin.[90] Dabei handelt es sich im sprichwörtlichen Sinn um Märkte in Form einer einen Begegnungsort umschreibenden sozialen Tatsache, zum Beispiel Wochenmärkte, Dorfmärkte oder ihren kommerziellen Ausrichtungen in Fußgängerzonen oder Einkaufsgalerien.[91] Ein prominentes antikes Beispiel lässt sich bereits in der *Agora* sehen. Auch wenn diese in einigen Formen als „Märkte" bezeichnet werden, ist diese Bezeichnung nicht synonym mit dem kartellrechtlichen Marktbegriff, der sich ausschließlich nach Angebot und Nachfrage bestimmt.[92] Dabei soll [93]unabhängig von Gründen des sozialen

---

87 Vgl. zusammenfassend auch Bundeskartellamt, Arbeitspapier – Marktmacht von Plattformen und Netzwerken v. 9.6.2016, https://www.bundeskartellamt.de/SharedDocs/Publikation/DE/Berichte/Think-Tank-Bericht.pdf?__blob=publicationFile&v=2 (abgerufen 14.12.2019), S. 86.
88 Vgl. grundlegend in Bezug auf den Untersuchungsgegenstand Innovation *Hoffmann-Riem*, Innovation und Recht, Recht und Innovation, 2016, S. 213; *Walterscheid/Wegehenkel*, in: Vanberg, Evolution und freiheitlicher Wettbewerb, 2012, S. 127 (136); *Podszun*, Wirtschaftsordnung durch Zivilgerichte, 2014, S. 123 ff.; *Liebowitz/Margolis*, JLEO 1995, S. 205 (206 f.).
89 *Hoffmann-Riem*, Innovation und Recht, Recht und Innovation, 2016, S. 214.
90 *Evans/Schmalensee*, Matchmakers, 2016, S. 199 ff.
91 Ebenda, S. 129 ff.; ähnlich *Engert*, AcP 2018, S. 304 (305 f.).
92 *Podszun*, in: Kersting/Podszun, Die 9. GWB-Novelle, Kapitel 1, Rn. 5; *Podszun/Franz*, NZKart 2015, S. 121 (124).
93 *Louven*, Verbraucherrechte im Verbrauchsgüterkauf in Deutschland und Spanien, 2018

Austauschs und der gelebten Öffentlichkeit der Beobachtungsfokus auf diejenigen Umstände gerichtet werden, die für die spätere Annahme eines Marktes im kartellrechtlichen Sinne relevant sein können.

In diesem Zusammenhang lassen sich zunächst physisch abgrenzbare und begrenzte Orte oder Räumlichkeiten beschreiben, die sich üblicherweise auf einem klar bestimmten Platz oder in einer dafür vorgesehenen Halle befinden.[94] Als ein erstes Beispiel lassen sich hierfür kleinere der Versorgung der örtlichen Bevölkerung mit Lebensmitteln dienende Märkte festhalten. Dort erhalten Erzeuger oder Verkäufer von Produkten die Möglichkeit, mit einer Vielzahl an Kunden in Kontakt zu treten und ihre Produkte oder Leistungen anzubieten. Auf der anderen Seite finden Besucher eines Marktes die Möglichkeit, abhängig von der Vielfalt der dort auftretenden Erzeuger oder Verkäufer unterschiedliche Nachfragebedürfnisse zu befriedigen. Die Zulassung zu diesen Märkten erfolgt häufig nur für begrenzte Zeit, um auch anderen Anbietern Zugang zu diesem Markt zu ermöglichen. Der Auftritt erfolgt hier meistens mittels mobiler Verkaufsstände, die kurzfristig auf- und abbaubar sind, sodass ein tageweiser Wechsel zu anderen Märkten möglich ist. Hauptzweck dieser Märkte und Anhaltspunkt für die Preisbildung ist dabei bereits die Ermöglichung der bloßen Teilnahme der unterschiedlichen Nutzergruppen, nicht aber eine tatsächliche Transaktion.[95]

Für beide Seiten sind die Nutzung und der Besuch des Marktes mit verschiedenen Vorteilen verbunden. Beide Teilnehmergruppen in diesem einfachen Beispiel, die Anbieter von Produkten oder Leistungen auf der einen Seite und potenzielle Kunden auf der anderen Seite, können davon ausgehen, dass sie durch ihren Marktbesuch mit verschiedenen Individuen der jeweils anderen Teilnehmergruppe in Kontakt treten werden. Damit sinkt der jeweilige individuelle Aufwand, zum Beispiel in Form von beiderseits zusätzlichen Such- oder Anreisekosten. So müssen Hersteller oder Händler keine zusätzlichen Werbemaßnahmen initiieren, um Kunden zu einem Besuch ihrer Geschäfte zu motivieren. Außerdem kann aus Sicht der Anbieter von Produkten und Leistungen mit zunehmender Anzahl von potenziellen Kunden die mögliche Anzahl an zustande kommenden umsatzsteigernden Geschäften ansteigen. Für Besucher und potenzielle Kunden ergeben sich verbesserte Vergleichsmöglichkeiten.

Derartige Märkte werden üblicherweise in kommunaler oder privater Trägerschaft betrieben. So finden viele „Dorfmärkte" zur örtlichen Lebensmittelversorgung auf extra dafür geschaffenen und bereitgestellten Flächen eines öffentlichen Rechtsträgers statt. Die teilnehmenden Anbieter zahlen an den Marktbetreiber üblicherweise eine Abgabe. Dies ist nicht in jedem Fall Bedingung für eine Zulassung zu dem Markt. Märkte können von privatwirtschaftlichen Unternehmen betrieben werden. Hier haben sich in den letzten Jahrzehnten die beiden Sonderformen der Einkaufszentren und Einkaufsgalerien herausge-

---

94 *Blaschczok*, Kartellrecht in zweiseitigen Wirtschaftszweigen, 2015, S. 51 f.
95 *Dewenter/Rösch/Terschüren*, NZKart 2014, S. 387 (389).

bildet.[96] Dabei handelt es sich um Gebäudeanlagen, die Kapazitäten für verschiedene Geschäfte und eine Besucherinfrastruktur anbieten. Anbieter können mit dem jeweiligen Betreiber über eine vertragliche Bindung Zugang zu der Galerie oder dem Zentrum erhalten.

2. Provisionsvermittler

Ebenso klassisch als Beispiel für das grundlegende Bestehen einer Plattform-Konstellation lassen sich herkömmliche Vermittler und Makler beschreiben. Diese sind aber anders als die oben dargestellte Gruppe für ihre Tätigkeit nicht an einen physischen Ort gebunden. Stattdessen besteht ihr übliches Betätigungsfeld darin, Transaktionen herbeizuführen, zum Beispiel über Immobilienkäufe oder Mietwohnungen.[97] Einfache Vermittler verfügen üblicherweise über ein Portfolio bestimmter zu vermittelnder Produkte oder Leistungen. Aus diesem Portfolio suchen sie für Interessenten passende Angebote raus, sodass hierauf folgend die Möglichkeit des Abschlusses eines konkreten Geschäfts besteht. In der Folge lassen sich Vermittler von einer oder beiden Parteien auf Grundlage vertraglicher oder gesetzlicher Vergütungsansprüche für die zustande gekommene Transaktion eine Provision als Entgelt zahlen. Ein weiteres Beispiel hierfür ist der Handelsvertreter.

Dabei ist diese Gruppe vom Vertragshändler oder dem sogenannten Reseller abzugrenzen, bei denen keine Vermittlung einer Transaktion vorliegt, sondern die innerhalb einer vertikalen Vertriebsstruktur Produkte oder Leistungen auf einer Seite beziehen, um sie anschließend auf der anderen Seite weiter zu vertreiben.[98] Provisionsvermittler finden sich unter den digitalen Plattformen vor allem dort, wo ein gesteigertes Interesse nach weitreichender Transparenz und vereinfachten Suchen besteht, wie zum Beispiel bei Unterkünften oder anderen Angeboten für Endkunden und Verbraucher. Sie nehmen dabei eine Vertriebsleistung insofern vor, als dass sie die Aufmerksamkeit einer definierbaren Nutzergruppe auf eine bereits definierte Nutzergruppe lenken. Das Auftreten dieser Vermittler lässt sich vor allem in Wirtschaftsbereichen beobachten, in denen eine oder mehrere Gruppen über zu wenig Wissen verfügen, um selbstständig eine zufriedenstellende Verwertung vorzunehmen, und der Vermittler über dieses besondere Wissen verfügt. Häufig wird damit eine Aufbereitung der für eine Verwertung erforderlichen Informationen verbunden, wie dies bei komplexen Sachverhalten im Personal- oder Immobilienbereich vorkommen kann.

3. Handelsplattformen

Geschäfte werden aber zunehmend ohne direkte Provisionierung vermittelt und abgewickelt, zum Beispiel über Handels- oder Vertriebsplattformen. Beispiele

---

96 Ebenda, S. 387 (388).
97 Ebenda, S. 387 (388).
98 *Blaschczok*, Kartellrecht in zweiseitigen Wirtschaftszweigen, 2015, S. 52.

für physische Handelsplattformen sind Messen, bei denen es sich ebenso um abgrenzbare und begrenzte Orte handelt, auf denen sich Individuen unterschiedlicher Anbieter- und Nachfragergruppen treffen.[99] Dabei können sich diese Plattformen allein auf einen Austausch zwischen verschiedenen Unternehmergruppen beschränken oder Verbraucher und Privatpersonen als mögliche Besucher ansprechen. Wesentlicher Zweck ist hier die Möglichkeit der bloßen Teilnahme an einer Plattform, für die deren Betreiber regelmäßig einen Preis verlangt, den er je nach Interessenlage der beteiligten Nutzergruppen unterschiedlich verteilen kann.[100]

Zunehmend treten Handelsplattformen dabei über das Internet auf. Allgemeine gegenwärtige Beispiele sind dafür Amazon oder eBay, aber auch speziellen Bedürfnissen entsprechende Plattformen für Bücher, Musikalien oder Konsumgüter. Auch Dienste wie Fahrtenvermittler dürften in diese Kategorie einzuordnen sein, da sie ebenso zwischen Fahrtenanbietern und Fahrgästen vermitteln.[101]

4. Zahlungen und Transaktionen

Ein weiteres Beispiel für Plattformsituationen sind Zahlungsdienstleister und Kreditkartenanbieter.[102] Diese befriedigen Interessen an schnellen und risikoarmen Abwicklungen von Transaktionen. Anbieter von Kredit- oder Zahlungskartensystemen erfüllen dabei eine Intermediärfunktion zwischen einerseits den beteiligten Banken, die Zahlungen über das jeweilige System unterstützen, und andererseits den sie verwendenden Kunden. Der Erfolg und die Durchsetzung des jeweiligen Kartensystems hängt dabei von der Akzeptanz durch die Nutzer ab. Entscheiden sich mehr Bankkunden für die Verwendung eines bestimmten Zahlungsmittels, steigt die Wahrscheinlichkeit, dass dieses Zahlungsmittel von weiteren Unternehmen akzeptiert wird.[103] Dies gilt in ähnlicher Weise für von Dritten betriebene Zahlungsauslösedienste. Für die Nutzung des Zahlungskartensystems bestehen unterschiedliche Preisstrukturen. In der Regel zahlen die Karteninhaber einen jährlichen und festbestimmten Preis für ihre Mitgliedschaft. Die das Zahlungsmittel akzeptierenden Unternehmen zahlen dabei ein nutzungsbasiertes Entgelt, das von der Zahl der abgewickelten Geschäfte abhängt. Häufig hängt die Preisbildung für Karteninhaber mit weiteren Vergünstigungen wie zum Beispiel Rabatten, zusätzlichen Versicherungen oder Punkte-Sammelsystemen zusammen. Andere Anbieter mit ähnlichen Funktionen sind Sofortzahlungsmittel oder sogenannten Zahlungsauslösedienste.

---

99 Ebenda, S. 51 f.
100 Ebenda, S. 52.
101 *Evans/Schmalensee*, Matchmakers, 2016, S. 48.
102 *Schmalensee*, JIE 2002, S. 103; *Rochet/Tirole*, JEEA 2003, S. 990 (1013); *Rochet/Tirole*, RJE 2006, S. 645 (646 f.); zu kartellrechtlichen und sektorspezifischen Besonderheiten *Louven*, NZ-Kart 2020, S. 426.
103 *Rochet/Tirole*, JEEA 2003, S. 990 (990); *Budszinski/Lindstädt*, WiST 2010, S. 436 (437).

5. Medienangebote und Rundfunkplattformen

Im Medienbereich sind Plattformstrukturen nicht zwingend, jedoch bestehen bereits seit längerem plattformähnliche Vertriebskonstellationen.[104] Einige Medienunternehmen nehmen dabei von einer Nutzergruppe Inhalte in ihr Angebot auf, die sie anschließend in einem Portfolio an die andere Nutzergruppe, ihre Abonnenten, weitergeben. Inhalteanbieter sind dabei häufig selbstständige Produzenten von Werken oder presseähnlichen Erzeugnissen, Filmproduktionen, Dokumentationen oder Nachrichten.[105] Aber auch Werbeanbieter zählen zu den typischen Kunden von Medienunternehmen, mit denen klassische Medienunternehmen ihre Hauptumsätze erwirtschaften.

Für Medienunternehmen hat sich hier der Begriff der Anzeigen-Auflagen-Spirale bereits früh etabliert, der den zu erörternden Wirkungen indirekter Netzwerkeffekte bereits nahekommt.[106] Dieser Begriff beschreibt bereits die Wechselwirkungen zwischen verschiedenen Absatzmärkten eines Medienunternehmens. Am Beispiel eines Anzeigenblattes ließen sich hier die beiden Absatzmärkte über die Aufnahme von Werbeanzeigen einerseits und den Bezug des Anzeigenblattes andererseits beschreiben.[107] Durch zahlenmäßig steigende Auflagen könnte demnach die Bereitschaft der Werbeanbieter steigen, sich erstens überhaupt für eine Anzeigenschaltung in dem Medium zu entscheiden und zweitens aufgrund der gestiegenen Reichweite hierfür sogar einen höheren Preis zu zahlen.[108] Entschließen sich mehr Werbeanbieter für dieses Vorgehen und zahlen sogar höhere Preise auf Grundlage der bisherigen Erfahrungen, kann der Anzeigenblattanbieter mehr in steigende Auflagen investieren, was sich wiederum erneut positiv auf die Entscheidungen der Werbeanbieter auswirken kann. Diese gegenseitigen Abhängigkeiten in Form gegenseitiger Rückkoppelungen ermöglichen aufwärts wie abwärts laufende Spiralen.[109]

Dieses Konzept lässt sich auf Rundfunk oder Hörfunk übertragen. Auch hier vermittelt ein Medienunternehmen Inhalte auf der einen Seite an seine Kunden auf der anderen Seite. Ähnlich wie bei Printmedien teilen sich die Inhalte liefernden Nutzergruppen dabei in die beiden Gruppen Werbeanbieter und Anbieter von redaktionellen Inhalten auf. Das Bundeskartellamt hat hierfür bereits einen Plattformmarkt definiert, auf dem ein Unternehmen Programme bündelt und vermarktet.[110] Der Anbieter einer Programmplattform werde dabei zum einen gegenüber den Anbietern von Fernsehkanälen tätig und zum anderen gegenüber

---

104 *Rochet/Tirole*, RJE 2006, S. 645 (647); *Evans/Schmalensee*, Matchmakers, 2016, S. 32.

105 *Dewenter/Rösch*, Einführung in die neue Ökonomie der Medienmärkte, 2015, S. 39 ff.

106 *Ewald*, in: Wiedemann, Handbuch des Kartellrechts, § 7, Rn. 71; *Dewenter/Rösch*, Einführung in die neue Ökonomie der Medienmärkte, 2015, S. 136.

107 *Busche*, in: Busche/Röhling, Kölner Kommentar zum Kartellrecht, § 18 GWB

108 *Hass*, MedienWirtschaft Sonderheft 2007, S. 70 (70); *Blaschczok*, Kartellrecht in zweiseitigen Wirtschaftszweigen, 2015, S. 45.

109 *Hass*, MedienWirtschaft Sonderheft 2007, S. 70 (72 f.).

110 BKartA, Beschl. v. 22.2.2002 – B7-168/01 (Liberty/KDG), BeckRS 2002, 10429 = WuW 2002, 632.

den Endkunden. Außerdem trete er gegenüber der Nutzergruppe der Veranstalter von Rundfunkprogrammen auf, indem er Programme bündele und entweder einzeln oder paketgebunden vermarkte.

6. Softwareangebote

Ein weiteres typisches Beispiel für Vertriebssituationen, in denen verschiedene Nutzergruppen mit einbezogen werden, stellt der Bereich für Software und im weitesten Sinne immaterielle Güter dar. Hierbei lassen sich Anwendersoftware, Betriebssysteme und Softwareplattformen unterscheiden. Computer oder andere ähnliche Geräte wie zum Beispiel Smartphones oder Tablets, aber auch Router, Server oder sogenannte digitale Assistenten benötigen für den Betrieb dieses Geräts ein Betriebssystem. Hierbei handelt es sich um eine Software, die die technischen Funktionen des jeweiligen Geräts über elektronische Befehle steuert und dabei von dem Hersteller oder dem jeweiligen Anwender vorgenommene Eingaben umsetzt. Der Erfolg eines bestimmten Betriebssystems hängt dabei von der Annahme durch die Anwender und die Kompatibilität mit jeweiligen Geräten ab.[111] Für viele Geräte besteht seitens ihrer Anwender der Bedarf nach weiteren Vorgängen, die nicht durch das Betriebssystem erfolgen. Diese Aufgabe erfüllen Anwendersoftware, die zusätzlich zu dem Betriebssystem installiert werden. Beispiele für Anwendersoftware sind Videospiele, Office-Programme oder Apps.[112] Indem die Hersteller von Betriebssystemen ihr Produkt für Hersteller von Anwendersoftware öffnen, bringen sie die Nutzer des mit ihrem Betriebssystem versehenen Gerätes mit diesen zusammen.[113]

Die Bereitstellung von Software kann dabei auf unterschiedliche Weisen erfolgen. Zum Beispiel könnte ein Vervielfältigungsstück auf einem physischen Datenträger gespeichert werden, der anschließend dauerhaft an den Anwender weitergegeben wird. Dies kann in der Form erfolgen, dass die Software allein auf einem Datenträger in den Verkehr gebracht wird. Allerdings sind die Hersteller vieler Computer-Geräte bereits früh dazu übergegangen, auf dem jeweiligen Computer ein Betriebssystem nebst einer Auswahl an bestimmter Anwendersoftware vorzuinstallieren.[114] In diesem Fall ähnelt die Vertriebssituation der von Medienunternehmen, die Inhalte verschiedener Anbieter in ihr Produkt mit aufnehmen, um dies anschließend zu einem festen Preis an ihre Endkunden, die Anwender, weiter zu geben. Beispiele sind Spielekonsolen[115] und OEM-Pakete. Allerdings findet auf der Anbieterseite ein im Vergleich zu manchen klassischen Medienplattformen umgekehrter Geldfluss statt, nämlich in der Form, dass für die Einbindung und Bereitstellung der Software in dem Gerät ein Entgelt an den Software-Hersteller entrichtet wird. Dieses versucht der Geräte-Hersteller

---

111 *Rochet/Tirole*, JEEA 2003, S. 990 (1017).
112 *Rochet/Tirole*, RJE 2006, S. 645 (646).
113 *Evans/Schmalensee*, Matchmakers, 2016, S. 47.
114 Ebenda, S. 35.
115 *Rochet/Tirole*, JEEA 2003, S. 990 (1016).

durch seine bei den Endkunden erzielten Verkaufserlöse einzunehmen. Durch das Mehr an mit dem jeweiligen Gerät verbundenen Software-Angeboten und damit verbundener zusätzlicher Funktionalitäten könnten sich vermehrt Endkunden für den Kauf dieses Geräts entscheiden.[116] Mit diesen positiven Entscheidungen verbunden geht ein höherer Entwicklungsanreiz für die Software-Hersteller einher.

Zunehmend erfolgt die Bereitstellung von Software virtuell mittels einer Internetanbindung des jeweiligen Geräts, indem ein Vervielfältigungsstück der Software entweder durch den Anwender auf das Gerät heruntergeladen wird, oder indem das Vervielfältigungsstück auf einem anderen Gerät, zum Beispiel einem Server oder in einem Rechenzentrum bereitgestellt wird und dem Anwender hierfür eine Nutzungsmöglichkeit eingeräumt wird.

In ersterem Fall kann der Download über einen dafür bereitgestellten Link erfolgen oder mittels einer Software-Plattform, wie zum Beispiel dem Google Market Place für das Smartphone-Betriebssystem Android. Software-Plattformen werden häufig ebenso auf Computer vorinstalliert, um dem Anwender das spätere Herunterladen weiterer Software zu erleichtern. Dabei wird den zugelassenen Software-Herstellern über eine Programmierschnittstelle die Möglichkeit eingeräumt, eine mit dem jeweiligen Betriebssystem kompatible Software bereitzustellen, die anschließend an die Nutzergruppe der Anwender vermittelt wird.

Der andere Fall beschreibt moderne Formen der Software-Nutzung, die im weitesten Sinne in Zusammenhang mit IT-Outsourcing stehen, also der Nutzung von externen Rechner- oder sonstigen EDV-Leistungen.[117] Die Software wird dabei nicht auf dem eigentlichen Gerät des Anwenders bereitgestellt, der ihre Funktionen nutzen möchte. Stattdessen wird das Vervielfältigungsstück auf einem anderen Gerät gespeichert und betrieben, zum Beispiel auf einem Server. Der Anwender kann über eine Telekommunikationsverbindung auf das andere Gerät zugreifen und die Software für einen von ihm bestimmten Zeitraum nutzen. Hierfür bezahlt er eine Nutzungsgebühr, die sich sowohl zeitlich bemessen kann als auch an der tatsächlichen Nutzung der Software oder aber als einmaliger Festpreis bemessen ist. Der Software-Anbieter stellt dabei nicht nur das Vervielfältigungsstück zur Verfügung, sondern darüber hinaus weitere Kapazitäten, wie zum Beispiel die Rechnerleistung des Servers, den Betrieb der Software oder die Internetkonnektivität für den Zugriff. Neben der Software wird dabei also eine Infrastruktur bereitgestellt. Diese Infrastruktur ermöglicht häufig selber wiederum Möglichkeiten zur individuellen Anpassung oder Programmierung, auch von eigener Software. Hierfür hat sich der Oberbegriff Cloud-Computing etabliert.[118] Die Bereitstellung von Software mittels dieses Vorgehens wird auch Software as a Service (SaaS) genannt, weitergehende Angebote werden als Plat-

---

116 *Blaschczok*, Kartellrecht in zweiseitigen Wirtschaftszweigen, 2015, S. 49.
117 *Marly*, Praxishandbuch Softwarerecht, 2018, S. 473, 489 f.; *Haucap*, Wirtschaftsdienst 2015, S. 91 (94).
118 *Marly*, Praxishandbuch Softwarerecht, 2018, S. 489.

form as a Service (PaaS), Infrastructure as a Service (IaaS) oder sogar auch Business Process as a Service (BPaaS) beschrieben.[119] Die Metapher der Wolke bezieht sich dabei zunächst auf den Umstand, dass der Kunde keine physisch genau abgrenzbare Leistung in Form eines sogar haptischen Produktes erhält. Stattdessen erhält er eine virtuelle Leistung, die aus einer Vielzahl an zusammengefassten Einzelleistungen besteht. Hierbei verbindet der Anbieter wiederum verschiedene Angebote aus verschiedenen Nutzergruppen.[120] Dies können neben der Bereitstellung der Anwendersoftware Telekommunikationsdienstleistungen sein, sowie Rechenzentrumsleistungen oder weitere Cloud-Kapazitäten.

Dabei ist eine Differenzierung zwischen den beiden Methoden der Bereitstellung von Software über das Internet nicht zwingend und nicht immer ohne weiteres möglich. Denn zum einen können Anwender im Rahmen vieler Cloud-Angebote auf die so zur Verfügung gestellte Software nur mit einer eigenen Client-Software zugreifen, die sie wiederum auf ihr Gerät herunterladen und installieren müssen. Zum anderen verzichten zwar einige Cloud-Anbieter auf die Verwendung eigener Clients und ermöglichen den Zugriff zum Beispiel über Webbrowser, also Anwendersoftware für den Zugriff auf Internetseiten. Hierfür könnten aber wiederum Zertifikate oder andere virtuelle Schlüssel erforderlich sein, die wiederum herunter zu laden sind. Damit einher geht, dass Anbieter zunehmend Kommunikationsdienstleistungen in das jeweilige Produkt einbinden.

7. Soziale Netzwerke, Dating-Plattformen und Kommunikationsdienste

In der öffentlichen Diskussion und Berichterstattung nehmen vor allem moderne Internet-Dienste eine besondere Rolle ein, die verbesserte zwischenmenschliche Kommunikation oder soziale Selbstdarstellung unterstützen. Eine klar abgrenzbare oder homogene Einordnung ist hier nicht möglich. Es lassen sich aber anhand verschiedener aktueller Beispiele verschiedene Typen mit deren Besonderheiten benennen.

Kommunikationsdienste bieten eine Infrastruktur an, unter deren Nutzung Personen mit anderen Personen in Kontakt treten und unmittelbar selbst Informationen austauschen können.[121] Sie vermitteln also den Kommunikationsaustausch zwischen ihren Teilnehmern, aber auch zwischen Teilnehmern unterschiedlicher Kommunikationsdienste. Letzteres erfolgt typischerweise durch die Betreiber öffentlicher Telekommunikationsnetze und Anbieter öffentlich zugänglicher Telekommunikationsdienste. Allerdings ist eine unmittelbare physikalische Anbindung in Zeiten internetgestützten Informationsaustauschs in technischer Hinsicht nicht mehr zwingend. Viele Dienstanbieter erbringen ihre Leistungen zunehmend über das offene Internet, indem sie bereits vorhandene Infrastruktur, unter anderem den Internetzugang ihrer Kunden, voraussetzen. Dabei ersetzen

---

119 Vgl. Übersicht bei ebenda, S. 489 f.
120 *Evans/Schmalensee*, Matchmakers, 2016, S. 44.
121 BKartA, Beschl. v. 6.2.2019 – B6-22/16 (Facebook), BeckRS 2019, 4895, Rn. 249.

einige dieser Angebote aus Sicht ihrer Nutzer herkömmliche Telekommunikationsangebote. Zum Beispiel wird der wirtschaftliche Erfolg des Messenger-Dienstes WhatsApp oder ähnlicher sogenannter OTT-Kommunikationsdienste[122] mit dem Rückgang der SMS-Nutzung in Verbindung gebracht. Auch Videotelefonie-Dienste wie zum Beispiel Skype, Facetime oder Google Hangout vermitteln Kommunikation zwischen verschiedenen Nutzern. Bei einfachen Kommunikationsdiensten wird nicht zwischen den Teilnehmern differenziert, sodass grundsätzlich zunächst jeder mit jedem kommunizieren kann. Es bestehen aber auch unternehmensspezifische Lösungen für die Kommunikation zwischen Anbietern eines Produktes oder einer Leistung und ihren Kunden, beispielsweise zu Beratungs- oder Unterstützungszwecken.

Soziale Netzwerke beschreiben Angebote, bei denen es nicht allein um den persönlichen kommunikativen Austausch zwischen den Teilnehmern geht. Angemeldete Kunden können sich bei einem sozialen Netzwerk häufig ein persönliches Nutzerprofil erstellen und damit individuell ihren Auftritt auf dieser Plattform darstellen. Diese Nutzerprofile erlauben individuelle Einstellungen oder Eingaben, die für andere Nutzer des sozialen Netzwerks sichtbar sein können. Damit besteht die Möglichkeit, sich ein öffentlich sichtbares Persönlichkeitsabbild zu schaffen. Zusätzliche Funktionen können bei einigen Plattformen gegen ein unmittelbares Entgelt frei geschaltet werden, wie dies von den berufsorientierten Plattformen LinkedIn und Xing der Fall ist. Dieses Profil kann entweder für jeden einsehbar sein, oder mit anderen Profilen verknüpft werden. Nutzer können sich gegenseitig über eine Suchfunktion gegenseitig identifizieren und vernetzen. Eine wesentliche Funktion dieser Profile ist, Inhalte über das soziale Netzwerk zu teilen, also nicht einem bestimmten Kommunikationspartner zur Verfügung zu stellen, sondern der Öffentlichkeit oder einer Gruppe. Dies ist besonders bei den Diensten Twitter, Snapchat oder Instagram der Fall. Viele dieser Angebote sind dabei für Endnutzer unentgeltlich. Monetäre Umsätze erzielen die Plattform-Betreiber häufig, indem sie gegen ein Entgelt Werbeinhalte schalten. Ähnlich wie bei herkömmlichen Medienangeboten kann sich die Anzahl der angemeldeten Teilnehmer positiv auf die Anzahl der interessierten Werbe-Anbieter auswirken.

Besonders deutlich wird die Matchmaker-Funktion bei Dating-Plattformen. Hierbei handelt es sich um soziale Netzwerke, die private und persönliche Kontakte zwischen den Teilnehmern vermitteln.[123] Hervorzuheben ist hierbei der

---

122 OTT-Kommunikationsdienste erbringen ihre Leistung „Over the Top", was deren Erbringung über das offene Internet bei gleichzeitiger weitgehender Unabhängigkeit von herkömmlicher Telekommunikationsinfrastruktur beschreiben soll. Die Nutzung dieser Kommunikationsdienste setzt einen bestehenden Internetzugang für den jeweiligen Nutzer über einen Telekommunikationsdienst voraus und stellt die Schaffung dieser Voraussetzung in das alleinige Risiko des Nutzers; *Telle*, in: Taeger/Telle, Aktuelle Rechtsfragen im Informationsrecht in Rumänien und Deutschland, 2017, S. 39 (40).

123 BKartA, Beschl. v. 22.10.2015 – B6-57/15 (Online-Datingplattformen), BeckRS 2016, 1137, Rn. 17, 19, 72.

Hauptzweck der Plattformen, der nicht lediglich in einer allgemeinen Vernetzung liegt, sondern sich spezifisch auf das Zustandekommen konkreter privater und zwischenmenschlicher freundschaftlich, romantisch oder sexuell motivierter Kontakte ausrichtet.[124] Hierfür werden nach der Anmeldung Persönlichkeitsprofile gebildet, die von dem Plattform-Betreiber mit sämtlichen anderen bereits vorhandenen Persönlichkeitsprofilen anderer Teilnehmer auf mögliche Übereinstimmungen abgeglichen werden. Entdeckt der Plattform-Betreiber hierbei Übereinstimmungen, schlägt er die Profile der Teilnehmer gegenseitig für ein Kennenlernen vor. Bei einigen Plattformen werden stattdessen innerhalb eines räumlichen Umkreises Kontakte nach von dem jeweiligen Teilnehmer vorgegebenen Kriterien vorgeschlagen. Die Angebote sind hierbei teilweise werbefinanziert oder aber werden gegen ein monatliches Nutzungsentgelt erbracht. Gemein ist diesen Plattformen ein Diensteangebot, das auf die Überwindung von Wissenslücken und Suchaufwand abzielt.

8. Sharing-Plattformen

Eine weitere Besonderheit stellen Sharing-Plattformen dar. Diese vermitteln Nutzungsmöglichkeiten für bestimmte ungenutzte Ressourcen an mit ihr verbundene Teilnehmer. Ressourcen können dabei Produkte, Dienstleistungen oder sonstige Kapazitäten sein. Dabei erfolgt der Zugriff auf die Ressourcen häufig in Verbindung mit einem oder mehreren sozialen Netzwerken oder einer eigenen Anwendersoftware in Form einer App. Die vermittelten Ressourcen stehen dabei im Eigentum oder der alleinigen Verfügungsbefugnis anderer Teilnehmer oder der Plattform und werden an den Nutzer vorübergehend, regelmäßig gegen ein Entgelt, überlassen.

Bei besonders teuren Gütern wie zum Beispiel Fahrzeugen oder Wohnungen kann sich für den einzelnen Teilnehmer die Anmeldung bei einer Sharing-Plattform lohnen, wenn er nur einen gelegentlichen Bedarf nach einem frei für ihn verfügbaren Gut hat. In diesem Fall kann der individuell zu zahlende Preis für eine Plattform-Mitgliedschaft unter den aufzuwendenden Kosten liegen. Wohnungen zum Beispiel sind häufig entweder nur über einen längeren Zeitraum, verbunden mit entsprechenden langläufigen Zahlungsverpflichtungen zu mieten. Kurzmieten in Hotels, Hostels, Jugendherbergen oder ähnlichen Kurzunterkünften können sich für die Nutzer dagegen als zu teuer oder aus anderen Gründen nicht attraktiv herausstellen. Zudem können durch Sharing-Angebote zusätzliche Bedarfe bei knappen öffentlich verfügbaren Ressourcen befriedigt werden. Zum Beispiel könnten bei mehrtägigen Veranstaltungen an einem Ort weniger Unterkünfte als Übernachtungsgäste verfügbar sein. Hier gibt es Plattformen wie AirBnB, auf denen private Mieter ihre Wohnung einstellen und für

---

124 BKartA, Beschl. v. 22.10.2015 – B6-57/15 (Online-Datingplattformen), BeckRS 2016, 1137, Rn. 17; das BKartA unterscheidet in dem konkreten Verfahren zwischen den Kategorien Partnervermittlungsplattformen (Rn. 26), Singlebörsen (Rn. 29) und Casual-/Adult-Dating-Plattformen (Rn. 31).

in der Regel kurze Zeiträume untervermieten können, wenn sie sie nicht selbst benötigen. Ähnlich ist das Angebot der Plattform PaulCamper, auf der Inhaber von Wohnmobilen ihre Gefährte zur Vermietung anbieten können.

Der Eigentümer kann durch die zeitweise entgeltliche Überlassung die vergleichsweise hohen Kosten damit teilweise oder ganz auf die Nutzer verlagern. Damit tragen Sharing-Plattformen einerseits zu einer besseren Kostenverteilung bei. Andererseits ermöglichen sie ihren Nutzern die Teilhabe an einer Ressource, die sie sich ansonsten wirtschaftlich möglicherweise nicht leisten könnten, allerdings zu einem ihrer Nutzung entsprechenden Verhältnis und für ein geringes wirtschaftliches Risiko. Schließlich überwinden Sharing-Plattformen die Anonymität der Nutzer durch Anmelde-, Bewertungs- und Reputationsmechanismen und ermöglichen den Eigentümern ein besseres Vertrauen in die Weitergabe ihres Gutes an fremde Personen.[125] Derartige Plattformen bieten häufig zusätzliche Leistungen wie Versicherungsschutz oder Verifizierung an und nehmen damit den Anbietern Aufwand ab.

9. Suchmaschinen und Vergleichsplattformen

Die meisten Informationen im Internet sind aufgrund der enormen Masse an weltweit verfügbaren Inhalten nicht ohne weiteres durch Nutzer auffindbar, wenn sie nicht bereits aus anderen Gründen wunschgemäß eine bestimmte Webseite anwählen. Eine Erfassung sämtlicher verfügbarer Inhalte auf ihre Relevanz zu einem konkret geäußerten Informationsinteresse ist nur noch automatisch durch den Einsatz von Webcrawlern möglich.[126] Die automatisch erfassten Inhalte werden dabei von Suchmaschinen-Anbietern indexiert und ausgewertet.[127] Stellt ein Nutzer eine Suchanfrage auf der Suchmaschinen-Webseite, werden die bereits indexierten Inhalte nach ihrer Relevanz für die jeweilige Suchanfrage sortiert aufgelistet. Der Nutzer hat hierdurch die Möglichkeit, die aufgelisteten Internet-Inhalte über die dargestellten Links sofort anzuwählen und die dort enthaltenen Informationen zur Kenntnis zu nehmen.[128] Eine Vermittlung erfolgt hier durch die Zuleitung von Besuchern an den jeweiligen Webseiten-Betreiber. Für die Inanspruchnahme der Suchmaschine durch den Internetnutzer wie für die Indexierung der Webseiten in den Suchergebnissen erheben die meisten Anbieter kein unmittelbares Entgelt. Sie ermöglichen stattdessen die entgeltliche Schaltung von Werbung auf ihrer Internetseite. Die bei der Auswertung der indexierten Webseiten sowie der Suchanfragen erlangten Informationen können dabei gegenüber dem Werbekunden zur Preisfestsetzung verwendet werden. So

---

125 *Haucap*, Wirtschaftsdienst 2015, S. 91 (92).
126 *Lewandowksi*, in: Kuhlen/Semar/Strauch, Grundlagen der praktischen Information und Dokumentation, 2013, S. 495 (499).
127 *Glöggler*, Suchmaschinen im Internet, 2003, S. 39 f.
128 Vgl. *Höppner/Grabenschröer*, NZKart 2015, S. 162 (165), die von einem „effizientesten Zugang zu den relevantesten Informationen" sprechen.

wäre es möglich, bei Suchanfragen zu bestimmten Begriffen dazu passende Werbeinhalte einzublenden und an die Nutzer der Suchmaschine zu vermitteln.[129]

Vergleichsplattformen ermöglichen es ihren Nutzern, die Angebote und Preise verschiedener Unternehmen nebeneinander zu stellen und nach ihren Kriterien zu vergleichen. Dies erfolgt ebenso wie bei Suchmaschinen durch eine Listung der Unternehmen, die ihre Produkte oder Leistungen über das Internet anbieten. Auch hier kann der Nutzer eine Suche durch Eingabe eines Begriffes und Vorgabe relevanter Vergleichsparameter in einem Suchfeld auf der Internetseite der Vergleichsplattform starten und anschließend die dargestellten Seiten direkt anwählen. Die Aufnahme der Unternehmen erfolgt dabei häufig wie bei einer Suchmaschine, gelegentlich auch gegen Entgelt. Bei Bewertungsplattformen erfolgt eine Auflistung des jeweiligen Unternehmens durch den Nutzer selbst.

10. Vernetzte Systeme, *Cloud* und *Smart Home*

Schließlich gibt es zunehmend Technologien, die sich immer mehr in den Alltag integrieren lassen und eine noch tiefere Vernetzung ermöglichen. Dies kann durch eine Vernetzung verschiedener Computer-Kapazitäten oder Plattformen untereinander erfolgen. Auf ähnliche Weise funktionieren smarte Assistenzsysteme oder Smart-Home-Lösungen, die zusätzlich eine Vernetzung mit Alltagsgegenständen ermöglichen.[130]

In den letzten Jahren hat die Diskussion über die Einordnung der sogenannten Distributed Ledger Technology zunehmende Bedeutung gewonnen. Dabei handelt es sich um vernetzte Systeme oder Datenbanken, die nicht mehr nur zentral, sondern über eine Infrastruktur kollaborativ zu einem gemeinsamen Zweck miteinander verbunden werden und bei denen Einträge nicht mehr nachträglich verändert werden können.[131] Ein Anwendungsfall dieser Technologie ist die sogenannte Blockchain, die ein verifizierbares Buchführungssystem für digitale Transaktionen ermöglicht.[132] Als Besonderheit gilt hierbei, dass diese Technologie den Einsatz von Intermediärunternehmen technisch überflüssig machen kann. Es muss also nicht mehr zwingend für den zu vermittelnden Schritt eine eigene Vermittlungsplattform betrieben werden. Stattdessen wird dieser Schritt in den Ablauf der jeweiligen Blockchain integriert. Die Abläufe bestimmen dabei die Teilnehmer oder Nutzer der jeweiligen Blockchain. Das bedeutet, dass nicht mehr ein einzelnes Unternehmen über die Vermittlung entscheidet, sondern je nach systematischer Ausgestaltung das teilnehmende Nutzerkollektiv.[133] Daraus kann nicht der Schluss gezogen werden, dass es sich hierbei um einen

---

129 Ebenda, S. 162 (164).
130 *Henseler-Unger*, in: Sassenberg/Faber, Rechtshandbuch Industrie 4.0 und Internet of Things, § 1, Rn. 15; *Scheer*, IS 2016, S. 275 (278); *Andelfinger/Hänisch*, Internet der Dinge, 2015, S. 32.
131 *Sürmeli* et al., IS 2017, S. 595 (596); *Drescher*, Blockchain Basics, 2017, S. 11 ff.
132 Einführend zur Blockchain-Technologie aus juristischer Perspektive: *Pesch/Sillaber*, CRi 2017, S. 166 (167); *Saive*, CR 2018, S. 186 (186 f.).
133 Vgl. dazu die Übersicht bei *Drescher*, Blockchain Basics, 2017, S. 216.

nächsten Entwicklungsschritt über die Plattformen hinaus handelt. Vielmehr wird in den meisten Fällen lediglich die Art der Zusammenarbeit anders geregelt, sodass es nicht mehr den einen Plattform-Betreiber gibt. Stattdessen sind die Anwender der Technologie selbst mit mehr Möglichkeiten der Einflussnahme ausgestattet. Es handelt sich weiterhin um kooperative Zusammenschlüsse mehrerer Anwender, bei denen dieselben wettbewerblichen Phänomene wie bei Plattformen auftreten können, nur dass häufig kein einzelnes Unternehmen als Vermittler auftritt. Dies gilt erst recht, wenn es sich um eine proprietäre Blockchain handelt, die von einem Unternehmen bereitgestellt wird.

11. Virtualisierung konventioneller Angebote

Eine weitere Besonderheit digitaler Plattformen ist ihr Verhältnis zu nicht-digitalen konventionellen Angeboten. So bieten einige Plattformen Leistungen an, die aus Nutzersicht als funktional äquivalent oder substitutiv zu herkömmlichen Angeboten angesehen werden kann. Zu beobachten ist dies derzeit in der Telekommunikationsbranche am Beispiel der weit verbreiteten Messenger WhatsApp oder Threema.[134] Beide werden aus Nutzersicht überwiegend für das Versenden und Empfangen von Kurznachrichten genutzt und können deshalb als funktional äquivalent zu konventionellen SMS-Diensten angesehen werden.

Allerdings beschränken sich viele Angebote nicht darauf, lediglich bereits bestehende Angebote über die Internet-Technologie „virtualisiert" nachzubilden. Vielmehr werden viele Angebote um weitere Funktionen ergänzt, sodass sie im Verhältnis zu herkömmlichen Angeboten komplementär sind, wie zum Beispiel der Videotelefonie-Dienst Skype, Online-Datingplattformen oder neue Finanzdienstleister. Hinzu kommt, dass die Angebote selbst durch ihre Virtualisierung von einem materiellen Verschleiß unabhängiger werden können, indem ihre Kapazitäten und Ressourcen untereinander beliebig austauschbar gemacht werden.[135] Gleichzeitig steigen die qualitativen Erwartungen der Nachfrager. Mit dieser Virtualisierung werden die Angebote einerseits auf eine bestimmte Technologie festgelegt, was wiederum mit Pfadabhängigkeiten einhergeht, wodurch Handlungsmöglichkeiten verschlossen werden.[136] Andererseits werden dadurch vorherige Pfade durchbrochen, indem neue Handlungsmöglichkeiten bereitgestellt werden.[137] Digitale Plattformen stellen damit eine starke Bedeutung für die gesellschaftlichen, technischen und wirtschaftlichen Veränderungen dar.

---

134 *Telle*, in: Taeger/Telle, Aktuelle Rechtsfragen im Informationsrecht in Rumänien und Deutschland, 2017, S. 39 (41).
135 *Dreher*, ZWeR 2009, S. 149 (151).
136 *Hoffmann-Riem*, Innovation und Recht, Recht und Innovation, 2016, S. 213; *Simonis*, in: Sauer/Lang, Paradoxien der Innovation, 1999, S. 149 (152).
137 *Podszun*, Wirtschaftsordnung durch Zivilgerichte, 2014, S. 124.

III. Plattformspezifische Wettbewerbsphänomene

In der ökonomischen Literatur werden Plattformen häufig mehrseitige Märkte genannt.[138] Das bedeutet zunächst, dass Plattformen üblicherweise nicht nur einen Markt bedienen, sondern mehrere. Das allein wäre dabei nicht ungewöhnlich, da auch andere Unternehmen, die keine Plattformen sind, auf einer für sie selbst unübersehbaren Anzahl an Märkten im Sinne des Kartellrechts als Anbieter wie auch Nachfrager von Produkten oder Leistungen auftreten können. Und auch Plattform-Unternehmen selbst werden in ähnlicher Weise als Anbieter und Nachfrager auf einer Vielzahl an anderen Märkten tätig, ohne dass dies im Zusammenhang mit ihrer Eigenschaft als Plattform zusammenhängt. Vielmehr zeichnen sich diese Unternehmen in besonderer Weise dadurch aus, dass sie von verschiedenen wirtschaftlichen Effekten profitieren und mit Besonderheiten konfrontiert sind, wie sie bei herkömmlichen beobachteten Marktkonstellationen regelmäßig nicht in diesen Formen auftreten.

Die bisherigen Beobachtungen für Plattformen haben bereits gezeigt, dass es bei ihnen besonders einerseits darauf ankommt, Nutzer „mit an Bord" zu holen, und andererseits, dass die Entscheidungen der Nutzer weitere Einflüsse auf die Entscheidungen weiterer Nutzer oder anderer Individuen haben können. Plattformen vernetzen ihre Nutzer also untereinander, sodass sie auch als Netzwerk bezeichnet werden können.[139] Sie erlangen ihre wirtschaftliche Bedeutung überhaupt erst durch die tatsächliche Wahrnehmung durch ihre Nutzer. Die Auswirkungen und Abhängigkeiten der Nutzerentscheidungen auf Nutzergruppen werden als Netzwerkeffekte beschrieben.[140] Der Plattform-Betreiber kann von diesen Netzwerkeffekten profitieren, zum Beispiel indem er mit steigender Nutzerzahl die Kosten für den Aufbau und Betrieb der Plattform auf eine größere Nutzeranzahl verteilen kann und darüber hinaus Gewinne über zunehmende Umsätze erwirtschaftet.[141]

---

138 Zusammenfassend *Dewenter/Rösch/Terschüren*, NZKart 2014, S. 387 (387).

139 Insbesondere verwendet § 18 Abs. 3a GWB nicht den Begriff der Plattform, sondern „mehrseitige Märkte und Netzwerke". Dies kann grundsätzlich für die Zwecke dieser Untersuchung als synonym zum Plattformbegriff gesehen werden, da es in diesem Zusammenhang auf die kartellrechtliche Erfassung von derart umschriebenen Sachverhalten ankommt. Auch die Begründung zur 9. GWB-Novelle verwendet durchgängig diese Begriffspaar und den Plattformbegriff synonym und überlässt eine genaue Herausbildung begrifflicher Abgrenzungen der Praxis, vgl. Regierungsbegründung zur 9. GWB-Novelle, BT-Drs. 18/10207, S. 47; insofern hat es erste Auseinandersetzungen mit diesem Begriffspaar unter anderem in der Facebook-Entscheidung des Bundeskartellamts gegeben, in der die Behörde lediglich eine Abgrenzung zum Zweck der einseitigen Untersuchung der Marktstellung auf dem von ihr angenommenen Markt für soziale Netzwerke für private Nutzer als einer Marktseite eines „Intermediärsprodukts" vornahm, vgl. BKartA, Beschl. v. 6.2.2019 – B6-22/16 (Facebook), BeckRS 2019, 4895, Rn. 215; kritisch zur Begriffsbildung auch *Ewald*, in: Wiedemann, Handbuch des Kartellrechts, § 7, Rn. 71; Es soll deshalb an dieser Stelle nicht näher auf den Sprachgebrauch eingegangen werden, sondern stattdessen die Anwendung moderner Untersuchungskonzepte diskutiert werden.

140 Einführend hierzu: *Dewenter/Rösch/Terschüren*, NZKart 2014, S. 387 (388); *Höppner/Grabenschröer*, NZKart 2015, S. 162.

141 *Dewenter/Rösch/Terschüren*, NZKart 2014, S. 387 (387 f.).

In der industriekökonomischen Literatur hat sich um den Beginn des neuen Jahrtausends herum das Konzept der „mehrseitigen Märkte" ausgebildet.[142] Hierunter lassen sich verschiedene vor allem wirtschaftswissenschaftliche Erklärungsversuche zusammenfassen, die die herkömmliche Betrachtung des Marktes unter Berücksichtigung von Netzwerkeffekten und sogenannten Externalitäten erweitern und insbesondere für die kartellrechtliche Bewertung von Plattform-Sachverhalten herangezogen werden.[143] Maßgeblich sind hierfür unter anderem die Aufsätze von *Evans*[144], *Schmalensee*[145], *Rochet/Tirole*[146] und *Armstrong*[147], die sich zunächst noch ausschließlich mit wettbewerblichen Zusammenhängen in der Kreditkarten-Branche befassten, deren Erkenntnisse auf andere Plattform-Konstellationen übertragen werden.[148] Zusammengefasst zeichnen sich hiernach bezeichnete mehrseitige Märkte durch verschiedene Besonderheiten aus. Zum einen besteht ihr maßgebliches Angebot in der Erbringung von Vermittlungsleistungen zwischen verschiedenen Nutzergruppen, welche in dieser Form nicht oder noch nicht für beide Nutzergruppen ausreichend internalisiert sind.[149] Zum anderen machen sich die Unternehmen dabei die zwischen den Nutzergruppen bestehenden indirekten Netzwerkeffekte zu eigen. Das bedeutet, dass die Transaktionskosten zwischen diesen Nutzergruppen bisher höher waren und aufgrund dessen die Nutzergruppen weniger optimal zusammenfanden. Diese Nutzergruppen werden je nach Ausrichtung der Vermittlung in verschiedene Kategorien unterteilt und können mit unterschiedlichen Preisen belegt werden. Der wesentliche Sinn und damit wettbewerbliche Vorteil digitaler Plattform besteht also in der Erbringung von nutzergruppenübergreifenden – und vermittelnden Dienstleistungen.

Das Bundeskartellamt hat in einem Beschluss über eine Zusammenschlusskontrolle im Jahr 2008 erstmalig die Wirkung von indirekten Netzwerkeffekten in der Anzeigen- und Werbebranche untersucht.[150] Kurz zuvor hatte die Behörde noch in einem anderen Fusionskontrollverfahren mit Bezug zur Werbebranche mangels monetären Preises auf der einen Seite lediglich einen sachlich relevanten Markt angenommen.[151] Mittlerweile geht die Behörde davon aus, dass die untersuchten Unternehmen ihre Leistungen gegenüber „faktisch zwei verschiedene(n)

---

142 Vgl. hierzu die Zusammenfassung bei *Höppner/Grabenschröer*, NZKart 2015, S. 162 (162 f.).
143 Bundeskartellamt, Arbeitspapier – Marktmacht von Plattformen und Netzwerken v. 9.6.2016, https://www.bundeskartellamt.de/SharedDocs/Publikation/DE/Berichte/Think-Tank-Bericht.pdf?__blob=publicationFile&v=2 (abgerufen 14.12.2019), S. 8 ff.
144 *Evans*, YJR 2002, S. 325.
145 *Schmalensee*, JIE 2002, S. 103.
146 *Rochet/Tirole*, JEEA 2003, S. 990.
147 *Armstrong*, RJE 2006, S. 668.
148 Vgl. zusammenfassend hierzu: *Budszinski/Lindstädt*, WiST 2010, S. 436 (437); *Dewenter/Rösch/Terschüren*, NZKart 2014, S. 387 (388).
149 *Budszinski/Lindstädt*, WiST 2010, S. 436 (436).
150 BKartA, Beschl. v. 29.8.2008 – B6-52/08 (Intermedia Vermögensverwaltungs GmbH/Health & Beauty), BeckRS 2009, 4952, S. 21.
151 BKartA, Beschl. v. 19.1.2006 – B6-103/05 (Axel Springer AG/ProSiebenSat.1 Media AG), BeckRS 2016, 14199.

Kundengruppen (Marktseiten)" anbieten, zwischen denen Wechselwirkungen bestünden und die demzufolge beide als Märkte zu untersuchen seien.[152] Auch die EU-Kommission hat bereits die wettbewerblichen Besonderheiten digitaler Plattformen untersucht.[153]

1. Netzwerkeffekte

Netzwerkeffekte beschreiben tatsächliche Interdependenzen zwischen verschiedenen Nutzern oder Nutzergruppen einer Plattform.[154] Entscheiden sich mehr Nutzer für eine bestimmte Plattform, steigt dadurch der Nutzen der Plattform für weitere Nutzer.[155] Dieser sogenannte positive Netzwerkeffekt bedeutet also, dass der Nutzen der Plattform für jedes Individuum zunimmt, je mehr weitere Individuen sich für diese Plattform entscheiden.[156] Direkte Netzwerkeffekte betreffen dabei die Auswirkungen der Entscheidungen von Individuen einer Nutzergruppe auf andere Individuen derselben Nutzergruppe, soweit diese als solche abgrenzbar ist.[157] Sie hängen eng mit den für die Individuen verfügbaren Informationen zusammen und welche sie durch ihre Entscheidungen zu erlangen hoffen. Daneben nutzen Plattformen durch die ihnen zur Verfügung stehenden Informationen Netzwerkeffekte aus und können dadurch eine für sie günstig wirkende zeitlich asymmetrische Informationslage hervorrufen.[158] Diese kann sich im Extremfall zu einer als Hold-up bezeichneten Situation steigern, bei der ein Unternehmen durch die ihm zur Verfügung stehenden Informationen Bedingungen vereinba-

---

152 Bundeskartellamt, Digitale Ökonomie – Internetplattformen zwischen Wettbewerbsrecht, Privatsphäre und Verbraucherschutz v. 1.10.2015, https://www.bundeskartellamt.de/SharedDocs/ Publikation/DE/Diskussions_Hintergrundpapier/AK_Kartellrecht_2015_Digitale_Oekonomie.pdf?__blob=publicationFile&v=2 (abgerufen 14.12.2019), S. 10; Bundeskartellamt, Big Data und Wettbewerb v. 6.10.2017, http://www.bundeskartellamt.de/SharedDocs/Publikation/ DE/Schriftenreihe_Digitales_1.pdf?__blob=publicationFile&v=3 (abgerufen 14.12.2019), S. 5; Bundeskartellamt, Arbeitspapier – Marktmacht von Plattformen und Netzwerken v. 9.6.2016, https://www.bundeskartellamt.de/SharedDocs/Publikation/DE/ Berichte/Think-Tank-Bericht.pdf?__blob=publicationFile&v=2 (abgerufen 14.12.2019), S. 8 f.
153 Kommission, Entsch. v. 18.2.2010 – COMP/M.5727 (Microsoft/Yahoo! Search Business), http://ec.europa.eu/competition/mergers/cases/decisions/M5727_20100218_20310_261202_ EN.pdf (abgerufen 29.11.2018), Rn. 100 f.; Kommission, Entsch. v. 7.10.2011 – COMP/M.6281 (Microsoft/Skype), ABl. C 341, 2, Rn. 81.
154 Einführend dazu: *Dewenter/Rösch*, Einführung in die neue Ökonomie der Medienmärkte, 2015, S. 27 ff; *Delfs*, in: Eifert/Hoffmann-Riem, Innovation und rechtliche Regulierung, 2002, S. 171 (174 f.); *Dreher*, ZWeR 2009, S. 149 (152).
155 *Evans/Schmalensee*, Matchmakers, 2016, S. 22; *Blaschczok*, Kartellrecht in zweiseitigen Wirtschaftszweigen, 2015, S. 29.
156 Regierungsbegründung zur 9. GWB-Novelle, BT-Drs. 18/10207, S. 49 f.; *Grave*, in: Kersting/ Podszun, Die 9. GWB-Novelle, Kapitel 2, Rn. 26; *Ewald*, in: Wiedemann, Handbuch des Kartellrechts, § 7, Rn. 70; vgl. auch Kommission, Entsch. v. 3.10.2014 – COMP/M.7217 (Facebook/WhatsApp), ABl. C 417, 4, Rn. 127.
157 *Bardong*, in: Langen/Bunte, Kartellrecht, § 18 GWB, Rn. 154; *Dewenter/Rösch*, Einführung in die neue Ökonomie der Medienmärkte, 2015, S. 129 f.
158 *Haucap/Schmidt*, Wettbewerbspolitik und Kartellrecht, 2013, S. 50; *Bester*, Theorie der Industrieökonomik, 2017, S. 50.

ren kann, die es beim tatsächlichen Verlauf aus einer späteren Sicht nicht in dieser Form treffen könnte.[159] Allerdings muss selbst den Plattformen, die über eine derart asymmetrische Informationslage verfügen, nicht zwingend ihr unmittelbarer Nutzen bewusst sein. Dieser kann sich erst zu einem späteren Zeitpunkt ergeben, sodass Aussagen über den hypothetischen Verlauf äußerst vage sind.

Auf Plattformen haben die individuellen Entscheidungen der Nutzer nicht nur Auswirkungen auf andere Individuen derselben Nutzergruppe. Vielmehr wirken sich ihre Entscheidungen auch auf andere Nutzergruppen aus, die mit der Plattform verbunden sind.[160] Dies ist bei den dargestellten Medien-Plattformen oder sozialen Netzwerken der Fall, wenn sich die zunehmende Anzahl von Mediennutzern oder Abonnenten und damit verbundene Reichweite positiv auf die Entscheidung von Inhalte- oder Werbeanbietern zur Teilnahme auswirkt. Bei Betriebssystemen steigt ebenso der Anreiz für Anbieter von Dritt-Anwendersoftware, mit der Plattform kompatible Software zu programmieren, wenn sich mehr Nutzer für ein bestimmtes Betriebssystem entscheiden. Bei Sharing-Plattformen kann sich die Entscheidung von Inhabern einer Ressource, diese über eine Plattform zu vermitteln, positiv auf diejenige Nutzergruppe auswirken, die diese Ressource potenziell nutzen wird. Diese Interdependenzen von Entscheidungen zwischen verschiedenen Nutzergruppen werden als indirekte Netzwerkeffekte bezeichnet.[161] Sie können gegenseitig und in verschiedene Richtungen zwischen den unterschiedlichen Nutzergruppen bestehen. Zum Beispiel kann ein positiver indirekter Netzwerkeffekt bei einer Suchmaschine darin bestehen, dass sich die Zahl der indexierten Internetinhalte positiv auf die Nutzungserfahrung derjenigen Nutzer auswirkt, die auf der Suche nach bestimmten, zu ihrer Sucheingabe passenden Inhalten sind. Die durch positive Nutzungserfahrungen ansteigende Zahl der Suchmaschinennutzer könnte sich dann wiederum verstärkend auf die Entscheidung von Werbeanbietern auswirken, sodass dort wiederum ein positiver indirekter Netzwerkeffekt ausgemacht werden kann.

Netzwerkeffekte können sich gegenseitig selbst verstärken, sodass Konzentrierungstendenzen zugunsten weniger oder eines Anbieters auftreten können, denen als Begleiterscheinung die Gefahr eines „Umkippens der Märkte", dem sogenannten Tipping zugeschrieben wird.[162] Darunter werden starke Abwande-

---

159 Ebenda, S. 6; *Haucap/Schmidt*, Wettbewerbspolitik und Kartellrecht, 2013, S. 50.

160 *Evans*, YJR 2002, S. 325 (331); *Filistrucchi* et al., JCLE 2014, S. 293 (296); *Grave*, in: Kersting/Podszun, Die 9. GWB-Novelle, Kapitel 2, Rn. 21, 26.

161 Vgl. Regierungsbegründung zur 9. GWB-Novelle, BT-Drs. 18/10207, S. 49; *Grave*, in: Kersting/Podszun, Die 9. GWB-Novelle, Kapitel 2, Rn. 12; *Blaschczok*, Kartellrecht in zweiseitigen Wirtschaftszweigen, 2015, S. 30; *Dewenter/Rösch/Terschüren*, NZKart 2014, S. 387 (388).

162 Vgl. die Regierungsbegründung zur 9. GWB-Novelle, BT-Drs. 18/10207, S. 50; ebenso bereits BKartA, Beschl. v. 20.4.2015 – B6-39/15 (Online-Immobilienplattformen), nicht veröffentlicht; BKartA, Beschl. v. 24.7.2015 – B8-76/15 (Online-Vergleichsplattformen), nicht veröffentlicht; BKartA, Beschl. v. 22.10.2015 – B6-57/15 (Online-Datingplattformen), BeckRS 2016, 1137, Rn. 140 ff.; Kommission, Entsch. v. 7.10.2011 – M.6281 (Microsoft/Skype); Kommission, Entsch. v. 6.12.2016 – COMP/M.8124 (Microsoft/LinkedIn), http://ec.europa.eu/competition/mergers/cases/decisions/m8124_1349_5.pdf (abgerufen 29.11.2018), Rn. 343; zusammenfas-

rungsbewegungen einzelner Nutzer und Nutzergruppen zu der Plattform mit den am stärksten wirkenden indirekten Netzwerkeffekten verstanden, sodass negativ von dem Tipping betroffene Plattformen vom Markt verdrängt werden könnten.[163] Die mit der 9. GWB-Novelle neu eingeführte Vorschrift in § 18 Abs. 3a Nr. 1 GWB ermöglicht die Feststellung von Netzwerkeffekten im Zusammenhang mit der Untersuchung einer Marktbeherrschung. Sie wird in der Regel gemeinsam mit weiteren wettbewerblichen Phänomenen betrachtet werden müssen, insbesondere wenn es um die Feststellung eines „umgekippten Marktes" geht, also eines sogenannten Tippings.[164] Hierzu lässt sich festhalten, dass ein Tipping bislang eher theoretisch erscheint und nur vereinzelt im Rahmen eines kartellrechtlich zu untersuchenden Sachverhalts als naheliegend untersucht wurde.[165] Insofern gehen die meisten bisherigen Literaturansichten lediglich von einer „Gefahr des Tippings" aus.[166] Eine erste umfangreiche Bewertung dieser Umstände jedenfalls für einen Markt, auf der eine Plattform tätig war, hat das Bundeskartellamt mit seiner Facebook-Entscheidung vorgenommen und dabei die mit der 9. GWB-Novelle eingeführten plattformspezifischen Kriterien herangezogen.[167] Allerdings nahm diese Behörde lediglich einen „Tipping-Prozess" an, der das Unternehmen Facebook schließlich als Monopolisten herausbringe.[168] Sofern diese marktbezogene Entwicklung feststellbar ist, können Netzwerkeffekte gleichzeitig eine Marktzutrittsschranke darstellen.[169] Dies wäre der Fall, wenn die Netzwerkeffekte in die Marktstruktur internalisiert werden und sich als Erfordernis einer erheblichen Investition für den Markteintritt darstellen

send dazu *Bardong*, in: Langen/Bunte, Kartellrecht, § 18 GWB, Rn. 154 f.; mit den Bezügen zur mit der 9. GWB-Novelle aufgenommenen transaktionsbezogenen Schwellenwerten *Fuchs*, in: Kokott/Pohlmann/Polley, Europäisches, deutsches und internationales Kartellrecht, 2018, S. 271 (272 f.).

163 Kommission, Entsch. v. 6.12.2016 – M.8124 (Microsoft/LinkedIn), Rn. 344 f.; *Grave*, in: Kersting/Podszun, Die 9. GWB-Novelle, Kapitel 2, Rn. 28; Regierungsbegründung zur 9. GWB-Novelle, BT-Drs. 18/10207, S. 49.

164 *Dewenter/Rösch*, Einführung in die neue Ökonomie der Medienmärkte, 2015, S. 129.

165 Vgl. hierzu vor allem zuletzt BKartA, Beschl. v. 6.2.2019 – B6-22/16 (Facebook), BeckRS 2019, 4895, Rn. 387, wobei die Behörde ein entgültiges „Tipping" im Sinne eines „vollständig umgekippten Marktes" auch dort nicht annahm, sondern die jedenfalls als seine Vorstufe bestehende marktbeherrschende Stellung feststellte, vgl. Rn. 422; ähnliches Vorgehen bei Kommission, Entsch. v. 6.12.2016 – COMP/M.8124 (Microsoft/LinkedIn), http://ec.europa.eu/competition/mergers/cases/decisions/m8124_1349_5.pdf (abgerufen 29.11.2018), Rn. 343.

166 *Esser/Höft*, NZKart 2017, S. 259 (263); *Tamke*, NZG 2018, S. 503 (505); *Podszun/Kreifels*, EuCML 2016, S. 33 (35); *Bischke/Brack*, NZG 2019, S. 58 (59); maßgeblich sich hierbei auf die Regierungsbegründung berufend, die eine Vorhersage über die Entwicklung hin zu einem Tipping für schwierig hält, vgl. Regierungsbegründung zur 9. GWB-Novelle, BT-Drs. 18/10207, S. 50.

167 BKartA, Beschl. v. 6.2.2019 – B6-22/16 (Facebook), BeckRS 2019, 4895, Rn. 422 ff.

168 BKartA, Beschl. v. 6.2.2019 – B6-22/16 (Facebook), BeckRS 2019, 4895, Rn. 433 ff.; *Louven*, CR 2019, S. 352 (354).

169 *Kühnen*, in: Loewenheim et al., Kartellrecht, § 18 GWB, Rn. 94; *Fuchs*, in: Immenga/Mestmäcker, Wettbewerbsrecht. Band 2 GWB, § 18 GWB, 134; *Bosch*, in: Bechtold/Bosch, Gesetz gegen Wettbewerbsbeschränkungen, § 18 GWB, Rn. 49.

würden.[170] Weitgehend wird bei Netzwerkeffekten von einem besonderen unternehmensbezogenen Umstand auszugehen sein, der noch keine Marktzutrittsschranke darstellt. Denn allein das Bestehen der Netzwerkeffekte hindert andere Unternehmen noch nicht an einem Marktzutritt. Sie wirken nicht abstrakt-generell gegenüber jedem Unternehmen, sondern konkret-individuell für das Unternehmen, das seine Wirkungen für sich nutzbar machen kann. Gleichzeitig kann es die Rechtsanwendung vor Herausforderungen stellen, aus dem Bestehen von Netzwerkeffekten auf bestehende Marktzutrittsschranken zu schließen.[171] Dennoch kann es einem Unternehmen aufgrund der Konzentrationstendenzen möglich sein, sich unabhängig im Wettbewerb zu verhalten und Vorsprünge für sich auszunutzen. Andererseits können digitale Plattformen ebenso bisherige Marktzutrittsschranken überwinden und Nutzer an für sie neuen Handlungsformen teilhaben lassen, etwa indem sie bisherige Luxusangebote für einen größeren Nutzerkreis erlebbar machen. Damit können digitale Plattformen auch neue Teilhabemöglichkeiten schaffen.

Anders herum lässt sich allerdings bezweifeln, dass sich die Zunahme von Werbeanbietern, die aufgrund der Reichweite der Plattform ihre Inhalte schalten lassen, in jedem Fall positiv und damit marktmachtbestärkend auswirken wird.[172] So erscheint es bei Medien- und Aufmerksamkeitsplattformen naheliegend, für Werbeinhalte auf der Seite der Plattformnutzer eine Toleranzschwelle anzunehmen, ab deren Überschreitung das Interesse der Nutzer aufgrund eines Übermaßes an Werbung abnimmt.[173] Die indirekten Netzwerkeffekte sind bei derartigen Plattformen häufig nur einseitig oder asymmetrisch ausgeprägt.[174] Es können sogar indirekte Netzwerkeffekte mit umgekehrten Vorzeichen bestehen. Das bedeutet, dass die Anzeige und Vermittlung zusätzlicher Werbeinhalte ab einem bestimmten Punkt sich entweder nicht oder sogar negativ auf die Entscheidungen der anderen Nutzergruppe auswirken kann.[175]

2. Henne-und-Ei-Paradoxon

Da Plattformen mittels indirekter Netzwerkeffekte verschiedene Nutzergruppen an Bord holen und ihre Interessen miteinander vernetzen, sind sie mit dem Henne-und-Ei-Paradoxon konfrontiert.[176] Dieses stellt sich insofern dar, dass

---

170 Ebenda, Rn. 49.

171 Regierungsbegründung zur 9. GWB-Novelle, BT-Drs. 18/10207, S. 50.

172 *Dewenter/Rösch/Terschüren*, NZKart 2014, S. 387 (389); ähnlich auch *Volmar*, ZWeR 2017, S. 386 (390 f.).

173 *Budszinski/Lindstädt*, WiST 2010, S. 436 (440); *Blaschczok*, Kartellrecht in zweiseitigen Wirtschaftszweigen, 2015, S. 31.

174 Regierungsbegründung zur 9. GWB-Novelle, BT-Drs. 18/10207, S. 50.

175 Kommission, Entsch. v. 3.10.2014 – COMP/M.7217 (Facebook/WhatsApp), ABl. C 417, 4, Rn. 235.

176 *Evans/Schmalensee*, Matchmakers, 2016, S. 171; *Ewald*, in: Wiedemann, Handbuch des Kartellrechts, § 7, Rn. 72; *Blaschczok*, Kartellrecht in zweiseitigen Wirtschaftszweigen, 2015, S. 111 ff.

ein Netzwerk für einzelne Nutzer regelmäßig keinen Wert hat, wenn dort nicht interessengerecht bereits andere Nutzer derselben Nutzergruppe oder einer anderen Nutzergruppe angemeldet sind. Das bedeutet zum einen, dass Plattform-Anbieter nicht nur Nutzer einer Gruppe für ihr Angebot gewinnen müssen, sondern ebenso Nutzer der vernetzten anderen Gruppe. Damit geht das Risiko einher, auf beiden Seiten der Plattform überhaupt erst auf einem Markt tätig zu werden und eine das Geschäftsmodell tragende Nutzeranzahl zu gewinnen. Zum anderen ist aber, wenn der Erfolg des Geschäftsmodells von den gegenseitig interdependenten und sich verstärkenden Entscheidungen der vernetzten Nutzergruppen abhängt, der Markteintritt mit einer hohen Ungewissheit verbunden, welche der anzusprechenden Nutzergruppen zuerst gewonnen werden soll, um anschließend mit deren Reichweite die andere Nutzergruppe zu gewinnen.[177] Unternehmen trifft also ein hohes in wirtschaftlicher Hinsicht Vorleistungsrisiko, wenn sie nicht bereits bestehende Strukturen und Netzwerkeffekte ausnutzen können. Plattformen können dieses Henne-und-Ei-Paradoxon vor allem dadurch bewältigen, dass sie den bereits vorhandenen Dienst durch eine neue „Marktseite", häufig in Form einer Werbeseite, monetarisieren.[178] Es bestehen also Marktzutrittsschwellen aufgrund der besonderen Bedeutung der Netzwerkeffekte.

3. Größenvorteile und *economies of scale*

Eine weitere Marktzutrittsschwelle bei Plattformen stellen die von ihnen ausnutzbaren Größen- und Kostenvorteile dar. Der Betrieb von Plattformen bedarf regelmäßig die Aufwendung sogenannter fixer Kosten und variabler Kosten durch den Betreiber.[179] Fixe Kosten entstehen einmalig und können bei Plattformen häufig sehr hoch sein. Dazu kann die Entwicklung und Programmierung einer App zu zählen sein, ebenso wie die Anmietung von Servern oder Rechenzentrumskapazitäten. Variable Kosten entstehen durch die weitere Betreuung von Plattform-Kunden. Der Aufbau einer Plattform und ihrer Infrastruktur kann also zunächst ein hohes Investitionsrisiko mit sich bringen, wenn der Erfolg dieser Investition unklar ist. Dem steht im Erfolgsfall die Gelegenheit zur Erzielung besonders hoher Massenproduktionsvorteile, die sich als *economies of scale* bezeichnen lassen.

Mit zunehmender Größe einer Plattform können die Durchschnittskosten für jeden einzelnen Nutzer sinken, da sie sich auf eine größere Nutzeranzahl verteilen lassen.[180] Dadurch können Plattform-Betreiber die Wirkung indirekter Netzwerkeffekte internalisieren, anders als dies bei herkömmlichen, nicht durch

---

177 *Evans/Schmalensee*, Matchmakers, 2016, S. 171.
178 So auch entschieden in Kommission, Entsch. v. 3.10.2014 – COMP/M.7217 (Facebook/WhatsApp), ABl. C 417, 4, Rn. 235.
179 So auch *Grave*, in: Kersting/Podszun, Die 9. GWB-Novelle, Kapitel 2, Rn. 46.
180 *Dewenter/Rösch*, Einführung in die neue Ökonomie der Medienmärkte, 2015, S. 25; *Grave*, in: Kersting/Podszun, Die 9. GWB-Novelle, Kapitel 2, Rn. 46; *Dreher*, ZWeR 2009, S. 149 (152).

Plattformen geprägten Wirtschaftsbereichen der Fall ist.[181] So lassen sich zum Beispiel Transaktionskosten für individuelle Nutzer verringern.[182] Stark wirkende indirekte Netzwerkeffekte können deshalb bei Plattformen zu besonderen Größenvorteilen, den Skalenvorteilen, führen. Diese kostenbezogenen Vorsprünge können zu Wettbewerbsvorteilen führen, aber auch zu weiteren Innovationen.[183] Um dieses Kriterium zusätzlich bei der Bewertung einer marktbeherrschenden Stellung eines Unternehmens erfassen zu können, wurde zusätzlich in § 18 Abs. 3a Nr. 3 GWB das Kriterium „Größenvorteile im Zusammenhang mit Netzwerkeffekten" aufgenommen.[184]

Allerdings kann die Wirkung der Größenvorteile mit zunehmender Größe der Plattform und Verteilung der Kosten auf die Nutzer abnehmen. Auch Kapazitätsengpässe könnten sich bei besonders großen Plattformen aufgrund der größeren Anzahl potenziell betroffener Nutzer stärker auswirken, da dieses Unternehmen mehr zu verlieren haben könnte.[185] Um dies zu verhindern, kann es für das Unternehmen im Rahmen effektiver Wirtschaftlichkeit geboten sein, vorbeugend zusätzliche Kapazitäten oder Plattform-Infrastrukturen aufzubauen. Der Annahme möglicherweise eine bestimmte Marktstellung begründender Größenvorteile kann dieses wirtschaftlich nachvollziehbare Verhalten als mindernder Einwand entgegengehalten werden.

4. Informationen

Plattformen bauen ihre Dienste im Wesentlichen darauf auf, Informationen zu verarbeiten und zu vermitteln.[186] Dies kann auf verschiedene Weisen mit wettbewerblichen Implikationen in Verbindung gebracht werden. Zum einen dienen Informationen dem innehabenden Unternehmen als Grundlage seiner eigenen Entscheidungen im Wettbewerb, etwa wenn es seine Plattform-Dienste dadurch erfüllen oder verbessern kann, oder aber neue wirtschaftliche Verwertungen dazu vornehmen kann. Informationen können einem Unternehmen also Wissen vermitteln, das es im Wettbewerb für seine Zwecke nutzen kann. Dies kann zu Vorteilen und Vorsprüngen im Wettbewerb führen und für Unternehmen wiederum ebenso eine Marktzutrittschwelle darstellen, wenn sie nicht über diese Informationen verfügen. Im Zusammenhang mit den bisher dargestellten Besonderheiten bei Plattformen erwächst auch aus der Masse an Informationen eine Bedeutung. Denn Informationen können unter anderem Ergebnisse der

---

181 *Dewenter/Rösch/Terschüren*, NZKart 2014, S. 387 (389, 391); *Blaschczok*, Kartellrecht in zweiseitigen Wirtschaftszweigen, 2015, S. 36; *Bardong*, in: Langen/Bunte, Kartellrecht, § 18 GWB, Rn. 157 f.; *Dreher*, ZWeR 2009, S. 149 (152).
182 *Höppner/Grabenschröer*, NZKart 2015, S. 162 (163).
183 Kommission, Entsch. v. 3.10.2014 – COMP/M.7217 (Facebook/WhatsApp), ABl. C 417, 4, Rn. 87.
184 Vgl. hierzu die Regierungsbegründung zur 9. GWB-Novelle, BT-Drs. 18/10207, S. 51.
185 Regierungsbegründung zur 9. GWB-Novelle, BT-Drs. 18/10207, S. 50; *Grave*, in: Kersting/Podszun, Die 9. GWB-Novelle, Kapitel 2, Rn. 47.
186 Ausführlich zu den vertragsrechtlichen Konstellationen *Engert*, AcP 2018, S. 304 (320 ff.).

verschiedenen Nutzerverhältnisse für das Unternehmen abbilden und damit im Zusammenhang mit den bereits dargestellten Netzwerkeffekten stehen. Für die verschiedenen Nutzergruppen stellen die Informationen einen wesentlichen Mehrwert und Entscheidungsgrundlage dar. Gleichzeitig stehen Daten und ihre einfachere und wirtschaftliche Verwertung durch digitale Plattformen in einem Zusammenhang mit Größenvorteilen, da größere Datenmengen mit mehr Verarbeitungsmöglichkeiten in Verbindung gebracht werden. Für andere Unternehmen kann es eine Herausforderung darstellen, einen eigenen oder ähnlichen Datenbestand aufzubauen wie ein bereits erfolgreich etabliertes Plattformunternehmen. Dabei vermögen Plattformen Informationen einfacher zu vermitteln, sodass sie konventionelle Dienste teilweise überflüssig erscheinen lassen und als unangemessen empfundene Gegenleistungen wie zum Beispiel Provisionen vermeiden lassen. Anders kann dies bei Tätigkeiten sein, die eine umfangreiche und individuelle Informationsverarbeitung verlangen. So lassen sich Standardangebote einfacher über eine digitale Plattform darstellen als individualisierte Leistungen.

Hervorzuheben ist zunächst für die weitere Untersuchung, dass nicht Daten allein als technische Vorgänge bewertet werden, sondern eine kartellrechtliche Bewertung auf die dahinterstehende Information in ihrem jeweiligen wettbewerblichen Zusammenhang abzielt.[187] Dies geht daraus hervor, dass die wettbewerbliche Brisanz sich häufig überhaupt erst daraus ergibt, dass ein Unternehmen über Informationen verfügt, die ein anderes nicht hat.[188] Das Datum im technischen Sinne stellt zunächst lediglich eine Zeichenfolge dar.[189] Es hat als solche noch keine eigenständige Bedeutung im Kartellrecht, sofern man nicht die Speicherung und Auswertung von Daten als Leistungen im Zusammenhang mit der Abgrenzung eines hierfür sachlich relevanten Marktes untersucht. Eine bloße Zeichenfolge an sich ist hinsichtlich seiner wettbewerblichen Wirkungen im Übrigen bedeutungslos. Es besteht also in kartellrechtlicher Hinsicht ein Unterschied zwischen Datum und Information, auch wenn in sonstigen rechtlichen Diskussionen eine Abgrenzung nicht immer trennscharf vorgenommen wird und die beiden Begriffe häufig sogar synonym zueinander verwendet werden.[190] Die Information unterscheidet sich von dem Datum durch ein von der jeweiligen Betrachtung abhängiges spezifisches Referenzkriterium.[191] Daten sind eine

---

187 *Specht*, CR 2016, S. 288 (290); *Körber*, NZKart 2016, S. 303 (304).
188 *Spiecker, gen. Döhmann*, RW 2010, S. 247 (252); *König*, in: Hennemann/Sattler, Immaterialgüter und Digitalisierung, 2017, S. 89 (94); *Dewenter/Rösch*, Einführung in die neue Ökonomie der Medienmärkte, 2015, S. 45.
189 Siehe *Spiecker, gen. Döhmann*, RW 2010, S. 247 (253) mit Verweis auf die technische Definition in der DIN 44300; *Specht*, CR 2016, S. 288 (290); *Pombriant*, CRi 2013, S. 97 (97); vgl. *Zech*, CR 2015, S. 137 (138), der auf den unterschiedlichen Gebrauch des Begriffs „Daten" einerseits im technischen Sinn und andererseits im Syntax des Datenschutzrechts hinweist.
190 Eine sehr differenzierte Auseinandersetzung mit der Begriffs-Trias Daten, Information und Wissen findet sich bei *Spiecker, gen. Döhmann*, RW 2010, S. 247 (250 ff.), die insbesondere auf die nach den je nach Rechtsgebieten unterschiedliche Begriffsverwendung hinweist.
191 Ebenda, S. 247 (252).

technische Grundlage für Informationen.[192] Sie werden über die den digitalen Plattformen zugrunde liegenden Internetinfrastrukturen und Informationstechnik sowie mittels der dabei eingesetzten Schnittstellen und dem World Wide Web verarbeitet.

Eine wettbewerbliche Bedeutung kann eine Zeichenfolge aber dann erlangen, wenn ihr von den relevanten Personen eine Bedeutung zugeschrieben wird.[193] Dies erfolgt durch Transformation oder Kombination.[194] Erstere beschreibt die Zuschreibung einer Bedeutung zu der Zeichenfolge in einer konkreten Situation durch mindestens eine Person. Letztere meint dies speziell durch die Zusammenfügung von verschiedenen Zeichenfolgen. Dies kann durch Wettbewerber erfolgen, ebenso wie der jeweiligen Marktgegenseite. Diese Bedeutung kann sehr stark variieren und jeweils für verschiedene Personen unterschiedliche Bedeutungen haben, ist also relativ.[195] Diese Relativität findet sich in einer kartellrechtlichen Betrachtung wieder, wenn die konkrete wettbewerbliche Bedeutung einer Information untersucht wird. Nicht die Masse an Daten und damit in Verbindung gebrachten Informationen ist kartellrechtlich unmittelbar bedeutsam, sondern zunächst vor allem ihre wettbewerbliche Qualität für den jeweiligen Betrachter im Wettbewerb.[196] Die Qualität von Informationen kann für Innovationen bedeutsam sein, wenn auf ihrer Grundlage Unternehmen neue oder bessere Angebote oder Prozesse schaffen und bewerben können.[197] Erst wenn diese qualitative Aussage über den Informationsgehalt von Daten angestellt werden kann, wäre eine quantitative Aussage über den Bestand der hiermit qualifizierten Daten möglich.

In diesem Zusammenhang steht die Bewertung von Netzwerkeffekten und Größenvorteilen bei digitalen Plattformen, wie sie insbesondere auch in § 18 Abs. 3a Nr. 1 und 3 GWB im deutschen Kartellrecht ausdrücklich als mögliche Marktmachtkriterien erwähnt werden. Eine eigenständige Bedeutung der Größe eines Datensatzes für die Marktmachtbewertung ergibt sich nicht aus § 18 Abs. 3a Nr. 4 GWB, der seinem Wortlaut nach als Marktmachtkriterium für Plattformen „sein Zugang zu wettbewerbsrelevanten Daten" vorsieht. Zum einen ergibt sich bereits aus dem Wortlaut, dass es weniger um die Größe und das Potenzial zur Ausschaltung des Wettbewerbs durch die Vorenthaltung geht, als die vorgelagerte Zugriffsmöglichkeit.[198] Dies ergibt sich aus der Gesetzesbegründung zur 9. GWB-Novelle, mit der diese Vorschrift eingeführt wurde und die vor allem

---

192 Ebenda, S. 247 (253).
193 *Pombriant*, CRi 2013, S. 97 (98); siehe schon *Sieber*, NJW 1989, S. 2569 (2572); *Maschollek/Sura*, in: Sassenberg/Faber, Rechtshandbuch Industrie 4.0 und Internet of Things, § 7, Rn. 45 bezeichnen dies als „wirtschaftlichen Wert".
194 *Pombriant*, CRi 2013, S. 97 (98).
195 *Körber*, NZKart 2016, S. 303 (304 ff.).
196 *Weber*, ZWeR 2014, S. 169 (171 f.); *Körber*, NZKart 2016, S. 303 (305 f.); Kommission, Entsch. v. 11.3.2008 – COMP/M.4731 (Google/DoubleClick), ABl. C 184, 10, Rn. 371.
197 *Holzweber*, NZKart 2016, S. 104 (107); *Körber*, in: Körber/Immenga, Daten und Wettbewerb in der digitalen Ökonomie, 2016, S. 81 (88).
198 Zustimmend auch *Tamke*, NZG 2018, S. 503 (507).

auf eine Erfassung marktmachtrelevanter Vorsprünge durch diesen Zugang abzielt.[199] Über das im Wortlaut enthaltende Kriterium der Wettbewerbsrelevanz wird auch bei dieser Vorschrift deutlich, dass es auf einen besonderen wettbewerblichen Bezug ankommt. Im Kontext muss dieses Kriterium deshalb so verstanden werden, dass nicht die final-absolute Inhaberschaft über einen bestimmbaren Datenschatz zur Voraussetzung einer Marktstellung gehört, sondern es kommt auf die besonderen Bezugsquellen an, die das Unternehmen sich unabhängig vom Wettbewerb aufbauen konnte.

Als dritter Begriff tritt an dieser Stelle das Wissen auf, was sich als subjektiv-persönlicher Bestand von organisierten Informationen zu einem bestimmten Bereich beschreiben lässt.[200] Es ist Gegenstand und Ergebnis des noch zu erläuternden Wettbewerbsprozesses als Entdeckungsverfahren, in dem Unternehmen nach neuen Informationen suchen, um diese in ihren Erfahrungsschatz zu integrieren und darauf aufbauend für sie wettbewerblich günstig wirkende Entscheidungen treffen zu können.[201] Dieses kann dem Unternehmen einen Vorsprung in Form eines Wissensspielraums verschaffen. Für Innovation hat Wissen deshalb eine besondere Bedeutung, weil es sich als Erfahrungsschatz darstellen kann und damit neue Innovationen ermöglichen kann.[202] Wissen kann aufgrund seiner reinen Subjektivität aber nicht selbst Gegenstand eines Marktes und des Wettbewerbs sein, sondern ist lediglich ein mögliches unternehmensinternes Ergebnis.

5. Multi-homing und Wechselbewegungen

Viele Nutzer beschränken sich nicht auf eine einzelne Plattform für eine bestimmte Nachfrage, sondern verwenden parallel oder nacheinander unterschiedliche Plattformen. Spiegelbildlich akzeptieren viele Anbieter die Nutzung unterschiedlicher Plattformen. So werden von vielen Händlern unterschiedliche Zahlungsmittel und Kreditkarten für die Abwicklung von Zahlungsvorgängen angenommen.[203] Zwischen den einzelnen beteiligten Anbietern und Nachfragern können also Wechselbewegungen bestehen. Multi-homing beschreibt dabei den tatsächlichen Umstand, dass Nutzer mehrere Plattformen in Anspruch nehmen.[204]

Das Bundeskartellamt ist in mehreren bisherigen Freigabeentscheidungen zu Fusionen davon ausgegangen, dass Multi-homing die Gefahr eines Tipping verrin-

---

199 Regierungsbegründung zur 9. GWB-Novelle, BT-Drs. 18/10207, S. 51.

200 *Pombriant*, CRi 2013, S. 97 (98); *Specht*, CR 2016, S. 288 (290); *Spiecker, gen. Döhmann*, RW 2010, S. 247 (253 f.).

201 *Adolf*, in: Hilty/Jaeger/Lamping, Herausforderung Innovation, 2012, S. 25 (38).

202 Ebenda, S. 25 (38 f.).

203 *Evans/Schmalensee*, Matchmakers, 2016, S. 28.

204 *Armstrong*, RJE 2006, S. 668 (669); *Ewald*, in: Wiedemann, Handbuch des Kartellrechts, § 7, Rn. 72; *Blaschczok*, Kartellrecht in zweiseitigen Wirtschaftszweigen, 2015, S. 99 f.

gern könne.[205] Auch die EU-Kommission nimmt in ihrer Freigabeentscheidung *Microsoft/LinkedIn* an, dass Multi-homing sich abmildernd auf Netzwerkeffekte auswirken kann.[206] Damit handelt es sich zunächst um einen Umstand, dessen Feststellung bei der Bewertung der marktbeherrschenden Stellung hinzugezogen werden kann. § 18 Abs. 3a Nr. 2 GWB setzt dies um und sieht als weiteres mit der 9. GWB-Novelle eingeführtes Kriterium zur Bewertung der Marktstellung bei Plattform-Sachverhalten die „parallele Nutzung mehrerer Dienste und den Wechselaufwand für die Nutzer" vor.[207] Dieser Umstand lässt sich als Einwand gegenüber der Annahme einer Marktstellung annehmen. Trotz stark wirkender Netzwerkeffekt und sogar weiterer monopolistischer Tendenzen könnte gleichwohl die Marktmachtstellung abgeschwächt werden, wenn die Nutzer einfache Möglichkeiten zum Wechsel haben.

6. Preisverteilung

Die Leistungen vieler Plattformen werden häufig an eine Kundengruppe ohne ein unmittelbares monetäres Entgelt angeboten. *Rochet/Tirole* beschreiben den Unterschied von mehrseitigen Wirtschaftszweigen zu einseitigen damit, dass sich der Anbieter nicht allein für einen Preis entscheiden muss, sondern stattdessen für eine nicht-neutrale Preisstruktur, mittels derer er die Nutzergruppen an Bord holen kann.[208] Aufgrund der indirekten Netzwerkeffekte wirken sich Preissetzungen indirekt auf die andere mit der Plattform verbundene Nutzergruppe aus.[209] Dies berücksichtigen Plattformen, indem sie die teilnehmenden Nutzergruppen zur Erzielung von Umsätzen häufig preislich unterschiedlich behandeln.[210] So wird häufig eine Nutzergruppe mit einem Entgelt belegt, während die andere verbundene Nutzergruppe kein unmittelbares Entgelt leistet und dadurch preislich in Form eines „Nullrabatts"[211] begünstigt wird.[212] Der Preis gegenüber einer Nutzergruppe liegt dabei häufig oberhalb des sogenannten Monopolpreises, während der Preis für die andere Nutzergruppe dagegen unterhalb

---

205 BKartA, Beschl. v. 24.7.2015 – B8-76/15 (Online-Vergleichsplattformen), nicht veröffentlicht; BKartA, Beschl. v. 20.4.2015 – B6-39/15 (Online-Immobilienplattformen), nicht veröffentlicht.
206 Kommission, Entsch. v. 6.12.2016 – M.8124 (Microsoft/LinkedIn)
207 *Bardong*, in: Langen/Bunte, Kartellrecht, § 18 GWB, Rn. 156.
208 *Rochet/Tirole*, JEEA 2003, S. 990 (990); *Rochet/Tirole*, RJE 2006, S. 645 (651 f., 665); *Ewald*, in: Wiedemann, Handbuch des Kartellrechts, § 7, Rn. 72; *Kuoppamäki*, in: Nihoul/van Cleynenbreugel, The roles of innovation in competition law analysis, 2018, S. 307 (310).
209 *Budszinski/Lindstädt*, WiST 2010, S. 436 (438).
210 *Schmalensee*, JIE 2002, S. 103 (105); *Dewenter/Rösch/Terschüren*, NZKart 2014, S. 387 (387); vgl. *Höppner/Grabenschröer*, NZKart 2015, S. 162 (163), nach denen diese Form der Ungleichbehandlung vor allem bei asymmetrisch auftretenden indirekten Netzwerkeffekten zu beobachten ist; *Bardong*, in: Langen/Bunte, Kartellrecht, § 18 GWB, Rn. 57 f.
211 Bundeskartellamt, Arbeitspapier – Marktmacht von Plattformen und Netzwerken v. 9.6.2016, https://www.bundeskartellamt.de/SharedDocs/Publikation/DE/Berichte/Think-Tank-Bericht. pdf?__blob=publicationFile&v=2 (abgerufen 14.12.2019), S. 40; ausführlich erläuternd hierzu *Sauermann*, ZWeR 2018, S. 341 (347).
212 *Rochet/Tirole*, RJE 2006, S. 645 (658 f., 665); *Dewenter/Rösch/Terschüren*, NZKart 2014, S. 387 (390); *Blaschczok*, Kartellrecht in zweiseitigen Wirtschaftszweigen, 2015, S. 44.

des Monopolpreises – häufig auf null – angesetzt wird. Monopolpreis ist dabei der Preis, den ein marktbeherrschendes Unternehmen ohne Wettbewerber aufgrund dieser Marktstellung verlangen kann. Durch die niedrige Bepreisung einer Nutzergruppe bei einem gleichzeitig hohen Preis für die korrespondierende Nutzergruppe kann die Plattform die Masse der Transaktionen, also der erfolgten Vermittlungen, beeinflussen und dadurch Nutzergruppen besser zusammenbringen und zwischen ihnen vermitteln.[213] Steigt nämlich aufgrund des niedrigen oder nicht geforderten monetären Entgelts auf der einen Seite die Anzahl der Teilnehmer dieser Nutzergruppe, steigt gleichsam der Wert für die andere Nutzergruppe, weshalb sie ein höheres Entgelt zu zahlen bereit sind. Damit kann gegenüber der Nutzergruppe mit dem Nullrabatt der Preiswettbewerb in seiner Bedeutung zugunsten anderer qualitativer wettbewerblicher Parameter zurücktreten.[214] Durch das beschriebene Preissetzungsvorgehen können die Transaktionskosten für die Vermittlung zwischen den Individuen der Nutzergruppen verringert und dadurch wiederum das Transaktionsvolumen, also die Gesamtanzahl der Transaktionen, erhöht werden.[215]

7. Innovationen

Innovation hat also in der Praxis und Wissenschaft über die Anwendung der kartellrechtlichen Vorschriften eine zunehmende Bedeutung gewonnen.[216] Dagegen kann hieraus nicht der Schluss gezogen werden, die Produktinnovation sei der nunmehr allein maßgebliche Wettbewerbsparameter, wie dies *Weber* zunächst zusammenfasst.[217] Zwar treten Preise aufgrund der besonderen ökonomischen Umstände der Internetwirtschaft auf den ersten Blick in den Hintergrund. Sie sind nicht verschwunden, sondern häufig lediglich auf eine andere Vertriebsstufe verlagert oder verteilt. Dieses Verlagern oder Verteilen kann ein Geschäftsmodell innovativ erscheinen lassen, aber auch qualitätsbezogene Aspekte ausdrücken, die sich auf die Nutzerentscheidung auswirken. So kann es eine Innovation darstellen, dass Nutzer einer bestimmten Gruppe und einem abstrahierbaren gemeinsamen Interesse mit einer anderen Nutzergruppe und deren Interessen

---

213 *Rochet/Tirole*, RJE 2006, S. 645 (664 f.).
214 *Weber*, Zugang zu den Softwarekomponenten der Suchmaschine Google nach Art. 102 AEUV, 2017, S. 100; allerdings zieht *Weber* an dieser Stelle den Schluss, an die Stelle des Preiswettbewerbs trete ausschließlich ein Innovationswettbewerb. Dies wird angesichts der für Nutzer mindestens ebenso wichtigen Qualität und des darum stattfindenden Wettbewerbs nicht stets so annehmbar sein. Innovation kann Bestandteil des wirksamen Wettbewerbs sein, *Körber*, WuW 2015, S. 120 (123).
215 *Budszinski/Lindstädt*, WiST 2010, S. 436 (437); Bundeskartellamt, Arbeitspapier – Marktmacht von Plattformen und Netzwerken v. 9.6.2016, https://www.bundeskartellamt.de/SharedDocs/ Publikation/DE/Berichte/Think-Tank-Bericht.pdf?__blob=publicationFile&v=2 (abgerufen 14.12.2019), S. 12.
216 Übersicht aus der US-amerikanischen Forschung zu Innovation, die bereits fortgeschrittener ist, *Newman*, FSULR 2012, S. 681 (692).
217 *Weber*, Zugang zu den Softwarekomponenten der Suchmaschine Google nach Art. 102 AEUV, 2017, S. 100.

vermittelt werden. Dies wird sich wettbewerblich nur dann auswirken, wenn die jeweiligen Nutzer das Angebot wertschätzen und deshalb annehmen.[218] Dies erfolgt nicht allein aufgrund der Neuheit, sondern schließlich auch aufgrund von qualitativen Interessen.

Das Bundeskartellamt hatte bereits in seinem Arbeitspapier aus dem Jahr 2015 die mit der digitalen Revolution einhergehenden Innovationen hervorgehoben.[219] Ebenso sah es bereits mögliche Herausforderungen in Bezug auf den Zweck des Kartellrechts, Märkte offen zu halten.[220] Dies müsse nicht nur durch die Ermöglichung von Marktzutritten durch Offenhaltung, sondern auch Ermöglichung von Innovationen erfolgen.[221] Bei digitalen Plattformen können Innovationen die bereits bestehenden Netzwerkeffekte verstärken oder gar neue auftreten lassen, weshalb *Dewenter/Rösch* an dieser Stelle von einem Markterweiterungseffekt sprechen.[222] Demgegenüber stellt die Behörde in dem Arbeitspapier bereits hervor, dass aufgrund der in digitalen Märkten vorherrschenden besonderen Dynamik Marktstellungen von Unternehmen schnell angreifbar seien.[223]

Etwa ein Jahr zuvor sprach sich der US-amerikanische Manager *Peter Thiel* in einem Artikel im Wall Street Journal für die Notwendigkeit einer höheren Akzeptanz gegenüber Monopolen in einer zunehmend dynamischen Welt mit der Begründung aus, „kreative Monopole" würden anders als „alte Monopole" neuere und bessere Angebote schaffen und damit unmittelbar der Innovation dienen.[224] Gerade aber diese Anstrengungen müssten entsprechend entlohnt werden. Dies lässt sich zum einen allgemein als Einwand gegen eine vorschnelle Regulierung von digitalen Plattformen verstehen.[225] Zum anderen ließe sich hieraus ableiten, dass gerade bei digitalen Plattformen das Streben nach einer Monopolstellung lediglich Ausdruck funktionierenden Wettbewerbs um den Markt, nicht lediglich auf dem Markt, ist.[226] Es kann damit zunächst als Erfolg im Innovationswett-

---

218 *Neef*, in: Hilty/Jaeger/Lamping, Herausforderung Innovation, 2012, S. 65 (70).
219 Bundeskartellamt, Digitale Ökonomie – Internetplattformen zwischen Wettbewerbsrecht, Privatsphäre und Verbraucherschutz v. 1.10.2015, https://www.bundeskartellamt.de/SharedDocs/Publikation/DE/Diskussions_Hintergrundpapier/AK_Kartellrecht_2015_Digitale_Oekonomie.pdf?__blob=publicationFile&v=2 (abgerufen 14.12.2019), S. 5.
220 Vgl. zum Offenhalten der Märkte auch *Podszun/Kreifels*, EuCML 2016, S. 33 (38).
221 Bundeskartellamt, Digitale Ökonomie – Internetplattformen zwischen Wettbewerbsrecht, Privatsphäre und Verbraucherschutz v. 1.10.2015, https://www.bundeskartellamt.de/SharedDocs/Publikation/DE/Diskussions_Hintergrundpapier/AK_Kartellrecht_2015_Digitale_Oekonomie.pdf?__blob=publicationFile&v=2 (abgerufen 14.12.2019), S. 7, 26.
222 *Dewenter/Rösch*, Einführung in die neue Ökonomie der Medienmärkte, 2015, S. 228.
223 Bundeskartellamt, Digitale Ökonomie – Internetplattformen zwischen Wettbewerbsrecht, Privatsphäre und Verbraucherschutz v. 1.10.2015, https://www.bundeskartellamt.de/SharedDocs/Publikation/DE/Diskussions_Hintergrundpapier/AK_Kartellrecht_2015_Digitale_Oekonomie.pdf?__blob=publicationFile&v=2 (abgerufen 14.12.2019), S. 22.
224 *Thiel*, Competition is for losers, The Wall Street Journal v. 2.9.2014, https://www.wsj.com/articles/peter-thiel-competition-is-for-losers-1410535536 (abgerufen 14.12.2019).
225 Ähnlich auch *Podszun/Kreifels*, EuCML 2016, S. 33 (38).
226 Ebenda, S. 33 (38); *Körber*, ZUM 2017, S. 93 (95); ähnlich schon *Dreher*, ZWeR 2009, S. 149 (152).

bewerb angesehen werden, wenn ein Unternehmen sich den gesamten Markt nimmt, der Verlierer dagegen klein bleibt und verdrängt wird.[227] Allerdings würde dies in wettbewerbspolitischer Hinsicht voraussetzen, dass sich das gewinnende Unternehmen an dieser Stelle auf Innovationsinteressen berufen kann, die gegenüber anderen wettbewerbsrechtlich geschützten Interessen zurückstehen. Sofern teilweise eine „The-winner-takes-it-all-Situation" beschrieben wird,[228] lassen sich dem zwei Einwände entgegenhalten. Erstens ließ sich ein derartiger Zustand, dass also ein Unternehmen „den ganzen Markt" gewonnen hat, bislang nicht dauerhaft feststellen. So wurden verschiedene digitale Plattformen der Anfangszeit des Internet, wie zum Beispiel Altavista, Yahoo!, MySpace und in Deutschland trotz anfänglich großer Erfolge auch StudiVZ von nachfolgenden Unternehmen abgelöst.[229] Insofern könnte der zwischenzeitlich gewonnene „Wettbewerb um den Markt" wiederum schnell durch weiteren Wettbewerb angreifbar sein.[230] Zweitens ist hier schon auf die marktbezogene Untersuchung hinzuweisen, ob die gegenwärtig besonders wirtschaftlich präsenten Unternehmen Google, Amazon, Facebook und Apple jeweils „einen Markt" für sich gewonnen haben. Beide Aussagen enthalten also lediglich Hypothesen, die für einen konkreten kartellrechtlich zu bewertenden Fall einen Feststellungsbedarf mit vorhergehendem Untersuchungsaufwand beschreiben.

In der europäischen Kartellrechtspraxis wurde Innovation bislang vor allem im Zusammenhang mit möglichen Einwänden gegen eine mögliche Marktmachtstellung behandelt.[231] Dieses Argument nimmt auch das Bundeskartellamt in einem Bericht auf.[232] Demnach könnten Innovationen und deren wettbewerbliche Auswirkungen sich mindernd auf die Konzentrierungstendenzen bei digitalen Plattformen auswirken. Diese Praxis spiegelt sich auch in dem in § 18 Abs. 3a Nr. 5 GWB im Jahr 2017 neu eingeführten Marktstrukturkriterium „innovationsgetriebener Wettbewerbsdruck" wieder.[233] Ebenso könnte Innovation bei der Bewertung einseitiger Maßnahmen marktbeherrschender Unternehmen oder hinsichtlich der Wirkung eines Unternehmenszusammenschlusses herangezogen werden.[234] Der Wortlaut sowohl des Art. 101 Abs. 1 AEUV als auch

---

227 So auch ebenda, S. 149 (152).
228 Vgl. u. a. *Podszun/Kreifels*, EuCML 2016, S. 33 (38); *Körber*, ZUM 2017, S. 93 (95).
229 Beispiele nach ebenda, S. 93 (95); auch schon *Körber*, WuW 2015, S. 120 (123 f.).
230 Ebenda, S. 120 (123 f.).
231 Kommission, Entsch. v. 7.10.2011 – M.6281 (Microsoft/Skype); Kommission, Entsch. v. 3.10.2014 – M.7217 (Facebook/WhatsApp), Rn. 99.
232 Bundeskartellamt, Arbeitspapier – Marktmacht von Plattformen und Netzwerken v. 9.6.2016, https://www.bundeskartellamt.de/SharedDocs/Publikation/DE/Berichte/Think-Tank-Bericht. pdf?__blob=publicationFile&v=2 (abgerufen 14.12.2019), S. 84.
233 Regierungsbegründung zur 9. GWB-Novelle, BT-Drs. 18/10207, S. 51.
234 Siehe ähnlich Kommission, Entsch. v. 26.1.2011 – COMP/M.5984 (Intel/McAfee), ABl. C 98, 1, Rn. 98; Kommission, Entsch. v. 18.2.2010 – COMP/M.5727 (Microsoft/Yahoo! Search Business), http://ec.europa.eu/competition/mergers/cases/decisions/M5727_20100218_ 20310_261202_EN.pdf (abgerufen 29.11.2018), Rn. 217 ff.; Kommission, Entsch. v. 6.11.2012 – COMP/M.6564 (ARM/Giesecke & Devrient/Gemalto/JV), ABl. C 368, 9, Rn. 178; Kommission, Entsch. v. 3.10.2014 – COMP/M.7217 (Facebook/WhatsApp), ABl. C 417, 4,

Art. 102 UAbs. 2 AEUV enthält Regelbeispiele, von denen die jeweilige lit. b auf „die Einschränkung oder Kontrolle der Erzeugung, des Absatzes, der technischen Entwicklung" abzielt. Art. 101 Abs. 1 lit. b AEUV nimmt zusätzlich die Einschränkungen von Investitionen auf. Art. 102 UAbs. 2 lit. b AEUV sieht zusätzlich die Einschränkung zum Schaden der Verbraucher vor. In beiden Fällen könnte ein besonderer Bezug zu Innovationen anzunehmen sein. Allerdings hat sich die Praxis und Rechtsprechung auf der Ebene des Europäischen Kartellrechts von den Regelbeispielen gelöst und nimmt eine Einordnung weitgehend nach der Auslegung der Grundtatbestände vor.[235] Dies ist in beiden Tatbeständen aufgrund der Formulierung „insbesondere" möglich. Das Regelbeispiel enthält Fälle der Wettbewerbsbeschränkung, die auf die wirtschaftliche Entwicklung abzielen und spiegelt damit die Bedeutung der Innovationsförderung für die europäische Wirtschaftsordnung wieder.[236]

Auf der anderen Seite kann Innovation eine Relevanz im Hinblick auf die kartellrechtliche Unbedenklichkeit bestimmter Verhaltensweisen haben, wenn Innovation zum Wettbewerb gehört und eine Maßnahme zur Verbesserung wettbewerblicher Bedingungen dient oder ein Innovationsgut erhält.[237] Die EU-Kommission geht davon aus, dass insbesondere digitale Plattformen besonders aktiv im Hinblick auf Innovationen sind und ständig neue Angebote

---

Rn. 89; Kommission, Entsch. v. 27.3.2017 – COMP/M.7932 (Dow/DuPont), http://ec.europa. eu/competition/mergers/cases/decisions/m7932_13668_3.pdf (abgerufen 29.11.2018), Rn. 1955 ff.

235 *Fuchs*, in: Immenga/Mestmäcker, Wettbewerbsrecht. Band 1 EU, Art. 102 AEUV, Rn. 310; *Stockenhuber*, in: Grabitz/Hilf/Nettesheim, Das Recht der Europäischen Union: EUV/AEUV, Art. 101 AEUV, Rn. 177; *Jung*, in: Grabitz/Hilf/Nettesheim, Das Recht der Europäischen Union: EUV/AEUV, Art. 102 AEUV, Rn. 340, weist zudem auf die begrenzte Aussagekraft der einzelnen Regelbeispiele hin und hält diese deshalb in ihrer praktischen Anwendung für nicht hilfreich. Insofern wenig klarstellend ist der Verweis auf das Regelbeispiel als Grundlage innovationsfreundlicher Interoperabilitätsverfügungen aufgrund eines festgestellten Verstoßes gegen das Marktmachtmissbrauchsverbot in der Microsoft-Entscheidung der Kommission bei *Huttenlauch/Lübbig*, in: Loewenheim et al., Kartellrecht, Art. 102 AEUV, Rn. 265, da der Verweis auf die Vorschrift des Art. 102 UAbs. 2 lit. b AEUV (zum Zeitpunkt der Entscheidung noch Art. 82 lit. b EGV) in der Entscheidung nicht konstitutiv ist, siehe hierzu ausdrücklich Kommission, Entsch. v. 24.5.2004 – COMP/C-3/37.792 (Microsoft), ABl. L 32, Rn. 18: „*Die Informationsverweigerung von Microsoft führt zu einer Einschränkung der technischen Entwicklung zum Schaden der Verbraucher, was insbesondere gegen Artikel 82 Buchstabe b verstößt.*" Aufgrund des Wortlauts „insbesondere" ist von einem allgemeinen und von den Regelbeispielen gelösten Prüfkonzept auszugehen.

236 *Bulst*, in: Langen/Bunte, Kartellrecht, Art. 102 AEUV, Rn. 186; *Jung*, in: Grabitz/Hilf/Nettesheim, Das Recht der Europäischen Union: EUV/AEUV, Art. 102 AEUV, Rn. 347; *Holzweber*, in: Maute/Mackenrodt, Recht als Infrastruktur für Innovation, 2019, S. 41 (44).

237 EuGH, Urt. v. 6.12.2017 – C-230/16 (Coty Germany), ECLI:EU:C:2017:941, MMR 2018, 77 (m. Anm. v. Hoeren) = NZKart 2018, 36 = GRUR 2018, 211 (m. Anm. v. Funke/Neubauer) = ZVertriebsR 2018, 52, wonach es nicht lediglich auf den Schutz des Preiswettbewerbs ankommt, sondern ebenso Aspekte des Qualitätswettbewerbs relevant sind; vgl. weiter hierzu auch EuGH, Entsch. v. 25.10.1977 – Rs. 26/76 (Metro SB/Kommission), ECLI:EU:C:1977:167, NJW 1978, 480; EuGH, Urt. v. 13.10.2011 – C-439/09 (Pierre Fabre Dermo-Cosmétique), ECLI:EU:C:2011:649, Slg. 2011, I-9447 = EuZW 2012, 28.

entwickeln.[238] Die bereits erwähnte Pfadabhängigkeit kann hierbei unter zwei Gesichtspunkten gesehen werden, die mit Routine und Bindungen zusammen hängen: Erstens könnte sich aus der Entscheidung für einen bestimmten Pfad eine weitere Entscheidung gegen eine Handlungsalternative ergeben, sodass damit verbundene Chancen nicht wahrgenommen werden. Zweitens könnten allerdings aufgrund der Entscheidung für einen bestimmten Pfad neue Chancen erst ermöglicht werden. Damit zusammen hängen unternehmerische Entscheidungen, die zu Verbindungen führen, die vorher bestehende Lücken in Pfaden schließen.[239]

Es kommt also im Zusammenhang mit digitalen Plattformen zu zahlreichen Veränderungen, die im weitesten Sinne neue Handlungsoptionen eröffnen oder Handlungsbedarf erfordern. Damit führen sie sowohl zu Markt- als auch Wettbewerbserweiterungen. Aber auch der Wettbewerb als solcher verändert sich unabhängig von digitalen Plattformen. Das Schutzgut des Kartellrechts selbst ist damit ebenso ständigen Entwicklungen ausgesetzt.

IV. Zusammenfassung der Beobachtungen

Die bisherigen zusammengefassten Darstellungen typischer Beispiele haben zwei wesentliche und typische Gemeinsamkeiten bei Plattformen aufgezeigt.[240] Zum einen besteht ihr Angebot in einer Vermittlungsleistung im weitesten Sinne zwischen verschiedenen Individuen, den Nutzern oder Objekten. Nutzer können dabei eine oder mehrere nach einem bestimmten Kriterium homogene Gruppen darstellen. Mit diesen Nutzern kann ein rechtliches oder auch nur tatsächliches Nutzungsverhältnis bestehen. Häufig einher gehen mit der Vermittlung zusätzliche Veredelungs- oder Bündelungsangebote des Plattform-Betreibers, zum Beispiel die Vermittlung eines passenden Transaktionspartners, der zusätzlichen Schaffung von Publikum oder aber auch nur der Verringerung von Kosten.[241] Zum anderen wirken sich die Entscheidungen einzelner Individuen dabei auf die Entscheidungen anderer Individuen derselben Nutzergruppe oder einer anderen Nutzergruppe aus. Der Plattform-Betreiber macht sich diese Auswirkungen zu eigen und versucht, sein Geschäftsmodell dadurch wirtschaftlich voranzutreiben, dass er die beteiligten Nutzergruppen vergrößert, indem er „mehr an

---

238 Kommission, Entsch. v. 18.2.2010 – COMP/M.5727 (Microsoft/Yahoo! Search Business), http://ec.europa.eu/competition/mergers/cases/decisions/M5727_20100218_20310_261202_ EN.pdf (abgerufen 29.11.2018), Rn. 109 f.

239 *Podszun*, Wirtschaftsordnung durch Zivilgerichte, 2014, S. 124.

240 Weitere nicht abschließend aufgezählte Beispiele finden sich in der Regierungsbegründung zur 9. GWB-Novelle, BT-Drs. 18/10207, S. 49.

241 *Budszinski/Lindstädt*, WiST 2010, S. 436 (437); *Luchetta*, JCLE 2013, S. 185 (197); *Assion*, Must Carry, 2015, S. 111; Vgl. hierzu auch Bundeskartellamt, Digitale Ökonomie – Internetplattformen zwischen Wettbewerbsrecht, Privatsphäre und Verbraucherschutz v. 1.10.2015, https://www.bundeskartellamt.de/SharedDocs/Publikation/DE/Diskussions_Hintergrundpa pier/AK_Kartellrecht_2015_Digitale_Oekonomie.pdf?__blob=publicationFile&v=2 (abgerufen 14.12.2019), S. 11.

Bord holt".[242] Dabei bestätigen diese ersten Beobachtungen den Eindruck, dass Plattform-Geschäftsmodelle besonders häufig in der Internetindustrie auftreten.

Plattformen können sich je nach Vermittlungsweise in Transaktionsplattformen und Nicht-Transaktionsplattformen unterscheiden lassen.[243] Zu den Transaktionsplattformen gehören Kreditkartensysteme, Handels- und Vertriebsplattformen und auch Sharing-Plattformen. Auch Makler und andere Provisionsvermittler lassen sich hierunter fassen. Sie ermöglichen eine beobachtbare Transaktion, also in ökonomischer Hinsicht einen Austausch von Wirtschaftsgütern.[244] Nicht-Transaktionsplattformen vermitteln dagegen lediglich den Kontakt oder stellen ein „Match" her, indem sie nach vorherbestimmten Parametern passende Vermittlungsergebnisse präsentieren. Hierzu gehören unter anderem Suchmaschinen, Dating-Plattformen und soziale Netzwerke, insbesondere aber auch Medien-Plattformen. Ausschlaggebend für diese Einordnung ist die bloße Teilnahme, ohne dass es auf eine tatsächliche Transaktion ankommt.[245] Das Bundeskartellamt neigt in einem ersten Bericht des behördeninternen „Think Tank Internet" zu einer Differenzierung zwischen Matchmaker-Plattformen auf der einen Seite und dem gegenüber stehend den Aufmerksamkeitsplattformen.[246] Matchmaker-Plattformen könnten demnach wiederum danach untergliedert werden, ob eine Transaktion oder ein anderweitiger Austausch stattfindet. Die Behörde sieht dabei die Herausforderungen bei Sachverhalten mit digitalen Plattformen in ihrem Bezug zu „innovationsgetriebenen digitalen Märkten".[247]

Plattformen können also nach den bisherigen Untersuchungen grundsätzlich über das Konzept der mehrseitigen Märkte, bzw. Wirtschaftszweige, beschrieben werden. Entscheidend ist die Wirkung indirekter Netzwerkeffekte zwischen den Nutzern. Diese machen sich Plattformen zu eigen und modulieren ihre Preisstruktur hiernach, um die verschiedenen Nutzergruppen für sich zu gewinnen. Eine Plattform-Preisstruktur kann unentgeltliche Leistungen umfassen, um weitere Nutzer zu gewinnen oder zu halten.

---

242 *Rochet/Tirole*, JEEA 2003, S. 990 (1013); *Evans/Schmalensee*, Matchmakers, 2016, S. 22.
243 *Filistrucchi* et al., JCLE 2014, S. 293 (298); *Dewenter/Rösch/Terschüren*, NZKart 2014, S. 387 (388 f.).
244 Bundeskartellamt, Arbeitspapier – Marktmacht von Plattformen und Netzwerken v. 9.6.2016, https://www.bundeskartellamt.de/SharedDocs/Publikation/DE/Berichte/Think-Tank-Bericht. pdf?__blob=publicationFile&v=2 (abgerufen 14.12.2019), S. 20.
245 *Dewenter/Rösch/Terschüren*, NZKart 2014, S. 387 (389).
246 Bundeskartellamt, Arbeitspapier – Marktmacht von Plattformen und Netzwerken v. 9.6.2016, https://www.bundeskartellamt.de/SharedDocs/Publikation/DE/Berichte/Think-Tank-Bericht. pdf?__blob=publicationFile&v=2 (abgerufen 14.12.2019), S. 23 ff.
247 Bundeskartellamt, Digitale Ökonomie – Internetplattformen zwischen Wettbewerbsrecht, Privatsphäre und Verbraucherschutz v. 1.10.2015, https://www.bundeskartellamt.de/SharedDocs/ Publikation/DE/Diskussions_Hintergrundpapier/AK_Kartellrecht_2015_Digitale_Oekono mie.pdf?__blob=publicationFile&v=2 (abgerufen 14.12.2019), S. 8.

C. Annäherung an einen Innovationsbegriff

Der Begriff „Innovation" kann im Zusammenhang mit innovationsrelevantem Kartellrecht über zwei verschiedene methodische Fragestellungen fassbar gemacht werden. Auf der einen Seite steht die Klärung des Rechtsbegriffs, der entsprechend rechtlich ausgelegt wird, auf der anderen Seite sind tatsächliche Feststellungen über die Umstände zu treffen, die im Zusammenhang mit Innovationssachverhalten erheblich sind. Doch letzteres ist nur möglich, wenn die tatsächlichen Feststellungen nach den jeweiligen theoretischen Grundlagen im Rahmen einer rechtlichen Würdigung – also der kartellrechtlichen Bewertung von Innovation – überhaupt berücksichtigt werden dürfen.[248] Dies beschreibt besonders prägnant die Herausforderung kartellrechtlicher Fragestellungen, sind diese doch besonders stark von wettbewerbstheoretischen Wertungen einerseits und den hierauf gestützten Feststellungen andererseits geprägt. Bei den wettbewerbsökonomischen Theorien handelt es sich zunächst um außerrechtliche Wertungserkenntnisse, denen also keine unmittelbare rechtliche Wirkung entnommen werden kann. Das Kartellrecht ist aber bei seiner Auslegung auf diese Erkenntnisse angewiesen. Die kartellrechtliche Bewertung innovationserheblicher Sachverhalte hat also eine tatsächliche Komponente und eine wertende Komponente. Erst durch die wertende Komponente des Rechts und der Rechtserkenntnis aber kann die tatsächliche Komponente berücksichtigt werden. Dies gilt für den Untersuchungsgegenstand dieser Arbeit besonders, da ein eigenständiger kartellrechtlicher Innovationsbegriff sich bislang nicht ausmachen lässt.[249] Schließlich ist die Rechtswissenschaft als wertende Wissenschaft notwendigerweise an Tatsachen und Erkenntnisse gebunden, die ihr als zu bewertende Umstände vorgegeben werden.[250]

Die rechtliche Bewertung des Innovationsbegriffs setzt eine bestimmte, der Auslegung des jeweiligen Rechts entsprechende Anwendung dieses sprachlichen Ausdrucks voraus. Der aus dem feststellbaren sprachlichen Ausdruck abgeleitete Innovationsbegriff wird zum einen durch Einflüsse bereits bekannter innovationstheoretischer Ansätze und Erkenntnisse geprägt, die noch zu erörtern sind. Zum anderen kommt es nicht lediglich auf die dargestellten wirtschaftstheoretischen Grundlagen und Eingrenzungen eines möglichen, aber nicht abschließend rechtlich klärbaren Innovationsbegriffs im Wettbewerb an, sondern vielmehr sind diese ersten Annäherungen mit dem europäischen und deutschen Kartellrecht und Wirtschaftsverfassungsrecht überein zu bringen. Dies muss zum einen gelten, weil die Bewältigung innovationserheblicher Plattform-Sachverhalte notwendigerweise eine Festlegung dahingehend bedürfen, entweder

---

248 *Drexl*, in: von Bogdandy/Bast, Europäisches Verfassungsrecht, Wettbewerbsverfassung, S. 935; *Wieddekind*, in: Eifert/Hoffmann-Riem, Innovation und rechtliche Regulierung, 2002, S. 134 (139); *Hoffmann-Riem*, Innovation und Recht, Recht und Innovation, 2016, S. 236.
249 *Ewald*, in: Wiedemann, Handbuch des Kartellrechts, § 7, Rn. 11, 17 ff.
250 Vgl. *Wieddekind*, in: Eifert/Hoffmann-Riem, Innovation und rechtliche Regulierung, 2002, S. 134 (139).

was Innovation oder Innovationswettbewerb ist oder wie das geltende Recht aus-gelegt werden muss, um innovationserhebliche Umstände erfassen zu können, oder aber wie das Recht selbst gelten kann oder fortentwickelt werden muss. Es kommt also auch auf die Klärung der damit verbundenen Frage an, ob und wie weit die dargestellten wettbewerbstheoretischen Ansätze hinsichtlich eines Innovationsbegriffs überhaupt rechtlich verwertet werden können. Innovation und Wettbewerb als auch ökonomisch untersuchbare Phänomene bilden im Zu-sammenhang mit rechtlichen Fragestellungen zunächst rechtliche Begriffe, die entsprechend nach rechtlichen Methoden ausgelegt werden müssen.

I. Innovationsausdruck

In seinem begrifflichen Verständnis ist der Ausdruck „Innovation" stark um-gangssprachlich geprägt.[251] So wird er zwar zum einen allgemein als „Erneu-erung" verstanden.[252] Zum anderen wird Innovation sehr häufig als Schlagwort verwendet. So steht Innovation sinnbildlich für alles, das nicht herkömmlich, überliefert, traditionell oder schlichtweg alt ist. Innovativ wird im Duden auch als „neu(-artig), einfallsreich, fantasievoll, ideenreich, innovationsfreudig, ori-ginell, schöpferisch oder kreativ" beschrieben. Unternehmen möchten als inno-vativ wahrgenommen werden und beschreiben sich in Werbeauftritten entspre-chend. Auch in Fachbeiträgen werden die Wörter „Innovation" und „innovativ" häufig nicht oder wenn, dann nur sehr vage beschrieben.[253] Ähnlich ist dies bei gerichtlichen oder behördlichen Entscheidungen.[254]

Zwischenmenschliche Interaktion, sprachliche Ausdrücke und ihr Verständnis sind nicht statisch, sondern entwickeln sich dynamisch weiter. Deshalb kommt es zunächst für die Klärung eines auf einem sprachlichen Ausdruck basierenden Begriffs auf das gegenwärtige sprachliche Verständnis dieses Ausdrucks selbst an. Maßgeblich sind hierfür die innerhalb des betreffenden Sprachkreises einem Ausdruck zugesprochenen Assoziationen.[255] Eine lediglich auf sprachliches Ver-ständnis beschränkte Untersuchung würde in rechtlich zu bewertenden Zusam-menhängen die Bedeutung eines Wortes vernachlässigen. Hierbei handelt es sich über das bloße Wortverständnis hinaus um den kommunikativen Sinn, den die Anwender einem sprachlichen Ausdruck in einem bestimmten Zusammenhang zuschreiben.[256] Der Zusammenhang ist von der jeweiligen Verwendung eines Ausdrucks durch akzeptierte Sprachregeln geprägt, die im Folgenden untersucht werden. Maßgeblich für die rechtliche Bewertung eines Begriffs ist deshalb hier-von ausgehend ein objektiv feststellbarer Sprachgebrauch sowie allgemeine Re-

251 *Wolf*, Kartellrechtliche Grenzen von Produktinnovationen, 2004, S. 51 f.; *Hoffmann-Riem*, in: Hoffmann-Riem, Innovationen im Recht, 2016, S. 11 (14).
252 *Hoffmann-Riem*, Innovation und Recht, Recht und Innovation, 2016, S. 191.
253 Vertiefend die Darstellung bei ebenda, S. 191 ff.
254 *Eifert*, in: Hoffmann-Riem, Innovationen im Recht, 2016, S. 35, S. 44.
255 *Rüthers/Fischer/Birk*, Rechtstheorie, 2018, Rn. 152.
256 Hierzu zusammenfassend ebenda, Rn. 155d.

geln, innerhalb derer dieser Sprachgebrauch stattfindet. Diese können umgangssprachlich sein oder wissenschaftlich.

1. Etymologie

Das Wort „Innovation" leitet sich lateinischen Substantiv „innovatio" ab, welches sich mit „Erneuerung, Wandel, Veränderung oder Neuheit" übersetzen lässt. Es wurde als Prädikatsnomen aus dem Verb „innovare" gebildet, das entsprechend „erneuern" bedeutet. Das deutschsprachige Verb „innovieren" wird nur sehr selten verwendet und bedeutet nach der Beschreibung im Duden „eine Innovation vornehmen". Im englischsprachigen Raum ist das Verb „to innovate" üblicher.[257] In den meisten europäischen Sprachen wird ein ähnliches Wort mit dieser etymologischen Herkunft verwendet, insbesondere bei starken romanischen Einflüssen in der jeweiligen Sprachenentwicklung. So heißt es im Englischen „innovation", im Französischen „l'innovation", im Spanischen „la innovación", im Italienischen „l'innovazione", im Portugiesischen „inovação". Im deutschen Sprachraum wurde das Wort „Innovation" erst im weiteren Verlauf des 20. Jahrhunderts allgemeiner verwendet.[258]

2. Kategorische Eingrenzungen

Die sprachliche Herkunft des Ausdrucks Innovation allein macht nicht seine derzeitige rechtlich erhebliche Bedeutung aus. Noch weniger lässt sich hieraus auf die Bedeutung dieses Wortes im Zusammenhang mit rechtlichen Fragestellungen schließen. Denn unterschiedliche Sprachgebrauche zu einem bestimmten Wort können zu unterschiedlichen rechtlichen Einordnungen des Begriffs führen. Es kommt also in einem ersten Schritt darauf an, das betreffende Wort in seiner jeweils sprachlichen Verwendung zu spezifizieren. Im Hinblick auf das Wort „Innovation" schließt dies Abgrenzungen zu einem lediglich worthülsenartigen Gebrauch sowie die Eingrenzung auf den Untersuchungsgegenstand ein. Anschließend ist zu untersuchen, welcher rechtlich relevante Begriff mit diesem Wort in Verbindung gebracht werden kann. Beides dient einer Abgrenzung des kartellrechtlichen Innovationsbegriffs zu einem allgemeinen gesellschaftswissenschaftlichen Innovationsbegriff.[259] *Hoffmann-Riem* umschreibt Innovationen als „signifikante Neuerungen, die zur Bewältigung eines bekannten oder eines neuen Problems beitragen und gegenstandsbezogen etwa die Erzeugung und

---

257 *Podszun*, in: Surblytė, Competition on the Internet, 2015, S. 101 (107 f.); *Lepore*, The Disruption Machine, The New Yorker v. 16.6.2014, https://www.newyorker.com/magazine/2014/06/23/the-disruption-machine (abgerufen 14.12.2019).

258 *Dahlmann*, Das innovative Unternehmertum im Sinne Schumpeters: Theorie und Wirtschaftsgeschichte, 2017, Fn. 29.

259 *Adolf*, in: Hilty/Jaeger/Lamping, Herausforderung Innovation, 2012, S. 25 (33); siehe aber auch die Abgrenzung zwischen Innovationsbegriff i. w. S. und dem für die innovationswissenschaftliche Literatur maßgeblichen Innovationsbegriff i. e. S. bei *Hoffmann-Riem*, Innovation und Recht, Recht und Innovation, 2016, S. 191.

Verbreitung neuer Produkte, die Entwicklung von Verfahren oder die Schaffung von Strukturen oder die Herausbildung neuer sozialer Verhaltensweisen betreffen".[260] Dieser Definitionsansatz offenbart bereits mehrere Herausforderungen der derzeitigen rechtswissenschaftlichen Innovationsforschung. Die Annahme einer Signifikanzschwelle solle demnach zwar eine ausufernde Benutzung des Innovationsbegriffs zu verhindern helfen.[261] Bislang scheinen sowohl Höhe, als auch Maßstab oder die Betrachtungsperspektive aber unklar. Zum anderen wird Innovation mit dem Begriff „Problem" in einen Zusammenhang gebracht.[262] Abgesehen davon, dass dieser Begriff nur schwer erfassbar ist und damit lediglich die sprachliche Erfassung des Innovationsbegriffs auf einen anderen Ausdruck verschoben wird, bleibt zunächst offen, was ein Problem in diesem Zusammenhang sein kann und aus welcher Sicht sich dies ergeben müsste. Dieser Erklärungsansatz beschreibt also lediglich einen möglichen und sehr engen Sprachgebrauch. Aus kartellrechtlicher Sicht kann an dieser Stelle bereits auf die Erheblichkeitsschwellen der jeweiligen Fachnormen und die objektiven Wertungen, die weitgehend losgelöst sind von individuell-subjektiven Einflüssen, hingewiesen werden.

Zunächst lassen sich verschiedene Bedeutungsgehalte des Innovationsbegriffs positiv feststellen, die für den weiteren Verlauf der Untersuchung relevant sein können. Dabei lassen sich folgende deskriptive und normative Sprachgebrauche in Bezug auf Innovation feststellen:[263]

1. Erneuerung und Veränderung, dynamisch (deskriptiv);
2. Fortschritt, progressiv (deskriptiv);
3. Vorsprung, positiv-kompetitiv (normativ);
4. Verdrängung und Exnovation, negativ-kompetitiv (normativ).

a) Erneuerung und Veränderung

Wortlautgemäß ist die naheliegende Bedeutung des Innovationsbegriffs die Erneuerung.[264] Damit können zunächst alle Umstände erfasst werden, die in irgendeiner Weise neu sind. Neu oder eine Neuheit wäre hiernach wiederum zunächst alles, das im Vergleich zu einem vorherigen Zustand anders oder nicht

---

260 *Hoffmann-Riem*, in: Hoffmann-Riem/Schneider, Rechtswissenschaftliche Innovationsforschung, 1998, S. 11 (12); *Hoffmann-Riem*, Der Staat 2008, S. 588 (589); *Kurz*, Wirtschaftsdienst 2017, S. 785 (788 f.).

261 *Hoffmann-Riem*, in: Hoffmann-Riem/Schneider, Rechtswissenschaftliche Innovationsforschung, 1998, S. 11 (12).

262 Allerdings bezieht sich auch bereits Schumpeter im Zusammenhang mit wirtschaftlicher Entwicklung auf die „Problemlösung", wohl aber eher zur Erklärung der wirtschaftlichen Entwicklung als historisch nachvollziehbarer Erklärung, *Schumpeter*, Theorie der wirtschaftlichen Entwicklung, 1993, S. 89; auch *Hoffmann-Riem* erkennt dabei einen wirtschaftswissenschaftlichen Innovationsbegriff an, ohne dabei auf ein Problem abzustellen, vgl. *Hoffmann-Riem*, AöR 2006, S. 255 (257).

263 Andere Darstellungen finden sich bei *Hoffmann-Riem*, Innovation und Recht, Recht und Innovation, 2016, S. 24; *Rammert*, in: Howaldt/Jacobsen, Soziale Innovation, 2010, S. 21 (29 ff.).

264 Ebenda, S. 21 (29).

bekannt ist. Einher geht damit die im Sprachgebrauch übliche Assoziation, dass die die Innovation ausmachenden Umstände zunächst als Veränderung wahrgenommen werden und dabei als anders bewertet werden.[265] Hieraus ergibt sich noch keine zwingende Wertung über den vorherigen Zustand als solchen oder dessen Eigenschaften selbst, sondern lediglich eine deskriptive Feststellung der Wirklichkeit, dass dieser anders war.[266] So ist die Formulierung „innovativer als" im Zusammenhang mit dem vorherigen Zustand nicht gebräuchlich. Anders ist dies bei „neuer als" und damit typischerweise einhergehenden Vergleichen. Der auf das Neue bezogenen Bedeutung von Innovation fehlt dieses vergleichende, normative Element. „Neu" und „Neuheit" haben also zunächst eine nicht-komparative, aber dynamische Bedeutung. Hieraus folgt, dass es sich um die Beschreibung eines lediglich wahrnehmbaren – also nach außen gerichteten – Veränderungsprozesses handelt, unabhängig von der Zweckrichtung dieser Veränderung.

Der Mensch schafft oder veranlasst zumindest die Innovationen, wodurch sich diese von der bloßen Dynamik abgrenzen lässt.[267] Dies ist nicht erst im anthroposophischen Sinne zu verstehen, dass also nur der Mensch in der Lage wäre, innovativ zu sein. Vielmehr lässt sich bereits aus dem allgemeinen Sprachgebrauch entnehmen, dass andere Veränderungen oder Neuheiten solange keine Innovationen sind, wie sie nicht durch einen oder mehrere Menschen als solche durch einen kreativen Akt nutzbar gemacht und verwertet werden.[268] Externe, also außerhalb dieses Schöpfungsakts stehende, Veränderungen der menschlichen Umwelt oder Gestaltungsmöglichkeiten sowie naturbezogene Veränderungen wie auch Mutationen sind zunächst keine Innovation. Innovation ist also nicht nur Resultat, sondern auch menschengemachter dynamischer Prozess, wie dies *Holzweber* zusammenfasst.[269] Der Mensch kann sich die Dynamik des Wettbewerbs zu eigen machen, indem er Gelegenheiten wahrnimmt oder Krisen überwindet, und damit wiederum innovativ werden.[270] Diese menschliche Schöpfung verlangt keinen Plan oder ein umfängliches Wissen der möglicherweise von ihr Berührten. Zwar können Veränderungen von Unternehmen geplant werden. Dies wird besonders bei denjenigen Unternehmen der Fall sein, die eine Veränderung anstreben oder umsetzen. Für andere Akteure wie zum Beispiel Nachfrager nach einem innovativen Gut oder Wettbewerber kann eine Veränderung dagegen unvorhergesehen auftreten.

---

265 *Adolf*, in: Hilty/Jaeger/Lamping, Herausforderung Innovation, 2012, S. 25 (36).
266 Zum deskriptiven Begriff *Rüthers/Fischer/Birk*, Rechtstheorie, 2018, Rn. 177.
267 *Sidak/Teece*, JCLE 2009, S. 581 (603).
268 Grundlegend zur Ausnutzung der Innovation im Wettbewerb *Clark*, Competition as a dynamic process, 1961, S. 178, hierzu *Albach*, JBE/ZfB 1989, S. 1338: *„Innovation ist durch Wettbewerb gefilterte Kreativität."*.
269 *Holzweber*, in: Maute/Mackenrodt, Recht als Infrastruktur für Innovation, 2019, S. 41 (43).
270 *Hoffmann-Riem*, Innovation und Recht, Recht und Innovation, 2016, S. 26.

„Erneuerung" scheint dabei zunächst darauf hinzudeuten, dass Innovation ein Resultat eines Veränderungsprozesses sein kann.[271] Innovationen sind aber stets vorübergehend und können lediglich einen unter den jeweiligen Umständen zu betrachtenden kurzweiligen Zustand abbilden, bis nämlich entweder die Innovation selbst wieder von einer anderen Innovation überholt wird oder aber nicht mehr als „Erneuerung", sondern als „alt", „etabliert" oder ähnlich wahrgenommen wird. Deshalb kann es immer nur kleinere Resultate geben, die sich jeweils kurzzeitig die Bezeichnung als Innovation verdienen und nach einer gewissen Zeit diesen Titel abgeben müssen.

b) Fortschritt

Allerdings wird wohl nicht jede bloße Veränderung als Innovation wahrgenommen. Einige Veränderungen könnten als niederschwellig anzusehen sein, weil es sich um einen Wechsel zu einem bereits vorher bekannten Zustand handelt oder zu offensichtlichen Alternativen. Auch graduell könnte die Veränderung als niederschwellig empfunden werden.[272] Zudem ist zwar die Neuheit als solche wertneutral in Bezug auf das Vorhergegangene. Dennoch wird der Innovation überwiegend eine wohl positive Entwicklung zugesprochen.[273] Im Vergleich zu dem vorherigen Zustand gibt es nicht nur etwas Neues oder eine Erneuerung, sondern auch etwas objektiv Besseres oder Fortgeschrittenes. Innovationsbezogene Veränderungen eröffnen bislang so nicht bekannte neue Entscheidungs- und Handlungsspielräume. Der Innovationsbegriff enthält damit eine weitere deskriptive Bedeutungskomponente im Hinblick auf diese Spielraumerweiterung.

Die Lösung eines Problems oder dessen logisches vorheriges Vorhandenseins ist dagegen nicht erforderlich. So scheint nach der Umschreibung von *Hoffmann-Riehm* das Problem die Grundvoraussetzung für Innovation zu sein, Innovation damit als Lösung für ein bestehendes oder sogar erst zu findendes Problem zusammenfassbar sein. [274] Obwohl etwas als fortschrittlicher, bequemer oder in anderer Hinsicht besser empfunden wird, muss der vorherige Zustand nicht als alt, unbequem oder schlecht angesehen werden. Der Innovation kann stattdessen ein selbstständig für sich stehendes progressives Element zugeschrieben werden, das ebenso wie die Neuheit für sich allein als Ausdruck menschlichen schöpferischen Tätigwerdens steht.[275] Dieses Für-sich-allein-Stehen des Fort-

---

271 Ähnlich auch *Holzweber*, in: Maute/Mackenrodt, Recht als Infrastruktur für Innovation, 2019, S. 41 (43).

272 Weiterführend *Hauschildt*, in: Hoffmann-Riem/Schneider, Rechtswissenschaftliche Innovationsforschung, 1998, S. 29 (33), der eine gradmäßige Messung diskutiert.

273 *Wolf*, Kartellrechtliche Grenzen von Produktinnovationen, 2004, S. 51.

274 Anders *Hoffmann-Riem*, in: Hoffmann-Riem/Schneider, Rechtswissenschaftliche Innovationsforschung, 1998, S. 11 (12); *Hoffmann-Riem*, Der Staat 2008, S. 588 (589); Schumpeter verwendete das „Problem" wohl lediglich zur Erklärung der wirtschaftlichen Entwicklung als historisch nachvollziehbaren Prozess, nicht aber als bedingungsgebenden Umstand.

275 Vgl. bereits *Arndt*, Schöpferischer Wettbewerb und klassenlose Gesellschaft, 1952, S. 37, der dies aus dem „schöpferischen Wettbewerb" entnimmt; ähnlich auch wiederum *Kurz*, Wirtschaftsdienst 2017, S. 785 (788 ff.).

schritts macht die Innovation gegenüber der Problemlösung so besonders. Denn nicht nur schlichte Problemlösungen werden als innovativ angesehen, sondern auch sonstige Erweiterungen alltäglicher Handlungsmöglichkeiten oder schlichte Trends.[276] Vielmehr wird Fortschritt mit Kreativität verbunden werden können, also dem eigenständigen menschlichen schöpferischen und gestalterischen Tätigwerden., das im Wettbewerb durchgesetzt wird[277] Dieses kreative Tätigwerden kann als Signifikanzschwelle angesehen werden, um banale Veränderungen von als Innovation bewertbarem Fortschritt abzugrenzen.[278] Sie muss als solche wettbewerbliche Beachtung durch ihre Anerkennung erlangen.[279] Der Schöpfungsakt macht also eine Innovation aus, wobei dieser nicht mit den durch außerhalb des Kartellrechts stehenden materiellen Schwellen wie zum Beispiel dem urheberrechtlichen Begriff der Schöpfungshöhe verwechselt werden darf. Allerdings kann eine Innovation selbst vermeintlich banal sein und dennoch auf ausreichende Anerkennung treffen.[280] Auf diese jeweils relative Sicht kommt es denn in einem allgemeinen Verständnis des Innovationsbegriffs an, das Grundlage einer kartellrechtlichen Annäherung sein soll.[281] Da nämlich eine Vielzahl an Entwicklungen als Innovation angesehen wird, müsste jedes Mal definitionsgemäß mindestens für einen logischen Augenblick bis zu seiner Entdeckung und Lösung durch die Innovation ein Problem bestehen.[282]

---

276 A.A. vgl. bei *Wolf*, Kartellrechtliche Grenzen von Produktinnovationen, 2004, S. 52, der die Innovation als wirtschaftliche Umsetzung einer Innovation beschreibt, was zu einem engen und an eine erfinderische Tätigkeit gekoppelten Verständnis der Innovation entspricht, die unter wettbewerblichen Gesichtspunkten nicht vertretbar erscheint. Stattdessen können auch andere Aspekte als die bloße wirtschaftliche Verwertung einer Erfindung zu einer Anerkennung als Innovation führen, zum Beispiel „trendiness" oder „coolness", vgl. auch Kommission, Entsch. v. 3.10.2014 – COMP/M.7217 (Facebook/WhatsApp), ABl. C 417, 4, Rn. 89; dies scheint auch Wolf anzuerkennen, indem er für eine inhaltliche Innovationshöhe ausspricht, vgl. *Wolf*, Kartellrechtliche Grenzen von Produktinnovationen, 2004, S. 53 mit Verweisen auf *Albach*, JBE/ZfB 1989, S. 1338; *Albach*, JBE/ZfB 1993, S. 123 (129 f.).

277 Vgl. *Wieddekind*, in: Eifert/Hoffmann-Riem, Innovation und rechtliche Regulierung, 2002, S. 134 (151), der hier von einer „endogenen" Erzeugung der Innovation aus dem System des Marktes heraus spricht; siehe schon *Albach*, JBE/ZfB 1989, S. 1338; *Albach*, JBE/ZfB 1993, S. 123 (129 f.).

278 Eine derartige Signifikanzschwelle fordert jedenfalls *Hoffmann-Riem*, in: Hoffmann-Riem/Schneider, Rechtswissenschaftliche Innovationsforschung, 1998, S. 11 (12).

279 *Adolf*, in: Hilty/Jaeger/Lamping, Herausforderung Innovation, 2012, S. 25 (32).

280 *Rammert*, in: Howaldt/Jacobsen, Soziale Innovation, 2010, S. 21 (32).

281 *Adolf*, in: Hilty/Jaeger/Lamping, Herausforderung Innovation, 2012, S. 25 (29); Im Ergebnis so auch *Neef*, in: Hilty/Jaeger/Lamping, Herausforderung Innovation, 2012, S. 65 (70 f.), wenn auch dieser zunächst Innovation als Ergebnis des Wettbewerbsprozesses und einer mehrheitlichen Anerkennung sieht, was sich im Rahmen des dort vertretenen statischen Gleichgewichtsverständnisses bewegt. Dies muss für ein allgemeines Verständnis der Innovation nicht zwingend sein. Ausreichend ist jeweils bereits die subjektiv-individuelle Bereicherung für Einzelne, wenn diese daraus Wert schöpfen können. In einem nächsten Schritt stellt sich die Frage, ob und inwiefern eine qualitative Bewertung der Innovation selbst in kartellrechtlichen Sachverhalten möglich ist.

282 Dass dies bei einer Vielzahl der mittlerweile bereits etablierten Innovation nicht der Fall ist, lässt sich an einem Beispiel aus der Unterhaltungsindustrie verdeutlichen. Für den Anbieter bestimmter Inhalte mag es zwar unter anderem darum gehen, Gewinne zu erwirtschaften oder

c) Vorsprung

Neben der dynamischen und der progressiven Ebene der Innovation lässt sich ihr eine normative positiv-kompetitive Dimension entnehmen.[283] Individuen streben nach Vorteilen gegenüber anderen, indem sie bessere Ausgangspositionen erhalten oder über mehr Kapazitäten verfügen können. Diese Vorteile haben einen sozialen und vergleichenden Bezug. Sie werden als Vorteile wahrgenommen, weil den Betrachtern, also Nachfragern oder Benutzern, der vorherige Zustand sowie die Veränderung und Entwicklung über einen Vergleich bewusst wird.[284] Gleichzeitig wird ihnen neben den erweiterten Handlungsspielräumen eine zusätzliche Nutzbarkeit zugesprochen. Dies gilt besonders für die dargestellten Neuheiten und Entwicklungen in der Internet-Industrie. Einher mit dem Vorsprung geht also das Wissen über unterschiedliche Veränderungsarten oder –geschwindigkeiten und damit eröffneten unterschiedlichen Entscheidungsspielräumen.

Entscheidungsoptionen können dabei zum einen auf der unternehmerischen Entscheidungsebene liegen und zum anderen auf der Nachfrager- oder Nutzerebene. Unternehmer könnten sich im Rahmen einer Innovation veranlasst sehen, strategische Entscheidungen über Vertrieb, Preis oder Ausrichtung ihrer Produkte und Leistungen zu treffen, um hieraus Vorteile zu erzielen. Für Nachfrager kann der Vorsprung und das damit dargestellte Angebot als besonders begehrenswert erscheinen. Die Nachfrager könnten sich auf die Entscheidungen des Unternehmers einlassen oder sie mitgestalten, zum Beispiel durch die Verhandlung über Bedingungen. Für diejenigen ohne den Vorsprung könnte sich daraufhin ein Anreiz ergeben, ebenso Neuheiten zu entwickeln, die als Innovation eingeordnet werden, also den Innovator zu verfolgen.

d) Verdrängung und Exnovation

Neben dem positiv-kompetitiven Bezug hat der Innovationsbegriff eine negativ-kompetitive Komponente.[285] Diese ebenso normative Begriffskomponente äußert sich in dem Risiko nachlassenden Interesses an nicht- oder nicht-mehr-innovativen Angeboten, aber auch in einem auf diese Bewegung abzielenden Auftreten der Unternehmen. Indem Unternehmen oder Nachfrager ihre durch eine Innovation erweiterten Handlungsoptionen ausnutzen, könnten sich diese Entscheidungen unmittelbar oder mittelbar auf andere, herkömmliche Angebo-

---

ein bestimmtes Thema zu diskutieren. Insofern könnten als zu gering empfundene Gewinne unter ein derart weites Problemverständnis fallen. Es wäre aber zu weit gegriffen, den fehlenden Diskurs über das Thema oder nicht ausreichend hohe Gewinne als Problem darzustellen. Noch plakativer kann dies durch die Sichtweise des Nutzers von Medieninhalten veranschaulicht werden. Wollte man tatsächlich auf ein Problem und seine Lösung für den Nutzer abstellen, könnte man also zu dem Schluss kommen, durch Unterhaltung werde das Problem der Langeweile gelöst. Dies lässt sich auf die weiteren bereits dargestellten Entwicklungen in der Internet-Technologie übertragen.

283 Zum normativen Begriff *Rüthers/Fischer/Birk*, Rechtstheorie, 2018, Rn. 180.
284 *Rammert*, in: Howaldt/Jacobsen, Soziale Innovation, 2010, S. 21 (32 f.).
285 *Wolf*, Kartellrechtliche Grenzen von Produktinnovationen, 2004, S. 51.

te auswirken. Das nachlassende Interesse gegenüber diesen kann dazu führen, dass ein Angebot in seiner Präsenz bei den Nachfragern sinkt oder aber mit einer im Vergleich schlechteren Kostenstruktur für das jeweilige Unternehmen verbunden ist. Damit verbunden sind mögliche wirtschaftliche Nachteile für den Abgehängten. Diese können sich in einer Verdrängung von der vorherigen Position äußern, ebenso wie den vollständigen wirtschaftlichen Verlust der wettbewerblichen Stellung in einem bestimmten Segment. Dies kann zur Folge haben, dass sogar in der Wertung seiner Nachfrager vorher sehr hoch angesehene Produkte oder Leistungen nicht mehr nachgefragt werden. Die negativ-kompetitive Komponente der Innovation hängt also eng mit Pfadabhängigkeiten und ihrer Vermittlungsfunktion zusammen.[286]

Diese Verdrängung ist einerseits aufgrund einer für die verdrängten Unternehmen unvorhergesehenen Veränderung denkbar.[287] Dem gegenüber stehen Szenarien, in denen sich Veränderungen lange im Voraus ankündigen oder sogar von den wirtschaftlich beteiligten Akteuren vorhersehbar sind, gar gefördert oder gesteuert werden. Jedoch kann auch hier eine Verdrängung erfolgen, weil Unternehmen sich aus verschiedenen Gründen nicht in der Lage sehen, sich an geänderte Umstände anzupassen.

3. Kategorische Abgrenzungen

Allgemeine Regeln im Sprachgebrauch können nicht nur für den Versuch einer sprachlichen Eingrenzung im Sinne einer positiven Begriffsdefinition herangezogen werden. Vielmehr bieten sich Untersuchungen im Hinblick auf die sprachlichen Ausdrücke Idee, Invention und Imitation an, die in ihrem Sprachgebrauch eine Nähe zur Innovation haben.[288] Als Vorstufe menschlich veranlasster Schöpfungen stehen innere gedankliche Vorgänge.[289] Diese können das Wissen über eine Veränderung oder Pläne über neue Handlungsoptionen beinhalten. Diese gedanklichen Vorgänge können zwar neu, fortschrittlich oder in sonstiger Weise kreativ sein. Solange sie nicht umgesetzt werden, fehlt es an einer Schöpfung. Der Begriff Invention beschreibt zwar im Allgemeinen eine schöpferische Tätigkeit im Sinne einer fortschrittlichen Veränderung, die nicht wettbewerblich nach außen adaptiert wird und dadurch wahrnehmbar ist.[290] Ihr kommt keine

---

286 *Simonis*, in: Sauer/Lang, Paradoxien der Innovation, 1999, S. 149 (152).
287 *Belleflamme/Peitz*, Industrial Organization, 2010, S. 481 f. unterscheiden hierbei zwischen drastischen und nicht-drastischen Innovationen; ähnlich *Wolf*, Kartellrechtliche Grenzen von Produktinnovationen, 2004, S. 54.
288 *Adolf*, in: Hilty/Jaeger/Lamping, Herausforderung Innovation, 2012, S. 25 (28 ff.); anders dagegen sehen *Grundmann/Möslein*, ZfPW 2015, S. 435 (440) hier begriffliche Übereinstimmungen.
289 *Albach*, JBE/ZfB 1989, S. 1338.
290 *Zimmerlich*, Marktmacht in dynamischen Märkten, 2007, S. 30; Vgl. hierzu *Kurz/Sturn*, Schumpeter für jedermann, 2012, S. 119, die bei der bloßen Erfindung in Bezug auch Schumpeter bereits kein „wirtschaftliches Gewicht" sehen; vgl. zudem *Wolf*, Kartellrechtliche Grenzen von Produktinnovationen, 2004, S. 52, der die Erfindung als technische Lösung eines Problems

nach außen gerichtete Wirkung zu.[291] Schließlich lässt sich die Innovation über das kompetitive Element von der Imitation abgrenzen. Denn wo eine Schöpfung Fortschritt bedeutet, kann es Verfolgung geben, indem die Schöpfung bestmöglich nachgemacht wird. Innovation und Imitation sind Gegenbegriffe mit jeweils unterschiedlicher Bedeutung, die sich erst durch diesen Bezug zueinander erschließt.[292] Der Imitation fehlt es an dem Element der Neuheit. Sie ist dagegen stark von den kompetitiven Anreizen der Innovation getrieben, indem der Imitator durch sie die Vorsprünge des Innovators einzuholen versucht und sich gegen die eigene Verdrängung im Wettbewerb wehrt.[293] In rechtlicher Hinsicht ergänzt werden kann das Kartellrecht in Bezug auf Innovationen in besonderer Weise durch das Immaterialgüterrecht, als dass es Schöpfungsleistungen im weiteren Sinne und den jeweils dafür geltenden Bedingungen zusätzlich schützt und einer persönlichen wie auch wirtschaftlichen Verwertung zugänglich macht, aber diese auch gegenüber Dritten vor Beeinträchtigungen schützt.[294]

Als Gegenbegriff zur Innovation lässt sich im Wettbewerb die Tradition beschreiben. Ihrem Wortlaut nach handelt es sich um weitergegebene Entscheidungen, die von ihrem Empfänger akzeptiert werden. Das Gegenbegriffliche ist darin zu sehen, dass eine Innovation sich mit der Zeit zur Tradition wandeln kann. Etwas ist dann nicht mehr innovativ. Das Aufeinandertreffen von Innovation und Tradition kann außerdem zu Entscheidungskonflikten darüber führen, welchem dieser Umstände der Vorrang eingeräumt werden soll. Gleichberechtigt steht die Erkenntnis, dass Innovation Nährboden für Tradition sein kann.[295]

Weitere systematische Abgrenzungen kommen im Hinblick auf die rechtspolitische Ausrichtung und die jeweilige Anwendung der Ergebnisse in Betracht. Innovation kann einerseits materieller Gegenstand kartellrechtlicher Betrachtungen sein, sodass es um die Untersuchung des Verhältnisses von „Innovation und Kartellrecht" geht. Andererseits können Entwicklungen neuer methodischer und rechts-dogmatischer Ansätze untersucht werden, also „Innovation im Kartellrecht". Hierbei könnte sich im Hinblick auf die angesprochenen wechselnden Sprachgebrauche besondere Probleme im Hinblick auf das der Innovation im-

---

und demgegenüber die Innovation als wirtschaftliche Umsetzung einer Erfindung beschreibt. Letzteres ist allerdings ebenso zu kurz gegriffen, da nicht allein die Erfindung Grundlage der Innovation ist.

291 *Haucap/Schmidt*, Wettbewerbspolitik und Kartellrecht, 2013, S. 136; vgl. *Wolf*, Kartellrechtliche Grenzen von Produktinnovationen, 2004, S. 52; *Hornung*, Grundrechtsinnovationen, 2015, S. 337 ff.

292 *Adolf*, in: Hilty/Jaeger/Lamping, Herausforderung Innovation, 2012, S. 25 (36).

293 *Meessen*, JZ 2009, S. 697 (698).

294 *Holzweber*, in: Maute/Mackenrodt, Recht als Infrastruktur für Innovation, 2019, S. 41 (45), der Immaterialgüterrechte als „geronnene Innovationsleistungen" bezeichnet, wobei dieser Vergleich aufgrund der biologischen Besonderheiten des Blutgerinnungsprozesses wiederum in rechtlicher Hinsicht eine Abgrenzung erlaubt. Denn als solche sind Immaterialgüterrechte jedenfalls mit Ablauf der Neuheit keine Innovationen mehr, sondern lediglich einfachgesetzlich ausgestaltete Ausformungen des Freiheitsrechts auf Eigentum.

295 So schon *von Hayek*, in: Kerber, Die Anmaßung von Wissen, 1996, S. 76 (85).

manente Element der Veränderung ergeben.[296] Schließlich könnten mit „Innovation durch Kartellrecht" mögliche innovationsfördernde Ansätze des Kartellrechts untersucht werden.

Diese lassen sich im Wesentlichen in drei verschiedene Überlegungsstränge einordnen. Zum einen könnte aus dem geltenden Kartellrecht lediglich ein Effekt, nicht aber ein Grundsatz der Innovationsförderung entnommen werden. Dieser Ansatz bezieht sich vor allem auf die klassischen Wettbewerbstheorien sowie konventionelle Ansätze der kartellrechtlichen Methode. Dies wird zunehmend infrage gestellt, unter anderem durch den sogenannten „more economic approach", der begrifflich von Vertretern der EU-Kommission geprägt wurde.[297] Hieraus könnte sich zum anderen ergeben, dass bereits das geltende Kartellrecht mit seinen Auslegungsmöglichkeiten die Innovationsförderung zulässt oder sogar (mit-)bezweckt. Einher geht hiermit erneut die Frage nach dem rechtstheoretischen Begründungsaufwand für die Einbeziehung wissenschaftlicher industrieökonomischer oder wirtschaftstheoretischer Erkenntnisse. So könnte die Auslegung einerseits eine „unmittelbare" Einbeziehung ermöglichen, andererseits eine eigenständige rechtswissenschaftliche Begriffsauslegung erfordern.[298] Als drittes lassen sich die Möglichkeiten zusammenfassen, die sich von konventionellen kartellrechtlichen Begründungsansätzen lösen und darauf aufbauend sowohl Argumentationsstoff für eine grundsätzliche methodische Umwälzung im Bereich der Plattformen liefern als auch mögliche sektorspezifische Anpassungen im Sinne einer Regulierung in Erwägung ziehen.[299]

Auch ist eine Abgrenzung zur Verwendung des Begriffs „Wachstum" erforderlich. So gehört ein „ausgewogenes Wirtschaftswachstum" gemäß Art. 3 Abs. 3 UAbs. 1 S. 2 EUV zu den Zielen der Europäischen Union und sowohl das europäische wie das deutsche Kartellrecht dienen der Wahrung eines Wirtschaftswachstums. Wachstum meint in diesem Zusammenhang in einem größeren Zusammenhang eine „Entwicklung des Wirtschaftslebens".[300] Dieses wird bei einer wettbewerblich relevanten Veränderung häufig gegeben sein. Wirtschaftliches Wachstum ist nicht in jeder Situation gleichlautend mit Veränderung oder Fortschritt im Wettbewerb. So kann Wachstum durch die selbstständige Vermeh-

296 *Ewald*, in: Wiedemann, Handbuch des Kartellrechts, § 7, Rn. 13 ff.
297 Ebenda, Rn. 17.
298 Vgl. hierzu bereits *Wieddekind*, in: Eifert/Hoffmann-Riem, Innovation und rechtliche Regulierung, 2002, S. 134 (141).
299 Teilweise auch bewusst verächtlich als „Hipster Antitrust" bezeichnet, vgl. die Übersicht bei *Khan*, JECLaP 2018, S. 131; *Khan*, YLJ 2017, S. 710; *Dorsey/Rybnicek/Wright*, CPI AC 2018, S. 21 (22); In der US-amerikanischen Debatte über Wettbewerbspolitik und Kartellrechtsdogmatik der Internet-Plattformen wird dieser Ansatz vor allem als Durchbrechung des Konzepts der Konsumentenwohlfahrt angesehen, die im Folgenden noch vorgestellt wird. Da dieser vor allem aus Gründen unterschiedlicher verfassungsrechtlicher Ausrichtungen nicht in der harten Form in Europa angewendet wird, lässt sich die derzeitige wissenschaftliche Auseinandersetzung in den USA nicht in der dort vorliegenden Kontradiktion auf die europäische Kartellrechtsdogmatik und – politik übertragen.
300 *Ruffert*, in: Calliess/Ruffert, EUV/AEUV, Art. 3 EUV, Rn. 23.

rung eines bestimmten Reichtums eintreten, ohne dass es in wettbewerblicher Hinsicht zuvor zu einer Veränderung gekommen ist. Wachstum bedarf nicht zwingend eines Fortschritts, sondern kann in hier gesamtwirtschaftlich zu verstehender Weise auch auf anderem Wege erzielt werden. So könnten außerhalb des Wettbewerbsrechts stehende Umstände zu einer Wohlfahrtssteigerung führen, ohne dass es in wettbewerblich relevanter Weise zu einer Veränderung oder zu einem Fortschritt gekommen ist. Im Umkehrschluss könnten in wettbewerblicher Hinsicht relevante Veränderungen oder Fortschritte bestehen, die nicht zu einem Wirtschaftswachstum führen. Damit zeigt sich bereits die globale und stark politische Betrachtungsweise des Wachstumsbegriffs, der in einem Zusammenhang mit den anderen Zielen der Europäischen Union gelesen werden muss.

II. Wettbewerbstheoretische Innovationserklärungen

In der Wirtschaftstheorie finden sich zahlreiche Einordnungsversuche zur Innovation.[301] Diese lassen sich unterschiedlich vor allem nach dem Verständnis von Innovation und Wettbewerb einordnen. Während Innovation in den klassischen Wettbewerbstheorien einen exogenen Faktor darstellt, wird Innovation in jüngeren Konzepten als endogener Umstand einer Erklärung des Phänomens Wettbewerb und seiner Dynamik miteinbezogen.[302] Dabei sind die hieraus folgenden Annahmen und Konsequenzen höchst unterschiedlich, wie dies bereits früh im angloamerikanischen Sprachraum zur wettbewerbstheoretischen und – rechtswissenschaftlichen Innovationsforschung diskutiert wird[303] und sich im Hinblick auf eine kartellrechtliche Bewertung zeigen wird. Denn wenn Innovation einen exogenen Wirtschaftsfaktor darstellen würde, könnte aus dieser Annahme der Schluss gezogen werden, dass es sich bereits nicht um einen Wettbewerbsbestandteil handelt. Zudem besteht ein Konflikt mit dem bei klassischen Wettbewerbstheorien angenommenen wesentlichen Gleichgewicht in der Form eines vollkommenen Marktes. Umgekehrt erklärt eine Anerkennung von Entwicklung, Veränderung und Innovation als endogener Wirtschaftsaspekt nicht seine konkrete wettbewerbliche Bedeutung und mögliche Begriffsverwendung. In dieser Debatte lässt sich deshalb zwischen statischen und dynamischen Erklärungsansätzen unterscheiden.[304] Innovation als Bestandteil oder Ergebnis des Wettbewerbs kann aber nur aus einem diesen selbst umschreibenden Begriffs-

---

301 Eine Übersicht mit dem Versuch der Bildung von „Theorie-Stammbäumen" findet sich bei *Heidrich*, Das evolutorisch-systemtheoretische Paradigma in der Wettbewerbstheorie, 2009, S. 52 ff.; dogmatisch hierzu *Kerber*, Competition, Innovation, and Competition Law: Dissecting the Interplay, MAGKS Joint Discussion Paper Series in Economics v. 6.10.2017, https://www.uni-marburg.de/fb02/makro/forschung/magkspapers/paper_2017/42-2017_kerber.pdf (abgerufen 14.12.2019), S. 4 ff.

302 Zusammenfassend hierzu auch *Swann*, The economics of innovation, 2009, S. 131 ff.; *van Cleynenbreugel*, in: Nihoul/van Cleynenbreugel, The roles of innovation in competition law analysis, 2018, S. 2 (6 ff.); grundlegend vor allem *Schumpeter*, Konjunkturzyklen, 1961, S. 79 ff.

303 *Acuña-Quiroga*, IRLCT 2001, S. 7 (10).

304 Ebenda, S. 7 (9 f.); *Sidak/Teece*, JCLE 2009, S. 581 (600).

verständnis heraus erklärt werden. Da Wettbewerb begrifflich den entscheidenden Anknüpfungspunkt und Schutzzweck im Kartellrecht bildet, orientiert sich eine Auslegung des Innovationsbegriffs an einem Verständnis des Wettbewerbs. Dieses Verständnis muss ein rechtliches sein.

1. Statische Erklärungsansätze

Maßgeblich für die klassischen Wettbewerbstheorien ist das Werk „Wohlstand der Nationen" von *Adam Smith*.[305] Zusammengefasst kann dieser Theoriestrang als eine Abkehr von dem vorher vorherrschenden Konzept des Merkantilismus und Hinwendung zum Liberalismus beschrieben werden, also individuellen Freiheiten gegenüber staatlichen Eingriffen.[306] Nicht der feudale Eingriff eines Herrschers, sondern die „unsichtbare Hand"[307] in Form der wirtschaftseigenen Kräfte solle eine allgemeine wirtschaftliche Harmonie der handelnden Individuen untereinander herstellen, sodass eine individuelle Bedürfnisbefriedigung nach dem Leistungsprinzip möglich wäre.[308] Der Markt hat also eine primäre gesellschaftliche Selbstkoordinierungsfunktion im öffentlichen Interesse.[309] Dass die Wirtschaftsteilnehmer dies durch die Befriedigung ihrer eigenen, primär partikularen Interessen unterstützen, führt *Smith* auf einen „gewissen Hang der menschlichen Natur" zurück.[310]

a) Gleichgewichtsdogma der klassischen Wettbewerbstheorien

Eine eigenständige Bewertung von Veränderung respektive Innovation kommt bei den klassischen Wettbewerbstheorien zunächst nicht unmittelbar vor.[311] Die von ihren Vertretern zu untersuchenden statischen Harmoniezustände werden durch die tatsächlich bestehende Ausübung individueller Freiheiten und der hiernach daraus folgenden optimalen Faktorallokation gebildet, beschreiben also das Resultat eines Vorgangs, noch nicht aber den Vorgang selbst.[312] Wettbewerb sei demnach anhand der bestmöglichen Güterverteilung und eines Gleichgewichts zu sehen.[313] Externe Faktoren können hiernach wohl nur berücksichtigt werden, wenn sie entweder die Entscheidungen der Wirtschaftsteilnehmer be-

---

305 *Smith*, An Inquiry Into The Nature and Causes Of The Wealth Of Nations, 1776.
306 Einführend hierzu auch *Haucap/Schmidt*, Wettbewerbspolitik und Kartellrecht, 2013, S. 4 ff.
307 *Smith*, An Inquiry Into The Nature and Causes Of The Wealth Of Nations, 1776; S. 343.
308 *Haucap/Schmidt*, Wettbewerbspolitik und Kartellrecht, 2013, S. 6; *Reiß*, Mikroökonomische Theorie, 2007, S. 43.
309 *Bofinger*, Grundzüge der Volkswirtschaftslehre, 2011, S. 64; *Reiß*, Mikroökonomische Theorie, 2007, S. 43 f.
310 *Smith*, An Inquiry Into The Nature and Causes Of The Wealth Of Nations, 1776, S. 17; Übersetzung nach *Reiß*, Mikroökonomische Theorie, 2007, S. 44.
311 *Wieddekind*, in: Eifert/Hoffmann-Riem, Innovation und rechtliche Regulierung, 2002, S. 134 (143).
312 *Heidrich*, Das evolutorisch-systemtheoretische Paradigma in der Wettbewerbstheorie, 2009, S. 76; *Mestmäcker*, ZWeR 2010, S. 1 (6 f.); so auch im Ergebnis *Neef*, in: Hilty/Jaeger/Lamping, Herausforderung Innovation, 2012, S. 65 (71).
313 Vgl. hierzu *Haucap/Schmidt*, Wettbewerbspolitik und Kartellrecht, 2013, S. 5.

einflussen oder sich auf die zu verteilende Gütermenge auswirken. Dies betrifft unter anderem leistungsbezogene Faktoren wie die Arbeitskraft oder eingesetztes Kapital, aber auch technischen Fortschritt, soweit sich nur durch diesen ein Wachstum erklären lässt.[314]

Ein Zustand des vollständigen Wettbewerbs liegt zusammengefasst vor, wenn das vorhandene Einkommen leistungsgerecht bei Vermeidung von Monopolgewinnen allokativ effizient verteilt wird.[315] Dabei handelt es sich um ein hypothetisches Referenzkonstrukt, das zur Analyse und Bewertung der Auswirkungen auf Märkte herangezogen werden soll.[316] Das Konzept geht von einer großen Anzahl rational zugunsten einer eigenen Gewinn- und Nutzenmaximierung handelnder Marktteilnehmer aus, sowie dass die zu verteilenden Güter homogen sind.[317] Produktionsfaktoren und produzierte Güter wären danach beliebig teil- und bewegbar, gleichzeitig könnten Anbieter wie Nachfrager bei Veränderungen ihr Verhalten schnell umstellen. Der Markt wäre transparent und es lägen keine Zutrittsbeschränkungen oder staatliche Eingriffe in die Wettbewerbsbedingungen vor. Dynamik hat bei diesem Ansatz nur eine den Übergang zu dieser Ordnung beschreibende Bedeutung.

Eine Bedeutung als preistheoretischer Faktor gewinnen Veränderungen und Dynamik bei neo-klassischen Ansätzen.[318] Auch noch hier ist Innovation kein eigenständiger wettbewerblicher Faktor, sondern lediglich ein exogener Umstand, der Unternehmen zu Anpassungen durch Forschungsausgaben veranlasst.[319] Innovation würde hier als Faktor der Produktivitätssteigerung und des Wachstums des Sozialprodukts eingeordnet.[320] Über die Richtung des Wachstums entscheiden die Marktteilnehmer, indem sie nach ihren Präferenzen Auswahlentscheidungen treffen.[321] Über diesen Anpassungsprozess der Wirtschaftsteilnehmer als

---

314 Vgl. *Solow*, QJE 1956, S. 65, der die Theorie vom technischen Fortschritt als Bestandteil des Wachstums des Sozialprodukts ansah, soweit sich dieses nicht durch den Einsatz von Kapital und Arbeit erklären ließe; zusammenfassend hierzu *Wieddekind*, in: Eifert/Hoffmann-Riem, Innovation und rechtliche Regulierung, 2002, S. 134 (144); mit den wirtschaftsmathematischen Erläuterungen hierzu *Bollmann*, Technischer Fortschritt und wirtschaftlicher Wandel, 1990, S. 18.

315 Vgl. die Darstellung bei *Haucap/Schmidt*, Wettbewerbspolitik und Kartellrecht, 2013, S. 8.

316 Einführend hierzu *Krugman/Wells*, Volkswirtschaftslehre, 2017, S. 376 ff.; *Schwalbe/Zimmer*, Kartellrecht und Ökonomie, 2011, S. 15,

317 *Krugman/Wells*, Volkswirtschaftslehre, 2017, S. 377.

318 *Wieddekind*, in: Eifert/Hoffmann-Riem, Innovation und rechtliche Regulierung, 2002, S. 134 (146); *Witt*, in: Biervert/Held, Evolutorische Ökonomik, 1992, S. 23 (24); *Erdmann*, Elemente einer evolutorischen Innovationstheorie, 1993, S. 2.

319 Kritisch hierzu bereits *Wieddekind*, in: Eifert/Hoffmann-Riem, Innovation und rechtliche Regulierung, 2002, S. 134 (146); ähnlich stellt sich dies auch bei Kommission, Entsch. v. 28.11.2014 – COMP/M.7326 (Medtronic/Covidien), ABl. C 82, 1, Rn. 70 dar, indem die EU-Kommission Forschungs- und Entwicklungstätigkeiten als Indiz für Innovation heranzieht.

320 Zusammenfassend hierzu *Bollmann*, Technischer Fortschritt und wirtschaftlicher Wandel, 1990, S. 17.

321 *Reiß*, Mikroökonomische Theorie, 2007, S. 420; *Wieddekind*, in: Eifert/Hoffmann-Riem, Innovation und rechtliche Regulierung, 2002, S. 134 (145 f.).

schlichter Reaktion auf Veränderungen hinaus bleiben neo-klassische Ansätze ebenso eine eigenständige wettbewerbliche Erklärung an sich schuldig.

b) Kritik am Konzept des vollkommenen Wettbewerbs

Problematisch an dem Konzept des perfekten Wettbewerbs ist zum einen, dass es sich rein auf einen Grundsatz der Verteilungs- und Preis-Effizienz bezieht und damit andere menschliche wie gesellschaftliche Phänomene mit dynamischem Marktbezug ausblendet, bzw. lediglich als externen Faktor berücksichtigt.[322] Das dort angenommene öffentliche Interesse und die individuellen Interessen der Marktteilnehmer sind nicht immer kongruent.[323] Anzuzweifeln lässt sich deshalb vor allem die Annahme, dass die Wirtschaftsteilnehmer grundsätzlich ein Harmoniebedürfnis hegten.[324] Dabei könnte es nicht nur einen typisch menschlichen Hang zur individuellen Interessenbefriedigung mit positiven harmonisierenden Effekten auf den gesellschaftlichen Gesamtzustand geben. Stattdessen könnte es Umstände bei einzelnen Wirtschaftsteilnehmern geben, die zugunsten einer partikularen Bedürfnisbefriedigung Vorteile vor anderen Wirtschaftsteilnehmern verlangen. Würden diese Interessen nicht erfasst und angemessen gewürdigt, könnte der Markt zum Erschlaffen kommen.[325] Damit einher geht der Einwand, ob die Modellierung eines Marktes unter der Bedingung der Freiheit von Unvollkommenheiten nicht unrealistisch ist, sodass sich ein in seinen Anforderungen zu hohes, aber nie richtig zu erreichendes Idealbild ergibt.[326] Bereits früh wurde hieraus als Konsequenz ein Wechsel zum Konzept eines monopolistischen bzw. imperfekten Wettbewerbs in Betracht gezogen.[327]

Zum anderen blendet das Konzept des vollkommenen Wettbewerbs Bedürfnisse nach nicht-standardisierten Angeboten des Marktes aus.[328] Neben individuellen Bedürfnissen der Nachfrager würden die Schaffenspotenziale der Anbieter missachtet. Denn so wie der Mensch einen Hang nach Neuem hat, muss diese

---

322 *Kerber*, Competition, Innovation, and Competition Law: Dissecting the Interplay, MAGKS Joint Discussion Paper Series in Economics v. 6.10.2017, https://www.uni-marburg.de/fb02/makro/forschung/magkspapers/paper_2017/42-2017_kerber.pdf (abgerufen 14.12.2019).

323 Statt vieler auch bereits *Clark*, in: Herdzina, Wettbewerbstheorie, 1975, S. 269 (270), der hierauf aufbauend sein Wettbewerbskonzept definierte.

324 *Robinson*, in: Chamberlin, Monopoly and Competition and their Regulation, 1954, S. 245; vgl. die deutsche Übersetzung *Robinson*, in: Herdzina, Wettbewerbstheorie, 1975, S. 107 (107 f.); *Schumpeter*, Konjunkturzyklen, 1961, S. 109; *Bunte*, in: Langen/Bunte, Kartellrecht, Einl., Rn. 104.

325 *Haucap/Schmidt*, Wettbewerbspolitik und Kartellrecht, 2013, S. 9.

326 Allgemein hierzu schon *Arndt*, Schöpferischer Wettbewerb und klassenlose Gesellschaft, 1952, S. 53.

327 *Sraffa*, EJ 1926, S. 535; deutsche Übersetzung in *Sraffa*, in: Herdzina, Wettbewerbstheorie, 1975, S. 62 (67); *Robinson*, The economics of imperfect competition, 1979, S. 92 ff.; ähnlich so auch *Arndt*, Schöpferischer Wettbewerb und klassenlose Gesellschaft, 1952, S. 51 ff. mit einer ausführlichen Kritik und Erwiderung zum Konzept des vollkommenen Marktes.

328 Vgl. *Kantzenbach*, der das Evolutorische und Ungleichgewicht als „Wesen des Wettbewerbs" beschreibt und damit jeglicher Gleichgewichtsannahme zur Begründung des Wettbewerbs eine Absage erteilt, *Kantzenbach*, Die Funktionsfähigkeit des Wettbewerbs, 1967, S. 32.

Bedürfnisbefriedigung nach Vorsprüngen gegenüber konkurrierenden Unternehmen erfasst werden.[329] Aus der Sicht der Nachfrager kann sich dies in dem Bedürfnis nach einem qualitativ hochwertigeren, schnelleren oder preisgünstigeren Produkt äußern. Ebenso haben Anbieter ein Interesse, sich von den Angeboten anderer Wirtschaftsteilnehmer abzugrenzen. In einem Modell vollkommenen Wettbewerbs haben Unternehmen aber geringere Anreize und Möglichkeiten zu Änderungen einzelner Parameter, sondern müssten die auf der Vollkommenheitsannahme basierenden Wettbewerbsbedingungen akzeptieren.[330]

Schließlich lassen sich auf vollständigen Wettbewerb abstellende Konzepte aufgrund des statischen Beobachtungsansatzes nicht mit dynamischen Umständen und Entwicklungen überein bringen.[331] Effizienz wird lediglich im Hinblick auf ihren Verteilungsmechanismus untersucht, nicht jedoch in qualitativer oder dynamischer Hinsicht.[332] Qualitative oder dynamische Umstände entsprechen ebenso den berechtigtermaßen einzubeziehenden Interessen der Wirtschaftsteilnehmer, Angebote nach ihren individuellen Präferenzen auswählen zu können, Produkte und Güter also nicht lediglich im Rahmen eines Ordnungsprozesses zugeteilt zu bekommen, sondern vielmehr selbstständig und selbstbestimmt auswählen zu können.[333]

2. Dynamische Erklärungsansätze

a) Schöpferische Zerstörung

Auf dem von *Marx* vorgeprägten Schlagwort der schöpferischen Zerstörung[334] aufbauend formulierte *Schumpeter* seine Überlegungen zu dynamischen Wirtschaftsabläufen.[335] Dies steht in einem Zusammenhang mit im 19. Jahrhundert zunehmenden Erklärungsversuchen über die Stellung des Menschen in einer sich verändernden Welt.[336] Für *Schumpeter* spielt der Prozess an sich eine wesentliche Rolle bei der Erklärung wirtschaftlicher Zusammenhänge, insbesondere des Kapitalismus.[337] Anders als *Marx* nimmt er diesen nicht als Bedingung für

---

329 *Cox/Hübener*, in: Cox/Jens/Markert, Handbuch des Wettbewerbs, 1981, S. 1 (4).
330 *Robinson*, The economics of imperfect competition, 1979, S. 95 ff.; *Schumpeter*, Konjunkturzyklen, 1961, S. 63.
331 Kritisch insofern bereits *Schwalbe/Zimmer*, Kartellrecht und Ökonomie, 2011, S. 20 f.; *Fleischer*, Behinderungsmissbrauch durch Produktinnovation, 1997, S. 31; *Mestmäcker/Schweitzer*, Europäisches Wettbewerbsrecht, 2014, § 3. Wettbewerb der Unternehmen, Rn. 20; für eine Anwendung innovationsbezogener wettbewerbstheoretischer Erörterungen auch *Holzweber*, in: Maute/Mackenrodt, Recht als Infrastruktur für Innovation, 2019, S. 41 (44).
332 Kritisch hierzu bereits *Clark*, AEJ 1940, S. 241; vgl. auch *Haucap/Schmidt*, Wettbewerbspolitik und Kartellrecht, 2013, S. 10.
333 *Bollmann*, Technischer Fortschritt und wirtschaftlicher Wandel, 1990, S. 38.
334 *Rosenberg*, ICC 2011, S. 1215 (1216); *Immerthal*, in: Frambach et al., Schöpferische Zerstörung und der Wandel des Unternehmertums, 2019, S. 455 (462).
335 *Schumpeter*, Theorie der wirtschaftlichen Entwicklung, 1993, S. 24; *Immerthal*, in: Frambach et al., Schöpferische Zerstörung und der Wandel des Unternehmertums, 2019, S. 455 (463).
336 Ebenda, S. 455 (462).
337 *Schumpeter*, Kapitalismus, Sozialismus und Demokratie, 2018, S. 136.

das Überwinden der Bourgeoisie im Zusammenhang mit einem Klassenkampf an, sondern erklärt mit ihm das Vorliegen wirtschaftlicher Entwicklungen überhaupt.[338] Wirtschaft und Wettbewerb an sich ist damit immer auch Veränderung und Fortschritt.[339] Veränderungen allein führten in einem dynamischen Wirtschaftssystem zu Profiten. Entscheidende Unterschiede bestehen zum einen im Hinblick auf die Endgültigkeit des Zerstörungsprozesses und zum anderen auf die zu handelnden Akteure. Kapitalismus zeichne sich nach *Schumpeter* selbst durch seinen evolutionären Charakter aus, der nicht primäre von bloßen Veränderungen der wirtschaftlichen Tätigkeit getrieben wird, sondern durch neue Konsumgüter, neue Märkte sowie neue Formen der industriellen Organisation.[340] Dies erfolge danach im Wege einer in unsteten Stößen von innen heraus auftretenden „Mutation", die nicht auf einen Idealzustand hinsteuere oder gar hinzuführen sei.[341]

Die wirtschaftliche Entwicklung und Veränderungen in Bezug auf Wettbewerb beschreibt *Schumpeter* mit der Bezeichnung „neue Kombinationen".[342] *Arndt* bezeichnet dies ähnlich als „neue Differenzierungen" in einem „Wettbewerb der Bahnbrecher".[343] Erkenntnisse aus der empirischen Ökonomie veranlassten *Bower/Christensen* zu ihrer Annahme der sogenannten disruptiven Innovationen, die besonders häufig mit Plattform-Geschäftsmodellen in Verbindung gebracht werden.[344] Auch das Bundeskartellamt nahm in einem Arbeitspapier den Fachbegriff der disruptiven Innovationen auf und stellte bereits einzelne Erwägungen hierzu an.[345] Die EU-Kommission hat in einzelnen Entscheidungen vor allem auf der Endnutzer-Ebene das Vorliegen disruptiver Innovationen angenommen.[346] Disruptive Innovationen stehen in einem engen Zusammenhang mit der schöpfe-

---

338 Ebenda, S. 134 ff.; *Kurz*, ICC 2013, S. 577 (579); *Kerber*, Competition, Innovation, and Competition Law: Dissecting the Interplay, MAGKS Joint Discussion Paper Series in Economics v. 6.10.2017, https://www.uni-marburg.de/fb02/makro/forschung/magkspapers/paper_2017/42-2017_kerber.pdf (abgerufen 14.12.2019).

339 *Schumpeter*, Konjunkturzyklen, 1961, S. 93 f.

340 *Schumpeter*, Kapitalismus, Sozialismus und Demokratie, 2018, S. 137; erläuternd insofern auch *Podszun*, Wirtschaftsordnung durch Zivilgerichte, 2014, S. 110; grundlegend auch schon *Schumpeter*, Konjunkturzyklen, 1961, S. 108.

341 Ebenda, S. 110.

342 *Schumpeter*, Theorie der wirtschaftlichen Entwicklung, 1993, S. 100; *Schumpeter*, Konjunkturzyklen, 1961, S. 95.

343 *Arndt*, Schöpferischer Wettbewerb und klassenlose Gesellschaft, 1952, S. 36.

344 Grundlegend dazu bereits der Aufsatz *Bower/Christensen*, HBR 1995, S. 43; Christensen vertiefte seine Annahmen später und verfasste hierauf basierend einen Ratgeber über Unternehmensstrategien im Zusammenhang mit disruptiven Innovationen, *Christensen*, The innovator's dilemma, 1997. Ebenso *Immerthal*, in: Frambach et al., Schöpferische Zerstörung und der Wandel des Unternehmertums, 2019, S. 455 (476).

345 Bundeskartellamt, Innovationen – Herausforderungen für die Kartellrechtspraxis v. 9.11.2017, http://www.bundeskartellamt.de/SharedDocs/Publikation/DE/Schriftenreihe_Digitales/Schriftenreihe_Digitales_2.pdf?__blob=publicationFile&v=3 (abgerufen 14.12.2019), S. 1 ff.

346 Kommission, Entsch. v. 3.10.2014 – COMP/M.7217 (Facebook/WhatsApp), ABl. C 417, 4, Rn. 116; Kommission, Entsch. v. 8.9.2015 – COMP/M.7278 (GE/Alstrom), ABl. C 139, 2, Rn. 995.

rischen Zerstörung des Wettbewerbs und Innovationen.[347] Sie lassen sich durch mehrere Besonderheiten beschreiben, die als solche bereits *Bower/Christensen* zusammengetragen haben. Erstens handele es sich um technologische Veränderungen, die zunächst nicht von allen Konsumenten angenommen werden, jedoch für eine bestimmte Nutzergruppe jedenfalls ausreichen.[348] So sind sie einerseits vor allem aufgrund höherer Kosten als bei einem bereits im Markt erfolgreich eingeführten Angebot für etablierte Unternehmen eher unattraktiv. Andererseits können sie zunächst aus der Sicht der Konsumenten in technischer Hinsicht einen schlechteren Leistungsumfang haben.[349] Anekdotisch lassen sich hierfür die damals zunächst neuen Technologien für Videos in Mobiltelefonen anführen.[350] Zu Beginn ihrer Markteinführung konnten diese noch nicht dieselben Leistungsmerkmale aufweisen, wie herkömmliche Kamera-Geräte. Zweitens ändern sich die Leistungsmerkmale der neuen Angebote sehr schnell, sodass die neue Technologie in bestehende Märkte eindringen kann.[351] Disruptive Innovationen zeichneten sich nach *Bower/Christensen* dadurch aus, dass sie häufig nicht von Unternehmen ausgehen, die bereits einen Mainstream-Markt bedienen und sich dort etabliert haben.[352] Stattdessen können sie vor allem von Außenseitern eingeführt werden. Nach *Immerthal* findet dieses Eintreten der Disruption im „blinden Fleck des Wettbewerbers" statt.[353] Disruptive Innovationen stehen deshalb besonders für die Unvorhersehbarkeit der schöpferischen Zerstörung. Insofern besteht die Bedeutung in ihrer technologischen, aber auch marktlichen und organisatorischen Umwälzung.[354] Sie können in besonders intensiver Weise dazu beitragen, Marktstellungen angreifbar zu machen oder sogar aufzulösen. In Abgrenzung hiervon lassen sich nachhaltige Innovationen unterscheiden, die ausgehend von etablierten oder sich etablierenden Märkten annehmbare Veränderungen für deren Konsumenten bietet.[355] In der kartellrechtlichen Fallpraxis sind die disruptiven Innovationen vor allem zur Beschreibung besonders stark wirkender Innovationen und dem Mittel zur wettbewerblichen Entfaltung von Außenseitern geeignet, wie dies zunächst häufig bei dem Auftreten digitaler Plattformen der Fall ist. Gleichzeitig deuten sie auf evolutorische Elemente im

---

347 *Immerthal*, in: Frambach et al., Schöpferische Zerstörung und der Wandel des Unternehmertums, 2019, S. 455 (475).

348 *Bower/Christensen*, HBR 1995, S. 43 (44); *Christensen/Raynor/McDonald*, HBR 2015, S. 44 (47).

349 *Bower/Christensen*, HBR 1995, S. 43 (45).

350 Weitere Beispiele historischer Entwicklungen finden sich bei *Evans/Schmalensee*, Matchmakers, 2016. S. 187 ff.

351 Bower/Christensen verwenden hierbei das Verb „invade", woraus in Bezug auf den relevanten Markt geschlossen werden kann, dass sie die verdrängende Wirkung vor allem auf die bereits bestehenden Märkte beschreiben, vgl. *Bower/Christensen*, HBR 1995, S. 43 (44); Gleichwohl erscheinen diese Umstände auch im Hinblick auf das Verhältnis zwischen etablierten und „neuen" Märkten naheliegend. Beide Situationen sollen im Folgenden gleichermaßen erfasst sein.

352 Ebenda, S. 43 (44); *Christensen/Raynor/McDonald*, HBR 2015, S. 44 (46 f.).

353 *Immerthal*, in: Frambach et al., Schöpferische Zerstörung und der Wandel des Unternehmertums, 2019, S. 455 (475).

354 *Kerber*, GRUR Int 2016, S. 639 (649).

355 *Christensen/Raynor/McDonald*, HBR 2015, S. 44 (47).

Wettbewerb hin.[356] Ebenso lassen sich nachhaltige Innovationen im Zusammenhang mit dem wettbewerblichen Auftreten digitaler Plattformen sehen, da auch sie danach streben, über die Verdrängungsphase hinaus eine Internalisierungsphase zu erreichen. Bei dieser werden wettbewerbliche Errungenschaften in der Plattform etabliert, etwa indem sie als neue Marktbeziehungen im Plattformsystem dargestellt werden.

Die Zyklen dieser wettbewerblichen Mutationen mit ihren vielfältigen Ergebnissen neuer Kombinationen und der damit verbundenen Verdrängung sind grundsätzlich empirisch feststellbar.[357] Die Abfolgen innerhalb des Prozesses der schöpferischen Zerstörung können ebenso grundsätzlich empirisch nachgewiesen werden.[358] Nach einer frühen Darstellung bei *Heuss* beginnen sie regelmäßig mit einer Entwicklungsphase, der sich eine Expansionsphase anschließt.[359] Ist ein Unternehmen innerhalb dieser beiden Phasen wettbewerblich erfolgreich, so entflieht es vor seinen Wettbewerbern und baut sich einen Vorsprung aus. Es wird dabei möglicherweise mit einer Stellung belohnt, die ihm in der sich anschließenden Phase eine Ausbeutung seiner Innovation erlaubt.[360] Allerdings werden bereits die Wettbewerber versuchen, den wettbewerblichen Erfolg einzuholen, indem sie entweder das innovative Unternehmen nachahmen oder aber selbst mit einer anderen Innovation wettbewerblichen Druck aufbauen.[361] Dies kann zu einem Abflauen oder Verblassen des bisherigen wettbewerblichen Erfolgs für das innovative Unternehmen führen. Der bereits angesprochene Wechsel zwischen Innovation und Tradition bzw. Aktion und Reaktion im Wettbewerb lässt sich damit als ein für den dynamischen Wettbewerb typischer Vorgang festhalten.[362] Für die Zwecke dieser Untersuchung lassen sich daraus zwei wesentliche

---

356 *Immerthal*, in: Frambach et al., Schöpferische Zerstörung und der Wandel des Unternehmertums, 2019, S. 455 (475 f.).
357 *Kerber*, in: Vanberg, Evolution und freiheitlicher Wettbewerb, 2012, S. 169 (172).
358 *Zimmerlich*, Marktmacht in dynamischen Märkten, 2007, S. 27 f.; *Fleischer*, Behinderungsmissbrauch durch Produktinnovation, 1997, S. 36; *Wolf*, Kartellrechtliche Grenzen von Produktinnovationen, 2004, S. 66 f.; *Hoffmann-Riem*, Innovation und Recht, Recht und Innovation, 2016, S. 210 ff.; ähnlich auch schon *Arndt*, Schöpferischer Wettbewerb und klassenlose Gesellschaft, 1952, S. 35 ff.; *van Cleynenbreugel*, in: Nihoul/van Cleynenbreugel, The roles of innovation in competition law analysis, 2018, S. 2 (5).
359 *Heuss*, Allgemeine Markttheorie, 1965, S. 15 ff.; *Immerthal*, in: Frambach et al., Schöpferische Zerstörung und der Wandel des Unternehmertums, 2019, S. 455 (462 f.).
360 *Fleischer*, Behinderungsmissbrauch durch Produktinnovation, 1997, S. 38.
361 *Arndt*, Schöpferischer Wettbewerb und klassenlose Gesellschaft, 1952, S. 39; im Hinblick auf den Nachahmungswettbewerb weist *Holzweber*, in: Maute/Mackenrodt, Recht als Infrastruktur für Innovation, 2019, S. 41 (45) zutreffend auf die Verschränkungen zwischen Wettbewerbs- und Immaterialgüterrecht hin, die für den Gegenstand dieser Untersuchung nicht in ihrer grundsätzlichen Begründung maßgeblich sind, sondern lediglich in konkreten Auslegungsfragen methodisch erörtert werden können. Denn nach dem hier entwickelten wettbewerblichen und kartellrechtlichen Innovationsverständnis beschränkt sich diese nicht auf Gegenstände des Immaterialgüterrechts.
362 *Kerber*, in: Vanberg, Evolution und freiheitlicher Wettbewerb, 2012, S. 169 (173); *Shapiro*, in: Lerner/Stern, The rate and direction of inventive activity revisited, 2012, S. 361 (401); *Newman*, FSULR 2012, S. 681 (692).

Aspekte entnehmen, nämlich erstens auf der Tatsachenebene, dass innovative Schöpfung eng einhergeht mit zerstörerischen Umständen, die gegebenenfalls in konkret zu entscheidenden rechtlichen Fällen zu berücksichtigen wären, und zweitens auf der Wertungsebene die für eine rechtliche Bewältigung erhebliche Frage, ob es auf der einen Seite eine Abwehrmöglichkeit vor diesen zerstörerischen Umständen und auf der anderen Seite einen Schutz von Schöpfungen geben kann. Die tatsächlichen zerstörerischen Umstände können sich dabei je nach individuellem Betrachtungsstandpunkt der einzelnen Wirtschaftsteilnehmer als Krise oder Gelegenheit darstellen.[363] Sie stehen für die Unvorhersehbarkeit menschlicher Lebensumstände.[364]

b) Unternehmerische Pionierleistungen

Eine zunehmende Bedeutung hat die Untersuchung der im Wettbewerb wirkenden unterschiedlichen Motivationen und Anreize gewonnen.[365] So können die bereits angesprochenen Individualinteressen nicht stets als ein Bedürfnis nach Harmonie und Ausgeglichenheit gewertet werden. Vielmehr wird mit Veränderungen die Aussicht auf zukünftige höhere Profite und damit einhergehenden wirtschaftlichen Erfolg verbunden.[366]

aa) Motivation zur wettbewerblichen Selbstverwirklichung

Für *Schumpeter* lässt sich wirtschaftliche Entwicklung nicht allein mit dem Prozess der schöpferischen Zerstörung erklären. Diese werden nicht allein aufgrund eines politischen Bedürfnisses angestoßen, sondern auch und in wettbewerblicher Hinsicht ganz bedeutsamer Weise durch schöpferische Aktionen von Unternehmen.[367] Der Unternehmer, bzw. die Unternehmung, sei ein Grundphänomen, mit dem wirtschaftliche Entwicklung und Innovation erklärt werden könne, da dieser das Neue durchzusetzen vermöge.[368] Er lasse sich mit spezifischen Persönlichkeitsmerkmalen und Fähigkeiten beschreiben, die sich darin äußern,

---

363 *Hoffmann-Riem*, Innovation und Recht, Recht und Innovation, 2016, S. 26.
364 *Körber*, WRP 2012, S. 761
365 Vgl. bereits *Schumpeter*, Konjunkturzyklen, 1961, S. 93 ff.; *Arndt*, Kapitalismus, Sozialismus, Konzentration und Konkurrenz, 1976, S. 159; *Lieberman/Montgomery*, SMJ 1988, S. 41 (42 ff.); *Robinson/Kalyanaram/Urban*, RIO 1994, S. 1 (1 ff.); *Kerber/Schwalbe*, in: Säcker et al., Münchener Kommentar zum Wettbewerbsrecht: Band 1, Einleitung B., Rn. 111.
366 *Zimmerlich*, Marktmacht in dynamischen Märkten, 2007, S. 31; *Kantzenbach*, Die Funktionsfähigkeit des Wettbewerbs, 1967, S. 33; *Lieberman/Montgomery*, SMJ 1988, S. 41 (47); *Robinson/Kalyanaram/Urban*, RIO 1994, S. 1 (18).
367 *Schumpeter*, Kapitalismus, Sozialismus und Demokratie, 2018, S. 136 ff.; *Sidak/Teece*, JCLE 2009, S. 581 (604); *Immerthal*, in: Frambach et al., Schöpferische Zerstörung und der Wandel des Unternehmertums, 2019, S. 455 (462 f.); anklinend schon *Schumpeter*, Theorie der wirtschaftlichen Entwicklung, 1993, S. 115; *Schumpeter*, Konjunkturzyklen, 1961, S. 103 f.
368 *Schumpeter*, Theorie der wirtschaftlichen Entwicklung, 1993, S. 122 ff.; dazu erläuternd *Dahlmann*, Das innovative Unternehmertum im Sinne Schumpeters: Theorie und Wirtschaftsgeschichte, 2017, S. 71; *Immerthal*, in: Frambach et al., Schöpferische Zerstörung und der Wandel des Unternehmertums, 2019, S. 455 (462); *Frambach*, in: Frambach et al., Schöpferische Zerstörung und der Wandel des Unternehmertums, 2019, S. 213.

dass er Unsicherheiten oder Widerstände nicht als Hinderungsgründe für seine Handlungen sieht, sondern (notfalls allein) voraus geht und erkundet, gleichzeitig aber andere Wirtschaftsteilnehmer motivieren kann seinen Entscheidungen zu folgen.[369] Der innovative Unternehmer nimmt also Gelegenheiten innerhalb des Vorgangs der schöpferischen Zerstörung war. Damit wird wiederum erneut dem Konzept des vollkommenen Marktes eine Absage insofern erteilt, als dass kein vollkommen verteiltes Wissen besteht, sondern Wissensrückstände als in tatsächlicher Hinsicht typisch angesehen werden. *Kirzner* beschreibt dies als „begrenzte Realitätsnähe der allokativen Erklärung der menschlichen Entscheidungen".[370] Also liegt die wesentliche Eigenschaft des Unternehmers im Wirtschaftsbereich hiernach darin, dass er Wissen schafft, entweder indem er vorhandene Lücken schließt oder aber indem er völlig neues Wissen verfügbar macht.[371] Der Unternehmer kann also am besten mit einem Pionier verglichen werden, der bislang unbekanntes Gebiet erkundet und auf seine Nutzbarkeit hin untersucht. Dabei verhält er sich nicht stets rational im Sinne des Konzepts vom vollkommenen Wettbewerb, da er Entscheidungen nicht nach objektiv vorhandenen Informationen trifft, sondern stark subjektiv geprägt ist von Erfahrungen und der Erwartung zukünftiger Profite.[372] Seine Strategie oder sonstigen internen Abläufe sind in vielen Fällen nicht offensichtlich für den Wettbewerb.

Das Auftreten des Unternehmers im Wirtschaftsleben ist dabei davon geprägt, sich etwas Eigenes aufzubauen und sich selbst zu verwirklichen. So sieht *Schumpeter* den Willen zur Gründung eines privaten Reichs, den Siegerwillen und die Freude am Gestalten als mögliche Motivationen für den Unternehmer.[373] Damit entspricht dieser Ansatz bereits einer rechtlich verwertbaren dynamischen Wettbewerbstheorie unter Einbeziehung von Innovation, da sie anders als die statischen Theorien nicht auf dem Konzept des vollkommenen Wettbewerbs aufbaut, bei dem ein allgemeines Gleichgewicht zu erreichen wäre und in das Partikularinteressen wettbewerbsdogmatisch einzufügen wären, sondern individuelle Bedürfnisse und deren potenzielle Diskonformität mit einem Gesamtwohl anerkennt.[374] Dieser Ansatz rückt den Wirtschaftsteilnehmer in den Fokus möglicher Erklärungen. Wettbewerb kann hiernach nicht nur darin gesehen werden, dass sich seine Teilnehmer einem allgemeinen Anpassungsdruck fügen

---

369 *Schumpeter*, Theorie der wirtschaftlichen Entwicklung, 1993, S. 128 f.; zusammenfassend und erläuternd hierzu auch *Dahlmann*, Das innovative Unternehmertum im Sinne Schumpeters: Theorie und Wirtschaftsgeschichte, 2017, S. 62 ff.
370 *Kirzner*, Wettbewerb und Unternehmertum, 1978, S. 29.
371 Ebenda, S. 12 f.
372 *Acuña-Quiroga*, IRLCT 2001, S. 7 (19).
373 *Schumpeter*, Theorie der wirtschaftlichen Entwicklung, 1993, S. 138.
374 *Künzler*, Effizienz oder Wettbewerbsfreiheit?, 2008, S. 43; schon *Kirzner*, Wettbewerb und Unternehmertum, 1978, S. 21; siehe insofern auch *Podszun*, Wirtschaftsordnung durch Zivilgerichte, 2014, S. 113, wobei auch dieser daraus nicht den Schluss zieht, dass Wettbewerb auch nach seiner Effektivität bewertet werden kann und nicht lediglich empirisch die „dynamische Effizienz" zu untersuchen ist, vgl. *Podszun*, in: Surblytė, Competition on the Internet, 2015, S. 101 (107 f.).

und ein wirtschaftliches Gleichgewicht anstreben.[375] Wettbewerb ist hiernach auch, wenn sich Einzelne nicht einer gesamtpositiven Preisbilanz beugen, sondern eigennützig bessere Ergebnisse erzielen wollen und nach einer sogenannten *First-Mover*-Position mit den entsprechenden wirtschaftlichen Vorteilen streben.[376] Gleichzeitig bedeutet der Verzicht auf die Verwendung der gegenwärtigen objektiven Informationen und stattdessen das sich Verlassen auf die eigene subjektive Motivation einen zusätzlichen irrationalen und typisch menschlichen Umstand, der im Konzept des vollkommenen Wettbewerbs noch mit der Rationalität der Wirtschaftsteilnehmer und der absoluten Steuerungsfunktion des Marktes übersteuert wurde.

bb) Zufall im monopolistischen Wettbewerb

Der Ausgang der unternehmerischen Pionieranstrengungen kann unbestimmt und zufallsbedingt sehr unterschiedlich sein. Im Erfolgsfall setzt sich die neue Kombination durch und wird nachgefragt, anderenfalls scheidet sie aus dem Fundus möglicher Angebote aus. Die durchgesetzte Entwicklung wird dem Unternehmen die Möglichkeit geben, monetäre Vorteile in Form von Profiten zu erlangen.[377] Dies führt nach *Schumpeter* dazu, dass das Pionierunternehmen im Hinblick auf diese Leistung zum Monopolisten wird, weil es diese als einzige anbietet und verkauft.[378] Das durch unternehmerische Leistungen zu erreichende Monopol kann also eine positive Anreizwirkung haben, um überhaupt Investitionen und Aufwand an die Entwicklung von Innovationen zu binden.[379] Der Annahme des vollkommenen Wettbewerbs setzt *Schumpeter* damit bereits die des monopolistischen Wettbewerbs entgegen, bei dem es dem Unternehmen um die mindestens zeitweilige Erlangung eines Monopols geht.[380]

Die Erreichung einer profitbringenden Stellung in diesem monopolistischen Wettbewerb ist stark von Umständen geprägt, auf die Unternehmen keine oder nur geringe Einflüsse haben. Hierzu zählen die Akzeptanz durch andere Wirtschaftsteilnehmer, die sich vor allem in der Abnahmebereitschaft ausdrückt, also der Bereitschaft ein bestimmtes Angebot zu einem bestimmten Preis nachzufragen. Die Preisbildung ist von Angebot und Nachfrage abhängig. Sie kann je nach den derzeitigen Verhältnissen am Markt schwanken. Besteht eine hohe Nach-

---

375 *Kerber*, in: Vanberg, Evolution und freiheitlicher Wettbewerb, 2012, S.169 (172).
376 *Lieberman/Montgomery*, SMJ 1988, S.41 (42ff.); *Robinson/Kalyanaram/Urban*, RIO 1994, S.1 (1ff.); *Baker*, ALJ 2007, S.575 (580f.) fasst die Vorteile damit zusammen, ein First-Mover könne zum einen von Kosten- und Lernvorteilen aufgrund seiner Alleinstellung profitieren und werde andererseits über seinen Namen mit dem neuen Angebot und damit gegebenenfalls mit dem Markt identifiziert oder assoziiert; *Makadok*, SMJ 1998, S.683 (683ff.); *Schilling*, AB 2015, S.191 (202f.); zusammenfassend *Fleischer*, Behinderungsmissbrauch durch Produktinnovation, 1997, S.54f.; schon *Kirzner*, Wettbewerb und Unternehmertum, 1978, S.16, 64.
377 *Schumpeter*, in: Stolper/Seidl, Aufsätze zur Wirtschaftspolitik, 1985, S.226 (232).
378 *Schumpeter*, Kapitalismus, Sozialismus und Demokratie, 2018, S.162.
379 *Kirzner*, Wettbewerb und Unternehmertum, 1978, S.16f.
380 *Kurz*, JEE 2012, S.871 (874); *Schuhmacher*, Effizienz und Wettbewerb, 2011, S.39; vgl. hierzu auch *Arndt*, Kapitalismus, Sozialismus, Konzentration und Konkurrenz, 1976, S.62ff.

frage nach einem Gut, kann ein Unternehmen mit höherer Wahrscheinlichkeit einen für sich besseren Preis verlangen. Die Nachfrage kann stark von äußeren Umständen beeinflusst werden, wie zum Beispiel Güterknappheiten aufgrund von Krisen oder menschlich veranlasstes Verhalten. Durch die sich zunehmend verbesserte Informationslage sowie Mittel der Informationsverarbeitung können Unternehmen zwar Wissenslücken abbauen. Jedoch bleibt aufgrund der Zufallselemente im Wettbewerb stets eine Ungewissheit über den Ausgang und Erfolg der Pionieranstrengungen.

cc) Bestreitbarkeit im monopolistischen Wettbewerb

Lange unklar blieb die wettbewerbsökonomische Frage, ob Innovation durch Monopole begünstigt oder behindert werden.[381] Die Antwort hierauf kann für die weitergehende kartellrechtliche Bewertung von Bedeutung sein, nämlich bei der Einordnung der bei digitalen Plattformen auftretenden Netzwerkeffekte und damit einhergehender Kostenvorteile. *Schumpeter* argumentierte, dass die absolut wie die relativ zunehmende Unternehmensgröße sich positiv auf Forschung und Entwicklung abzielende Tätigkeiten auswirke.[382] Produktinnovationen könnten also durch monopolistische Tendenzen und damit einhergehende Effizienzvorteile des Unternehmens hiernach gefördert werden.[383] Entsprechend ähnlich sehen *Dewenter/Rösch* die Anreize für innovative Tätigkeiten bei digitalen Plattformen deshalb besonders hoch, weil diese dabei Netzwerkeffekte besser für sich ausnutzen können.[384] Demgegenüber sah *Arrow* vor allem Preiswettbewerb als vorranging innovationsfördernd an, der aber durch monopolistischen Wettbewerb verringert würde.[385] Dies wird durch Empirie gestützt, dass etablierte Unternehmen mit einer starken Marktstellung und wenig Wettbewerbern weniger zu Investitionen und Innovationen neigen.[386]

Allerdings schließen sich diese beiden Ansichten nicht gegenseitig aus, sondern können auf zwei Weisen miteinander kombiniert werden.[387] Zum ersten können sie im Zusammenhang mit den oben beschriebenen unsteten Wellen der schöpferischen Zerstörung die sich ständig abwechselnden und gegenseitig bestreitenden Schaffens- und Ausbeutungsperioden darstellen und beschreiben.

---

381 *Jullien/Lefouili*, JCLE 2018, S. 364; *van Cleynenbreugel*, in: Nihoul/van Cleynenbreugel, The roles of innovation in competition law analysis, 2018, S. 2; *Shapiro*, in: Lerner/Stern, The rate and direction of inventive activity revisited, 2012, S. 361.

382 *Schumpeter*, Kapitalismus, Sozialismus und Demokratie, 2018, S. 65 ff.; Zusammenfassend und erläuternd *Haucap/Schmidt*, Wettbewerbspolitik und Kartellrecht, 2013, S. 134.

383 *Van Cleynenbreugel*, in: Nihoul/van Cleynenbreugel, The roles of innovation in competition law analysis, 2018, S. 2 (4).

384 *Dewenter/Rösch*, Einführung in die neue Ökonomie der Medienmärkte, 2015, S. 229.

385 *Arrow*, in: Nelson, The Rate and Direction of Inventive Activity: Economic and Social Factors, 1962, S. 609 (619 f.); *Gilbert*, in: Jaffe et al., Innovation Policy and the Ecomomy, 2006, S. 160 (165).

386 *Reinganum*, QJE 1985, S. 81 (98).

387 *Baker*, ALJ 2007, S. 575 (602); *Cary*, in: Kokott/Pohlmann/Polley, Europäisches, deutsches und internationales Kartellrecht, 2018, S. 183 (185).

Dies kann jeweils auf diesen Bewegungen basierende tatsächliche Feststellungen rechtfertigen, an denen sich entsprechende wettbewerbliche Wertungen des materiellen Kartellrechts anschließen. So könnten je nach Beweglichkeit und tatsächlicher Bestreitbarkeit der einzelnen sich darstellenden Verhältnisse unterschiedliche Ergebnisse im Hinblick auf die wettbewerbliche Entwicklung eines Zusammenschlusses oder die Auswirkungen einseitiger Maßnahmen eines Marktbeherrschers oder Abstimmungen mehrerer Unternehmen geschlussfolgert werden. Es ließen sich also rechtliche Feststellungen über die herrschende Wettbewerbsintensität anstellen.[388] Dabei können im Hinblick auf beide Ansichten unterschiedliche wettbewerbliche Bedingungen hinsichtlich Produkt- und Prozessinnovationen beobachtet werden.[389] Bei Produktinnovationen werden Anreize zur Innovation durch Wettbewerb nicht gehemmt, während dagegen starker Wettbewerb die Durchsetzung von Prozessinnovationen einschränken könnte.[390] Zweitens kann aus dem gegenseitigen Bestreiten ein Rückschluss auf das tatsächliche Bestehen von Wettbewerb geschlossen werden. Insofern kann sich aus dem vermeintlichen Widerspruch zwischen *Schumpeter* und *Arrow* bereits eine wesentliche Voraussetzung des Wettbewerbs ergeben, die auch für das Kartellrecht wichtig ist, nämlich die Bestreitbarkeit im Sinne einer Offenhaltungsfunktion.[391]

c) Entdeckungsverfahren und Wissen

Eine weitere These der klassischen Wettbewerbstheorien und dem damit zusammenhängenden Konzept des vollkommenen Marktes ist das der bereits erwähnten vollständigen Markttransparenz, aufgrund derer die Wirtschaftsteilnehmer immer diejenigen Optionen auswählen, die ihnen den meisten Profit einbringen werden.[392] Bislang wurde die Möglichkeit einer vollständigen Information als bloße Fiktion angezweifelt.[393] Diese Zweifel definierte wiederum schon *von Hayek* zum bestimmenden Charakteristikum des Wettbewerbs, indem er diesen als „Entdeckungsverfahren" beschreibt, innerhalb dessen das Handeln der den Wettbewerb Aufnehmenden gerade von der Unwissenheit über wesentliche

---

388 *Ewald*, in: Wiedemann, Handbuch des Kartellrechts, § 7, Rn. 66.
389 *Kwoka*, in: Nihoul/van Cleynenbreugel, The roles of innovation in competition law analysis, 2018, S. 13 (17).
390 Ebenda, S. 13 (18); *Baker*, ALJ 2007, S. 575 (582)..
391 *Wiedemann*, in: Wiedemann, Handbuch des Kartellrechts, § 1, Rn. 4; *Immenga/Mestmäcker*, in: Immenga/Mestmäcker, Wettbewerbsrecht. Band 1 EU, Einleitung A, Rn. 21; *Shapiro*, in: Lerner/Stern, The rate and direction of inventive activity revisited, 2012, S. 361 (401); zusammenfassend *van Cleynenbreugel*, in: Nihoul/van Cleynenbreugel, The roles of innovation in competition law analysis, 2018, S. 2 (5); *Gey*, WuW 2001, S. 933 (935).
392 Auf den damit einhergehenden Widerspruch zwischen Wettbewerb und Innovation nach dieser herkömmlichen Betrachtung gehen *Kerber/Schwalbe* ein, siehe *Kerber/Schwalbe*, in: Säcker et al., Münchener Kommentar zum Wettbewerbsrecht: Band 1, Einleitung B., Rn. 99.
393 *Wieddekind*, in: Eifert/Hoffmann-Riem, Innovation und rechtliche Regulierung, 2002, S. 134 (148).

Umstände getrieben wird.[394] Nach *Kirzner* entsteht der Marktprozess und in der Folge auch Wettbewerb aus den Wirkungen, die wiederum aus der anfänglichen Unwissenheit der Marktteilnehmer resultieren.[395] Denn Wissen werde in diesem Zusammenhang durch die Unternehmer im Wettbewerb ständig neu verwertet und in Zusammenhänge gestellt.[396] Wissen und Unwissen beschreiben also die Herausforderung der Teilnehmer im Wettbewerb, die für sich besten Entscheidungen zu treffen und sich durch Innovation gegeneinander abzugrenzen und voreinander hervorzutun. Dies geschieht durch Testen der Informationen, die Unternehmen im Wettbewerb erhalten.[397] Sie allein verfügten demnach über die Fähigkeit, bislang nicht ausgenutzte Gelegenheiten im Wettbewerb zu erkennen – also Wissen zu Entdecken – und damit den bisherigen Gleichgewichtszustand des Wettbewerbs als Illusion aufzudecken.[398] Digitale Plattformen verfügen aufgrund ihrer Fähigkeiten zur Informationsverarbeitung über besonders gute wettbewerbliche Möglichkeiten zur Erlangung von Wissen.

aa) Spontane Ordnungen

Dies knüpft an die bereits erwähnten Unsicherheiten und die Relevanz des Zufalls im Wettbewerb an, indem hiernach das Überwinden der äußeren Umstände des Unwissens als wettbewerbsprägend angesehen werden. Das Fehlen vollkommener Informationen ist also nicht Mangel, sondern Bedingung des Wettbewerbs, da die teilnehmenden Wirtschaftssubjekte hierdurch überhaupt erst ihre eigenen Zwecke im Wettbewerb definieren können.[399] Entdeckt und erklärt werden sollten bei diesem Verfahren Tatsachen, die bislang entweder unbekannt oder ungenutzt waren.[400] Das Wissen über den und im Wettbewerb sei in tatsächlicher Hinsicht ungleichmäßig und zufällig verteilt, sodass nicht von einer vollständigen Information aller Teilnehmer am Wettbewerb ausgegangen werden kann.[401] Vielmehr müssen sich diese ihr Wissen und ihre Kenntnisse über den Markt an sich zunächst und anschließend über die vorhandenen Bedürfnisse aktiv erschließen. Hierdurch entstehe eine spontane Ordnung, die *von Hayek* als Katallaxie bezeichnet, nicht planmäßig verwendete Mittel im Sinne einer

---

394 *Von Hayek*, in: von Hayek, Freiburger Studien, 1969, S. 249 ff.; *von Hayek*, ORDO 1975, S. 12 (13); dies markant als Unwissen bleibendes Wissen beschreibend *Podszun*, Wirtschaftsordnung durch Zivilgerichte, 2014, S. 117; *Künzler*, Effizienz oder Wettbewerbsfreiheit?, 2008, S. 122; zusammenfassend *Kerber/Schwalbe*, in: Säcker et al., Münchener Kommentar zum Wettbewerbsrecht: Band 1, Einleitung B., Rn. 102; *Grundmann/Möslein*, ZfPW 2015, S. 435 (436 f.); *Möschel*, Recht der Wettbewerbsbeschränkungen, 1983, S. 47.

395 *Kirzner*, Wettbewerb und Unternehmertum, 1978, S. 8; so auch *Möschel*, JZ 2000, S. 61 (67).

396 Insofern auf den Unterschied zu dem Unternehmertypus bei Schumpeter hinweisend *Kirzner*, Wettbewerb und Unternehmertum, 1978, S. 65.

397 Ebenda, S. 8 f.

398 Ebenda, S. 103.

399 *Möschel*, JZ 1975, S. 393 (394); *Kirzner*, Wettbewerb und Unternehmertum, 1978, S. 53; *Podszun*, Wirtschaftsordnung durch Zivilgerichte, 2014, S. 121.

400 *Müller*, Wettbewerb, Unternehmenskonzentration und Innovation, 1975, S. 56; *von Hayek*, in: Kerber, Die Anmaßung von Wissen, 1996, S. 102 (112).

401 *Podszun*, Wirtschaftsordnung durch Zivilgerichte, 2014, S. 110.

einheitlichen Zielhierarchie.[402] Allerdings lässt sich diese Ordnung nicht im normativen Sinne als etwas verstehen, das so zu sein hat oder sich bestimmen lässt. Eher noch würden einige dieser Ordnungszustände unter relativer Betrachtung sogar als Chaos wahrgenommen, in dem der Zufall über Krise und Gelegenheit regiert.[403] Stattdessen werden die Ziele der spontanen Ordnung durch die vielfältigen und gegensätzlichen Ziele ihrer Beteiligten vorerst ohne eine spezifische Rangfolge bestimmt, auf deren verstreutes Wissen sie zugreifen kann.[404]

Diese Ordnung kann in verschiedenen Graden verwirklicht werden, stellt also kein zu erreichendes oder statisches Gleichgewicht dar, sondern lässt sich allenfalls wertend über ihren Erfüllungspegel betrachten. Sie ist relativ zwischen den einzelnen Wirtschaftssubjekten und denjenigen, die Wissen über sie erlangen. Sie manifestiere sich in einem hohen Maß an Befriedigung der Erwartungen der Beteiligten, was durch negative Rückkoppelung erfolge, die bereits in der Verbesserung der Chancen im Wettbewerb liegen kann oder durch eine Verfestigung in Tradition.[405] Festhalten lässt sich jedenfalls aus diesen Erkenntnissen bereits, dass Wettbewerb sich selbst in Bezug nimmt und einer eigenständigen Ordnung unterworfen ist, die von seinen Teilnehmern definiert und ständig neu gesetzt wird.[406] Gleichzeitig ist diese Ordnung nicht als solche vollständig feststellbar, sondern immer nur in einzelnen wahrnehmbaren Ausschnitten, denen man sich über die nicht exakten Methoden der Wirtschaftswissenschaften jeweils annähern kann.[407] Wirtschaft ist nach *Podszun* in konkreten Funktionszusammenhängen erklärbar, also nach Ursache und Wirkung, die aus diesem Chaos der katalaktischen Ordnung herausstechen und wahrgenommen werden.[408] Eine Erklärung ohne diese konkreten Zusammenhangsbezüge, also abstrakt ist danach aufgrund des fehlenden universalen Wissens nicht möglich. Innovation kann dabei abhängig vom Betrachtungswinkel ein Element einer spontanen relativen Ordnung darstellen, aber ebenso Ausdruck des Chaos' sein.

bb) Unpersönlicher Veränderungszwang

Besonders an diesem Ansatz des Entdeckungsverfahrens ist die weitere Beschreibung der Motivation wirtschaftlicher Tätigkeit in Bezug auf Wettbewerb. Das beschriebene Entdeckungsverfahren hänge mit einer Art „unpersönliche[m]

---

402 *Von Hayek*, in: von Hayek, Freiburger Studien, 1969, S. 249 (254 f.).
403 *Hoffmann-Riem*, Innovation und Recht, Recht und Innovation, 2016, S. 26.
404 *Von Hayek*, in: von Hayek, Freiburger Studien, 1969, S. 249 (255); erläuternd hierzu *Hoppmann*, in: Goldschmidt/Wohlgemuth, Grundtexte zur Freiburger Tradition der Ordnungsökonomik, 2008, S. 658 (661).
405 *Von Hayek*, in: von Hayek, Freiburger Studien, 1969, S. 249 (255 f.); *von Hayek*, in: Kerber, Die Anmaßung von Wissen, 1996, S. 76 (84).
406 *Podszun*, Wirtschaftsordnung durch Zivilgerichte, 2014, S. 115; bereits *Mestmäcker*, Der verwaltete Wettbewerb, 1984, S. 5.
407 *Von Hayek*, ORDO 1975, S. 12 (13); *von Hayek*, in: Kerber, Die Anmaßung von Wissen, 1996, S. 76 (88 ff.).
408 *Podszun*, Wirtschaftsordnung durch Zivilgerichte, 2014, S. 117.

Zwang zur Verhaltensänderung" zusammen.[409] Das bedeutet, dass sich die anderen Beteiligten im Wettbewerb notwendig veranlasst sehen können, einen Entdecker nachzuahmen, wollen sie nicht abgehängt werden, gleichzeitig der Entdecker aber dieser Nachahmung zu entfliehen versucht.[410] Dieser Ansatz stellt nicht mehr den Unternehmer und seine Persönlichkeit in den Mittelpunkt der Erklärungsversuche bezüglich eines dynamischen Wettbewerbs, sondern dessen Suche nach Wissen und damit wiederum einer spontanen relativen Ordnung.[411] Zwar lassen sich die Pionierleistungen und die Entdeckungen im Hinblick auf ihren Bezug zu den Veränderungen vergleichen. Auch neu entdecktes oder wiederentdecktes ungenutztes Wissen kann insofern mit den neuen Kombinationen verglichen werden, sodass dieser Erklärungsansatz in eine Richtung mit denen *Schumpeters* geht. Der Schwerpunkt dieses Erklärungsansatzes liegt indes nicht in der Frage, wer mit welchen Mitteln die Entwicklung anstößt und was damit vorhat, sondern wie dies überhaupt erfolgt. Wissen ermöglicht gezieltes Steuern der wettbewerblichen Handlungen der Unternehmen.[412] Damit wird Innovation über das sie auslösende Handeln des Unternehmertums hinaus zu einem den Wettbewerb prägenden Umstand, indem sie einerseits seine Ergebnisse darstellen kann, andererseits Ausdruck seines eigenen Wissensschaffungsprozesses ist. *Arndt* sieht zwar die Informationsgewinnung als nicht allein ausschlaggebend für die Erklärung des Wettbewerbs, da nicht allein das Wissen zu finden maßgeblich sei, sondern sein Verwenden beim ständigen Kräftemessen.[413] Allerdings erkennt er die gesellschaftliche Wirkung des Wettbewerbs als Prozess der Bildung menschlicher Gesellschaft. Indem Menschen ein Raum zu individuellen Bildung und Abgrenzung gegeben wird, können sie sich ihm zufolge aus einer gefügigen Herde und einer unterschiedslosen Masse lösen.[414]

Das wettbewerbliche Entdeckungsverfahren und gefundenes Wissen können zu Veränderungen beitragen und damit Innovationen fördern.[415] Es lässt sich deshalb an dieser Stelle zwischen allgemeiner (außer-wettbewerblicher) Innovation und der besonderen Innovation im wettbewerblichen Zusammenhang differenzieren. Letztere als Gegenstand dieser Untersuchung zeichnet sich dann durch das Entdeckungsverfahren über neue Möglichkeiten zur wettbewerblichen Entfaltung und Wahrnehmung dieser neuen Möglichkeiten aus. Unterschiedlich danach, in welchem Umfeld dieses Wissen erlangt wird, lässt sich von internen

---

409 *Von Hayek*, in: von Hayek, Freiburger Studien, 1969, S. 249 (261).
410 Vgl. hierzu aber *Kerber*, in: Vanberg, Evolution und freiheitlicher Wettbewerb, 2012, S. 169 (172), wonach einerseits von einem auf Innovationen abzielenden Entwicklungswettbewerb und andererseits einem gleichgewichtsorientierten Anpassungswettbewerb ausgegangen werden könne, die zwar voneinander unterschieden werden könnten, nicht aber sich gegenseitig ausschlössen.
411 *Podszun*, Wirtschaftsordnung durch Zivilgerichte, 2014, S. 121.
412 Ebenda, S. 117.
413 *Arndt*, Schöpferischer Wettbewerb und klassenlose Gesellschaft, 1952, S. 45.
414 Ebenda, S. 45 f.
415 *Hoffmann-Riem*, Innovation und Recht, Recht und Innovation, 2016, S. 293.

oder externen Innovationen sprechen.[416] Wird eine Entwicklungsmöglichkeit oder eine zukünftige Handlungsoption „innerhalb" eines Unternehmens entdeckt oder erfolgt sie aufgrund eines Suchprozesses zur Erfindung, so kann es sich hiernach um eine interne Innovation handeln.[417] Das Unternehmen wird dann durch seine aktive Gestaltung innovativ. „Außerhalb" des Unternehmens gefundenes Wissen könne dagegen Ursprung einer externen Innovation sein, indem das Unternehmen reaktiv innovativ wird, indem es eine Gelegenheit wahrnimmt. Dies gleicht einer Zurechnung von Innovationen nach Sphären. Bei den internen Innovationen wird das Wissen zudem zeitlich „vor" den Wettbewerbern erlangt, bei den externen Innovationen wird das Wissen erst „im" Wettbewerb erlangt. Eine Abgrenzung lässt sich hier nicht genau ziehen und wird häufig von der gewillkürten Unternehmensstruktur abhängen. Auch die Frage nach der Wirkung des jeweiligen unpersönlichen Zwangs zur Verhaltensänderung kann hier keinen Aufschluss geben, da ebenso die Motivation zur Suche nach Wissen innerhalb des eigenen Unternehmens durch externen Druck ausgelöst werden kann. Die Differenzierung zwischen internen und externen Innovationen weist vielmehr auf eine weitere Besonderheit des Wettbewerbsprozesses als Entdeckungsverfahren hin, nämlich die Verborgenheit des Wissens vor seinem Auffinden.[418] Wettbewerblicher Erfolg in diesem Suchprozess zeichnet sich danach aus, welches Unternehmen schneller und besser Wissen erlangt und gewinnbringend umsetzt. Bei einer internen Innovation bleibt das Wissen weiterhin vor den Wettbewerbern verborgen. Ein außerhalb des Unternehmens gefundenes Wissen steht dabei möglicherweise auch anderen Unternehmen zur Verfügung. Durch die Preisgabe von Wissen kann eine interne Innovation für andere Unternehmen zur externen Innovation werden. Die Unterscheidung zwischen internen und externen Innovationen kann wiederum im Zusammenhang mit dem wettbewerblichen Wirken digitaler Plattformen bewertet werden. Denn soweit diese es schaffen, den Wettbewerb um einen Markt für sich zu entscheiden, können sie den Suchprozess zur Innovation internalisieren.

cc) Unwissens-Dilemma der spontanen Ordnungen

Allerdings hielt *von Hayek* einen Nachweis über die Wirksamkeit und Intensität des Entdeckungsverfahrens nicht für möglich.[419] Dies liege vor allem darin begründet, dass eine Beurteilung der Entdeckung und ihrer Ergebnisse nicht ex ante vorgenommen werden könne, sondern erst im Falle oder nach dem Grade

---

416 Vgl. so bereits *Mansfield*, Management Science 1988, S. 1157 (1159 ff.); *Wolf*, Kartellrechtliche Grenzen von Produktinnovationen, 2004, S. 54.

417 Zur Unterscheidung zwischen innerbetrieblichen und außerbetrieblichen Einsparungen bereits *Schumpeter*, Konjunkturzyklen, 1961, S. 99.

418 *Von Hayek*, in: von Hayek, Freiburger Studien, 1969, S. 249 (249 f.); *Podszun*, Wirtschaftsordnung durch Zivilgerichte, 2014, S. 117, 121.

419 *Von Hayek*, in: von Hayek, Freiburger Studien, 1969, S. 249 (250, 255); beachte hier bereits den Unterschied zwischen der Effizienz der oben genannten Pionierleistungen und der Effektivität des hier besprochenen Verfahrens.

ihres Eintretens vorgenommen werden kann.[420] Weiterhin sei es nicht möglich, ein einzelnes Produkt aus der Summe der erfüllten Erwartungen zu bilden, da die spontane Ordnung einer Vielzahl an gegenläufigen Zielen dient und keine Gewichtung vorgegeben sei.[421] Es sei stattdessen lediglich eine vergleichende historische Untersuchung anhand bereits vorhandener Informationen über den Ausgang und damit auch über Innovation möglich.[422] Zudem kann eine Berechnung des Optimums nicht anhand eines zu erreichenden Ziels vorgenommen werden. Sowohl die Ordnung als auch das Optimum sind demnach unklar. Denn wenn wie dargestellt die Ziele der spontanen Ordnung durch ihre vielfältigen und gegensätzlichen Partikularziele der Beteiligten ausgemacht werden, kann es kein allgemeines übergeordnetes, maßstabgebendes Ziel geben. Damit stellt sich auch hier das Problem der Feststellbarkeit über den Grad oder Wert der mit dem dynamischen Wettbewerb verbundenen Vorteile. Für die Zwecke dieser Untersuchung lässt sich aber festhalten, dass das Entdeckungsverfahren eine Zukunftsgewandtheit beinhaltet und das Wissen über diese Zukunft und seine Entwicklungen zum Gegenstand hat. Es besteht aber auch ein Gegenwartsbezug in der Form, dass diejenigen Informationen über derzeit laufende wettbewerbliche Prozesse regelmäßig vielen Unternehmen nicht bekannt sind.[423] *Podszun* sieht damit Wissen als immer unvollständig und damit Unwissen bleibend.[424] Damit ist die Einsicht gemeint, dass ein vollständiges Wissen nie möglich sein wird, sondern es immer nur den Versuch einer Annäherung geben kann. Spontane Ordnungen entstehen dabei, wenn ein Unwissen in Wissen umgewandelt wird, was durch Innovationen erfolgen kann. Innovation ist damit auch Wissen um eine Position in dieser Ordnung, mit der sich ihr Inhaber von anderen abhebt und nach der andere Unternehmen ebenso streben. Im Rahmen des Suchprozesses nach ständig neuem Wissen kann es zu der bereits beschriebenen schöpferischen Zerstörung im Wettbewerb kommen.

---

420 Zusammenfassend hierzu *Schmidt*, in: Joost/Oetker/Paschke, Festschrift für Franz Jürgen Säcker zum 70. Geburtstag, 2011, S. 937 (943).
421 *Von Hayek*, in: von Hayek, Freiburger Studien, 1969, S. 249 (255).
422 *Bester*, Theorie der Industrieökonomik, 2017, S. 177; Bundeskartellamt, Innovationen – Herausforderungen für die Kartellrechtspraxis v. 9.11.2017, http://www.bundeskartellamt.de/SharedDocs/Publikation/DE/Schriftenreihe_Digitales/Schriftenreihe_Digitales_2.pdf?__blob=publicationFile&v=3 (abgerufen 14.12.2019), S. 3.
423 Dieses Problem stellt sich insbesondere auch im Zusammenhang mit der hier nicht weiter zu vertiefenden effektiven Kartellrechtsdurchsetzung im Zusammenhang mit dem Amtsermittlungsgrundsatz der Behörden, siehe hierzu unter anderem *Kerber*, Wirtschaftsdienst 2016, S. 287 (288); Aufgrund dessen sind die zuständigen Kartellbehörden verpflichtet, bei Eingriffen gegenüber Unternehmen die erforderlichen Informationen zu ermitteln. Gelingt ihnen dies nicht oder nicht ausreichend, kann es zu einer als nicht ausreichend oder nicht wirksam empfundenen Durchsetzung des objektiven Kartellrechts kommen, da Wissensmängel zulasten der staatlichen Durchsetzung gehen. Bei der privaten Kartellrechtsdruchsetzung gilt dagegen weitgehend der Beibringungsgrundsatz, der das Problem fehlenden Wissens zulasten einer Partei löst.
424 *Podszun*, Wirtschaftsordnung durch Zivilgerichte, 2014, S. 117.

dd) Aufmerksamkeit im Wettbewerb und Dynamik

Als Gegenpol zum Suchprozess des Wettbewerbs lässt sich die Wahrnehmung von Informationen anführen. Nicht allein das Suchen und Finden neuen Wissens durch den Unternehmer ist nämlich im Wettbewerb ausschlaggebend. Entscheidungen im Wettbewerb werden von einzelnen Personen auf der Basis des ihnen zur Verfügung stehenden Wissens getroffen. Dieses Wissen verschaffen sie sich selbst oder werden durch Dritte darüber in Kenntnis gesetzt. Entscheidungsträger sind aber nicht nur die Unternehmer, sondern auch deren Abnehmer, die Marktgegenseite und die Endkonsumenten. Im Wettbewerb ist grundsätzlich davon auszugehen, dass Informationen verdeckt sind und nicht gleichmäßig zur Verfügung stehen. Sie müssen erst noch entdeckt werden. Erfolgreiches Vordrängen eines Pioniers liegt also in der Verwertung von Informationen und nicht allein in der Anpassung.[425] Ebenso werden Informationen für die Endkonsumenten verfügbar gemacht.

Im Rahmen der technologischen Entwicklungen der Digitalwirtschaft haben Informationen eine zunehmende Bedeutung gewonnen. Dies hängt nicht allein mit der Anerkennung zusammen, dass die Wirtschaftsteilnehmer nicht wie noch in den klassischen Theorien vertreten allwissend und rational sind. Das Wissen selbst und seine Vermittlung wird ebenso zum Gegenstand des Wettbewerbs.[426] Es kommt nicht allein darauf an, wer im Suchprozess als erstes Wissen erlangt hat, sondern wer dieses bestmöglich für sich oder andere verwertet, also als Pionier wahrgenommen wird.[427] Die Information des Einzelnen oder ganzer Gruppen wird notwendig, um diesem eine Entscheidungsgrundlage zu verschaffen, damit diese wiederum Entscheidungen am Markt treffen können, womit sich die qualitative Selektionsfunktion des Wettbewerbs darstellt.[428] Das erfordert aber wiederum einen ständigen Informationsaustauschprozess über die zur Verfügung stehenden Angebote und die möglichen Nachfragen. Wissen im Wettbewerb wird dabei nicht nur entdeckt, sondern auch geteilt. Beides kann für die verschiedenen Akteure Lernprozesse eröffnen, wodurch Wissen im Wettbewerbsprozess „diffundiert" oder verändert wird, aber auch selbst Veränderungen auslösen kann.[429]

Dies weist auf einen ständig unterschätzten Faktor hin, der im Zusammenhang mit digitalen Plattformen bislang nur unzureichend berücksichtigt wird. Denn diese können im Informationszeitalter mit seinen zahlreichen verfügbaren Informationen die wichtige Aufgabe übernehmen, diese zu bündeln und zu einem gewissen Grad vorsortiert zu vermitteln. Wettbewerb ist nicht nur ein Entdeckungsverfahren, sondern auch ein Erklärungsverfahren.[430] Das bedeutet, dass

---

425 *Künzler*, Effizienz oder Wettbewerbsfreiheit?, 2008, S. 122.
426 *Arrow*, REStud 1962, S. 155 (157).
427 *Robinson/Kalyanaram/Urban*, RIO 1994, S. 1 (19).
428 *Arndt*, Kapitalismus, Sozialismus, Konzentration und Konkurrenz, 1976, S. 56.
429 *Podszun*, Wirtschaftsordnung durch Zivilgerichte, 2014, S. 119.
430 Ähnlich bereits *Kerber/Schwalbe*, in: Säcker et al., Münchener Kommentar zum Wettbewerbsrecht: Band 1, Einleitung B., Rn. 107.

gefundenes Wissen nicht stets allgemein geheim bleibt oder nur von den Unternehmen für sich allein verwertet wird. Wollen sie ihre Entdeckung wirtschaftlich günstig für sich auswerten, so bleibt ihnen zum einen häufig nichts Anderes übrig, als ihr Wissen über die Entdeckung mit anderen zu teilen. Zum anderen kann dies Teil der gewollten Wettbewerbsstrategie sein, nämlich das gewonnene Wissen zu verwerten. Für die bislang das Wissen nicht innehabenden anderen Wettbewerbsteilnehmer kann dies der Anlass sein, dem Entdecker-Unternehmen ihre Aufmerksamkeit zu schenken, um dann mit Informationen und Wissen belohnt zu werden. Gleichzeitig übernehmen digitale Plattformen die Aufgabe von Informationsvermittlern und entlasten ihre Nutzer von dem Aufwand, selbst die für sie wichtigen Informationen zu suchen. Verstärkt wird dies noch dadurch, dass nicht nur von fehlender vollständiger Rationalität der Wirtschaftssubjekte auszugehen ist, sondern mehr noch von dynamisch nachlassenden kognitiven Fähigkeiten und Motivationen zur Informationsverarbeitung und -gewichtung.[431] Damit steht anders als bei den klassischen Wettbewerbstheorien nicht der umfassend wissende und rational handelnde *homo oecomicus* im Mittelpunkt der Betrachtung, sondern ein nach den Umständen des Einzelfalls relativ unwissender und darauf seine Entscheidungen stützender Wirtschaftsteilnehmer.[432] Dies bringt für den weiteren Verlauf dieser Untersuchung die Erkenntnis mit sich, dass es kein absolutes Wissen gibt, sondern dieses stets relativ ist.[433]

ee) Angemaßtes Wissen

Innovationen als Gegenstand von Entdeckungsverfahren könnten damit aufgrund dieser schwierigeren Nachweismöglichkeit in rechtlicher Hinsicht schlecht fassbar sein. Denn mit einer Zukunftsgewandtheit von Sachverhalten geht ein Prognoserisiko einher, das wiederum mit Nachteilen für die Normadressaten verbunden sein kann. Zum einen besteht die Möglichkeit, dass sich staatliche Entscheidungen aufgrund der unsicheren Tatsachengrundlage einer Prognose als im Nachhinein nicht mehr vertretbar herausstellen. Im Vergleich zu dem tatsächlichen wirtschaftlichen Verlauf wäre dann eine mögliche Maßnahme mit einer als negativ empfundenen Belastung verbunden, zum Beispiel weil wirtschaftliche Entfaltungsfreiheiten übermäßig beschränkt wurden. Zum anderen

---

431 *Simon*, AER 1979, S. 493 (496); *Haucap*, Eingeschränkte Rationalität in der Wettbewerbsökonomie v. 1.12.2010, http://www.dice.uni-duesseldorf.de/Wirtschaftspolitik/Dokumente/008_OP_Haucap.pdf (abgerufen 14.12.2019), S. 1; hierauf hinweisen im Zusammenhang mit dem noch zu diskutierenden Ausbeutungsmissbrauch durch digitale Plattformen auch *Thomas*, NZKart 2017, S. 92 (94).

432 *Simon*, AER 1979, S. 493 (496); siehe auch so Bundeskartellamt, Wettbewerb und Verbraucherverhalten – Konflikt oder Gleichlauf zwischen Verbraucherschutz und Kartellrecht? v. 6.10.2016, https://www.bundeskartellamt.de/SharedDocs/Publikation/DE/Diskussions_Hintergrundpapier/AK_Kartellrecht_2016_Wettbewerb_und_Verbraucherverhalten.pdf?__blob=publicationFile&v=4 (abgerufen 14.12.2019), S. 7.

433 *Kerber/Schwalbe*, in: Säcker et al., Münchener Kommentar zum Wettbewerbsrecht: Band 1, Einleitung B., Rn. 108; allgemein zum rechtstheoretischen Hintergrund *Rüthers/Fischer/Birk*, Rechtstheorie, 2018, Rn. 285 ff.

geht es um die rechtliche Kontrolldichte und Rechtsschutzmöglichkeiten betroffener Unternehmen im Zusammenhang mit dem Rechtsstaatsprinzip.[434] Diese Zweifel, die sich den Argumenten gegen die Gleichgewichtstheorien des Wettbewerbs anschließen, lassen sich zusammenfassen unter dem Einwand der Anmaßung von Wissen.[435] Dies ist zum einen ein verfahrensmäßiger Grundsatz, der sich erneut bei der Frage danach zeigen wird, unter welchen Voraussetzungen eine Rechtsentscheidung über konkrete Einzelfallumstände des Wettbewerbs getroffen werden kann. Zum anderen ist dies bereits auf der materiellen Ebene des Regelungsgegenstandes Wettbewerb insofern ausschlaggebend, als dass ein vollkommenes Wissen über den Wettbewerb selbst aufgrund seiner verstreut und nicht koordiniert handelnden Subjekte nie möglich sein kann.[436] Wissen über den Wettbewerb kann nicht antizipiert, sondern lediglich im Rahmen des Rechts eine Auswertung des vorhandenen Wissens darstellen. Dies gewinnt vor allem dann eine Bedeutung, wenn es um die staatliche Durchsetzung des Wettbewerbsrechts geht. Aber auch hinsichtlich des derzeit geltenden positiven Kartellrechts stellt sich hintergründig die Frage, von welchem Wissen der Gesetzgeber bei dessen Einführung ausgehen durfte. An dieser Stelle kann der Wettbewerb sogar entgegen einer möglicherweise breit gewollten effektiven Durchsetzung des Kartellrechts laufen. Mit *Podszun* lässt sich dieses Phänomen als „beschränktes Wissen" bezeichnen.[437] Die rechtliche Bewertung von Innovation schließt damit die Frage danach ein, welches Wissen über konkreten Wettbewerb und seine Umstände überhaupt rechtsfehlerfrei als Grundlage einer staatlichen Entscheidung verwendet werden kann. Mit den vorstehenden Erkenntnissen wird deutlich, dass sich das Schutzgut des Kartellrechts nicht als ein feststehender Zweck erklären lässt, sondern ständig sich ständig in seiner konkreten Bedeutung verändert. Dies bedeutet nicht nur ein Wissensproblem im Wettbewerb, sondern auch eines bei der Auslegung der ihn schützenden Vorschriften. Damit zeigt sich bereits hier, dass die Ausfüllung des Wettbewerbsbegriffs stark von den Intentionen und Zweckwidmungen seiner Teilnehmer geprägt ist.[438]

d) Vom funktionsfähigen zum effektiven Wettbewerbsprozess

Auf Basis der Lehren *Schumpeters* sowie der Kritik an dem von klassischen Wettbewerbstheorien herangezogenen Konzept des vollkommenen Wettbewerbs

---

434 *Mohr*, ZWeR 2015, S. 1 (12).
435 *Von Hayek*, ORDO 1975, S. 12 (12 ff.); *Zöller*, ORDO 1979, S. 117 (120); *Kirsch*, ORDO 2004, S. 3 (5); *Kerber*, Wirtschaftsdienst 2016, S. 287 (288); *Schmidtchen*, ORDO 2004, S. 127 (139 f.); *Hoppmann*, Wirtschaftsordnung und Wettbewerb, 1988, S. 107; in der US-amerikanischen Literatur *Hovenkamp*, CPI 2008, S. 273.
436 *Schmidt*, ORDO 2008, S. 209 (220); ähnlich schon *Schumpeter*, Konjunkturzyklen, 1961, S. 149 ff.
437 *Podszun*, Wirtschaftsordnung durch Zivilgerichte, 2014, S. 120.
438 Ähnlich wiederum schon *Clark*, Competition as a dynamic process, 1961, S. 63.

baute *John Maurice Clark* seine Ideen von einem *workable competition*[439] auf.[440] Dabei ist sein größter Kritikpunkt an diesem ideellen Gleichgewichtszustand seine Determiniertheit in Bezug auf das Marktverhalten und das Marktergebnis der Wirtschaftsteilnehmer.[441] Wenn der grundsätzliche Vergleichsmaßstab für die klassischen Wettbewerbstheorien ein angenommener statischer Gleichgewichtszustand ist, bedeutet dies, dass sich sowohl das Marktverhalten als auch das Marktergebnis hieran auszurichten und anzupassen haben. Diese Anpassung bedeutet aber wiederum, dass faktisch nur diejenige Freiheit ausgeübt werden kann, mittels derer sich sinnvollerweise der Harmoniezustand erreichen ließe. Hierdurch wiederum sieht *Clark* die individuelle Wettbewerbsfreiheit eingeschränkt.[442] Aufgrund dieser Annahme sieht *Clark* den eigentlichen Sinn des Wettbewerbs zunächst in seiner bloßen Funktionsfähigkeit, zu der auch die Akzeptanz der ihm innewohnenden Dynamik gehört.[443] Allerdings stellen dynamische Veränderungen und Innovationen zu Beginn dieses Erklärungsansatzes noch nicht Teil und Ziel des Wettbewerbs als solchen dar, sondern werden zugunsten des dadurch noch funktionsfähigen Wettbewerbs gewissermaßen hingenommen.

Die Funktionsfähigkeit des Wettbewerbs könne nach diesem Erklärungsansatz nicht lediglich auf sich positiv bestätigenden oder stärkenden Vollkommenheitsfaktoren basieren, sondern lasse sich auch durch Umstände darstellen, die von den Idealbedingungen des vermeintlich vollkommenen Marktes abweichen – sogenannten Unvollkommenheiten –, solange auch diese zu einer Wohlfahrtsoptimierung beitragen.[444] Wohlfahrtsoptimierung könne bei langfristigen Unvollkommenheiten angenommen werden, wenn sich hieraus kein wesentlicher Einfluss auf den einem vollkommenen Wettbewerb nahekommenden Gleichgewichtszustand ergebe.[445] Als Beispiel führt *Clark* hierfür ein Unternehmen mit Monopolstellung an, das seine Preisbildungsspielräume in Voraussicht der Reaktionen auf dem Markt nicht voll ausnutzt, um keine Nachteile auf langfristig flexiblen Märkten zu erleiden.[446] Das Größenoptimums lasse sich eher als „ziemlich weiter optimaler Größenbereich" beschreiben, den die Beteiligten

---

439 Die Bezeichnung „workable competition" lässt sich wohl übersetzen als „funktionsfähiger Wettbewerb", auch in Bezug auf die spätere theoretische Weiterentwicklung zum Begriff „wirksamer Wettbewerb"; vgl. hierzu das Buch von *Kantzenbach*, Die Funktionsfähigkeit des Wettbewerbs, 1967; ausführlich hierzu auch schon *Möschel*, Recht der Wettbewerbsbeschränkungen, 1983, S. 44 ff.

440 *Clark*, AEJ 1940, S. 241 ff.

441 Vgl. bereits *Clark*, AER 1955, S. 450 (455 ff.).

442 Ebenda, S. 450 (456); *Haucap/Schmidt*, Wettbewerbspolitik und Kartellrecht, 2013, S. 9 ff.

443 *Clark*, in: Herdzina, Wettbewerbstheorie, 1975, S. 143; *Haucap/Schmidt*, Wettbewerbspolitik und Kartellrecht, 2013, S. 12; *Kantzenbach/Kallfass*, in: Cox/Jens/Markert, Handbuch des Wettbewerbs, 1981, S. 103 (105).

444 Zusammenfassend hierzu *Haucap/Schmidt*, Wettbewerbspolitik und Kartellrecht, 2013, S. 12 f.; *Schröter/van Vormizeele*, in: von der Groeben/Schwarze/Hatje: Nomos-Kommentar, Europäisches Unionsrecht, AEUV Artikel 101 (ex-Artikel 81 EGV) [Kartellverbot], Rn. 73.

445 *Clark*, in: Herdzina, Wettbewerbstheorie, 1975, S. 143 (151 f.).

446 Ebenda, S. 143 (149).

tendenziell aufrecht zu erhalten und zu steigern suchen.[447] Es gibt also nicht den einen Gleichgewichtszustand, sondern grundsätzlich verschiedene Optionen einer Harmonie. In Bezug auf Innovation steht dieser Theorieansatz noch unter der Annahme, dass mit der Veränderung eine Verdrängung oder Monopolisierung einhergeht, nicht eine Markterweiterung.[448]

Bei kurzfristigen Unvollkommenheiten kann ein langfristiges Gleichgewicht dagegen nach *Clark* nicht angenommen werden, da sich die anderen Faktoren, die den vollkommenen Wettbewerb ausmachen, nicht oder nicht ebenso kurzfristig auf die Veränderung einstellen.[449] Die Frage nach dem funktionsfähigen Wettbewerb behandelte deshalb im Zusammenhang mit kurzfristigen Änderungen zunächst noch die Suche nach denjenigen Möglichkeiten, die diese Diskrepanz zwischen Veränderung und vollkommenem Gleichgewicht vermindern.[450] Aufgrund dieser Annahmen bildete *Clark* in der Folge seine Gegengifttheorie heraus, auch Theorie des Zweitbesten genannt.[451] Diese geht zunächst davon aus, dass bei einem vollkommenen Markt mehrere Vollkommenheitsfaktoren komplementär ineinandergreifen.[452] Mehrere unterschiedliche Marktfaktoren bewegen sich nach dieser Annahme aufeinander zu, sodass sich aus ihnen das Idealbild eines vollkommenen Marktes modellieren ließe. Ist der Markt unvollkommen, hat ein Marktfaktor eine andere Richtung und greift nicht mehr mit den bisherigen anderen Vollkommenheitsfaktoren ineinander. Dies kann sich auf andere Faktoren auswirken, sodass – wie in der Wirklichkeit wahrscheinlich häufiger – kein Gleichgewicht mehr besteht und kein vollkommener Markt mehr angenommen werden kann. Jedoch können Zustände einer möglichst nahen Annäherung dadurch erzielt werden, dass die bisherigen Unvollkommenheiten durch weitere Unvollkommenheiten relativiert werden. Hieraus folgert *Clark*, dass Unvollkommenheiten nicht im wettbewerbstheoretischen Sinne stets als negativ angesehen werden können, sondern ebenso entweder im dynamischen Wettbewerb neutralisiert werden oder technischen Fortschritt sogar fördern.[453] Beispiele für eine Neutralisierung der Unvollkommenheiten können die Aktivitäten von Informationsvermittlern sein, die Informationslücken füllen und damit der Marktgegenseite bessere Entscheidungsmöglichkeiten eröffnen. Werden hierdurch sogar mehr Informationen als vorher zur Verfügung gestellt, etwa durch Vergleiche der bisher nur singulär vorhandenen Informationen, so kann hierdurch ein neues Angebot entstehen. Insofern können Unvollkommenheiten

---

447 Ebenda, S. 143 (149, 151).
448 Insofern zurecht auch kritisiert bei *Hoppmann*, JBNST 1966, S. 286 (312).
449 *Clark*, in: Herdzina, Wettbewerbstheorie, 1975, S. 143 (152); erläuternd hierzu *Kantzenbach/Kallfass*, in: Cox/Jens/Markert, Handbuch des Wettbewerbs, 1981, S. 103 (107).
450 Erläuternd hierzu auch ebenda, S. 103 (105 ff.).
451 *Clark*, in: Herdzina, Wettbewerbstheorie, 1975, S. 143 (152).
452 *Haucap/Schmidt*, Wettbewerbspolitik und Kartellrecht, 2013, S. 12.
453 *Clark*, in: Herdzina, Wettbewerbstheorie, 1975, S. 143 (144); *Clark*, in: Herdzina, Wettbewerbstheorie, 1975, S. 269 (273); zustimmend als Grundlage auch für das europäische Recht *Schröter/van Vormizeele*, in: von der Groeben/Schwarze/Hatje: Nomos-Kommentar, Europäisches Unionsrecht, AEUV Artikel 101 (ex-Artikel 81 EGV) [Kartellverbot], Rn. 73.

bereits an dieser Stelle als Umstände gekennzeichnet werden, die Anreize für Fortschritt ermöglichen, nämlich ihrer Überwindung.[454] Dieser Gedanke findet sich erneut wieder bei dem Ziel der Belohnung schöpferischer Leistungen durch gewerbliche Schutzrechte oder Immaterialgüterrechte.

Aus den bisher dargestellten Zweifeln an dem Konzept des vollkommenen Wettbewerbs wird von anderen Vertretern dieses Argumentationsweges hiernach ein grundsätzlich monopolistischer Wettbewerb angenommen.[455] *Arndt* beschreibt dies mit aufgrund des schöpferischen Wettbewerbs entstehenden zusätzlichen Handlungsoptionen in Form von „Sonderrenten".[456] Indem ein Unternehmen etwas mehr als sonst im Wettbewerb geleistet habe, könne es Inhaber eines sogenannten Leistungsmonopols werden, das ihm die Möglichkeit einräumt, seine Preise unabhängiger von den Wettbewerbern auszugestalten. Das bedeutet aber für den monopolistischen Wettbewerb, dass wenn es bereits regelmäßig keine standardisierten Angebote gibt, sich die Nachfragerentscheidung für ein bestimmtes Angebot aufgrund von Differenzierungen der Angebote untereinander ergibt.[457] So werden sich die Abnehmer bestimmter Produkte in aller Regel nicht durch das Angebot „Standard" zufrieden stellen lassen, sondern sich bei ihrer Entscheidung von abweichenden individuellen Neigungen und persönlichen Begleitumständen leiten lassen.[458] Es gehört also nach dieser Ansicht zu den natürlichen Umständen des Wettbewerbs, dass sich Unternehmen untereinander sowie über ihre Angebote voneinander zu differenzieren versuchen oder Vorteile zu erlangen.[459] Stark vereinfacht bedeutet dies, dass auch Unvollkommenheiten zum Wettbewerb gehören und sogar Voraussetzung für seine Funktionsfähigkeit sind. Unternehmen wollen und müssen also innovativ aktiv sein, um am

---

454 *Meessen*, JZ 2009, S. 697 (698); *Robinson*, The economics of imperfect competition, 1979, S. 94 ff.

455 *Chamberlin*, in: Herdzina, Wettbewerbstheorie, 1975, S. 76 (86 f.); *Robinson*, in: Chamberlin, Monopoly and Competition and their Regulation, 1954, S. 245; vgl. die deutsche Übersetzung *Robinson*, in: Herdzina, Wettbewerbstheorie, 1975, S. 107; *Schumpeter* hatte in dem monopolistischen Wettbewerb noch lediglich ein Phänomen des unternehmerischen Auftretens gesehen, dieses jedoch noch nicht hinreichend mit den Funktionen des Wettbewerbs als solchen in Verbindung gebracht; anders hierzu wiederum *Arndt*, Kapitalismus, Sozialismus, Konzentration und Konkurrenz, 1976, S. 62, der im Entwicklungswettbewerb eine stetige Umverteilung sieht, kritisch zur Theorie des monopolistischen Wettbewerbs *Kirzner*, Wettbewerb und Unternehmertum, 1978, S. 91 ff.

456 *Arndt*, Schöpferischer Wettbewerb und klassenlose Gesellschaft, 1952, S. 37.

457 So auch schon ebenda, S. 36.

458 *Chamberlin*, in: Herdzina, Wettbewerbstheorie, 1975, S. 76; Beispiele für die Produktdifferenzierung sind hiernach einerseits besonders patentierte Produkteigenschaften, Schutzmarken, Firmennamen, Besonderheiten der Verpackung, sowie Eigentümlichkeiten der Qualität, Gestaltung, Farbe oder sonstiger Aufmachung. Beispiele für die Differenzierung im Hinblick auf die Verkaufsbedingungen sieht *Chamberlin* in einem bequem gelegenen Standort des Verkäufers, die Ausstattung der Geschäftsräume, die Art des Geschäftsgebarens, Reputation im Hinblick auf Redlichkeit, Höflichkeit und Leistungsfähigkeit des Verkäufers sowie alle weiteren persönlichen sympathiebildenden Begleitumstände.

459 *Arndt*, Schöpferischer Wettbewerb und klassenlose Gesellschaft, 1952, S. 38.

Markt teilnehmen zu können und sich im Wettbewerb durchzusetzen.[460] Nach *Arndt* besteht Wettbewerb sogar überhaupt aus den zwei wesentlichen Elementen des „Wettbewerbs der Bahnbrecher" und „Wettbewerbs der Nachahmer" als Rahmenbedingungen.[461] Erstere können aufgrund ihrer über den Maßstab des vollkommenen Wettbewerbs hinausgehenden überobligatorischen Leistungen zu wettbewerblichen Vorsprüngen gelangen. Würde der Wettbewerb der Bahnbrecher nicht durch den Wettbewerb der Nachahmer ausgeglichen, bedeute dies die bedingungslose Vormachtstellung eines einzelnen. Der Wettbewerb der Nachahmer kann also Machtstellungen nehmen. Dagegen bedeute dieser ohne Ausgleich durch den Wettbewerb der Bahnbrecher einen Verlust der Differenzierung in einer „unterschiedslosen Masse".

Die anfänglichen Zweifel am Konzept des vollkommenen Marktes sind für *Clark* zunächst noch kein Anlass für eine Abkehr von diesem zu erreichenden oder in Bezug zu nehmenden Idealzustand. Für ihn kommt es zunächst lediglich darauf an, eine Erklärung für die Lücke zwischen dem Ideal des vollkommenen Wettbewerbs und den von ihm als tatsächliche Umstände erkannten Veränderungen in Form von Unvollkommenheiten zu liefern.[462] Erst später wird er dieses Konzept vollständig verwerfen und stattdessen den „wirksamen Wettbewerb" als gesetzten und anzustrebenden Maßstab beschreiben.

aa) Optimale Wettbewerbsintensität

Die Aussage *Clarks*, es komme angesichts der Untauglichkeit des Konzepts des vollkommenen Wettbewerbs auf dessen Funktionsfähigkeit an, stellte die Folgefrage, inwiefern sich diese bestimmen ließe.[463] Funktionsfähiger Wettbewerb bedeutet nach den vorhergegangenen Darstellungen im Hinblick auf dynamische Veränderung zum einen, dass sich Unternehmen Vorteile zu verschaffen versuchen, um sich dadurch auszustechen, gleichzeitig aber die Vorteile anderer Unternehmen einzuholen und zu überholen versuchen.[464] Die Geschwindigkeit dieses fließenden Wettbewerbs und wie konkurrierende Unternehmen die Vorteile „wegfressen", beschreibt *Kantzenbach* als Intensität.[465] Daneben enthält die Aussage Funktionsfähigkeit ein normatives Werturteil darüber, welche Umstände des Wettbewerbs dessen Funktionsfähigkeit ausmachen.[466] Da es insbe-

---

460 *Kantzenbach/Kallfass*, in: Cox/Jens/Markert, Handbuch des Wettbewerbs, 1981, S. 103 (109).
461 *Arndt*, Schöpferischer Wettbewerb und klassenlose Gesellschaft, 1952, S. 39 f.; zur Einordnung siehe schon *Möschel*, Recht der Wettbewerbsbeschränkungen, 1983, S. 45.
462 In ähnlicher Hinsicht versuchten auch andere Vertreter des monopolistischen Wettbewerbs diesen lediglich als Erklärungsansatz für ihre Zweifel an dem vollkommenen Wettbewerb heranzuziehen, ohne sich dabei von ihm als idealem Vergleichsmaßstab lösen zu können, vgl. *Fleischer*, Behinderungsmissbrauch durch Produktinnovation, 1997, S. 31.
463 Diese Frage im Zusammenhang mit der Hoppmann-Kantzenbach-Kontroverse über Wettbewerb als Zweck oder Mittel zusammenfassend, vgl. *Eickhof*, in: Vanberg, Evolution und freiheitlicher Wettbewerb, 2012, S. 35 (49).
464 *Paschke*, in: Jaeger et al., Frankfurter Kommentar zum Kartellrecht, § 18 GWB, Rn. 160 ff.
465 *Kantzenbach*, Die Funktionsfähigkeit des Wettbewerbs, 1967, S. 38 f.
466 *Wiedemann*, in: Wiedemann, Handbuch des Kartellrechts, § 1, Rn. 2.

sondere im Hinblick auf dynamische Vorgänge und deren Ungewissheit keine Idealvorstellung geben kann, behilft sich diese Ansicht mit normativen Entscheidungen darüber, welche Beiträge im Wettbewerb wünschenswert sind.[467] Auf den ersten Ergebnissen *Clarks* aufbauend hat *Kantzenbach* fünf gesamtwirtschaftliche Funktionen des Wettbewerbs herausgearbeitet, ohne aber dabei den Wettbewerbsbegriff an sich zu definieren:

1. Das Einkommen wird funktionell nach der Marktleistung verteilt;
2. Die Zusammensetzung und Verteilung des laufenden Angebots an Waren und Dienstleistungen wird durch die Käuferpräferenzen gesteuert;
3. Die Produktionsfaktoren werden so gelenkt, dass sie ihre produktivsten Einsatzmöglichkeiten erreichen;
4. Die Produktion und ihre Kapazität werden laufend flexibel an außerwirtschaftliche Umstände angepasst;
5. Die Durchsetzung des technischen Fortschritts bei Produkten und ihren Methoden wird beschleunigt.[468]

Kantzenbach bezeichnete die ersten drei Funktionen als statisch, da sie nur in einem stationären System als vollkommen erfüllt angesehen werden können, und die beiden letzten Funktionen als dynamisch, da sie ausschließlich in einer „evolutorischen Wirtschaftsentwicklung" in Erscheinung treten könnten.[469] Werden diese fünf Funktionen bestmöglich erfüllt, so sei hiernach ein Wettbewerb funktionsfähig.[470] Die als viertes aufgezählte Funktion der laufenden flexiblen Anpassung beschreibt die Möglichkeit der Teilnehmer, auf sich ändernde Nachfragen und Produktionstechniken zu reagieren und damit ihre Kosten zu verringern. *Kantzenbach* sieht den Zweck dieser Funktion in seiner dynamischen Steuerung zugunsten der Maximierung des Sozialprodukts.[471] Diese Maximierung des Sozialprodukts soll auch von der fünften Funktion, der Durchsetzung technischen Fortschritts erfüllt werden, allerdings im Rahmen ihrer Antriebsfunktion. Technischer Fortschritt bei Produkten wird als Produktinnovation beschrieben, technischer Fortschritt bei Methoden als Prozessinnovation.[472] Die beiden dynamischen Wettbewerbsfunktionen sollen also dem Zweck der flexiblen Steuerung und des Antriebs des Wettbewerbs dienen.[473] Flexible Steuerung bedeutet dabei

---

467 *Kantzenbach/Kallfass*, in: Cox/Jens/Markert, Handbuch des Wettbewerbs, 1981, S. 103 (121 f.); *Wurmnest*, Marktmacht und Verdrängungsmissbrauch, 2012, S. 136; vgl. *Zimmer*, WuW 2007, S. 1198 (1199), der dieses Vorgehen als ergebnisorientierte Festlegung des Wettbewerbs beschreibt; zusammenfassend hierzu *Eickhof*, in: Vanberg, Evolution und freiheitlicher Wettbewerb, 2012, S. 35 (49).

468 *Kantzenbach*, Die Funktionsfähigkeit des Wettbewerbs, 1967, S. 16 f.; *Eickhof*, in: Vanberg, Evolution und freiheitlicher Wettbewerb, 2012, S. 35 (35 f.).

469 *Kantzenbach*, Die Funktionsfähigkeit des Wettbewerbs, 1967, S. 17.

470 Zusammenfassend hierzu *Haucap/Schmidt*, Wettbewerbspolitik und Kartellrecht, 2013, S. 15.

471 *Kantzenbach*, Die Funktionsfähigkeit des Wettbewerbs, 1967, S. 17 f.; anders dagegen die dritte Funktion, die dem Zweck einer statischen Steuerung zugunsten der Maximierung des Sozialprodukts dient und sich dabei an gegebener Produktionstechnik orientiert.

472 *Bester*, Theorie der Industrieökonomik, 2017, S. 177.

473 *Kantzenbach*, JBNST 1967, S. 193 (215).

die Anerkennung, dass sich Veränderungen wettbewerblich auswirken und auf ihnen basierend eine neue Ordnung entsteht. Damit kann dies in einem Zusammenhang mit der spontanen Ordnung im Entdeckungsverfahren gesehen werden, wie es *von Hayek* bereits beschrieb.[474] Der Unterschied zwischen diesen beiden Konzepten liegt darin, dass der optimale Wettbewerb nach *Kantzenbach* zusätzlich eine normativ-wertende Komponente enthält, also nicht nur tatsächliche Umstände beschreibt.[475] Wettbewerb sei diesem zufolge ein Mittel zu dem Zweck, die dargestellten Wettbewerbfunktionen zu erfüllen.[476] Antrieb zielt weiterhin auf die dem Wettbewerbsprozess innewohnende motivierende Wirkung ab und nimmt wiederum das Beispiel *Schumpeters* eines erfolgreichen Unternehmers auf, der sich bewusst aufgrund der Belohnungsanreize für einen monopolistischen Wettbewerb entscheidet.[477] Innovation als Wettbewerbsfunktion enthält also in einem dynamischen Wettbewerbskonzept ein Motivationselement.[478]

Die aus Erfahrungsgrundsätzen formulierten Zielfunktionen könnten methodisch als normative Vorgabe einfacher von den Rechtsanwendern verwertet werden als dies bei einem grundsätzlichen Ziel oder Vorrang der Wettbewerbsfreiheit der Fall wäre.[479] So lassen sich jedenfalls historisch nachweisbare Sätze festhalten, nach denen Wettbewerb wirkt. Problematisch ist bei den noch von *Kantzenbach* aufgestellten Funktionen des Wettbewerbs, dass sie zu einer aktiven Wettbewerbssteuerung auf der Basis von Spekulationen über weitere Entwicklungen verleiten, um sie gerade optimal zu erfüllen.[480] Der Unterschied aus gesetzgeberischer Perspektive liegt dabei auf der unterschiedlichen Gewichtung der Wettbewerbsfreiheit und anderen grundrechtlichen Positionen. Da der Workable-Competition-Ansatz nur die gesamtgesellschaftlich billigenswerten Funktionen berücksichtigt, liegt hier bereits eine Eingrenzung vor, die umfangreichere Interessenabwägungen erlaubt und gleichzeitig den möglichen Regelungsgegenstand für das Kartellrecht hinreichend umreißt.

Vertreter der *Harvard School* versuchen anhand empirischer Erkenntnisse über die Marktstruktur, das Marktverhalten sowie das Marktergebnis die Intensität des wirksamen Wettbewerbs zu untersuchen und Erfahrungssätze zu bilden.[481] Dabei besteht zwischen diesen einzelnen Merkmalen insofern ein unmittelbarer Zusammenhang, als dass Marktstruktur und Marktverhalten ein Marktergebnis

---

474 *Von Hayek*, in: von Hayek, Freiburger Studien, 1969, S. 249 (254 f.).
475 Kritisch hierzu *Schwalbe*, in: Vanberg, Evolution und freiheitlicher Wettbewerb, 2012, S. 61 (66).
476 *Eickhof*, in: Vanberg, Evolution und freiheitlicher Wettbewerb, 2012, S. 35 (49); *Fleischer*, Behinderungsmissbrauch durch Produktinnovation, 1997, S. 40.
477 *Ewald*, in: Wiedemann, Handbuch des Kartellrechts, § 7, Rn. 66.
478 Vgl. *Kerber*, in: Vanberg, Evolution und freiheitlicher Wettbewerb, 2012, S. 169 (171, 173).
479 *Schuhmacher*, Effizienz und Wettbewerb, 2011, S. 41.
480 *Eickhof*, in: Vanberg, Evolution und freiheitlicher Wettbewerb, 2012, S. 35 (51); *Möschel*, JZ 1975, S. 393 (396).
481 Vgl. schematische Darstellungen bei *Kantzenbach/Kallfass*, in: Cox/Jens/Markert, Handbuch des Wettbewerbs, 1981, S. 103 (114, 116); *Scherer/Ross*, Industrial market structure and economic performance, 1990, S. 5.

bedingen, eine isolierte Untersuchung lediglich des Ergebnisses also nicht in Betracht kommt, aber auch, dass Untersuchungsgegenstände je nach untersuchtem Markt unterschiedlich zugeordnet werden könnten.[482] Auch in der europäischen und deutschen Kartellrechtspraxis hat sich dieses Vorgehen überwiegend durchgesetzt und findet sich in den unterschiedlichen Tatbeständen wieder.[483] Einzelne Aspekte sind hiernach für die Marktstruktur die Anzahl der Käufer und Verkäufer, Produktdifferenzierung, Marktzutrittsschranken, Kostenstrukturen sowie vertikale und konglomerate Integration.[484] Sie ändern sich nur langfristig und beschreiben die grundlegende Form, sowie Zustand und Zusammensetzung des Marktes.[485] Marktverhalten kann dabei auch kurzfristig beobachtet werden. Es bezieht sich auf die Einstellung und Anpassung unternehmerischen Verhaltens am Markt, beschreibbar durch Preisverhalten, Produktstrategie, Forschung und Innovation, Werbung sowie gesetzlich zulässige Taktik.[486] Die Untersuchung des Marktergebnisses zielt auf die die Resultate des Marktverhaltens ab, wobei wettbewerbspolitisch unerwünschte Ergebnisse von den gewünschten abgegrenzt werden.[487] Mögliche Ergebnisse könnten in den Aspekten Produktions- und Allokationseffizienz, technischer Fortschritt, Vollbeschäftigung sowie Gleichgewicht beobachtet werden.[488] Zwar ergaben sich in der Folge empirische Zweifel an den von der Harvard-School aufgestellten Annahmen, die für die Begründung des Effective-Competition-Ansatzes herangezogen wurden.[489] Dies steht dem wirksamen Wettbewerb als Gegenstand des geltenden Kartellrechts nicht entgegen. Denn zum einen ist er geeignet, die tatsächlichen Umstände eines monopolistischen und dynamischen Wettbewerbs über seine grundlegenden Annahmen sowie die menschliche Irrationalität abzubilden. Zum anderen vermögen nur auf einem effektiven Wettbewerb Funktionen gelten, die Innovationen begünstigen, ein offenes Entdeckungsverfahren bereitstellen und gleichzeitig die Wettbewerbsfreiheiten umfassend würdigen. Denn eine sich rein nach Effizienz, also an einem festen Ziel und den dafür aufgewendeten Mitteln, orientierende Betrachtung würde lediglich wiederum einen sich im besten Fall

---

482 *Kantzenbach/Kallfass*, in: Cox/Jens/Markert, Handbuch des Wettbewerbs, 1981, S. 103 (113).

483 Siehe so den Unterschied zwischen Behinderungsmissbrauch, der vor allem auf den Wettbewerbsprozess abstellt, und demgegenüber die Betrachtung des Marktergebnisses anhand des Ausbeutungsmissbrauchs, *Fuchs*, in: Immenga/Mestmäcker, Wettbewerbsrecht. Band 2 GWB, § 19 GWB, Rn. 18; Allerdings sind im weiteren Verlauf dieser Untersuchung noch gesetzliche Regelungen genauer darzustellen, die scheinbar vermehrt auf Kosten- und Effizienzgesichtspunkte sowie die grundsätzlich zu gewährende Wettbewerbsfreiheit setzen, vgl. hierzu Art. 101 Abs. 3 AEUV.

484 Aufzählung nach *Kantzenbach/Kallfass*, in: Cox/Jens/Markert, Handbuch des Wettbewerbs, 1981, S. 103 (114); vgl. *Bain*, Industrial organization, 1968, S. 7 f.; *Scherer/Ross*, Industrial market structure and economic performance, 1990, S. 5.

485 Vgl. diese Beschreibung bei *Kantzenbach/Kallfass*, in: Cox/Jens/Markert, Handbuch des Wettbewerbs, 1981, S. 103 (113); siehe auch *Bain*, Industrial organization, 1968, S. 7.

486 Ebenda, S. 9; Aufzählung nach *Kantzenbach/Kallfass*, in: Cox/Jens/Markert, Handbuch des Wettbewerbs, 1981, S. 103 (114).

487 Ebenda, S. 103 (115).

488 Aufzählung nach ebenda, S. 103 (114).

489 *Wurmnest*, Marktmacht und Verdrängungsmissbrauch, 2012, S. 139.

ständig überholenden Zielerreichungszustand abbilden. Dies mag allenfalls bei einer möglichen Untersuchung des Marktergebnisses, soweit dies rechtlich zulässig ist, der Fall sein. Innovation lässt sich erst im Nachhinein als eine solche bestimmen.[490] Denn erst dann lässt sich beurteilen, ob die für sie maßgeblichen Handlungen, Investitionen oder Bemühungen zu einem Erfolg geführt haben. Bis zu diesem Punkt, der regelmäßig nur aus Sicht derjenigen beurteilt werden kann, die eine Innovation als solche anerkennen, besteht eine Wissenslücke.

Jedoch könne nach *Kantzenbach* nicht die maximale Wettbewerbsintensität das Maß der Dinge sein, da diese entweder zu einem ruinösen Verdrängungswettbewerb oder aber wettbewerbsbeschränkenden Abstimmungen beteiligter Unternehmen führe.[491] Maximale Wettbewerbsintensität liege dann vor, wenn die letzten beiden dynamischen Wettbewerbsfunktionen übermäßig erfüllt werden.[492] Der Entfaltung der übrigen Wettbewerbsfunktionen würde dann zu wenig oder kein Raum eingeräumt. Wettbewerb würde dann nicht mehr durch Leistung, sondern wirtschaftliche Macht oder Einfluss entschieden und somit eine Teilhabe am Wettbewerbsprozess ausgeschlossen. Damit schwinde der Anreiz zur Anpassung und Verfolgung, da die beteiligten Unternehmen nicht mehr durch Innovationen beeinträchtigt werden, sei es in existenzgefährdender Weise durch das Auftreten eines aktiven Rivalen[493] oder aufgrund der fehlenden Motivation, weiter von Vorsprungsgewinnen profitieren zu können.[494] Maximale Wettbewerbsintensität könne hiernach also wettbewerblich negative Auswirkungen haben. Optimale Wettbewerbsintensität sieht *Kantzenbach* dagegen bei „weiten Oligopolen", also wenigen wirtschaftlich starken Unternehmen auf dem Markt, die einen hohen Finanzierungs- aber auch Anpassungsspielraum in Bezug auf Innovationen haben und wechselseitig voneinander abhängig sind.[495] Diese wechselseitige Abhängigkeit könne innerhalb eines bestimmten Bereichs als optimal angesehen werden, nämlich wenn sie einerseits niedrig genug ist, dass Konkurrenten nicht kurzfristig verdrängt werden können oder wettbewerbsbeschränkende Absprachen zwischen den konkurrierenden Unternehmen stattfinden, andererseits aber hoch genug, dass die Unternehmen zu einer ständigen Anstrengung zur Leis-

---

490 *Adolf*, in: Hilty/Jaeger/Lamping, Herausforderung Innovation, 2012, S. 25 (31).
491 *Kantzenbach/Kallfass*, in: Cox/Jens/Markert, Handbuch des Wettbewerbs, 1981, S. 103 (109); zusammenfassend zu den empirischen Untersuchungen hierzu *Ewald*, in: Wiedemann, Handbuch des Kartellrechts, § 7, Rn. 66.
492 *Eickhof*, in: Vanberg, Evolution und freiheitlicher Wettbewerb, 2012, S. 35 (36).
493 Vgl. auch hier wieder den dogmatischen Unterschied zu den statischen Theorien und dem Konzept des vollkommenen Wettbewerbs, bei denen der einzelne Wirtschaftsteilnehmer passiv vom Markt abhängig ist, *Kantzenbach/Kallfass*, in: Cox/Jens/Markert, Handbuch des Wettbewerbs, 1981, S. 103 (109).
494 *Kantzenbach*, Die Funktionsfähigkeit des Wettbewerbs, 1967, S. 39.
495 Ebenda, S. 44 f.; allerdings unterscheidet *Kantzenbach* hier bereits zwischen potenzieller und effektiver Wettbewerbsintensität und spricht damit eine Fortentwicklung des Workable-Competition-Konzepts an, vgl. *Eickhof*, in: Vanberg, Evolution und freiheitlicher Wettbewerb, 2012, S. 35 (38 f.).

tungsverbesserung stimuliert werden.[496] Dies liege jedenfalls bei mäßiger Produktdifferenzierung und unvollkommener Markttransparenz vor. Damit einher geht die These, dass diejenigen Unternehmen auf dem von optimaler Intensität geprägten Wettbewerb möglicherweise Wettbewerbsbeschränkungen zugunsten des Fortschritts vornehmen.[497] Die optimale Wettbewerbsintensität ist auch maßgeblich für die Harvard School, deren Vertreter sich maßgeblich auf das ursprüngliche Konzept des funktionsfähigen Marktes nach *Clark* berufen.[498] Auch sie versuchen die optimale Wettbewerbsintensität anhand empirisch gezogener Erfahrungswerte auf bestimmte Fallgruppen zu spezifizieren und daraus Empfehlungen für die die Rechtspraxis zu ziehen.

Aussagen über die Wettbewerbsintensität lassen sich also einerseits hinsichtlich ihres Maximums oder Optimums anstellen, womit eine wettbewerbstheoretisch empirische Nachweisbarkeit verbunden ist. Innovation würde hierbei danach eingeordnet, ob die für sie im Wettbewerb möglichen Bedingungen herrschen. Andererseits lässt sich für die weitere Untersuchung der Umstand verwerten, dass Wettbewerb überhaupt eine Intensität haben kann. Dieser kann nach den bisherigen Untersuchungen von einem durch Ausbrechen und Verfolgen geprägten monopolistischen Wettbewerb durch die Metapher von Zuckerbrot und Peitsche beschrieben werden.[499] Dabei könnte diese Intensität zwar in zeitlicher Hinsicht durch eine Gegenüberstellung von kurzfristiger und langfristiger Innovation festgestellt werden. Dies darf nicht in wettbewerbspolitischer Hinsicht auf eine generelle Abwägung dieser Interessen untereinander ausgelegt werden. Denn beides kann Erscheinungsformen des Wettbewerbs darstellen, die gleichsam ihre Berechtigung haben. Eine genaue Beschreibung erscheint denn auch nur teilweise möglich. Langfristige Innovation hat dabei einen auf den ersten Blick nahen Bezug zu einem offenen Wettbewerbsprozess. Allerdings wären auch langfristige Innovationen in Form von mindestens zeitweise gegen den offenen Wettbewerbsprozess laufenden Veränderungen denkbar, etwa weil diese andere Unternehmen von einer Teilhabe ausschließen. Dies ist häufig bei außerhalb des positiven Kartellrechts festgeschriebenen Immaterialgüterrechten der Fall, die eine gesetzgeberische Reaktion auf eine Innovation darstellen können. Die Innovation erhält hier eine intendierte wettbewerbliche Belohnung. Dies kann auch bei kurzfristigen Innovationen der Fall sein, wobei dann umso mehr ein Wertungskonflikt zwischen den Zielen des Wettbewerbs und des jeweiligen

---

496 *Kantzenbach*, Die Funktionsfähigkeit des Wettbewerbs, 1967, S. 87 ff.; *Kantzenbach/Kallfass*, in: Cox/Jens/Markert, Handbuch des Wettbewerbs, 1981, S. 103 (110); *Ewald*, in: Wiedemann, Handbuch des Kartellrechts, § 7, Rn. 66.
497 *Clapham*, in: Cox/Jens/Markert, Handbuch des Wettbewerbs, 1981, S. 129 (131).
498 *Bain*, Industrial organization, 1968; *Mason*, in: Herdzina, Wettbewerbstheorie, 1975, S. 172; *Scherer/Ross*, Industrial market structure and economic performance, 1990; zur Ausprägung der sogenannten „Harvard School" als abgrenzbare Wissenschaftsströmung vgl. *Kantzenbach/Kallfass*, in: Cox/Jens/Markert, Handbuch des Wettbewerbs, 1981, S. 103 (126 Fn. 66); erläuternd *Kerber*, in: Vanberg, Evolution und freiheitlicher Wettbewerb, 2012, S. 169 (172).
499 *Heitzer*, in: FIW, Innovation und Wettbewerb, 2009, S. 1 (1 ff.); *Ewald*, in: Wiedemann, Handbuch des Kartellrechts, § 7, Rn. 66.

Immaterialgüterrechts auftreten kann. Es muss also in rechtlich zu bewertenden Fällen auf eine konkrete Einzelfallabwägung der ausreichend festgestellten Umstände ankommen, zu denen der gebotene Zeitrahmen der Betrachtung zählt.[500]

bb) Primat der Wettbewerbsfreiheit

Das Prinzip der optimalen Wettbewerbsintensität und die definierten Mittelkataloge wurde in der Folge vor allem von *Hoppmann* kritisiert.[501] Zwar stimmt dieser ebenso wie *Clark* und *Kantzenbach* der Annahme eines dynamischen Wettbewerbs zu, weil die Erreichung eines Gleichgewichts nicht realistisch, Ungleichgewichte aufgrund stetiger Vorstoß- oder Verfolgungsprozesse die Regel seien. Allerdings zieht er daraus nicht den Schluss, dass sich eine optimale Wettbewerbsintensität feststellen lasse, wenn nicht sogar im normativen Sinne nach vorgegebenen Zielen erreichen lasse, indem Funktionen definiert werden. Hierin sieht *Hoppmann* zum einen eine Vernachlässigung der Wettbewerbsfreiheit[502] und zum anderen eine Wettbewerbsdefinition entlang politischer Ziele, also eine zu normative Ausrichtung des Workable-Competition-Ansatzes.[503] Damit würde die tatsächlich historische Offenheit des Entdeckungsverfahrens Wettbewerb vernachlässigt.[504] Zudem wird der Struktur-Verhalten-Ergebnis-Zusammenhang der Wettbewerbsuntersuchung abgelehnt.[505] Das bedeutet in dieser Konsequenz zum einen, dass sich Wettbewerb nicht nach positiven Vorgaben oder Funktionen definieren lässt, außer der Wahrnehmung individueller Handlungsfreiheiten als Grundvoraussetzungen.[506] Es bestehe gerade kein normatives Leitbild, was genau funktionsfähiger Wettbewerb oder Wettbewerb überhaupt sei.[507] Weil aber die Wettbewerbsfreiheit und die gewünschten wett-

---

500 *Cary*, in: Kokott/Pohlmann/Polley, Europäisches, deutsches und internationales Kartellrecht, 2018, S. 183 (185).

501 Einleitend hierzu *Hoppmann*, JBNST 1966, S. 286; vgl. zusammenfassend zur sogenannten Hoppmann-Kantzenbach-Kontroverse die Übersicht zur geäußerten Kritik Hoppmanns auch bei *Wolf*, Kartellrechtliche Grenzen von Produktinnovationen, 2004, S. 60 ff.; *Eickhof*, in: Vanberg, Evolution und freiheitlicher Wettbewerb, 2012, S. 35 (40 f.); Zwar kritisierte *Hoppmann* auch den aus seiner Sicht statischen Betrachtungsmaßstab *Kantzenbachs* einer optimalen Wettbewerbsintensität als Marktform und hält dem entgegen, diese könne sich durch Wettbewerbsprozesse ändern. Dieser Einwand muss hier nicht weiter erörtert werden, da jedenfalls beide Theorieansätze von einer grundsätzlichen Anerkennung des dynamischen Wettbewerbs ausgehen und damit hier ein Gerüst für eine wettbewerbstheoretische Behandlung von Innovation bieten. Daneben mag zwar die Annahme einer optimalen Wettbewerbsintensität nicht möglich sein, sich dennoch aber eine Aussage über die nicht mehr mit dem funktionierenden Wettbewerb übereinstimmende maximale Wettbewerbsintensität treffen lassen; weiterführend hierzu *Haucap/Schmidt*, Wettbewerbspolitik und Kartellrecht, 2013, S. 14 ff.; *Kantzenbach*, JBNST 1967, S. 193; *Hoppmann*, JBNST 1967, S. 251; *Kaufer/Arbor*, JBNST 1967, S. 242.

502 Allerdings setzt *Kantzenbach* das Bestehen einer Wettbewerbsfreiheit grundsätzlich voraus, wie im Folgenden auch *Hoppmann* zugesteht, vgl. *Hoppmann*, JBNST 1966, S. 286 (304).

503 Ähnlich auch *Künzler*, Effizienz oder Wettbewerbsfreiheit?, 2008, S. 46.

504 *Mestmäcker*, in: Vanberg, Evolution und freiheitlicher Wettbewerb, 2012, S. 1 (10).

505 *Haucap/Schmidt*, Wettbewerbspolitik und Kartellrecht, 2013, S. 18.

506 *Schmidt*, ORDO 2008, S. 209 (220).

507 *Haucap/Schmidt*, Wettbewerbspolitik und Kartellrecht, 2013, S. 21.

bewerblichen Ergebnisse identisch seien, gebe es nach *Hoppmann* keinen Widerspruch im Sinne akzeptabler Marktunvollkommenheiten.[508] Wettbewerb ist für *Hoppmann* stattdessen dann gegeben, wenn die Wettbewerbsfreiheit nicht beeinträchtigt ist.[509] Ein anderes Wort lediglich hierfür seien „gute ökonomische Ergebnisse".[510] Später konkretisierte *Hoppmann* dies auf „Verstöße gegen die ökonomische Vernunft".[511] Diese deuten darauf hin, dass sich die gewünschten wettbewerblichen Ergebnisse wiederum innerhalb der Gesetze der Logik und Vernunft bewegen müssen. Es muss insofern kein offener Widerspruch zu einem Konzept des funktionierenden Wettbewerbs bestehen, solange sich dessen Herleitung innerhalb seiner logischen Begründung bewegt.

Damit würde eine Einschränkung der Wettbewerbsfreiheiten gleichzeitig eine Verschlechterung der wünschenswerten Wettbewerbsergebnisse bedeuten.[512] Das bedeutet wiederum, dass der Wettbewerb über die Wettbewerbsfreiheiten definiert werden kann, deren umfassen Gewährleistung damit alleiniger Zielmaßstab sei.[513] Damit steht *Hoppmann* wiederum in einem Zusammenhang mit der Freiburger Schule des Ordoliberalimus, die besonders prägenden Einfluss in der Entwicklungsphase des deutschen Gesetzes gegen Wettbewerbsbeschränkungen hatte.[514] Ähnlich wiederum dazu steht *Arndt*, der den Wettbewerbsprozess als wesentlich für die Bildung menschlicher Gesellschaft sieht.[515] Denn wenn das menschliche Individuum die Möglichkeit nutzt, aus der „Herde" auszubrechen oder sich von der „Masse" abzuheben, dann ist dies ein den Menschen überhaupt ausmachendes Ausleben individueller Freiheiten.

Anders als bei *Kantzenbach* geht es *Hoppmann* also weniger um die funktionale Erklärung des Wettbewerbs als um seine Zielsetzung und dessen Sicherstellung, wofür schließlich der maßgebliche Untersuchungsgegenstand ausschließlich im Marktverhalten liegt.[516] In Bezug auf Innovation würde dies zunächst bedeuten, dass nur die Aspekte wettbewerblich untersuchbar sind, die auf ein Marktverhalten zurückzuführen sind. Ähnlich sah dies *Schmidtchen*, der auf die

---

508 *Hoppmann*, JBNST 1966, S. 286 (291); *Hoppmann*, in: Goldschmidt/Wohlgemuth, Grundtexte zur Freiburger Tradition der Ordnungsökonomik, 2008, S. 658 (660 f., 670); zusammenfassend hierzu *Clapham*, in: Cox/Jens/Markert, Handbuch des Wettbewerbs, 1981, S. 129 (131, 135 f.); *Eickhof*, in: Vanberg, Evolution und freiheitlicher Wettbewerb, 2012, S. 35 (43 f.).
509 *Hoppmann*, JBNST 1966, S. 286 (289); erläuternd dazu *Eickhof*, in: Vanberg, Evolution und freiheitlicher Wettbewerb, 2012, S. 35 (41 ff.).
510 *Hoppmann*, JBNST 1966, S. 286 (290); *Eickhof*, in: Vanberg, Evolution und freiheitlicher Wettbewerb, 2012, S. 35 (42 f.).
511 *Hoppmann*, in: Goldschmidt/Wohlgemuth, Grundtexte zur Freiburger Tradition der Ordnungsökonomik, 2008, S. 658 (670).
512 Dies wurde auch in der Rechtsprechung des BGH aufgegriffen BGH, Beschl. v. 9.11.1982 – KVR 9/81 (Gemeinsamer Anzeigenteil), NJW 1984, 1116 (1116).
513 Vgl. dazu auch *Thomas*, JZ 2011, S. 485 (487).
514 *Eucken*, Die Grundlagen der Nationalökonomie, 1989, S. 87.
515 Vgl. erneut *Arndt*, Schöpferischer Wettbewerb und klassenlose Gesellschaft, 1952, S. 45 f.
516 *Haucap/Schmidt*, Wettbewerbspolitik und Kartellrecht, 2013, S. 35; *Eickhof*, in: Vanberg, Evolution und freiheitlicher Wettbewerb, 2012, S. 35 (49 f.).

Unmöglichkeit eines als solchen zu normierenden Wettbewerbs hinwies.[517] Bereits hier lässt sich deshalb ein wesentlicher Unterschied zwischen Kartellrecht und Regulierung ausmachen. Während letztere von einer von vorne gedachten Verhinderung oder Beseitigung eindeutig als gesellschaftliche Missstände erkannter Umstände ausgeht, zu denen wettbewerbliche Missstände und damit ein eindeutig festgestelltes Marktversagen gehören können, greift das Kartellrecht erst auf einer nachgelagerten Ebene ein, nämlich wenn per se nicht mehr zu akzeptierende Marktstrukturen, -ergebnisse oder –verhalten vorliegen. Regulierung schreibt die konkrete Richtung vor, Kartellrecht verbietet dagegen eine bestimmte Richtung.

Auch im Hinblick auf die tatsachenbezogenen Annahmen *Kantzenbachs* zweifelte *Hoppmann*. Denn es lasse sich keine optimale Marktform verallgemeinernd annehmen, geschweige denn nachweisen.[518] Ob ein sogenanntes weites Oligopol mit der angenommenen optimalen Wettbewerbsintensität vorliegt, könne maßgeblich von den jeweiligen Unternehmen gesteuert werden, die sowohl die verfügbare Transparenz als auch die Produktheterogenität selbstständig steuern könnten. Den dahinterstehenden Zweifeln an einer normativen Wettbewerbsausprägung lässt sich zum einen entgegnen, dass zwar auf der wettbewerbstheoretischen Ebene ein Rückschluss vom gesellschaftlich wünschenswerten Ziel auf das tatsächliche Bestehen des Wettbewerbs nicht naheliegend ist. Allerdings sollten die von *Kantzenbach* beschriebenen Zielfunktionen nicht als quasi-regulatorische normative Vorgaben betrachtet werden, sondern als Erfahrungssätze.[519] Statt der von ihm abgelehnten Untersuchung der Zusammenhänge zwischen Marktstruktur, Marktverhalten und Marktergebnis will *Hoppmann* weniger schematisch und stattdessen verallgemeinerbare Mustervoraussagen treffen.[520] *Haucap/Schmidt* weisen zurecht an dieser Stelle darauf hin, dass zwar der Untersuchungsgegenstand weiter gefasst ist, es erneut um die Heranziehung statistischer Wahrscheinlichkeitswerte geht, mittels derer die Erfüllung der Wettbewerbsfreiheit berechnet werden soll.[521] Zum anderen würde die Absage an die unterstellte Normativität der aufgestellten Zielfunktionen und der optimalen Wettbewerbsintensität nicht von der grundsätzlichen Frage nach einem Konzept des Wettbewerbsrechts entlasten, da auch die Betonung der Wettbewerbsfreiheit einen normativen Charakter enthält.[522] Anders sind die ihr entnehmbaren wettbewerbspolitischen Folgerungen. Während sich der ursprüngliche Workable-Competition-Ansatz um die Ausarbeitung konkreter Handlungsempfehlungen bemüht, sieht *Hoppmann* hierin Beschränkungen be-

---

517 *Schmidtchen*, Wettbewerbspolitik als Aufgabe, 1978, S. 35.
518 *Eickhof*, in: Vanberg, Evolution und freiheitlicher Wettbewerb, 2012, S. 35 (50 f.).
519 Kritisch hierzu aber in Bezug auf deren wettbewerbstheoretisch-empirische Haltbarkeit *Schmidtchen*, Wettbewerbspolitik als Aufgabe, 1978, S. 104 f.
520 *Eickhof*, in: Vanberg, Evolution und freiheitlicher Wettbewerb, 2012, S. 35 (51).
521 *Haucap/Schmidt*, Wettbewerbspolitik und Kartellrecht, 2013, S. 18.
522 Wie sich noch zeigen wird, ergeben sich diese aus den allgemeinen Prinzipien der Grundrechte und haben in ihrer Wirkung auch die der Wettbewerbsfreiheiten, ermöglichen damit also eine unmittelbare prinzipielle Rückkopplung des Wettbewerbsbegriffs.

reits der Wettbewerbsfreiheiten.[523] So sollen lediglich durch adäquate Per-se-Regelungen künstliche Beschränkungen dieser Wettbewerbsfreiheit durch andere Unternehmen oder den Staat verhindert werden und kein Verhalten positiv vorgeschrieben werden. Aus rechtstheoretischer Sicht sieht *Kantzenbach* in einem ausschließlich auf „die Wettbewerbsfreiheit" bezogenen Erklärungsansatz keine Kompromisstauglichkeit.[524] Denn wiederum hierbei kann es – sollen individuelle Interessen nicht einbezogen werden – lediglich auf die Herausarbeitung vermeintlich einer übergeordneten und alles schlagenden Wettbewerbsfreiheit ankommen. *Künzler* beschreibt dies als ein Dilemma über die Entscheidung zwischen Freiheit oder Fortschritt.[525] Wäre Wettbewerb als Prinzip anzusehen, würde ihm ein andere berechtigte Interessen übersteuernder Wert zugesprochen.[526] Die Erfassung komplexer Sachverhalte mit multipolar ausgerichteten Interessen kann damit aus rechtlicher Sicht nicht auf der Ebene der Feststellungen über Wettbewerb oder Marktverhältnisse gewährleistet werden, sondern deutet vielmehr auf eine Abwägung verschiedener Prinzipien und Interessen hin. Auch dies schließt wiederum nicht die normative Wertung über den Wettbewerbsprozess als solchen aus, da sich dieser an seiner Wirksamkeit für die Auslebung der Wettbewerbsfreiheiten orientieren kann.[527] Wettbewerbsfreiheiten in diesem Sinne meint die – verschiedenen – Möglichkeiten zum Handeln im Wettbewerb. Die im weiteren Verlauf noch zu klärende Frage ist dabei, inwiefern diese Wettbewerbsfreiheiten vom geltenden Rechtssystem erfasst sind. Jedenfalls aber kann die Kritik *Künzlers* nicht lediglich als Argument für eine Absage an das Konzept des funktionsfähigen Wettbewerbs herangezogen werden, sondern offenbart vielmehr, dass es gerade auf den abwägenden Ausgleich zwischen den Wettbewerbsfreiheiten und Innovation ankommen muss.

cc) Wohlfahrt und Effizienz

Die unter der sogenannten *Chicago School of Antitrust Analysis* zusammengefassten Theorien unter dem maßgeblichen Einfluss des US-amerikanischen Antitrustrechts stellen ebenso auf den funktionsfähigen Wettbewerb und die Wettbewerbsfreiheit ab, nehmen jedoch allein die Konsumentenwohlfahrt als maßgeblichen Beurteilungsfaktor an.[528] Anders als in der Verfassung der Bun-

---

523 *Eickhof*, in: Vanberg, Evolution und freiheitlicher Wettbewerb, 2012, S. 35 (51).
524 So auch bereits *Kantzenbach*, JBNST 1967, S. 193 (198).
525 *Künzler*, Effizienz oder Wettbewerbsfreiheit?, 2008, S. 44.
526 Zum von Hoppmann vertretenen Wettbewerb als Prinzip bzw. Ziel, vgl. *Eickhof*, in: Vanberg, Evolution und freiheitlicher Wettbewerb, 2012, S. 35 (50 f.).
527 Vgl. *Rupp*, Grundgesetz und Wirtschaftsverfassung, 1974, S. 18, der die objektive Wertsetzungsfunktion der Grundrechte in einen Zusammenhang mit der Wirklichkeit setzt. Bei der Auslegung der Wettbewerbsfreiheiten handelt sich nicht um etwas „normativ gesolltes" gegenüber jemandem, sondern etwas „normativ gewolltes" durch den jeweiligen Träger der Wettbewerbsfreiheit.
528 Einführend hierzu *Haucap/Schmidt*, Wettbewerbspolitik und Kartellrecht, 2013, S. 23 ff.; *Motta*, Competition policy, 2009, S. 19 ff.; vgl. maßgeblich für die Vertreter dieses Theoriestrangs *Bork*, The antitrust paradox, 1978, S. 81 ff; *Posner*, UPLR 1979, S. 925; *Demsetz*, JLE 1976,

desrepublik Deutschland und anderen vor allem kontinentaleuropäischen Verfassungen liegt eine stärkere Betonung auf der Vorbehaltlosigkeit gewährter Freiheitsrechte und der Verfolgung von – nicht einheitlich definierten – Wohlfahrtszielen.[529] Methodischer Ansatzpunkt der *Chicago School* im Allgemeinen ist es, menschliches Verhalten und Sachverhalte mit ökonomischen Erkenntnissen zu erklären.[530] Dies gleicht dem *Homo Oeconomicus* der klassischen Wettbewerbstheorien. Auch wird das Konzept des vollkommenen Wettbewerbs überwiegend wieder herangezogen.[531] Wettbewerb ist demnach ein zwar von Freiheiten geprägter Raum, der aber sich selbst überlassen ist und angesichts stets sich ändernder Gleichgewichte selbst effizient gestalten muss.[532] Effizienzmaßstäbe sind dabei vor allem die produktive und die allokative Effizienz, wobei dynamische Effizienzen berücksichtigt werden sollen.[533]

Anders als bei den klassischen Wettbewerbstheorien ist das Verhältnis der Chicago-School-Vertreter zum Gleichgewicht, das hiernach nicht wie noch bei *Smith* als ein übergeordnetes und abstraktes gesamtgesellschaftliches Gleichgewicht angesehen werden kann. Es bilden sich vielmehr auf natürliche Weise Gleichgewichtszustände, wenn Unternehmen von ihren Wettbewerbsfreiheiten Gebrauch machen. Diese sind nicht nach abstrakten Kriterien vordefiniert, sondern werden als natürliche Zustände beschrieben, in die nicht eingegriffen werden sollte. Staatliche Eingriffe sollen stattdessen nur im Fall wettbewerbswidrigen Verhaltens in Form von horizontalen Absprachen in Betracht kommen.[534] Im Übrigen bilde sich aufgrund der allein als Untersuchungsmaßstab zu berücksichtigenden Kosten und damit zusammenhängender Effizienzen ein Gefüge, innerhalb dessen sich das weitere Bestehen von Unternehmen allein nach seinen Leistungen am Wettbewerb entscheidet.[535] Innovation ist bei den Vertretern der Chicago School stark von Überlebenskampf geprägt, in dem sich die besten und wirtschaftlich gesündesten Unternehmen durchsetzen und weniger effiziente Unternehmen vom Markt verdrängt werden.[536]

Eine weitere Besonderheit in diesem Zusammenhang ist eine starke Fokussierung auf den bereits angesprochenen *Consumer Welfare Standard*, zu deutsch

---

S. 371; *Stigler*, in: Arthur Pfenninger, George J. Stigler. Sechs Aufsätze, 1988, S. 31 (37); *Stigler*, in: Leube/Moore, The essence of Stigler, 1986, S. 25; *Stones*, JCLE 2019, S. 1 (7 ff.).

529 Zusammenfassend *Mohr*, ZWeR 2015, S. 1 (3).

530 Ausführlich zu den dogmatischen Hintergründen des US-amerikanischen Kartellrechts *Witt*, The more economic approach to EU antitrust law, 2016, S. 62 ff.

531 Kritisch hierzu statt aller *Haucap/Schmidt*, Wettbewerbspolitik und Kartellrecht, 2013, S. 28 f.

532 Zusammenfassend hierzu *Heidrich*, Das evolutorisch-systemtheoretische Paradigma in der Wettbewerbstheorie, 2009, S. 86.

533 *Bork*, The antitrust paradox, 1978, S. 90 ff; *Haucap/Schmidt*, Wettbewerbspolitik und Kartellrecht, 2013, S. 24.

534 *Posner*, UPLR 1979, S. 925 (928).

535 *Haucap/Schmidt*, Wettbewerbspolitik und Kartellrecht, 2013, S. 26.

536 *Stigler*, in: Leube/Moore, The essence of Stigler, 1986, S. 25 (27).

Konsumentenwohlfahrt genannt.[537] Dahinter steht die Frage nach dem richtigen Maßstab für die Beurteilung eines Marktes bei ausgeübter Wettbewerbsfreiheit. An dieser Stelle unterscheiden sich allerdings die Bewertung der Wettbewerbsfreiheit nach der Chicago School zu der bei *Hoppmann*. Jener sieht die zu erreichende Wettbewerbsfreiheit als Ziel und Ausdruck funktionsfähigen Wettbewerbs, sodass sich die Feststellung von wettbewerbsbeschränkenden Eingriffen durch den Staat oder Dritte bereits aus der Einschränkung dieser Wettbewerbsfreiheit ergibt. Da die Chicago-School-Vertreter hauptsächlich auf die Kosteneffizienz abstellen, kommt es in der Folge darauf an, woran sich diese Effizienz im Einzelfall in Bezug auf Innovation messen soll.[538] So ließe sich zum einen bereits ein sehr restriktiver Ansatz dadurch erklären, dass zukunftsgewandte und aufgrund ihrer Dynamik ungewisse Umstände nur bedingt als Kostenpunkte heranziehbar sind. Auf der anderen Seite ist eine rein wettbewerbsbasierte Effizienzbetrachtung nicht geeignet, andere notwendige gesellschaftliche Ziele zu verwirklichen.[539] So könnte sich im Rahmen einer ausschließlich kostenorientierten Effizienzabwägung ein Ergebnis ergeben, das Individualfreiheiten unverhältnismäßig entgegen ihrem eigentlichen Zweck einschränkt. Mit einer rein kostenökonomischen Betrachtung des Wettbewerbs ließe sich selbst menschenwürdeverletzendes Marktverhalten möglicherweise nicht als Wettbewerbsverstoß annehmen.[540] Damit birgt dieser Erklärungsansatz die stete Gefahr eines wettbewerblichen sozialdarwinistischen Prozesses, ohne dass zum einen Individualschutz bezweckende Interessen ausreichend berücksichtigt werden und zum anderen Konsistenz mit einer gesellschaftlich akzeptierten Lösung besteht.[541] Zudem würde die ständige evolutive Verschiebung der Gleichgewichtszustände Dynamik lediglich als Anlass, nicht aber als Gegenstand des Prozesses selbst berücksichtigen.[542] Das bedeutet, dass die Dynamik des Wettbewerbs zunächst nicht berücksichtigt würde.

---

537 Maßgeblich ist hierfür vor allem wohl die Argumentation bei *Bork*, The antitrust paradox, 1978, S. 107 ff.

538 Vgl. zusammenfassend hierzu *Motta*, Competition policy, 2009, S. 19; *Gundlach/Moss*, AB 2015, S. 91 (95).

539 *Martinek*, JM 2018, S. 447 (448 ff.); kritisch auch schon *Möschel*, JZ 1975, S. 393 (394); *Schröter/van Vormizeele*, in: von der Groeben/Schwarze/Hatje: Nomos-Kommentar, Europäisches Unionsrecht, AEUV Artikel 101 (ex-Artikel 81 EGV) [Kartellverbot], Rn. 91, sehr allgemein mit einer auf „Freiheit und Gleichheit" abzielenden wirtschaftsverfassungsrechtlichen Geistesshaltung.

540 Erläuternd hierzu *Thomas*, JZ 2011, S. 485 (488); allerdings ist hierbei darauf hinzuweisen, dass die Menschenwürdegarantie aus Art. 1 Abs. 1 GG nicht auf Unternehmen als Wirtschaftsteilnehmer unmittelbar anwendbar ist, sondern ein ausschließliches Menschenrecht darstellen. Persönlichkeitsrechtsrelevante Aspekte der Wirtschaftsteilnehmer und ihrer Wettbewerbsfreiheiten werden sich aber auch aus Art. 2 Abs. 1 GG ergeben, wie noch zu zeigen sein wird.

541 *Kerber*, in: Vanberg, Evolution und freiheitlicher Wettbewerb, 2012, S. 169 (177 f.); *von Hayek*, in: Kerber, Die Anmaßung von Wissen, 1996, S. 76 (85).

542 *Wurmnest*, Marktmacht und Verdrängungsmissbrauch, 2012, S. 222; *Mestmäcker/Schweitzer*, Europäisches Wettbewerbsrecht, 2014, § 3 Rn. 87.

dd) Effektiver Wettbewerbsprozess

Clark hat seine Theorie von einem „funktionsfähigen Wettbewerb" später selbst kritisiert und sie um die Annahme eines „wirksamen Wettbewerbs" erweitert.[543] Auch in dem von *Kantzenbach* vorgestellten Konzept des funktionsfähigen Wettbewerbs lässt sich eine derartige Ausrichtung auf den effektiven Wettbewerb bereits darin sehen, dass er diesen von dem lediglich potenziellen Wettbewerb abgrenzt, bei dem die Wettbewerbsintensität nicht unter Berücksichtigung des die wettbewerblichen Entfaltungsmöglichkeiten einschränkenden Verhaltens anderer Wettbewerbsteilnehmer beobachtet würde, sodass es also auf die tatsächliche Wirkung ankommt.[544] Diese tatsächliche Wirkung kann aber bereits bestehen, ohne dass es auf „handfeste" Geschäftsverbindungen ankommt. Denn wenn das im Wettbewerb auffindbare Wissen verwertet wird, sei es einerseits durch ein Unternehmen zu seinen wirtschaftlichen Vorteilen oder andererseits durch die nachfragende Marktgegenseite, die ihre Entscheidung für ein Angebot von dem ihr zur Verfügung stehenden Wissen abhängig macht, können auch diese als „weiche" Umstände eine Auswirkung auf den Wettbewerb haben. *Clark* formuliert zum effektiven Wettbewerb die Aussage „*What do we want competition do for us?*",[545] was zunächst auf eine normative Instrumentalisierbarkeit des Wettbewerbs hinzudeuten scheint.[546] Diese ist nicht prägend für die Definition des effektiven Wettbewerbs. Vielmehr kommt es auf den Zweck bei der Teilnahme am Wettbewerbsprozess an, also die Ausübung der Wettbewerbsfreiheiten.[547] Denn wenn diese und ihre Ausübung grundlegendes Prinzip der Freiheit des Wettbewerbs sind, kann seine Wirksamkeit als Ort und gleichzeitig Grad dieser Ausübung herangezogen werden. Die Wettbewerbsfreiheiten dienen dem Unternehmertyp bei seiner Entfaltung, aber auch den sonstigen Wirtschaftsteilnehmern.

Damit erfolgt nunmehr vollständig eine Loslösung von dem Ideal des vollkommenen Wettbewerbs.[548] Es komme nicht mehr auf die Erreichung dieses oder eines anderen Gleichgewichts an, sondern allein ein dynamisches und als solches feststellbares Leitbild des Wettbewerbs sei maßgebend, geprägt von Rivalität und Ungleichheit der beteiligten Unternehmen, die sich in steten Vorstößen und Anpassungen äußere.[549] Entwicklung und Innovation stellen in diesem Zusam-

---

543 Grundlegend beschrieben in seinem hierzu maßgeblichen Werk dazu *Clark*, Competition as a dynamic process, 1961, S. 63 ff.; zusammengefasst vgl. *Kantzenbach/Kallfass*, in: Cox/Jens/Markert, Handbuch des Wettbewerbs, 1981, S. 103 (108).

544 *Eickhof*, in: Vanberg, Evolution und freiheitlicher Wettbewerb, 2012, S. 35 (38 f.).

545 *Clark*, Competition as a dynamic process, 1961, S. 63.

546 Ähnlich *Mohr*, ZWeR 2015, S. 1 (4), der bei einem von ihm so beschriebenen „freiheitsbezogenen Wettbewerbsverständnis" ebenso den Wettbewerbsschutz zugunsten übergeordneter wirtschafts- und gesellschaftspolitischer Ziele sieht.

547 *Hoppmann*, in: Goldschmidt/Wohlgemuth, Grundtexte zur Freiburger Tradition der Ordnungsökonomik, 2008, S. 658 (661).

548 *Künzler*, Effizienz oder Wettbewerbsfreiheit?, 2008, S. 42 f.

549 *Kantzenbach/Kallfass*, in: Cox/Jens/Markert, Handbuch des Wettbewerbs, 1981, S. 103 (108, 110); *Haucap/Schmidt*, Wettbewerbspolitik und Kartellrecht, 2013, S. 14; *Künzler*, Effizienz

menhang keine Unvollkommenheit mehr dar und müssen deshalb nicht mehr als zweitbeste Lösung argumentativ in dem Sinne verarbeitet werden, als dass es auf ihre – angesichts der Unmöglichkeit eines vollkommenen Gleichgewichtszustand – quasi-ausnahmsweise Akzeptanz ankommt. Vielmehr gehört die der Innovation innewohnende dynamische Rivalität zum Wettbewerb.[550]

Für die kartellrechtliche Praktikabilität des *Effective Competition* spricht trotz der grundsätzlichen Kritik an dem Konzept des funktionsfähigen Wettbewerb als vermeintlich normativierendem Ansatz, dass er am ehesten mit den Funktionen und Aufgaben des Rechts überein gebracht werden kann, ohne dabei seine Offenheit zu verlieren.[551] Über die ausgeübten Wettbewerbsfreiheiten wird durch die Wettbewerbssubjekte ein komplexes und vielfältige Prozesse ausführendes Netzwerk an miteinander verschränkten Verbindungen gebildet, das seinen Teilnehmern die optimale Auslebung dieser Freiheiten zu eigenen, selbstdefinierten Zwecken ermöglicht.[552] Diese bestehen in einem steten Hin und Her, einem Ziehen, Folgen oder Reißen der unterschiedlichen Verbindungen.[553] *Möschel* beschreibt dies als „Interaktionsprozess, der aus der Wahrnehmung individueller Handlungsfreiheiten erwächst".[554] Die Bewertung dieses netzwerkartigen Interaktionsprozesses als Wettbewerb findet nicht über einen einzigen und bestimmten Freiheitswert oder eine dieser Verbindungen statt. Denn nicht eine einzelne ausgeübte Wettbewerbsfreiheit beschreibt nach den bisherigen Erkenntnissen den Wettbewerb, sondern das große Netzwerk aller miteinander verwobenen Wettbwerbsfreiheiten als einzelne, ein großes unbestimmtes Ganzes ausmachende Prinzipien.[555] Über die gegenseitigen multipolaren Verschränkungen sind die ausgeübten Wettbewerbsfreiheiten im Wettbewerbsprozess dynamisch ineinander verschlungen, sodass sie seine atomaren, dezentralen Bestandteile ausmachen.[556] Denn die bestmögliche Auslebung der

---

oder Wettbewerbsfreiheit?, 2008, S. 43; *Schröter/van Vormizeele*, in: von der Groeben/Schwarze/Hatje: Nomos-Kommentar, Europäisches Unionsrecht, AEUV Artikel 101 (ex-Artikel 81 EGV) [Kartellverbot], Rn. 73.

550 *Wurmnest*, Marktmacht und Verdrängungsmissbrauch, 2012, S. 136; *Künzler*, Effizienz oder Wettbewerbsfreiheit?, 2008, S. 43.

551 Vgl. bereits *Schmidtchen*, Wettbewerbspolitik als Aufgabe, 1978, S. 89 ff.; *Schröter/van Vormizeele*, in: von der Groeben/Schwarze/Hatje: Nomos-Kommentar, Europäisches Unionsrecht, AEUV Artikel 101 (ex-Artikel 81 EGV) [Kartellverbot], Rn. 73; einführend hierzu auch *Mestmäcker/Schweitzer*, Europäisches Wettbewerbsrecht, 2014, § 11 Rn. 3 ff.

552 *Möschel*, JZ 1975, S. 393 (394); *Möschel*, JZ 2000, S. 61 (67).

553 Vgl. zu den vernetzten Verknüpfungen bereits *Eucken*, Die Grundlagen der Nationalökonomie, 1989, S. 125, der eine umfassende Interdependenz der Märkte in der Verkehrswirtschaft beschrieb.

554 *Möschel*, JZ 2000, S. 61 (67); siehe zuletzt *Möschel*, NZKart 2020, S. 245 (245): „*Wettbewerb entsteht aus der Wahrnehmung individueller Handlungsfreiheiten. Wir kennen die konkreten Ergebnisse nicht.*"

555 *Von Weizsäcker*, WuW 2007, S. 1078 (1084); ähnlich schon *Möschel*, JZ 1975, S. 393 (394), der zusätzlich zu den wahrgenommenen Freiheitsrechten auf die Bedingung der unvollkommenen Informationen hinweist.

556 Ebenda, S. 393 (394); *Ekardt*, JZ 2007, S. 137 (137 f.); mit diesem Ansatz auch *Schröter/van Vormizeele*, in: von der Groeben/Schwarze/Hatje: Nomos-Kommentar, Europäisches Unions-

individuellen Wettbewerbsfreiheiten einzelner Wirtschaftsteilnehmer kann bei diesen atomaren Verbindungen nur soweit reichen, wie sie nicht durch die Interessen und damit verbundenen Wettbewerbsfreiheiten anderer Wirtschaftsteilnehmer und deren darauf basierenden Verhaltensweisen betroffen sind.[557] Dies können sie entweder sein, indem ihnen durch andere ausgeübte Wettbewerbsfreiheiten Grenzen gesetzt werden, die sie einhalten müssen oder wollen, oder aber indem sie sich aktiv auf diese anderen Interessen einlassen und sie in ihre Erwägungen und Handlungen miteinbeziehen. Sollen also nicht andere Wettbewerbsfreiheiten ohne rechtliche Begründung eingeschränkt werden, müssen die Individuen sie stets untereinander im effektiven Wettbewerb in Ausgleich bringen.[558] Dieser Ausgleich findet dabei nicht allumfassend im Sinne *Adam Smiths* statt, sondern kann aufgrund des begrenzten Wissens sämtlicher Wettbewerbsteilnehmer nur in jeweils kleinsten Ausschnitten des großen Netzwerks erfolgen, die jeweils ergebnisoffen betrachtet werden können.[559] Dabei werden sie in den sie betreffenden konkreten Situationen weiterhin nach einem Optimum an eigener Auslebung streben.[560] An dieser Stelle setzt das Kartellrecht an, indem es nicht gerechtfertigte Einschränkungen der Wettbewerbsfreiheiten als unzulässig beschreibt. Wenn Wettbewerb in spontanen Ordnungen besteht, so trifft Effektivität eine an den Wettbewerbsfreiheiten sich orientierende qualitative Aussage über diesen spontanen Ordnungsprozess.[561]

Das Streben nach einer optimalen Auslebung der in diesem Netzwerkprozess miteinander verwobenen Wettbewerbsfreiheiten lässt sich zum einen innerhalb dieser einzelnen atomaren Verbindungen graduell nach seiner Wirksamkeit bemessen, also wie gut die jeweils für die konkrete Situation maßgeblichen Wettbewerbsfreiheiten ausgelebt werden können. Die Wirksamkeit des Wettbewerbs ist zwar nicht an jedes einzelne dieser atomaren Verbindungsverhältnisse gebunden, setzt aber jedenfalls eine Vielzahl an über die ausgelebten Wettbewerbsfreiheiten zustande kommenden Verbindungen voraus. Das bedeutet, dass

---

recht, AEUV Artikel 101 (ex-Artikel 81 EGV) [Kartellverbot], Rn. 91; *Eilmansberger/Kruis,* in: Streinz, EUV/AEUV, Art. 101 AEUV, Rn. 52; *Zimmer,* WuW 2007, S. 1198 (1202); ähnlich *Roth/Ackermann,* in: Jaeger et al., Frankfurter Kommentar zum Kartellrecht, Art. 81 EG, 68. Ergänzungslieferung 5/2009, Rn. 2; EuGH, Urt. v. 28.5.1998 – C-7/95 P (John Deere/Kommission), Slg. I-03111, Rn. 86; *Fuchs,* ZWeR 2007, S. 369 (371 f.).

557 *Di Fabio,* in: Maunz/Dürig, Grundgesetz, Art. 2 Abs. 1 GG, Rn. 124.

558 *Hoffmann-Riem,* Innovation und Recht, Recht und Innovation, 2016, S. 371; so auch schon *Hoffmann-Riem,* AöR 2006, S. 255 (267); *Mohr,* JZ 2018, S. 685 (685), siehe bereits an dieser Stelle aber auch *Mohr,* ZWeR 2015, S. 1 (6), der darauf hinweist, dass zur rechtlichen Bestimmung der Wettbewerbsbeschränkung nicht die Freiheitsrechte miteinander in Konkordanz zu bringen sind, sondern es auf eine normative Wertentscheidung über die Einschränkung dieser Wertentscheidungen ankommt. Hieraus lässt sich bereits an dieser Stelle auf die von *Möschel* beschriebene Theorie der flexiblen Schranken verweisen, wonach die Interessen der Beteiligten unter Berücksichtigung des auf die Freiheit des Wettbewerbs ausgerichteten Zwecks des Kartellrechts abgewogen werden sollen, *Möschel,* ORDO 1979, S. 295 (311 f.).

559 *Wurmnest,* Marktmacht und Verdrängungsmissbrauch, 2012, S. 226.

560 *Hoffmann-Riem,* AöR 2006, S. 255 (267).

561 *Wegner,* in: Eifert/Hoffmann-Riem, Innovationsfördernde Regulierung, 2009, S. 71 (73 ff.).

die einzelnen Verbindungen in der Anonymität eines dynamischen sie nahezu verschluckenden Wettbewerbsprozesses nicht mehr als einzelne erkennbar sind, sondern diesen in ihrer Gesamtheit am Leben erhalten. Das bedeutet, dass die Wirksamkeit der einzelnen Verbindungen und die damit ausgelebten Prinzipien in Form von Wettbewerbsfreiheiten sich auf den Wettbewerb auswirken und ihm eine eigene wirkende Bedeutung und damit Wert im Sinne der Erklärung von *Clark* geben.[562]

Innovation als etwas, das die Entwicklung innerhalb des Wettbewerbsprozesses aufnimmt und beschreibt, lässt sich dabei als ein tatsächlicher Ausdruck dieser Wirksamkeit festhalten.[563] Denn je mehr die einzelnen Wirtschaftsteilnehmer sich um neue Verbindungen bemühen werden, desto mehr Veränderungen werden sich innerhalb dieses Netzwerkes an Verbindungen ausmachen lassen. Innovation ist dabei kein Zustand oder Ziel des Wettbewerbsprozesses, sondern eine ständig sich selbst überholende Erklärung für diesen Prozess als Mittel oder Zweck.[564] Sie ist Innovation, solange sie im Wettbewerb als Veränderung und Neuigkeit angesehen wird, und nicht eine weitere Innovation auftritt.[565] Damit kann sie Ausdruck der Wirkung gelebter Wettbewerbsfreiheiten sein, die zu Einzelfallergebnissen führen.[566] In diesem Zusammenhang ist Innovation Mittel des Wettbewerbsprozesses. Wettbewerb kann in einem innovativen Umfeld besonders intensiv und effektiv sein, weil seine Teilnehmer zu einem ständigen Neuverküpfen der Verbindungen veranlasst werden und ihre Freiheiten ausüben. Gleichzeitig hängt Wettbewerb davon ab, dass die Wettbewerbsfreiheiten weiterhin ausgelebt werden können, also nicht in seinem Prozess untergehen. Diese Bemessung orientiert sich dabei nicht an ihrer Zielerreichung, da eine vollständige Wettbewerbsfreiheit aller sich nicht erreichen lässt. Stattdessen wird es auf die Feststellung der Wirksamkeit im Sinne von Effektivität ankommen.[567] In diesem Zusammenhang ist Innovation auch Zweck des Wettbewerbs.

e) Effektivität und Effizienz

Nach den bisherigen Darstellungen lässt sich Wettbewerb zum einen als nicht statischer, sondern dynamischer Prozess beschreiben, der unterschiedliche Merkmale aufweisen kann. Zum anderen lässt sich dieser Prozess über seine Wirkung feststellen. Eine optimale Wettbewerbsintensität als Wirkung, wie sie *Kantzen-*

---

562 *Clark*, Competition as a dynamic process, 1961, S. 63; so auch *Thomas*, JZ 2011, S. 485 (487); *Adolf*, in: Hilty/Jaeger/Lamping, Herausforderung Innovation, 2012, S. 25 (31).

563 So im Ergebnis auch schon *Holzweber*, in: Maute/Mackenrodt, Recht als Infrastruktur für Innovation, 2019, S. 41 (59).

564 Ähnlich auch *Hoffmann-Riem*, Innovation und Recht, Recht und Innovation, 2016, S. 294, der bei „*Innovationen (...) in Marktprozessen kein Ziel, sondern lediglich ein Mittel*" sieht. Grundlegend hierzu *Möschel*, JZ 2000, S. 61 (67).

565 *Adolf*, in: Hilty/Jaeger/Lamping, Herausforderung Innovation, 2012, S. 25 (32).

566 *Fuchs*, in: Immenga/Mestmäcker, Wettbewerbsrecht. Band 1 EU, Art. 102 AEUV, Rn. 169 weisen an dieser Stelle deshalb auch schon auf die Schwierigkeiten einer Kontrolle dieser Ergebnisse hin.

567 *Möschel*, JZ 2000, S. 61 (67).

bach dabei schon früh als erstrebenswert beschrieb, lässt sich dabei zwar nicht normativ als Prinzip vorschreiben. Sie ergibt sich aber aus den jeweils anderen, übergeordneten Prinzipien, die als grundlegende wettbewerbliche Bedingungen gelten. Damit steht dieser Erklärungsansatz des effektiven Wettbewerbs wiederum in einem engen Zusammenhang mit der individuellen Entfaltungsmöglichkeit des Menschen.[568] Der Wettbewerbsprozess ist als solcher ein eigenständiger komplexer sozialer Vorgang, der sich im Rahmen der jeweiligen verfassungsrechtlichen und rechtlichen Rahmenbedingungen abspielt. Diese Rahmenbedingungen geben einerseits Schranken für unternehmerisches Verhalten vor, andererseits ermöglichen sie eine freie Entfaltung im Wettbewerbsprozess. Sie können als Prinzipien den Zweck des Wettbewerbs ausmachen. Hinnehmbares wettbewerbliches Handeln bedeutet damit, dass sich ein Unternehmen innerhalb des rechtlichen Dickichts aus Schranken und Wettbewerbsfreiheiten seinen Weg zu einer für sich optimalen Lösung sucht. Dieser Vorgang kann unterschiedlich intensiv ausgeprägt sein. Die optimale Lösung muss nicht wirtschaftlich sein, um von Unternehmen oder sonstigen Wettbewerbsteilnehmern als Erfolg im Wettbewerb oder in sonstiger Weise gut empfunden zu werden.[569] Dies gilt umso mehr, wenn Innovation durch Individuen im Rahmen ihrer ausgeübten Wettbewerbsfreiheiten zum Zweck ihres eigenen Vorankommens erfolgt. Denn in diesem Zusammenhang kann die bloße Veränderung der alleinige Zweck des Handelns sein.

Schließlich stellt sich hierbei noch die Frage, unter welchen Umständen Wettbewerb effektiv ist und wann Innovationen als solche zum effektiven Wettbewerb gehören. Dies ist davon abhängig, inwiefern die zugrundeliegenden Prinzipien als Zweck des Wettbewerbs – nämlich die Wettbewerbsfreiheiten – seine Auslebung ermöglichen. Da die Wettbewerbsfreiheiten grundsätzlich innovationsoffen sind, also eine dynamische Auslebung ohne Grenzen „nach oben" ermöglichen, ist hieran gemessen derjenige Wettbewerbsprozess effektiv, der funktional Innovationen ermöglicht und bewirkt. Soweit dies aber wiederum von den Wettbewerbsfreiheiten und ihren Zwecken gedeckt ist, können die bereits von *Kantzenbach* aufgeführten dynamischen Wettbewerbsfunktionen Innovationen und damit effektiven Wettbewerb ermöglichen. Innovation kann damit Ausdruck effektiven Wettbewerbs sein, wenn Produktion und Kapazität an die laufenden Prozesse im Wettbewerb angepasst werden und der Fortschritt beschleunigt wird. Dies wird dann der Fall sein, wenn die Wirtschaftsteilnehmer ihre Wettbewerbsfreiheiten dergestalt ausüben, dass sie ständig Anreize für Veränderung sehen und für sich ausnutzen und dadurch gesellschaftlichen Fortschritt herbeiführen. Insofern bedeutet die nach oben offene Auslebung der Wettbewerbsfreiheiten die Möglichkeit zum sich gegenseitig Übervorteilen.[570]

---

568 *Arndt*, Schöpferischer Wettbewerb und klassenlose Gesellschaft, 1952, S. 45 f.; *Podszun*, in: Rodenstock/Sevsay-Tegethoff, Werte – und was sie uns wert sind, 2018, S. 207 (213).
569 *Nullmeier*, in: Blanke et al., Handbuch zur Verwaltungsreform, 2001, S. 357 (358).
570 *Fikentscher*, GRUR Int 2004, S. 727 (727).

Effektivität des Wettbewerbs lässt sich deshalb mit der Aussage zusammenfassen, dass der Wettbewerb der Verwirklichung der Wettbewerbsfreiheiten dient. Wettbewerb kann also immer nur so effektiv sein, wie er gleichzeitig die effektive Auslebung der Wettbewerbsfreiheiten ermöglicht. Dabei handelt es sich um eine graduelle Wertungsentscheidung über die Verwirklichung der Zwecke der Wettbewerbsfreiheiten.[571] Effektivität trifft also eine Aussage dazu, wie gut ein vorgegebener Zweck erfüllt wird.[572] Davon ist die Effizienz zu unterscheiden, bei der das wirtschaftliche Zweck-Mittel-Verhältnis betrachtet wird, also wie hoch der wirtschaftliche Aufwand für die Erreichung eines Zwecks ist.[573] Die Zwecke können in Prinzipien wie den Wettbewerbsfreiheiten bestehen. Dann kommt es wie oben dargestellt für die Effektivität des Wettbewerbs darauf an, wie gut diese Wettbewerbsfreiheiten von den Wirtschaftsteilnehmern ausgelebt werden können.[574] Effektiver Wettbewerb ist damit ebenso Ausdruck eines persönlichen, wettbewerblichen Auftretens des mit Freiheiten versehenen Wirtschaftssubjekts.[575] Insofern handelt es sich bei der Aussage über die Effektivität des Wettbewerbs um eine aus der Effektivität der Auslebung der Wettbewerbsfreiheiten abgeleitete Wertungsaussage.

Auch ein Ziel kann einen Zweck im Sinne der Effektivität darstellen. Besteht eine Identität zwischen Zweck und Ziel, so kann eine Aussage über den best-

---

571 Grundlegend zur Definition der Effektivität im Recht *Hoffmann-Riem*, Innovation und Recht, Recht und Innovation, 2016, S. 369.

572 *Nullmeier*, in: Blanke et al., Handbuch zur Verwaltungsreform, 2001, S. 357 (358); *Krajewski/Rösslein*, in: Grabitz/Hilf/Nettesheim, Das Recht der Europäischen Union: EUV/AEUV, Art. 298 AEUV, Rn. 21.

573 Vgl. zur allgemeinen Abgrenzung auch *Hoffmann-Riem*, Innovation und Recht, Recht und Innovation, 2016, S. 369; *Nullmeier*, in: Blanke et al., Handbuch zur Verwaltungsreform, 2001, S. 357 (358); diese Unterscheidung hat sich in der bisherigen rechtswissenschaftlichen Literatur, insbesondere auch zum Kartellrecht, noch nicht durchgesetzt. Überwiegend werden die beiden Ausdrücke synonym verwendet, wobei häufig von „Effizienz" sowie „Wirkungen" gesprochen wird; vgl. *Leber*, Dynamische Effizienzen in der EU-Fusionskontrolle, 2018, S. 91; ähnlich auch *Holzweber*, in: Maute/Mackenrodt, Recht als Infrastruktur für Innovation, 2019, S. 41 (60); *Häberle*, AöR 1973, S. 625. Eng damit verbunden sind die aus der ökonomischen Analyse des Rechts übernommenen Effizienzbewertungen rechtlicher Entscheidungen, vgl. *Podszun*, Wirtschaftsordnung durch Zivilgerichte, 2014, S. 137; *Ewald*, in: Wiedemann, Handbuch des Kartellrechts, § 7, Rn. 61. Hierbei zeigt sich eine Schwachstelle dieses Vorgehens, denn die Durchführung rechtlicher Entscheidungen muss sich als solche bereits einem rechtlichen Effektivitätsgrundsatz, nämlich der jeweils angewendeten Vorschrift, fügen, sodass eine reine Effizienzbetrachtung nur dem Schein nach eine Zweck-Mittel-Untersuchung vornimmt, dogmatisch aber stets die inzident zu beantwortende Frage stellt, ob der jeweilige Zweck dieser Vorschrift überhaupt erreicht wurde. Dabei kann eine ökonomische Analyse zwar hilfreich sein. Sie ist nicht allein entscheidungserheblich. Kritisch deshalb zurecht schon hierzu *Nullmeier*, in: Blanke et al., Handbuch zur Verwaltungsreform, 2001, S. 357 (358); auch *Hawker/Edmonds*, AB 2015, S. 208 (213).

574 Vgl. hierzu die normative Wertung über die „Unbilligkeit" eines Behinderungsmissbrauchs gemäß § 19 Abs. 2 Nr. 1 GWB in der Übersicht bei *Bosch*, in: Bechtold/Bosch, Gesetz gegen Wettbewerbsbeschränkungen, § 19 GWB, Rn. 19.

575 *Podszun*, in: Rodenstock/Sevsay-Tegethoff, Werte – und was sie uns wert sind, 2018, S. 207 (213).

möglichen Mitteleinsatz zur Erreichung dieses Zwecks gleichzeitig eine Aussage über Effizienz wie auch Effektivität treffen.[576] Dies gilt aber nicht bei Prinzipien, die kein Ziel haben, sondern in ihrer Zweckerfüllung offen angelegt sind.[577] Hinsichtlich Freiheiten als Zweck lässt sich dies besonders plastisch damit darstellen, dass es kein Ziel gibt, sondern diese immer weiter aufs neue erkundet oder ausgedehnt werden können, bis diese von anderen Prinzipien oder der Realitätsgrenze eingeschränkt werden.[578] Dies lässt sich mit *Hoffmann-Riem* als Innovationsoffenheit der rechtlichen Prinzipien bezeichnen, die die Wettbewerbsfreiheiten ausfüllen.[579] Das bedeutet auch, dass die freiheitlichen Prinzipien ihren Inhabern stets ein über ein konkretes Ziel hinausgehendes „Mehr" in Form vielfältiger Entfaltungs- und Handlungsmöglichkeiten bieten.[580] Diese Prinzipien lassen sich also nicht auf ein festes Ziel festlegen, sondern stehen mit dem menschlichen Potenzial zur Entdeckung und Schöpfung in einem Zusammenhang. Ihre Reduzierung auf ein konkretes und mit wirtschaftlichem Einsatz erreichbares Ziel würde gleichzeitig eine Verringerung des rechtlichen Betrachtungshorizonts bedeuten und zudem die jeweiligen wettbewerblichen Entfaltungsmöglichkeiten aufgrund er Wettbewerbsfreiheiten unterschätzen.[581] Eine reine Effizienzbetrachtung muss deshalb insbesondere bei innovationserheblichen Sachverhalten scheitern, weil sich zwar der jeweilige Zweck festhalten lässt, jedoch keine endgültige Aussage über die zu seiner Erfüllung ergriffenen Mittel getroffen werden kann.

3. Zwischenergebnisse

Der Wettbewerbsprozess ist in tatsächlicher Hinsicht dynamisch und von verschiedenen Veränderungseinflüssen geprägt, die ihm eine der Gesellschaft oder Einzelpersonen zukommende schöpferische Kraft geben können. Die Einflüsse können abstrakt in Form unpersönlicher Zwänge zur Anpassung auftreten oder konkret aufgrund des Auftretens von Unternehmerpersönlichkeiten. In beiden Fällen können sie spontane Ordnungen herstellen, die sich ständig erneut überholen. Unpersönliche Zwänge bestehen im Zusammenhang mit dem Auftreten digitaler Plattformen vor allem durch die individuell begrenzten nachfragebedingten Aufmerksamkeiten. Wettbewerbsteilnehmer können grundsätzlich nicht vollständig diese spontanen Ordnungen im dynamischen Wettbewerb überblicken, sondern sind aufgrund der Überholungsabläufe ständigen Wissensdefiziten ausgesetzt. Ein dynamischer Wettbewerb hat aufgrund der individuellen Bedürfnisse seiner Teilnehmer grundsätzlich monopolistische Tendenzen. Individuelle

---

576 *Behrens*, in: Di Porto/Podszun, Abusive practices in competition law, 2018, S. 5 (22).
577 *Robrahn/Bock*, DuD 2018, S. 7 (7, 9); *Alexy*, Theorie der juristischen Argumentation, 2019, S. 299, 319.
578 Ebenda, S. 319.
579 *Hoffmann-Riem*, Innovation und Recht, Recht und Innovation, 2016, S. 29.
580 Ebenda, S. 31.
581 Davon unabhängig ist eine positive Beschreibung eines „Innovationsziels" allerdings rechtlich grundsätzlich möglich, wie auch *Hoffmann-Riem* annimmt, vgl. ebenda, S. 262 ff.

Bedürfnisse werden entlang dieser durch Auslebung der Wettbewerbsfreiheiten befriedigt. Wettbewerb ist deshalb eine soziale Veranstaltung zur Befriedigung individueller Interessen und Finden neuen Wissens zur gegenseitigen Übervorteilung. Diese soziale Veranstaltung lässt sich nicht singulär betrachten, sondern setzt stets die Einbeziehung unzähliger sozialer (Teil-)Interaktionen voraus, die der Auslebung der Wettbewerbsfreiheiten dienen. Innovation kann innerhalb dieser Betrachtung Wirkung und Grad des dynamischen Wettbewerbs sein. Die Wettbewerbsfreiheiten geben die Prinzipien für die soziale Veranstaltung Wettbewerb vor. Es gibt dabei kein normativ wirkendes übergeordnetes Wohlfahrtsziel oder gar -prinzip. Da die rechtlichen Prinzipien nicht in Formen von Zielen beschränkt sind, kann Wettbewerb nicht allein in Form wirtschaftlicher Effizienz betrachtet werden, sondern zieht eine wertende tatsächliche Aussage über seine Wirksamkeit in Form der Effektivität nach sich, an die sich die rechtliche Bewertung anschließt. Eine normative Entscheidung über die Effektivität des Wettbewerbs zieht damit eine Abwägungsentscheidung unter Einbeziehung der Prinzipien hinter den Wettbewerbsfreiheiten nach sich.

III. Innovation als Gegenstand der Wettbewerbsrechtsordnung

Ein rechtlich fassbarer Innovationbegriff kann nur unter Berücksichtigung des jeweils relevanten und geltenden Rechts geprägt werden. Es sind also zunächst die oberhalb des Kartellrechts stehenden europarechtlichen sowie verfassungsrechtlichen Grundsätze zu diskutieren, soweit sie sich auf Innovationen beziehen. Dabei sind Konflikte zwischen Rechtsordnung und Wettbewerbsordnung aufzulösen, sei es aus verfassungsrechtlichen oder theoretischen Gründen. Dies gilt insbesondere deshalb, weil sich aus den vorhergehenden Darstellungen zu den Wettbewerbstheorien Zweifel an einem wettbewerblichen Gleichgewicht als statischem Maßstab ergeben. Stattdessen ist die Dynamik die Regel. Recht scheint dagegen auf Beständigkeit von Rechtsnormen zu setzen, eben auf seine statische Geltung. Es ist also als solches bereits mit einer gewissen Statik verbunden, deren Verhältnis auf Wettbewerb und Wettbewerbsordnung noch untersucht werden soll. Denn es ist im Weiteren fraglich, wie Recht als statisches Ordnungssystem auf Veränderungen reagieren kann oder innerhalb welchen Rahmens sich Recht als solches selbst verändern kann.

1. Innovation in der Wirtschaftsverfassung

Wettbewerbsrecht und Wirtschaftspolitik sind im Verbund der Europäischen Union stark miteinander verknüpft. Dies hat seinen Grund in der Entstehungsgeschichte der Union zunächst als Wirtschaftsbündnis mit den politischen Zielen einer Befriedung und wirtschaftlichen Zusammenarbeit Zentraleuropas.[582]

---

582 Regierungsausschuss eingesetzt von der Konferenz von Messina, Bericht der Delegationsleiter an die Aussenminister v. 21.4.1956, S. 2.

Nach dem zweiten Weltkrieg setzte sich das Verständnis durch, dass verstärkte wirtschaftliche Beziehungen und eine Verteilung des Wohlstandes zur Verhinderung erneuter Kriege oder Konflikte beitragen können sowie gleichzeitig ein Mithalten im aufkommenden „Atom-Zeitalter" ermöglichen. Zu diesem Zweck sollten zum einen protektionistische Maßnahmen abgebaut werden, die für eine Zersplitterung der europäischen Wirtschaft sorgten, zum anderen sollten vorhandene Wirtschaftskapazitäten vereinigt werden und neue erschlossen werden.[583] Die Zollunion sollte sich deshalb gemeinsame Wettbewerbsregeln geben. Zudem wurden schnell die Vorzüge eines gemeinsamen grenzüberschreitenden Marktes erkannt, sodass die europäischen Gemeinschaften zunächst vorwiegend der Wirtschaftspolitik und damit der europäischen Integration dienten. In der europäischen Verfassungsgeschichte hat Wirtschaftspolitik deshalb einen starken Stellenwert, indem Wettbewerb als Ordnungsprinzip des gemeinsamen Marktes angesehen wird.[584] Dies drückt sich in dem zu schaffenden Binnenmarkt der Europäischen Union und diesen begleitenden wirtschaftlichen Grundfreiheiten sowie den Wirtschaftszielen in Art. 3 Abs. 3 EUV aus. Flankiert wird dies von konkretisierenden Regelungen in den Artt. 119 ff. AEUV, die eine Wirtschaftspolitik bei den Mitgliedsstaaten grundsätzlich voraussetzen und die genaueren Bedingungen der unionsweiten Koordinierung der Wirtschaftspolitik regeln.[585] Auch die kartellrechtlichen Vorschriften der Artt. 101 und 102 AEUV sind in diesem Kontext zu sehen. Immer mehr wurde dabei den Grundrechten eine Bedeutung zugesprochen.[586]

Etwas anders stellt sich dies im deutschen Verfassungsrecht dar, das zuvorderst der Sicherung elementarer Grundrechte sich als Reaktion auf die maßlosen Menschenrechtsverletzungen zuletzt des dritten Reiches versprochen hatte.[587] Eine besondere Wirtschaftsordnung war hier hingegen vorerst nicht vorgesehen und es bestand keine ausdrückliche Zusage über ein bestimmtes wirtschaftspolitisches Vorgehen. Erst später im Jahr 1958 wurde ein ausdrückliches Kartellrecht aufgenommen. Allerdings wird sich aus den grundrechtlichen Gewährleistungen eine Verpflichtung des Gesetzgebers zum Erlass von Ausgleichsregelungen und Schutzvorschriften hinsichtlich der verschiedenen ausgeübten und miteinander möglicherweise konfligierenden Grundrechte ableiten lassen, nämlich um übermäßig ausgeübte oder zweckwidrig ausgeübte Wettbewerbsfreiheiten zulasten Einzelner zu begrenzen.

---

583 *Hatje*, in: von Bogdandy/Bast, Europäisches Verfassungsrecht, Wirtschaftsverfassung im Binnenmarkt, S. 803.
584 *Mestmäcker*, Wirtschaft und Verfassung in der Europäischen Union, 2006, S. 573.
585 *Kempen*, in: Streinz, EUV/AEUV, Art. 119 AEUV, Rn. 10.
586 *Kamann*, in: Körber/Immenga, Daten und Wettbewerb in der digitalen Ökonomie, 2016, S. 59 (66).
587 *Burrichter*, in: Kokott/Pohlmann/Polley, Europäisches, deutsches und internationales Kartellrecht, 2018, S. 165 (167).

a) Innovationsbezug der Wirtschaftsziele in der Europäischen Union

Aus Art. 3 Abs. 3 EUV lassen sich die Ziele der Union im Hinblick auf den Binnenmarkt entnehmen. Demnach ist zum einen als integrativer Bestandteil und wirtschaftlich integrierendes Kernstück der europäischen Wirtschaftspolitik ein Binnenmarkt zu errichten, also ein gemeinsamer Raum ohne Binnengrenzen zur freien wirtschaftlichen Entfaltung.[588] Zum anderen hat die Union auf eine nachhaltige Entwicklung insbesondere auf der Grundlage eines ausgewogenen Wirtschaftswachstums sowie eine „in hohem Maße wettbewerbsfähige soziale Marktwirtschaft" hinzuwirken. Nicht mehr erwähnt wie noch in der Vorgängerregelung[589], aber trotzdem verpflichtendes Ziel ist der Schutz eines freien und unverfälschten Wettbewerbs, da es trotz Streichung gemäß Art. 51 EUV in Verbindung mit Protokoll Nr. 27 über den Binnenmarkt und den Wettbewerb wiederum zum Bestandteil der Verträge und damit des EU-Primärrechts geworden ist.[590] Gemäß Art. 3 Abs. 1 lit. b) AEUV hat die Union die Zuständigkeit zur Festlegung der für diese Ziele erforderlichen Wettbewerbsregeln. Der zu errichtende Binnenmarkt umfasst den vorher gebräuchlichen Begriff „gemeinsamer Markt".[591] Beides zielt auf den Marktbegriff ab, der um das Erfordernis einer „sozialen" Marktwirtschaft ergänzt wird. Durch diese begriffliche Verknüpfung soll klargestellt werden, dass nunmehr nicht allein das Bestehen eines Binnenmarktes, also zum Individuum neutrale Zielrichtungen maßgeblich sind, sondern auch soziale Aspekte. In einer Marktwirtschaft wiederum wird das Handeln der einzelnen Akteure durch den Wettbewerb geordnet.[592] Entsprechend ist bereits durch dieses Ziel die Umsetzung einer Wettbewerbsordnung vorausgesetzt, die im Ergebnis die Wettbewerbsfreiheiten bedingt[593]

In der Bundesrepublik Deutschland besteht keine unmittelbare Verpflichtung auf ein Binnenmarktziel wie auf der Unionsebene.[594] Zwar enthält Art. 20 Abs. 1 GG die Festlegung des Sozialstaatsprinzips. Diese darf nicht missverstanden werden als eine grundgesetzliche Verpflichtung zu einer allein sozialen Marktwirt-

---

588 *Terhechte*, in: Grabitz/Hilf/Nettesheim, Das Recht der Europäischen Union: EUV/AEUV, Art. 3 EUV, Rn. 18 f.; Vgl. *Pechstein*, in: Streinz, EUV/AEUV, Art. 3 EUV, Rn. 7: „*Der Binnenmarkt ist das wirtschaftliche Herzstück der Integration.*"; *Ruffert*, in: Calliess/Ruffert, EUV/AEUV, Art. 3 EUV, Rn. 22.

589 Zu den Hintergründen im Entstehungsprozess des Art. 3 EUV im Zuge der Weiterentwicklung der Europäischen Union siehe ebenda, Rn. 26.

590 *Schmidt-Preuß*, in: Joost/Oetker/Paschke, Festschrift für Franz Jürgen Säcker zum 70. Geburtstag, 2011, S. 969 (975); EuGH, Urt. v. 17.11.2011 – C-496/09 (Kommission/Italien), ECLI:EU:C:2011:740, EuZW 2012, 112, Rn. 60; EuGH, Urt. v. 11.12.2012 – C-610/10 (Kommission/Spanien), ECLI:EU:C:2012:781, Rn. 126; EuG, Urt. v. 22.3.2012 – T-458/09 (Slovak Telekom/Kommission), ECLI:EU:T:2012:145, Rn. 36.

591 *Terhechte*, in: Grabitz/Hilf/Nettesheim, Das Recht der Europäischen Union: EUV/AEUV, Art. 3 EUV, Rn. 38.

592 *Hatje*, in: von Bogdandy/Bast, Europäisches Verfassungsrecht, Wirtschaftsverfassung im Binnenmarkt S. 819 ff.

593 *Wurmnest*, Marktmacht und Verdrängungsmissbrauch, 2012, Rn. 221.

594 *Leistner*, in: Loschelder/Gloy, Handbuch des Wettbewerbsrechts, § 5 Die Wirtschaftsverfassung des Grundgesetzes, Rn. 2 ff.

schaft.[595] Vielmehr ist das Sozialstaatsprinzip ein Staatsziel, das alle staatlichen Organe unmittelbar bindet. Die Mitgliedsstaaten sind gemäß Art. 119 Abs. 1 AEUV ebenso wie die Union zur Einführung einer Wirtschaftspolitik verpflichtet, die auf einer engen Koordinierung, dem Binnenmarkt und der Festlegung gemeinsamer Ziele beruht und dem Grundsatz einer offenen Marktwirtschaft mit freiem Wettbewerb verpflichtet ist. Damit besteht auf der Ebene des Primärrechts die grundsätzliche Pflicht zur Umsetzung einer in die europäische Wirtschaftsordnung sich einfügende Wirtschaftspolitik.[596] Die konkrete Ausgestaltung dieser Wirtschaftspolitik wie auch die Wahl der konkreten Mittel bleibt dabei in der Zuständigkeit der Mitgliedsstaaten, wobei hier wiederum in Deutschland das Sozialstaatsprinzip eine einstrahlende Wirkung auf staatliches Handeln haben kann.[597]

Aus dem bisher Dargestellten dieses Abschnitts lässt sich zum einen die allgemeine Pflicht zur Umsetzung einer Wirtschaftsordnung entnehmen. Zum anderen muss diese im Zusammenhang und unter Berücksichtigung der Ziele der Union stehen, also Wachstums- und Wettbewerbsförderung sowie Schaffung eines Binnenmarktes. Es handelt sich hierbei um Querschnittsklauseln zur Verankerung politischer Ziele, denen keine unmittelbare rechtliche Umsetzungspflicht innewohnt.[598] Da auch Innovation Bestandteil des Wettbewerbs ist und damit sowohl der Förderung des Binnenmarkts wie des Wirtschaftswachstums dient, muss Innovation in die Schaffung einer Wirtschaftsordnung mit einbezogen werden und insofern eine kohärente Auslegung des materiellen Kartellrechts erfolgen.[599] Dies gilt für einen weiten gesellschaftlichen europäischen Innovationsbegriff, der auf den Integritätsprozess ausgelegt ist,[600] wie für den hier untersuchten wettbewerblichen Innovationsbegriff.

b) Innovation und rechtliche Rückanknüpfung an Wettbewerbsfreiheiten

Wenn bisher in dieser Untersuchung von Wettbewerbsfreiheiten gesprochen wurde, so meint dies die rechtlich zunächst nicht näher spezifizierte Freiheit

---

595 Vgl. grundlegend hierzu bereits BVerfG, Urt. v. 20.7.1954 – 1 BvR 459/52, 1 BvR 484/52, 1 BvR 555/52, 1 BvR 623/52, 1 BvR 651/52, 1 BvR 748/52, 1 BvR 783/52, 1 BvR 801/52, 1 BvR 5/53, 1 BvR 9/53, 1 BvR 96/54, 1 BvR 114/54 (Investitionsschutz), BVerfGE 4, 7; zusammenfassend hierzu auch *Bunte*, in: Langen/Bunte, Kartellrecht, Einl., Rn. 105.

596 *Scholz*, in: Wiedemann, Handbuch des Kartellrechts, § 22, Rn. 3; *Badura*, AöR 2015, S. 333 (349); *Ruffert*, AöR 2009, S. 197 (201); vgl. hierzu ausschließlich und unabhängig vom Kommentierungszweck des Art. 12 GG, *Ruffert*, in: Epping/Hillgruber, Beck'scher Online-Kommentar Grundgesetz, Art. 12 GG, Rn. 12.

597 *Grzeszick*, in: Maunz/Dürig, Grundgesetz, Art. 20 GG, Rn. 20; *Badura*, AöR 1967, S. 382 (384); ähnlich bereits BVerwG, Urt. v. 19.12.1963 – I C 77/60 (Immobiliar-Feuerversicherungsmonopol), BVerwGE 17, 306 = NJW 1964, 2075, Rn. 22.

598 *Podszun*, in: Kokott/Pohlmann/Polley, Europäisches, deutsches und internationales Kartellrecht, 2018, S. 613 (627); *Terhechte*, in: Grabitz/Hilf/Nettesheim, Das Recht der Europäischen Union: EUV/AEUV, Art. 3 EUV, Rn. 17.

599 *Podszun*, in: Kokott/Pohlmann/Polley, Europäisches, deutsches und internationales Kartellrecht, 2018, S. 613 (628).

600 *Terhechte*, in: Hoffmann-Riem, Innovationen im Recht, 2016, S. 159 (164).

zum und im Wettbewerb, die auch zur Erklärung der Wettbewerbstheorien herangezogen wird.[601] Dabei haben sich bereits zwei wesentliche Besonderheiten der Wettbewerbsfreiheiten aus juristischer Perspektive gezeigt: Erstens setzen Wettbewerb und Marktwirtschaft das Bestehen der innovationsoffenen Wettbewerbsfreiheiten voraus. Dies gilt unabhängig davon, ob man wie *Clark* oder *Kantzenbach* die Wettbewerbsfreiheiten als grundsätzliche Voraussetzung funktionsfähigen wie auch effektiven Wettbewerbs ansieht oder aber wie *Hoppmann* als Ausdruck des Wettbewerbs selbst und über eine Negativdefinition deren Einschränkungen als Eingriffe in den Wettbewerb vertritt. Zweitens lassen sich nach beiden verallgemeinerbaren Erklärungsansätzen Wettbewerb und Marktwirtschaft jedenfalls als zentraler Ausübungsort dieser Freiheiten verstehen, wobei die positive Bestimmung des Wettbewerbs schwerfällt oder sogar unmöglich erscheint. Klar erscheint häufig, was jedenfalls kein Wettbewerb mehr ist.[602]

aa) Objektive Wertsetzungsfunktion der Wettbewerbsfreiheiten

Dieses vorausgeschickt erscheint zunächst die Bedeutung der Wettbewerbsfreiheiten für den Wettbewerb aus wettbewerbstheoretischer Sicht offensichtlich.[603] Nicht derart klar ist ihr rechtlicher Anknüpfungspunkt, also aus welchen Rechtspositionen sie sich jeweils herleiten. Diese Frage stellt sich besonders markant in Bezug auf den Untersuchungsgegenstand und die anknüpfende Frage, ob und wie weit die Wettbewerbsfreiheiten Innovation rechtlich erfassen oder wie sie diesen gegenüberstehen. In diesem Zusammenhang sind dementsprechend die Wettbewerbsfreiheiten allgemein als nach der jeweiligen Rechtsordnung gewährte Freiheiten zum und im dynamischen Prozess zu verstehen, in dem sie ständig miteinander kollidieren können.[604] Sie heben sich als Wettbewerbsfreiheiten von den allgemeinen Freiheiten ab, wenn sie von ihren Trägern zum Zweck des Wettbewerbs ausgeübt werden. Hierdurch unterscheidet er sich von dem einfachen kompetitiven Spiel. Wettbewerb als tatsächliche soziale Veranstaltung wird also durch die vielfältigen gewidmeten Zwecke seiner Teilnehmer beschrieben. Wenn Innovation im Wettbewerb ein Zweck der Ausübung der Wettbewerbsfreiheiten ist, ist Innovation ebenso Zweck des Wettbewerbs.

Kartellrechtliche Vorschriften richten sich zunächst an Unternehmen, die häufig keine natürlichen Personen sind. Daneben können etwa im Zusammenhang mit der Prüfung des Ausbeutungsmissbrauchs die Positionen der jeweiligen Marktgegenseite betrachtet werden, auf der sich nicht-unternehmerische Privatpersonen befinden können. Für die in Deutschland gewährten Grundrechte gilt insofern ausdrücklich Art. 19 Abs. 3 GG, wonach diese auch für inländische

---

601 *Von Weizsäcker*, WuW 2007, S. 1078 (1084); *Wurmnest*, Marktmacht und Verdrängungsmissbrauch, 2012, S. 226.

602 *Schmidtchen*, Wettbewerbspolitik als Aufgabe, 1978, S. 39.

603 *Ruffert*, AöR 2009, S. 197 (221 f.).

604 *Vanberg*, in: Vanberg, Evolution und freiheitlicher Wettbewerb, 2012, S. 107 (113 f.); *Mohr*, ZWeR 2015, S. 1 (5); *Möschel*, NZKart 2020, S. 245 (245).

juristische Personen gelten, sofern sie ihrem Wesen nach anwendbar sind.[605] Eine ähnliche Wirkung lässt sich für die in der EU-Grundrechte-Charta (GRC) enthaltenen Garantien entnehmen.[606] Wenn und soweit die Wettbewerbsfreiheit einem Grundrecht entspricht, wird dieses nicht ausschließlich von natürlichen Personen ausgeübt, sondern typischerweise auch von Unternehmen.[607] Beide sind gleichermaßen tatsächlich in der Lage, im Wettbewerb aufzutreten, Vorteile oder Nachteile zu erlangen sowie Beziehungen zu anderen Unternehmen im kartellrechtlichen Sinne aufzubauen.[608] Weiterhin sind europarechtliche Grundlagen der Wettbewerbsfreiheit darzustellen, da ausländische Unternehmen von dieser Regel nicht erfasst sind, also deutsche Grundrechte für sie nicht anwendbar sind. Die auf der europäischen Ebene bestehenden grundrechtlichen und grundfreiheitlichen Bedingungen können und müssen ebenso für eine Anknüpfung der Wettbewerbsfreiheit herangezogen werden.[609]

Innovation im Grundrechtsgefüge kann ausgehend von ihrem Wettbewerbsbezug in die drei verfassungsrechtlich relevanten Zweckelemente Entfaltungsfreiraum, Erwerb und Erworbenes aufgegliedert werden. Das erste Element beschreibt den Freiraum zur Innovation insoweit, als es um das wettbewerbliche Tätigwerden im weiteren Sinne geht. Hierzu gehören diejenigen Faktoren, die dynamischen Wettbewerb überhaupt erst ermöglichen, also freies Unternehmertum, Wettbewerb als Entdeckungsverfahren und der wirksame Wettbewerbprozess. Hierbei handelt es sich sprichwörtlich um einen Freiraum. Das zweite Element beschreibt in einem engeren Sinn die Freiheit, sich innerhalb dieses Entfaltungsfreiraums eine selbstständig tragende wirtschaftliche Unterhaltssicherung aufbauen zu können und innovativ sein zu können. Hier wird abzugrenzen sein zwischen tatsächlichem und lediglich potenziellem sowie zukünftigem Erwerb. Das Erworbene als drittes Element bezieht sich auf die Früchte des Wettbewerbs und Innovationen. Hier wird es um die zu klärende Frage gehen, ob diese Früchte als Ergebnisse vor weiterer Innovation geschützt sind.

Insbesondere auf der europäischen Primärrechtsebene kann von ausdrücklichen Wettbewerbsfreiheiten gesprochen werden.[610] Damit zusammen hängt

605 *Di Fabio*, in: Maunz/Dürig, Grundgesetz, Art. 2 Abs. 1 GG, Rn. 10; *Neef*, in: Hilty/Jaeger/Lamping, Herausforderung Innovation, 2012, S. 65 (72).

606 *Jarass*, in: Jarass, Charta der Grundrechte der Europäischen Union, Art. 51 EU-Grundrechte-Charta, Rn. 49 ff.

607 Siehe zuletzt B VerfG, Beschl. v. 21.3.2018 – 1 BvF 1/13 (Staatlicher Hygienepranger), ECLI:D E:BVerfG:2018:fs20180321.1bvf000113, Rn. 26; *Badura*, AöR 2015, S. 333 (335).

608 *Remmert*, in: Maunz/Dürig, Grundgesetz, Art. 19 Abs. 3 GG, Rn. 100 mit den grundlegenden Anforderungen an die Anwendbarkeit der Grundrechte ihrem Wesen nach; vgl. hierzu auch im Hinblick auf die „Unternehmerfreiheiten" als wirtschaftliche Entfaltungsfreiheit *Di Fabio*, in: Maunz/Dürig, Grundgesetz, Art. 2 Abs. 1 GG, Rn. 126.

609 *Wollenschläger*, in: von der Groeben/Schwarze/Hatje: Nomos-Kommentar, Europäisches Unionsrecht, Art. 16 GRC, Rn. 6; bestätigend mittlerweile BGH, Beschl. v. 23.6.2020 – KVR 69/19 (Facebook), ECLI:DE:BGH:2020:230620BKVR69.19.0, NZKart 2020, 473 = GRUR-RS 2020, 20737, Rn. 105 ff.

610 *Podszun*, Wirtschaftsordnung durch Zivilgerichte, 2014.

der geschichtliche Unterschied zwischen der Bundesrepublik Deutschland als die Grundrechte zuvörderst stellender Verfassungsstaat und der Europäischen Union als vom wirtschaftlichen Anfangsgedanken des gemeinsamen Binnenmarkts geleiteten Staatenverbund. Während es bei der Schaffung der Grundrechte zunächst vor allem um deren Abwehrfunktion gegenüber ungerechtfertigten staatlichen Eingriffen ging, wurden bereits früh explizit binnenmarktbezogene sogenannte Grundfreiheiten geschaffen, deren Ausrichtung sich auf den Schutz der Freiheiten im Binnenmarkt und Überwindung von grenzüberschreitenden Hindernissen bezieht.[611] Damit schaffen sie ein ergänzendes und komplementäres Schutzniveau und können als explizite Wettbewerbsfreiheiten betrachtet werden.[612] Später wurde die EU-Grundrechte-Charta (GRC) mit ausdrücklich individualschützenden Grundrechten aufgenommen. Auch wenn sich in keiner dieser Vorschriften ein unmittelbarer Bezug zu Dynamik und Innovation findet, werden die primärrechtlichen Grundfreiheiten und Wettbewerbsfreiheiten, soweit sie die Wettbewerbsfreiheiten umschreiben, als innovationsoffenes Recht anzusehen sein, weil ihre Gewährleistung notwendigerweise von der Akzeptanz der wettbewerbsimmanenten Dynamik abhängt.

Die europäischen wettbewerbsbezogenen Freiheitsgarantien und die Grundrechte können also bei der Auslegung des objektiven Wettbewerbsrechts herangezogen werden.[613] Die grundrechts- und prinzipienbezogene Interessenabwägung im Rahmen der Auslegung kartellrechtlicher Tatbestände erfolgt dabei objektiv und materiell anhand der Wertsetzungsfunktion[614], nicht dagegen subjektiv nach einer Betroffenenposition.[615] Insofern unterscheidet sich dieser Begründungsansatz von dem *Möschels*, der den Kreis der abzuwägenden Interessen nach dem

---

611 *Wollenschläger*, in: von der Groeben/Schwarze/Hatje: Nomos-Kommentar, Europäisches Unionsrecht, Art. 15 GRC, Rn. 16.

612 *Ruffert*, AöR 2009, S. 197 (230); *Mestmäcker/Schweitzer*, Europäisches Wettbewerbsrecht, 2014, § 2 Rn. 79 ff.

613 So mittlerweile eindeutig BGH, Beschl. v. 23.6.2020 – KVR 69/19 (Facebook), ECLI:DE:BGH:2020:230620BKVR69.19.0, NZKart 2020, 473 = GRUR-RS 2020, 20737, Rn. 105 ff.; *Unseld*, Zur Bedeutung der Horizontalwirkung von EU-Grundrechten, 2016, S. 232 ff.; *Podszun*, in: Kokott/Pohlmann/Polley, Europäisches, deutsches und internationales Kartellrecht, 2018, S. 613 (631 f.), der auch darauf hinweist, dass derzeit noch nicht abschließend geklärt ist, ob die Vorschriften der GRC im Rahmen einer unmittelbaren oder mittelbaren Drittwirkung ausgelegt werden können. Tendenziell aufgrund des Anwendungsbefehls gegenüber dem Grundrechtsverpflichteten auch bei der Auslegung der GRC eher in Richtung mittelbare Drittwirkung argumentiert *Jarass*, in: Jarass, Charta der Grundrechte der Europäischen Union, Art. 51 EU-Grundrechte-Charta, Rn. 16 ff.; *Jarass*, ZEuP 2017, S. 310 (324); differenzierend auch *Kahl/Schwind*, EuR 2014, S. 170 (192 ff.); *Kingreen*, in: Calliess/Ruffert, EUV/AEUV, Art. 51 EU-GRCharta, Rn. 21; befürwortend *Frantziou*, ELJ 2015, S. 657 (669 ff.); *Hornung*, Grundrechtsinnovationen, 2015, S. 51; siehe auch schon im Hinblick auf die Thematik zur Einbeziehung den Datenschutz bezweckender grundrechtlicher Positionen *Streinz/Michl*, EuZW 2011, S. 384 (387 f.); grundlegend bereits *Rupp*, Grundgesetz und Wirtschaftsverfassung, 1974, S. 12.

614 Siehe mittlerweile deutlich dazu BGH, Beschl. v. 23.6.2020 – KVR 69/19 (Facebook), ECLI:DE:BGH:2020:230620BKVR69.19.0, NZKart 2020, 473 = GRUR-RS 2020, 20737, Rn. 105 ff.

615 So schon *Rupp*, Grundgesetz und Wirtschaftsverfassung, 1974, S. 13 f.

Verständnis des Beteiligtenbegriffs zog.[616] Dies würde aber auf eine nach formellen Kriterien zu betrachtende Abwägungsentscheidung hinauslaufen, bei der nur diejenigen Interessen berücksichtigt werden könnten, die von dem Normadressaten und den von seinem Verhalten „unausweichlich" Betroffenen geltend gemacht werden können.[617]

bb) Progressive Wettbewerbsfreiheiten

Das deutsche Grundgesetz wie auch das europäische Wirtschaftsverfassungsrecht gewähren an verschiedenen Stellen grundrechtliche Positionen mit einem wirtschaftsbezogenen Gehalt. Allerdings gibt es nicht die eine Wirtschafts- oder Wettbewerbsfreiheit.[618] Vielmehr wird sich Wettbewerbsfreiheit im weiteren Sinne auf alle grundrechtlichen Freiheitspositionen beziehen, die dem Zweck des effektiven Wettbewerbs dienlich sein können.[619] Entsprechend erscheint es naheliegender, im Rahmen der rechtlichen Anbindung von Wettbewerbsfreiheiten in der Pluralform zu sprechen. Bereits aufgrund der unterschiedlichen Rechtssubjekte im Wettbewerb werden unterschiedliche Grundrechte in ihrem Schutzbereich eröffnet sein, die teils ineinandergreifen, teils in der Praxis zu Interessenwidersprüchen führen können.[620] *Wahl/Schütz* sprechen an dieser Stelle entsprechend von einem „Mosaikgrundrecht", was wiederum nicht zu der Annahme hinreißen darf, es könne einen einheitlichen Schutzbereich der Wettbewerbsfreiheit geben. Bereits *Möschel* beschrieb dies als „Relativität" der Wettbewerbsfreiheit(en).[621] Regelmäßig wird es auf die aufeinandertreffenden Interessen ankommen, die sich jeweils in unterschiedlicher Weise auf Schutzbereiche stützen können, die der Wettbewerbsfreiheit entsprechen.[622] Dies entspricht der bereits angeführten Darstellung der multiplen atomaren Verbindungen in einem unbestimmten und unüberschaubaren Netzwerk. Hieraus ergibt sich bereits, dass es nicht darauf ankommen wird, die Wettbewerbsfreiheit in das Gefüge der verschiedenen Grundrechte einzufügen und als begriffliche Einheit zu definieren.[623] Es kommt vielmehr auf eine Darlegung der wettbewerbsfreiheitlichen Perspektiven und ihrer Besonderheiten an. In Betracht kommen die Berufsfreiheit gemäß Art. 12 Abs. 1 GG, die Eigentumsfreiheit gemäß Art. 14

---

616 *Möschel*, Recht der Wettbewerbsbeschränkungen, 1983, S. 408.
617 Ebenda.
618 Eingehend dazu *Badura*, AöR 2015, S. 333 (352); *Papier*, VVDStRL 1977, S. 55 (56 ff.); zustimmend auch *Wurmnest*, Marktmacht und Verdrängungsmissbrauch, 2012, S. 226; *von Weizsäcker*, WuW 2007, S. 1078 (1084).
619 Siehe hierzu bereits die Ausführungen auf Seite 109 f.
620 Insofern auch deutlich *Wahl/Schütz*, in: Schoch/Schneider/Bier, Verwaltungsgerichtsordnung, § 42 Abs. 2 VwGO, Rn. 291.
621 *Möschel*, Recht der Wettbewerbsbeschränkungen, 1983, S. 46.
622 So auch im allgemeineren Zusammenhang der Bindungswirkung europäischer Grundrechte *Ekardt*, JZ 2007, S. 137 (137).
623 Vgl. *Badura*, AöR 1967, S. 382 (402), der darauf hinweist, dass den Entscheidungen des BVerfG über die konkrete Bewertung der Verfassungsmäßigkeit der jeweils angegriffenen Maßnahme keine quasi-finale Wertung darüber entnommen werden kann, unter welchen Schutzbereich ein zu prüfendes Wirtschaftsgesetz fällt.

Abs. 1 S. 1 GG, die Vereinigungsfreiheit gemäß Art. 9 Abs. 1 GG, die Meinungsäußerungs- sowie die Informationsfreiheit gemäß Art. 5 Abs. 1 S. 1 GG und schließlich das Recht auf freie Entfaltung der Persönlichkeit gemäß Art. 2 Abs. 1 GG. Daneben kann dem Gleichbehandlungsgrundsatz eine Bedeutung zukommen. Eine spezifische und für jeden Einzelfall differenzierte gerichtliche Abgrenzungsentscheidung wird hierbei wohl aufgrund der jeweiligen fallbezogenen Entscheidungen nicht möglich sein. Auch eine konkrete Abgrenzung zwischen Wirtschaftsfreiheiten und Wettbewerbsfreiheiten erscheint auf wirtschaftsverfassungsrechtlicher Ebene weder naheliegend noch geboten, wie sie erst auf der einfachgesetzlichen Ebene stattfindet.[624] Die Grundrechte geben vielmehr als solche den abstrakten Rahmen vor, innerhalb dessen Interessenabwägungen hinsichtlich der Wettbewerbsfreiheiten erfolgen können.[625]

Die ersten beiden Einordnungsbegriffe für Wettbewerbsfreiheiten des Entfaltungsfreiraums und des Erwerbs lassen sich im Zusammenhang mit Innovationen auch als progressive Wettbewerbsfreiheiten bezeichnen. Sie sind in besonderer Hinsicht von einer Offenheit ihrer Auslebung geprägt und greifen die Elemente der Entwicklung und des Fortschritts auf.

(1) Freiheit zum Erwerb

Das BVerfG sieht den maßgeblichen Schutzbereich für die Wettbewerbsfreiheit in Art. 12 Abs. 1 GG eröffnet.[626] Zunächst blieb noch offen, welcher Schutzbereich im Zusammenhang mit einem Verbot des „freiwilligen vertraglichen Verzichts auf die eigene Wettbewerbsfreiheit"[627] eröffnet sein könnte. Etwas bestimmter wurde der zweite Senat des BVerfG später, als er eine Verfassungs-

---

624 *Ruffert*, AöR 2009, S. 197 (235).

625 BGH, Beschl. v. 23.6.2020 – KVR 69/19 (Facebook), ECLI:DE:BGH:2020:230620BK VR69.19.0, NZKart 2020, 473 = GRUR-RS 2020, 20737, Rn. 105 ff.

626 BVerfG, Beschl. v. 8.2.1972 – 1 BvR 170/71 (Steinmetz-Wettbewerb), BVerfGE 32, 311 = GRUR 1972, 358, Rn. 19; BVerfG, Beschl. v. 12.10.1977 – 1 BvR 216/75, 1 BvR 217/75 (Digitale Nachrichtenübermittlung), BVerfGE 46, 120 = NJW 1978, 313, Rn. 45; BVerfG, Beschl. v. 26.6.2002 – 1 BvR 558/91, 1 BvR 1428/91 (Glykolwein), ECLI:DE:BVerfG:2002:rs20020626 .1bvr055891, BVerfGE 105, 252 = NJW 2002, 2621, Rn. 40 ff.; BVerfG, Beschl. v. 14.3.2006 – 1 BvR 2087/03, 1 BvR 2111/03 (In-camera-Verfahren), ECLI:DE:BVerfG:2006:rs20060314. 1bvr208703, BVerfGE 115, 205 = NVwZ 2006, 1041, Rn. 82; BVerfG, Beschl. v. 13.6.2006 – 1 BvR 1160/03 (Gleichheit im Vergaberecht), ECLI:DE:BVerfG:2006:rs20060613.1bvr116003, Rn. 60; Anders hierzu das Bundesverwaltungsgericht, vgl. BVerwG, Urt. v. 17.1.1958 – VII C 30/57 (Ausgleichsabgaben auf Sterilmilch), BVerwGE 6, 134 = NJW 1958, 1551; BVerwG, Urt. v. 19.12.1963 – I C 77/60 (Immobiliar-Feuerversicherungsmonopol), BVerwGE 17, 306 = NJW 1964, 2075; BVerwG, Urt. v. 30.8.1968 – VII C 122/66 (Anfechtung Konkurrentsubventionierung), BVerwGE 30, 191 = NJW 1969, 522; BVerwG, Beschl. v. 1.3.1978 – 7 B 144/76 (Kommunale Wohnraumvermittlung), DVBl 1978, 639 = NJW 1978, 1932; BVerwG, Urt. v. 22.5.1980 – 3 C 2/80 (Festsetzung Krankenhauspflegesätze), BVerwGE 60, 154 = NJW 1980, 2764; BVerwG, Urt. v. 23.3.1982 – 1 C 157/79 (Ladenschluss-Ausnahmebewilligung), BVerwGE 65, 167; BVerwG, Urt. v. 17.5.1988 – 1 A 42/84 (Tarifierungsmerkmal Staatsangehörigkeit), BVerwGE 79, 326 = NVwZ 1988, 940.

627 BVerfG, Urt. v. 6.5.1964 – 1 BvR 320/57, 1 BvR 70/63 (Begünstigende Steuernorm), BVerfGE 18, 1 = NJW 1964, 1315, Rn. 35.

beschwerde gegen Vorschriften über ein zeitweises Verkehrsverbot für den Schwerlastverkehr ausschließlich am Maßstab der Berufsfreiheit entschied und andere Grundrechte als offensichtlich nicht verletzt ansah.[628] Wenige Jahre später entschied das BVerfG, dass unternehmerisches Verhalten als Berufsausübung durch Art. 12 Abs. 1 GG geschützt ist.[629] Auf der europäischen Ebene ergibt sich ein ähnlich lautender Schutzbereich aus Art. 15 Abs. 1 GRC, der grundsätzlich auch für Unternehmen gilt, wobei ergänzend hierzu Art. 16 GRC heranzuziehen ist.[630]

Der Berufsbegriff ist offen und beschreibt jede auf Dauer angelegte und nicht nur vorübergehende Betätigung zur Schaffung und Erhaltung einer Lebensgrundlage.[631] Damit fällt unter diesen Schutzbereich alles, was der Schaffung und Erhaltung der Lebensgrundlage dient. Es geht also um den Schutz des Erwerbs. Zukünftige Erwerbsmöglichkeiten oder gar die Absicherung eines wettbewerblichen Erfolges fallen nicht unter diesen Schutzbereich.[632] Bei den Vorschriften des Kartellrechts handelt es sich um solche mit einer objektiv berufsregelnden Tendenz. Dies bedeutet, dass es sich nicht bereits ihrem Zweck nach um Berufsausübungsregelungen handelt. Sie verbieten Handlungen gegen den Wettbewerb, die sich entsprechend der drei Säulen des Kartellrechts auf drei verschiedene Weisen darstellen lassen, was sich wiederum auf die Art und Weise der Ausübung eines Berufs auswirkt. So kann es zum einen um den freiwilligen Verzicht auf die Wettbewerbsfreiheit, in diesem Zusammenhang auf die Berufsausübungsfreiheit hinsichtlich eines bestimmten Erwerbs, gehen, soweit das Kartellrecht Wettbewerbsbeschränkungen in Form mehrseitiger Maßnahmen verbietet. Zum anderen verbietet das Kartellrecht Erwerbsformen, die entweder auf die Ausnutzung einer bestimmten Marktstellung oder aber die Schaffung einer gewünschten wettbewerblichen Situation durch den Erwerb eines anderen Unternehmens ausgerichtet sind.

Eine besondere Bedeutung hat hinsichtlich des Schutzbereichs die seit der Glykol-Entscheidung des BVerfG auftretende Frage gewonnen, inwiefern die Berufsfreiheit als normgeprägtes Grundrecht auszulegen ist.[633] Zwar hatte das BVerfG zuvor schon sozial-normative Kriterien zur Einschränkung herangezo-

---

628 BVerfG, Beschl. v. 26.6.1969 – 2 BvR 321/69 (Sonntagsfahrverbot für LKW), BVerfGE 26, 259 = VerwRspr 1970, 62 (63).

629 BVerfG, Beschl. v. 8.2.1972 – 1 BvR 170/71 (Steinmetz-Wettbewerb), BVerfGE 32, 311 = GRUR 1972, 358, Rn. 19.

630 *Jarass*, in: Jarass, Charta der Grundrechte der Europäischen Union, Art. 15 EU-Grundrechte-Charta, Rn. 9.

631 *Scholz*, in: Maunz/Dürig, Grundgesetz, Art. 12 GG, Rn. 29.

632 *Ruffert*, AöR 2009, S. 197 (223); BVerfG, Beschl. v. 26.6.2002 – 1 BvR 558/91, 1 BvR 1428/91 (Glykolwein), ECLI:DE:BVerfG:2002:rs20020626.1bvr055891, BVerfGE 105, 252 = NJW 2002, 2621, Rn. 41.

633 Kritisch hierzu *Ruffert*, AöR 2009, S. 197 (225); zusammenfassend *Faßbender*, NJW 2004, S. 816.

gen.[634] Dies bezog sich stets auf eine verfassungsmäßige Auslegung des Schutzbereichs. Neu scheint eine Auslegung des Schutzbereichs nach Begrifflichkeiten des einfachgesetzlichen Rechts. In der Glykol-Entscheidung und den sich daran anschließenden weiteren Entscheidungen des BVerfG ging es um den Schutz vor staatlichem Informationshandeln und ähnlichen informatorischen Maßnahmen. Demnach werde die Reichweite des Freiheitsschutzes bei nach den Grundsätzen des Wettbewerbs erfolgender unternehmerischer Tätigkeit nach den rechtlichen Regeln mitbestimmt, die den Wettbewerb ermöglichen und begrenzen.[635] Weiterhin sichere hiernach Art. 12 Abs. 1 GG in diesem Rahmen die Teilhabe am Wettbewerb nach Maßgabe seiner Funktionsbedingungen. Das bedeutete in den konkret zu entscheidenden Fällen, dass jedenfalls kein eigenständiger Anspruch auf Selbstdarstellung des Unternehmens bestehe.

Ruffert kritisiert diese Entscheidungspraxis als Einengung des grundrechtlichen Schutzes, da der Gesetzgeber den Schutzbereich gewissermaßen vorgebe.[636] Dem lässt sich mit den bereits gewonnenen Erkenntnissen dieser Untersuchung erwidern, dass effektiver Wettbewerb als dynamischer Prozess auch eine Aussage darüber trifft, was nicht effektiver Wettbewerb ist, also nicht gebilligt wird. Wettbewerb und seine Funktionsfähigkeit werden also nicht unmittelbar durch das Kartellrecht vorgegeben oder definiert, sondern sind nach den bisherigen Ausführungen dem steten Wandel unterworfene Umwälzungsprozesse, innerhalb derer sich Unternehmen bestmögliche Erwerbe zu sichern trachten. Dynamik wird von der Wettbewerbsordnung nicht ausgeschlossen. Stattdessen handelt es sich um eine hinsichtlich der Freiheit zum Wettbewerb denkbar weite Ordnung. Auf der anderen Seite können die einzelnen einseitigen Maßnahmen eines Marktbeherrschers ebenso wie mehrseitige Abstimmungsmaßnahmen meistens nicht auf den ersten Blick als offensichtlich gemeinschaftsschädlich ausgemacht werden. Es findet hiernach also bereits keine einfachgesetzliche Beschreibung der Wettbewerbsordnung statt, die zu einer potenziellen Einschränkung des Schutzbereichs führen könnte, da das Kartellrecht lediglich eine Abgrenzung dahingehend vornimmt, was gerade nicht mehr Wettbewerb ist. In diesem Zusammenhang sind die Ausführungen des BVerfG zu verstehen, dass ein Unternehmen im Wettbewerb keinen Anspruch auf die Wahrung einer be-

---

634 Vgl. allein „erlaubt" bei BVerfG, Urt. v. 11.6.1958 – 1 BvR 596/56 (Apotheken-Urteil), BVerfGE 7, 377 = NJW 1958, 1035, Rn. 57.

635 BVerfG, Beschl. v. 26.6.2002 – 1 BvR 558/91, 1 BvR 1428/91 (Glykolwein), ECLI:DE:BVerfG:2002:rs20020626.1bvr055891, BVerfGE 105, 252 = NJW 2002, 2621, Rn. 41; hieran anküpfend BVerfG, Beschl. v. 14.3.2006 – 1 BvR 2087/03, 1 BvR 2111/03 (In-camera-Verfahren), ECLI:DE:BVerfG:2006:rs20060314.1bvr208703, BVerfGE 115, 205 = NVwZ 2006, 1041, Rn. 82; BVerfG, Beschl. v. 11.6.2006 – 1 BvL 4/00 (Tariftreueerklärung), ECLI:DE:BVerfG:2006:ls20060711.1bvl000400, Rn. 78; BVerfG, Beschl. v. 13.6.2006 – 1 BvR 1160/03 (Gleichheit im Vergaberecht), ECLI:DE:BVerfG:2006:rs20060613.1bvr116003, Rn. 60; zuletzt noch BVerfG, Beschl. v. 21.3.2018 – 1 BvF 1/13 (Staatlicher Hygienepranger), ECLI:DE:BVerfG:2018:fs20180321.1bvf000113, Rn. 27; BVerfG, Urt. v. 7.11.2017 – 2 BvE 2/11, ECLI:DE:BVerfG:2017:es20171107.2bve000211 = NVwZ 2018, 51, Rn. 235.

636 *Ruffert*, AöR 2009, S. 197 (224); *Ruffert*, in: Epping/Hillgruber, Beck'scher Online-Kommentar Grundgesetz, Art. 12 GG, Rn. 48 ff.

stimmten Selbstdarstellung hat.[637] Die tatsächlich ausgeübte Freiheit zu wettbewerbsbeschränkenden Maßnahmen fällt bereits nicht unter die Wettbewerbsfreiheit und ist von keinem denkbaren grundrechtlichen Schutzbereich erfasst.[638]
Insofern sind die Wettbewerbsfreiheiten normgeprägt.

(2) Wettbewerblicher Entfaltungsfreiraum

Geht es bei der Berufsfreiheit um den Erwerb, so stellt die Eigentumsfreiheit
gemäß Art. 14 Abs. 1 GG und Art. 17 GRC auf das Erworbene ab. Dabei handelt sich um alle von der Rechtsordnung gebilligten privatrechtlichen Vermö-
genswerte.[639] Der Begriff des Eigentums ist dabei weiter als der zivilrechtliche,
an der Sachqualität sich orientierende Eigentumsbegriff. So lassen sich auch
aufgrund von Leistungen erworbene absolute Vermögensposition unter den
Schutzbereich der Eigentumsfreiheit ziehen, soweit es um deren Bestand, Nutzung und Nutzbarkeit geht.[640] In Bezug auf Wettbewerb und Innovation kann
die Eigentumsfreiheit unter den beiden Gesichtspunkten einerseits des eingerichteten und ausgeübten Gewerbebetriebs sowie andererseits des sogenannten
monopolistischen Wettbewerbs diskutiert werden. Allerdings billigt sie grundsätzlich keine Chancen im Wettbewerb oder bestimmte Erwerbs- oder Erfolgsaussichten im Wettbewerb zu, sondern schützt nur das tatsächlich Erworbene
sowie dies umfassende bereits bestehende Rechtspositionen.[641] Es gibt hiernach
also keinen Schutz der unternehmerischen Tätigkeit als solcher aufgrund der
Eigentumsfreiheit.[642] Aus diesem Grund werden bereits die Vorschriften über
die Fusionskontrolle nicht unter die Eigentumsfreiheit fallen. Im Hinblick auf
den eingerichteten und ausgeübten Gewerbebetrieb muss es sich um eine von
der Rechtsordnung anerkannte Zusammenfassung von Vermögenswerten handeln. Unternehmerische Tätigkeit kann hierunter nur fallen, wenn und soweit sie
sich konkret als Erworbenes manifestiert hat, also nicht lediglich die Tätigkeit
selbst darstellt. Insofern fallen also nur die Ergebnisse des Wettbewerbs unter
den Schutzbereich der Eigentumsfreiheit. Das bedeutet allerdings auch, dass das
Erworbene in einem monopolistischen Wettbewerb geschützt sein kann, sofern
dieses Erworbene von der Rechtsordnung anerkannt wird. Hierzu lassen sich
vor allem rechtliche Monopole des Immaterialgüterrechts zählen, die häufig auf
einer vorherigen kreativen, schöpferischen oder aber vertrieblichen Leistung im
Wettbewerb aufbauen.

---

637 BVerfG, Beschl. v. 26.6.2002 – 1 BvR 558/91, 1 BvR 1428/91 (Glykolwein), ECLI:DE:BVerfG
:2002:rs20020626.1bvr055891, BVerfGE 105, 252 = NJW 2002, 2621, Rn. 44 f.
638 Vgl. *van Vormizeele*, NZKart 2013, S. 286 (290), der hinsichtlich des eröffneten Schutzbereichs
auf die allgemeine Handlungsfreiheit gemäß Art. 2 Abs. 1 GG abstellt.
639 *Badura*, AöR 1973, S. 153 (164).
640 *Badura*, AöR 2015, S. 333 (338).
641 Vgl. grundlegend BVerfG, Beschl. v. 7.10.2003 – 1 BvR 1712/01 (Exklusivlizenz), ECLI:DE:B
VerfG:2003:rs20031007.1bvr171201, BVerfGE 108, 370 = NVwZ 2004, 329, Rn. 61.
642 *Badura*, AöR 1973, S. 153 (165).

Auch die gemäß Art. 9 Abs. 1 GG geschützte Vereinigungsfreiheit kann in kartellrechtlichen Sachverhalten eine Rolle spielen. Schutzbereich ist hiernach ein Zusammenwirken mehrerer Individuen zur gemeinsamen Verfolgung eines Zwecks und der Unterwerfung unter einen einheitlichen Willen. Im Hinblick auf die Fusionskontrolle und der damit regelmäßig verbundenen Vereinigung auf ein Unternehmen, was als Erwerbsvorgang anzusehen ist, wird regelmäßig die Berufsfreiheit gemäß Art. 12 Abs. 1 GG spezieller sein. Im Hinblick auf das Kartellverbot kann die Unterwerfung unter einen gemeinsamen Willen als Wettbewerbsbeschränkende mehrseitige Operationsmaßnahme relevant sein. Allerdings wird es häufig an dem verlangten kooperierenden gemeinsamen Willen fehlten, da die Teilnehmer derartiger Absprachen weiterhin ihr eigenes Erwerbsziel verfolgen.

Wettbewerbsbeschränkende Maßnahmen oder das Ausnutzen einer marktbeherrschenden Stellung können auch in Form von Äußerungen erfolgen. Nicht stets wird die Meinungsfreiheit gemäß Art. 5 Abs. 1 S. 1 GG in ihrem Schutzbereich eröffnet sein. Denn Meinungen zeichnen sich durch wertende Elemente des Dafür- oder Dagegenhaltens aus. Bei einer Vielzahl an wettbewerblichen Maßnahmen, die durch das Kartellrecht verboten werden, wird eine wertende Aussage entweder fehlen oder aber nicht im Mittelpunkt stehen. Mehr noch, die meisten kartellrechtlich untersagten Handlungen zeichnen sich durch tatsächliches Verhalten, nicht aber Äußerungen aus. Im Hinblick auf die kartellrechtlichen Verbote können Meinungsäußerungen aber als wettbewerbliche Äußerungsformen erfasst werden, soweit sie nicht reine Erwerbsmaßnahmen darstellen.

Das BVerwG stellt hinsichtlich der Wettbewerbsfreiheit auf das im Art. 2 Abs. 1 GG geregelte Recht auf freie Entfaltung der Persönlichkeit ab.[643] Soweit Privatpersonen als Wirtschaftsteilnehmer auftreten, kann ihr allgemeines Persönlichkeitsrecht gemäß Art. 2 Abs. 1 GG i. V. m. Art. 1 Abs. 1 GG in seinem Schutzbereich erfasst sein, was zu einem zusätzlichen durch die Menschenwürde beeinflussten Schutz führt.[644] Denn zu den Wettbewerbsfreiheiten und ihrer Auslebung im Wirtschaftsleben gehört auch die Freiheit zum wettbewerblichen Handeln unter Ausnutzung der Möglichkeiten zu Betätigung als verantwortli-

---

643 BVerwG, Urt. v. 17.1.1958 – VII C 30/57 (Ausgleichsabgaben auf Sterilmilch), BVerwGE 6, 134 = NJW 1958, 1551; BVerwG, Urt. v. 19.12.1963 – I C 77/60 (Immobiliar-Feuerversicherungsmonopol), BVerwGE 17, 306 = NJW 1964, 2075, Rn. 21 f.; BVerwG, Urt. v. 30.8.1968 – VII C 122/66 (Anfechtung Konkurrentensubventionierung), BVerwGE 30, 191 = NJW 1969, 522, Rn. 57; BVerwG, Beschl. v. 1.3.1978 – 7 B 144/76 (Kommunale Wohnraumvermittlung), DVBl 1978, 639 = NJW 1978, 1539; BVerwG, Urt. v. 22.5.1980 – 3 C 2/80 (Festsetzung Krankenhauspflegesätze), BVerwGE 60, 154 = NJW 1980, 2764 (2765); BVerwG, Urt. v. 23.3.1982 – 1 C 157/79 (Ladenschluss-Ausnahmebewilligung), BVerwGE 65, 167; BVerwG, Urt. v. 17.5.1988 – 1 A 42/84 (Tarifierungsmerkmal Staatsangehörigkeit), BVerwGE 79, 326 = NVwZ 1988, 940, Rn. 31.

644 Ob dabei die Menschenwürde unmittelbar auch auf Unternehmen anwendbar ist, bleibt aufgrund der ausdrücklichen Ausgestaltung als Menschenrecht zwar fraglich, kann zunächst aufgrund der offenen Ausgestaltung des Schutzbereichs aus Art. 2 Abs. 1 GG offen bleiben, vgl. *Di Fabio*, in: Maunz/Dürig, Grundgesetz, Art. 2 Abs. 1 GG, Rn. 224.

che Unternehmer wie auch sonstige Wettbewerbsteilnehmer.[645] Dieser Ansatz unterscheidet sich in zweierlei Hinsicht von der Einschätzung des BVerfG, das auf die Berufsfreiheit abstellt. Zum einen ist dies die reine Möglichkeit zur unternehmerischen Persönlichkeitsentfaltung und wettbewerblichen Handlungsfreiheit.[646] Hierzu gehört jede Art wettbewerblicher Entfaltung, unabhängig von ihrem wirtschaftlichen Erfolg und ihrer Ausrichtung auf Erwerb. Zum anderen ist dies der Wettbewerb um den Kunden oder Geschäftspartner. Beides stellt weniger auf den Erwerb ab, wie dies bei der Berufsfreiheit der Fall ist In beiden Fällen grundrechtlicher Schutzpositionen geht es nicht allein um die Schaffung einer Erwerbsgrundlage, sondern vielmehr um weitergehende Möglichkeiten zur irgendwie gearteten Nutzbarmachung durch den Unternehmer auf der einen Seite und Privatpersonen als möglicher Nachfrager auf der anderen Seite. Damit ist auch die grundsätzliche Entscheidung für Erwerbsmöglichkeiten oder gar die Absicherung eines wettbewerblichen Erfolges erfasst. Noch weniger aber als die bisherigen Grundrechte hat das Grundrecht auf freie Entfaltung der Persönlichkeit eine spezifische Zielausrichtung. Sein alleiniger Zweck ist vielmehr die freie Auslebungsmöglichkeit des Menschen in jeder Hinsicht und in jede Richtung, sodass hier insbesondere auch die Gelegenheiten und Anreize zur Innovation erfasst sind. Ähnlich ist dies hinsichtlich des Schutzbereichs der unternehmerischen Freiheit in Art. 16 GRC, die umfassend alle Tätigkeiten eines Unternehmens im freien Wettbewerb erfasst.[647]

Eine effektive Auslebung dieser grundrechtlichen Gewährleistungen bedeutet also grundsätzlich die freie Entfaltung der ganzen Persönlichkeit des erfassten Wirtschaftssubjekts als Grundlage menschlich veranlasster oder angenommener Innovation. Menschlich veranlasste Innovation bezeichnet diejenige Veränderung, die aufgrund individueller menschlicher Tätigkeit wirtschaftlich fruchtbar gemacht wird, also Ausdruck kreativen Handelns ist. Menschlich angenommene Innovationen bezeichnen hierbei in Bezug auf den Grundrechtsträger das Gegenteil, nämlich seinen Umgang mit einer Veränderung und den sich daraus ergebenden vielfältigen Wahlmöglichkeiten. Allerdings kann dieser effektive wettbewerbliche Entfaltungsfreiraum nicht im Sinne eines übergeordneten Wohlfahrtsziels verstanden und ausgelegt werden. Er ist Ort in tatsächlich-sozialer Hinsicht zur Auslebung der Wettbewerbsfreiheiten, beinhaltet damit noch keine eigenständige normative Wertung über seinen Zustand.

---

645 Vgl. zusammenfassend unter dem Begriff „Unternehmerfreiheit" ebenda, Rn. 126.

646 Vgl. allein schon *Badura*, AöR 1967, S. 382 (404); BVerwG, Urt. v. 17.1.1958 – VII C 30/57 (Ausgleichsabgaben auf Sterilmilch), BVerwGE 6, 134 = NJW 1958, 1551; BVerwG, Urt. v. 23.3.1982 – 1 C 157/79 (Ladenschluss-Ausnahmebewilligung), BVerwGE 65, 167, Rn. 34

647 EuGH, Urt. v. 22.1.2013 – C-283/11 (Sky Österreich GmbH/Österreichischer Rundfunk), ECLI:EU:C:2013:28, EuZW 2013, 347 = GRUR Int 2013, 288, Rn. 42; *Jarass*, in: Jarass, Charta der Grundrechte der Europäischen Union, Art. 16 EU-Grundrechte-Charta, Rn. 9; *Streinz*, in: Streinz, EUV/AEUV, Art. 16 EU-Grundrechte-Charta, Rn. 6.

(3) Gleichheitsgrundsatz und Wettbewerb

Daneben hat ebenso der allgemeine Gleichbehandlungsgrundsatz einen Bezug zu den Wettbewerbsfreiheiten. Dabei geht es zum einen um die allgemeine und jedem staatlichen Handeln auferlegte verfassungsrechtliche Pflicht, Normadressaten nicht ohne Rechtfertigung unterschiedlich zu behandeln.[648] Dies bindet den Gesetzgeber beim Erlass abstrakt-allgemeiner kartellrechtlicher Vorschriften, aber auch Behörden und Gerichte bei ihren hierauf gestützten Maßnahmen. Der Gleichheitsgrundsatz setzt dem Staat hierbei weitere Grenzen hinsichtlich möglicher Eingriffe in die Wettbewerbsfreiheiten. So wären verfassungsrechtlich gerechtfertigte Eingriffe in den Schutzbereich eines wettbewerbsfreiheitlich relevanten Grundrechts gleichwohl verfassungswidrig, wenn sie gegen den Gleichheitsgrundsatz verstoßen. Zum anderen liegen Besonderheiten im Wettbewerb als Regelungsgegenstand des Kartellrechts begründet. Denn wie erörtert ist dieser nicht bloß als anzustrebendes statisches Gleichgewicht zu verstehen, sondern als monopolistischer Wettbewerb, im Rahmen dessen sich Wettbewerber gegenseitig zu übervorteilen versuchen. Der Wettbewerb als solcher und die Ausübung der Wettbewerbsfreiheiten können also zu zeitweisen Unterschieden führen.

Für den Staat als verpflichtetem Normadressat bedeutet dies bei der Anwendung des Kartellrechts also, dass keine wesentlich gleichen Sachverhalte ohne Rechtfertigung ungleich behandelt werden dürfen. Wesentlich gleiche Sachverhalte wird es aber in einem monopolitischen und innovationsbezogenen Wettbewerb nicht ohne weiteres geben, da das Unterscheidende wettbewerbsimmanent ist. Der Pflicht zur Gleichbehandlung bei der Normsetzung steht also die typische wettbewerbliche Ungleichheit gegenüber. Eine Typisierung dieser Ungleichheiten im Wettbewerb wird aufgrund ihrer Mannigfaltigkeit nur schwer möglich sein. Aus diesem Grund erscheint das derzeitige Regelungsvorgehen vernünftig nachvollziehbar, nämlich typisierte Verbote nach den etablierten Wettbewerbstheorien überwiegend angenommener per se unzulässiger wettbewerblicher Verhaltensweisen aufzunehmen, die sich aufgrund ihrer wettbewerbsschädigenden Wirkungen miteinander vergleichen lassen.[649] Spezifische innovationserhebliche Sachverhalte fallen hierunter nur, wenn und soweit sie im konkreten Fall eines der kartellrechtlichen Verbote erfüllen, also im Fall einer ein- oder mehrseitigen Wettbewerbsbeschränkung oder einer untersagungsfähigen Unternehmensfusion.

Dies ist wiederum eine Frage der Bindung der Behörden und Gerichte bei der Anwendung der kartellrechtlichen Vorschriften in konkret-individuellen Sachverhalten. Auch hierbei kann der allgemeine Gleichbehandlungsgrundsatz gelten. In der deutschen Kartellrechtspraxis hat hier die Selbstbindung der Verwaltung

---

648 *Kirchhof*, in: Maunz/Dürig, Grundgesetz, Art. 3 Abs. 1 GG, Rn. 134.
649 Vgl. allein schon BVerfG, Urt. v. 16.3.1955 – 2 BvK 1/54 (Abgeordneten-Entschädigung), Rn. 37; BVerfG, Urt. v. 17.12.1953 – 1 BvR 323/51, 195/51, 138/52, 283/52, 319/52 (Angestelltenverhältnisse), Rn. 59.

durch eigene Rechtspraxis im Hinblick auf Ermessensvorschriften eine Bedeutung gewonnen.[650] Beispielhaft kann hierfür die Bekanntmachung des BKartA hinsichtlich der sogenannten Bagatellfälle herangezogen werden, bei denen unterhalb der jeweiligen Marktanteile von 10 % jedenfalls solange kein Verfahren eingeleitet wird, wie eine fragliche Wettbewerbsbeschränkung vorbehaltlich neuer Erkenntnisse nicht bezweckt, sondern lediglich bewirkt wird.[651] Hierbei hat die Behörde ihr Ermessen aus praktischen Gründen bewusst reduziert. Mit dem Verzicht auf Verfahrensaufnahme in Bagatellfällen werden Ressourcen der Behörde geschont und gleichzeitig Unsicherheiten bei Unternehmen verringert, da diese zunächst das etwaige Überschreiten der Bagatell-Schwellwerte zu prüfen haben und von einer inhaltlichen Prüfung einer fraglichen Maßnahme damit entlastet werden können. Aus bisherigen Entscheidungen einer Behörde kann eine sie selbst bindende Wirkung im Zusammenhang mit dem Gleichheitsgrundsatz bei gleichgelagerten Parallelfällen angenommen werden.[652] Soweit dies festgestellt werden kann, wäre die Behörde im Rahmen ihrer Ermessensausübung an den Gleichbehandlungsgrundsatz gebunden. Parallelfallsituationen werden in der kartellrechtlichen Praxis aufgrund der stark von den Umständen des Einzelfalles abhängigen Sachverhalte selten vorkommen. Für innovationserhebliche Sachverhalte lässt sich eine derartige Bindungswirkung des BKartA bislang nicht annehmen. So können die wettbewerblichen Wirkungen von Innovationen nicht in jedem Fall gleich bewertet werden. Damit einher gehen noch offene rechtliche Fragen, die Gegenstand dieser Untersuchung sind.

cc) Schutz vor Veränderung

Veränderungen können sich positiv auswirken, wenn damit für ein Unternehmen Profitsteigerungen oder andere wirtschaftliche Vorteile jedweder Art verbunden sind. Auch andere Wirtschaftsteilnehmer können von den mit einer Innovation verbundenen Fortschritten profitieren. Dem steht die Missbilligung durch Unternehmen gegenüber, die von einer Innovation nicht profitieren oder sogar mit wirtschaftlichen Nachteilen konfrontiert sind. Hieraus folgt die Frage, ob der Staat auf den Schutz vor Veränderung im Wettbewerb verpflichtet ist, die sich wiederum in drei Unterfragen aufgliedern lässt. Erstens geht es um die Sicherung eines bestimmten Zustands im Wettbewerb, also ob es eine verfassungsrechtliche Institutsgarantie bezüglich Wettbewerb gibt und wie diese gegebenenfalls Veränderungen gegenübersteht. Zweitens ist die Frage zu untersuchen, inwiefern Innovation als solche verfassungsrechtlichen Schutz erfahren kann.

---

650 *Sachs*, in: Stelkens/Bonk/Sachs, Verwaltungsverfahrensgesetz, § 40 VwVfG, Rn. 104 ff.
651 BKartA, Bekanntmachung Nr. 18/2007 des Bundeskartellamtes über die Nichtverfolgung von Kooperationsabreden mit geringer wettbewerbsbeschränkender Bedeutung – Bagatellbekanntmachung v. 13.3.2007; vgl. parallel dazu Kommission, Bekanntmachung über Vereinbarungen von geringer Bedeutung, die im Sinne des Artikels 101 Absatz 1 des Vertrags über die Arbeitsweise der Europäischen Union den Wettbewerb nicht spürbar beschränken – De-minimis-Bekanntmachung v. 30.8.2014.
652 Vgl. *Sachs*, in: Stelkens/Bonk/Sachs, Verwaltungsverfahrensgesetz, § 40 VwVfG, Rn. 122a.

Dies leitet über zu dem dritten Aspekt, der sich als Frage nach einem allgemeinen Schutz vor Veränderungen beschreiben lässt. Hier findet sich die dritte Gruppierung der Wettbewerbsfreiheiten wieder, die den Schutz des Erworbenen umschreibt.

(1) Wettbewerbsbezogene Institutsgarantien

Eine Institutsgarantie in Bezug auf Wettbewerb kann dann angenommen werden, wenn es sich um einen tatsächlichen sozialen Sachverhalt handelt, der geregelt werden muss, weil sich entweder ein unmittelbarer verfassungsrechtlicher Gewährleistungsauftrag ergibt oder weil die Gefahr der Verletzung von Grundrechten besteht.[653] Ein Institut im Rechtssinne besteht dann, wenn ein zusammenhängender Bereich des objektiven Rechts der Ausgestaltung und Regelung sozialer Sachverhalte dient.[654] Insofern ist das Kartellrecht in Form des GWB und der Vorschriften der Artt. 101 und 102 AEUV sowie der Fusionskontrollverordnung ein derartiger Bereich objektiver Regelungen, mit denen das soziale Phänomen „Wettbewerb" rechtlich – jedenfalls mittelbar – erfasst wird.

Eine ausdrückliche eigenständige Pflicht zur Regelung dieses Instituts Wettbewerb ergibt sich als solche nicht aus den Grundrechten selbst.[655] Sie ergibt sich abgeleitet zum einen aufgrund der dargestellten Ziele der Europäischen Union in Art. 3 EUV sowie der hieran anknüpfenden verpflichtenden Bindung der Mitgliedsstaaten an die Grundsätze einer offenen Marktwirtschaft mit freiem Wettbewerb aus Art. 120 S. 2 AEUV i. V. m. Art. 119 Abs. 1 AEUV. Insofern trifft die Mitgliedstaaten eine unmittelbare primärrechtliche Verpflichtung zur Einrichtung und Aufrechterhaltung des Wettbewerbs und des Wettbewerbsrechts. Eine Änderung des bestehenden Wettbewerbssystems wäre demnach aus diesen Gründen bereits unzulässig, wenn das neue System nicht mehr dem freien Wettbewerb und einer offenen Marktwirtschaft entspricht. Allerdings handelt es sich bei den Vorschriften der Artt. 119 ff. AEUV um solche mit einem gemeinschaftsdiziplinarischen Zweck[656], ohne dass sich hieraus ein Rückschluss auf subjektive Garantien zugunsten einzelner entnehmen lässt.[657] Grundlegende Änderungen der Wirtschafts- und Wettbewerbsordnung wären nicht möglich, ohne dass wiederum in Grundrechte eingegriffen würde. So wäre die Einrichtung einer allgemeinen Planwirtschaft mit einem Eingriff in die Berufsfreiheit

---

653 Vgl. hierzu auch *Vanberg*, in: Vanberg, Evolution und freiheitlicher Wettbewerb, 2012, S. 107 (115).

654 Zum Begriff „Rechtsinstitut" vgl. *Rüthers/Fischer/Birk*, Rechtstheorie, 2018, Rn. 62.

655 Vgl. grundlegend zur fehlenden Ausgestaltungsvorgabe hinsichtlich einer Wirtschaftsverfassung im Grundgesetz *Papier*, in: Maunz/Dürig, Grundgesetz, Art. 14 GG, Rn. 30 ff.; hinsichtlich der im GRC verankerten unternehmerischen Freiheit siehe *Jarass*, in: Jarass, Charta der Grundrechte der Europäischen Union, Art. 16 EU-Grundrechte-Charta, Rn. 17a.

656 *Bandilla*, in: Grabitz/Hilf/Nettesheim, Das Recht der Europäischen Union: EUV/AEUV, Art. 119 AEUV, Rn. 16.

657 Deutlich insofern auch *Häde*, in: Calliess/Ruffert, EUV/AEUV, Art. 119 AEUV, Rn. 9; vgl. *Bandilla*, in: Grabitz/Hilf/Nettesheim, Das Recht der Europäischen Union: EUV/AEUV, Art. 119 AEUV, Rn. 24.

verbunden, wenn dadurch die freie Berufsausübung oder gar Berufswahl eingeschränkt würde, sowie dem Recht auf freie Entfaltung der Persönlichkeit. Auch wäre die Überführung des aufgrund der bisherigen Wettbewerbsordnung erlangten Eigentums in Kollektiveigentum verfassungsrechtlich nicht gerechtfertigt.

Zum anderen ergibt sich eine grundsätzliche Pflicht des deutschen Gesetzgebers zur Einrichtung einer Wettbewerbsrechtsordnung aus den Funktionen der jeweils betroffenen Grundrechte.[658] Zwar enthalten die Grundrechte vorrangig individuelle Abwehrfunktionen gegenüber dem Staat. Ihnen lassen sich aber über diese Funktion hinaus objektive Wertentscheidungen entnehmen.[659] Diese Wertentscheidungen sind zunächst so zu verstehen, dass sie auf das einfachgesetzliche Recht ausstrahlen und bei dessen Anwendung zu beachten sind.[660] Das GWB wird deshalb auch als „Grundgesetz der Wirtschaft" bezeichnet.[661] Daneben binden sie bereits den Gesetzgeber auf den Erlass wettbewerbsbezogener Vorschriften, durch die die Auslebung der die Wettbewerbsfreiheiten umschreibenden Grundrechte erst ermöglicht wird.[662] Zurückzuführen ist dies vor allem auf die Rechtsprechung des BVerfG zu Schutzpflichten des Staates in Bezug auf das Recht auf Leben, in der allerdings eine konkrete Handlungspflicht des Staates aufgrund der in den jeweils zu entscheidenden Fällen vorliegenden faktischen Schutzlosigkeit vorlag.[663] Im europäischen Wirtschaftsverfassungsrecht kann sich eine derartige Auslegung der Wettbewerbsfreiheiten aus der praktischen

658 BVerfG, Beschl. v. 6.5.1997 – 1 BvR 409/90 (Vaterschaftsauskunft), NJW 1997, 1769 (1770); hierzu zusammenfassend *Papier*, NJW 2017, S. 3025 (3026); *Di Fabio*, in: Maunz/Dürig, Grundgesetz, Art. 2 Abs. 1 GG, Rn. 117 ff.; grundlegend hierzu auch *Günther*, in: Sauermann/Mestmäcker, Wirtschaftsordnung und Staatsverfassung, 1975, S. 183 (195); *Volmar*, Digitale Marktmacht, 2019, S. 113.

659 *Herdegen*, in: Maunz/Dürig, Grundgesetz, Art. 1 Abs. 3 GG, Rn. 17 ff.; *Papier*, NJW 2017, S. 3025 (3026); *Jarass*, AöR 1985, S. 363.

660 Maßgeblich hierzu BVerfG, Urt. v. 15.1.1958 – 1 BvR 400/51 (Lüth), ECLI:DE:BVerfG:1951:r s19580115.1bvr040051, GRUR 1958, 254 (255); *Jarass*, AöR 1985, S. 363 (376).

661 Diese Äußerung wird auf den damaligen Bundeswirtschaftsminister Ludwig Erhard zurückgeführt, der 1952 den ersten Regierungsentwurf für ein Gesetz gegen Wettbewerbsbeschränkungen vorgelegt hatte, zitiert nach *Burrichter*, in: Kokott/Pohlmann/Polley, Europäisches, deutsches und internationales Kartellrecht, 2018, S. 167 (172).

662 *Rupp*, Grundgesetz und Wirtschaftsverfassung, 1974, S. 11 ff.; zusammenfassend insofern auch *Di Fabio*, in: Maunz/Dürig, Grundgesetz, Art. 2 Abs. 1 GG, Rn. 125.

663 *Jarass*, AöR 1985, S. 363 (379 f.); vgl. instruktiv allein BVerfG, Urt. v. 25.2.1975 – 1 BvF 1/74, 1 BvF 2/74, 1 BvF 3/74, 1 BvF 4/74, 1 BvF 5/74, 1 BvF 6/74 (Schwangerschaftsabbruch I), BVerfGE 39, 1 = NJW 1975, 573 im Hinblick auf das ungeborene Leben; daneben hinsichtlich der Schutzpflichten bezüglich auswegloser Situationen BVerfG, Urt. v. 16.10.1977 – 1 BvQ 5/77 (Schleyer), BVerfGE 46, 160 = NJW 1977, 2255 = DÖV 77, 896; BVerfG, Urt. v. 15.2.2006 – 1 BvR 357/05 (Luftsicherheitsgesetz), ECLI:DE:BVerfG:2006:rs20060215.1b vr035705, JuS 2006, 448; zuletzt BVerfG, Urt. v. 24.7.2018 – 2 BvR 309/15, 2 BvR 502/16 (Patientenfixierung), ECLI:DE:BVerfG:2018:rs20180724.2bvr030915, NJW 2018, 2619; vgl. hierzu die ständig vom BVerfG verwendete Formulierung der „*Pflicht des Staates, sich schützend und fördernd vor das Leben, die körperliche Unversehrtheit und die Gesundheit des Einzelnen zu stellen und sie vor rechtswidrigen Eingriffen Dritter zu bewahren, wenn die Grundrechtsträger nicht selbst für ihre Integrität Sorge tragen können.*".

Wirksamkeit ergeben.[664] In Bezug auf Wettbewerb kann eine ähnliche faktische Schutzlosigkeit vorliegen, wenn die einzelnen Grundrechtsträger ihre Wettbewerbsfreiheiten nicht mehr ausüben können. So könnte ein Unternehmen in der Lage sein, aufgrund seiner Marktmacht die Erwerbsmöglichkeiten eines anderen Unternehmens zu beschränken, indem es die Preisgestaltung nicht dem freien Spiel von Angebot und Nachfrage überlässt, sondern sie zu seinen Gunsten einschränkt.[665] In diesem Fall wäre ein mit dem marktmächtigen Unternehmen konfrontiertes anderes Unternehmen nicht mehr in der Lage, marktgerechte Preise durchzusetzen. Gleichzeitig aber würde der wettbewerbsimmanente unternehmerische Entfaltungsspielraum dieses Unternehmens eingeschränkt.[666] Insofern kann eine durch das Verhalten des marktmächtigen Unternehmens verursachte Schutzlosigkeit bestehen, als dass sich das betroffene Subjekt wettbewerblich nicht mehr frei entfalten kann. Mit *Hoffmann-Riem* lässt sich dies als Innovationsverantwortung beschreiben, die in diesem Fall den Staat als denjenigen trifft, der eine Wettbewerbsrechtsordnung aufzustellen und sicherzustellen hat.[667] Der Staat muss hier deshalb den Schutz der Wettbewerbsfreiheiten zum Wettbewerb sicherstellen und aufrechterhalten.[668] Er kann sich wiederum auf kein zu erreichendes Ziel oder einen Zweck festlegen, der nicht den Wettbewerbsfreiheiten entspricht, es sei denn dies läge im Rahmen einer verfassungsrechtlich begründeten Grundrechtsschranke.[669] Da die Berufsfreiheit nur den Erwerb als solchen schützt, kann ihr keine Schutzpflicht hinsichtlich zukünftiger Erwerbsmöglichkeiten oder Chancen entnommen werden. Ähnlich kann aus dem Grundrecht auf freie Entfaltung der Persönlichkeit kein Schutzanspruch auf Gewährleistung einer bestimmten zukünftigen Erwerbsquelle entnommen werden.[670]

Die Schutzpflicht des Staates bezieht sich deshalb zunächst auf den Schutz der Wettbewerbsfreiheiten vor unzulässigem Wettbewerb. Dies ergibt sich aus den Besonderheiten des Wettbewerbs als sozialem Phänomen. Wettbewerb als dynamischer Prozess setzt das Bestehen und Aufrechterhalten seiner Wirksamkeit

---

664 Zusammenfassend so auch *Körber*, Grundfreiheiten und Privatrecht, 2004, S. 775.

665 *Di Fabio*, in: Maunz/Dürig, Grundgesetz, Art. 2 Abs. 1 GG, Rn. 124.

666 *Badura*, AöR 1967, S. 382 (404); *Di Fabio*, in: Maunz/Dürig, Grundgesetz, Art. 2 Abs. 1 GG, Rn. 76.

667 *Hoffmann-Riem*, AöR 2006, S. 255 (266).

668 *Di Fabio*, in: Maunz/Dürig, Grundgesetz, Art. 2 Abs. 1 GG, Rn. 87 ff.; *Bunte*, in: Langen/Bunte, Kartellrecht, Einl., Rn. 110; vgl. bereits unter Bezug auf Böhm *Günther*, in: Sauermann/Mestmäcker, Wirtschaftsordnung und Staatsverfassung, 1975, S. 183 (195).

669 Anderes gilt für gesondert festzustellendes Marktversagen in bestimmten Branchen oder die Notwendigkeit sektorspezifischer Regulierung, wobei auch hier stets etwa betroffene Grundrechte bei der Gesetzgebung miteinander abzuwägen sind. Wenn aber bei regulierenden Initiativen des Gesetzgebers die möglichen Grundrechte und damit Wettbewerbsfreiheiten in die Abwägung einzubringen sind, spricht dies ergänzend für die den Wettbewerb ausmachende Berücksichtigung der Grundrechte und Grundfreiheiten als gesetzliche Rahmenbedingungen der Wettbewerbsfreiheiten.

670 Ablehnend aber in Bezug auf das ebenso aus dem allgemeinen Persönlichkeitsrecht abgeleitete Recht auf informationelle Selbstbestimmung im Zusammenhang mit der Bewertung des Konditionenmissbrauchs *Esser*, in: Kokott/Pohlmann/Polley, Europäisches, deutsches und internationales Kartellrecht, 2018, S. 249 (259).

voraus, die sich über die effektive Auslebung der Wettbewerbsfreiheiten und damit der diese umschreibenden Grundrechte und Grundfreiheiten ableitet. Zur Wirksamkeit des Wettbewerbs gehört damit, dass seine grundsätzlichen Funktionsbedingungen gewahrt bleiben. Wettbewerb trägt ein seinen Funktionsbedingungen und seiner Effektivität entgegenlaufendes Kannibalismusrisiko in sich, das dem Prozess der schöpferischen Zerstörung immanent ist.[671] *Möschel* beschreibt dies als „endogene Pervertierungen", vor denen die Teilnahmefreiheit der Einzelnen am Wettbewerb erhalten werden müsse.[672] Das bedeutet, dass neben den positiven Auswirkungen ausgeübter Wettbewerbsfreiheiten stets auch negative Folgen eintreten können, die ebenso zu einer – wenn auch marginalen – Einschränkung grundrechtlicher Positionen der Wettbewerbsfreiheit führen können.[673] Diese müssen nicht zwingend mit einer unmittelbaren Kollision der Wettbewerbsfreiheiten, also grundrechtlicher oder grundfreiheitlicher Interessenspositionen, einhergehen, sondern können ebenso aus den nachlassenden wettbewerblichen Optionen im wettbewerblichen Entfaltungsraum entstehen. Ein Beispiel für diese Situation kann eine Beschränkung der Angebotsvielfalt durch das Ausscheiden eines Unternehmens im Wettbewerbsprozess darstellen, sei es entweder aufgrund wirtschaftlichen Misslingens oder einer Verschmelzung mit anderen Unternehmen. Für die Marktgegenseite würden damit weniger Angebote und damit Auswahlmöglichkeiten zur Verfügung stehen. Unter der Annahme, dass auch ein monopolistischer Wettbewerb Ausdruck eines wirksamen Wettbewerbs sein kann, sind zwar auch negative Folgen in Form von Verdrängungserscheinungen hinnehmbar. Es gilt in diesem Fall wettbewerblich billigenswerte von nicht mehr wünschenswerten Zuständen abzugrenzen.

Die Grenze der staatlichen Schutzpflicht zur Etablierung einer Wettbewerbsordnung liegt in der Reichweite der zu schützenden Grundrechte. Dies wirft besonders im Hinblick auf den Schutzbereich der Berufsfreiheit die Frage auf, inwieweit das wettbewerbsimmanente Risiko zur Selbstauflösung einen Schutz des Erwerbs verlangt.[674] Denn so wie bereits festgehalten wurde, sind keine Erwerbsaussichten oder Chancen im Wettbewerb vom Schutzbereich erfasst. Das bedeutet, dass kein Schutz vor dem Untergang im Wettbewerb besteht, also dass Unternehmen von innovativeren Unternehmen abgehängt werden oder dass sie ihr bisheriges Geschäftsmodell nicht mehr in der gewünschten Form weiterverfolgen können. Auf der anderen Seite hat der Gesetzgeber bei der inhaltlichen

---

671 *Mestmäcker*, Der verwaltete Wettbewerb, 1984, S. 28; ähnlich wiederum Kommission, Entsch. v. 27.3.2017 – COMP/M.7932 (Dow/DuPont), http://ec.europa.eu/competition/mergers/cases/decisions/m7932_13668_3.pdf (abgerufen 29.11.2018), Annex 4, Rn. 69; grundlegend hierzu auch schon im Zusammenhang mit dem effektiven Wettbewerb *Clark*, Competition as a dynamic process, 1961, S. 66 ff.

672 *Möschel*, JZ 1975, S. 393 (394).

673 *Di Fabio*, in: Maunz/Dürig, Grundgesetz, Art. 2 Abs. 1 GG, Rn. 124; *Möschel*, Recht der Wettbewerbsbeschränkungen, 1983, S. 74 f.

674 Vgl. hierzu auch *Thomas*, WuW 2019, S. 23 (25 f.), der auf den nicht bestehenden grundrechtlichen Schutz zu erwartenden Erwerbs und damit den fehlenden Zweck des Wettbewerbs als dessen Sicherung hinweist.

Umsetzung dieser Schutzpflicht weite Spielräume. Zwar lässt sich aufgrund der bisherigen Ausführungen jedenfalls eine Planwirtschaft nicht umsetzen, sondern nur ein marktwirtschaftlicher Wettbewerb könnte eine angemessene Ordnung zur Entfaltung dezentraler Freiheitsausübung bieten.[675] Eine Vorgabe hinsichtlich des Grades oder der Qualität der Wettbewerbsordnung besteht nicht.[676] Das Grundgesetz ist in dieser Hinsicht wirtschaftspolitisch neutral, gibt also dem Gesetzgeber kein zu regelndes Wirtschaftssystem fest vor.[677] Aus den Schutzpflichten und den Wettbewerbsfreiheiten folgt eine rechtliche Vorprägung der Wettbewerbsordnung, dass diese die effektive Auslebung der rechtlichen Prinzipien im Wege der Wettbewerbsfreiheiten ermöglichen muss. Der Gesetzgeber hat hier eine politische Einschätzungsprärogative, innerhalb derer er grundsätzlich frei staatliche Maßnahmen der Wettbewerbspolitik vornehmen kann, sofern sie sich an die grundgesetzlichen Schranken insbesondere der Wirtschaftsfreiheiten halten. Innerhalb dieses Ausgestaltungsspielraums und unter Berücksichtigung der Schranken könnte der Gesetzgeber sich also grundsätzlich für rechtliche Vorschriften entscheiden, die einen grundgesetzlich nicht zwingend vorgeschriebenen Erwerbsschutz regeln und gewähren. Bei der Anwendung derartig ausgestalteter einfachgesetzlicher Vorschriften wären die vollziehende Gewalt und die Rechtsprechung nicht an eine Berücksichtigung der Berufsfreiheit gebunden. Dieses Ergebnis gewinnt in den Fällen Bedeutung, in denen die Auslegung des einfachgesetzlichen Kartellrechts damit zusammenhängt, dass eine bestimmte Erwerbsposition eines Unternehmens für die Zukunft abgesichert wird. Hierzu lassen sich Entscheidungen über vertriebskartellrechtliche Fragestellungen zählen, wenn es um die Frage geht, unter welchen Umständen Hersteller von Produkten ihren Vertragshändlern Vorgaben über den weiteren Vertrieb machen können. Würde hier aufgrund kartellrechtlicher Verbotsvorschriften eine Einschränkung vorgenommen, wäre der Schutzbereich der Berufsfreiheit nicht betroffen.

Die bisherigen Erwägungen zu den die Institutsgarantie begründenden grundrechtlichen Schutzpflichten bauen darauf auf, dass der Wettbewerb vor einer entgegen seinen Zwecken laufenden Ausübung der Wettbewerbsfreiheiten[678] und bestimmten strukturellen Veränderungen der Marktstruktur und des Marktergebnisses bewahrt werden muss. Hierauf basiert im Wesentlichen das geltende Kartellrecht, das den Schutz bedürftiger Grundrechtspositionen durch rechtliche Eingriffe in die Grundrechtspositionen der diese gefährdenden Dritten ermög-

---

675 Vgl. *Di Fabio*, in: Maunz/Dürig, Grundgesetz, Art. 2 Abs. 1 GG, Rn. 76.
676 BVerfG, Urt. v. 1.3.1979 – 1 BvR 532/77, 1 BvR 533/77, 1 BvR 419/78, 1 BvL 21/78 (Mitbestimmung), BVerfGE 50, 290, Rn. 140.
677 Vgl. *Papier*, in: Maunz/Dürig, Grundgesetz, Art. 14 GG, Rn. 30, aber mit der Einschränkung, dass aus der wirtschaftspolitischen Neutralität des Grundgesetzes nicht auch die wirtschaftsrechtliche Neutralität folgt, vgl. Rn. 34; ähnlich schon klarstellend *Rupp*, Grundgesetz und Wirtschaftsverfassung, 1974, S. 14 f.
678 Vgl. *Di Fabio*, in: Maunz/Dürig, Grundgesetz, Art. 2 Abs. 1 GG, Rn. 124, der hierbei vor allem die Fälle im Blick hat, in denen ein Unternehmen den Marktmechanismus „durch seine Mächtigkeit" für sich beeinflussen kann.

licht. Das objektive Recht trifft damit also eine Wissensentscheidung des Gesetzgebers darüber, was dieser jedenfalls als nicht mehr zulässige Beschränkung des Wettbewerbs ansieht. Daneben bezieht sich eine Schutzpflicht auf die der objektiven Wertentscheidung der Grundrechte immanente Zweckrichtung der dynamischen Funktion und die damit verbundene Innovationsoffenheit. Der Schutzbereich der die Wettbewerbsfreiheiten umschreibenden Grundrechte und Grundfreiheiten kann als zunächst grenzenlos in mehrfachem Sinne beschrieben werden.[679] Einerseits kann er die Freiheit zur Auswahlentscheidung innerhalb einer unbestimmten Vielzahl an zur Verfügung stehender Optionen umfassen. Die Vielzahl dieser Optionen ist deshalb unbestimmt, weil sie weder festgelegt noch in vielen Fällen feststellbar eingrenzbar sind. So können sich die Wirtschaftssubjekte auch von objektiv unwahrscheinlichen Aussichten oder Umständen leiten lassen, die sich nicht objektiv wirtschaftlich nachvollziehen lassen. Der von *Schumpeter* bereits beschriebene Unternehmertyp zeichnet sich hier durch eine nicht auf eine rationale ökonomisch erfassbare Auslebung seiner Persönlichkeit aus. Die dynamische Funktion des Schutzbereichs der Wettbewerbsfreiheiten wirkt hierbei in die Breite. Sie kann auch in die Tiefe oder Höhe reichen, womit die Dynamikreichweite der Entfaltungsfreiheit angesprochen ist. Die Innovationsoffenheit der Wettbewerbsfreiheit bedeutet im bildlichen Sinne, dass sie ihrem Schutzbereich nach auch Veränderungen nach oben umfassen. So können Optionen im Wettbewerb grundsätzlich unbegrenzt ausgelebt werden, sofern dem nicht eine verfassungsrechtliche Schrankenregelung entgegengesetzt wird. Zum Beispiel entscheiden die Unternehmen grundsätzlich selbst nicht nur über die Richtung ihrer wettbewerbsbezogenen Aktivitäten, sondern auch deren Intensität und Geschwindigkeit. Dafür testen sie regelmäßig die Grenzen des tatsächlich Möglichen aus und nehmen sich zunächst möglicherweise eine unrealistische Geschwindigkeit vor. Die Auslebung dieser dynamischen Funktionen der Wettbewerbsfreiheiten verlangt Freiräume, die ihnen ein effektiver Wettbewerb zur Verfügung stellen kann. Es gibt also zwar kein geschütztes Recht auf einen bestimmten Erwerb, aber ein allgemeines Recht auf Teilhabe am Versuchsprozess innerhalb des effektiven Wettbewerbs. Wenn ein effektiver Wettbewerb diese dynamischen Funktionen der Wettbewerbsfreiheiten ermöglichen soll, ist dies also nur möglich innerhalb eines staatlich nicht angetasteten Entfaltungsraums. Daraus folgt, dass eine staatliche Schutzgarantie bezüglich des Wettbewerbs nicht nur vor seiner Selbstgefährdung besteht, sondern auch seine effektive prozesshafte Selbstentfaltung gewährleisten muss.[680] Da der Staat diese Prozesse weder vorhersehen kann, noch aufgrund seiner wirtschafts-

---

679 Vgl. maßgeblich hierzu bereits BVerfG, Beschl. v. 6.6.1989 – 1 BvR 921/85 (Reiten im Walde), BVerfGE 80, 137 = NJW 1989, 2525; Dies berührt nicht die Frage, ob im Rahmen des Art. 2 Abs. 1 GG verfassungsmäßige Schranken zulässig wären. Insofern kann auch hiermit schon *Di Fabio*, in: Maunz/Dürig, Grundgesetz, Art. 2 Abs. 1 GG, Rn. 124 entgegnet werden, dass der Staat zwar nicht zum Schutz vor unerheblichen Belästigungen angehalten ist, dies sich jedoch nicht bereits aus einer engen Auslegung des Schutzbereichs ergibt, sondern erst auf der Rechtfertigungsebene etwaiger Eingriffe.

680 *Vanberg*, in: Vanberg, Evolution und freiheitlicher Wettbewerb, 2012, S. 107 (114).

politischen Neutralität etwaige ihm positiv erscheinende Prozessabläufe vorgeben darf, kann er der Dynamik bei der Auslebung der Wettbewerbsfreiheiten nur gerecht werden, indem er den Wettbewerb als solchen unangetastet lässt. Dies erfolgt auch, indem er diesen nicht als solchen definiert, sich also kein Wissen über seinen Anwendungsbereich und seine Reichweite anmaßt.[681] Vielmehr ist seine undefinierbare Offenheit bei der Auslegung des Kartellrechts heranzuziehen, wobei wiederum die Wettbewerbsfreiheiten zu berücksichtigen sind.

Di Fabio ermahnt zur Zurückhaltung gegenüber der Annahme von Schutzpflichten, die sich auf die staatliche Abwehr von Eingriffen durch Dritte beziehen.[682] Demnach könne dem Staat nicht der Schutz vor jeglichen Belästigungen der Grundrechte übertragen werden. Diese Ablehnung lässt sich allenfalls noch mit der fehlenden allgemeinen Gewährleistungsfunktion jedenfalls des allgemeinen Persönlichkeitsrechts aus Art. 2 Abs. 1 GG begründen. So mag in dogmatischer Hinsicht der Zweifel verbleiben, dass außerhalb der europarechtlichen Vorgaben zur Umsetzung einer Wirtschaftsverfassung das Auffanggrundrecht Art. 2 Abs. 1 GG zu einer umfangreiche staatliche Eingriffe rechtfertigenden Universalantwort herangezogen werden könnte, was die Gefahr eines jede vermeintlich unerwünschte Grundrechtsbeeinträchtigung proaktiv beseitigenden Staates bedeuten könnte.[683] Der Staat soll demnach nicht bevormundend oder gar freiheitseinschränkend tätig werden. Die Schutzpflicht im Hinblick auf die Innovationsoffenheit der Wettbewerbsfreiheiten verlangt keine proaktive Beseitigung von jeglichen Hindernissen, sondern lediglich das Zurverfügungstellen und Aufrechterhalten eines innovationsoffenen Raums, in Bezug auf Wettbewerb damit seine ausdrückliche gesetzliche Nicht-Definition auf der einen Seite und die Schaffung ausdrücklicher Verbotsvorschriften andererseits, die auf der Basis zuverlässig gewonnenen Wissens den effektiven Wettbewerb beschränken. Dies folgt daraus, dass die Möglichkeit zur unbegrenzten Entfaltung unternehmerischer wie sonstiger Persönlichkeit und damit verbundener innovativer Tätigkeit für einen wirksamen Wettbewerb, der sich also selbst durch ständige Veränderung und Fortschritt trägt und allein schon deshalb von staatlichen Eingriffen frei ist, unabdingbar ist. Gerade um nicht wettbewerblich ein bevormundender Staat zu sein, gleichzeitig aber den Prozess des Wettbewerbs als solchen offen und am Laufen zu halten, muss sich der Staat einer Gestaltung dieses Prozesses vollständig enthalten, ihn als solchen gleichzeitig aber schützen können.

(2) Schutz einer Innovation

Eine andere Interessensposition ist hier diejenige nach einer Sicherung wirtschaftlicher Ergebnisse, die aufgrund des Wettbewerbs erlangt wurden. Unter-

---

681 *Hoppmann*, in: Goldschmidt/Wohlgemuth, Grundtexte zur Freiburger Tradition der Ordnungsökonomik, 2008, S. 658 (589).

682 *Di Fabio*, in: Maunz/Dürig, Grundgesetz, Art. 2 Abs. 1 GG, Rn. 61, diese wirkten demnach wie ein „*Fremdkörper im System klassischer Abwehrrechte*".

683 Ebenda, Rn. 61; diesen Schutz aber verneinend *Hoffmann-Riem*, AöR 2006, S. 255 (267).

nehmerische Entscheidungen, in Forschung oder Entwicklung zu investieren, um im Wettbewerb neue Produkte oder Leistungen anbieten zu können und hierauf basierend wiederum Profite erzielen zu können, begründen sich regelmäßig auf Instinkten, Erfahrungen oder Prognosen. Gegenstände dieser Erwartungen sind verschiedene Faktoren, unter anderem die Verhaltensweisen und Reaktionen anderer Wirtschaftsteilnehmer, Endkonsumenten, aber auch die allgemeine Wirtschaftslage. Diese Faktoren können sich ändern, ohne dass dies das investierende Unternehmen steuern kann. Unternehmen investieren also zunächst, ohne dafür einen greifbaren Ertrag zu erhalten, und gehen damit ein mit möglichen Ausfällen verbundenes Investitionsrisiko ein. Erfüllen sich die mit der Investition verbundenen Erwartungen eines Unternehmens im Wettbewerb, kann es wiederum nicht sicher sein, dass stets dieselben oder erwarteten Profite eintreten werden. So kann das Interesse der Nachfrager nachlassen, weil die Aufmerksamkeit im Markt auf andere Produkte oder Leistungen fällt. Ein anderes Unternehmen könnte es zum Beispiel geschafft haben, das Interesse auf seine Angebote zu lenken. Hierdurch würde sich das wettbewerbsimmanente Risiko des Vorstoß- und Verfolgungswettbewerbs erfüllen. Unternehmen trachten danach, etwaige Vorteile anderer Unternehmen am Markt aufzuholen, um diesen weniger hohe Profite zu überlassen oder sie sogar zu verdrängen. Dies führt zu der Frage, ob und wie weit die Früchte des Wettbewerbs gegen diese Verdrängung geschützt sein können. Diese Frage wird an späterer Stelle erneut relevant, nämlich wenn es um die kartellrechtlichen Grenzen vertriebsvertraglicher Gestaltungsfreiheiten geht. Dies stellt sich insbesondere über den teilweise in der Rechtsprechung angenommenen Einwand dar, ein Unternehmen müsse keinen Wettbewerb zu seinem eigenen Schaden ermöglichen, was im Folgenden noch diskutiert wird.[684]

Ein innovationsrelevanter Bestandsschutz kommt vor allem aufgrund der Eigentumsfreiheit in Betracht, wenn und soweit auch die Innovation selbst unter den Schutzbereich der Eigentumsfreiheit fällt. Hierfür lässt sich zum einen zwischen materiellen eigentumsfähigen Gütern und immateriellen Gütern differenzieren. Zum anderen kommt eine Betrachtung nach den bereits aufgeführten Abgrenzungen zwischen Idee, Invention, Innovation und Imitation in Betracht. Der Schutzbereich der Eigentumsfreiheit wird aufgrund der Anordnung in Art. 14 Abs. 1 S. 1 GG sowie Art. 17 Abs. 1 S. 1 und Abs. 2 GRC durch das einfachgesetzliche Recht geprägt.[685] Er verlangt also ein bestehendes vermögenswertes absolutes Recht an den jeweiligen Grundrechtsträger zu dessen alleiniger wirtschaftlicher Verwertung.[686] Dies kann zum einen im Hinblick auf die bereits bestehende Eigentumsordnung, insbesondere die sachenrechtliche des BGB der

684 *Förster*, WuW 2015, S. 233 (233 ff.); BGH, Urt. v. 12.11.1991 – KZR 2/90 (Aktionsbeträge), NJW 1992, 1827 (1828); BGH, Beschl. v. 28.6.2005 – KVR 27/04 (Arealnetz), WuW 2005, 924 (931); BGH, Beschl. v. 11.11.2008 – KVR 17/08 (Bau und Hobby), NJW 2009, 1753 (1756).

685 Vgl. aber *Papier*, in: Maunz/Dürig, Grundgesetz, Art. 14 GG, Rn. 37 ff., nach dem die Ausprägung der Eigentumsordnung durch das einfachgesetzliche Recht nicht davon ablenken dürfe, dass der Schutzbereich der Eigentumsfreiheit verfassungsrechtlich definiert werde.

686 BVerfG, Beschl. v. 9.1.1991 – 1 BvR 929/89 (Vorkaufsrecht), BVerfGE 83, 201 = NJW 1991, 1807.

Fall sein, ebenso wie sonstige Rechte, die sich auf Sachen beziehen. Damit der jeweilige Gegenstand eigentumsfähig sein kann, muss er regelmäßig verkörpert sein. Daneben können immaterielle Werte sowohl als absolute[687] als auch obligatorische Rechte[688] geschützt sein. Auch diese immateriellen Rechte verlangen ebenso wie die bestehende Eigentumsordnung eine Manifestierung, damit sie überhaupt den jeweiligen bereichsspezifischen Schutz gewährleisten können. Diese Manifestierung lässt sich als Schöpfung beschreiben und wird regelmäßig auf der gesetzgeberischen Ebene mit bestimmten zu belohnenden Leistungen begründet.[689] So wird zum Beispiel der Schöpfer urheberrechtlicher Werke für seine kreative subjektiv-individuelle Leistung belohnt, der Leistungsschutzberechtigte für seinen besonderen Investitionsaufwand und im Patentrecht zeigt sich dies besonders deutlich anhand der Umsetzung einer konkreten Erfindung. Allen diesen Rechten ist gemein, dass sie nicht zwingend an die Durchsetzung ihres Regelungsgegenstandes im Wettbewerb anknüpfen, was bei der Innovation der Fall sein muss. Zwischen der Innovation und der Invention, aber auch den damit verbundenen Immaterialgüterrechten besteht also nur teilweise Kongruenz. Dies zeigt sich auch anhand der von *Holzweber* gewählten Metapher, Immaterialgüterrechte umfassten „geronnene Innovationsleistungen".[690] Denn sobald der in einem Immaterialgüterrecht erfasste Schutzgegenstand nicht mehr als Neuheit oder Veränderung im Wettbewerb angesehen wird, kann ihm damit seine Eigenschaft als Innovation abhandenkommen. Immaterialgüterrechte können die Innovation nur als eine rechtliche Momentaufnahme abbilden, während der Wettbewerbsprozess hiervon unberührt weiterläuft.

Die durch ein immaterielles Recht abgesicherte Invention zeugt von einem sehr starken Grad der Effektivität des bereits dargestellten dynamischen und monopolistischen Wettbewerbs. Statt dass das jeweilige Unternehmen seine Monopolstellung im Wettbewerb in lediglich tatsächlicher Hinsicht erlangt, wird ihm ein rechtliches Ausschließlichkeitsrecht und damit also ein rechtliches Monopol zugewiesen. Dieses stellt den Angreifer häufig vor erhebliche Herausforderungen die Voraussetzungen seines Vorliegens zu wiederlegen. Zudem kann sich der Inhaber mittels Unterlassungs- und Beseitigungsansprüche zur Wehr setzen und ergänzende Ansprüche wie zum Beispiel Schadensersatz oder Zerstörung bestimmter Imitationen geltend machen. Dies gilt auch, soweit ein Immaterialgüterrecht besteht und dieses keine Innovation mehr darstellt.

Zusammenfassend lässt sich hiermit sagen, dass eine Innovation dann von der Eigentumsfreiheit profitiert und sich hierauf aufbauend ein Schutz der Innovation selbst vor weiterer Veränderung ergeben kann, wenn und solange sie auch von bestehenden Inventionsschutzregelungen erfasst ist. Das bedeutet, dass ein Unternehmen einen teilweisen Schutz seiner Innovation vor Veränderungen im

---

687 *Papier*, in: Maunz/Dürig, Grundgesetz, Art. 14 GG, Rn. 197 f.

688 Ebenda, Rn. 201 f.

689 Vgl. auch *Holzweber*, in: Maute/Mackenrodt, Recht als Infrastruktur für Innovation, 2019, S. 41 (45).

690 Ebenda, S. 41 (45).

Zusammenhang mit der Eigentumsfreiheit dann geltend machen kann. Fällt die Innovation nicht unter ein rechtliches Monopol und damit die Eigentumsfreiheit, kann sie nicht selbstständig von ihrem Schutzbereich erfasst sein. Es besteht also ein schutzbezogenes Stufenverhältnis zwischen der Innovation, die gleichzeitig als Invention einen unmittelbaren Wert ausmacht, und der Innovation kraft Marktdurchsetzung. Dies sagt noch nichts über den Erfolg und die Wirksamkeit der Innovation aus. So können selbst eigentumsrechtlich ungeschützte Innovationen aufgrund ihrer hohen Wirkung und Akzeptanz im Wettbewerb dennoch ihrem Inhaber größere Profite bescheren.

dd) Zwischenergebnisse

Die bisherigen Ausführungen in diesem Abschnitt haben also gezeigt, dass es einerseits verschiedene grundrechtliche Schutzbereiche gibt, unter denen innovationserhebliche Sachverhalte erfasst werden. Dabei ist die grundgesetzliche Wirtschaftsordnung von ihrer wettbewerbspolitischen Neutralität geprägt, begründet sich allerdings auf den zwingenden Schutzpflichten zur Bereitstellung einer Rechtsordnung, die eine Auslebung insbesondere der unternehmerischen Persönlichkeitsentfaltung erlaubt.[691] Es gibt also zahlreiche hiernach geschützte Möglichkeiten zur Innovation und zum innovativen Entfalten.[692] Dies schließt schlichte Erwerbsmöglichkeiten als freie Resultate von Innovation nicht mit ein. Andererseits bildet das europäische Primärrecht mit seinen Zielen, den Vorgaben einer Wirtschaftsverfassung sowie den Grundfreiheiten einen spezifischen Rahmen und weitere Grundlage für eine Wettbewerbsordnung. Diese Wettbewerbsordnung kann jedenfalls soweit nicht geändert werden, als hierdurch Wettbewerbsfreiheiten eingeschränkt würden. Insoweit besteht also auch eine staatliche Schutzpflicht, die zu einer Institutsgarantie zur Einrichtung einer einschließlich Innovation berücksichtigende Wettbewerbsordnung führt. Die Innovation als Gegenstand ist in der Regel nicht gegen Veränderungen geschützt. Sofern der mit ihr kongruente Teil der Invention durch einfachgesetzliches Recht geregelt wird und sich hierdurch der verfassungsrechtliche Eigentumsbegriff erfüllt, kann ein spezifischer Schutz einer Innovation angenommen werden.

c) Erfordernis einer Wettbewerbsrechtsordnung

Die europäische und sich ihr anschließend die deutsche Wirtschaftsverfassung und Wettbewerbsordnung erfasst grundsätzlich auch innovationserhebliche Sachverhalte. Dies folgt zum einen aus der Selbstverpflichtung der Union und der Mitgliedstaaten auf die Einführung und Aufrechterhaltung einer Wirtschaftsordnung, die den wirksamen Wettbewerb zum Gegenstand hat. Wirksamer Wettbewerb schließt dynamische Sachverhalte, insbesondere Innovationen, und damit einhergehende Veränderungen im Wettbewerb mit ein. Dies wird zum anderen durch die Grundrechte, auf der Primärrechtsebene zudem durch die Grund-

---

691 *Podszun*, Wirtschaftsordnung durch Zivilgerichte, 2014, S. 25.
692 *Hoffmann-Riem*, Innovation und Recht, Recht und Innovation, 2016, S. 29.

freiheiten, sowie durch das Sozialstaatsprinzip ergänzt. Es gibt hierbei keine Verpflichtung auf eine bestimmte Erwerbssicherung oder den Bestandsschutz für etwas Erworbenes, sofern dies nicht nach der geltenden Eigentumsordnung anerkannt ist. Die Wettbewerbsordnung verlangt also zunächst das Zurverfügungstellen eines Betätigungsumfeldes, in dem die Wettbewerbsfreiheiten ausgeübt werden können, das als solches nicht positiv geregelt werden darf.[693] Da diese Freiheitsausübung darin münden kann, dass sich Freiheiten gegenüberstehen, andere Freiheiten beschränkt werden oder aber das Betätigungsumfeld durch nicht wettbewerbskonforme Auslebung der Wettbewerbsfreiheit gefährdet wird, sind geeignete, erforderliche und verhältnismäßige Instrumente zu seiner Aufrechterhaltung bereitzustellen.[694] Der Staat muss also eine rechtliche Ordnung schaffen, die eine Gefährdung der Wettbewerbsfreiheiten ausschließt und mögliche Konflikte regelt, gleichzeitig aber ausreichend Wahlmöglichkeiten lässt.[695]

In diesem Zusammenhang haben in der europäischen Kartellrechtswissenschaft die Lehren der sogenannten Freiburger Schule und auf ihr aufbauend des Ordoliberalismus eine besondere Bedeutung gewonnen.[696] Sie basieren auf der Erfahrung, dass die größte Gefahr liberaler Ordnungen von ihnen selbst ausgeht.[697] Zur Aufgabe des Staates müsse es deshalb auch gehören, die mögliche Selbstgefährdung oder sogar Selbstaufhebung der Ordnung zu verhindern.[698] In diesem Sinne ist vor allem das deutsche Kartellrecht von dem Gedanken des Kartellrechts als Ordnungsrahmen geprägt, der einer missbräuchlichen oder übermäßigen Ausnutzung der Freiheit auf Kosten anderer überwiegender Interessen die zentrale Regelung durch eine Rechtsordnung und den Wettbewerb als „Entmachtungsinstrument" entgegensetzt, das es zu schützen gelte.[699] Gleich-

---

693 *Vanberg*, in: Vanberg, Evolution und freiheitlicher Wettbewerb, 2012, S. 107 (114 ff.).

694 *Schmidt-Preuß*, in: Joost/Oetker/Paschke, Festschrift für Franz Jürgen Säcker zum 70. Geburtstag, 2011, S. 969 (970 f.); *Möschel*, JZ 1975, S. 393 (394); *Siems*, ZRP 2002, S. 170 (173 f.).

695 *Mestmäcker*, Die sichtbare Hand des Rechts, 1978, S. 159; *Eucken*, Die Grundlagen der Nationalökonomie, 1989, S. 53; *Mohr*, JZ 2018, S. 685 (686 f.); *Hoffmann-Riem*, Innovation und Recht, Recht und Innovation, 2016, S. 387; *Mohr*, ZWeR 2015, S. 1 (5).

696 Einführend dazu *Behrens*, WuW 2018, S. 354; *Vanberg*, ORDO 2003, S. 3; *Günther*, in: Sauermann/Mestmäcker, Wirtschaftsordnung und Staatsverfassung, 1975, S. 183 (193); *Scholz*, in: Wiedemann, Handbuch des Kartellrechts, § 22, Rn. 6.

697 *Wurmnest*, Marktmacht und Verdrängungsmissbrauch, 2012, S. 151; *Siems*, ZRP 2002, S. 170 (173).

698 Zusammenfassend hierzu *Vanberg*, ORDO 2003, S. 3 (10).

699 *Mestmäcker/Schweitzer*, Europäisches Wettbewerbsrecht, 2014, § 3 Rn. 77; *Mestmäcker*, Der verwaltete Wettbewerb, 1984, S. 32; *Günther*, in: Sauermann/Mestmäcker, Wirtschaftsordnung und Staatsverfassung, 1975, S. 183 (193); *Mohr*, JZ 2018, S. 685 (687); dies geht zurück auf die Aussage, Wettbewerb sei das „großartigste und genialste Entmachtungsinstrument der Geschichte" bei *Böhm*, in: Institut für Ausländisches und Internationales Wirtschaftsrecht, Kartelle und Monopole im modernen Recht, 1961, S. 1 (22); vgl. hierzu auch *Arndt*, Schöpferischer Wettbewerb und klassenlose Gesellschaft, 1952, S. 49, der den wettbewerblichen Selektionsprozess als Übung „nicht nur nach unten, sondern auch nach oben" sieht und damit auf die mögliche Auslese auch des schöpferisch tätigen Unternehmens hinweist. Der machtpolitische Aspekt des Kartellrechts wird angesichts der derzeit weltweit zunehmenden populistischen und autoritären Bewegungen erneut unter dem Gesichtspunkt diskutiert, dass auch die Plattform-

zeitig muss diese Rechtsordnung weiterhin den Bestand und die Ausübung der Wettbewerbsfreiheiten wahren. Dieser Erklärungsansatz für eine Wettbewerbsrechtsordnung weicht gravierend insbesondere von dem Prinzip der vorrangigen Wettbewerbsfreiheiten und dem Primat des evolutionären und sich weitgehend selbst regulierenden Wettbewerbssystem in den USA ab. Insofern sind die stark effizienz- und wohlfahrtsbetonenden Ansätze der Chicago School bereits aus verfassungsrechtlicher Sicht nur soweit übertragbar, wie keine verfassungsrechtlich nicht gerechtfertigte Beeinträchtigung des Wettbewerbs als Entfaltungsfreiraum oder der Schutzbereiche der Wettbewerbsfreiheiten vorliegen.[700] Dies würde Gesetzesänderungen entgegenstehen, die Verbraucherwohlfahrt und Effizienz zum alleinigen kartellrechtlichen Regelungszweck erheben.[701] Im europäischen und deutschen Wettbewerbsrecht sind die Wettbewerbsfreiheiten also bereits auf der Regelungsebene abzuwägen. Eine Wettbewerbsrechtsordnung verlangt also grundsätzlich zunächst eindeutig definierte Schranken für nicht mehr tolerierte Ausübungen von Wettbewerbsfreiheiten.

Abhängig von den jeweiligen Schutzbereichen der die Wettbewerbsfreiheiten darstellenden Grundrechte ergeben sich unterschiedliche Anforderungen an die verfassungsmäßige Ausgestaltung der Wettbewerbsordnung, aber auch an ihre spätere Durchführung im Wege der Rechtsanwendung. Diese sind abhängig von den jeweiligen Schrankenvorgaben, die an dieser Stelle ebenso wie die Schutzbereiche stark ineinander verschränkt sind.[702] So lassen sich jedenfalls nach der vom BVerfG entwickelten Stufentheorie Berufsausübungsregelungen dann verfassungsgemäß umsetzen, soweit dies aus „vernünftigen Gründen des Gemeinwohls" erfolgt und die Vorschriften im Übrigen verhältnismäßig sind.[703] Das Grundrecht auf freie Entfaltung der Persönlichkeit findet seine Schranken in der Freiheit anderer und in der verfassungsmäßigen Ordnung.[704] Die Eigentumsfreiheit kann durch verfassungskonforme Inhalts- und Schrankenbestimmungen ausgestaltet werden. Den Staat trifft dabei die Aufgabe, die möglicher-

---

größen hiermit zusammenhängen, vgl. hierzu unter anderem *Podszun*, APuZ 2019, S. 28 (29); *Wu*, The curse of bigness, 2018; für die Anwendung dieser Annahme bei der zweckgemäßen Auslegung des GWB und des Marktmachtmissbrauchsverbots vgl. *Loewenheim*, in: Loewenheim et al., Kartellrecht, § 19 GWB, Rn. 18 m. w. N. in Fn. 96.

700 Im Ergebnis so auch *Wurmnest*, Marktmacht und Verdrängungsmissbrauch, 2012, S. 156.
701 Ebenda, S. 220.
702 *Kingreen*, in: Calliess/Ruffert, EUV/AEUV, Art. 51 EU-GRCharta, Rn. 21; dies gilt ebenso für die europäische Ebene einer Wirtschafts- und Wettbewerbsverfassung, vgl. *Wurmnest*, Marktmacht und Verdrängungsmissbrauch, 2012, S. 221.
703 BVerfG, Urt. v. 11.6.1958 – 1 BvR 596/56 (Apotheken), BVerfGE 7, 377, Rn. 76; *Scholz*, in: Maunz/Dürig, Grundgesetz, Art. 12 GG, Rn. 343.
704 Soweit auch „die Sittengesetze" als eine mögliche Schranke aufgeführt sind, vermögen diese für den Gegenstand dieser Untersuchung keine eigenständige Regelungswirkung zu entfalten. Denn zum einen können Sittengesetze wiederum nur innerhalb der verfassungsmäßigen Ordnung ihre normativierende Wirkung entfalten, zum anderen handelt es sich um einen schwer fassbaren Begriff im Zusammenhang mit Wettbewerb. Da zudem Wettbewerb grundsätzlich wertneutral ist und lediglich an seiner Wirksamkeit zu messen ist, kann hinsichtlich des Begriffs „Sitte" an dieser Stelle auf das Lauterkeitsrecht verwiesen werden. Vgl. dazu mit ähnlicher Kritik *Di Fabio*, in: Maunz/Dürig, Grundgesetz, Art. 2 Abs. 1 GG, Rn. 45 f.

weise betroffenen Grundrechte der Wettbewerbsfreiheiten in einen Ausgleich zu bringen. Dies wird im Wesentlichen dadurch vollbracht, dass bei grundsätzlich einschränkungsloser Auslebung der Wettbewerbsfreiheiten lediglich bestimmte Maßnahmen verboten sind, die nachgewiesenermaßen den Wettbewerb schädigen und aufgrund dessen verhältnismäßige Eingriffe in Grundrechte erlauben. Eine allgemeine Regulierung wäre deshalb solange unzulässig, wie nicht besondere Umstände einen Eingriff in die Wettbewerbsfreiheiten verfassungsrechtlich zulässig erscheinen lassen.[705] Zusammenfassend besteht das europäische wie auch das deutsche Kartellrecht deshalb in rechtstechnischer Hinsicht aus den zwei Elementen eines erstens rechtlich ungeregelten Wettbewerbs und zweitens rechtlich eindeutiger Regelungen über unzulässige Beschränkungen des Wettbewerbs.[706] In dieses System lässt sich Innovation einfügen als einerseits Ausdruck des nicht geregelten Wettbewerbs und andererseits als Gegenstand eindeutig feststellbarer Verstöße, die Innovation einschränken. Dabei zeigt sich, dass die von *Hoppmann* beschriebene Wirkungskongruenz zwischen den Wettbewerbsfreiheiten und den guten wettbewerblichen Ergebnissen erstens durch normative Entscheidungen geprägt wird und zweitens auch diese nie vollständig oder erschöpfend festgestellt werden kann. Die erste Aussage begründet sich aus der Anwendung der positiven Verbotsvorschriften des Kartellrechts und der auszufüllenden unbestimmten Rechtsbegriffe. So wie die einzelnen Schutzbereiche der Wettbewerbsfreiheiten nach oben offen sind, müssen sie in einer kartellrechtlichen Entscheidung mit ihrem vollen Wirkungsbereich ihrer ausübbaren Wahlmöglichkeiten berücksichtigt werden.[707] Das bedeutet, dass sie auch mit ihrem innovationsbezogenen Schutzbereichsumfang in einer Abwägung berücksichtigt werden müssen. Gleichzeitig trifft aber das objektive Kartellrecht eine Entscheidung über die nicht gewünschten Ergebnisse. Diese orientieren sich allein an dem offen zu haltenden Wettbewerbsprozess darstellen. Die nicht ge-

---

705 *Mestmäcker*, Der verwaltete Wettbewerb, 1984, S. 31; *Neef*, in: Hilty/Jaeger/Lamping, Herausforderung Innovation, 2012, S. 65 (72) folgert aus dem Wegfall der §§ 2 GWB ff., es müsse nunmehr ein positiver Wettbewerbsbegriff gesetzlich definiert werden, da anderenfalls kein geeignetes Ziel für eine etwaige Grundrechtseinschränkung bestehe. Mit diesem Argument ließe sich jeglicher unbestimmte Tatbestand als verfassungswidrig ablehnen, selbst wenn dieser einer Auslegung zugänglich wäre. Es kann mit der Beschreibung des effektiven Wettbewerbs als Ort ausgelebter Wettbewerbsfreiheiten widerlegt werden, die wiederum mit ihrer objektiven Wertsetzungsfunktion im Rahmen einer abwägenden Auslegung des Wettbewerbsbegriffs berücksichtigt werden können.

706 Vgl. hierzu *Hoffmann-Riem*, AöR 2006, S. 255 (268), der zusammenfassend ein Paradoxon darin sieht, dass etwas Neues geregelt werde, ohne dieses zu kennen. Allerdings geht es bei den kartellrechtlichen Vorschriften keinesfalls um die „Regelung des Neuen", nicht einmal des Prozesses zur Entdeckung jenes Neuen, sondern lediglich der Behinderung dieses Entdeckungsprozesses. Dies zeigt sich auch in der noch zu besprechenden Abwägungsdogmatik des BGH, siehe BGH, Urt. v. 7.6.2016 – KZR 6/15 (Claudia Pechstein), NZKart 2016, 328 = NJW 2016, 2266, Rn 48; deutlich nunmehr dazu BGH, Beschl. v. 23.6.2020 – KVR 69/19 (Facebook), ECLI:DE:BGH:2020:230620BKVR69.19.0, NZKart 2020, 473 = GRUR-RS 2020, 20737, Rn. 105 ff.; zur Übersicht hierzu *Loewenheim*, in: Loewenheim et al., Kartellrecht, § 19 GWB, Rn. 18 m. w. N. in Fn. 96.

707 *Hoffmann-Riem*, Innovation und Recht, Recht und Innovation, 2016, S. 387.

wünschten Ergebnisse im Wettbewerbsprozess sind also auch Grundlage für die Verbotsvorschriften. Das bedeutet aber auch, dass nicht unter die Verbotsvorschriften fallende Maßnahmen eines Unternehmens noch Ausübung seiner Wettbewerbsfreiheiten sein können und trotzdem kein gutes Ergebnis darstellen. Das objektive Kartellrecht nimmt also in Kauf, dass die Wettbewerbsfreiheiten sogar weiter ausgedehnt werden könnten als die ökonomische Vorteilhaftigkeit in ihrer gesellschaftlich gewollten Gesamtheit, ohne dass dies rechtlich erfasst werden könnte. Innovation kann also grundsätzlich außerhalb der durchsetzbaren Kartellrechtsordnung oder sogar einer wettbewerbsökonomischen Erklärbarkeit liegen. Damit begründet sich die zweite Aussage, wonach eine rechtliche Aussage an Innovation immer nur eine Annäherung sein kann. Dies hat auch *Hoppmann* bereits erkannt und argumentiert, dass ein Test für die wettbewerblichen Vorteile nur subsidiär zu einer Bewertung der Wettbewerbsfreiheiten sein kann und diese nicht durch ihn eingeschränkt werden dürfen.[708]

d) Zwischenergebnisse

Die oben genannten Wettbewerbsfreiheiten zur Auslebung im effektiven Wettbewerb sind verfassungsrechtlich als erfassbare Prinzipien rückangebunden. Das bedeutet, dass die durch Grundrechte, Grundfreiheiten und andere verfassungsrechtliche Grundsätze ausgestalteten Wettbewerbsfreiheiten bei der Auslegung der kartellrechtlichen Vorschriften über ihre objektiven Wertsetzungsfunktionen berücksichtigt werden können. Diese objektiven Wertsetzungen lassen sich mit ihrer Progressivität beschreiben als Freiheit zum und im Wettbewerb. Sie ermöglichen das Ausbrechen aus der Gleichheit. Auf diese Weise kann die soziale Tatsache des dynamischen Wettbewerbs normativ erfasst und geprägt werden. Erfasst wird sie durch die Handlungsprinzipien der individuenbezogenen Wettbewerbsfreiheiten. Geprägt wird sie durch die Auswirkungen der einzelnen auf ihnen basierenden Handlungen. Für den weiteren Verlauf dieser Untersuchung lässt sich hierbei festhalten, dass es grundsätzlich keinen allgemeinen Abwehrschutz vor Innovation gibt, sondern lediglich eine grundsätzliche Institutsgarantie auf eine staatliche Wettbewerbsrechtsordnung. Diese kann nicht den Wettbewerbsbegriff als solchen definieren, weshalb eine positive Definition des Innovationsbegriffs scheitern muss. Sie kann aber Grundlagen zu seinem Schutz und damit auch der Innovation bereitstellen.

2. Innovationserklärung in der Rechtsanwendung

Bis hierhin wurde das Verhältnis zwischen Innovation und Wettbewerbstheorie einerseits sowie zwischen Innovation als Gegenstand der Wettbewerbsfreiheiten andererseits dargestellt. Sind damit die verschiedenen Sprachgebräuche hinreichend eingegrenzt, um ihn im Zusammenhang mit dem Kartellrecht erörtern

---

708 *Hoppmann*, in: Goldschmidt/Wohlgemuth, Grundtexte zur Freiburger Tradition der Ordnungsökonomik, 2008, S. 658 (670).

zu können, stellt sich zunächst die Frage, inwiefern diese Erkenntnisse bei der Geltung des Rechts fruchtbar gemacht werden können.[709] Denn die wettbewerbstheoretischen und sprachlich-systematischen Erörterungen allein lassen einen Begriff keine unmittelbare rechtliche Wirkung entfalten. Hinzu kommt, dass die Erklärungsansätze hinsichtlich Innovation weder final noch in sich jeweils geschlossen sind, da sie jeweils von unterschiedlichen Annahmen und Wertungsentscheidungen ausgehen. So wie Innovationstheorie in zeitlicher und dynamischer Hinsicht offen ist, kann sie hinsichtlich eines Innovationsbegriffs keine finalen Ergebnisse liefern. Dies gilt umso mehr hinsichtlich der befassten Sachverhalte, die als solche allgemein stets und besonders bei digitalen Plattformen neue Entscheidungsvorlagen stellen.

Gemäß Art. 20 Abs. 3 GG besteht eine Bindung des Gesetzgebers an die verfassungsmäßige Ordnung sowie der vollziehenden Gewalt und der Rechtsprechung an Gesetz und Recht. Wenn es nach *Wittgenstein* für den Begriff auf seinen Gebrauch in der Sprache ankommt,[710] kann erst hiernach sich anschließend die Frage beantwortet werden, welcher Gebrauch rechtlich erheblich ist. Dies betrifft also noch nicht die Frage nach den konkreten Ergebnissen einer kartellrechtlichen Methodik von Innovation und Recht, sondern vielmehr die nach einer grundsätzlichen rechtlichen Berücksichtigungsfähigkeit eines Innovationsbegriffs im Recht.

Die bisherigen Untersuchungen hierzu haben gezeigt, dass es nicht den einen Innovationsbegriff geben kann, sondern sich der Sprachgebrauch vielmehr in verschiedene Dimensionen aufgliedert, die sowohl wettbewerbstheoretisch als auch wirtschaftsverfassungsrechtlich unterschiedlich eingeordnet werden können. Diese Mehrdimensionalität des Innovationsbegriffs und mit ihr einhergehende Unbestimmtheiten, Paradoxien und Ungewissheiten werfen erhebliche Fragen nach der Geltung des Rechts auf, die sich in besonderer Weise im Kartellrecht stellt, das sich in mehrfacher Hinsicht von anderen objektiven Rechtsmaterien unterscheidet. Erstens stellt Wettbewerb als sich selbst ordnendes und in Bezug nehmendes System eines Entdeckungsverfahrens einen besonderen von Dynamik und Veränderung geprägten Regelungsgegenstand dar, der Rechtsanwender mit ständig sich verändernden Tatsachen konfrontiert.[711] Es liegen also bereits in tatsächlicher Hinsicht schwer standardisierbare Umstände vor. Vermag Recht diese tatsächlichen Besonderheiten nicht zu erfassen, würde es Gefahr laufen, lediglich statische Regelungszustände hervorzubringen.[712] Recht muss also auch auf dynamische Sachverhalte eine geeignete Antwort finden. Aufgrund der Dynamik des Wettbewerbs würde die Möglichkeit bestehen, dass zu einem späteren Zeitpunkt eine rechtliche Entscheidung nicht mehr erneut vertretbar ist. Dies kann entweder durch eine die zukünftige Ent-

---

709 Hierzu schon *Möschel*, Recht der Wettbewerbsbeschränkungen, 1983, S. 49 f.
710 *Wittgenstein*, Philosophische Untersuchungen, 1953, Rn. 43.
711 *Podszun*, Wirtschaftsordnung durch Zivilgerichte, 2014, S. 120.
712 *Ladeur*, RabelZ 2000, S. 60 (80).

wicklung bereits erfassende Sonderregelung aufgefangen werden oder aber indem das geltende Recht selbst derart abstrakt und weit formuliert wird, dass es sich auch auf dynamische Fälle anwenden lässt. Letzteres ist beim Kartellrecht überwiegend der Fall. Hier stellt sich dann die Folgefrage nach der jeweiligen Gültigkeit darauf basierender Einzelfallentscheidungen und der richtigen Anwendung des geltenden Rechts.[713] Zweitens ergeben sich Eigenarten der europäischen Wirtschaftsverfassung im Allgemeinen und der Wettbewerbsordnung im Speziellen. Die Grundrechte, Grundfreiheiten und die Wirtschaftsziele stellen positive Rechtssätze dar, die wettbewerbliche Freiheitsräume ermöglichen. Dem gegenüber steht die aufgrund dieser Ziele und Wettbewerbsfreiheiten staatlich umgesetzte Wettbewerbsrechtsordnung, innerhalb der der Innovationsbegriff zur Anwendung kommen soll. Das lässt den Schluss zu, dass eine Rechtsanwendung unter Verwendung des Innovationsbegriffs stets diese zwingenden wirtschaftsverfassungsrechtlichen Vorgaben einhalten muss, eine Auslegung also nicht der Verwirklichung dieser Grundsätze entgegenstehen darf. Die Auslegung eines rechtlichen Innovationsbegriffs muss also verfassungsrechtlich rückangebunden sein. Der positive Normenbestand in der geltenden objektiven Wettbewerbsrechtsordnung ist dagegen schmal und beschränkt sich auf die Regelung per se unzulässiger wettbewerblicher Handlungen.

a) Bildung von Innovationsbegriffen im Recht

Sprachgebrauche können sich aufgrund unterschiedlicher Sprachen unterscheiden, wie dies im europäischen Recht die Regel ist. Aufgrund der Friedensstiftungsfunktion des Rechts reicht eine annähernde Einigung über das Verständnis des Ausdrucks grundsätzlich aus.[714] Diese annähernde Einigung ist findet sich erneut bei der Frage nach der Rechtsfindung wieder.[715] Nach *Ladeur* bestehe sich in Fällen vielfältiger verzweigter und verflochtener Erkenntnisse eine „weiche Ordnung", diese untereinander abzuwägen.[716] Daraus ergebe sich, dass nicht lediglich punktuelle Regeln als maßgeblich für rechtliches Entscheiden gelten, sondern vielmehr eine Selbstreflexion im Prozess, woraus sich für komplexe Sachverhalte ein Grundsatz der Kompatibilisierung einer Pluralität von Sprachspielen ableiten lässt.[717] Dies gilt umso mehr für einen einheitlichen Rechtskreis, der durch übergeordnete Ordnungsregeln zur Auslegung des Rechts geprägt ist.

Wenn also die Bedeutung eines Ausdrucks sich nach den allgemeinen Sprachregelungen und einem allgemein feststellbaren übereinstimmenden Sprachgebrauch richtet, können hierüber zunächst ebenso Erkenntnisse aus anderen

---

713 Klarstellend hierzu *Alexy*, Theorie der juristischen Argumentation, 2019, S. 428.
714 *Rüthers/Fischer/Birk*, Rechtstheorie, 2018, Rn. 155; ähnlich bereits *Hoffmann-Riem*, in: Hoffmann-Riem/Schneider, Rechtswissenschaftliche Innovationsforschung, 1998, S. 11 (24); *Wieddekind*, in: Eifert/Hoffmann-Riem, Innovation und rechtliche Regulierung, 2002, S. 134 (138).
715 *Lenski*, Rechtstheorie 2014, S. 451 (462)
716 *Ladeur*, in: Vesting/Augsberg, Das Recht der Netzwerkgesellschaft, 2013, S. 116 (135).
717 Ebenda, S. 116 (136).

wissenschaftlichen Disziplinen mit in die Rechtsfindung einbezogen werden.[718] Denn zum einen können wissenschaftliche Methoden, Theorien und Erkenntnisse Sprachgebräuche bilden. Ob es sich dabei um einen leitenden Sprachgebrauch oder spezielle Fachsprache handelt, ist nicht maßgeblich, sofern sich ein jeweiliger Bezug feststellen lässt. Wird ein sprachlicher Ausdruck mit zahlreichen verschiedenen Bezügen verwendet, sind diese Bezüge voneinander abzugrenzen. Damit können auch wissenschaftliche Erkenntnisse außerhalb des Rechts Informationen über allgemeine Sprachregelungen anbieten.[719] Zum anderen kann der Sprachgebrauch selbst durch wissenschaftliche Bezüge, Zusammenhänge und Verständnis hergestellt werden, wie dies auch im Kartellrecht der Fall ist, wo die meisten Sachverhalte überhaupt erst mittels wettbewerbstheoretischer wissenschaftlicher Erkenntnisse in tatsächlicher Hinsicht erklärt werden können.[720]

Theorien außerhalb des Kartellrechts müssen wiederum methodisch im Rahmen der Gesetzesauslegung daraufhin untersucht werden, ob und inwiefern sie bei einer rechtlichen Bewertung überhaupt berücksichtigt werden können.[721] Es besteht also bereits auf der sprachlichen Ebene eine starke Verwebung rechtlicher und außerrechtlicher Sprachgebräuche. Insofern kann aber dem bereits von *Lukes* geäußerten Einwand entgegengekommen werden, das Recht und insbesondere das Kartellrecht als normative Ordnung könne nicht von lediglich außerrechtlichen Theorien getragen werden.[722] Dem mag in dieser Deutlichkeit allenfalls insofern zugestimmt werden, als dass kein unmittelbares „Durchwirken" wettbewerbstheoretischer Sätze besteht, sich eine unmittelbare normative Wirkung also nicht anbietet.

b) Kartellrechtlicher Positivismus und offene Tatbestände

Das derzeit in Europa geltende Kartellrecht mit seinen drei Säulen Marktmachtmissbrauchsverbot, Verbot wettbewerbsbeschränkender Kollusionen und Fusionskontrolle enthält einen sehr schmalen Bestand positiver Rechtsnormen auf der Ebene des einfachgesetzlichen Rechts, die durch eine Vielzahl an unbestimmten Rechtsbegriffen geprägt sind. Das ist in systematischer Hinsicht dem

---

718 Vgl. bereits grundsätzlich dazu *Lukes*, in: Coing/Kronstein/Mestmäcker, Wirtschaftsordnung und Rechtsordnung, 1965, S. 199 (213 ff.); *Hoffmann-Riem*, Der Staat 2008, S. 588 (589); spezifisch zur Einbeziehung industrieökonomischer Erkenntnisse auch *Wieddekind*, in: Eifert/Hoffmann-Riem, Innovation und rechtliche Regulierung, 2002, S. 134 (135 f., 138); *Ewald*, in: Wiedemann, Handbuch des Kartellrechts, § 7, Rn. 11; *Ruffert*, AöR 2009, S. 197 (234).

719 Allgemein zum Informationsdefizit bei juristischen Entscheidungen *Schneider*, in: Hassemer/Neumann/Saliger: Schwerpunkte, Einführung in die Rechtsphilosophie und Rechtstheorie der Gegenwart, Theorie juristischen Entscheidens, S. 316 (341 ff).

720 *Lukes*, in: Coing/Kronstein/Mestmäcker, Wirtschaftsordnung und Rechtsordnung, 1965, S. 199 (215).

721 So bereits ebenda, S. 199 (213); *Wieddekind*, in: Eifert/Hoffmann-Riem, Innovation und rechtliche Regulierung, 2002, S. 134 (140).

722 *Lukes*, in: Coing/Kronstein/Mestmäcker, Wirtschaftsordnung und Rechtsordnung, 1965, S. 199 (214).

Umstand geschuldet, dass Wettbewerb einen Bereich zur Auslebung der Wettbewerbsfreiheiten darstellt, der nur durch die in den drei Säulen dargestellte ausdrücklichen Per-se-Verbote rechtlich erfasst wird. Die Wettbewerbsfreiheiten wiederum begründen sich auf den sie ausfüllenden Grundrechten, die keine eindeutige positive Aussage über Wettbewerb und insbesondere Innovation treffen. Lediglich § 18 Abs. 3a Nr. 5 GWB enthält seit der 9. GWB-Novelle eine Regelung, nach der bei mehrseitigen Märkten und Netzwerken bei der Bewertung der Marktstellung auch der „innovationsgetriebene Wettbewerbsdruck" berücksichtigt werden soll. Aus dieser kann nur insoweit eine in Bezug auf den Innovationsbegriff positive Rechtswirkung entnommen werden, soweit es sich um einen Wettbewerbsdruck auf die Marktstellung des untersuchten Unternehmens handelt. Im Übrigen fehlen positive Aussagen über den Innovationsbegriff. Eine unmittelbare Geltung des Innovationsbegriffs kraft gesetzlicher Anordnung ergibt sich also nicht. Die Begriffsjurisprudenz vermag bereits nicht in ausreichender Form die Brücke zwischen Wirklichkeit und Recht zu schlagen, sondern begründet sich auf einem vermeintlich losgelösten Recht der Begriffe.[723]

c) Natur- oder Vernunftrecht des Wettbewerbs

Wettbewerb ist ein sich selbst in Bezug nehmendes und Regeln gebendes Ordnungssystem. Als solches könnte angenommen werden, dass sich aus dieser Eigenständigkeit der Ordnung eine unmittelbare normative Geltung ergibt. Das „Sein" dieser Ordnung würde dann unmittelbar ein „Sollen" begründen. Die wettbewerbstheoretischen und ökonomischen Erkenntnisse über den Wettbewerb und Innovationsbegriff könnten hiernach eine unmittelbare normative Wirkung oberhalb des positiven Rechts entfalten. Begründet werden könnte dies mit den überpositiven Gedanken einerseits des Naturrechts und der Vernunft.[724] Gemein ist diesen Begründungsansätzen, dass sie aus über-rechtlichen Umständen versuchen eine normative Aussage zu treffen, was gut und gerecht ist. Es gebe demnach eine in der „Natur der Dinge" vorgegebene, entweder göttliche oder aber mittels Vernunft begründete Ordnung.[725]

Allerdings unterliegen diese Begründungsansätze mehreren grundlegenden Einwänden. Zum einen sind sie anfällig für eine einseitige und ideologie-basierte Auslegung und zum anderen würde die denkbare Möglichkeit bestehen, dass ein Sachverhalt rechtlich zu entscheiden ist, für den bislang noch keine wettbewerbstheoretische Erkenntnis vorliegt.[726] So ließe sich jeweils mit der Natur, aber auch aus Vernunftaspekten ein „Wesen" des Wettbewerbs, seine „Natur" oder auch sein „vernünftigerweise anzuerkennender Gehalt" herleiten. Diese Begriffe wiederum könnten beliebig überreizt werden. Ebensolches gilt für die Innovation, die zudem als Modewort besonders anfällig für zeitgeistnahe

---

723 *Rüthers/Fischer/Birk*, Rechtstheorie, 2018, Rn. 465.
724 *Herdegen*, in: Maunz/Dürig, Grundgesetz, Art. 1 Abs. 1 GG, Rn. 19.
725 Zusammenfassend hierzu *Rüthers/Fischer/Birk*, Rechtstheorie, 2018, Rn. 424.
726 Ebenda, Rn. 285.

Interpretationen ist. Zwar würde die Verfassung einer übermäßigen Begriffsinterpretation oder gar einer Umdeutung Grenzen setzen. Allerdings entlässt die Bindung in der Rechtsanwendung an Gesetz und Recht nicht von der Beantwortung der Frage, was in diesem überpositivistischen Bereich überhaupt Recht ist.

Wettbewerb als spontaner Ordnung fehlt eine Ordnung kraft „Natur der Dinge" darüber hinaus gerade aufgrund seiner Spontaneität, wollte man nicht gerade diese Spontaneität und damit das Chaos auch zum rechtlichen Ordnungsprinzip erheben. Zwar kann angenommen werden, dass wettbewerbliches Verhalten typisch menschlich ist. Menschen haben seit jeher Produkte und Leistungen hergestellt, um sie anschließend auf unterschiedlich großen Märkten anzubieten und hierfür einen Gegenwert im weitesten Sinne zu erhalten. Ebenso lange haben Menschen aus verschiedenen Motiven danach getrachtet, sich gegenseitig zu überbieten oder gar zu übervorteilen. So wie dieses typisch menschliche Verhalten aber bereits gegen die These des vollkommenen Marktes und des damit in Verbindung gebrachten Gleichgewichtszustandes spricht, kann es auch den vermeintlich harmonischen Naturzustand Wettbewerb widerlegen. Dies erklärt erneut das Schweigen der Wirtschaftsverfassung hinsichtlich einer eigenen rechtlichen Ausgestaltung des Wettbewerbs. Es dürfte für die Entwicklung des deutschen Grundgesetzes nicht von Belang gewesen sein, über die grundsätzlich für jede Lebenssituation geltenden Grundrechte hinaus ein Recht auf Wettbewerb zu schaffen. Entsprechend gilt die Erkenntnis, dass der Mensch zum einen nicht rational und zum anderen nicht altruistisch ist, was sich auch in der Erklärung des wirksamen Wettbewerbs niederschlägt. Würden die jeweils tatsächlich festgestellten spontanen Ordnungen des Wettbewerbs als „Sein" eine unmittelbare normative Wirkung in Form eines „Sollens" entfalten, liefe dies auf eine überpositive Übersteuerung der Wettbewerbsfreiheiten als die prägenden Individualrechte hinaus. Dies ähnelt wiederum dem bereits dargestellten sozialdarwinistischen Prozess eines sich lediglich an einer Gesamtwohlfahrt orientierenden Wettbewerbs. Eine naturrechtliche oder vernunftrechtliche Begründung der Geltung eines Innovationsbegriffs lässt sich damit also nicht entgegen der Wettbewerbsfreiheiten herleiten. Würde das Sein der spontanen Ordnung, des monopolistischen Wettbewerbs unmittelbar normativierende Wirkung auf das Sollen haben, würde dies eine chaotische Rechtsordnung nach sich ziehen, in der das Recht des Stärkeren gilt und die zulasten anderer geschützter Rechtsgüter ginge. Denn zum einen könnte die Spontaneität zur Willkür führen und zum anderen könnte die vermeintliche Normativität des Wettbewerbs selbst zur einseitigen Rechtfertigung auch grundrechtsfeindlicher Maßnahmen herangezogen werden.

Wettbewerb stellt also in naturrechtlicher Hinsicht ein Paradoxon dar, als dass er einerseits Raum bietet für die Auslebung der als „gut" empfundenen Freiheiten, andererseits die Art und Weise der Auslebung nicht vollständig bewerten kann, gerade weil er nur ein Raum ist. Wettbewerb ist aus rechtlicher Sicht noch keine gute Ordnung, sondern neutral. Erst das Recht nimmt die Bewertung vor, ob bestimmte wettbewerbliche Zustände oder Umstände gut sind. Dieses Paradoxon ließe sich dadurch auflösen, dass statt der Natur der Sache die Vernunft zur Begründung des Wettbewerbs und der Innovation herangezogen wird. Statt des Glaubens an eine göttliche Ordnung würden Wettbewerb und Innovation durch vernünftiges Wissen akzeptiert.[727] Dann stellt sich ebenso wie bereits bei der Begründung des Naturrechts die bisher nicht ausreichend beantwortete Frage, was Vernunft ist und auf welchen Vernunfthorizont es ankommt, insbesondere was „vernünftiger" Wettbewerb und Innovation sind. Bereits nach den bisherigen Erfahrungen erscheinen zahlreiche Innovationen denkbar, die nicht aus Vernunft entstanden sind, sondern aus reinem Zufall und der Nutzung von Gelegenheiten. Der deutsche Verfassungsgeber hat dieses Dilemma der Begründbarkeit aus Natur- bzw. Vernunftrecht zwar durch ihre Verpositivierung in der Ewigkeitsgarantie in Art. 79 Abs. 3 GG gelöst.[728] Für Wettbewerb als rechtlich neutraler Ordnung lässt sich daraus kein weiterer Schluss ziehen. Vielmehr ist aus dem grundsätzlich ungleich verteilten Wissen und dem Einwand des angemaßten Wissens[729] ein Rückschluss derart zu ziehen, dass es die eine Vernunft im Wettbewerb nicht geben kann, will man ihn als ständig chaotisch sich ordnendes Netzwerk aus effektiv ausgeübten Wettbewerbsfreiheiten verstehen. Wettbewerb als solcher ist also nicht vernünftig.

d) Diskurs und Evolution der Dogmatik

Neben der gesetzespositiven und der überpositiven Rechtsbegründung kommt für das Kartellrecht maßgeblich die Positivierung bzw. Rechtsbildung durch den Richter und die Kartellbehörde als Anwender des Rechts in Betracht.[730] Dies hat im europäischen wie auch im deutschen Kartellrecht eine besonders große Bedeutung. Zum einen handelt es sich um ein Rechtsgebiet, das sehr stark durch unbestimmte Rechtsbegriffe geprägt ist. Daraus ergibt sich eine starke Verlagerung rechtlich erheblicher Entscheidungen auf den Rechtsanwender, insbesondere die Verwaltung und Justiz, aber auch die von den Verbotsvorschriften betroffenen Unternehmen.[731] Die unbestimmten Rechtsbegriffe des Kartellrechts eröffnen Entscheidungsspielräume. Diese können auf der tatbestandlichen Würdigungsebene in Form von Beurteilungsspielräumen vorliegen, sowie auf der Rechtsfolgenebene in Form von Ermessensspielräumen. Diese übertragenen Entscheidungsspielräume verpflichten die Gerichte im Rahmen ihrer Bindung an Gesetz und Recht nach Art. 20 Abs. 3 GG, ihre Entscheidungen danach zu fällen, dass diese Recht entsprechen, also unmittelbar selbst Recht sind.[732] Damit

---

727 Ebenda, Rn. 445.
728 *Herdegen*, in: Maunz/Dürig, Grundgesetz, Art. 79 GG, Rn. 74 ff.
729 Seite 89 ff.
730 *Hoffmann-Riem*, Innovation und Recht, Recht und Innovation, 2016, S. 525; *Guski*, ZWeR 2012, S. 243 (266); *Grzeszick*, in: Maunz/Dürig, Grundgesetz, Art. 20 GG, Rn. 65.
731 Ähnlich so schon in Bezug auf einfachgesetzliche Wirtschaftsvorschriften und ihre methodische Verwertbarkeit *Mestmäcker*, in: Sauermann/Mestmäcker, Wirtschaftsordnung und Staatsverfassung, 1975, S. 383 (393); *Weyer*, in: Kokott/Pohlmann/Polley, Europäisches, deutsches und internationales Kartellrecht, 2018, S. 915 (916).
732 *Alexy*, Theorie der juristischen Argumentation, 2019, S. 266.

sind diese Vorschriften selbst innovationsoffen und im Rahmen dessen effektiv auszulegen.[733] Hieraus folgt, dass die richterlichen Einzelfallentscheidungen selbst Recht darstellen müssen.[734]

aa) Diskursoffenheit der Wettbewerbsrechtsordnung

Der Kritik *Rüthers'* an einem bestehenden „Richterstaat"[735] kann dies insofern entgegengesetzt werden, dass die Umsetzung einer Wettbewerbsrechtsordnung mit einer starken Regelungsdichte ohne die dargestellten Handlungs- wie Entscheidungsspielräume wiederum die Gefahr verfassungsrechtlich nicht gerechtfertigter Eingriffe in die Wettbewerbsfreiheiten umschreibende Grundrechte begründen würde.[736] Ein Wettbewerbsrecht ohne unbestimmte Rechtsbegriffe würde zudem die möglichen Entwicklungen nur unzureichend darstellen.[737] Anders als in anderen positiven Rechtsgebieten geht es im Kartellrecht nicht um die Absicherung eines vollkommenen Harmoniebereichs im Sinne einer statischen Rechtsordnung. Vielmehr beschränken sich die Vorschriften des Kartellrechts lediglich auf die Regelung dessen, was nicht zulässig ist, gerade um den verfassungsrechtlich zu schützenden Interessen bestmöglich gerecht zu werden. Unbestimmte Rechtsbegriffe stehen zudem häufig im Zusammenhang mit Deregulierungstendenzen des Staates.[738] Zum anderen ist das Kartellrecht tatsächlich stark kasuistisch geprägt, was in einem scheinbaren Widerspruch zu der Anspruchshaltung auf Bereitstellung vorheriger, klarer abstrakt-genereller Vorschriften steht. Regelmäßig befassen sich richterliche und behördliche Entscheidungen mit der Auslegung der unbestimmten Rechtsbegriffe des Kartellrechts. Diese Entscheidungen haben eine rechtlich angeordnete unmittelbare Wirkung auf die Beteiligten eines Verfahrens oder Rechtsstreits. Sie vermögen auch die kartellrechtliche Dogmatik zu prägen, indem sie Diskussionssätze für die Auslegung der kartellrechtlichen Generalklauseln formulieren.[739]

bb) Dogmatik als Ordnungssystem

Dogmatik vermag in einem rechtsstaatlichen System mit einer verfassungsrechtlichen Bindung der Gerichte an Gesetz und Recht die Unsicherheiten bei der Auslegung unbestimmter Rechtsbegriffe zu überbrücken, da sie mit ihren Diskussionsansätzen wissenschaftliche Erklärungen für rechtliche Begründun-

---

733 *Scherzberg*, VVDStRL 2004, S. 214 (233).
734 *Weyer*, in: Kokott/Pohlmann/Polley, Europäisches, deutsches und internationales Kartellrecht, 2018, S. 915 (917); *Grzeszick*, in: Maunz/Dürig, Grundgesetz, Art. 20 GG, Rn. 65
735 Vgl. hierzu allein *Rüthers*, NJW 2005, S. 2759; *Rüthers*, NJW 2011, S. 1856.
736 Vgl. den Einwand bei *Podszun*, Wirtschaftsordnung durch Zivilgerichte, 2014, S. 169.
737 *Hoffmann-Riem*, Innovation und Recht, Recht und Innovation, 2016, S. 552.
738 *Podszun*, Wirtschaftsordnung durch Zivilgerichte, 2014, S. 170.
739 *Weyer*, in: Kokott/Pohlmann/Polley, Europäisches, deutsches und internationales Kartellrecht, 2018, S. 915 (916); *Podszun*, Wirtschaftsordnung durch Zivilgerichte, 2014, S. 141.

gen liefern kann.[740] Sie kann als eine Summe historisch gesicherter, vernünftig vertretbarer und kohärenter Argumente beschrieben werden, die sich aus der bisherigen Rechtsanwendungspraxis ergibt und ein rechtsfehlerfreies Vorgehen zur Entscheidungsfindung darstellen.[741] Damit beinhaltet Dogmatik auf den ersten Blick ein Traditionselement. Eine solche Praxis kann auch hinsichtlich der ökonomischen Methoden zur Erkenntnisgewinnung oder auf ihnen aufbauender Annahmen bestehen, sofern diese die jeweilige rechtliche Entscheidung des Einzelfalls stützen können.[742] Die Vertretbarkeit richtet sich dabei zunächst nach der Verfassungsgemäßheit ihrer Methode. Kommen verschiedene Argumente in Betracht, die sich widersprechen, muss der Richter oder sonstige Rechtsanwender sich entscheiden und eine begründete Auswahl treffen. Damit kann Dogmatik im Recht aufeinander aufbauende Wirkungen ähnlich wie bei Pfadabhängigkeiten haben und Wirkungen ähnlich einer Pfadtreue haben.[743] *Eifert* beschreibt dies als „sich überlagernde Erzählstrukturen".[744] Im Kartellrecht kann es aufgrund der offenen und unbestimmten Tatbestandsmerkmale vorkommen, dass mehrere Argumentationslösungen grundsätzlich wettbewerbstheoretisch vertretbar wären.[745] Insbesondere können ökonomische Annahmen und ihre Berücksichtigung zu teilweise erheblichen Abweichungen in den aus ihnen gezogenen Rechtsansichten führen, wenn sie durch unterschiedliche rechts- oder wettbewerbspolitische Strömungen geprägt sind.[746] Da die europäische wie auch deutsche Wettbewerbsverfassung keine Vorgaben macht, also politisch neutral ist, kann ihr keine vorhergehende ausdrückliche Aussage entnommen werden, außer dass diejenige Entscheidung zu treffen ist, die der Erfüllung der Wettbewerbsfreiheiten und dem Schutz des effektiven Wettbewerbs bestmöglich Rechnung trägt. Historisch gesichert meint dabei, dass die Entscheidungspraxis nach dem bisherigen Normzweckverständnis eine zulässige Auslegung darstellt. Dies zielt darauf ab, dass ein Erkenntnisprozess mit Wissensgewinnen auch in der Dog-

---

740 *Hassemer*, ZRP 2007, S. 213 (217), vgl. auch *Ladeur*, RabelZ 2000, S. 60 (79); *Rüthers/Fischer/Birk*, Rechtstheorie, 2018, Rn. 288.

741 *Alexy*, Theorie der juristischen Argumentation, 2019, S. 264, 272, 351, 430; *Volkmann*, in: Hoffmann-Riem, Innovationen im Recht, 2016, S. 63 (82 f.); *Hoffmann-Riem*, Innovation und Recht, Recht und Innovation, 2016, S. 213 weist an dieser Stelle auf die Verfestigung von Entscheidungen hin, der sogenannten Pfadtreue.

742 So im Ergebnis deutlich *Wurmnest*, Marktmacht und Verdrängungsmissbrauch, 2012, S. 623; *Hoppmann*, in: Goldschmidt/Wohlgemuth, Grundtexte zur Freiburger Tradition der Ordnungsökonomik, 2008, S. 658 (670).

743 *Hoffmann-Riem*, Innovation und Recht, Recht und Innovation, 2016, S. 213; *Roßnagel*, in: Eifert/Hoffmann-Riem, Innovationsfördernde Regulierung, 2009, S. 323 (337); so auch *Podszun*, Wirtschaftsordnung durch Zivilgerichte, 2014, S. 124, indem dieser auf die Selektionsmöglichkeit im Zusammenhang mit der Erklärbarkeit verweist, die sich auch auf die dogmatisch stichhaltige und rechtsfehlerfreie Erklärung beziehen muss; ähnlich *Volkmann*, in: Hoffmann-Riem, Innovationen im Recht, 2016, S. 63 (82).

744 *Eifert*, in: Hoffmann-Riem, Innovationen im Recht, 2016, S. 35, (48).

745 Ebenda, S. 35, S. 46.

746 *Ewald*, in: Wiedemann, Handbuch des Kartellrechts, § 7, Rn. 3.

matik möglich ist, sich das Normzweckverständnis also verändern kann.[747] Dies ist gerade im Wettbewerbsrecht deshalb der Fall, da aufgrund der nicht fest beschreibbaren tatsächlichen Umstände wettbewerblichen Handelns ständig neue Situationen auftreten könnten, die auf ihre kartellrechtliche Zulässigkeit hin untersucht werden müssen. Die aus den unbestimmten und offenen Tatbeständen sich entwickelnde kartellrechtliche Dogmatik beinhaltet also auch ein Innovationselement, das dem Traditionselement entgegen steht und die „Vertiefung der Innovation"[748] im Recht meint.

Aus der Dogmatik kann sich aber eine Ordnung möglicher Begründungssätze oder Regeln auch in Bezug auf dieses Innovationselement ergeben.[749] *Hoffmann-Riem* benennt dies als eine „angebotsorientierte Rechtsschutzordnung".[750] Dieser Gedanke kann wiederum auf das Kartellrecht übertragen werden, das von den grundsätzlich geltenden Wettbewerbsfreiheiten ausgeht. Sollen diese durch die spezifischen kartellrechtlichen Verbotsvorschriften hinreichend genau erfasst werden, ohne dass der Staat dabei sämtliche möglichen einzelnen wettbewerbsschädigenden Konstellationen vorhersehen kann, müssen diese Vorschriften hinreichend allgemein gefasst werden. Der Gesetzgeber überträgt also die Begründungspflicht für konkret-individuelle Entscheidungen an die Rechtsanwender, indem er Vorschriften in einem Bereich mit unbestimmten Rechtsbegriffen erlässt.[751] Das bedeutet, dass diese mit der Anwendung und dabei Auslegung des jeweiligen unbestimmten Rechtsbegriffs erklären müssen, warum eine bestimmte Entscheidung gelten soll. Dies gilt für staatliche Maßnahmen, soweit diese die Wettbewerbsfreiheit eines Unternehmens gestützt auf die Begründung einschränken, dieses habe gegen eine kartellrechtliche Verbotsvorschrift verstoßen.[752] Dabei haben sie aufgrund der Bindung von vollziehender Gewalt und Rechtsprechung an Gesetz und Recht eine unmittelbare verfassungsrechtliche Verpflichtung zu Anwendung und Auslegung des Begriffs nur in derjenigen

---

747 *Weyer*, in: Kokott/Pohlmann/Polley, Europäisches, deutsches und internationales Kartellrecht, 2018, S. 915 (917); *Grzeszick*, in: Maunz/Dürig, Grundgesetz, Art. 20 GG, Rn. 108.
748 *Eifert*, in: Hoffmann-Riem, Innovationen im Recht, 2016, S. 35 (49).
749 *Hassemer*, ZRP 2007, S. 213 (218); vgl. so auch *Podszun*, Wirtschaftsordnung durch Zivilgerichte, 2014, S. 141; *Alexy*, Theorie der juristischen Argumentation, 2019, S. 351; *Eifert*, in: Hoffmann-Riem, Innovationen im Recht, 2016, S. 35 (49).
750 *Hoffmann-Riem*, Innovation und Recht, Recht und Innovation, 2016, S. 294 m. w. N.
751 Dies gilt auch im Übrigen hinsichtlich ansonsten auslegungsbedürftiger Begriffe. Es bleibt bei der Pflicht des Gesetzgebers zur Einhaltung der verfassungsrechtlichen Pflichten bei Erlass abstrakt-genereller Rechtsnormen. Vgl. zur Begründung richterlicher Entscheidungen auch *Hassemer*, ZRP 2007, S. 213 (218); ähnlich und mit dem Bezug zu Veränderungen im Realbereich *Hoffmann-Riem*, Innovation und Recht, Recht und Innovation, 2016, S. 526; *Weyer*, in: Kokott/Pohlmann/Polley, Europäisches, deutsches und internationales Kartellrecht, 2018, S. 915 (916 f.).
752 Spiegelbildlich hierzu betrifft dies ebenso die betroffenen Unternehmen bei der ihnen obliegenden Einschätzung über die Zulässigkeit ihres Handelns. Allerdings ergibt sich für diese daraus nicht die Pflicht zur Abwägung möglicher rechtlicher Bewertungen untereinander, sondern vielmehr sind sie als allgemein Verpflichtete zur Beachtung der kartellrechtlichen Vorschriften angehalten. Das bedeutet, wollen sie sich nicht einem Haftungsrisiko aussetzen, dass sie sich an einer möglichst für sie ungünstigen Auslegung orientieren müssen.

Form, die auch verfassungsrechtlich zulässig ist und sich mittels vernünftiger Dogmatik begründen lässt.[753] Dogmatik kann sich ändern, zum einen durch wissenschaftlichen Diskurs und zum anderen durch abweichend begründete Rechtsprechung.[754] Innovationselement bedeutet also, dass auch die Dogmatik selbst einem dynamischen Prozess unterworfen ist.

cc) Dogmatik als Entdeckungsverfahren

Im Weiteren stellt sich die Frage danach, unter welchen Umständen Begründungsansätze Recht bilden können. Rechtliche Wertentscheidungen können grundsätzlich wissenschaftlich auf ihre Wahrheit und Vernunft hin untersucht werden.[755] Dabei ist keine absolute Wahrheit möglich, sondern Entscheidungen bilden lediglich den letzte Stand eines Irrtums ab, wie auch das BVerfG bereits feststellte.[756] Recht akzeptiert also bis zu einem gewissen Grad als Ungewissheit, indem es vorläufig endgültige Entscheidungen trifft oder ein Verfahren zur Findung derartiger Entscheidungen anbietet.[757] Letzteres ist mit den unbestimmten Rechtsbegriffen und der bewussten gesetzgeberischen Entscheidung für ein Verbots-Regime im Kartellrecht der Fall. Dennoch bleibt bei Erlass der kartellrechtlichen Vorschriften noch ungeklärt, welche tatsächlichen Fälle genau von ihnen erfasst werden. Dies ist stattdessen eine Frage der rechtswissenschaftlichen Erkenntnisgewinnung. Rechtsfindung kann also ebenso wie Wettbewerb als Entdeckungsverfahren im Sinne *von Hayeks* verstanden werden.[758] Auf diesem Wege kann damit Innovation im Recht stattfinden. Das jeweils entdeckte Recht ermöglicht damit eine Geltung von Wissen bis zu dessen Widerlegung. Dogmatik und Richterrecht können dabei innerhalb des Gesetzesrechts und den Regeln der Logik für andere konkrete Einzelfälle dynamisch fortentwickelt werden, während das positive Gesetzesrecht nur innerhalb der verfassungsrechtlichen Grenzen dynamisch fortentwickelt werden kann. Im Konfliktfall des angemaßten Wissens ist also übergreifend danach zu fragen, ob das fragliche Wissen in verfassungskonformer Weise als Grundlage geltenden Rechts verwertbar ist.

753 *Grzeszick*, in: Maunz/Dürig, Grundgesetz, Art. 20 GG, Rn. 65.
754 Ebenda, Rn. 65.
755 Zusammenfassend hierzu *Rüthers/Fischer/Birk*, Rechtstheorie, 2018, Rn. 582 f.; für die ökonomische Betrachtung kartellrechtlicher Fälle vgl. *Ewald*, in: Wiedemann, Handbuch des Kartellrechts, § 7, Rn. 19.
756 BVerfG, Beschl. v. 8.8.1978 – 2 BvL 8/77 (Kalkar I), BVerfGE 49, 89 = NJW 1979, 359, Rn. 117; ähnlich so auch *Schmidtchen*, Wettbewerbspolitik als Aufgabe, 1978, S. 40.
757 *Hoffmann-Riem*, AöR 2006, S. 255 (259).
758 Vgl. bereits hierzu ebenda, S. 255 (259); *Podszun*, Wirtschaftsordnung durch Zivilgerichte, 2014, S. 142, S. 146; vgl. bereits *Okruch*, ORDO 2001, S. 131 (134); *Eckardt*, Technischer Wandel und Rechtsevolution, 2001, S. 97; wohl basierend auf der rechtstheoretischen Diskurstheorie bei *Alexy*, Theorie der juristischen Argumentation, 2019; ähnlich und unter Verweis auf das Entdeckungsverfahren *von Hayeks* argumentiert auch *Guski*, ZWeR 2012, S. 243 (248, 260).

An dieser Stelle kommt die Sicherung der Argumentation ins Spiel, die als ihre Überprüfung in einem ständigen Diskurs verstanden werden kann.[759] Wenn nämlich jede Entscheidung nur der letzte Stand eines Irrtums ist, lassen sich hieraus zwei Schlussfolgerungen ziehen. Recht kann erstens verschiedene möglichen Ordnungen anbieten, sodass durchaus andere Entscheidungen vertretbar wären, die sich aus der Dynamik der Dogmatik ergeben. Es können also grundsätzliche Zweifel bleiben, ob eine Entscheidung richtig gewesen ist, solange noch kein rechtlich gesicherter Erfahrungssatz in Form von Dogmatik vorliegt.[760] Diese Zweifel führen zu der zweiten Folgerung, dass die Begründungsansätze stets überprüfbar sein müssen, wenn sie erneut in Entscheidungen eingebracht werden sollen.[761] Recht darf also nicht gegen seinen eigenen Begründungsprozess laufen, da es ansonsten seine Nichtakzeptanz riskieren würde. Das bedeutet, dass auch Recht mehr ist als eine statische Rechtsordnung, sondern vielmehr ein dynamischer Ordnungsprozess nach den Gesetzen der Logik und Widerspruchsfreiheit, dessen Ausgestaltung vor allem durch die Gleichberechtigung der Diskursteilnehmer und deren Teilhabemöglichkeiten geprägt ist.[762] Ähnlich wie im Wettbewerb findet bei diesem Entdeckungsverfahren auch ein Selektionsmechanismus statt,[763] wobei dessen Wirksamkeit im Recht den Grenzen der Bindung an Recht und Gesetz unterworfen ist, weshalb *Alexy* diesen Vorgang als Sonderfall des allgemeinen Diskurses beschreibt.[764]

dd) Diskurs und vernünftiger Begründungsprozess im Recht

Zutreffend lässt sich mit *Podszun* die Analogie eines Evolutionsprozesses für die dargestellten zivilprozessualen Verfahren heranziehen, da die dort geregelten prozessrechtlichen Vorschriften als Begrenzungen des Beibringungsgrundsatzes den Diskursvorgang aktiv gestalten.[765] Dies muss mit der auf die Durchsetzung einer Argumentation bezogenen Einschränkung weiter gedacht werden, dass eine formelle Aussortierung nach Verfahren ebenso wie ein sonstiger sozialdarwinistischer Ansatz in der Rechtsordnung nicht nachvollziehbar begründbar ist.[766] Ein rein evolutorischer Ansatz ist aus Gründen der Gleichberechtigung des Diskurses und des Rechtsstaatsprinzips nicht hinnehmbar.[767] Denn nicht

---

759 Klarstellend insofern zu der juristischen Diskurstheorie nach Alexy bei *Rüthers/Fischer/Birk*, Rechtstheorie, 2018, Rn. 586 ff.; *Guski*, ZWeR 2012, S. 243 (260).

760 *Hoffmann-Riem*, AöR 2006, S. 255 (259).

761 *Guski*, ZWeR 2012, S. 243 (259).

762 *Rüthers/Fischer/Birk*, Rechtstheorie, 2018, Rn. 588; *Alexy*, Theorie der juristischen Argumentation, 2019, S. 33, 234 f.; *Mohr*, JZ 2018, S. 685 (685).

763 *Hoffmann-Riem*, Innovation und Recht, Recht und Innovation, 2016, S. 294.

764 *Alexy*, Theorie der juristischen Argumentation, 2019, S. 34; die dort erwähnte Dogmatik kann allerdings als solche nur gelten, sofern und soweit sie selbst Gegenstand von Recht und Gesetz ist, was auch *Alexy* anerkennt.

765 *Podszun*, Wirtschaftsordnung durch Zivilgerichte, 2014, S. 140.

766 *Henke*, Über die Evolution des Rechts, 2010, S. 40.

767 A. A. *Abegg*, in: Buckel/Christensen/Fischer-Lescano, Neue Theorien des Rechts, 2009, S. 371 (372).

das Evolutionselement entscheidet über die Durchsetzung der Argumentation, sondern ihre Argumentationsstärke selbst und die rechtliche Akzeptanz dieses Arguments im Rahmen der verfassungsmäßigen Ordnung.[768] Im Fall der kartellrechtlichen offenen Tatbestände mit seinen unbestimmten Rechtsbegriffen besteht Dogmatik vor allem in „verdichteten Fallgruppen", die in der Rechtsprechung ausgebildet werden.[769] Die rechtliche Geltungskraft der Dogmatik ergibt sich aus der verfassungsrechtlichen Bindung der staatlichen Gewalt an Recht und Gesetz. Besteht also eine bereits abgesicherte Rechtsprechung für eine bestimmte Interessenlage, so soll von dieser nur abgewichen werden können, wenn es sich entweder bereits um eine in tatsächlicher Hinsicht unterschiedliche Interessenkonstellation handelt oder aber aufgrund neuer Erkenntnisse eine abweichende Entscheidung verfassungsmäßig begründet werden kann. Das kann in Bezug auf den Evolutionsprozess des Wissens wiederum nur bedeuten, dass auch dieser durch einen Selektionsprozess hinsichtlich sachlich gerechtfertigter Begründungen stattfinden muss. *Henke* beschreibt den wesentlichen Unterschied des Evolutionsprozesses im Recht von der biologischen Evolution damit, dass ein bewusster sozialer Informationsaustausch stattfindet.[770] Damit beantwortet sich die Frage, was Recht ist, nicht danach, was als solches Ergebnis allein vernünftig ist, sondern was aufgrund eines vernünftigen Begründungsprozesses als Ergebnis geschaffen wird.[771]

Dies gewinnt wiederum eine Bedeutung für die kartellrechtliche Methode, wenn es um das wirtschaftliche Verhalten betroffener Unternehmen geht. Denn nicht das Ergebnis des Prozesses selbst oder das Verhalten allein des jeweils betroffenen Unternehmens kann dabei Gegenstand einer staatlichen Vernunftbetrachtung sein. Auch im Wettbewerb und seiner kartellrechtlichen Betrachtung ist Recht und dessen vernünftige Begründung eine Vorgehensfrage. Damit ist nicht lediglich ein wirtschaftliches oder gar effizientes Ergebnis als mögliche Erklärung oder Rechtfertigung wettbewerblichen Verhaltens zu sehen, sondern darüber hinaus können sich weitere vernünftige Begründungssätze ergeben, deren Auswahl wettbewerblich unter den dargestellten Bedingungen der verfassungskonformen richterlichen Rechtssetzung erfolgt.[772] Auch auf den ersten Blick ineffizientes Verhalten kann angesichts des Auslebens der Wettbewerbsfreiheiten vernünftig begründet werden. Ein Betrachtungsmaßstab allein nach als vernünftig empfundener Effizienz würde dagegen zum einen die Anmaßung von Wissen bedeuten und zum anderen zu einer Verschiebung des Betrachtungsmaßstabs hin zu einer Ex-ante-Sicht führen.[773] Dies ist auch in formeller Hinsicht nicht mit

---

768 *Alexy*, Theorie der juristischen Argumentation, 2019, S. 264.
769 *Guski*, ZWeR 2012, S. 243 (260).
770 *Henke*, Über die Evolution des Rechts, 2010, S. 34.
771 *Alexy*, Theorie der juristischen Argumentation, 2019, S. 221 ff., 264; *Rüthers/Fischer/Birk*, Rechtstheorie, 2018, Rn. 587.
772 *Hoffmann-Riem*, Innovation und Recht, Recht und Innovation, 2016, S. 294.
773 *Eilmansberger/Bien*, in: Säcker et al., Münchener Kommentar zum Wettbewerbsrecht: Band 1, Art. 102 AEUV, Rn. 352; hierzu *Acuña-Quiroga*, IRLCT 2001, S. 7 (15) mit diesem Einwand aus der US-amerikanischen Wissenschaft.

den Wettbewerbsfreiheiten vereinbar, da diesen und damit ihren Trägern eine geringere Argumentationsrolle eingeräumt wird.

Allerdings ist wohl der Erwartungsanspruch an die Diskurstheorie unrealistisch, eine Teilhabe aller zu gewährleisten.[774] Die von ihren Vertretern verlangten Anforderungen scheinen eine ideale Sprechsituation zu bedeuten, eine herrschaftsfreie Kommunikationsform, in der jeder Teilnehmer die gleichen Rechte hat sich einzubringen.[775] Dies ähnelt wiederum dem Konzept des vollkommenen Marktes. Bereits aus praktischen Gesichtspunkten wird sich die mit der geforderten idealen Sprechsituation einhergehende vollkommene Informiertheit und Rationalität der Teilnehmer nicht herstellen lassen. In besonders komplexen Sachverhalten wird dies noch einmal verstärkt, weshalb sich zunehmend die Forderung nach einer ganzheitlichen Betrachtung auch in richterlichen Entscheidungen stellt.[776] Zudem haftet diesem Erklärungsansatz wiederum ein überpositivistisches Element der Vernunftbegründung an. *Rüthers/Fischer/Birk* entnehmen aus diesen Zweifeln eine methodische Voraussetzung einer steten kritischen Selbsthinterfragung und Begründung.[777] Statt eines Vernunftelements müsste vielmehr die offene Frage gestellt werden, was bezogen auf die konkrete zu bewertende Situation unter Einbeziehung der jeweiligen relevanten Personen und ihrer erheblichen Argumente als vernünftig vertretbar anzusehen ist.[778] Das würde ähnlich wie bei der Erklärung des Wettbewerbs als dynamischem Prozess bedeuten, dass es in dem Diskurs über das Recht auf die Offenheit und potenzielle Zugänglichkeit des Prozesses selbst ankommt.[779] Unterschiedlich kann dabei aufgrund der spezifischen prozess- oder verfahrensrechtlichen Positionen der Adressatenkreis sein. Das bedeutet, dass je nach den konkreten Anforderungen des materiellen, aber auch des prozessualen Rechts die Positionen für eine Begründung durch positives Recht festgeschrieben werden können. Dies bedeutet wiederum für die kartellrechtliche Rechtsfindung, dass es auf die Suche nach dem jeweiligen Wissen in der konkreten Falllage ankommt, also ein eigenständiger Suchprozess als Wettbewerb zwischen Behörden und Wettbewerbsteil-

---

774 Kritisch deshalb auch *Ladeur*, RabelZ 2000, S. 60 (74); *Rüthers/Fischer/Birk*, Rechtstheorie, 2018, Rn. 590.
775 Zusammenfassend aus den Theorien Habermas' hierzu ebenda, Rn. 588.
776 Vgl. zusammenfassend für deregulierte Bereiche *Podszun*, Wirtschaftsordnung durch Zivilgerichte, 2014, S. 168, woraus sich aber diese Schlussfolgerung auch für andere Bereiche herleiten lässt, die in besonderer Weise zum Beispiel durch Netzwerke miteinander verbunden sind und dadurch wettbewerblich zusammenhängen. Insofern können sich konkret-individuelle Rechtsentscheidungen in der Praxis auch auf andere Wirtschaftsteilnehmer auswirken.
777 Vgl. *Rüthers/Fischer/Birk*, Rechtstheorie, 2018, Rn. 594, die die Unmöglichkeit der Herstellung einer idealen Sprechsituation grundsätzlich als Scheitern der Diskurstheorie sehen. Damit stellt sich hier erneut das Dilemma des Liberalismus, der durch die Gewährung der notwendigen Freiheitsrechte die Grundlage für gegen ihn gerichtete Angriffe schafft.
778 *Alexy*, Theorie der juristischen Argumentation, 2019, S. 415 f.
779 Vgl. *Ladeur*, RabelZ 2000, S. 60 (98) mit seiner Forderung nach einer den Pluralismus anerkennenden dogmatischen Grundeinstellung, die insbesondere in Zeiten zunehmender Vernetzung die Beachtung umfassender Interessen ermögliche; klarstellend so auch *Alexy*, Theorie der juristischen Argumentation, 2019, S. 418.

nehmern stattfindet. Gleichzeitig wird in materieller Hinsicht festgeschrieben, inwiefern Argumente bei der Ausfüllung der kartellrechtlichen Vorschriften herangezogen werden und gewichtet werden müssen.

ee) Dynamik des Wettbewerbs und Begründungsprozess

Schließlich zeigt sich im Kartellrecht eine Besonderheit bei der Findung und Anwendung des Rechts darin, dass der Schutzzweck selbst sich ständig verändert, indem die Wettbewerbsteilnehmer ihre Wettbewerbsfreiheiten ausüben und dabei deren Schutzbereiche ständig weiter ausdehnen und neu erkunden. Dies beeinflusst die teleologische Auslegung der positiv geregelten Vorschriften insofern, als dass die jeweils vorliegenden tatsächlichen Umstände, ökonomischen Annahmen und rechtlichen Prinzipien bei der Ausfüllung der jeweiligen Vorschriften herangezogen werden müssen. In diesem Zusammenhang können die kartellrechtlichen Schadenstheorien gestellt werden, wie sie von den Behörden definiert und angewandt werden.[780] Diese stellen nicht für sich geltendes Recht dar, das als solches einzuhalten ist und damit eine Entscheidung über die kartellrechtliche Zulässigkeit darstellt. Vielmehr bieten sie tatsächliche Erklärungsansätze für ökonomische Lebenssachverhalte, die unter dem geltenden Recht anerkannt sein müssen. Sie können insofern der vereinfachten Darstellung dienen.

e) Diskursunfähigkeit des *more economic approach*

Besonderheiten aus den vorgestellten Ausführungen ergeben sich daraus, dass gerade die offenen Tatbestände des Kartellrechts stark durch ökonomische Erkenntnisse auffüllbar sind. Dies zeigt sich vor allem in den Forderungen der EU-Kommission seit der Jahrtausendwende nach einem sogenannten *more economic approach*.[781] Wurde sowohl im deutschen wie auch europäischen Kartellrecht stets über die normativen Ziele des Wettbewerbs gestritten, schien es nunmehr um völlig neue Konzepte zur Bewältigung kartellrechtlicher Ansätze zu gehen, die sich auch nicht-juristischer Methoden bedienten. Es sind nicht ausschließlich ökonomische Methoden, die zur Betrachtung komplexer Sachverhalte herangezogen werden könnten. Aus der Offenheit des Rechts für seine Belegung, solange und soweit diese verfassungsrechtlich gerechtfertigt ist, folgt gleichfalls die Möglichkeit zur Heranziehung alternativer Begründungsansätze.[782] Naheliegend sind angesichts der komplexen ökonomischen und technischen Sachverhalte dabei auch ökonomische oder technische Begründungsansätze. Dabei stellt sich die Frage nach der rechtlichen Qualität derartiger Forderungen, ob diese in kartellrechtliche Sachverhalte einzubeziehen sind und ob es sich sogar um völlig

---

780 *Ewald*, in: Wiedemann, Handbuch des Kartellrechts, § 7, Rn. 19, 195.

781 Einführend hierzu bereits *Kersting/Walzel*, in: Busche/Röhling, Kölner Kommentar zum Kartellrecht, Art. 101 AEUV, Rn. 527 ff.; *Böni/Regenthal*, WuW 2006, S. 1230; *Hildebrand*, WuW 2005, S. 513; *Schmidtchen*, WuW 2006, S. 6; *Basedow*, WuW 2007, S. 712; *Zimmer*, WuW 2007, S. 1198 (1203); zum historischen Hintergrund auch *Witt*, The more economic approach to EU antitrust law, 2016, S. 54 ff.

782 *Hoffmann-Riem*, Innovation und Recht, Recht und Innovation, 2016, S. 524.

neues Recht handelt.[783] Dies lässt sich über den Einwand konkretisieren, dass methodische Ansätze und Erkenntnisse aus anderen Wissenschaftsdisziplinen keine unmittelbare Rechtsgeltung erhalten dürfen, sondern stets in das geltende Recht zu dessen methodischen Bedingungen überführt werden müssen. Dies kann über ausdrückliche Regelungen erfolgen, die eine derartige Einbeziehung erlauben.[784] Aber auch das geltende positive Recht kann im Wege seiner Auslegung nach den oben dargestellten Grundsätzen durch Erkenntnisse aus anderen Disziplinen geprägt werden, soweit ihre Berücksichtigung methodisch und dogmatisch rechtlich zulässig ist.

Unter dem sogenannten *more economic approach*, also dem vermehrt ökonomischen Ansatz, lassen sich verschiedene öffentliche Äußerungen zusammenfassen, die der EU-Kommission zugerechnet werden.[785] Sie beinhalten alle im Wesentlichen die Aussage, dass nicht lediglich eine „juristisch-formalistische" Auslegung der Wettbewerbsregeln zu erfolgen hat. Dieser Ansatz, den die Kommission als „*form based*" bezeichnet, greife regelmäßig zu kurz und erlaube in komplexen Sachverhalten keine umfassende Würdigung aller Umstände einschließlich möglicher ökonomischer Erkenntnisse.[786] Deshalb wolle man auch „*effect based*" die empirisch nachweisbaren Wirkungen der Maßnahmen auf den Wettbewerb untersuchen.[787] Dies wird vor allem in dem Vorgehen deutlich, die Wettbewerbsbeschränkungen über sogenannte Schadenstheorien darzustel-

---

783 *Dreher*, WuW 2008, S. 23 (24).

784 *Frenz*, WRP 2013, S. 428 (433).

785 Zur Übersicht vgl. *Kersting/Walzel*, in: Busche/Röhling, Kölner Kommentar zum Kartellrecht, Art. 101 AEUV, Rn. 527; *Witt*, The more economic approach to EU antitrust law, 2016, S. 57 ff.; *Witt*, AB 2019, S. 172 (173); *Ewald*, in: Wiedemann, Handbuch des Kartellrechts, § 7, Rn. 17 ff.; ausführlich darstellend mit den Bezügen zur Marktmachtmissbrauchskontrolle nach der Prioritätenmitteilung der Kommission; *Fuchs*, in: Immenga/Mestmäcker, Wettbewerbsrecht. Band 1 EU, Art. 102 AEUV, Rn. 204 ff.; *Wurmnest*, Marktmacht und Verdrängungsmissbrauch, 2012, S. 201 ff.; vgl. hierzu die Einschätzung der Kommission, Leitlinien für vertikale Beschränkungen – Vertikalleitlinien v. 19.5.2010, https://eur-lex.europa.eu/legal-content/EN/TXT/HTML/? uri=CELEX:52010XC0519(04)&from=DE, Rn. 7; ebenso in der Vorgängerformulierung Kommission, Leitlinien für vertikale Beschränkungen v. 13.10.2000, https://eur-lex.europa.eu/legal-content/DE/ALL/?uri=%3A32000Y1013%2801%29 (abgerufen 20.11.2018), Rn. 7; ähnlich auch Kommission, Leitlinien zur Anwendung von Artikel 81 Absatz 3 EG-Vertrag v. 27.4.2004, https://eur-lex.europa.eu/legal-content/DE/ALL/?uri=CELEX%3A52004XC0427 %2807%29 (abgerufen 20.11.2018), Rn. 13; Kommission, Mitteilung der Kommission – Erläuterungen zu den Prioritäten der Kommission bei der Anwendung von Artikel 82 des EG-Vertrags auf Fälle von Behinderungsmissbrauch durch marktbeherrschende Unternehmen – Prioritätenmitteilung v. 24.2.2009, https://eur-lex.europa.eu/LexUriServ/LexUriServ.do?uri=O J:C:2009:045:0007:0020:DE:PDF (abgerufen 23.11.2018), Rn. 5 f., wobei sie sich wiederum in Rn. 6 auf den Schutz des wirksamen Wettbewerbs bezieht.

786 *Immenga/Mestmäcker*, in: Immenga/Mestmäcker, Wettbewerbsrecht. Band 1 EU, Einleitung C., Rn. 13; vgl. hierzu *Böge*, WuW 2004, S. 726 (733), der hierin eine Erweiterung der empirisch-quantitativen Testmethoden als einzig rechtlich zulässige Neuigkeit anerkennt; *Witt*, AB 2019, S. 172 (173 ff.).

787 *Jung*, in: Grabitz/Hilf/Nettesheim, Das Recht der Europäischen Union: EUV/AEUV, Art. 102 AEUV, Rn. 15.

len.[788] Damit einher ging eine in den erklärenden Wortlauten vorgenommene sprachliche Reduzierung auf die Steigerung der Konsumentenwohlfahrt und Effizienzgesichtspunkte.[789] Aus weiteren Verlautbarungen der Kommission lässt sich allerdings entnehmen, dass sie nicht stets abschließend auf Effizienzgesichtspunkte abstellt, sondern weiterhin die Auswirkungen auf den Wettbewerb als Prüfungspunkt beibehält.[790] So hält sie im Rahmen der Untersuchung des Marktmachtmissbrauchs die Effizienzeinrede des betroffenen Unternehmens für zulässig, wenn unter anderem die durch das Verhalten herbeigeführten Effizienzvorteile etwaige negative Auswirkungen auf den Wettbewerb und das Verbraucherwohl auf den betroffenen Märkten aufwiegen und durch das Verhalten der wirksame Wettbewerb nicht ausgeschaltet wird, indem alle bzw. fast alle bestehenden Quellen tatsächlichen oder potenziellen Wettbewerbs zum Versiegen gebracht werden. Gebe es keinen Restwettbewerb und drohe in absehbarer Zeit kein Markteintritt, könne dem Schutz der Rivalität und des Wettbewerbsprozesses Vorrang vor möglichen Effizienzvorteilen eingeräumt werden. Hieraus lässt sich wiederum darauf schließen, dass die Kommission den Wettbewerb als effektiven Prozess jedenfalls nicht vollständig unbeachtet lässt. Ebenso könne allerdings marktverschließendes Verhalten, das eine marktbeherrschende, monopolähnliche Stellung aufrechterhält, schafft oder verstärkt, nicht mit damit einhergehenden Effizienzvorteilen gerechtfertigt werden. Neben der methodischen Aussage, die sich auf die tatsächliche Bewertung kartellrechtlich erheblicher Sachverhalte bezieht, lässt sich dem *more economic approach* eine auch nicht durch diese Äußerungen in der Prioritätenmitteilung gänzlich geklärte Vorabwertung über die Art und Weise der Auslegung der kartellrechtlichen Vorschriften entnehmen.[791]

aa) Wertungskonflikte

Dieser Ansatz ist in der Folge unter mehreren Gesichtspunkten kritisiert worden.[792] Unter anderem wird in ihm eine Verlagerung der Bewertung des Wettbewerbs als reines Mittel zur Erreichung anderer, eher über-wettbewerbspolitischer,

---

788 *Ewald*, in: Wiedemann, Handbuch des Kartellrechts, § 7, Rn. 2, 19, 195.
789 *Zimmer*, WuW 2007, S. 1198 (1203).
790 Kommission, Mitteilung der Kommission – Erläuterungen zu den Prioritäten der Kommission bei der Anwendung von Artikel 82 des EG-Vertrags auf Fälle von Behinderungsmissbrauch durch marktbeherrschende Unternehmen – Prioritätenmitteilung v. 24.2.2009, https://eur-lex.europa.eu/LexUriServ/LexUriServ.do?uri=OJ:C:2009:045:0007:0020:DE:PDF (abgerufen 23.11.2018), Rn. 30; vgl. *Bosch*, in: Bechtold/Bosch, Gesetz gegen Wettbewerbsbeschränkungen, Einführung, Rn. 77 f.; *Fuchs*, in: Immenga/Mestmäcker, Wettbewerbsrecht. Band 1 EU, Art. 102 AEUV, Rn. 9.
791 Kritisch hierzu vor dem Hintergrund des systematischen Verhältnisses zwischen Art. 101 Abs. 1 und Abs. 3 AEUV *Mohr*, ZWeR 2015, S. 1 (4).
792 Zur Übersicht vgl. bei *Weber*, Zugang zu den Softwarekomponenten der Suchmaschine Google nach Art. 102 AEUV, 2017, S. 34 ff.; *Bosch*, in: Bechtold/Bosch, Gesetz gegen Wettbewerbsbeschränkungen, Einführung, Rn. 77 ff.

Zwecke gesehen.[793] Das bedeute eine Vernachlässigung anderer Wettbewerbs-funktionen.[794] Zudem wird infrage gestellt, ob die Kommission selbst in recht-licher Hinsicht eine derartige inhaltliche Ausgestaltung oder gar Festlegung der Wettbewerbsregeln vornehmen kann.[795] Unter dem Gesichtspunkt der Gewalten-teilung ist die Kommission an das auszuführende Recht gebunden, während die Auslegung der europarechtlichen Wettbewerbsregeln beim EuGH verbleibt.[796] Jener hat dementsprechend in mehreren Entscheidungen stets einer rein an der Konsumentenwohlfahrt sich orientierenden Anwendung des positiven Kartell-rechts eine Absage erteilt, soweit sie sich nicht auf Art. 101 Abs. 3 AEUV bezog, wobei er den Schutz „der Struktur des Marktes und des Wettbewerbs als solchen" herausstellte.[797] Zudem ist der *more economic approach* mit dem Einwand kon-frontiert, dass konkrete Fallentscheidungen unter seiner verengten Auslegung der Wettbewerbsregeln sowohl das Risiko eines grundsätzlichen Beurteilungs-ausfalls beinhalten, wenn grundrechtliche Positionen nicht mit in die Bewertung einbezogen werden, als auch eines Überschreitens seiner Beurteilungsspielräu-me, indem diese Positionen durch auf diesem Ansatz basierende Entscheidungen

---

793 *Basedow*, WuW 2007, S. 712 (712); zuletzt auch kritisch *Martinek*, JM 2018, S. 447 (450 f.); ebenso *Wurmnest*, Marktmacht und Verdrängungsmissbrauch, 2012, S. 201 ff.

794 Ähnlich diesen Streit zusammenfassend auch schon *Basedow*, WuW 2007, S. 712 (712); *Kersting/Walzel*, in: Busche/Röhling, Kölner Kommentar zum Kartellrecht, Art. 101 AEUV, Rn. 527; *Böge*, WuW 2004, S. 726 (733).

795 *Kersting/Walzel*, in: Busche/Röhling, Kölner Kommentar zum Kartellrecht, Art. 101 AEUV, Rn. 529; *Frenz*, WRP 2013, S. 428 (434).

796 Vgl. *Zimmer*, WuW 2007, S. 1198 (1204), der hier eine angemaßte Normsetzungskompetenz der Kommission sieht; ähnlich dazu auch *Dreher*, WuW 2008, S. 23 (24); *Wurmnest*, Markt-macht und Verdrängungsmissbrauch, 2012, S. 217 f.

797 EuGH, Urt. v. 15.3.2007 – C-95/04 P (British Airways plc/Kommission), ECLI:EU:C:2007:166, Slg. 2007, I-02331 = EuZW 2007, 306 = BeckRS 2007, 70195, Rn. 106; EuGH, Urt. v. 4.6.2009 – C-8/08 (T-Mobile Netherlands BV u. a./Raad van bestuur de Nederlandse Mededingingsau-toriteit), ECLI:EU:C:2009:343, EuZW 2009, 505, Rn. 36; EuGH, Urt. v. 6.10.2009 – C-501/06 P, C-513/06 P, C-515/06 P, C-519/06 P (GlaxoSmithKline Services Unlimited/Kommission), ECLI:EU:C:2009:610, Slg. 2009, I-09291 = GRUR Int 2010, 509, Rn. 62; mit ähnlicher Be-wertung hinsichtlich des Marktmachtmissbrauchsverbots hierzu bereits *Wurmnest*, Marktmacht und Verdrängungsmissbrauch, 2012, S. 213; gestützt auf EuGH, Urt. v. 16.9.2008 – C-468/06, C-478/06 (Lélos u. a./GlaxoSmithKline), ECLI:EU:C:2008:504, Slg. 2008, I-07139, Rn. 68; *Zingales*, in: Nihoul/van Cleynenbreugel, The roles of innovation in competition law analysis, 2018, S. 79 (85); nicht derart eindeutig ist wiederum die Aussage in EuGH, Urt. v. 17.2.2011 – C-52/09 (TeliaSonera Sverige), ECLI:EU:C:2011:83, Slg. 2011, 527, Rn. 24: „*Art. 102 AEUV ist somit dahin auszulegen, dass er nicht nur Verhaltensweisen erfasst, durch die den Verbrau-chern ein unmittelbarer Schaden erwachsen kann [...], sondern auch solche, die sie durch die Beeinträchtigung des Wettbewerbs schädigen.*" Insofern könnte diese Aussage so verstanden werden, dass in jedem Fall eine Schädigung des Verbrauchers erforderlich sei. Es spricht mehr für die Auslegung des Wettbewerbs als Prozess, wobei dessen Beeinträchtigung wiederum auch eine Beschränkung der Verbraucherwohlfahrt darstellen kann, aber nicht muss. A. A.: *Witt*, AB 2019, S. 172 (212) im Ergebnis, die eine Entwicklung in der Rechtsprechung des EuGH hin zu einer Akzeptanz des *more economic approach* daran festmacht, dass er vermehrt die ökono-mischen Wirkungen miteinbezieht.

verletzt werden.[798] Hier stellt sich erneut die Kritik an einem reinen Effizienzdenken dar, denn in einer rein am wirtschaftlichen Ergebnis sich orientierenden Bilanz könnten selbst die Wettbewerbsfreiheiten neutralisiert werden.[799] *Kallfaß* wendet in diesem Zusammenhang ein, dass sowohl der Marktbeherrschungstest als auch der SIEC-Test in der Fusionskontrolle keine Hinkehr zu einem rein ergebnisorientierten Ansatz bedeutet, sondern weiterhin der Wettbewerb als Prozess zu schützen sei.[800] Aber auch aus dem systematischen Zusammenhang zwischen dem Tatbestand der verbotenen Wettbewerbsbeschränkung in Art. 101 Abs. 1 AEUV bzw. § 1 GWB einerseits und der Effizienzfreistellung in Art. 101 Abs. 3 AEUV bzw. § 2 GWB andererseits ergibt sich ein grundsätzlicher Vorrang einer an Freiheitsrechten sich orientierenden Auslegung des Wettbewerbs, während eine Rechtfertigung dessen Beschränkung wiederum nur bei Vorliegen besonderer übergeordneter (Effizienz-)Gesichtspunkte in Betracht kommt.[801]

Daran anknüpfend stellt sich die Frage, ob dieser Ansatz zu rechtlich zulässigen Ergebnissen kommt oder ob nicht vielmehr eine einseitige wettbewerbspolitische Anwendungsverlagerung das Risiko erheblicher Rechtsverstöße nach sich zieht. Dies kann sich insbesondere in der Konfliktlage äußern, dass eine kartellrechtlich zu bewertende Maßnahme zwar noch unter den Schutz des Wettbewerbs fällt, aber im Hinblick auf die Konsumentenwohlfahrt entweder negativ oder aber neutral wirkt.[802] Anders herum könnte sich der Konflikt darin äußern, dass etwas bilanziell effizient ist, aber dennoch die Grundrechte einzelner verletzt. Grundsätzlich ist der *more economic approach* zwar weiterhin kritisch zu sehen. Die Rechtsprechung hat diesem Ansatz seine Grenzen gezeigt.[803] Dies lässt sich in zwei Konfliktsituationen beschreiben: Erstens könnte in einer konkreten Fallsituation der Einwand erhoben werden, ein inkriminiertes Verhalten sei zwar nicht effizient oder konsumentenwohlfahrtsfördernd, jedoch entspreche es ansonsten dem effektiven Wettbewerb und sei deshalb kartellrechtlich unbedenklich.[804] Da zudem ein Abstellen auf die Konsumentenwohlfahrt und Effizienzvorteile eine Bilanzierung wirtschaftlicher Vor- und Nachteile aus der Verbrauchersicht beinhaltet, muss zweitens untersucht werden, ob und inwiefern Individualinteressen einbezogen und bewertet werden müssen.

Soweit der *more economic approach* lediglich zu einer methodischen Verbesserung der Anwendung des geltenden Rechts führt, also lediglich die technische

---

798 Grundlegend diese Frage stellend bereits *Dreher*, WuW 2008, S. 23 (24); *Frenz*, WRP 2013, S. 428 (430); *Martinek*, JM 2018, S. 447 (450); *Lohse*, ZHR 2018, S. 321 (349).

799 *Kerber*, Wirtschaftsdienst 2016, S. 287 (288).

800 *Kallfaß*, in: Langen/Bunte, Kartellrecht, § 36 GWB, Rn. 19.

801 *Ellger*, in: Immenga/Mestmäcker, Wettbewerbsrecht. Band 1 EU, Art. 101 Abs. 3 AEUV, Rn. 288; *Mohr*, ZWeR 2015, S. 1 (4).

802 *Basedow*, WuW 2007, S. 712 (712 f.).

803 Vgl. hierzu insbes. die Entscheidung EuGH, Urt. v. 6.10.2009 – C-501/06 P, C-513/06 P, C-515/06 P, C-519/06 P (GlaxoSmithKline Services Unlimited/Kommission), ECLI:EU:C:2009:610, Slg. 2009, I-09291 = GRUR Int 2010, 509, Rn. 64; vgl. zusammenfassend hierzu *Körber*, in: Immenga/Mestmäcker, Wettbewerbsrecht. Band 3 Fusionskontrolle, Art. 2 FKVO, Rn. 14.

804 *Zimmer*, WuW 2007, S. 1198 (1203).

Verwendung weiterer Methoden bei der Anwendung des Rechts meint, ist dies unbedenklich.[805] Denn die Wettbewerbsbehörden haben bei der Durchführung des Rechts im Rahmen ihrer Zuständigkeit weitreichende Entscheidungsspielräume, innerhalb derer sie über die richtige Anwendung methodischer Ansätze entscheiden können. Das gilt zunächst auf der tatsächlichen Ebene, nämlich der empirischen Feststellung wettbewerblicher Sachverhalte. Hier bieten ökonomische Theorien die notwendigen Annahmen und Erkenntnisse zu einzelfallbezogenen Abwägungen. Auf der rechtlichen Wertungsebene kann dies nur gelten, soweit und solange ökonomische Theorien dogmatisch und in verfassungsrechtlich nicht zu beanstandender Weise nach den oben ausgeführten Bedingungen die Geltung des Kartellrechts beweisen und belegen können. Das bedeutet, dass der *more economic approach* grundsätzlich nicht zur unmittelbaren Findung des Rechts herangezogen werden kann, sondern lediglich einen von mehreren möglichen Erklärungsansätzen bietet, der unter den genannten Voraussetzungen Grundlage eines im Einzelfall dogmatisch und verfassungsrechtlich richtigen – also rechtsfehlerfreien – Ergebnisses sein kann.[806]

(1) Zweck-Mittel-Konflikt

Soweit mit der Verwendung eines *more economic approach* eine Einschränkung des Betrachtungsgegenstands der kartellrechtlichen Vorschriften einhergeht, besteht hierfür keine rechtliche Rechtfertigung.[807] Da nämlich im europäischen Kartellrecht der effektive Wettbewerb Schutzgegenstand ist, kann eine rein auf Effizienz ausgerichtete Betrachtung jedenfalls nicht bereits die Wettbewerbsbeschränkung erfassen.[808] Effizienz würde hiernach in Bezug auf den Wettbewerb eine reine Kosten-Nutzen-Analyse bedeuten. Damit könnten wiederum auch diejenigen Interessen hinter einem wirtschaftlichen Ergebnis zurückstehen müssen, die in ihrer gesetzlichen Zweckrichtung dadurch nicht ausreichend gewichtet würden. Dies würde erstens einen Fall angemaßten Wissens über die korrekte ökonomische und wettbewerbstheoretische Bewertung darstellen, obwohl es wohl regelmäßig keine exakten Ergebnisse geben kann.[809] Zweitens

---

805 *Podszun*, EuCML 2018, S. 57 (65); *Bosch*, in: Bechtold/Bosch, Gesetz gegen Wettbewerbsbeschränkungen, Einführung, Rn. 78; *Schwalbe*, in: Vanberg, Evolution und freiheitlicher Wettbewerb, 2012, S. 61 (64); *Körber*, in: Immenga/Mestmäcker, Wettbewerbsrecht. Band 3 Fusionskontrolle, Art. 2 FKVO, Rn. 12; *Wurmnest*, Marktmacht und Verdrängungsmissbrauch, 2012, Rn. 221; *Drexl*, in: von Bogdandy/Bast, Europäisches Verfassungsrecht, Wettbewerbsverfassung, S. 936; *Körber*, ZWeR 2007, S. 515 (530); *Mohr*, ZWeR 2015, S. 1 (7); weit vorhergesehen hierzu bereits in Bezug auf das Verhältnis zwischen rechtlicher Bewertung des Preismissbrauchs einerseits und den lediglich analytische Modellen der Markt-, Preis- oder Wettbewerbstheorien bei *Möschel*, JZ 1975, S. 393 (395).
806 Vgl. *Zimmer*, WuW 2007, S. 1198 (1205) unter Bezug auf EuGH, Urt. v. 15.3.2007 – C-95/04 P (British Airways plc/Kommission), ECLI:EU:C:2007:166, Slg. 2007, I-02331 = EuZW 2007, 306 = BeckRS 2007, 70195, Rn. 84 ff.
807 *Thomas*, JZ 2011, S. 485 (487); *Heinemann*, GRUR 2008, S. 949 (951).
808 *Thomas*, JZ 2011, S. 485 (487).
809 *Von Hayek*, ORDO 1975, S. 12 (13).

würde es die Funktion des Kartellrechts als letztem Stand des Irrtums[810] über die zu betrachtenden wettbewerblichen Umstände seine Geltungsfunktion nehmen, da an die Stelle der – unsicheren, aber rechtlich überprüfbaren – Wertungsentscheidung nunmehr eine ökonomische Aussage treten würde, die für sich Geltung beansprucht. Dies kann mit einer freiheitlichen Wettbewerbsordnung nicht vereinbar sein. Dass eine reine und umfassende Effizienzbetrachtung und ein daraus sich ergebendes Postulat der Wirtschaftlichkeit keine normative Wirkung haben kann, ergibt sich im Übrigen daraus, dass auch Ineffizienzen im Wettbewerb allgemein und von Monopolen im Speziellen geduldet werden, wie dies *Huttenlauch/Lübbig* pointiert anmerken.[811]

Allerdings können Effizienzeinwände – unter jeweils unterschiedlichen Voraussetzungen – die prima facie angenommenen Wettbewerbsbeschränkungen als unbedenklich erscheinen lassen.[812] Dies ergibt sich ausdrücklich für das Verbot wettbewerbsbeschränkender Vereinbarungen gemäß Art. 101 Abs. 3 AEUV sowie § 2 GWB. Danach können mehrseitige Maßnahmen freigestellt werden, wenn sie effizient sind und die Konsumenten angemessen beteiligen. Über das Merkmal der Angemessenheit kann dabei wiederum eine tatbestandliche Rückanknüpfung an die Wettbewerbsbeschränkung erfolgen. Aber auch in der Marktmachtmissbrauchs- sowie der Fusionskontrolle können Effizienzgesichtspunkte nach der Rechtsprechung des EuGH die wettbewerbsbeschränkenden Wirkungen ausgleichen oder übertreffen, wenn die jeweils untersuchte Wettbewerbsbeschränkung in einem Zusammenhang mit den Vorteilen für den Markt und die Verbraucher steht und für die Erreichung dieser Vorteile erforderlich ist.[813] Hieraus ließe sich in beiden Fällen ableiten, dass kein Widerspruch zwischen Effizienz und Effektivität des Wettbewerbs besteht, wenn ein erfolgreicher Effizienzeinwand die Rechtswidrigkeit einer Maßnahme entfallen lässt, weil in dieser konkret festgestellten Sachlage ein rechtlich zulässiges Ziel mit angemessenen Mitteln verfolgt wird. Entgegenhalten lässt sich dem in sprachlicher und systematischer Hinsicht, dass ein effizientes Verhalten im Bereich des Kartellverbots nur auf eine erfolgreiche Effizienzeinrede hin freizustellen ist, nicht dagegen stets aufgrund eines von Amts wegen zu berücksichtigenden Umstands zulässig ist. Dies ergibt sich aus dem Regel-Ausnahme-Verhältnis des Art. 101 Abs. 1 AEUV zu den Freistellungsmöglichkeiten des Art. 101 Abs. 3 AEUV. Effizienz stellt hierbei ein rechtliches „Minus" zur Effektivität des Wettbewerbs dar.

---

810 So bereits allgemein zum Verhältnis zwischen Wissen und Recht BVerfG, Beschl. v. 8.8.1978 – 2 BvL 8/77 (Kalkar I), BVerfGE 49, 89 = NJW 1979, 359, Rn. 117.

811 *Huttenlauch/Lübbig*, in: Loewenheim et al., Kartellrecht, Art. 102 AEUV, Rn. 248.

812 Hierzu schon *Zimmer*, WuW 2007, S. 1198 (1206); *Basedow*, WuW 2007, S. 712 (713); auf die unterschiedlichen Voraussetzungen des Effizienzeinwandes wiesen zuletzt insbesondere *Colangelo/Maggiolino*, IIC 2018, S. 685 (688) hin.

813 EuGH, Urt. v. 15.3.2007 – C-95/04 P (British Airways plc/Kommission), ECLI:EU:C:2007:166, Slg. 2007, I-02331 = EuZW 2007, 306 = BeckRS 2007, 70195, Rn. 86; Kommission, Entsch. v. 8.9.2015 – COMP/M.7278 (GE/Alstrom), ABl. C 139, 2, Rn. 1232, wobei die Kommission die in diesem Verfahren von den Zusammenschlussbeteiligten vorgebrachten Effizienzeinwände als unerheblich ansah.

Noch deutlicher wird dies im Bereich des Marktmachtmissbrauchsverbots, da hier die Effizienzvorteile die möglichen negativen Auswirkungen auf den Wettbewerb überwiegen müssen.[814] Im Hinblick auf die Fusionskontrolle schreibt Art. 2 Abs. 1 S. 2 lit. b FKVO a. E. vor, dass bei der Prüfung eines Zusammenschlussvorhabens auch die Entwicklung des technischen und wirtschaftlichen Fortschritts zu berücksichtigen ist, sofern dies dem Verbraucher dient und den Wettbewerb nicht behindert. Auch hier kann keine reine Effizienzbetrachtung vorgenommen werden, solange der Wettbewerb als solcher nicht durch ein Fusionsvorhaben eingeschränkt wird.[815]

(2) Gesamtwohlfahrt und Individualschutz

Ein weiterer rechtlich zu bewältigender Konflikt kann sich im Rahmen eines kartellbehördlichen Vorgehens nach dem *more economic approach* an dem herangezogenen Wohlfahrtsmaßstab ergeben. Dabei geht es im europäischen und deutschen Kartellrecht nicht um die vor allem in der US-amerikanischen Literatur diskutierte Differenzierung zwischen Gesamtwohlfahrt („*total welfare standard*") und Verbraucherwohlfahrt („*consumer welfare standard*"), die unterschiedliche Arten der Summierung darstellen,[816] als um die Festlegung auf einen wettbewerblichen Institutionenschutz oder Individualschutz.[817] Dieser Streit ist einerseits nur dann eröffnet, wenn und soweit nicht bereits wettbewerbliche Individualinteressen berücksichtigt werden müssen.[818] Denn nur dann könnte eine Bilanzierung vorgenommen werden, ohne dass dabei grundrechtlich geschützte Interessen verfassungsrechtlich nicht gerechtfertigt beeinträchtigt werden. Ob diese dann ausschließlich sich an der Verbraucherwohlfahrt, sogar am Verbraucherschutz orientieren, oder aber an einer Gesamtwohlfahrt, kann wiederum nur damit beantwortet werden, welcher dieser beiden ökonomischen Methoden ein rechtsfehlerfreies Ergebnis bieten kann. Sind umgekehrt grundrechtlich geschützte Interessen betroffen, indem sie über ihre objektive Wertsetzungsfunktion bei der Auslegung der kartellrechtlichen Vorschriften herangezogen werden müssen, so können diese ausschließlich unter den jeweils vorgesehenen Schrankenregelungen eingeschränkt werden. Auch dabei ist eine verfassungsrechtlich begründete Antwort auf die Frage geboten, ob ein bestimmtes Wohlfahrtsergebnis, also Allgemeininteressen, die grundrechtlichen Positionen überwiegen

---

814 Kommission, Mitteilung der Kommission – Erläuterungen zu den Prioritäten der Kommission bei der Anwendung von Artikel 82 des EG-Vertrags auf Fälle von Behinderungsmissbrauch durch marktbeherrschende Unternehmen – Prioritätenmitteilung v. 24.2.2009, https://eur-lex.europa.eu/LexUriServ/LexUriServ.do?uri=OJ:C:2009:045:0007:0020:DE:PDF (abgerufen 23.11.2018), Rn. 30; EuGH, Urt. v. 27.3.2012 – C-209/10 (Post Danmark), ECLI:EU:C:2012:172, GRUR Int. 2012, 922, Rn. 41 ff.
815 *Körber*, in: Immenga/Mestmäcker, Wettbewerbsrecht. Band 3 Fusionskontrolle, Art. 2 FKVO, Rn. 359.
816 Hierzu der Vergleich zwischen EU-Wettbewerbsrecht und dem US-amerikanischen Kartellrecht bei *Witt*, The more economic approach to EU antitrust law, 2016, S. 57.
817 *Zimmer*, in: Immenga/Mestmäcker, Wettbewerbsrecht. Band 2 GWB, § 1 GWB, Rn. 11 ff.
818 *Thomas*, JZ 2011, S. 485 (488).

kann. Wohlfahrtsinteressen können also grundsätzlich nur unter der Voraussetzung einer Abwägung der die Wettbewerbsfreiheiten erfassenden Grundrechte und Grundfreiheiten in kartellrechtliche Wertungen mit einbezogen werden.[819]

bb) Teilweise Verwertbarkeit innovationsbezogener Schadenstheorien

Relevant ist der *more economic approach* und das daraus abgeleitete wirkungsorientierte Vorgehen im Rahmen der kartellrechtlichen Einzelfallentscheidung vor allem für die sogenannten Schadenstheorien.[820] Hierbei handelt es sich um Annahmen der Kommission, unter deren tatsächlichen Voraussetzungen jedenfalls eine Wettbewerbsbeschränkung vorliegen kann. Rechtliche Anknüpfungspunkte sind auch hierbei die kartellrechtlichen offenen Tatbestände, die eine Wettbewerbsbeschränkung beschreiben.[821] Die EU-Kommission füllt diese aus, indem sie auf ökonomischen Erkenntnissen basierende plausible kasuistische Annahmen aufstellt und die fraglichen Maßnahmen hieraufhin empirisch untersucht.[822] Sie verwendet dabei ökonomische Erkenntnisse zur besseren Sachverhaltserfassung und ihrer ökonomischen Bewertung. Soweit dieses Vorgehen Innovation betrifft, lässt sich eine Behördenpraxis in Form einer *innovation theory of harm* ableiten.[823]

(1) Bisherige Behördenpraxis

Eine ausdrückliche eigenständige innovationsbezogene Schadenstheorie ließ sich zunächst nicht ausmachen. Vielmehr beschrieb die EU-Kommission Innovation als Umstände, die im Rahmen der wettbewerblichen Auswirkungen berücksichtigt werden können. Dabei stellte sie entweder auf die positiven Wir-

---

819 *Möschel*, Recht der Wettbewerbsbeschränkungen, 1983, S. 408.
820 *Ewald*, in: Wiedemann, Handbuch des Kartellrechts, § 7, Rn. 2, 19, 195.
821 *Podszun/Schwalbe*, NZKart 2017, S. 98 (103); *Horstkotte/Wingerter*, IWRZ 2018, S. 3 (6).
822 Vgl. Kommission, Entsch. v. 18.2.2010 – COMP/M.5727 (Microsoft/Yahoo! Search Business), http://ec.europa.eu/competition/mergers/cases/decisions/M5727_20100218_20310_261202_EN.pdf (abgerufen 29.11.2018), Rn. 202.
823 Kommission, Entsch. v. 19.5.2006 – COMP/M.3998 (Axalto/Gemplus), ABl. C 196, 34, Rn. 52; Kommission, Entsch. v. 14.5.2008 – COMP/M.4854 (TomTom/Teleatlas), ABl. C 237, 8, Rn. 187 ff.; Kommission, Entsch. v. 13.5.2009 – AT/37.990 (Intel), ABl. C 227, 13, Rn. 139, diese Entscheidung wurde später vom EuGH wegen einer rechtfehlerhaften Nichtbeachtung des As-efficient-competitor-Tests (AEC-Test) als erheblichem Einwand im Zusammenhang mit der Feststellung einer Wettbewerbsbeschränkung aufgehoben, vgl. EuGH, Urt. v. 6.9.2017 – C-413/14 P (Intel/Kommission), ECLI:EU:C:2017:632, EuZW 2017, 850 = NZKart 2017, 525 = GRUR Int. 2018, 69, was im Hinblick auf die relevante Behördenpraxis in Bezug auf die *innovation theory of harm* keinen Einfluss hat, vgl. hierzu *Podszun*, EuCML 2018, S. 57 (58); Kommission, Entsch. v. 26.1.2011 – COMP/M.5984 (Intel/McAfee), ABl. C 98, 1, Rn. 97; Kommission, Entsch. v. 6.11.2012 – COMP/M.6564 (ARM/Giesecke & Devrient/Gemalto/JV), ABl. C 368, 9, Rn. 178; Kommission, Entsch. v. 14.8.2015 – COMP/M.7559 (Pfizer/Hospira), ABl. C 324, 2, Rn. 58; Kommission, Entsch. v. 8.9.2015 – COMP/M.7278 (GE/Alstrom), ABl. C 139, 2, Rn. 1122 ff.; als endgültig festgelegt kann die *innovation theory of harm* seit der Entscheidung Kommission, Entsch. v. 27.3.2017 – COMP/M.7932 (Dow/DuPont), http://ec.europa.eu/competition/mergers/cases/decisions/m7932_13668_3.pdf (abgerufen 29.11.2018), Rn. 1955 ff. angesehen werden.

kungen der untersuchten Maßnahmen auf Innovation und Wettbewerb ab[824], oder aber sie ließ Innovation als zusätzlichen Faktor bei der Untersuchung preislicher oder marktbezogener Veränderungen zu. Eine eigenständige Schadenstheorie, die beschreibt, unter welchen nachweisbaren tatsächlichen Umständen eine Maßnahme als Wettbewerbsbeschränkung in Bezug auf Innovation zu sehen ist, ergab sich daraus zunächst nicht.[825]

Wettbewerblich positive Wirkungen wurden aber in der Folge bei einem Zusammenschluss angenommen, bei dem weiterhin starke Anreize für Innovationen bestehen, die sich insbesondere darin äußern, dass alle Wettbewerber weiterhin fähig zu Innovationen sind, Neueinsteiger mit ihren Forschungs- und Entwicklungsinvestitionen schnell am Verteilungsprozess teilhaben können und dass die Möglichkeit besteht, kurzfristig durch neue Produkte hohe Margen zu erzielen.[826] Die an dieser Stelle von der EU-Kommission verwendete Formulierung „reallocate R&D capacities" deutet auf den Gesichtspunkt der allokativen Effizienz hin.[827] Ähnlich wurde dies bei der Bewertung des Zusammenschlusses zwischen den Unternehmen *Yahoo!* und *Microsoft* angenommen, beides Plattform-Betreiber.[828] Die Innovationsfähigkeit bliebe demnach auch bestehen, wenn auf einer Plattformseite weiterhin Unabhängigkeit bestehe, wie dies in diesem Fall hinsichtlich der Werbekunden zu sehen war.[829] Positiv wurde auch bewertet, dass es auf der Plattformseite der Endkunden-Suchmaschinennutzer zu Verbesserungen dadurch kam, dass Innovationen geteilt wurden. Durch eine Zusammenlegung mehrerer Plattform-Angebote konnten also mehr Nutzer an deren Innovationen teilhaben. Demgegenüber standen die Vorteile des Zusammenschlusses auf die Innovationsanreize anderer Plattformen. Handele es sich hierbei um solche mit einer *Must-have*-Stellung bei den Endnutzern, so könne diese durch den Zusammenschluss und damit stärker werdenden Wettbewerber weiterhin zu Innovationen motiviert werden.[830]

---

824 Vgl. insbes. noch Kommission, Entsch. v. 18.2.2010 – COMP/M.5727 (Microsoft/Yahoo! Search Business), http://ec.europa.eu/competition/mergers/cases/decisions/M5727_20100218_20310_261202_EN.pdf (abgerufen 29.11.2018), Rn. 203.

825 *Jung/Sinclair*, ECLR 2019, S. 266 (269 f.).

826 Kommission, Entsch. v. 19.5.2006 – COMP/M.3998 (Axalto/Gemplus), ABl. C 196, 34, Rn. 52 ff.

827 Ähnlich auch die Entscheidung in dem Missbrauchsverfahren Kommission, Entsch. v. 13.5.2009 – AT/37.990 (Intel), ABl. C 227, 13, Rn. 139.

828 Kommission, Entsch. v. 18.2.2010 – COMP/M.5727 (Microsoft/Yahoo! Search Business), http://ec.europa.eu/competition/mergers/cases/decisions/M5727_20100218_20310_261202_EN.pdf (abgerufen 29.11.2018), Rn. 215 ff.

829 Kommission, Entsch. v. 18.2.2010 – COMP/M.5727 (Microsoft/Yahoo! Search Business), http://ec.europa.eu/competition/mergers/cases/decisions/M5727_20100218_20310_261202_EN.pdf (abgerufen 29.11.2018), Rn. 215.

830 Kommission, Entsch. v. 18.2.2010 – COMP/M.5727 (Microsoft/Yahoo! Search Business), http://ec.europa.eu/competition/mergers/cases/decisions/M5727_20100218_20310_261202_EN.pdf (abgerufen 29.11.2018), Rn. 217, 237; Kommission, Entsch. v. 7.10.2011 – COMP/M.6281 (Microsoft/Skype), ABl. C 341, 2, Rn. 219.

Später nahm die EU-Kommission zusätzliche Feststellungen über die Innovationsgeschwindigkeit in ihre Entscheidung mit auf.[831] Dies machte sie an der Frage fest, ob Unternehmen Design oder Technologie ihrer Angebote regelmäßig verändern müssten, um noch im Wettbewerb mitzuhalten. Besondere Erwartungen der Kunden können sich als Nachfrage auf die Angebote auswirken. Diese besonderen Erwartungen können sich an qualitativen Aspekten wie Sicherheit oder Image der Angebote festmachen lassen.[832] Für die Sicherheit in der Internetwirtschaft sei Innovation unabdingbar.[833] Dies lässt sich damit erklären, dass derartige Angebote nicht nur als Reaktion auf Sicherheitsrisiken erstellt werden, sondern diese Risiken sogar proaktiv verringern sollen. Das kann nur dann dauerhaft erfolgen, wenn die Erwartung der Kunden an eine zeitaktuelle Sicherheitslösung befriedigt wird. Negative wettbewerbliche Wirkungen könnten aber bei Marktverschlussstrategien wie technischer Verknüpfung, Verhinderung von Interoperabilität oder kommerzieller Bündelung auftreten, wenn dadurch Wettbewerb im Endkundengeschäft ausgeschlossen werde.[834] Dies zeigt sich am deutlichsten, wenn ein möglicher Wettbewerber entfernt wird.[835] Weniger Innovationen können hiernach Auswirkungen auf vor- oder nachgelagerte Märkte haben sodass auch deren Untersuchung zum Erkenntnisgewinn beitragen kann.[836] Dies könnte sich in dem verringerten Anreiz darstellen, in Bezug auf ein vorher bereits bestehendes Angebot Upgrades für den Nachfragemarkt zu entwickeln.[837] Eine isolierte Bewertung hoher Marktanteile seien demnach kein Indiz für Marktmacht oder sogar eine Wettbewerbsbeschränkung, da Innovationen über sie hinaus wirken könnten.[838] Die Geschwindigkeit im Zusammenhang mit Innovationen machte die EU-Kommission anhand der Innovationszyklen fest, die sich branchenbezogen hinreichend plausibel feststellen ließen.[839] Allerdings werden sich zuverlässige Informationen über bestehende Innovationszyklen nur historisch ableiten lassen. Daraus folgt bereits eine Unschärfe in der Form, dass eine anhand empirischer Daten zum Untersuchungszeitpunkt vorgenommene Aussage lediglich prognostisch sein kann. Entsprechend vage können bisherige

---

831 Kommission, Entsch. v. 26.1.2011 – COMP/M.5984 (Intel/McAfee), ABl. C 98, 1, Rn. 89.

832 Kommission, Entsch. v. 7.10.2011 – COMP/M.6281 (Microsoft/Skype), ABl. C 341, 2, Rn. 81.

833 Kommission, Entsch. v. 26.1.2011 – COMP/M.5984 (Intel/McAfee), ABl. C 98, 1, Rn. 112.

834 Kommission, Entsch. v. 26.1.2011 – COMP/M.5984 (Intel/McAfee), ABl. C 98, 1, Rn. 219, 287; Kommission, Entsch. v. 7.10.2011 – COMP/M.6281 (Microsoft/Skype), ABl. C 341, 2, Rn. 159.

835 *Todino/van de Walle/Stoican*, AB 2019, S. 11 (16).

836 Kommission, Entsch. v. 6.11.2012 – COMP/M.6564 (ARM/Giesecke & Devrient/Gemalto/JV), ABl. C 368, 9, Rn. 178.

837 Vgl. hierzu Kommission, Entsch. v. 8.9.2015 – COMP/M.7278 (GE/Alstrom), ABl. C 139, 2, Rn. 1068.

838 Kommission, Entsch. v. 3.10.2014 – COMP/M.7217 (Facebook/WhatsApp), ABl. C 417, 4, Rn. 99; Kommission, Entsch. v. 8.9.2015 – COMP/M.7278 (GE/Alstrom), ABl. C 139, 2, Rn. 243.

839 Kommission, Entsch. v. 7.10.2011 – COMP/M.6281 (Microsoft/Skype), ABl. C 341, 2, Rn. 83 f.; Kommission, Entsch. v. 3.10.2014 – COMP/M.7217 (Facebook/WhatsApp), ABl. C 417, 4, Rn. 99.

Wertungen der EU-Kommission nur sein, unter denen sie innovationsbezogene Wettbewerbsbeschränkungen angenommen hat.

(2) *Innovation theory of harm*

Im weiteren Verlauf wurde die Möglichkeit zur Verringerung der Innovationsaktivitäten noch mehr zu einem maßgeblichen Kriterium erhoben.[840] So sollte die Entfernung, Einverleibung oder Eliminierung eines wichtigen Innovators eine Rolle spielen, sowie die Reduzierung der allgemeinen Anreize in signifikante Investitionen in Innovationen.[841] Hier zeichnete sich bereits in der Entscheidung *GE/Alstom* der EU-Kommission eine Tendenz ab, einerseits Innovation auch als eigenständigen Faktor anzunehmen, dessen Verringerung als Wettbewerbsbeschränkung angesehen werden kann.[842] Andererseits wird das empirisch-methodische Vorgehen fortgeführt, die wettbewerblichen Auswirkungen in einem nicht nur auf einen bestimmten Markt festgelegten Bereich zu untersuchen, sondern in sogenannten Innovationsräumen.[843] Die hierbei aufgestellten Anforderungen erstens der allgemeinen Anreizreduzierung und zweitens der signifikanten Investitionen können dabei ebenso im Zusammenhang mit dem von der EU-Kommission eingeschlagenen Weg zu einer sehr breit angelegten wettbewerblichen Untersuchung gelesen werden.[844] Im Hinblick der Anreizreduzierung zur Innovation stellen die Entstehung hoher Markteintrittsbarrieren, die Einstellung von Produkten oder ein aufgrund der Maßnahme nicht mehr vorhandener wichtiger Innovator drei bereits festgestellte Fallgruppen dar. Nicht ausgeschlossen wären hier noch weitere Situationen, bei deren tatsächlichem Vorliegen die allgemeinen Anreize sinken würden oder eine signifikante Innovationskraft nicht mehr vorliegt.[845] Die signifikanten Investitionen in eine Innovation stellen dabei die eine übermäßige Auslegung korrigierende Anforderung dar, indem sie die allgemeine Anreizabsenkung mit einer Input-Schwelle und preislichen Erwägungen verknüpfen, ab der erst eine Beeinträchtigung des Wettbewerbs angenommen wer-

---

840 *Todino/van de Walle/Stoican*, AB 2019, S. 11 (29); Vgl. Kommission, Entsch. v. 28.11.2014 – COMP/M.7326 (Medtronic/Covidien), ABl. C 82, 1, Rn. 247; Kommission, Entsch. v. 14.8.2015 – COMP/M.7559 (Pfizer/Hospira), ABl. C 324, 2, Rn. 58; kritisch hierzu *Jung/Sinclair*, ECLR 2019, S. 266 (273).

841 Kommission, Entsch. v. 8.9.2015 – COMP/M.7278 (GE/Alstrom), ABl. C 139, 2, Rn. 996, 1128 f.; ähnlich zur empirischen Bestätigung dieser Annahme, allerdings mit dem Hinweis, dass auch oligopolistische Marktstrukturen zu untersuchen sind *Haucap/Rasch/Stiebale*, IJIO 2019, S. 283 (310).

842 So auch *Podszun*, Beschränkung von Innovation: Kann das ein SIEC sein?, D'Kart v. 9.10.2017, https://www.d-kart.de/beschraenkung-von-innovation-kann-das-ein-siec-sein/ (abgerufen 14.12.2019).

843 Kommission, Entsch. v. 27.3.2017 – COMP/M.7932 (Dow/DuPont), http://ec.europa.eu/com petition/mergers/cases/decisions/m7932_13668_3.pdf (abgerufen 29.11.2018), Rn. 342 ff.

844 *Vesala*, in: Nihoul/van Cleynenbreugel, The roles of innovation in competition law analysis, 2018, S. 50 (70 f.).

845 Kommission, Entsch. v. 8.9.2015 – COMP/M.7278 (GE/Alstrom), ABl. C 139, 2, Rn. 1493.

den kann.[846] Insofern wird aufgrund der rechtlichen Unschärfen bei der Feststellung innovationsbezogener Wettbewerbsbeschränkungen eine wirtschaftlich sich am Aufwand orientierende Signifikanzschwelle zugunsten betroffener Unternehmen anzunehmen sein. In methodischer Hinsicht begegnet dies erneut den Zweifeln an einer reinen Effizienzbetrachtung. So kann sich zwar ein bestimmter finanzieller Input „lohnen" oder sogar gesamtwohlfahrtlich positiv zu bewerten sein. Die ökonomische Effizienzbetrachtung wäre unter diesen Umständen ausschließlich von den getätigten Investitionen abhängig, also dem monetären Aufwand. Damit würden Zufallsfunde oder menschlich-individuelle Leistungen vernachlässigt, ebenso wie die Effektivität des Wettbewerbs.

In der Entscheidung *Dow/DuPont* schließlich formulierte die EU-Kommission das erste Mal eine eigenständige Schadenstheorie für Innovationen, die sogenannte *innovation theory of harm*.[847] Deren Besonderheiten können einerseits in dem systematischen Vorgehen gesehen werden, wie die EU-Kommission versucht die Unschärfen bei der Untersuchung von Innovation zu überwinden. Andererseits wird erstmalig eigenständig die Beschränkung von Innovationen als Wettbewerbsbeschränkung angesehen, indem Innovationsanreize entweder insgesamt langfristig oder spezifisch auf überlappende Entwicklungsbereiche kurzfristig reduziert werden.[848] Innovationen können hiernach durch ihre Rivalität die Effektivität des Wettbewerbs sicherstellen.[849] Nicht mehr konstitutiv ist dagegen das Entfernen eines Wettbewerbers.[850] Stattdessen lässt sich eine Gewichtung der Auswirkungen auf den Restwettbewerb entnehmen. Da Produktmärkte durch Innovationen anfechtbar seien, also die jeweilige Marktstellung der Unternehmen unter wettbewerblichen Bedingungen stets angreifbar ist, könne Rivalität als Innovationstreiber angesehen werden, insbesondere wenn als Anreiz der Schutz der Innovation durch starke gewerbliche Schutzrechte besteht. Werden bei Produktinnovationen rivalisierende Unternehmen konsolidiert, so verringere dies das Risiko der gegenseitigen Anfechtbarkeit der Marktposition und könne nicht mehr als effizient angesehen werden. Die Behörde machte dies von verschiedenen feststellbaren Kriterien abhängig, nämlich vorhergehende Konsolidierungsbewegungen, die zu erwartende Entwicklung neuer Produkte und

---

846 Kommission, Entsch. v. 27.3.2017 – COMP/M.7932 (Dow/DuPont), http://ec.europa.eu/com
petition/mergers/cases/decisions/m7932_13668_3.pdf (abgerufen 29.11.2018), Rn. 348.

847 Kommission, Entsch. v. 27.3.2017 – COMP/M.7932 (Dow/DuPont), http://ec.europa.eu/com
petition/mergers/cases/decisions/m7932_13668_3.pdf (abgerufen 29.11.2018), Rn. 1987 ff.;
erläuternd hierzu *Wirtz/Schultz*, NZKart 2019, S. 20 (20 ff.); *Spangler/Heppner*, PharmR 2018,
S. 522 (524); *Todino/van de Walle/Stoican*, AB 2019, S. 11 (21); ähnlich weiterhin Kommission, Entsch. v. 11.4.2018 – COMP/M.8084 (Bayer/Monsanto), http://ec.europa.eu/competition/
mergers/cases/decisions/m8084_12985_3.pdf (abgerufen 29.11.2018).

848 Kommission, Entsch. v. 27.3.2017 – COMP/M.7932 (Dow/DuPont), http://ec.europa.eu/com
petition/mergers/cases/decisions/m7932_13668_3.pdf (abgerufen 29.11.2018), Rn. 2014; *To-
dino/van de Walle/Stoican*, AB 2019, S. 11 (22).

849 Kommission, Entsch. v. 27.3.2017 – COMP/M.7932 (Dow/DuPont), http://ec.europa.eu/
competition/mergers/cases/decisions/m7932_13668_3.pdf (abgerufen 29.11.2018), Rn. 1986,
2000 ff.

850 *Todino/van de Walle/Stoican*, AB 2019, S. 11 (21).

damit verbundene mögliche Verschiebung von Produktmarktanteilen, derzeitige Entwicklungen, die Anzahl an entwicklungsaktiven Wettbewerbern, den Investitionsanteilen der Wettbewerber an den gesamten F&E-Ausgaben, die Möglichkeit zu erlangender Schutzrechte und ihr Bestehen sowie die wettbewerbliche Nähe der Zusammenschlussbeteiligten bei weiteren Entwicklungen.[851] Dabei bezieht sie sich stets ausschließlich auf die Untersuchung von Innovation im Zusammenhang mit den von dem Zusammenschluss betroffenen Unternehmen sowie durch die Betrachtungsweise des *more economic approach* der Konsumenten. Nicht mit in die Untersuchung einbezogen – obwohl dies im Hinblick auf deren Wettbewerbsfreiheiten und den Schutz des effektiven Wettbewerbs als Prozess geboten wäre – werden die Interessen der Wettbewerber und weiterer Wirtschaftsteilnehmer.[852] Die tatsächlichen Feststellungen betreffen in diesem Zusammenhang Tätigkeiten im Zusammenhang mit Innovation, nicht aber die tatsächlichen Anreize.[853] Hieraus könnten zwei Schlüsse gezogen werden. Entweder nimmt die EU-Kommission an, dass eine tatsächliche Feststellung über die Reduzierung von Innovationsanreizen nicht erforderlich sei. Oder aber es handelt sich um eine Wertungsaussage, die sich aus den Feststellungen über die reduzierten Innovationstätigkeiten ergibt, also keine tatsächliche Feststellung. Letzteres scheint in der Entscheidung *Dow/DuPont* deutlicher durch, lässt aber die Zweifel an einer belastbaren Tatsachengrundlage für diese Wertung erneut aufkommen.[854] So wird nicht klar, ob nicht durch die reduzierten Innovationstätigkeiten auch die Möglichkeit anderweitiger Forschungsanstrengungen besteht oder aber Anreize für neue Innovationen geschaffen werden.

Hieraus folgt für die EU-Kommission, dass bei vorheriger Rivalität zwischen verschiedenen Entwicklungsbereichen ein Zusammenschluss nicht zu deren Einschränkung führen kann. Anders kann dies allerdings wiederum bei Prozessinnovationen sein, wenn also ein innovativeres Verfahren von einem Unternehmen entwickelt wurde, das jetzt durchgesetzt werden soll. In diesem Fall würde jedenfalls aus der Entscheidung *Dow/DuPont* noch nicht die Aussage gelesen werden können, dass eine Einschränkung der Rivalität zwischen Unternehmen

---

851 Kommission, Entsch. v. 27.3.2017 – COMP/M.7932 (Dow/DuPont), http://ec.europa.eu/competition/mergers/cases/decisions/m7932_13668_3.pdf (abgerufen 29.11.2018), Rn. 2001; Aufzählung so auch bei Bundeskartellamt, Innovationen – Herausforderungen für die Kartellrechtspraxis v. 9.11.2017, http://www.bundeskartellamt.de/SharedDocs/Publikation/DE/Schriftenreihe_Digitales/Schriftenreihe_Digitales_2.pdf?__blob=publicationFile&v=3 (abgerufen 14.12.2019), S. 34; zusammengeführt bei *Todino/van de Walle/Stoican*, AB 2019, S. 11 (21),

852 Dies empfehlen vor dem Hintergrund einer ganzheitlichen empirischen Innovationsanalyse *Haucap/Rasch/Stiebale*, IJIO 2019, S. 283 (310).

853 Vgl. hierzu *Wirtz/Schultz*, NZKart 2019, S. 20 (21), die hieraus den Schluss ziehen, der eigentliche „Schaden" im Sinne der wettbewerblichen Schadenstheorie liege nicht in den reduzierten Innovationsanreizen, sondern lediglich in der reduzierten Innovationstätigkeit.

854 Kritisch zu der nicht immer konsequenten Differenzierung zwischen Reduktion der Innovationstätigkeit, Reduktion der Innovationsanreize und Auswirkungen auf den Produktwettbewerb in der Dow/DuPont-Entscheidung der EU-Kommission äußern sich *Wirtz/Schultz*, vgl. ebenda, S. 20 (22).

auch eine Wettbewerbsbeschränkung darstellt. Vielmehr spricht der bisher angewandte *more economic approach* weiterhin für eine Anwendung der Effizienzeinrede unter den allgemeinen kartellrechtlichen Voraussetzungen. Dies könnte sich auch aus den weiteren Ausführungen der EU-Kommission ableiten lassen, wonach ein „*consumer harm*" in der Beeinträchtigung der wettbewerblichen Struktur, dem Verlust der Produktvielfalt und der reduzierten Intensität zukünftigen Produktmarktwettbewerbs zu sehen sei.[855]

Im Hinblick auf die Abgrenzung des relevanten Marktes geht die EU-Kommission ähnlich wie im Rahmen ihrer Festlegungen in den Horizontalleitlinien hinsichtlich Vereinbarungen über Forschung und Entwicklung vor.[856] Sie grenzt den zu untersuchenden Sachverhalt dabei nicht im Rahmen einer Marktabgrenzung ein, sondern zieht einen weiteren Rahmen durch den breiten Begriff der sogenannten Innovationsräume.[857] Hierbei identifiziert sie zunächst die Unternehmen, die über Mittel und Fähigkeiten verfügen, neue Produkte zu entdecken und zu entwickeln, sowie diese anschließend auf dem Markt durchzusetzen. In einem zweiten Schritt werden die Bereiche umschrieben, in denen der zu untersuchende Innovationswettbewerb auftritt. Das Bundeskartellamt hat in einem Arbeitspapier ähnlich bereits die Feststellung sogenannter F&E-Poole angeregt, wobei es anders als die EU-Kommission an bestehenden Produktmärkten anzuknüpfen gedenkt.[858] Damit zeigt sich eine Tendenz, Entscheidungen nicht bloß nach bestehenden tatsächlichen Märkten auszurichten, sondern Innovationssachverhalte zum Anlass für eine zeitliche sowie zukunftsbezogene Analyse zu nehmen.[859] Ob diese Entscheidungen jeweils rechtsfehlerfrei auf dieses Vorgehen gestützt werden können, hängt dabei von der konkreten Ausführung des behördlichen Beurteilungsspielraums ab und hierbei insbesondere davon, ob ein zulässiger Analyserahmen gebildet wurde.[860] So geht es bei der bisher gebräuchlichen Marktabgrenzung vor allem um die Eingrenzung des Bereichs, auf dem mögliche wettbewerbliche Umstände sich auf die Zusammenschlussbeteiligten und die zukünftige Entwicklung auswirken können, sodass diese im Rahmen der fusionskontrollrechtlichen Prognoseentscheidung berücksichtigt werden kön-

---

855 Kommission, Entsch. v. 27.3.2017 – COMP/M.7932 (Dow/DuPont), http://ec.europa.eu/com petition/mergers/cases/decisions/m7932_13668_3.pdf (abgerufen 29.11.2018), Rn. 2033.

856 Kommission, Leitlinien zur Anwendbarkeit von Artikel 101 des Vertrags über die Arbeitsweise der Europäischen Union auf Vereinbarungen über horizontale Zusammenarbeit – Horizontalleitlinien v. 14.1.2011, Rn. 111 ff.

857 Vgl. erstmals Kommission, Entsch. v. 27.3.2017 – COMP/M.7932 (Dow/DuPont), http://ec. europa.eu/competition/mergers/cases/decisions/m7932_13668_3.pdf (abgerufen 29.11.2018), Rn. 351 mit weiteren nachfolgenden Erläuterungen; zusammenfassend hierzu *Wirtz/Schultz*, NZKart 2019, S. 20 (21, 23).

858 Bundeskartellamt, Innovationen – Herausforderungen für die Kartellrechtspraxis v. 9.11.2017, http://www.bundeskartellamt.de/SharedDocs/Publikation/DE/Schriftenreihe_Digitales/Schrif tenreihe_Digitales_2.pdf?__blob=publicationFile&v=3 (abgerufen 14.12.2019), S. 32 f.; *Wirtz/Schultz*, NZKart 2019, S. 20 (24).

859 Ebenda, S. 20 (21); *Todino/van de Walle/Stoican*, AB 2019, S. 11 (21).

860 Ähnlich auch *Wirtz/Schultz*, NZKart 2019, S. 20 (24), die auf die Funktion der Marktabgrenzung als maßgeblichen und in ständiger Praxis etablierten Analyserahmen hinweisen.

nen. Allerdings ist das Konzept einer Abgrenzung des relevanten Marktes nicht zwingend vorgeschrieben, sondern wird nur in der Regel als eine von mehreren Möglichkeiten herangezogen.[861] Im Hinblick auf den Marktbeherrschungstest wird eine Untersuchung der zukünftigen Marktentwicklung verlangt, was wiederum die Abgrenzung eines relevanten Marktes jedenfalls im Hinblick auf das Prognoseergebnis erforderlich macht. Gleichwohl kann auch diese Untersuchung mit einer Feststellung der gegenwärtigen Innovationsräume „starten", auf denen sich dann eine marktbeherrschende Stellung feststellen lässt.

(3) Verallgemeinerbarkeit

Die *innovation theory of harm* ließe sich grundsätzlich auf die Tatbestände des Marktmachtmissbrauchs sowie des Verbots abgestimmter Verhaltensweisen übertragen. Dies folgt zum einen daraus, dass die EU-Kommission sich in ihrem Vorgehen nie hat auf die Fusionskontrolle allein beschränken wollen, sowie zum anderen, dass auch die offenen Tatbestände der anderen kartellrechtlichen Vorschriften einer methodischen Einbeziehung des *more economic approach* offen stehen. Allerdings ergeben sich Unterschiede in der Bewertung der Wettbewerbsbeschränkung nach geltendem Recht.

Für das Marktmachtmissbrauchsverbot lässt sich der weite Bewertungsspielraum der Fusionskontrolle nicht übertragen.[862] Maßgeblich ist statt des dort vorgegebenen SIEC-Tests (*significant impediment of effective competition*) allein, dass ein Unternehmen die aus seiner Marktstellung entstehende Macht missbraucht. Insofern bestehen zunächst Zweifel, ob hier ebenso zwecks Eingrenzung der zu untersuchenden Sachverhalte eine Beschreibung der sogenannten Innovationsräume vorgenommen werden kann. Denn hier ist die Vorgabe für die Anwendbarkeit des Marktmachtmissbrauchsverbots, dass zunächst der relevante Markt untersucht und auf diesem eine beherrschende Stellung festgestellt wird, der sich nach Angebot und Nachfrage definiert, nicht aber bloßen wirtschaftlichen Aktivitäten. Anders als beim SIEC-Test, bei dessen Voraussetzungen es nicht mehr auf den Marktbeherrschungstest ankommen muss, verlangen die Regelungen der Art. 102 AEUV sowie §§ 19 Abs. 1, 18 Abs. 1 GWB das Vorliegen einer bereits bestehenden marktbeherrschenden Stellung. Diesbezüglich wird sich deshalb keine derart weitreichende Eingrenzung des untersuchten Wettbewerbsbereichs vornehmen lassen. Vermag die jeweilige Kartellbehörde einen Markt hinreichend abzugrenzen und hierauf eine Bewertung der Marktstellungen vorzunehmen, so können grundsätzlich die bisherigen Erkenntnisse zur *innovation theory of harm* auf das wettbewerbswidrige Ergebnis in Form einer Auswirkung auf den Wettbewerb übertragen werden, die über den konkret fest-

---

861 *Körber*, in: Immenga/Mestmäcker, Wettbewerbsrecht. Band 3 Fusionskontrolle, Art. 2 FKVO, Rn. 16 f.
862 *Lohse*, ZHR 2018, S. 321 (351).

gestellten Markt hinausgeht.[863] Dies gilt nicht in Bezug auf das jeweils zu untersuchende Verhalten des marktmächtigen Unternehmens, das sich als Missbrauch dieser Marktstellung darstellen muss. Das bedeutet, dass nicht jedes allgemeine Nachlassen der Innovationsanreize einen Missbrauch der Marktstellung darstellen kann. Denn dieses ist grundsätzlich auch Gegenstand des wirksamen Wettbewerbs, wie auch sonst Verdrängungen wettbewerbsimmanent sind. Vielmehr muss über ein eigenständiges Unwerturteil der Einfluss des marktmächtigen Unternehmens daraufhin untersucht werden, ob es durch sein Verhalten missbräuchlich Innovationsanreize nimmt und damit seine Marktmacht missbraucht.

In Bezug auf das Verbot wettbewerbsbeschränkender mehrseitiger Maßnahmen lassen sich die empirischen Erkenntnisse über wettbewerbsbeschränkende Einschränkungen von Innovationen grundsätzlich übertragen, soweit es um das „Bewirken" einer Wettbewerbsbeschränkung geht. Diese kann ebenso unter Heranziehung ökonomischer Annahmen erfasst werden, sofern und soweit sich diese Annahmen empirisch belegen lassen. Die benannte Schadenstheorie für Innovationen ist aber zum einen zukunftsgerichtet, so dass sie sich bereits als solche nur schwer zum Gegenstand gegenwärtig feststellbaren wettbewerbsbezogenen Handelns machen lässt. Insofern tritt hier besonders stark der Unterschied zwischen prognostischen Elementen der Fusionskontrolle und dem repressiven Verbot wettbewerbsbeschränkender Maßnahmen zutage. Zum anderen ist Innovation in materieller Hinsicht bereits so schwer greifbar, handelt es sich doch um einen Bestandteil des dynamischen, unvorhersehbaren und durch Suchprozesse geprägten wirksamen Wettbewerbs, dass eine ihrem objektiven Zweck nach auf deren Beschränkung ausgerichtete Maßnahme mehrerer Unternehmen nur schwer im Sinne einer einheitlich und abstrakt formulierten Schadenstheorie definierbar ist, und es deshalb erneut auf eine konkrete Einzelfallbetrachtung ankommen wird.

Fraglich ist des Weiteren, unter welchen Umständen „Bezwecken" einer Wettbewerbsbeschränkung angenommen werden kann. So wird der Wortlaut „bezweckt" nicht stets im Sinne eines subjektiven Wollens und Wissens der Wettbewerbsbeschränkung ausgelegt, sondern kann sich auch aus objektiven Umständen ergeben, wenn die Wettbewerbsbeschränkung „in sich selbst eine

---

863 *Mestmäcker/Schweitzer*, Europäisches Wettbewerbsrecht, 2014, § 19 Rn. 35 f.; vgl. so schon für das im deutschen Kartellrecht mittlerweile mit dem Behinderungsmissbrauch gleichlaufende Diskriminierungsverbot BGH, Urt. v. 7.11.1960 – KZR 1/60 (Molkereigenossenschaft), GRUR 1961, 142 (144); seitdem bestätigt durch BGH, Urt. v. 23.3.1982 – KZR 28/80 (Meierei-Zentrale), GRUR 1982, 576 (578); vgl. grundlegend zum Auswirkungsprinzip auch bei der Anwendung des Missbrauchsverbots durch Maßnahmen außerhalb des europäischen Binnenmarkts, die sich aber auf diesen auswirken, EuGH, Urt. v. 6.9.2017 – C-413/14 P (Intel/Kommission), ECLI:EU:C:2017:632, EuZW 2017, 850 = NZKart 2017, 525 = GRUR Int. 2018, 69, Rn. 40 ff.; grundlegend dazu schon EuGH, Urt. v. 13.2.1979 – Rs. 85/76 (Hoffmann-LaRoche), ECLI:EU:C:1979:36, Slg. 1979, 1869, 1879, Rn. 91; zuvor schon deutlich unter Ablehnung eines allgemeinen Kausalitätserfordernisses EuGH, Urt. v. 21.2.1973 – Rs. 6-72 (Continental Can/Kommission), ECLI:EU:C:1973:22, Slg. 1973, 215, Rn. 27.

hinreichende Beeinträchtigung des Wettbewerbs erkennen lässt".[864] Aus der zitierten Entscheidungspraxis des EuGH geht hervor, dass für die Annahme einer bezweckten Wettbewerbsbeschränkung aus den objektiven Umständen überhaupt erst vorab eine Wettbewerbsbeschränkung festgestellt werden muss, die „ihrer Natur nach" schon als hinreichend schädlich erkennbar ist.[865] Ob und unter welchen Bedingungen derartige Umstände bezüglich Innovation feststellbar sind, scheint noch offen. Tatsächliche Feststellungen müssten sich also mit der Frage befassen, ob die Einschränkung des Innovationswettbewerbs oder Innovationsaktivitäten nur Nebenwirkungen darstellen oder ob sie gezielt durch eine kollusive Maßnahme herbeigeführt werden sollen. Dabei zeigt sich auch eine starke Verwischung zwischen objektiv feststellbaren wettbewerblich nicht gebilligten Ergebnissen und subjektiven Motiven der beteiligten Unternehmen, die mit einer erheblichen Rechtsunsicherheit verbunden ist.[866] Zwar können Unternehmen im Wege ihrer Prüfung, ob sie wettbewerbliche Vorschriften einhalten, absehen, ob sie eine – empirisch nachweisbare – Wettbewerbsbeschränkung bewirken. Nur schwer können sie aber im Hinblick auf die dargestellten tatsächlichen Ungenauigkeiten und prognostischen Unsicherheiten absehen, inwiefern ihre Maßnahmen innovationsbezogen ein Hardcore-Kartell darstellen könnten. Dies gilt umso mehr in Bezug auf Innovationen und Plattformen. Denn eine Vielzahl an Maßnahmen können sich auf den Wettbewerb und Innovationen auswirken. Ein Beispiel könnten die Entscheidungen mehrerer Unternehmen sein, sich für eine bestimmte Plattform oder einen Vertriebsweg zu entscheiden und bei dieser Entscheidung zu bleiben, obwohl es möglicherweise innovativere Plattformen, Vertriebswege oder Technologien gibt. Die wettbewerbliche Entscheidung dieser Unternehmen kann nur schwer ihrer Natur nach als bezwecktes innovationsschädigendes Verhalten gewertet werden. Vielfach wird ein Beharren auf weniger innovativen Technologien weniger um der Schädigung des Wettbewerbs willen als zugunsten der Absicherung eigener Geschäftsmodelle oder lediglich strategischer Ausrichtung halber vorgenommen werden. Auf der anderen Seite ist nicht auszuschließen, dass eine ausdrückliche Absprache gegen eine grundsätzlich mögliche Entwicklung den potenziellen Innovationswettbewerb

---

864 EuGH, Urt. v. 11.9.2014 – C-67/13 P (Groupement des cartes bancaires/Kommission), ECLI:EU:C:2014:2204, EuZW 2014, 901 (m. Anm. v. Köckritz), Rn. 57; vgl. zur Feststellbarkeit *Zimmer*, in: Immenga/Mestmäcker, Wettbewerbsrecht. Band 1 EU, Art. 101 Abs. 1 AEUV, Rn. 129 ff.

865 EuGH, Urt. v. 11.9.2014 – C-67/13 P (Groupement des cartes bancaires/Kommission), ECLI:EU:C:2014:2204, EuZW 2014, 901 (m. Anm. v. Köckritz), Rn. 49; EuGH, Urt. v. 14.3.2013 – C-32/11 (Allianz Hungária Biztosító Zrt./Gazdasági Versenyhivatal), ECLI:EU:C:2013:160, NZKart 2013, 241, Rn. 35; EuGH, Urt. v. 30.6.1966 – Rs. 56–65 (Société Technique Minière (L.T.M.)/Maschinenbau Ulm GmbH (M.B.U.).), ECLI:EU:C:1966:38, Slg. 1966, 282, (303 f.); EuGH, Urt. v. 20.11.2008 – C-209/07 (Competition Authority/Beef Industry Development Society Ltd/Barry Brothers (Carrigmore) Meats Ltd), ECLI:EU:C:2008:643, BeckRS 2008, 71211, Rn. 17; *Schneider*, in: Wiedemann, Handbuch des Kartellrechts, § 33, Rn. 275.

866 *Schröter/van Vormizeele*, in: von der Groeben/Schwarze/Hatje: Nomos-Kommentar, Europäisches Unionsrecht, AEUV Artikel 101 (ex-Artikel 81 EGV) [Kartellverbot], Rn. 123 f.

beschränkt und dies nach einer Betrachtung „ihrer Natur nach" wiederum eine bezweckte Wettbewerbsbeschränkung darstellt. Dies zeigt, dass eine derartige Bewertung nicht anhand bloß empirisch zu belegender Annahmen erfolgt, sondern dass eine Wertung vorzunehmen ist. Die *innovation theory of harm* wird hierbei auf einen sehr engen Anwendungsbereich beschränkt sein, typisierte Fallgruppen oder Schwellwerte zu belegen, bei denen stets von einer Wettbewerbsbeschränkung ihrer Natur nach auszugehen ist.

cc) Erweiterbarkeit auf einen *more technological approach*

So wie der *more economic approach* bereits in rechtsmethodischer Hinsicht nur partikular zu empirisch verwertbaren Ergebnissen beitragen kann, lässt sich auch in materieller Hinsicht seine Aussagekraft anzweifeln. Denn nicht nur, dass eine Beschränkung auf ökonomische Untersuchungen, Konsumentenwohlfahrt und Effizienz wettbewerbliche Zwecke missachtet und zu einer zielgerichteten Ökonomisierung kartellrechtlicher Abwägungsentscheidungen führen würde, neigt dieser Ansatz auch zu einer Übergewichtung ökonomischer Wertungen gegenüber technologischen Zusammenhängen. An diesen Kritikpunkt anknüpfend spricht sich *Podszun* für einen *more technological approach* aus.[867] Demnach sollten kartellrechtliche Fälle auch im Hinblick auf ihre technischen Auswirkungen auf Verhalten und Entscheidungen der Konsumenten untersucht werden, während die sich hieraus ergebenden Entscheidungen am Grundsatz der Offenheit für zukünftige Innovationen zu messen seien.[868] Letztere Offenheit beschreibt *Podszun* als „dynamische Effizienzen".[869] Damit stellt dieser Ansatz auf eine Effizienzbetrachtung anhand einer wirtschaftlichen Betrachtung von Input und Output ab und ist somit denselben Einwänden ausgesetzt.

Der von *Podszun* vorgeschlagene *more technological approach* zeichnet sich durch fünf Elemente aus:[870] Erstens solle vermehrt Innovation untersucht werden sowie ihre Auswirkungen auf Investitions- und Innovationsentscheidungen. Dabei verwendet *Podszun* an dieser Stelle das englische Verb „innovate", wobei dann wiederum unklar ist, welche rechtliche Bedeutung dieses – aktive – „Innovieren" in der kartellrechtlichen Analyse haben könnte. Wenn es nämlich gleichlaufend zum Investieren ist, könnte es insofern stringent mit dynamischen Effizienzen gesehen werden. Es käme dann auf eine bilanzwirtschaftliche Betrachtung des Inputs gemessen am Output an. Innovieren wäre dann nichts anderes als ein wirtschaftlich betrachtetes und ex post auf seine Effizienz überprüfbares Wachsen. Dasselbe ergibt sich aus dem Abstellen auf dynamischen Effizienzen, nur dass hier scheinbar die logische Möglichkeit besteht, dass sich

---

867 *Podszun*, WuW 2014, S. 249; *Podszun*, in: Surblytė, Competition on the Internet, 2015, S. 101 (107 f.); kritisch hierzu *Jaeger*, WuW 2015, S. 702 (703 ff.).

868 Ebenda, S. 702 (702 f.).

869 *Podszun*, in: Surblytė, Competition on the Internet, 2015, S. 101 (107), kritisch zur Bewertung „dynamischer Effizienzen" auch *Mestmäcker/Schweitzer*, Europäisches Wettbewerbsrecht, 2014, § 3. Wettbewerb der Unternehmen, Rn. 81.

870 *Podszun*, in: Surblytė, Competition on the Internet, 2015, S. 101 (108).

der In- und Output-Vergleich nicht nach bloßen Investitionsentscheidungen ergibt, sondern anhand anderer Maßstäbe betrachtet werden soll. Welche Vergleichsmaßstäbe für eine Effizienzbetrachtung hierbei herangezogen werden können, bleibt zunächst offen. Unabhängig hiervon wird Innovation als Begriff nicht weiter definiert, sondern lediglich als Stellvertreter für den stattdessen dargestellten Entwicklungsaufwand herangezogen. Als weiteres sollten neue Terminologien und Konzepte für neue technische Sachverhalte anerkannt werden, anstatt Analogien zu bisherigen Erfahrungen zu ziehen. Damit bezieht sich *Podszun* stark auf die von ihm vertretene evolutorische Rechtstheorie und die damit verbundene Frage bei der Rechtsfindung, ob herkömmliche Denkmuster sich noch ohne weiteres anwenden lassen, oder ob es nicht eines neuen technischen Erklärungsansatzes bedarf, um richterliches Wissen zu schaffen.[871] Für diese Untersuchung würde dies bedeuten, Plattformen zunächst als eigenständig neue Sachverhaltsdimension zu akzeptieren, die sich nicht anhand etablierter kartellrechtlicher Kriterien erfassen lassen, sondern erforderlichenfalls anhand neuer argumentativer Konzepte zu bewerten sind. Dies ziehe als drittes Element nach sich, dass stets eine konkret-individuelle Bewertung der jeweiligen wirtschaftlichen Beziehungen und Geschäftsmodelle vorzunehmen sei, sich also keine Neutralität in Bezug auf die jeweiligen Geschäftsmodelle ergeben kann. Daraus folgt wiederum, dass keine technische Vorprägung oder Vorabentscheidung geboten ist, sondern vielmehr das geltende Kartellrecht zunächst technologieneutral auszulegen ist. Das bedeutet, dass nicht aus der kartellrechtlichen Bewertung eines Plattform-Geschäftsmodells auf diejenige anderer ähnlich gelagerter Sachverhalte geschlossen werden kann, wenn hierbei nicht die Umstände des Einzelfalls, nämlich insbesondere technische, hinreichend bewertet werden. Eine weitaus größere Beachtung will *Podszun* viertens den Konsumentenentscheidungen zusprechen, nämlich dass sie deutlich stärker in Prozesse und Abläufe eingebunden seien und stärker als zuvor ihre jeweiligen Präferenzen als wettbewerbliche Entscheidungsparameter zu berücksichtigen seien. Dies ist ein Umstand, der bislang wenig Berücksichtigung in der kartellrechtlichen Analyse gefunden hat. Dabei ließe er sich sogar bereits aus dem bisherigen *more economic approach* und der dabei untersuchten Konsumentenwohlfahrt ableiten. Wohlfahrtsbezogene Auswirkungen können sich nämlich auch aus reduzierten Entscheidungsfreiheiten ergeben. Das fünfte Element schließlich bezieht sich kritisch auf das Vorgehen der Kartellbehörden, durch die Anwendung des Gesetzes Rechtszustände zu schaffen, also für den Entscheidungszeitpunkt geltende statische Maßnahmen. Hierdurch könnten zukünftige Ereignisse nur schwer erfasst werden. Da sich Innovationen häufig erst zukünftig zeigen, müsste das Recht diese Zukunftsgewandtheit ermöglichen.[872] Dies werde durch übermäßig statisch wirkende behördliche Maßnahmen verhindert.

---

871 *Podszun*, Wirtschaftsordnung durch Zivilgerichte, 2014, S. 167 f.; zuletzt auch *Podszun*, Beschränkung von Innovation: Kann das ein SIEC sein?, D'Kart v. 9.10.2017, https://www.d-kart. de/beschraenkung-von-innovation-kann-das-ein-siec-sein/ (abgerufen 14.12.2019).
872 *Podszun*, in: Surblytė, Competition on the Internet, 2015, S. 101 (108).

Zusammengefasst besteht der *more technological approach* in einer einerseits verstärkten empirischen Betrachtung auch der technologischen Zusammenhänge der untersuchten Sachverhalte sowie andererseits der Forderung nach einer methodischen Offenheit bei der Anwendung des Kartellrechts. Das Dilemma einer zu sehr an kollektiven Wohlfahrtsinteressen sich orientierenden und dabei berechtigte individuelle Entscheidungsmöglichkeiten, nämlich Wettbewerbsfreiheiten dieser individuellen Konsumenten, außer Acht lassenden Bewertung scheint *Podszun* damit zu umgehen. Dies steht im Widerspruch zu der Betrachtung dynamischer Effizienzen, die wiederum eine Bilanzierung verlangen.

dd) Erweiterbarkeit auf einen *more holistic approach*

Die bisherigen Untersuchungen zur behördlichen Anwendung der kartellrechtlichen Vorschriften haben zunächst gezeigt, dass sie zwar einerseits bemüht sind, brauchbare Argumentationsmuster für die Bewertung innovationserheblicher Sachverhalte anzubieten. Allerdings mangelt es an einer ganzheitlich wettbewerblichen Betrachtung des Wettbewerbs. Sowohl der zunächst öffentlich definierte *more economic approach* als auch seine behördliche Anpassung auf Fusionskontrollfälle mit Innovationsbezug sowie technische Interpretation neigen zu einer Verengung auf Zielvorgaben. *Podszun* ist dabei einerseits im Hinblick auf die Erweiterung des materiellen und technologischen Betrachtungsumfangs zuzustimmen.[873] Wenn aber nicht nur die rein ökonomisch messbaren Auswirkungen untersucht werden sollten, sondern auch die möglichen Entscheidungen und das Verhalten der Konsumenten, so stößt diese Überlegung unter einer reinen Effizienzbetrachtung an ihre Grenzen. Der Umfang der zu bewertenden Umstände würde unter mathematisch-bilanziellen Gesichtspunkten erheblich erweitert, denn es müssten nunmehr auch die angesprochenen individuellen Verhalten und Entscheidungen in die Effizienzbetrachtung miteinbezogen werden. Dies führt aus kartellrechtlichen Gesichtspunkten zu zwei Fragestellungen: Erstens, ob es praktikabel ist, dass stets alle diese individuellen Interessen im Sinne einer wettbewerblichen Effizienzbetrachtung einzubeziehen sind, was bei einer als ganzheitlich verstandenen Erweiterung des Betrachtungsumfangs noch einmal deutlicher würde. Denn in diesem Fall wäre die Effizienzbetrachtung lediglich ein rechnerischer Stellvertreter für die wettbewerbliche Bewertung kartellrechtlicher Sachverhalte, der immer mehr bilanziell überladen würde. Zweitens ist zu beantworten, ob angesichts dieser Betrachtungsweise überhaupt noch eine Aussage über Wohlfahrt getroffen werden kann.

Eine durch den Rechtsanwender vorzunehmende ganzheitliche Betrachtungsweise kann zunächst nicht bereits aus dem kartellrechtlichen Selbstveranlagungsgrundsatz abgeleitet werden. Hierbei handelt es sich um den in Art. 1 Abs. 1, Abs. 2, Art. S. 2 Wettbewerbsregeln-DVO festgelegten Grundsatz, dass die von dem Verbotsrecht aus Art. 101 Abs. 1 AEUV betroffenen Unternehmen ihr wettbewerbliches Verhalten selbstständig und auf eigenes Risiko zu bewerten

---

873 Ebenda, S. 101 (108).

haben.[874] Diese Vorgaben können in einer immer mehr technisierten unternehmerischen Umgebung mit einhergehenden technisch bedingten Vorfestlegungen, die wettbewerblich negativ wirken könnten, zu einer im Rahmen angemessener Compliance-Maßnahmen bestehenden Pflicht zur Umsetzung quasi-prophylaktischer Programmierungsmaßnahmen führen.[875] Dies gilt nur im Hinblick auf die Freistellungsmöglichkeit gemäß Art. 101 Abs. 3 AEUV und gegenüber den von dem Kartellverbot betroffenen Unternehmen, nicht aber als Entscheidungsmaßstab für die Kartellbehörden.

Auch ein dem Regulierungsermessen vergleichbares rechtliches Instrument kann im Kartellrecht nicht hergeleitet werden, aus dem sich eine Pflicht der Behörden zur Anwendung eines möglichst umfassenden Betrachtungsmaßstabs ergeben könnte. Der Begriff Regulierungsermessen beschreibt in Anlehnung an das Planungsermessen die Ermächtigung einer Behörde zur umfassenden Abwägung verschiedener Vorgaben und Ziele zur Erreichung eines „planerischen Programms".[876] Für netzwirtschaftsnahe Bereiche besteht dies bereits im telekommunikationsrechtlichen Marktregulierungsrecht und dem sich daraus ergebenden Konfliktbewältigungsverbot.[877] Dort hat die zuständige Fachbehörde, die Bundesnetzagentur, weitreichende Regulierungszwecke und -ziele einzuhalten, die sich aus den §§ 1, 2 Abs. 2 und 3 TKG ergeben. Es liegt insofern eine regulatorische Gestaltungsermächtigung zur Wettbewerbsförderung vor, die es aber im Kartellrecht so nicht gibt.[878] Vielmehr wird der eigentliche behördlich zu verfolgende Zweck Offenhaltung der Märkte und Schutz des Wettbewerbs als solchen erst aus der Interpretation der kartellrechtlichen Verbotsvorschriften abzuleiten sein und ist denkbar weit auszulegen. Denn die eigentliche Befugnis zur Durchsetzung kartellrechtlicher Vorschriften ist keine regulatorische behördliche Ermächtigung zur Marktordnung. Sie wirkt nicht präventiv, sondern repressiv. Dem Regulierungsplan bildhaft entgegensetzen lässt sich der Wettbewerb mit seiner unplanbaren spontanen Ordnung.

Allerdings verfügen die Kartellbehörden im Rahmen der gesetzlichen offenen kartellrechtlichen Tatbestände über eigene Spielräume bei der Auslegung und

---

874 *Mestmäcker/Schweitzer*, Europäisches Wettbewerbsrecht, 2014, § 3. Wettbewerb der Unternehmen, Rn. 49; *Zimmer*, in: Immenga/Mestmäcker, Wettbewerbsrecht. Band 1 EU, Art. 101 Abs. 1 AEUV, Rn. 309.

875 *Louven*, InTeR 2018, S. 176 (178, 181); vgl. *Wirtz/Schultz*, NZKart 2019, S. 20 (22) und die dort angesprochene Herausforderung an Unternehmen bei der Antizipation der voraussichtlichen Beurteilung durch die Kartellbehörden im Rahmen der Berücksichtigung innovationsrelevanter Effekte.

876 *Aschke*, in: Bader/Ronellenfitsch, BeckOK VwVfG, § 40 VwVfG, Rn. 29; *Sachs*, in: Stelkens/Bonk/Sachs, Verwaltungsverfahrensgesetz, § 40 VwVfG, Rn. 42.

877 BVerwG, Urt. v. 2.4.2008 – 6 C 15/07 (Beurteilungsspielraum bei Marktdefinition), ECLI:DE:BVerwG:2008:020408U6C15.07.0, NVwZ 2008, 1359 = NVwZ 2008, 1359, Rn. 47 ff.; BVerwG, Urt. v. 27.1.2010 – 6 C 22.08 (Regulierungsspielraum bei Regulierungsverfügungen), ECLI:DE:BVerwG:2010:270110U6C22.08.0, NVwZ 2010, 1359, Rn. 15 f.; BVerwG, Urt. v. 11.12.2013 – 6 C 23.12 (Regulierungsermessen), ECLI:DE:BVerwG:2013:111213U6C23.12.0, CR 2014, 300 = BeckRS 2014, 47599, Rn. 24.

878 *Säcker*, EnWZ 2015, S. 531 (532, 536).

Gestaltung, die wiederum im Rahmen gerichtlicher Überprüfung auf Ermittlungs-, Gewichtungs- und Abwägungsfehler untersucht werden können.[879] Fehler bei der Wahrnehmung von Beurteilungsspielräumen können also dann auftreten, wenn die Behörde einzubeziehende Interessen nicht oder nicht richtig einbezogen und abgewogen hat. Ob und wie weit spezifische Interessen in die Beurteilung und Abwägung miteinbezogen werden müssen, ergibt sich dabei aus einer Auslegung der jeweiligen Norm, also in diesem Fall der drei Kernvorschriften des Kartellrechts. Diese beinhalten jeweils Regelungen zum Schutz des effektiven Wettbewerbsprozesses und der Wettbewerbsfreiheiten. Soll eine Wertung darüber angestellt werden, ob eine Maßnahme wettbewerbswidrig ist, so muss dabei eine beurteilungsfehlerfreie Aussage über die Einbeziehung der die Wettbewerbsfreiheiten ausfüllenden Grundrechte und Grundfreiheiten erfolgen. Im Rahmen der verfassungs- sowie europarechtskonformen Auslegung der kartellrechtlichen Vorschriften sind dabei diese Grundrechte und Grundfreiheiten zu beachten.[880] Das bedeutet wiederum, dass derart geschützte Interessen in eine kartellrechtliche Beurteilung nur miteinzubeziehen sind, soweit sie unter den Schutzbereich der Wettbewerbsfreiheiten fallen. Dies ist wiederum im Rahmen einer Auslegung der jeweiligen die Wettbewerbsfreiheit beschreibenden wirtschaftsverfassungsrechtlichen Norm zu ermitteln. Weiterhin liegt die Grenze einer umfangreichen Einbeziehung wettbewerblicher Interessen bei bloßen politischen Interessen, deren Einbeziehung im deutschen Kartellrecht zudem gemäß § 71 Abs. 5 S. 2 GWB einer gerichtlichen Kontrolle entzogen sind.[881] Diese Regelung entspricht dem bereits besprochenen Grundsatz der wettbewerbspolitischen Neutralität des Grundgesetzes, die sich hier auf einfachgesetzlicher Ebene wiederfindet. Daraus lässt sich kein Einwand gegen eine umfassende Betrachtung der durch Wettbewerbsfreiheiten umschriebenen Interessen und den Wettbewerbsprozess als solchen folgern. Vielmehr spricht dies dafür, dass eine ganzheitliche wettbewerbliche Würdigung gerade nicht politisch motiviert und beeinträchtigt ist, sondern eine ausschließlich rechtliche umfassende Würdigung aller Sachverhaltszusammenhänge bedeutet. Dieses Vorgehen entspricht bereits dem von *Podszun* vorgeschlagenen Kriterium eines *more technological approach*,[882] verzichtet aber auf eine zielorientierte Effizienzbetrachtung zugunsten des hier vertretenen Schutzes des effektiven Wettbewerbs als Prozess und der damit verbundenen Abwägung der Wettbewerbsfreiheiten.

---

879 Vgl. für das europäische Kartellrecht *Wiedemann*, in: Wiedemann, Handbuch des Kartellrechts, § 2, Rn. 16d; *Schütte/Thomas*, in: Wiedemann, Handbuch des Kartellrechts, § 49, Rn. 338.

880 Vgl. hierzu *Kulick*, NJW 2016, S. 2236 (2236), der insofern die Abkehr der deutschen verfassungsgerichtlichen Rechtsprechung von der ursprünglich noch angenommenen „Ausstrahlungswirkung" der Grundrechte aufgrund ihrer objektiven Wertentscheidungsfunktion im Rahmen der Auslegung offener Tatbestandsmerkmale beschreibt, wie sie noch vom BVerfG in seiner Lüth-Entscheidung angenommen wurde, vgl. BVerfG, Urt. v. 15.1.1958 – 1 BvR 400/51 (Lüth), ECLI:DE:BVerfG:1951:rs19580115.1bvr040051, GRUR 1958, 254; vgl. *Günther*, in: Sauermann/Mestmäcker, Wirtschaftsordnung und Staatsverfassung, 1975, S. 183 (195) und den im Ordoliberalismus begründeten staatlichen Schutzauftrag vor „privater Willkür".

881 *Kühnen*, in: Loewenheim et al., Kartellrecht, § 71 GWB, Rn. 52.

882 *Podszun*, in: Surblytė, Competition on the Internet, 2015, S. 101 (108).

f) Zwischenergebnisse

Im von unbestimmten Tatbestandsmerkmalen bestimmten positiven Kartellrecht ist die Rechtsfindung weitgehend auf die Anwendung durch die Wettbewerbsbehörden und deren richterliche Überprüfbarkeit übertragen. Diese können dabei empirische wie wettbewerbswissenschaftliche Erkenntnisse berücksichtigen. Eine schematische Anwendung des *more economic approach* begegnet dabei aber erheblichen Zweifeln aufgrund seines vermeintlich universellen Geltungsanspruchs und seiner nicht ohne weiteres nachvollziehbaren Umsetzung innerhalb einer diskursbetonten dogmatischen Rechtsordnung. Dabei stehen seiner Anwendung dann keine Einwände entgegen, soweit er dem grundsätzlich umfangreichen Einbeziehen der für die kartellrechtliche Entscheidung erheblichen tatsächlichen Umstände entspricht. In rechtlicher Hinsicht bedarf es stets einer gleichzeitigen Bewertung dieses methodischen Vorgehens in Form der normativen Überführung dieser Erkenntnisse. Dies kann im Wege des rechtlichen Diskurses und einer daraus folgenden Abwägung erfolgen.

3. Rechtsbindung und Begriffsfindung

Das positive Kartellrecht ist in seiner Offenheit der Tatbestandsmerkmale auch darauf ausgelegt, unbestimmte Entwicklungen zu erfassen. Es erlaubt also im Rahmen seiner verfassungskonformen und rechtsfehlerfreien Auslegung die Überwindung des wettbewerblichen Wissensdilemmas. Dynamischer Wettbewerb schafft ständig neu konkret zu bewertendes ökonomisches Wissen. Rechtsfindung und insbesondere die rechtliche Entscheidung über einen Innovationsbegriff ist damit einem ständigen Such- und Begründungsprozess unterworfen. Dabei sind die jeweiligen wettbewerblichen Wirkungen auf der Tatsachenebene zu untersuchen. Im Rahmen der Auslegung der kartellrechtlichen offenen Vorschriften schließt sich eine rechtliche Wissensentscheidung zur Bildung einer eigenständigen Dogmatik an. Da diese von den Wettbewerbsfreiheiten und den sie ausfüllenden rechtlichen Prinzipien geprägt ist, können und müssen entsprechend in Sachverhalten, bei denen digitale Plattformen beteiligt sind, abhängig von den Voraussetzungen des jeweiligen kartellrechtlichen Tatbestandsmerkmals multipolare Abwägungsentscheidungen getroffen werden. Dies kann insofern erfolgen, dass in einem ersten Prüfschritt die tatsächlichen „Auslebungsverhältnisse" des effektiven Wettbewerbs empirisch festgestellt werden. Dieser Prüfschritt bezieht sich auf die tatsächlichen wettbewerblichen Auswirkungen. Er muss als solcher in der Methode seiner Feststellungen rechtsfehlerfrei sein. Im zweiten Prüfschritt sind diese tatsächlich festgestellten Umstände im Rahmen der rechtsfehlerfreien Anwendung des geltenden Kartellrechts zu bewerten. Dabei können im Rahmen der Auslegung der offenen Tatbestände die rechtlichen Prinzipien hinter den Wettbewerbsfreiheiten herangezogen werden.

IV. Definierbarkeit eines Innovationsbegriffs

Ein finaler Innovationsbegriff lässt sich nach allem nicht beschreiben. Dem stehen die zahlreichen festgestellten infiniten Elemente des dynamischen Wettbewerbs und der wettbewerbstheoretischen Innovationsanalysen entgegen. Innovation ist stets im Wandel und nie vollendet, sondern kann immer nur vorübergehend erfasst werden um seiner eigenen Selbstaufgabe willen. Letzteres bedeutet, dass die Beschreibung von Innovation stets Gefahr läuft sich selbst zu überholen und damit nicht mehr aktuell zu sein. Entsprechend kann Innovation nicht als solche selbst zu einem feststehenden Faktor in der kartellrechtlichen Analyse gemacht werden, sondern verlangt zunächst die Erkenntnis, dass gerade der Wettbewerb im steten Wandel ist. Dieser Wandel kann mit seinem Prozess und seinen kurzfristigen Ergebnissen bewertet werden, ruft jedoch selbst ständige Ungewissheiten hervor, die in der Rechtsfindung zu bewältigen sind. Rechtsfindung in innovationserheblichen Sachverhalten ist deshalb Wissensfindung im rechtlichen Entdeckungsverfahren. Soweit also eine kartellrechtliche Innovationstheorie innovationserhebliche Sachverhalte erfassen können soll, muss sie sich stets mit der Frage befassen, inwiefern ökonomische Erkenntnisse zur Wissensbildung herangezogen werden können.

Die Dynamik des Wettbewerbs schließt deshalb die Dynamik des Rechts und seiner konkreten Rechtsfindung für zu entscheidenden Einzelfälle ein. Das bedeutet eine ständige Überprüfung der Dogmatik zu den offenen Tatbestandsmerkmalen des positiven Kartellrechts innerhalb der verfassungsrechtlichen Rahmenbedingungen. Aufgrund der innovationsoffenen Schutzzwecke der die Wettbewerbsfreiheiten umschreibenden Prinzipien hat sich eine rechtliche Entscheidung deshalb an einer diese Offenheit berücksichtigenden Abwägungsentscheidung zu orientieren, bei der die zugrundeliegenden Prinzipien die Anwendung der jeweiligen Vorschrift prägende objektive Wertentscheidungen bilden. Das bedeutet, dass auch die jeweils innovationsbezogenen Zwecke der Auslegung der Wettbewerbsfreiheiten vielfältig sein können. Innovationsbegriffe können deshalb stets nur Annäherungen sein, die immer wieder auf ihren Bestand hin zu überprüfen sind.

D. Innovation in der kartellrechtlichen Methodik

Auch die praktische Erprobung der bisherigen Erkenntnisse wird nicht immer zu abschließenden Ergebnissen führen. Anhand des positiven Rechtsrahmens lassen sich Markierungen festmachen und im Rahmen des Suchprozesses der Rechtsfindung können aktuelle Maßstäbe des effektiven Wettbewerbs und seines innovationsbezogenen Schutzes ausgemacht werden. Dabei zielt ein erster Abschnitt auf die Erörterung machtbezogener Wettbewerbsbeschränkungen und ihrer Kontrolle ab, während der darauf Folgende sich mit Fragen kollusiver innovationsbezogener Wettbewerbsbeschränkungen befasst.

I. Machtkontrolle in Innovationssachverhalten

1. Innovationsbezogene Marktanalyse bei digitalen Plattformen

Maßgeblicher Anknüpfungspunkt für eine kartellrechtliche Bewertung der dargestellten Konstellationen und wirtschaftlichen Beobachtungen ist die Einordnung in das Konzept des relevanten Marktes. Erst in einem nächsten Schritt ist zu untersuchen, ob auf einem feststellbaren relevanten Markt eine bestimmte Marktstellung besteht. Dabei ist auch die Bedeutung besonderer wettbewerbsökonomischer Phänomene zu untersuchen, die sich bei Plattformen – insbesondere digitalen Plattformen – feststellen lassen. Damit einher geht die Erörterung marktmachtrelevanter Situationen im Zusammenhang mit dem zunehmenden Auftreten und wirtschaftlichen Aktivitäten digitaler Plattformen.[883]

a) Marktabgrenzung

Der relevante Markt beschreibt den Punkt, an dem Angebot und Nachfrage hinsichtlich bestimmter Produkte oder Leistungen zusammentreffen.[884] Das Verständnis des Marktes als Aufeinandertreffen von Angebot und Nachfrage ist also bipolar geprägt.[885] Danach ist aus Sicht der jeweiligen Marktgegenseite zu untersuchen, welche Produkte oder Dienstleistungen aufgrund ihrer Eigenschaften, ihres Verwendungszwecks oder ihres Preises funktional austauschbar sind und die entsprechende Nachfrage befriedigen.[886] Der räumlich relevante Markt orientiert sich an der Sicht der Teilnehmer im Hinblick auf hinreichend homogene Wettbewerbsbedingungen.[887] Dabei ist der räumlich relevante Markt nicht durch Landesgrenzen oder Mitgliedsstaaten eingeschränkt, sondern kann darüber hi-

---

883 Auch so erörternd *Podszun*, in: Di Porto/Podszun, Abusive practices in competition law, 2018, S. 68 (82 ff.).

884 Vgl. allein *Podszun/Franz*, NZKart 2015, S. 121 (125); siehe auch zuletzt hierzu der Bundesgesetzgeber Regierungsbegründung zur 9. GWB-Novelle, BT-Drs. 18/10207, S. 47.

885 *Körber*, ZUM 2017, S. 93 (93).

886 *Blaschczok*, Kartellrecht in zweiseitigen Wirtschaftszweigen, 2015, S. 56; EuGH, Urt. v. 3.7.1991 – C-62/86 (Akzo), ECLI:EU:C:1991:286, BeckRS 2004, 73453; so auch in Bezug auf Plattformen schon *Dreher*, ZWeR 2009, S. 149 (155).

887 *Blaschczok*, Kartellrecht in zweiseitigen Wirtschaftszweigen, 2015, S. 57.

naus reichen. Für das deutsche Kartellrecht ist dies zusätzlich in § 185 Abs. 2 GWB klargestellt. Die Abgrenzung des sachlich relevanten Marktes erfolgt auch bei Plattformen mittels des Bedarfsmarktkonzepts, das einer besonders umfangreichen Würdigung der Umstände des Einzelfalls bedarf.[888]

In allen drei Kerngebieten des Kartellrechts, dem Verbot wettbewerbsbeschränkender Maßnahmen gemäß Art. 101 AEUV bzw. § 1 GWB, dem Verbot des Missbrauchs einer marktbeherrschenden Stellung gemäß Art. 102 AEUV bzw. §§ 19, 20 GWB sowie der Zusammenschlusskontrolle nach der EU-Fusionskontrollverordnung bzw. §§ 35 ff. GWB, wird auf den relevanten Markt Bezug genommen. Das Verbot einseitiger missbräuchlicher Maßnahmen richtet sich an Unternehmen, die auf einem bestimmten Markt über eine bestimmte Marktstellung – in der Regel eine marktbeherrschende Stellung – verfügen. Das bedeutet, dass zunächst der relevante Markt abzugrenzen und anschließend die Marktstellung dieses Unternehmens zu untersuchen ist. Erst hiernach kann eine Untersuchung erfolgen, ob ein möglicherweise marktmächtiges Unternehmen seine Stellung missbraucht hat. Ähnliches erfolgt bei dem der Anmeldung von Unternehmenszusammenschlüssen folgenden Fusionskontrollverfahren, wobei die Bewertung hier einen prognostischen Charakter aufweist. Im Rahmen der Prüfung des Verbots wettbewerbsbeschränkender mehrseitiger Maßnahmen besteht keine unmittelbare Voraussetzung, eine Marktabgrenzung vorzunehmen und die Marktstellung beteiligter Unternehmen zu untersuchen. Die EU-Kommission geht in ihrer Bagatellbekanntmachung davon aus, dass bei lediglich bewirkten, nicht aber bezweckten Wettbewerbsbeschränkungen, die Spürbarkeit ausscheide, wenn die betroffenen Unternehmen bei horizontalen Abstimmungen auf den jeweils betroffenen relevanten Märkten nicht mehr als insgesamt 10 % Marktanteil haben oder wenn bei vertikalen Absprachen zwischen Nicht-Wettbewerbern der Marktanteil auf keinem der betroffenen Märkte über 15 % liegt.[889] Mit einer ähnlichen Mitteilung hat das Bundeskartellamt seine Ermessensgrundsätze festgelegt, nach denen es von einer Verfahrenseinleitung absieht.[890] Außerdem scheidet die Geltung der meisten Gruppenfreistellungsverordnungen aus, wenn bestimmte Marktanteile überschritten werden. Damit kommt es auch für diese Fälle auf eine Bestimmung des relevanten Marktes sowie der Untersuchung der Marktstellung an.

---

888 *Dreher*, ZWeR 2009, S. 149 (155).

889 Vgl. Kommission, Bekanntmachung über Vereinbarungen von geringer Bedeutung, die im Sinne des Artikels 101 Absatz 1 des Vertrags über die Arbeitsweise der Europäischen Union den Wettbewerb nicht spürbar beschränken – De-minimis-Bekanntmachung v. 30.8.2014; vgl. hierzu aber EuGH, Urt. v. 13.12.2012 – C-226/11 (Expedia Inc./Autorité de la concurrence), ECLI:EU:C:2012:795, GRUR Int 2013, 285, Rn. 27 ff., wonach die De-minimis-Anwendungsvorgaben der EU-Kommission keine bindende Wirkung in Bezug auf das Kriterium des „Bezweckens" einer Wettbewerbsbeschränkung hat, vgl. hierzu auch *Mäsch*, GRUR-Prax 2013, S. 51 (51); *Grave/Nyberg*, in: Loewenheim et al., Kartellrecht, Art. 101 AEUV, Rn. 271 f.

890 BKartA, Bekanntmachung Nr. 18/2007 des Bundeskartellamtes über die Nichtverfolgung von Kooperationsabreden mit geringer wettbewerbsbeschränkender Bedeutung – Bagatellbekanntmachung v. 13.3.2007.

b) Marktstellung

Kann ein bestimmter relevanter Markt festgestellt werden, kommt es im nächsten Schritt auf die Feststellung einer besonderen Marktmachtstellung an. Das ist nach ständiger europäischer Rechtsprechung der Fall, wenn das Unternehmen sich aufgrund seiner wirtschaftlichen Stellung in der Lage befindet, die Aufrechterhaltung eines wirksamen Wettbewerbs auf dem relevanten Markt zu verhindern, indem sie ihm die Möglichkeit verschafft, sich seinen Wettbewerbern, seinen Abnehmern und letztlich den Verbrauchern gegenüber in einem nennenswerten Umfang unabhängig zu verhalten.[891] Eine solche Stellung schließe im Gegensatz zu einem Monopol oder einem Quasi-Monopol einen gewissen Wettbewerb nicht aus, versetze aber das begünstigte Unternehmen in die Lage, die Bedingungen, unter denen sich dieser Wettbewerb entwickeln kann, zu bestimmen oder wenigstens merklich zu beeinflussen, jedenfalls aber weitgehend in seinem Verhalten hierauf keine Rücksicht nehmen zu müssen, ohne dass ihm dies zum Schaden gereiche.[892] Besondere Formen der Marktbeherrschung stellen das Oligopol, das Monopol und das Monopson dar. Bei einem Oligopol haben mehrere Unternehmen gemeinsam eine marktbeherrschende Stellung inne, ohne aber dabei zusammen zu wirken.[893] Bei einem Monopol existiert lediglich ein einziger Anbieter auf dem relevanten Markt.[894] Das Monopson, auch Nach-

---

891 EuGH, Urt. v. 8.6.1971 – Rs. 78/70 (Deutsche Grammophon/Metro SB), NJW 1971, 1533, Rn. 17; EuGH, Urt. v. 16.12.1975 – verb. Rs. 40 bis 48, 50, 54 bis 56, 111, 113 und 114-73 (Suiker Unie), NJW 1976, 470, Rn. 382; EuGH, Urt. v. 14.2.1978 – Rs. 27/76 (United Brands), NJW 1978, 2439, Rn. 63/66; EuGH, Urt. v. 13.2.1979 – Rs. 85/76 (Hoffmann-LaRoche), ECLI:EU:C:1979:36, Slg. 1979, 1869, 1879, Rn. 38; EuGH, Urt. v. 11.12.1980 – Rs. 31/80 (L'Oréal/PVBA), ECLI:EU:C:1980:289, Slg. 1980, 3775 = GRUR Int 1981, 315, Rn. 26; EuGH, Urt. v. 9.11.1983 – Rs. 322/81 (Michelin), ECLI:EU:C:1983:313, Slg. 1983, 3461, Rn. 30; EuGH, Urt. v. 3.10.1985 – Rs. 311/84 (CBEM/CLT und IPB), ECLI:EU:C:1985:394, Slg. 1985, 3261, Rn. 16; EuGH, Urt. v. 4.5.1988 – Rs. 30/87 (Bodson/Pompes funèbres des régions libérées), ECLI:EU:C:1988:225, BeckRS 2004, 73069, Rn. 26; EuGH, Urt. v. 5.10.1988 – Rs. 247/86 (Alsatel/Novasam), ECLI:EU:C:1988:469, BeckRS 2004, 72604, Rn. 12; EuGH, Urt. v. 15.12.1994 – C-250/92 (DLG), ECLI:EU:C:1994:413, Slg. 1994, I-05641 = BeckRS 2004, 75443, Rn. 47; EuGH, Urt. v. 5.10.1995 – C-96/94 (Centro Servizi Spediporto/Spedizioni Marittima del Golfo), ECLI:EU:C:1995:308, Slg. 1995, I-02883 = BeckRS 2004, 77933, Rn. 31; EuGH, Urt. v. 2.4.2009 – C-202/07 P (France Télécom/Kommission), ECLI:EU:C:2009:214, Slg. 2009, I-2403 = BeckRS 2011, 80008, Rn. 103; EuG, Urt. v. 1.10.1998 – C-38/97 (Auto Librandi Snc/Cuttica spedizioni), ECLI:EU:C:1998:454, Slg. 1998, I-05955 = BeckRS 2004, 76888, Rn. 27; EuG, Urt. v. 10.7.1991 – T-70/89 (BBC), ECLI:EU:T:1991:40, GRUR Int 1993, 316, Rn. 51; EuG, Urt. v. 10.7.1991 – T-69/89 (RTE), ECLI:EU:T:1991:39, Slg. 1991, II-00485 = IIC 1993, 83, Rn. 63; EuG, Urt. v. 10.7.1991 – T-76/89 (ITP), ECLI:EU:T:1991:41, Slg. 1991, II-00575, Rn. 49; EuG, Urt. v. 12.12.1991 – T-30/89 (Hilti), ECLI:EU:T:1991:70, Slg. 1991, II-01439, Rn. 90; EuG, Urt. v. 6.10.1994 – T-83/91 (Tetra Pak II), ECLI:EU:T:1994:246, Slg. 1994, II-00755, Rn. 109.

892 Vgl. zusammenfassend *Bergmann/Fiedler*, in: Loewenheim et al., Kartellrecht, Art. 102 AEUV, Rn. 115 ff.

893 Vgl. grundsätzlich hierzu: *Ewald*, in: Wiedemann, Handbuch des Kartellrechts, § 7, Rn. 41.

894 Einführend hierzu ebenda, Rn. 26 ff.; *Bergmann/Fiedler*, in: Loewenheim et al., Kartellrecht, Art. 102 AEUV, Rn. 120; *Kühnen*, in: Loewenheim et al., Kartellrecht, § 18 GWB, Rn. 70; wobei der EuGH diesem Unternehmen mit Marktanteilen weit über 90 % als „Quasi-Monopole" gleichstellt, vgl. EuGH, Urt. v. 27.3.1974 – Rs. 127/73 (BRT/SABAM), GRUR Int 1974,

fragemonopol genannt[895], stellt das Gegenteil eines Monopols dar, nämlich dass es auf einem relevanten Markt lediglich einen Nachfrager gibt.[896]

c) Bestimmbarkeit der Marktmacht digitaler Plattformen

Plattformen lassen sich aufgrund der zu Beginn der Untersuchung dargestellten Besonderheiten in herkömmliche Konzepte zur Marktdefinition und zur Bestimmung einer marktbeherrschenden Stellung nur schwer einordnen.[897] Zwar ist das Prinzip der Austauschbarkeit von Produkten und Leistungen aus Sicht der jeweiligen Marktgegenseite grundsätzlich auf Plattformen und ihre jeweiligen Marktseiten übertragbar.[898] Die Aussagekraft vermeintlich festgestellter Marktanteile[899] bei Internetnutzern allgemein ist in Bezug auf die verbundenen korrespondierenden Nutzergruppen gering und unsicher.[900] Denn aus den Marktanteilen hinsichtlich einer Plattform-Seite lassen sich erstens noch keine Rückschlüsse auf die Marktmachtverhältnisse anderer Seiten ziehen und zweitens berücksichtigen sie nicht etwaige plattform-typische Besonderheiten. Häufig wird sich die Austauschbarkeit zunächst ausschließlich auf eine Nachfrageseite, also eine Nutzergruppe, beziehen lassen. Die Nutzer eines Social-Media-Dienstes werden zum Beispiel kein Interesse an der Schaltung von Werbung haben. Dies wird höchstens bei Unternehmen der Fall sein, wobei selbst hier noch nachfragebezogen zwischen einfacher Werbung und einem öffentlichen Profil in einem sozialen Netzwerk unterschieden werden kann. Dies führt zu dem weiteren Problem der konkreten Austauschbarkeit von Nutzer-Nachfragen. Denn die meisten Nutzer werden ihr konkretes Vermittlungsbedürfnis, zum Beispiel eine in einer Suchmaschine formulierte Frage oder auf einer Handelsplattform ausgewählte Kaufsache, nicht als gegen die Vermittlungsergebnisse anderer Nutzer

---

342, Rn. 5; EuGH, Urt. v. 13.2.1979 – Rs. 85/76 (Hoffmann-LaRoche), ECLI:EU:C:1979:36, Slg. 1979, 1869, 1879 (530).

895 *Riesenkampff/Steinbarth*, in: Loewenheim et al., Kartellrecht, Art. 2 FKVO, Rn. 111; *Scholz*, in: Wiedemann, Handbuch des Kartellrechts, § 22, Rn. 45; *Körber*, in: Immenga/Mestmäcker, Wettbewerbsrecht. Band 3 Fusionskontrolle, Art. 2 FKVO, Rn. 316; Vgl. GA Poiares Maduro, Schlussanträge v. 10.11.2005 – C-205/03 P (FENIN/Kommission), ECLI:EU:C:2006:453, Slg. 2006, I-6295, Rn. 66.

896 *Ewald*, in: Wiedemann, Handbuch des Kartellrechts, § 7, Rn. 54 ff.; *Thomas*, in: Immenga/Mestmäcker, Wettbewerbsrecht. Band 3 Fusionskontrolle, § 36 GWB, Rn. 123; *Schwalbe/Zimmer*, Kartellrecht und Ökonomie, 2011, S. 50 f.

897 Eingehend dazu *Dewenter/Rösch/Terschüren*, NZKart 2014, S. 387 (389 f.); *Höppner/Grabenschröer*, NZKart 2015, S. 162 (163); *Podszun*, in: Di Porto/Podszun, Abusive practices in competition law, 2018, S. 68

898 EuGH, Urt. v. 3.7.1991 – C-62/86 (Akzo/Kommission); so grundsätzlich auch *Blaschczok*, Kartellrecht in zweiseitigen Wirtschaftszweigen, 2015, S. 58.

899 *Maier*, Angst vor Google, FAZ v. 3.4.2014, http://www.faz.net/aktuell/feuilleton/debatten/weltmacht-google-ist-gefahr-fuer-die-gesellschaft-12877120.html (abgerufen 14.12.2019).

900 *Dewenter/Rösch/Terschüren*, NZKart 2014, S. 387 (387); *Körber*, ZUM 2017, S. 93 (94 f.); *Kersting/Dworschak*, Ifo Schnelldienst 2014, S. 7; ähnlich relativierend hinsichtlich der Bedeutung der Marktanteile bei Märkten mit kurzen Innovationszyklen, Kommission, Entsch. v. 3.10.2014 – COMP/M.7217 (Facebook/WhatsApp), ABl. C 417, 4, Rn. 99, 130 ff.; Kommission, Entsch. v. 8.9.2015 – COMP/M.7278 (GE/Alstrom), ABl. C 139, 2, Rn. 243.

austauschbar sehen.[901] Auf der anderen Seite wird teilweise noch bezweifelt, dass aufgrund der vielfach bei Plattformen unentgeltlichen Leistungserbringung gegenüber einer Nutzergruppe in diesem Verhältnis überhaupt eine marktmäßig erfassbare Wirtschaftsbeziehung vorliegt.[902]

aa) Defizite konventioneller Methoden

Die Bewertung der marktbeherrschenden Stellung ist unabhängig von Anteilen auf dem betreffenden Markt und daraus ableitbaren Vermutungen nach den konkreten Umständen des Einzelfalls und im deutschen Kartellrecht insbesondere unter Heranziehung der Marktstrukturkriterien nach § 18 Abs. 3 und 3a GWB möglich.[903] Diese sind nicht abschließend, wie sich aus dem Wortlaut „insbesondere" in beiden Absätzen entnehmen lässt.[904] Die in § 18 Abs. 3a GWB im Zuge der 9. GWB-Novelle aufgenommenen Kriterien stellen eine gesetzgeberische Reaktion auf die zunehmende Bedeutung von Plattform-Sachverhalten in der kartellrechtlichen Praxis dar.[905]

Problematisch ist die Anwendung des zur Betrachtung bipolarer Marktverhältnisse etablierten sogenannten SSNIP-Tests (*small but significant and non-transitory increase in price*).[906] Hierbei wird die Austauschbarkeit daran ausgemacht,

---

901 *Dewenter/Rösch/Terschüren*, NZKart 2014, S. 387 (387).

902 *Kersting/Dworschak*, Ifo Schnelldienst 2014, S. 7 ff; *Blaschczok*, Kartellrecht in zweiseitigen Wirtschaftszweigen, 2015, S. 64; vgl. noch Kommission, Entsch. v. 5.5.1999 – Fall Nr. IV/ JV.16 (Bertelsmann/Viag/Game Channel), ABl. C 186, 8, Rn. 7; BKartA, Beschl. v. 22.2.2002 – B7-168/01 (Liberty/KDG), BeckRS 2002, 10429 = WuW 2002, 632, Rn. 35; BKartA, Beschl. v. 20.6.2005 – B7-22/05 (ieshy/ish), nicht veröffentlicht, Rn. 216, noch unter Verweis auf die Entscheidungen BGH, Beschl. v. 23.10.1979 – KZR 22/78 (Berliner Musikschule), VerwRspr 1980, 527 und BGH, Beschl. v. 21.2.1978 – KVR 4/77 (Kfz-Kupplungen), GRUR 1978, 439; BKartA, Beschl. v. 19.1.2006 – B6-103/05 (Axel Springer AG/ProSiebenSat.1 Media AG), BeckRS 2016, 14199, S. 23; BKartA, Beschl. v. 3.4.2008 – B7-200/07 (Kabel Deutschland/ Orion), BeckRS 2009, 8244, Rn. 138; BKartA, Beschl. v. 15.12.2011 – B7-66/11 (Liberty Global/Kabel BW), BeckRS 2011, 141345, Rn. 54; OLG Düsseldorf, Beschl. v. 9.1.2015 – VI-Kart 1/14 (V) (HRS), ECLI:DE:OLGD:2015:0109.VI.KART1.14V.00, NZKart 2015, 148 = WuW 2015, 394, Rn. 43; OLG Düsseldorf, Urt. v. 14.9.2016 – VI-U (Kart) 3/16 (Das Örtliche), ECLI:DE:OLGD:2016:0914.VI.U.KART3.16.00, Rn. 48 ff.; kritisch hierzu bereits *Ott*, K&R 2007, S. 375 (278); anders auch BKartA, Beschl. v. 22.10.2015 – B6-57/15 (Online-Dating-plattformen), BeckRS 2016, 1137, Rn. 79 f., 83.

903 *Kühnen*, in: Loewenheim et al., Kartellrecht, § 18 GWB, Rn. 76.

904 Hierauf bereits im Entwurfstadium hinweisend *Pohlmann/Wismann*, NZKart 2017, S. 555 (562); *Fuchs*, in: Immenga/Mestmäcker, Wettbewerbsrecht. Band 2 GWB, § 18 GWB, Rn. 142.

905 Einführend dazu *Grave*, in: Kersting/Podszun, Die 9. GWB-Novelle, Kapitel 2; *Marschollek/ Sura*, in: Sassenberg/Faber, Rechtshandbuch Industrie 4.0 und Internet of Things, § 7, Rn. 34 ff.

906 Vgl. bereits: *Evans*, YJR 2002, S. 325 (357); *Paal*, GRUR Int 2015, S. 997 (1000); Eingehend auch: *Blaschczok*, Kartellrecht in zweiseitigen Wirtschaftszweigen, 2015, S. 70 ff.; *Bergmann/ Fiedler*, in: Loewenheim et al., Kartellrecht, Art. 102 AEUV, Rn. 49; vgl. auch *Dreher*, ZWeR 2009, S. 149 (157); *Sauermann*, ZWeR 2018, S. 341 (345); *Kerber*, Competition, Innovation, and Competition Law: Dissecting the Interplay, MAGKS Joint Discussion Paper Series in Economics v. 6.10.2017, https://www.uni-marburg.de/fb02/makro/forschung/magkspapers/paper_2017/42-2017_kerber.pdf (abgerufen 14.12.2019); *Podszun*, in: Di Porto/Podszun, Abusive practices in competition law, 2018, S. 68 (76 ff.).

wie die Marktgegenseite auf Preiserhöhungen reagiert. Da aber viele Leistungen von Plattformen nicht gegen ein unmittelbares Entgelt und scheinbar kostenlos erbracht werden, fehlt bereits ein Preis, an dessen Erhöhung das Wechselverhalten der Nachfrager untersucht werden könnte. Eine 10-%-ige Erhöhung des Preises „null" ist nicht möglich bzw. wird weiterhin bei diesem Wert bleiben, sodass sich dem SSNIP-Test an dieser Stelle keine Aussage entnehmen lässt. Jeder positive Preiswert über „null" wird aber eine mehr als kleine Preiserhöhung darstellen. Ähnliche Probleme werden sich bei anderen preislich begründeten Abgrenzungen ergeben.

Zudem sind die bei digitalen Plattformen feststellbaren wettbewerblichen Phänomene in die Betrachtung mit einzubeziehen.[907] Eine isolierte Analyse würde bei Plattformen zu ungenauen Ergebnissen führen, da die Entscheidung der Nutzer für eine bestimmte Plattform von weiteren Faktoren als nur dem Preis abhängt, nämlich ihrer Verknüpfung mit einem bestimmten Netzwerk und den damit verbundenen indirekten Netzwerkeffekten. Entsprechend müssten die Wirkungen dieser indirekten Netzwerkeffekte mit in die dem SSNIP-Test sowie der Ermittlung der Kreuzpreiselastizität zugrundeliegenden Hypothese einbezogen werden.[908] Damit einher gehen aber wiederum mögliche Auswirkungen der hypothetischen Wechselbewegungen einer Nutzergruppe auf die korrespondierende Nutzergruppe.[909] Bei gegenseitigen Verstärkungs- und Rückkoppelungseffekten würde dies im Zusammenhang mit einem nunmehr negativen Netzwerkeffekt dazu führen, dass die mit einer hypothetischen Preiserhebung untersuchte Nutzergruppe kleiner würde. Handelt es sich um eine Plattform, bei der ein indirekter Netzwerkeffekt zwischen dieser Nutzergruppe und einer anderen Nutzergruppe besteht, würden sich aufgrund der Abwanderungsbewegungen auf der einen Seite ebenso einzelne Individuen der korrespondierenden Nutzergruppe von der Plattform abwenden. Dies könnte allenfalls unbedenklich sein, wenn umgekehrt von dieser korrespondierenden Nutzergruppe in die Richtung der mit einer hypothetischen Preisanhebung untersuchten Nutzergruppe kein indirekter Netzwerkeffekt ausgehen würde. In diesem Fall bleibt das Produkt aus Sicht der Nutzer trotz angehobener Preise zunächst gleich, sodass eine Marktabgrenzung wie bei einseitigen Märkten angebracht sein kann, und es wäre nur der Einfluss der direkten Netzwerkeffekte zu beachten. Aber auch diese könnten die hypothetischen Wechselbewegungen der Plattform-Nutzer verstärken.

Anders ist dies aber, wenn beidseitige indirekte Netzwerkeffekte bestehen. Dann könnte das Abwandern der Individuen der korrespondierenden Nutzergruppe zu zwei Szenarien führen. Entweder sinkt damit erneut in einem zusätzlichen Maß

---

907 *Evans*, YJR 2002, S. 325 (357); *Dewenter/Rösch/Terschüren*, NZKart 2014, S. 387 (390).

908 Eingehend hierzu: *Evans*, YJR 2002, S. 325 (357 ff.); *Bergmann/Fiedler*, in: Loewenheim et al., Kartellrecht, Art. 102 AEUV, Rn. 49; *Kumkar*, Online-Märkte und Wettbewerbsrecht, 2017, S. 80.

909 *Stucke/Grunes*, Big data and competition policy, 2016, S. 189 ff.; entsprechend kritisch auch schon Kommission, Entsch. v. 3.10.2014 – COMP/M.7217 (Facebook/WhatsApp), ABl. C 417, 4, Rn. 130.

das Interesse der ersten Nutzergruppe an einer Teilnahme an der Plattform, weil dieser weniger zu vermittelnde Personen zur Verfügung stehen. Dies würde aufgrund der gegenseitig sich nunmehr negativ verstärkenden Rückkoppelungseffekte zu beidseitig kleiner werdenden Nutzergruppen führen.[910] Neben dem bei dem ursprünglichen SSNIP-Test untersuchten unmittelbaren Abwanderungsverhalten müssten mittelbare potenzierende Auswirkungen untersucht werden. Oder aber bei indirekten Netzwerkeffekten mit umgekehrten Vorzeichen würde das Interesse der ersten Nutzergruppe aufgrund der nachlassenden Anzahl an Teilnehmern der korrespondierenden Nutzergruppe wieder zunehmen, zum Beispiel wenn es sich hierbei um eine geringer werdende Anzahl an Werbetreibenden handelt. Mit diesem Nachlassen auf der einen Seite könnte dann wiederum sogar ein Zuwachs auf der Nutzerseite verbunden sein, die mit der hypothetischen Preiserhöhung konfrontiert werden. Dieser Bumerang-Effekt der hypothetischen Preisanhebung müsste in die Untersuchung mit einbezogen werden. In beiden Fällen hängt die Annahme und Einordnung des jeweils untersuchten Plattform-Angebots zu einem sachlich relevanten Markt von dem Einfluss des korrespondierenden indirekten Netzwerkeffekts ab. Dieser Einfluss kann nur bei genauen Angaben über das Wechselverhalten der verschiedenen Nutzergruppen untersucht werden. Es kommt also hierbei zusätzlich auf eine konkrete Feststellung hinsichtlich der Richtung und Stärke der bestehenden indirekten Netzwerkeffekte an.[911]

Ein die dargestellten wettbewerblichen Besonderheiten nicht berücksichtigendes Vorgehen würde ebenso das Risiko einer ungenauen Marktabgrenzung bedeuten wie eine lediglich statische Betrachtungsweise. Dies könnte bereits an sich zu materiell-rechtlich fehlerhaften Folgeschlüssen führen, zum Beispiel wenn aufgrund der Annahme eines zu eng abgegrenzten sachlich relevanten Marktes eine bestimmte Marktstellung angenommen wird, die missbräuchlich ausgenutzt worden sei. Die sich an dem Bedarfsmarktkonzept orientierende Bestimmung von Angebot und Nachfrage als Kriterien zur Marktdefinition und -abgrenzung gilt grundsätzlich auch bei mehrseitigen Wirtschaftszweigen. Das bedeutet, dass sich – sogar noch einmal mehr – bei Plattformen die Bestimmung eines Marktes danach richtet, welche Produkte und Leistungen aus Sicht der jeweiligen Marktgegenseite untereinander austauschbar sind.[912] Anders also als die in der ökonomischen Literatur häufig verwendeten Begriffe „multi-sided market" oder „mehrseitige Märkte" missverständlich suggerieren, handelt es sich auf den unterschiedlichen Seiten einer Plattform häufig um unterschiedliche Bedarfe, so-

---

910 *Dewenter/Rösch/Terschüren*, NZKart 2014, S. 387 (390); anders hierzu BKartA, Beschl. v. 6.2.2019 – B6-22/16 (Facebook), BeckRS 2019, 4895, Rn. 425, das bei negativen Netzwerkeffekten keinen die Marktstellung verstärkenden Anreiz der einzelnen Nutzer sieht und die damit verbundenen Abwanderungsbewegungen aufgrund nachlassenden Interesses nicht berücksichtigt.

911 Vgl. hierzu *Dewenter/Rösch/Terschüren*, NZKart 2014, S. 387 (390).

912 *Dreher*, ZWeR 2009, S. 149 (157).

dass die Bezeichnung mehrseitige Wirtschaftszweige geeigneter erscheinen.[913] Jedoch sind unabhängig von der konkreten sachlichen Marktabgrenzung stets die dargestellten besonderen wettbewerblichen Phänomene in die Betrachtung mit einzubeziehen, da eine völlig isolierte Marktbetrachtung ohne Beachtung der Vermittlungsleistungen mit der korrespondierenden Nutzergruppe anderenfalls zu verzerrten Ergebnissen führt.[914]

bb) Marktanalyse bei Unentgeltlichkeit

Plattformen stellen also Unternehmen dar, die sich unter Ausnutzung von Netzwerkeffekten für eine besondere Preisstruktur entscheiden können, was ihnen teilweise unentgeltliche Leistungserbringungen gegenüber bestimmten Nutzergruppen ermöglicht. Im Rahmen der kartellrechtlichen Untersuchung von Märkten stellt sich hierbei die Frage, in welchem Umfang bei dieser beobachtbaren unentgeltlichen Leistungserbringung Märkte bestehen und abgegrenzt werden können.

In der kartellrechtlichen Rechtsprechung und der behördlichen Entscheidungspraxis des Bundeskartellamts und der Kommission wurde aufgrund der fehlenden Entgeltlichkeit lange das Bestehen eines Marktes abgelehnt, da keine Begegnung zwischen Angebot und Nachfrage in Form einer vorausgesetzten entgeltlichen Austauschbeziehung feststellbar sei.[915] Das OLG Düsseldorf hat in seiner HRS-Entscheidung zwar die Markteigenschaft bei unentgeltlichen Wirtschaftsbeziehungen abgelehnt.[916] Gleichwohl könne die unentgeltliche Seite bei innovationsgeprägten Märkten wie Tätigkeiten in Verbindung mit dem Internet den Markt für entsprechende, entgeltlich vertriebene Leistungen oder Produkte beeinflussen.[917] Im Ergebnis gleich, aber mit dogmatisch anderer Begründung hat das OLG Jena in einem kartellrechtlichen Fall über Gebietsauf-

---

913 Insofern auch klarstellend *Blaschczok*, Kartellrecht in zweiseitigen Wirtschaftszweigen, 2015, S. 60.

914 Vgl. bereits *Evans*, YJR 2002, S. 325 (357); vgl. hierzu auch *Dreher*, ZWeR 2009, S. 149 (157).

915 Vgl. maßgeblich hierzu OLG Düsseldorf, Beschl. v. 9.1.2015 – VI-Kart 1/14 (V) (HRS), ECLI:DE:OLGD:2015:0109.VI.KART1.14V.00, NZKart 2015, 148 = WuW 2015, 394, Rn. 43; OLG Düsseldorf, Urt. v. 14.9.2016 – VI-U (Kart) 3/16 (Das Örtliche), ECLI:DE:OLGD:2016:0914.VI.U.KART3.16.00, Rn. 48 ff. BGH, Beschl. v. 23.10.1979 – KZR 22/78 (Berliner Musikschule), VerwRspr 1980, 527; BGH, Beschl. v. 21.2.1978 – KVR 4/77 (Kfz-Kupplungen), GRUR 1978, 439; Kommission, Entsch. v. 5.5.1999 – Fall Nr. IV/JV.16 (Bertelsmann/Viag/Game Channel), ABl. C 186, 8, Rn. 7; BKartA, Beschl. v. 22.2.2002 – B7-168/01 (Liberty/KDG), BeckRS 2002, 10429 = WuW 2002, 632, Rn. 35; BKartA, Beschl. v. 20.6.2005 – B7-22/05 (ieshy/ish), nicht veröffentlicht, Rn. 216; BKartA, Beschl. v. 19.1.2006 – B6-103/05 (Axel Springer AG/ProSiebenSat.1 Media AG), BeckRS 2016, 14199, S. 23; BKartA, Beschl. v. 3.4.2008 – B7-200/07 (Kabel Deutschland/Orion), BeckRS 2009, 8244, Rn. 138; BKartA, Beschl. v. 15.12.2011 – B7-66/11 (Liberty Global/Kabel BW), BeckRS 2011, 141345, Rn. 54.

916 OLG Düsseldorf, Beschl. v. 9.1.2015 – VI-Kart 1/14 (V) (HRS), ECLI:DE:OLGD:2015:0109. VI.KART1.14V.00, NZKart 2015, 148 = WuW 2015, 394, Rn. 43.

917 *Bosch*, in: Bechtold/Bosch, Gesetz gegen Wettbewerbsbeschränkungen, § 18 GWB, Rn. 24.

teilungen im Bereich der unentgeltlich erbrachten Blutspenden entschieden.[918] Demnach scheide eine eigenständige Betrachtung des Verhältnisses zwischen Blutspendern und Blutspendesammelstellen aus, da die Beschaffung des Blutes unabdingbare Voraussetzung für dessen Weiterveräußerung sei. *Podszun/Franz* vergleichen diese Entscheidungspraxis mit einer „Spiegelung" des unentgeltlichen Marktes durch einen entgeltlichen Markt.[919] Dieses Verständnis ist bereits deshalb abzulehnen, weil damit eine selbstständige Betrachtung vorgelagerter Beschaffungsmärkte stets ausgeschlossen wäre. *Kersting/Dworschak* wiederum halten es für unangemessen, würden „rein tatsächliche Verhältnisse", in denen keiner der Beteiligten eine rechtliche Bindung zueinander eingeht, als kartellrechtlich relevante Märkte angesehen.[920] Dieser Ansicht liegt aber wiederum ein synallagmatisches Wertungsverständnis des Marktbegriffs zugrunde, was die für eine wettbewerbliche Betrachtung erforderlichen tatsächlichen Verhältnisse außer Acht ließe.

Teilweise wird die Annahme eines Marktes im digitalen Bereich damit begründet, die Nutzer bezahlten statt eines monetären Entgelts mit ihren Daten.[921] Die meisten Plattformen verlangen für die Teilnahme, dass sich Nutzer mit bestimmten Informationen, zum Beispiel einer Email-Adresse, einem Nutzernamen oder zusätzlichen Daten anmelden. Weitere Informationen werden häufig während der Nutzung der Plattform-Leistungen erhoben.[922] Plattformen lassen sich Einwilligungen zur Datenverarbeitung von ihren Nutzern einräumen, sodass sie in einem synallagmatischen Zusammenhang mit den Plattform-Leistungen gesehen werden könnten.[923] Ähnlich wird argumentiert, dass die Nutzer statt eines Entgelts mit ihrer Aufmerksamkeit bezahlen würden, die der Plattform-Betrei-

---

918 OLG Jena v. 27.9.2006 – 2 U 60/06, BeckRS 2006, 13794.

919 *Podszun/Franz*, NZKart 2015, S. 121 (122).

920 *Kersting/Dworschak*, Ifo Schnelldienst 2014, S. 7 (8); dazu sich grundsätzlich anschließend, aber mit vermittelnden Ausführungen hinsichtlich der danach geforderten Gegenleistung, vgl. *Kumkar*, Online-Märkte und Wettbewerbsrecht, 2017, S. 107 ff.

921 *Körber*, WRP 2012, S. 761 (164); *Paal*, GRUR Int 2015, S. 997 (1000); *Höppner/Grabenschröer*, NZKart 2015, S. 162 (164); insofern auch unklar wiederum BKartA, Beschl. v. 6.2.2019 – B6-22/16 (Facebook), BeckRS 2019, 4895, Rn. 244: „*Darüber hinaus kann auch die Datenhingabe des privaten Nutzer als Teil einer Austauschbeziehung anzusehen sein*" und Rn. 246: „*Die aufgewendete Zeit oder Aufmerksamkeit sowie die Hingabe von Daten ersetzt insoweit das Entgelt und kann als Gegenleistung angesehen werden.*", unter Verweis auf die Entscheidung Kommission, Entsch. v. 27.6.2017 – AT.39740 (Google Search (Shopping)), http://ec.europa.eu/competition/antitrust/cases/dec_docs/39740/39740_14996_3.pdf (abgerufen 29.11.2018), Rn. 158–160, die allerdings ebenso verstanden werden muss, dass die Behörde die Hingabe der Daten nicht als „Bezahlung", sondern im Rahmen der marktmäßigen Bewertung als Bestandteile der gesamten Suchmaschine ansah und damit die Bestimmung und Abgrenzung eines relevanten Marktes aufgrund der wirtschaftlichen Zusammenhänge eines Plattform-Geschäftsmodells annahm.

922 Vgl. hierzu *Hoffmann-Riem*, Innovation und Recht, Recht und Innovation, 2016, S. 630, der im allgemeinen, nicht-kartellrechtlichen Sinne nach funktionaler Betrachung ein „quasi unsichtbares Entgelt" in der Zulassung umfangreicher Datennutzungsbefugnisse beschreibt.

923 Kritisch hierzu *Podszun/Franz*, NZKart 2015, S. 121 (122).

ber als Bündelleistung in seinem Produkt gegen Entgelt gegenüber der anderen Nutzergruppe anbieten könne.[924]

Beide Erklärungsansätze verkennen zunächst die normativ-beschreibende Eigenschaft des Marktbegriffs, soweit grundsätzlich eine wirtschaftliche Tätigkeit vorliegt, die sich durch Angebot und Nachfrage beschreiben lässt.[925] *Podszun/ Franz* sehen allein Angebot und Nachfrage im Sinne einer Transaktion als konstitutiv für die Annahme eines Marktes.[926] Daneben würde eine einfache Erklärung des Marktbegriffs über den Gedanken der synallagmatischen Verknüpfung der Plattformleistungen entweder mit der Bereitstellung von Daten oder der dokumentierten gewidmeten Aufmerksamkeit zu ähnlichen dem Zweck des Kartellrechts zuwider laufenden Ergebnissen führen, da allein eine schuldrechtliche Einordnung der Austauschverhältnisse den Markt definieren würde und allein deshalb bereits innovative Geschäftsmodelle und damit Marktbeziehungen aus einer kartellrechtlichen Betrachtung fallen würden. Wie *Podszun/Franz* aber zurecht anmerken, kann der juristische Marktbegriff nicht unter Berücksichtigung konkreter Austauschverhältnisse betrachtet werden, sondern bedarf zunächst einer Komplexitätsreduktion auf ähnliche wirtschaftliche Einzelpläne.[927] Es kommt demnach nicht auf die konkrete Ausgestaltung der einzelnen einem Markt zurechenbaren Wirtschaftsbeziehungen an, sondern lediglich darauf, dass es solche gibt und dass diese sich in tatsächlicher Hinsicht als vergleichbare Einzelpläne feststellen lassen. Der BGH fasst dies in einer aktuellen Entscheidung derart zusammen, dass „derjenige, der über die Auswahl des Leistungserbringers entscheidet, Angebot und Nachfrage zusammenführt".[928]

Dabei lässt sich die Argumentation, ohne ein Entgelt könne kein Markt bestehen, zusätzlich mit dem Einwand widerlegen, dass dies zu dem kartellrechtlichen Gesetzeszweck widersprechenden Ergebnissen führen würde, wie folgendes Gedankenspiel zeigen wird. Wäre die Entgeltlichkeit eines Produktes oder einer Leistung konstitutiv für einen sie umfassenden Markt, so würde dies bedeuten, dass jeder positive Preis über null zu der Annahme eines Marktes führen kann, also auch ein Preis in Höhe von 0,01 €.[929] Verlangte dagegen ein Unternehmen keinen Preis, könnte es allein durch sein einseitiges privatwirtschaftliches Handeln über das „Ob" eines Marktes entscheiden. Damit wäre die sachliche Anwendbarkeit des Kartellrechts allein von der Entscheidung des möglicherweise

---

924 *Ott*, K&R 2007, S. 375 (378); *Dewenter/Rösch/Terschüren*, NZKart 2014, S. 387 (389); *Kühling/Gauß*, MMR 2007, S. 751 (752); hierzu zuletzt ablehnend aber BKartA, Beschl. v. 6.2.2019 – B6-22/16 (Facebook), BeckRS 2019, 4895, Rn. 246.

925 *Podszun*, in: Kersting/Podszun, Die 9. GWB-Novelle, Kapitel 1, Rn. 5; *Podszun/Franz*, NZKart 2015, S. 121 (124); *Bardong*, in: Langen/Bunte, Kartellrecht, § 18 GWB, Rn. 58.

926 *Podszun/Franz*, NZKart 2015, S. 121 (124, 126).

927 Ebenda, S. 121 (125).

928 BGH, Beschl. v. 23.6.2020 – KVR 69/19 (Facebook), ECLI:DE:BGH:2020:230620BKVR69.19.0, NZKart 2020, 473 = GRUR-RS 2020, 20737, Rn. 29.

929 *Podszun*, in: Kersting/Podszun, Die 9. GWB-Novelle, Kapitel 1, Rn. 19.

betroffenen Unternehmens abhängig.[930] Dies gilt bei Plattformen umso mehr, als dass diese wie dargestellt sich für eine bestimmte Preisstruktur entscheiden und dabei die unentgeltliche Leistungserbringung auf der einen Seite bewusst zur Gewinnung von Kunden wählen, um ihre Kunden auf der anderen Seite damit für ihr Plattform-Angebot gewinnen zu können. Die Bewertung des Umfangs und der Qualität der jeweiligen Gegenleistung ist statt auf der Ebene der Marktanalyse erst im Rahmen eines möglichen Missbrauchs einer marktbeherrschenden Stellung bewertbar.[931]

Das Bundeskartellamt sieht in seiner jüngeren Beschlusspraxis auch bei unentgeltlichen Nutzungsbeziehungen die Möglichkeit zur Definition eines sachlich relevanten Markts.[932] Hiernach sei die einseitige Unentgeltlichkeit bei Plattformen Teil einer „differenzierenden Preisstruktur" bei internalisierten Netzwerkeffekten, wenn zwischen den zu vermittelnden Nutzerseiten ein enger Zusammenhang bestehe und die Vermittlungsleistung der Plattform gegenüber beiden Nutzerseiten als einheitlicher Erwerbszweck anzusehen sei. Das bedeutet, dass die Betrachtung der untersuchten möglichen Märkte unter Berücksichtigung der die Plattform ausmachenden wettbewerblichen Besonderheiten erfolgt.[933] Die unterschiedliche Preissetzung auf einer Plattform im Zusammenhang mit der vom Betreiber gewählten Preisstruktur bedeutet also, dass die Preise gerade aufgrund der bestehenden Netzwerkeffekte unterschiedlich gesetzt werden.[934] Demnach kann für alle Nutzerseiten ein Preis bestehen, wobei es sich auf einer Nutzerseite um einen „juristischen Preis" in Höhe von null Euro handelt.[935] Darüber hinaus führt die Behörde aus, auch in der Gründung einer Plattform die Markteigenschaften annehmen zu wollen, wenn für eine Übergangsphase auf beidseitige Preissetzung verzichtet wird.[936] Diese Bewertungen hat die Behörde mittlerweile in der Praxis angewandt.[937] Die Kommission hat in ihrer

---

930 Vgl. das insofern ähnliche Beispiel bei *Dewenter/Rösch/Terschüren*, NZKart 2014, S. 387, Fn. 14, wonach bei nur für Frauen unentgeltlichen, aber gegenüber Männern kostenpflichtigen, Dating-Plattformen ein Markt ausschließlich im Verhältnis zu den Männern bestehen würde.

931 BKartA, Beschl. v. 6.2.2019 – B6-22/16 (Facebook), BeckRS 2019, 4895, Rn. 246.

932 BKartA, Beschl. v. 22.10.2015 – B6-57/15 (Online-Datingplattformen), BeckRS 2016, 1137, Rn. 83; BKartA, Beschl. v. 6.2.2019 – B6-22/16 (Facebook), BeckRS 2019, 4895, Rn. 246.

933 So auch BGH, Beschl. v. 23.6.2020 – KVR 69/19 (Facebook), ECLI:DE:BGH:2020:230620B KVR69.19.0, NZKart 2020, 473 = GRUR-RS 2020, 20737, Rn. 28.

934 Vgl. insofern auch klarstellend *Kumkar*, Online-Märkte und Wettbewerbsrecht, 2017, S. 109.

935 Das Bundeskartellamt spricht hier von einer „Rabattierung auf null", vgl. Bundeskartellamt, Arbeitspapier – Marktmacht von Plattformen und Netzwerken v. 9.6.2016, https://www.bundeskartellamt.de/SharedDocs/Publikation/DE/Berichte/Think-Tank-Bericht.pdf?__blob=publicationFile&v=2 (abgerufen 14.12.2019), S. 40; ausführlich erläuternd hierzu *Sauermann*, ZWeR 2018, S. 341 (347); in der Praxis wurde dies als „ökonomischer Preis" bezeichnet, siehe BKartA, Beschl. v. 6.2.2019 – B6-22/16 (Facebook), BeckRS 2019, 4895, Rn. 378, wobei damit der in tatsächlich wettbewerblicher Hinsicht wirkende Preis gemeint ist, der juristisch als für eine Marktbeziehung ausreichend herangezogen werden kann.

936 Bundeskartellamt, Arbeitspapier – Marktmacht von Plattformen und Netzwerken v. 9.6.2016, https://www.bundeskartellamt.de/SharedDocs/Publikation/DE/Berichte/Think-Tank-Bericht.pdf?__blob=publicationFile&v=2 (abgerufen 14.12.2019), S. 41.

937 BKartA, Beschl. v. 6.2.2019 – B6-22/16 (Facebook), BeckRS 2019, 4895, Rn. 241, 378.

jüngeren Praxis auch bei unentgeltlichen Wirtschaftsbeziehungen Märkte angenommen.[938] Mit der 9. GWB-Novelle wurde insbesondere zur Erleichterung für
die deutsche Kartellrechtsprechung in § 18 Abs. 2a GWB eine Klarstellung[939]
aufgenommen, dass die unentgeltliche Leistungserbringung der Annahme eines
Marktes nicht entgegen stehe. Diese Regelung entkräftigt allerdings lediglich
den Einwand, dass bei unentgeltlichen wirtschaftlichen Beziehungen kein Markt
bestehe, sie entbindet aber nicht von der konkreten Feststellung des relevanten
Marktes.[940]

Fehlgehend ist ein sogenannter „teleologischer Marktbegriff".[941] Nach diesem
soll es schon nicht mehr auf eine autonome Marktauswahlentscheidung ankommen, wie sie noch von *Podszun/Franz* vorausgesetzt wird.[942] Ausgehend von
dem Gesetzeszweck des GWB zum Schutz des freien Wettbewerbsprozesses
argumentiert dieser Ansatz, wo Wettbewerb stattfinde, da müsse auch ein Markt
sein.[943] Demnach liege dort ein Markt vor, wo der Schutzzweck des Kartellrechts „aktiviert" sei. Es komme also nicht auf den methodischen Zweck der
Marktabgrenzung im Rahmen der von ihm genannten Fusionskontrolle und des
Marktmachtmissbrauchs an, sondern auf die „Wettbewerbsrelevanz".[944] Diese
wiederum soll aufgrund der anekdotischen Auflistung vermeintlicher Behin-
derungs- und Ausbeutungsmissbräuche durch ein Plattformunternehmen gegeben sein, sodass an dieser Stelle der Wettbewerbsschutz als Begriffszweck
der Marktbestimmung aktiviert sei.[945] Eine Abgrenzung habe hierbei nach dem
Konzept des Leistungswettbewerbs zu erfolgen. Unabhängig von den erst an
späterer Stelle im Rahmen der Beurteilung missbräuchlicher Verhaltensweisen
angebrachterweise zu erörternden Zweifeln an diesem Konzept des Leistungswettbewerbs ist seine Anwendung bereits im Rahmen der Marktabgrenzung und
Marktanalyse aus mehreren Gründen nicht angebracht. Erstens wird hierbei aus
dem vermeintlichen Marktmachtmissbrauch zirkelschlüssig auf das Bestehen
eines Marktes geschlossen. Dieser ist jedoch notwendigerweise von der dogmatischen Vorfrage einer Marktdefinition und –analyse abhängig. Damit wird der
Marktbegriff um des Ergebnisses willen ausgelegt, dient also politischen Zwecken.[946] Denn das Kartellrecht bezweckt keineswegs einen umfassenden Schutz
jeglichen Wettbewerbs auf die Weise, dass es auf die Eröffnung der spezifischen

---

938 Kommission, Entsch. v. 7.10.2011 – M.6281 (Microsoft/Skype), Rn. 43, wobei die Kommission
    eine genaue Marktabgrenzung aufgrund der jedenfalls nicht vorhandenen wettbewerblichen
    Zweifel noch offen ließ; Kommission, Entsch. v. 3.10.2014 – M.7217 (Facebook/WhatsApp),
    Rn. 34.
939 Regierungsbegründung zur 9. GWB-Novelle, BT-Drs. 18/10207, S. 47.
940 *Podszun/Schwalbe*, NZKart 2017, S. 98 (99); siehe auch ausführlich hierzu *Bardong*, in: Lan-
    gen/Bunte, Kartellrecht, § 18 GWB, Rn. 58.
941 *Volmar*, WRP 2019, S. 582 (586); *Volmar*, Digitale Marktmacht, 2019, S. 112 ff.
942 *Podszun/Franz*, NZKart 2015, S. 121 (123).
943 *Volmar*, WRP 2019, S. 582 (586).
944 *Volmar*, Digitale Marktmacht, 2019, S. 112.
945 *Volmar*, WRP 2019, S. 582 (586); *Volmar*, Digitale Marktmacht, 2019, S. 115 ff.
946 Dies wird durch die auf den Leistungswettbewerb sich stützende Begründung deutlich, ebenda,
    S. 114.

an den Marktbegriff gekoppelten Rechtsinstrumente zwingend ankommt. Dies lässt sich nicht damit begründen, dass die teleologische Auslegung des Marktbegriffs sich nicht auf den Zweck der Methode seiner Feststellung beziehe.[947] Damit würde der Marktanalyse eine mit seinem Wortlaut sowie Sinn und Zweck nicht mehr vereinbare Bedeutung zugeschrieben, die sich allein von dem Ziel der vollständigen Kontrolle jeglicher wettbewerblicher Handlungsspielräume leiten lässt. Zweitens stellt der Marktbegriff keinen mit „dem Wettbewerb" synonymen Begriff dar.[948] Er kann Austragungsort des Wettbewerbs sein, bietet aber stets nur einen von vielen möglichen Bezugspunkten an.[949] Auf diesen Bezugspunkt in einer konkreten Situation kommt es bei der Marktanalyse an, indem sie die bestehenden tatsächlichen Wettbewerbskräfte unter dem auszulegenden Rechtsbegriff Markt erfasst.[950] Drittens und hieraus folgend begegnet dieses Vorgehen rechtsstaatlichen Bedenken. Denn eine politische Uminterpretation des Marktbegriffs anhand des vermeintlich zu verfolgenden Zwecks des übergeordneten gesamten Kartellrechts würde möglichen Grundrechtseingriffen Tür und Tor eröffnen und damit wiederum die Wettbewerbsfreiheiten einschränken. Der Marktbegriff dient an dieser Stelle der Rechtssicherheit der von einer etwaigen Kontrolle betroffenen Unternehmen, indem sie das Risiko von Wissensdefiziten dem in die Wettbewerbsfreiheiten eingreifenden Staat auferlegt.[951] Will dieser die Handlungsfreiheiten von Unternehmen aufgrund kartellrechtlicher Verbotsvorschriften beschränken, so muss er die dafür erforderlichen Informationen sammeln und belegen.

cc) Qualitative Marktanalysen

Bislang diskutierte Alternativmodelle nehmen statt hypothetischer preislicher Variablen eine Qualitätsminderung oder die Anhebung sonstiger, außerhalb der Plattform-Preisstruktur liegender Kosten an.[952] Dies lässt sich auf Annahmen der EU-Kommission zurückführen, die bei digitalen Plattformen die Bedeutung anderer qualitativer Faktoren zur Entscheidungsbildung der Marktgegenseite hervorhebt.[953] Auch das Bundeskartellamt stellt in der Facebook-Entscheidung nicht allein auf den SSNIP-Test zur Nachfragebestimmung ab, sondern sieht

---

947 So aber ebenda, S. 112.
948 Hierzu grundlegend *Fikentscher*, GRUR Int 2004, S. 727 (727 ff.).
949 Siehe allein schon das Verständnis des ersten GWB-Gesetzgebers hierzu Regierungsbegründung zum Entwurf des GWB, BT-Drs. 2/1158, S. 39.
950 Siehe zuletzt BGH, Urt. v. 8.10.2019 – KZR 73/17 (Werbeblocker III), ECLI:DE:BGH:2019:081019UKZR73.17.0, NZKart 2019, 599, Rn. 26; vgl. hierzu *Podszun*, in: Di Porto/Podszun, Abusive practices in competition law, 2018, S. 68 (78): *"market definition is a normative box for empirical facts"*. Dementsprechend ist die Bezeichnung „teleologischer Marktbegriff" bei *Volmar* irreführend, denn auch der Rechtsbegriff „Markt" muss nach den allgemeinen Regeln ausgelegt werden, mithin nach seinem Sinn und Zweck.
951 Ebenda, S. 68 (79).
952 *Katz/Shelanski*, ALJ 2007, S. 1; *Orth*, WuW 2000, S. 473; *Dreher*, ZWeR 2009, S. 149; *Sauermann*, ZWeR 2018, S. 341 (346).
953 Kommission, Entsch. v. 7.10.2011 – COMP/M.6281 (Microsoft/Skype), ABl. C 341, 2, Rn. 81.

ihn als eine – preisliche – Bestimmungsmethode im Zusammenhang mit der Anwendung des ansonsten auf Fälle unentgeltlicher Wirtschaftsbeziehungen anwendbaren Bedarfsmarktkonzepts.[954]

Im Zusammenhang mit der Bewertung von Innovation stellt sich hier die argumentative Herausforderung, die damit verbundene Dynamik rechtsfehlerfrei zu erfassen. Es bedarf also einer qualitativen Bewertung der innovationsbezogenen Nachfrage im Rahmen des Bedarfsmarktkonzepts. Das Bundeskartellamt stellt hierbei unter anderem auf verminderte Menge, Qualität und Vielfalt sowie geringere Innovationsdynamik ab.[955] Mit Dynamik verbunden ist zum einen ein zeitlicher Parameter, dass nämlich eine Betrachtung nicht lediglich statisch erfolgen sollte, sondern auch zukunftsgewandt sein muss. Zum anderen geht damit eine hohe Ungewissheit über Nachfragen und Bedarfe einher, die sich erst infolge oder im Zusammenhang mit der Innovation ergeben. Innovation könnte nämlich eine Nachfrage erst aufdecken, die bislang noch nicht bekannt war oder sich jedenfalls noch nicht wettbewerblich im Sinne eines Marktes geäußert hat. Hieraus ergeben sich verschiedene Möglichkeiten, Innovation und Markt in einen rechtlichen Zusammenhang zu bringen. Werden diese als Unsicherheit nicht mit in die Marktbewertung miteinbezogen, könnte die Folge eine zu enge Abgrenzung des relevanten Marktes sein, während eine Berücksichtigung als potenzielle oder noch aufzudeckende Nachfrage zu einer zu weiten Abgrenzung führen könnte. Die dabei gesehenen Unsicherheiten sollten allerdings nicht überbewertet werden, allein weil sie sich der Betrachtung von Innovation widmen und dabei herkömmliche Betrachtungsmethoden nicht mehr anwenden.[956] Denn auch im Hinblick auf eine preisliche Bewertung ergeben sich diese rechtlichen Unschärfen, wie die bisherige Untersuchung bereits gezeigt hat. Da es sich bei Wettbewerb immer auch um einen laufenden Prozess mit ungewissem zukünftigem Verlauf handelt, können Märkte mit einer derartigen Ungewissheit einhergehen. Diese Ungewissheit führt bei der Marktanalyse im Zusammenhang mit Innovationen dazu, dass eine eindeutige Aussage nie möglich sein wird, sondern stets eine umfassende Bewertung der Umstände des Einzelfalls geboten ist. So kann jede Marktabgrenzung im Zusammenhang mit Innovationen aufgrund ihrer statischen Betrachtungsweise eine Nichtberücksichtigung oder Fehlbewertung zukünftiger Veränderungen und wettbewerblicher Dynamik bedeuten.[957] Daraus lässt sich hier erneut der Schluss ableiten, dass eine Marktabgrenzung unter Unsicherheiten sich nach ihrer rechtlichen Begründungstiefe richtet.

Aus dem amerikanischen Kartellrecht kommt der Gedanke der Innovationsmarktanalyse.[958] Demnach ließe sich statt Produkten und Leistungen nach der

---

954 BKartA, Beschl. v. 6.2.2019 – B6-22/16 (Facebook), BeckRS 2019, 4895, Rn. 248.
955 BKartA, Beschl. v. 6.2.2019 – B6-22/16 (Facebook), BeckRS 2019, 4895, Rn. 377.
956 *Kumkar*, Online-Märkte und Wettbewerbsrecht, 2017, S. 88 f.
957 *Dreher*, ZWeR 2009, S. 149 (155); *Orth*, WuW 2000, S. 473; *Katz/Shelanski*, ALJ 2007, S. 1 (38).
958 *Gilbert/Sunshine*, ALJ 1995, S. 449 (450 f.); *Eilmansberger/Kruis*, in: Streinz, EUV/AEUV, Vorbemerkungen zu Art. 101 AEUV bis Art. 106 AEUV, Rn. 58.

Innovationstätigkeit abgrenzen. Diese könnte sich zum einen wirtschaftlich über Forschungs- und Entwicklungsaktivitäten beschreiben lassen.[959] Dies kommt erneut einer effizenzbasierten Betrachtung nahe, die nach Input- und Output-Leistungen bewertet. Aber auch auf andere Weise könnten sich hiernach Innovationsaktivitäten im Sinne wettbewerblicher Tätigkeiten feststellen lassen. Der Markt findet hierbei auf einer abstrakteren Ebene statt, beschrieben durch Angebot und Nachfrage bestimmter Innovationsbemühungen und damit wiederum in Form von vornehmlich Leistungen. Als eigentliches Produkt dieses Marktes könnten die Innovationsaktivitäten angesehen werden.[960] Dabei lässt sich der Einwand, es bestünde kein eigenständiger Markt, weil die Unternehmen hier nicht über das Angebot und die Nachfrage von Produkten und Dienstleistungen konkurrieren,[961] insoweit widerlegen, dass für die Frage nach dem grundsätzlichen Bestehen eines relevanten Marktes die tatsächlich feststellbare Konkurrenz der Unternehmen jedenfalls nicht ausschlaggebend ist. Denn der relevante Markt wird allein durch Angebot und Nachfrage beschrieben, die Konkurrenz bezeichnet lediglich die auf ihm bestehenden Verhältnisse.

Im Zusammenhang mit Innovationen können wegen des unpersönlichen Zwangs zur Anpassung oder zum Voranschreiten im wettbewerblichen Entdeckungsprozess zwischen verschiedenen möglichen Ergebnissen der Innovationsbemühungen der Unternehmen unterschiedliche Angebots- und Nachfrage-Konstellationen bestehen.[962] Insofern könnte grundsätzlich bei hinreichenden Anhaltspunkten ein eigenständiger Innovationsmarkt angenommen werden, sofern erstens die Innovation selbst oder zweitens die Innovationsbemühung als Leistung Gegenstand von Angebot und Nachfrage ist.[963] Damit zeigt sich, dass diese Marktabgrenzung bei Innovationen typischerweise im Verhältnis vor- und nachgelagerter sachlich relevanter Märkte erfolgt.[964] Der zweite Fall könnte gegenwärtig erfassbare Marktgegenstände in Form der Leistungen erfassen. Der erste Fall dagegen bezieht sich auf die Innovation als Gegenstand von Angebot und Nachfrage. Ein relevanter Markt kann dabei insoweit angenommen werden, sofern und soweit sich dieses Angebot und Nachfrage konkret bestimmen lässt.

---

959 *Orth*, WuW 2000, S. 473 (476).
960 So auch schon mit Zweifeln *Zimmerlich*, Marktmacht in dynamischen Märkten, 2007, S. 186; *Dreher*, ZWeR 2009, S. 149 (159); vgl. hierzu *Wirtz/Schultz*, NZKart 2019, S. 20 (22), die dieses Vorgehen in der Betrachtung von Innovationsräumen durch die EU-Kommission in der Entscheidung *Dow/DuPont* sehen. Allerdings ordnet die EU-Kommission die Innovationstätigkeit deutlich als solche auf einem Markt bzw. in einem Innovationsraum, nicht aber als Gegenstand eigenständiger Angebot-und-Nachfragekonstellationen ein, vgl. Kommission, Entsch. v. 27.3.2017 – COMP/M.7932 (Dow/DuPont), http://ec.europa.eu/competition/mergers/cases/de cisions/m7932_13668_3.pdf (abgerufen 29.11.2018), Rn. 351; dieses Vorgehen befürwortend auch *Kerber*, Competition, Innovation, and Competition Law: Dissecting the Interplay, MAG-KS Joint Discussion Paper Series in Economics v. 6.10.2017, https://www.uni-marburg.de/fb02/makro/forschung/magkspapers/paper_2017/42-2017_kerber.pdf (abgerufen 14.12.2019).
961 *Kumkar*, Online-Märkte und Wettbewerbsrecht, 2017, S. 88.
962 *Von Hayek*, in: von Hayek, Freiburger Studien, 1969, S. 249 (261).
963 A.A.: *Dreher*, ZWeR 2009, S. 149 (167).
964 *Orth*, WuW 2000, S. 473 (476).

Ist dies nicht möglich, bleiben die Innovationsbemühungen als Kriterium für die Abgrenzung des relevanten Marktes weiterhin bestehen. Sie können lediglich einen Stellvertreter mit den damit verbleibenden Bestimmungsunsicherheiten bilden.[965]

Von diesen beiden vorhergehenden Möglichkeiten der Innovationsmarktbestimmung ist die Konstellation zu unterscheiden, bei der Innovation selbstständig wettbewerblich auf den Märkten wirkt. Dies kann bei den hier untersuchten technologischen Entwicklungen beobachtet werden. Dort ist nicht das Innovationsergebnis oder die Innovationsbemühung Gegenstand eines eigenständigen Produkt- oder Leistungsmarktes, sondern die möglicherweise abzugrenzenden Märkte zeichnen sich durch eine besondere Dynamik und Innovationen aus. Dies stellt sich insofern dar, als dass sich sowohl Angebot als auch Nachfrage eines bereits bestehenden Marktes entweder weiterentwickeln könnten oder aber weitere zukünftige Angebote umfassen könnten.[966] Die Marktabgrenzung ist dabei häufig nicht nur mit einer allgemeinen Ungewissheit über zukünftige Entwicklungen verbunden, sondern auch mit fehlenden Informationen und belastbaren Angaben über Entwicklungen seitens der Kartellbehörden. Diese Unsicherheit muss nicht dazu führen, dass die kartellrechtliche Bewertung der Marktbeherrschung überhaupt nicht eröffnet ist. Denn in Bezug auf bestehende Unsicherheiten wäre eine Behörde nicht gehindert, anhand der ihr vorliegenden Informationen über die gegenwärtige Marktsituation eine normative Aussage über Marktbeherrschung zu treffen, sofern sich diese rechtsfehlerfrei begründen lässt.[967] Dem möglichen Einwand einer dadurch potenziell zu weiten Marktabgrenzung kann mit dem Argument begegnet werden, dass eine völlige Außerachtlassung der dynamischen Entwicklungen bei ihrer ansonsten Anerkennung als Teil wirksamen Wettbewerbs in jedem Fall zu einer zu engen Marktabgrenzung und damit verbundenen potenziellen Rechtsanwendungsausfällen führen würde, die mit dem staatlichen Schutzauftrag nicht vereinbar wäre. Verstärkt werden könnte dies noch, soweit Innovation auf den weiteren tatbestandlichen Stufen nicht hinreichend berücksichtigt würde.[968]

Problematisch kann dabei die Neigung zu einer immer mehr angesichts der – bei Innovationen immanenten – Unterschiede einzelfallbetrachtenden Wertung sein, die für eine dem gesetzlichen Zweck entsprechende abstrakt-generelle Aussage über den relevanten Markt und die Marktbeherrschung immer weniger Platz lässt.[969] Dies geht oft einher mit einem Vorgehen, bei dem aus einer – ver-

---

965 Ebenda, S. 473 (476); vgl. *Podszun*, in: Kersting/Podszun, Die 9. GWB-Novelle, Kapitel 1, Rn. 30.
966 *Dreher*, ZWeR 2009, S. 149 (164).
967 *Podszun*, in: Kersting/Podszun, Die 9. GWB-Novelle, Kapitel 1, Rn. 28; *Podszun/Franz*, NZKart 2015, S. 121 (125).
968 *Dreher*, ZWeR 2009, S. 149 (167).
969 So auch schon *Podszun*, in: Kersting/Podszun, Die 9. GWB-Novelle, Kapitel 1, Rn. 35; vgl. *Rubinfeld*, in: Drexl/Kerber/Podszun, Competition policy and the economic approach, 2011, S. 81 ff.; *Kaplow*, ALJ 2013, S. 361 (364); kritisch dazu *Dreher*, ZWeR 2009, S. 149 (165).

meintlich festgestellten – Marktmachtlage auf den relevanten Markt geschlossen wird.[970] Allerdings ist hierbei wiederum auf die Eigenschaft der kartellrechtlichen Bestimmungen als „insel-objektives" Recht mit dem in den unbestimmten und offenen Tatbeständen enthaltenen Auftrag an den Rechtsanwender zur wirtschaftsverfassungskonformen Auslegung hinzuweisen. Diese verlangen keine Ausfüllung durch ein wettbewerbspolitisches Konzept, das nur vermeintlich Sicherheit bei der Marktabgrenzung geben kann. Vielmehr ist der Begriff Marktmacht ein rechtlicher Begriff, der normativ auszulegen und anzuwenden ist. Entsprechend wäre es grundsätzlich möglich, den Begriff der Innovation in die Marktabgrenzung derartig mit aufzunehmen, als dass zukünftige oder potenzielle Angebote und Nachfragen bei der Marktabgrenzung berücksichtigt werden. Im Rahmen der Marktabgrenzung sind deshalb ebenso Feststellungen über Tatsachen vorzunehmen, die eine derartige Innovation ausfüllen könnten. Da in tatsächlicher Hinsicht der dynamische Wettbewerb eine zukünftige und ungewisse Komponente hat, bleibt dem Rechtsanwender hier nur die Option einer sachlich begründeten Prognosewertung. Insofern ließen sich zukünftige Entwicklungen nach ihrer objektiven Marktreife behandeln, also wenn sie bereits selbstständig Gegenstand von Angebot und Nachfrage sein könnten.[971] *Dreher* zieht hierbei den Schluss, dass eine derartige „frühzeitige" Berücksichtigung zukünftiger Entwicklungen die spätere Erörterung potenziellen Wettbewerbs bei der Untersuchung der auf dem festgestellten relevanten Markt vorliegenden Marktstellungen entbehrlich mache.[972] Dies kann höchstens im Hinblick auf die dafür erforderlichen Feststellungen gelten, nicht jedoch die normativen Wertungen einerseits im Hinblick auf den relevanten Markt und andererseits die auf diesem herrschenden Machtverhältnisse. Anderenfalls müsste sich diese Ansicht mit dem Einwand auseinandersetzen, dass von dem Ergebnis der Marktabgrenzung auf die wettbewerblichen Verhältnisse geschlossen würde. Die Antwort auf die Frage, ob ein Verhältnis von Angebot und Nachfrage besteht, das mit in den relevanten Markt einbezogen werden kann, lässt sich nicht auf die sich daran anschließende Untersuchung übertragen, wie die wettbewerblichen Verhältnisse wirken. Dies lässt sich anhand des folgenden Beispiels verdeutlichen: In einem untersuchten Technologiefeld könnte der sachlich relevante Markt unter Einbeziehung möglicher zukünftiger oder potenzieller Angebote und deren Nachfrage abgegrenzt werden. Dass diese überhaupt berücksichtigt werden, sagt

---

970 Vgl. hierzu *Bohne*, WRP 2006, S. 540 (540 ff.) mit dem Ansatz, einen „Gesamtmedienmarkt" abzugrenzen; ablehnend hierzu bereits *Kühling/Gauß*, MMR 2007, S. 751 (755).

971 Kommission, Entsch. v. 27.2.2003 – COMP/M.2922 (Pfizer/Pharmacia), ABl. C 110, 24, Rn. 22.; Kommission, Entsch. v. 22.5.2000 – COMP/M.1878 (Pfizer/Warner Lambert), ABl. C 210, 9, Rn. 42 f.; Kommission, Entsch. v. 8.5.2000 – COMP/M.1846 (Glaxo Wellcome/Smithkline Beecham), ABl. C 170, 6, Rn. 70; Kommission, Entsch. v. 26.2.1999 – COMP/M.1403 (Astra/Zeneca), ABl. C 335, Rn. 43; in dieser Tendenz auch bereits Kommission, Entsch. v. 30.4.2003 – COMP/M.2903 (Daimler Chrysler/DeutscheTelekom/JV), ABl. L 300, 62, Rn. 32; Kommission, Entsch. v. 12.4.2000 – COMP/M.1795 (Vodafone Airtouch/Mannesmann), ABl. C 141, 19, Rn. 13 ff.; vgl. auch *Dreher*, ZWeR 2009, S. 149 (166); *Bosch*, in: Bechtold/Bosch, Gesetz gegen Wettbewerbsbeschränkungen, § 18 GWB, Rn. 38.

972 *Dreher*, ZWeR 2009, S. 149 (166).

noch nichts darüber aus, wie stark der wettbewerbliche Druck dieser anderen Angebote überhaupt ist. Würden die wettbewerblichen Wirkungen auf der zweiten Stufe nicht abstrakt erneut untersucht, läge darin ebenso ein systemwidriger Fehlschluss von der Marktanalyse auf die Marktabgrenzung. Im Zusammenhang mit der Fusionskontrolle sind prognostische Elemente bereits aus rechtlichen Gründen vorgesehen und zwingend, sodass eine Bewertung potenzieller oder zukünftiger Märkte oder Marktentwicklungen hiernach zulässig ist.[973]

dd) Getrennte oder einheitliche Marktbetrachtung bei Plattformen

Werden also die Interessen zweier Nutzergruppen miteinander vermittelt, so könnte zunächst von jeweils komplementären, also nicht deckungsgleichen Nachfragen auszugehen sein, die unterschiedliche sachlich relevante Märkte beschreiben. Bei einem Medienangebot mit der Nutzergruppe der Medienkonsumenten auf der einen Seite und der Medienanbieter auf der anderen Seite, wie zum Beispiel bei einer Streaming-Plattform oder einer Spielekonsole, fragen die jeweiligen Nutzer unterschiedliche Produkte und Leistungen nach. Während die Medienkonsumenten ihre Nachfrage auf die Wahrnehmung von Medieninhalten richten, geht es den Inhalteanbietern um die Verbreitung ihrer Inhalte. Ähnlich ist dies bei Software-Herstellern zu sehen, die ihr Produkt für ein bestimmtes Betriebssystem programmieren. Dies kann für die Annahme unterschiedlicher sachlich relevanter Märkte sprechen. Dies gilt erst recht, wenn sich die Nachfrage der Nutzergruppen an unterschiedliche Anbieter richten, also eine asymmetrische Marktstruktur besteht.[974]

Demgegenüber könnte eine einheitliche Marktabgrenzung unter gemeinsamer Einbeziehung der verschiedenen Wirtschaftszweige in Betracht kommen. Dies kann gelten, wenn die jeweiligen Nachfragen einen deckungsgleichen Bedarf ausdrücken, wie dies bei Transaktionsmärkten der Fall sein kann.[975] In diesem Fall bezieht sich die Nachfrage ausschließlich auf die Leistung der Transaktion.[976] Das Bundeskartellamt hat unter dieser Annahme für den Bereich der Immobilienplattformen und der Online-Vergleichsplattformen einen einheitlichen sachlich relevanten Markt abgegrenzt.[977] Unter ähnlichen Gesichtspunkten der

---

973 *Mestmäcker/Schweitzer*, Europäisches Wettbewerbsrecht, 2014, § 26 Rn. 84 ff.

974 Bundeskartellamt, Digitale Ökonomie – Internetplattformen zwischen Wettbewerbsrecht, Privatsphäre und Verbraucherschutz v. 1.10.2015, https://www.bundeskartellamt.de/Shared Docs/Publikation/DE/Diskussions_Hintergrundpapier/AK_Kartellrecht_2015_Digitale_Oeko nomie.pdf?__blob=publicationFile&v=2 (abgerufen 14.12.2019), S. 16; BGH, Beschl. v. 23.6.2020 – KVR 69/19 (Facebook), ECLI:DE:BGH:2020:230620BKVR69.19.0, NZKart 2020, 473 = GRUR-RS 2020, 20737, Rn. 31.

975 *Wright*, RNE 2004, S. 44 (62).

976 Ebenda, S. 44 (62); *Evans/Noel*, JCLE 2008, S. 663 (374); *Filistrucchi* et al., JCLE 2014, S. 293 (301 f.).

977 BKartA, Beschl. v. 20.4.2015 – B6-39/15 (Online-Immobilienplattformen), nicht veröffentlicht; BKartA, Beschl. v. 24.7.2015 – B8-76/15 (Online-Vergleichsplattformen), nicht veröffentlicht; zusammenfassend Bundeskartellamt, Digitale Ökonomie – Internetplattformen zwischen Wettbewerbsrecht, Privatsphäre und Verbraucherschutz v. 1.10.2015, https://www.bundeskartellamt.

einheitlichen Vermittlungsleistung, aber ohne vorliegende Transaktion, nimmt das Bundeskartellamt eine einheitliche Marktabgrenzung bei Matchmaker-Plattformen vor.[978]

Der Differenzierungsgrad der Marktabgrenzung erhält hinsichtlich der oft erwähnten sogenannten Gefahr des Tippings eine Bedeutung, welches vor allem als Begründung für die Einführung des Marktmachtkriteriums „Netzwerkeffekte" in § 18 Abs. 3a Nr. 1 GWB herangezogen wurde.[979] Unter Tipping werden immer wieder Situationen zusammengefasst, in denen „Märkte zugunsten eines Unternehmens umkippen".[980] Dieses Phänomen allein ist nicht neu, sondern konnte grundsätzlich bereits bei herkömmlichen Geschäftsmodellen abseits von Plattformen beobachtet werden, wenn sich immer mehr Wirtschaftsteilnehmer für dasselbe Angebot entscheiden, sodass sich schließlich die gesamte vorhandene Nachfrage auf den Anbieter eines Produktes oder einer Leistung verdichtet, wodurch er zum Monopolisten wird.[981] Die Zuwanderungsentscheidungen zu einem Angebot verselbstständigen sich in diesem Fall dynamisch. Das bedeutet, dass diese Entwicklung nicht mehr oder nur noch sehr eingeschränkt durch aktives Handeln anderer Anbieter oder einzelner Nachfrager beeinflusst oder aufgehalten werden kann. Bei digitalen Plattformen kann diese Situation nicht ohne weiteres in Form des „Umkippen eines Marktes" angenommen werden. Denn soweit diese mehrseitige Wirtschaftszweige darstellen, die verschiedene Marktkonstellationen naheliegen lassen, ist der Begriff missverständlich und zu kurz gegriffen, da er scheinbar lediglich auf einen Markt abstellt, nicht jedoch die multipolaren Marktverhältnisse berücksichtigt. Es müssten insofern zwei Situationen voneinander unterschieden werden: Erstens die auf einem einzigen Markt durch Netzwerkeffekte bedingten Rückkoppelungs- und Konzentrationsbewegungen hin zu einem Monopol auf diesem Markt. Dieses erscheint grundsätzlich anhand der bisherigen kartellrechtlichen Praxis feststellbar.[982] Zweitens dieselben Effekte bei einer Plattform, die auf den mehreren von ihr bedienten Märkten stattfinden und sich dabei marktübergreifend gegenseitig verstärken. Hier kann begrifflich nicht von einem Umkippen allein „des" Marktes gesprochen werden. Ist nämlich im Zusammenhang mit der Mehrseitigkeit des Geschäftsmodells der Plattform von mehreren Märkten auszugehen, so wäre begrifflich konsequenterweise ein Umkippen in die Alleinbeherrschung auf allen diesen betroffenen Märkten festzustellen, um von einem Tipping zu sprechen. Eine tatsächliche Feststellung dieser Vereinigung der Alleinmarktbeherrschung auf allen über die

de/SharedDocs/Publikation/DE/Diskussions_Hintergrundpapier/AK_Kartellrecht_2015_Digitale_Oekonomie.pdf?__blob=publicationFile&v=2 (abgerufen 14.12.2019), S. 17.
978 BKartA, Beschl. v. 22.10.2015 – B6-57/15 (Online-Datingplattformen), BeckRS 2016, 1137, Rn. 71 ff.; BKartA, Beschl. v. 6.2.2019 – B6-22/16 (Facebook), BeckRS 2019, 4895, Rn. 233.
979 Regierungsbegründung zur 9. GWB-Novelle, BT-Drs. 18/10207, S. 50.
980 *Bischke/Brack*, NZG 2019, S. 58 (59); *Tamke*, NZG 2018, S. 503 (505); *Esser/Höft*, NZKart 2017, S. 259 (263); *Podszun/Schwalbe*, NZKart 2017, S. 98 (100); *Podszun/Kreifels*, EuCML 2016, S. 33 (36);
981 *Dewenter/Rösch*, Einführung in die neue Ökonomie der Medienmärkte, 2015, S. 129.
982 BKartA, Beschl. v. 6.2.2019 – B6-22/16 (Facebook), BeckRS 2019, 4895, Rn. 422 ff.

Plattform miteinander verknüpften Märkten erscheint eher schwierig und in der Praxis fernliegend.

ee) Erweiterung des tatsächlichen Prüfumfangs bei Plattformen

Das eigentliche Problem der Marktabgrenzung bei Plattform-Sachverhalten liegt nach den bisherigen Darstellungen auf der empirischen Ebene, nämlich der Feststellung der jeweils wirkenden indirekten Netzwerkeffekte und der damit zusammenhängenden Bedarfe und ihrer Veränderungen.[983] Die Marktanalyse steht bei digitalen Plattformen in besonderer Weise vor einem Wissensproblem. Das bedeutet, dass gleichwohl bei ausreichend vorhandenen Informationen Aussagen darüber getroffen werden könnten, inwiefern sich das Verhalten einer Nutzergruppe bei hypothetischen Veränderungen durch den Anbieter auswirkt. Es kommt also nicht wie bei herkömmlichen bipolaren – bzw. einseitigen – Wirtschaftszweigen auf die lediglich Auswirkung einer hypothetischen Preisanhebung und das beobachtete Verhalten der von dieser Preisanhebung unmittelbar betroffenen Nachfrager an. Auch eine vorgeschlagene vorübergehende hypothetische Qualitätsveränderung oder Anpassung sonstiger Faktoren wird ohne Berücksichtigung der plattformspezifischen wettbewerblichen Besonderheiten zu keinen zufriedenstellenden Ergebnissen führen, da sie nur schwer messbar sind. Stattdessen sind die weiteren Auswirkungen im Zusammenhang mit den indirekten Netzwerkeffekten ebenso festzustellen und unter Berücksichtigung dieser Hypothese zu bewerten.[984] Soweit für diese Feststellung keine ausreichenden Informationen vorhanden sind, scheidet eine Untersuchung allein aufgrund preisbezogener Nachfragewechselbewegungen aus. Vielmehr scheinen aufgrund der unterschiedlichen einflussnehmenden Faktoren bei der Marktabgrenzung vor allem qualitative Aspekte eine Rolle zu spielen, für die der Behörde regelmäßig wenig Informationen zur Verfügung stehen.[985]

Ebenso könnte eine Untersuchung der Marktmachtverhältnisse unter Berücksichtigung der dargestellten wettbewerblichen Phänomene bei ausreichender Informationslage erfolgen. Indirekte und direkte Netzwerkeffekte, sowie ein tatsächliches oder drohendes Umkippen des Marktes können dabei als die Marktstellung verstärkende Faktoren einbezogen werden. Dies gilt auch für mit den festgestellten Netzwerkeffekten positiv messbare Größenvorteile, soweit diese nicht Ausdruck eines wettbewerblich freien Wachstums sind. Mildernde Fak-

---

983 *Evans*, YJR 2002, S. 325 (332, 358); *Podszun*, in: Di Porto/Podszun, Abusive practices in competition law, 2018, S. 68 (88 f.); BGH, Beschl. v. 23.6.2020 – KVR 69/19 (Facebook), ECLI: DE:BGH:2020:230620BKVR69.19.0, NZKart 2020, 473 = GRUR-RS 2020, 20737, Rn. 37.

984 Vgl. *Dewenter/Rösch/Terschüren*, NZKart 2014, S. 387 (390); *Blaschczok*, Kartellrecht in zweiseitigen Wirtschaftszweigen, 2015, S. 84; ähnlich *Volmar*, ZWeR 2017, S. 386 (401 ff.); vgl. *Filistrucchi*, NET Institute Working Paper, S. 8, S. 12, der hierfür ein sequentielles Muster an Preisanhebungen für eine nacheinander erfolgende Untersuchung der Auswirkungen von Preisanhebungen auf die unterschiedlichen Nutzergruppen vorschlägt.

985 *Dewenter/Rösch/Terschüren*, NZKart 2014, S. 387 (394); *Podszun*, in: Kersting/Podszun, Die 9. GWB-Novelle, Kapitel 1, Rn. 31.

toren können dagegen intensive und aufwandgeringe Wechselbewegungen der Nutzer darstellen, sowie ein hohes Risiko, von einem innovativeren Unternehmen verdrängt oder überholt zu werden.

Ausreichende Informationen werden oftmals nur dem jeweiligen innovativen Unternehmen offenbar sein. An dieser Stelle zeigt sich besonders stark das Dilemma der Rechtsfindung bei der Marktdefinition und -analyse als Such- und Verfolgungsprozess. Die Kartellbehörden sind bei der Untersuchung der Märkte auf Informationen über diese angewiesen. In statischen oder wenig beweglichen Märkten können diese aus allgemeinen Marktbefragungen oder statistischen Erkenntnissen gewonnen werden. Im Zusammenhang mit Innovationen und der Marktuntersuchung besteht in besonders markanter Weise ein behördlicher Suchprozess nach Wissen. Denn so wie die betroffenen Unternehmen Geheimnisse im Wettbewerb und vor anderen Unternehmen haben, so haben sie diese gegenüber den Kartellbehörden und befinden sich mit diesen in einem Wettstreit über das Ergebnis von Untersuchungen.[986]

d) Relative Marktmacht

Die bisherigen Prüfkonzepte zur Anwendbarkeit marktmachtbasierter Untersuchungen bezogen sich auf eine absolute Marktuntersuchung. Die Fusionskontrolle, das Verbot wettbewerbsbeschränkender Maßnahmen sowie das Verbot des Missbrauchs einer marktbeherrschenden Stellung knüpfen hauptsächlich an einer Untersuchung der Position des jeweils untersuchten Unternehmens im relevanten Markt an.[987] Diese Marktuntersuchungen knüpfen ihrerseits wiederum an der absoluten Stellung des Unternehmens im Markt an. Die bisherigen Ausführungen hierzu haben aber gezeigt, dass sich eine derartige Identifizierung der Marktstellung eines Unternehmens im relevanten Markt nicht stets mit ausreichender rechtlicher Sicherheit für digitale Plattformen vornehmen lässt. Hierfür fehlen in vielen Fällen Informationen über die zu untersuchenden Marktbeziehungen. Neben der Entwicklung der auf der Tatsachenebene begründungsfähigen Prüfkonzepte mit der dargestellten erheblichen Erweiterung des Prüfaufwands stellt sich die Frage nach einer Erleichterung der Anwendung des Kartellrechts auf der rechtlichen Ebene. Diese Möglichkeit lässt sich unter den Voraussetzungen der relativen Marktmacht gemäß § 20 Abs. 1 S. 1 GWB diskutieren, wie sie im deutschen Kartellrecht möglich ist.[988] Die damit zusammen-

---

986 Allerdings spricht der BGH der Behörde in seinem Facebook-Beschluss ebenso die beschränkte Möglichkeit zu, im Fall verweigerter Mitwirkung im Rahmen ihrer freien Beweiswürdigung Umstände als bewiesen anzunehmen, siehe BGH, Beschl. v. 23.6.2020 – KVR 69/19 (Facebook), ECLI:DE:BGH:2020:230620BKVR69.19.0, NZKart 2020, 473 = GRUR-RS 2020, 20737, Rn. 119.

987 Dies gilt auch für die Untersuchung des relevanten Marktes im Rahmen des Verbots wettbewerbsbeschränkender Maßnahmen, die zwar nicht als solche tatbestandskonstituierend sind, jedoch wie bereits dargestellt bei der Anwendbarkeit eine wichtige Rolle spielen.

988 Hierzu einführend auch schon *Heinz*, in: Kokott/Pohlmann/Polley, Europäisches, deutsches und internationales Kartellrecht, 2018, S. 309 (314 ff.); eine übergreifende internationale Einord-

hängende strengere Anwendung der Marktmachtmissbrauchskontrolle ist gemäß Art. 3 Abs. 3 S. 2 Wettbewerbsregeln-DVO ausdrücklich möglich. Diese Vorschrift ermöglicht eine partiale Anwendung der Vorschriften des Marktmachtmissbrauchsverbots außerhalb der Voraussetzungen einer marktbeherrschenden Stellung.[989] Ergänzend hierzu ermöglicht § 20 Abs. 2 GWB eine Anwendung des § 19 Abs. 2 Nr. 5 GWB.[990] Eine Anwendung der relativen Marktmacht auf die Fusionskontrolle oder das Verbot wettbewerbsbeschränkender Maßnahmen ist rechtlich nicht zulässig.

Relative Marktmacht liegt bei einer nach den Umständen des Einzelfalls zu betrachtenden Abhängigkeit kleiner oder mittlerer Unternehmen als Nachfrager oder Anbieter bestimmter Leistungen oder Produkte, also in einem Vertikalverhältnis, vor.[991] Abhängigkeit liegt hiernach vor, wenn es keine objektiv ausreichenden und zumutbaren Ausweichmöglichkeiten auf andere Angebote gibt. Daneben kommt es auf die subjektiven Ausweichmöglichkeiten nach der individuellen Interessenlage des als abhängig untersuchten Unternehmens an. In Betracht kommen unverhältnismäßige Belastungen oder mit einem Wechsel entstehende oder noch steigende Risiken. Hinsichtlich der relativen Marktmacht eines Nachfragers sieht § 20 Abs. 1 S. 2 GWB eine widerlegbare Vermutung vor. Überlegene Marktmacht kann dagegen nur im Verhältnis von Wettbewerbern

---

nung findet sich bei *Bakhoum*, in: Di Porto/Podszun, Abusive practices in competition law, 2018, S. 157.

989 *Loewenheim*, in: Loewenheim et al., Kartellrecht, § 20 GWB, Rn. 3; *Heinz*, in: Kokott/Pohlmann/Polley, Europäisches, deutsches und internationales Kartellrecht, 2018, S. 309 (313); erfasst sind aufgrund des Verweises auf § 19 Abs. 1 i. V. m. 2 Nr. 1 GWB nur der Behinderungsmissbrauch und der Diskriminierungsmissbrauch, sodass die übrigen Regelbeispiele des Marktmachtmissbrauchsverbots nicht anwendbar sind. Es handelt sich hierbei um eine Rechtsgrundverweisung, die eine weitergehend eigenständige Untersuchung der Voraussetzungen des § 19 Abs. 1 i. V. m. Abs. 2 Nr. 1 GWB verlangt, vgl. so auch schon *Markert*, in: Immenga/Mestmäcker, Wettbewerbsrecht. Band 2 GWB, § 20 GWB, Rn. 5.

990 Der Unterschied dieser Vorschrift zu § 20 Abs. 1 S. 1 GWB liegt darin begründet, dass sie ihrem Wortlaut nach nicht auf kleine und mittlere Unternehmen beschränkt ist, eine Abhängigkeit also größenunabhängig von dem jeweiligen Unternehmen ist. Hieraus ließe sich der Schluss ziehen, dass auch große Unternehmen vom Schutzbereich der relativen Marktmacht erfasst seien, vgl. *Loewenheim*, in: Loewenheim et al., Kartellrecht, § 20 GWB, Rn. 50. Dies widerspricht dem ausdrücklichen Zweck und dem gesetzgeberischen Willen bei Erlass der letzten Änderungen zu § 20 GWB im Rahmen der 8. GWB-Novelle, vgl. Regierungsbegründung zur 8. GWB-Novelle, BT-Drs. 17/9852, S. 24; hierzu auch erläuternd *Markert*, in: Immenga/Mestmäcker, Wettbewerbsrecht. Band 2 GWB, § 20 GWB, Rn. 59, nach dem der Gesetzgeber für eine Erstreckung des Marktmachtmissbrauchsverbots bei releativer Marktmacht auf große Unternehmen aufgrund derer regelmäßig ausreichenden Verhandlungs- und Ausweichmöglichkeiten keinen Regelungsbedarf mehr sieht. Ob dies weiterhin bei digitalen Plattformen angenommen werden kann und sich nicht vielmehr ein Bedarf nach einer Anpassung ergibt, erscheint durchaus diskussionswürdig, vgl. *Schweitzer* et al., Modernisierung der Missbrauchsaufsicht für marktmächtige Unternehmen, 2018, S. 56 ff.

991 Vgl. BGH, Urt. v. 26. 1. 2016 – KZR 41/14 (Jaguar Vertragswerkstatt), NJW 2016, 2504 = NZKart 2016, 285 = GRUR 2016, 627; BGH, Urt. v. 30. 3. 2011 – KZR 6/09 (MAN-Vertragswerkstatt); BGH, Urt. v. 28. 6. 2005 – KZR 26/04 (Qualitative Selektion); BGH, Urt. v. 21. 2. 1995 – KZR 33/93 (Kfz-Vertragshändler); BGH, Urt. v. 23. 2. 1988 – KZR 20/86 (Opel-Blitz).

untereinander, also im horizontalen Verhältnis, bestehen. Ihre Bewertung ergibt sich ebenso aus den Umständen des Einzelfalls, wobei auf die Erfahrungen der Bestimmung der „überragenden Marktstellung" im Sinne des § 18 Abs. 1 Nr. 3 GWB zurückgegriffen werden kann. Die Abgrenzung des relevanten Marktes ist aber auch hier nicht verzichtbar.[992] Denn zum einen ergibt sich die Untersuchung der Unternehmensgröße aus ihrer Stellung im jeweiligen Markt. Aber auch die Ausweichmöglichkeiten des als potenziell abhängig untersuchten Unternehmens müssen sich anhand des relevanten Marktes betrachten lassen.[993]

aa) Hintergründe und Anwendungsbereich

Die bereits angesprochene Erweiterung des Schutzes aus dem Marktmachtmissbrauchsverbot wurde ursprünglich 1973 eingeführt, damals noch in § 26 Abs. 2 S. 2 GWB a. F. als Ergänzung zu den bisherigen Regelungen des Marktmachtmissbrauchsverbots im Sinne einer Erweiterung des persönlichen Anwendungsbereichs.[994] Sie entstand im Zusammenhang mit befürchteten Diskriminierungen oder Lieferverweigerungen durch wichtige Lieferanten an ihre Abnehmer.[995] Da das Bewusstsein darüber bestand, dass im Zusammenhang mit dem Vertrieb von Markenartikeln im weiteren Sinne eine für wettbewerblich nicht gewünschte Situationen anfällige Abhängigkeit zwischen Markeninhabern und ihren Vertriebspartnern vorliegen kann, sollten diese relativen Abhängigkeitsverhältnisse ebenso einer Missbrauchskontrolle unterworfen werden.[996] Tatbestandlich zeichnet sich § 20 Abs. 1 GWB vor allem durch Besonderheiten beim sachlichen Anwendungsbereich aus. Die Vorschrift knüpft an eine besondere Abhängigkeit an, die dann vorliegt, wenn keine ausreichenden und zumutbaren Möglichkeiten, auf andere Unternehmen auszuweichen, bestehen.

bb) Etablierte Fallgruppen

Die praktische Anwendung der relativen Marktmacht ist stark einzelfallabhängig. Es haben sich bislang vier nicht immer dogmatisch eindeutig voneinander abgrenzbare Fallgruppen der Abhängigkeit etabliert, die auf einen der Einfüh-

---

992 *Heinz*, in: Kokott/Pohlmann/Polley, Europäisches, deutsches und internationales Kartellrecht, 2018, S. 309 (315).

993 *Markert*, in: Immenga/Mestmäcker, Wettbewerbsrecht. Band 2 GWB, § 20 GWB, Rn. 16 ff.; *Loewenheim*, in: Loewenheim et al., Kartellrecht, § 20 GWB, Rn. 12; im Ergebnis so auch *Volmar*, Digitale Marktmacht, 2019, S. 454.

994 *Loewenheim*, in: Loewenheim et al., Kartellrecht, § 20 GWB, Rn. 2; *Markert*, in: Immenga/Mestmäcker, Wettbewerbsrecht. Band 2 GWB, § 20 GWB, Rn. 2; Regierungsbegründung zur 2. GWB-Novelle, BT-Drs. 6/2520, R. 34.

995 Erläuternd zum Zweck der relativen Marktmacht auch kurz *Bosch*, in: Bechtold/Bosch, Gesetz gegen Wettbewerbsbeschränkungen, § 20 GWB, Rn. 6 f.

996 Vgl. hierzu die Regierungsbegründung zur 2. GWB-Novelle, BT-Drs. 6/2520, S. 34; Zusammenfassend hierzu bereits *Tetzner*, JZ 1977, S. 321 (321).

rung des Konzepts der relativen Marktmacht vorhergehenden Bericht zurückgehen und im Wesentlichen Anklang in der Rechtsprechung durchgesetzt haben:[997]

1. Sortimentsbedingte Abhängigkeit
2. Unternehmensbedingte Abhängigkeit
3. Nachfragebedingte Abhängigkeit
4. Mangelbedingte Abhängigkeit

Diese bisherigen Fallgruppen lassen sich nur beschränkt auf digitale Plattformen anwenden. So knüpft die sortimentsbedingte Abhängigkeit an eine Marke des Lieferanten an, die als solche selbst von dem abhängigen Unternehmen im Sortiment geführt werden muss, um wettbewerbsfähig zu sein.[998] Wenn aber ein Unternehmen auf einer digitalen Plattform angeschlossen ist, wird dies regelmäßig dem genau umgekehrten Zweck dienen, nämlich dem Vertrieb der eigenen Leistungen, nicht aber dem Vertrieb der Plattform-Dienstleistungen.[999]

Die unternehmensbedingte Abhängigkeit setzt voraus, dass das abhängige Unternehmen sich derart auf das andere Unternehmen und den Vertrieb seiner Güter ausgerichtet hat, dass ein Wechsel zu einem anderen Unternehmen mit existenzgefährdenden Wettbewerbsnachteilen verbunden wäre. Das bedeutet nach der bisherigen Praxis, dass die abhängigen Unternehmen mit ihrer Ausrichtung auf den Lieferanten identifiziert werden. Dies ist nicht unmittelbar der Fall, wenn es ihnen lediglich auf den Zugang zu der Plattform und den mit ihr einhergehenden Leistungen sowie dem Kontakt mit den weiteren angeschlossenen Nutzern oder sogar einer spezifischen Nutzergruppe ankommt.[1000] Zudem wird teilweise eine unternehmensbedingte Abhängigkeit dann abgelehnt, wenn diese lediglich aufgrund einer von dem abhängigen Unternehmen getroffenen autonomen Auswahlentscheidung getroffen wird.[1001] Der BGH hat zuletzt aber die autonome Bezugskonzentration als ausreichend für die unternehmensbedingte Abhängigkeit angenommen, solange diese über eine bloß einseitig selbstgewählte Vertriebsspezialisierung hinausgehe.[1002] Letzteres ist der Fall, wenn sich das abhängige Unternehmen nachfragebedingt auf das andere Unternehmen einstellt und sich zu diesem Zweck spezialisiert. Bei digitalen Plattformen wird es dagegen regelmäßig nicht vorkommen, dass das abhängige Unternehmen sich aufgrund der ihm gegenüberstehenden Nachfrage allein auf eine spezifische Plattform

---

997 *Markert*, in: Immenga/Mestmäcker, Wettbewerbsrecht. Band 2 GWB, § 20 GWB, Rn. 28; *Loewenheim*, in: Loewenheim et al., Kartellrecht, § 20 GWB, Rn. 20.

998 *Bosch*, in: Bechtold/Bosch, Gesetz gegen Wettbewerbsbeschränkungen, § 20 GWB, Rn. 13; bereits BGH, Urt. v. 22.1.1985 – KZR 35/83 (Technics), GRUR 1985, 394 (395).

999 *Heinz*, in: Kokott/Pohlmann/Polley, Europäisches, deutsches und internationales Kartellrecht, 2018, S. 309 (316).

1000 Ebenda, S. 309 (317).

1001 Vgl. hierzu ebenda, S. 309 (325), die deshalb auch bei der von ihr diskutierten plattformbedingten Abhängigkeit die nicht nur selbstgewählte Abhängigkeit verlangt.

1002 BGH, Urt. v. 6.10.2015 – KZR 87/13 (Porsche-Tuning), NZKart 2015, 535 = WRP 2016, 229 (m. Anm. v. Telle), Rn. 53; zustimmend hierzu *Bosch*, in: Bechtold/Bosch, Gesetz gegen Wettbewerbsbeschränkungen, § 20 GWB, Rn. 16.

spezialisiert und deshalb von ihr abhängig ist. Vielmehr wird es hier ähnlich wie bei der sortimentsbedingten Abhängigkeit auf eine breite Anbindung an mehrere Plattformen ankommen.

Bei der nachfragebedingten Abhängigkeit kommt es darauf an, dass das abhängige Unternehmen sich spezifisch auf ein Unternehmen als Abnehmer seiner Produkte und Leistungen ausgerichtet hat. § 20 Abs. 1 S. 2 GWB schreibt hierfür eine gesetzliche Vermutung für das Vorliegen einer nachfragebedingten Abhängigkeit vor, wenn der Nachfrager bei dem abhängigen Unternehmen zusätzlich zu den verkehrsüblichen Preisnachlässen oder sonstigen Leistungsentgelten regelmäßig besondere Vergünstigungen erlangt, die gleichartigen Nachfragern nicht gewährt werden. Nimmt ein Unternehmen das Angebot einer digitalen Plattform wahr, so ist diese häufig nicht selbst Nachfrager nach den jeweiligen Produkten oder Leistungen des angeschlossenen Unternehmens, sondern stellt lediglich den Kontakt zu anderen Nutzern und ihrer Nachfrage her. In der Nachfragekonstellation einer Plattform als Anbieter und anderer Unternehmen als Nachfrager wird es regelmäßig keine nachfragebedingte Abhängigkeit geben, während für den umgekehrten Fall einer Plattform als Nachfrager gegenüber einem Lieferanten als Anbieter eine relative Marktmachtsituation häufiger angenommen werden könnte. Anders lässt sich dies bewerten, wenn eine Plattform neben den Plattformleistungen selbst zum Nachfrager der darüber vertriebenen Leistungen ähnlich einem Großhändler wird und darüber wesentliche vertriebsbezogene Umsätze des als abhängig untersuchten Unternehmens erzielt werden.[1003] In diesem Fall kann zusätzlich sogar noch die gesetzliche Vermutung des § 20 Abs. 1 S. 2 GWB greifen, wenn sich der Plattform-Betreiber besondere Vergünstigungen dafür einräumen lässt, dass das von ihm abhängige Unternehmen weiterhin seine Leistungen in Anspruch nehmen kann, und diese ansonsten gleichartigen Nachfragern nicht gewährt werden. Dieser Umstand wird wiederum bei digitalen Plattformen nicht allein deshalb begründet werden können, weil sie ihre Leistungen der als abhängig untersuchten Nutzerseite ohne ein monetäres Entgelt anbietet. Denn bei dieser Nullrabattierung handelt es sich bereits nicht um eine Vergünstigung des Anbieters der Vertriebsgüter, sondern andersherum um eine des Plattform-Betreibers.[1004] Zudem wird diese Entgeltlosigkeit regelmäßig allgemein für alle Unternehmen einer für den Plattformvertrieb abgrenzbaren Nutzergruppe gewährt und zwar dafür, dass diese die Plattform mit ihren Leistungen in Anspruch nehmen, sodass keine die Abhängigkeit rechtfertigende Ungleichbehandlung besteht.[1005] Das bedeutet nicht, dass ein Plattform-Betreiber als Nachfrager der Leistungen des Anbieters keine besonderen Vergünstigungen erhalten könnte. Diese können nämlich auch in an-

---

1003 *Loewenheim*, in: Loewenheim et al., Kartellrecht, § 20 GWB, Rn. 37; diese Konstellation ist wiederum zu unterscheiden von der, in der eine Plattform sein Geschäftsmodell derart ändert, dass sie anders als vorher nicht lediglich Vermittlungsleistungen anbietet, sondern selbst als Großhändler zur – nicht abhängigen – Nachfragerin wird.
1004 *Sauermann*, ZWeR 2018, S. 341 (347 f.).
1005 *Bosch*, in: Bechtold/Bosch, Gesetz gegen Wettbewerbsbeschränkungen, § 20 GWB, Rn. 21.

deren Konditionen gesehen werden, wie zum Beispiel besonderen zusätzlichen Bedingungen über die Rücknahme der Vertriebsgüter, Kundenschutzrechte oder Versandkosten. In der Vermutungsregelung kann deshalb eine Vorverlagerung der wettbewerblichen Bewertung der Plattformbedingungen gesehen werden, soweit es dabei um die unterschiedliche Behandlung mehrerer Nachfrager geht. Diese ist wiederum durch die Reichweite der Vermutungsregelung beschränkt, die sich allein auf den Tatbestand der relativen Marktmacht bezieht.[1006]

Die mangelbedingte Abhängigkeit scheint bei digitalen Plattformen nicht relevant zu sein. Denn hierfür käme es darauf an, dass aufgrund einer generellen Verknappung ein Unternehmen nicht mehr die gleichen Mengen wie bisher erhält.[1007] Digitale Plattformen bieten ihre Angebote überwiegend auf der Basis allgemein verfügbarer Internet-Infrastrukturen auf. Die Virtualisierung wesentlicher Angebotsbestandteile bedeutet auch ihre jederzeitige Austauschbarkeit. Lediglich hinsichtlich einzelner wesentlicher physischer Bestandteile einer Plattform wie zum Beispiel Netzwerktechnologie erscheinen Verknappungen möglich. In Bezug auf Innovation ist außerdem anzumerken, dass die mangelbedingte Abhängigkeit eher mit einer nicht-innovativen Entwicklung in Verbindung gebracht werden kann.

cc) Innovative Unternehmen als Betroffene

Der persönliche Anwendungsbereich des § 20 Abs. 1 S. 1 GWB setzt voraus, dass es sich um kleine oder mittlere Unternehmen handelt. Der Gesetzgeber geht davon aus, dass große Unternehmen regelmäßig über ausreichende Verhandlungsmacht verfügen und deshalb nicht vom persönlichen Anwendungsbereich erfasst sein müssen.[1008] Die relevante Größe bestimmt sich dabei nicht nach absoluten Werten, sondern relativ im Zusammenhang mit einem Machtgefälle.[1009] Dieses lässt sich dem Wortlaut der Vorschrift nach anhand der bestehenden und vergleichbaren Ausweichmöglichkeiten untersuchen, was einen horizontalen Vergleich bedeutet. Dennoch hat der BGH daneben eine vertikale Untersuchung daraus hergeleitet, dass die betreffenden Unternehmen bei relativer Marktmacht stets auf unterschiedlichen Marktstufen tätig sind, da es ihrem Wortlaut nach um die Abhängigkeit als Anbieter oder Nachfrager einer bestimmten Art von Waren

---

1006 *Loewenheim*, in: Loewenheim et al., Kartellrecht, § 20 GWB, Rn. 41.
1007 *Bosch*, in: Bechtold/Bosch, Gesetz gegen Wettbewerbsbeschränkungen, § 20 GWB, Rn. 19.
1008 Regierungsbegründung zur 8. GWB-Novelle, BT-Drs. 17/9852, S. 24.
1009 *Lübbert/Schöner*, in: Wiedemann, Handbuch des Kartellrechts, § 24, Rn. 11; a.A. *Bosch*, in: Bechtold/Bosch, Gesetz gegen Wettbewerbsbeschränkungen, § 20 GWB, Rn. 10, der absolute Größen unter Verweis auf die Umsatzschwellen der Fusionskontrolle für anwendbar hält und erst subsidiär einen Größenvergleich mit den Konkurrenten und der Marktgegenseite für geboten hält. Ein direkter Verweis ergibt sich weder aus dem Gesetz, noch aus dem Zweck der Vorschrift. Vielmehr stellt der Wortlaut der Vorschrift unmittelbar auf die Relativität der Abhängigkeit ab, was gegen eine absolute marktbezogene Betrachtung von Umsätzen überhaupt spricht. Lediglich im Ergebnis kann es vereinzelt zu Übereinstimmungen zwischen einer absoluten umsatzbezogenen Betrachtung anhand der Kriterien der Fusionskontrolle und der relativen Größe nach § 20 Abs. 1 S. 1 GWB kommen.

oder gewerblichen Leistungen geht.[1010] Bei digitalen Plattformen wird es regelmäßig um eine vertriebsähnliche Konstellation gehen, in deren Zusammenhang sowohl die Größe des abhängigen Unternehmens als auch dessen Abhängigkeit vor allem nach ihren vertikalen Wirkungen betrachtet werden müssen. Die Relativität dieser Betrachtung deutet auf eine subjektiv-individuelle Untersuchung der jeweiligen Möglichkeiten eines einzelnen Unternehmens hin, wobei ebenso objektiv-generalisierende Betrachtungsweisen wie insbesondere der jeweiligen Bedeutung der Marke am Markt möglich sind.[1011]

Plattformen zeichnen sich nach den bisherigen Erkenntnissen häufig durch eine nicht-umsatzbezogene Tätigkeit auf einzelnen Marktbeziehungen oder gegenüber einzelnen Nutzern aus. Dies steht im Zusammenhang mit der entgeltfreien Erbringung plattformtypischer Leistungen. Anders als bei der Bestimmung der marktbeherrschenden Stellung im Rahmen des § 18 GWB bzw. Art. 102 AEUV kommt es hierbei nicht unmittelbar auf die Klärung der Frage an, ob monetär unentgeltliche Märkte bei der Bestimmung der Größe des jeweiligen Unternehmens herangezogen werden können. Entscheidend ist vielmehr ihre relative Größe in Bezug auf das jeweilige Unternehmen. Wenn Plattformen in der Regel gegenüber einer Marktseite kein Entgelt verlangen, fehlt ein unmittelbarer Umsatz als Bezug. Dies zeigt sich vor allem an dem Beispiel der Vertriebsplattformen. Diese sind nämlich regelmäßig kein Abnehmer des eigentlichen Vertriebsobjekts, sondern stellen lediglich eine Vertriebsform für diese Objekte dar. Es lässt sich dabei weniger ein Umsatz mit den jeweiligen Vertriebsobjekten beschreiben, als ein vertriebskanalbezogener Umsatz des jeweils abhängigen Unternehmens.

Die Relativität der Marktmacht im Sinne dieser Vorschrift macht also die Betrachtung innovativer Unternehmen nicht von ihrem Umsatz abhängig. Aus demselben Grund können auch Unternehmen berücksichtigt werden, die noch keine wesentliche wirtschaftliche Tätigkeit entfaltet haben und die mit dem relativ marktmächtigen Unternehmen keine Lieferanten-Abnehmer-Beziehung eingegangen sind.[1012] Denn auch der Zweck der Vorschrift, den Wettbewerb für

1010 BGH, Urt. v. 12.12.2017 – KZR 50/15 (Rimowa), NZKart 2018, 134 (135); BGH, Beschl. v. 19.1.1993 – KVR 25/91 (Herstellerleasing), GRUR 1993, 592 = GRUR Int 1993, 768 (770); BGH, Urt. v. 21.2.1995 – KZR 33/93 (Kfz-Vertragshändler), GRUR 1995, 765 (768); vgl. zuletzt auch BGH, Urt. v. 6.10.2015 – KZR 87/13 (Porsche-Tuning), NZKart 2015, 535 = WRP 2016, 229 (m. Anm. v. Telle), Rn. 56.
1011 BGH, Urt. v. 23.2.1988 – KZR 20/86 (Opel-Blitz), GRUR 1988, 642 (644); vgl. ähnlich bereits BGH, Beschl. v. 24.2.1976 – KVR 3/75 (Bedienungsgroßhändler), GRUR 1976, 711 (713); BGH, Urt. v. 30.6.1981 – KZR 19/80 (Sportschuhe), GRUR 1981, 917 (918); erläuternd hierzu auch Heinz, in: Kokott/Pohlmann/Polley, Europäisches, deutsches und internationales Kartellrecht, 2018, S. 309 (315); Markert, in: Immenga/Mestmäcker, Wettbewerbsrecht. Band 2 GWB, § 20 GWB, Rn. 23.
1012 Ebenda, Rn. 25; dies noch offen lassen vgl. Heinz, in: Kokott/Pohlmann/Polley, Europäisches, deutsches und internationales Kartellrecht, 2018, S. 309 (321).

relativ abhängige Unternehmen grundsätzlich offen zu halten, schließt die Erfassung sich neu oder wieder in einem Markt etablierender Unternehmen ein.[1013]

dd) Neue Fallgruppe der plattformbedingten Abhängigkeit

Die bisherigen Ausführungen haben ergeben, dass die bereits bestehenden Fallgruppen der relativen Marktmacht regelmäßig nicht auf digitale Plattformen anwendbar sind. Dennoch kann über die Voraussetzungen der Vorschrift des § 20 Abs. 1 S. 1 GWB auch eine plattformbedingte Abhängigkeit praktisch anwendbar sein, wie dies *Heinz* ausführlich diskutiert.[1014] Das Bundeskartellamt hat erst in zwei Fällen in seiner Entscheidungspraxis eine konkrete Abhängigkeitslage zwischen Anbietern digitaler Plattformen und ihren Nutzern angenommen.[1015] Dabei stellte die Behörde die Abhängigkeit vor allem in Bezug auf die Bekanntheit der dort untersuchten Hotelbuchungsplattformen und dem damit verbundenen Zugang zu einer großen Anzahl potenzieller Kunden fest. Hintergrund beider Verfahren waren Konstellationen, in denen die Abhängigkeit von Hotelbetreibern sich damit begründen ließ, dass sie auf den Absatzkanal der jeweiligen Plattform angewiesen sind.[1016] Ob sich hierbei eine Herleitung der Abhängigkeit aus der bereits praxisbekannten sortimentsbedingten Abhängigkeit ergibt oder aber eine neuartige Form der plattformbedingten Abhängigkeit etabliert wurde, wie von *Heinz* angenommen,[1017] blieb in der bislang bekannten Rechtsprechung noch offen.[1018]

Zunächst beschränkt sich die Anwendung der Vorschrift nicht auf die bereits etablierten Fallgruppen, sondern eröffnet über den weiten Wortlaut ebenso die Anwendung auf außerhalb dieser Fallgruppen liegende Tatsachenkonstellationen. Dies ergibt sich aus dem Sinn und Zweck der Offenhaltung des Wettbewerbs, die sich nicht nur auf eine formelhafte kasuistische Bewertung der relativen Marktmachtstellung beschränkt, sondern gerade die Fälle erfassen soll, die sich nicht

---

1013 BGH, Urt. v. 26.6.1979 – KZR 7/78 (Markt-Renner), GRUR 1979, 731 (732); vgl. insbesondere in Bezug auf die Bekanntheit und den sich hieran orientierenden Marktaktivitäten des abhängigen Unternehmens BGH, Urt. v. 30.6.1981 – KZR 19/80 (Sportschuhe), GRUR 1981, 917 (918); vgl. hierzu BGH, Beschl. v. 21.2.1995 – KVR 10/94 (Importarzneimittel), NJW 1995, 2415 (2417) und das hierbei wesentliche „Anstreben", die streitgegenständlichen Objekte an den Großhandel abzugeben.

1014 *Heinz*, in: Kokott/Pohlmann/Polley, Europäisches, deutsches und internationales Kartellrecht, 2018, S. 309 (309 ff.).

1015 BKartA, Beschl. v. 20.12.2013 – B9-66/10 (HRS Bestpreisklausel), BeckRS 2014, 4343, Rn. 236; BKartA, Beschl. v. 22.12.2015 – B9-121/13 (Meistbegünstigungsklauseln bei Booking.com), BeckRS 2016, 4449, Rn. 76, 306 ff.

1016 *Heinz*, in: Kokott/Pohlmann/Polley, Europäisches, deutsches und internationales Kartellrecht, 2018, S. 309 (321).

1017 Ebenda, S. 309 (321).

1018 OLG Düsseldorf, Beschl. v. 9.1.2015 – VI-Kart 1/14 (V) (HRS), ECLI:DE:OLGD:2015:0109. VI.KART1.14V.00, NZKart 2015, 148 = WuW 2015, 394; ähnlich auch LG Köln, Urt. v. 16.2.2017 – 88 O (Kart) 17/16 (Bestpreisklausel), ECLI:DE:LGK:2017:0216.88O. KART17.16.00, Rn. 116, das aber in dem konkreten Rechtsstreit eine Abhängigkeit aufgrund der geringen Marktanteile der Plattform ablehnte.

bereits im Rahmen der absoluten Marktanalyse ausreichend bewerten lassen. Darüber hinaus entspricht eine eigenständige Bewertung plattformbedingter Abhängigkeit auch den tatsächlichen Umständen, dass sie nämlich eine zunehmende Entscheidungserheblichkeit einerseits gewinnen und sich andererseits als Fallgruppe der Abhängigkeit hinreichend abgrenzen lassen.

Wenn also auch die plattformbedingte Abhängigkeit erfasst sein könnte, kommt es im weiteren auf die Umschreibung ihrer rechtlichen Voraussetzungen an. Bei digitalen Plattformen können die erforderlichen ausreichenden und zumutbaren Ausweichmöglichkeiten dann fehlen, wenn die Aktivität des abhängigen Unternehmens bei dieser Plattform unabdingbar ist. Die Ähnlichkeiten mit der sortimentsbedingten Abhängigkeit bestehen darin, dass das Unternehmen von den Leistungen der Plattform abhängig ist, weil diese sehr bekannt ist und dadurch bei dem Vertrieb der Angebote des Unternehmens hilft.[1019] In bestimmten Wirtschaftsbereichen könnte es für die Kunden eines Unternehmens wichtig sein, dass dieses auf möglichst vielen bekannten digitalen Plattformen vertreten ist. Dies hängt mit der Entscheidung der Kunden des Unternehmens für seine Angebote zusammen. So könnten die Kunden eines Zahlungsdienstleisters ihre Entscheidung für die Nutzung seiner Angebote davon abhängig machen, dass diese Angebote auf möglichst vielen der von ihnen bekannten digitalen Plattformen verfügbar sind und sie damit auf ein einheitliches virtuelles Zahlungsmittel zurückgreifen können. Virtuelles Zahlungsmittel meint in diesem Zusammenhang, dass die Kunden bei den von ihnen genutzten digitalen Plattformen (z. B. einer Plattform mit Medieninhalten oder einer E-Commerce-Plattform, aber auch ein Betriebssystem) ihre Kundeninformationen hinterlegen können und damit die Dienste ihres Zahlungsdienstleisters auf der digitalen Plattform zu Zahlungszwecken nutzen können. Kann der Zahlungsdienstleister seine Leistungen nicht auf der jeweiligen digitalen Plattform anbieten, werden sich die Kunden für eine Alternative entscheiden, um ihre Zahlungen abzuwickeln. Es stellt sich dann die Frage nach ausreichenden und zumutbaren Ausweichmöglichkeiten. Dies wird wiederum von den jeweils als Absatzkanal heranziehbaren Plattformen abhängig sein.

In diesem Zusammenhang stellt sich die Frage, ob die für das Vorliegen einer plattformbedingten Abhängigkeit festzustellenden Tatsachen in Netzwerkeffekten abbildbar sein können.[1020] Denn wenn ein Faktor für die Bewertung der Abhängigkeit und der Ausweichmöglichkeiten die Bekanntheit des Angebots ist und Netzwerkeffekte die kollektiven Nutzerentscheidungen für eine Plattform beschreiben, die sie unter anderem aufgrund der Bekanntheit dieser Plattform treffen, kann eine qualitative Aussage über Netzwerkeffekte eine Indizwirkung haben. Reine Nutzerzahlen reichen dabei nicht aus, wenn diese an dem Beispiel

---

1019 *Heinz*, in: Kokott/Pohlmann/Polley, Europäisches, deutsches und internationales Kartellrecht, 2018, S. 309 (322); dies geht so auch schon aus der Entscheidung BGH, Urt. v. 22.1.1985 – KZR 35/83 (Technics), GRUR 1985, 394 (395) hervor.

1020 *Heinz*, in: Kokott/Pohlmann/Polley, Europäisches, deutsches und internationales Kartellrecht, 2018, S. 309 (324).

der Zahlungsdienstleister betrachtet keine tatsächlichen Zahlungen leisten, sondern das virtuelle Zahlungsmittel lediglich als ein von der Plattform verlangtes Identifikationsmittel ohne weitere monetäre Abwicklung nutzen. Es kommt also auf eine qualitative Bewertung an, wozu die Angebote auf der jeweiligen digitalen Plattform genutzt werden können.

Auch bei Plattformen können mehrere Abhängigkeitsverhältnisse nebeneinander bestehen, sodass sich Ähnlichkeiten mit einer Spitzengruppe ergeben.[1021] Daraus folgt, dass auch mehrere Unternehmen in ihrer gemeinsamen wettbewerblichen Wirkung auf dem untersuchten Markt über relative Marktmacht verfügen können.[1022] Dies lässt wiederum den Schluss zu, dass auch Unternehmen mit auf den ersten Blick geringen absoluten Marktanteilen dann über relative Marktmacht verfügen, wenn sie aufgrund ihrer Zugehörigkeit zu dieser Gruppe der für den weiteren Plattformvertrieb wichtigen Unternehmen unabdingbar sind. Dies kann sich ebenso aus der Bekanntheit der jeweiligen Marke bei der Endnutzergruppe ergeben. Die Feststellung eines sogenannten *competive bottlenecks* ist im Rahmen der Prüfung der relativen Marktmacht weder erforderlich, noch kann sie möglichen die Untersuchung erleichternden Vermutungen entgegenstehen.[1023]

e) Zeitlich relevanter Markt

Üblicherweise werden sachlich und örtlich relevante Märkte abgegrenzt. In diesem Prüfumfang wird bereits ein zeitliches Element berücksichtigt, nämlich dass des jeweiligen Betrachtungszeitraums der jeweils untersuchten Marktverhältnisse.[1024] Wird ein Unternehmen daraufhin untersucht, ob es seine bestehende marktbeherrschende Stellung missbraucht hat oder gegenwärtig missbraucht, ist das zeitliche Element bereits in der kartellrechtlichen Untersuchungshypothese miteinbezogen, welche Produkte und Leistungen durch ihre vergleichbare Angebot- und Nachfragesituation einem gemeinsamen Markt zuzurechnen sind. Damit stellt das Tatbestandsmerkmal einer Marktabgrenzung die Möglichkeit bereit, in einem gewissen rechtlichen Umfang im Wettbewerb offenbartes Wissen zu verwerten und damit eine Teilaussage über den Wettbewerbsprozess zu

---

1021 Vgl. hierzu für den Fall der Spitzengruppenabhängigkeit als Sonderfall der bereits in der Rechtspraxis etablierten sortimentsbedingten Abhängigkeit bei *Bosch*, in: Bechtold/Bosch, Gesetz gegen Wettbewerbsbeschränkungen, § 20 GWB, Rn. 15; *Heinz*, in: Kokott/Pohlmann/Polley, Europäisches, deutsches und internationales Kartellrecht, 2018, S. 309 (322).

1022 Vgl. hierzu die Formulierung *„die ganze Gruppe der am Markt Stärksten"* für die Spitzengruppenabhängigkeit bei der sortimentsbedingten Abhängigkeit bei *Bosch*, in: Bechtold/Bosch, Gesetz gegen Wettbewerbsbeschränkungen, § 20 GWB, Rn. 15

1023 A.A.: *Volmar*, Digitale Marktmacht, 2019, S. 455.

1024 *Bergmann/Fiedler*, in: Loewenheim et al., Kartellrecht, Art. 102 AEUV, Rn. 111; *Jung*, in: Grabitz/Hilf/Nettesheim, Das Recht der Europäischen Union: EUV/AEUV, Art. 102 AEUV, Rn. 34; *Bosch*, in: Bechtold/Bosch, Gesetz gegen Wettbewerbsbeschränkungen, § 18 GWB, Rn. 30; EuGH, Urt. v. 16.12.1975 – verb. Rs. 40 bis 48, 50, 54 bis 56, 111, 113 und 114-73 (Suiker Unie), NJW 1976, 470, Rn. 450; EuGH, Urt. v. 14.2.1978 – Rs. 27/76 (United Brands), NJW 1978, 2439, Rn. 23.

treffen. Das Erfordernis einer Marktabgrenzung und –analyse stellt also eine rechtliche Erlaubnis zur Überwindung des Informationsdilemmas dar.[1025] Eine Vergleichbarkeit kann danach nur bestehen, wenn und soweit die untersuchten Angebote und Nachfragen zum selben Zeitpunkt miteinander austauschbar sind. Wird im Rahmen einer Fusionskontrolle die Entwicklung nach einer Genehmigung des Zusammenschlusses untersucht, sieht der Wortlaut des § 36 Abs. 1 S. 1 GWB wie auch Art. 2 Abs. 3 FKVO einen Bezug auf die Zukunft vor.[1026] So ist insbesondere ein Zusammenschluss zu untersagen, von dem zu erwarten ist, dass er eine marktbeherrschende Stellung begründet oder verstärkt. Beides – Begründen wie auch Verstärken einer Marktstellung – setzt seinem Wortlaut nach voraus, dass sich Märkte als solche verändern können. Das Verbot wettbewerbsbeschränkender mehrseitiger Maßnahmen ist ebenso im Hinblick auf die Wirkungen auf Märkten zu untersuchen, wenn es um Fragen der Nichtanwendbarkeit dieses Verbots oder der Freistellung geht. Es wird also im Rahmen der Abgrenzung des sachlich relevanten Marktes die Frage gestellt, welche Produkte und Leistungen einen gleichbleibenden Bedarf befriedigen. Gleichbleibend beinhaltet damit die Voraussetzung, dass jedenfalls für einen „gegebenen" Zeitpunkt eine zeitlich fixierte Untersuchung der jeweiligen Marktverhältnisse stattfinden kann.[1027] Dieser gegebene Zeitpunkt ist bei den repressiven Verboten des Marktmachtmissbrauchs und des Verbots wettbewerbsbeschränkender Maßnahmen regelmäßig gegenwärtig oder vergangen, während er bei der präventiven Fusionskontrolle regelmäßig gegenwärtig oder zukünftig ist. Dabei darf nicht vernachlässigt werden, dass sich auch das Missbrauchsverbot und das Verbot wettbewerbsbeschränkender Maßnahmen auf zukünftigen Wettbewerb beziehen können. Lediglich die Marktbetrachtung ist hier unter einer Ex-post-Betrachtung vorzunehmen, also nicht prognostisch, sondern historisch. Die jeweiligen Erkenntnisse zur Abgrenzung relevanter Märkte lassen sich dabei nur eingeschränkt übertragen.[1028] Denn aus den prognostischen Wertungen im Rahmen der Fusionskontrolle lassen sich keine Rückschlüsse auf die gegenwärtigen Marktverhältnisse im Rahmen des Marktmachtmissbrauchverbots ziehen. Ähnlich können sich die prognostischen Wertungen der Fusionskontrolle nicht stets von historischen Aussagen gegenwärtiger oder vergangener Marktsituationen leiten lassen, soll die Behörde im Rahmen ihrer Entscheidungsbefugnisse noch einen Spielraum haben.

Also begründet sich die rechtliche Möglichkeit zur grundsätzlichen Feststellung zeitlich unterschiedlicher Märkte aus allen marktbezogenen Tatbeständen der kartellrechtlichen Verbotsvorschriften. Bildhaft feststellen lässt sich dies bei

---

1025 Siehe so auch schon *Möschel*, JZ 1975, S. 393 (398).

1026 Vgl. hierzu eingehend die unterschiedlichen Prüfkonzepte in zeitlicher Hinsicht bei *Jung*, in: Grabitz/Hilf/Nettesheim, Das Recht der Europäischen Union: EUV/AEUV, Art. 102 AEUV, Rn. 34.

1027 *Richter/Steinvorth*, in: Wiedemann, Handbuch des Kartellrechts, § 20, Rn. 59.

1028 *Jung*, in: Grabitz/Hilf/Nettesheim, Das Recht der Europäischen Union: EUV/AEUV, Art. 102 AEUV, Rn. 34 f.

saisonalen Märkten, wie sie zum Beispiel mit Weihnachtsmärkten oder Veranstaltungsmessen zusammenhängen. Aber auch im Hinblick auf konkrete Reisezeiten können unterschiedliche Nachfragebedingungen zum Beispiel hinsichtlich einer konkreten Urlaubszeit und der umliegenden Zeit bestehen.[1029] Die Marktabgrenzung kann dabei mit derselben Hypothese untersucht werden wie der örtliche und sachliche Markt, nämlich ob derart unterschiedliche Angebot- und Nachfrageverhältnisse vorliegen, dass sie – dieses Mal in zeitlicher Hinsicht – nicht mehr einem gemeinsamen Markt zuzuordnen sind. Insgesamt kann dabei bislang beobachtet werden, dass eine zeitliche Marktabgrenzung vor allem als Korrektiv für eine ansonsten als übermäßig empfundene Abgrenzung des sachlich relevanten Marktes vorgezogen wird.[1030] Zeitliche Unterschiede können also unterschiedlich abgegrenzte relevante Märkte rechtfertigen und hierbei eine eigenständige Bedeutung gewinnen.[1031]

In der bisherigen kartellrechtlichen Praxis ist die Abgrenzung des zeitlichen Marktes also nicht grundlegend neu. Sie erfolgt lediglich in Form einer statischen Abgrenzung und beschreibt einen bestehenden oder zu erwartenden Zustand. Es erscheint dabei nicht zielführend, die besonderen Phänomene der Dynamik des Wettbewerbs allein auf einem statischen Markt zu betrachten.[1032] Anders herum kann nicht aus der Annahme einer durch Dynamik geprägten Marktstellung der Rückschluss auf den – zu diesem Ergebnis – passenden relevanten Markt gezogen werden. Angesichts dessen, dass Wettbewerb einen dynamischen Prozess beschreibt, erscheint deshalb die grundlegende Annahme nicht überraschend, dass auch Märkte in tatsächlicher Hinsicht dynamisch sein können oder sind.[1033] Die rechtliche Bewältigung dieser Tatsachen ist bislang noch nicht hinreichend geklärt und wird sich aufgrund des bei kartellrechtlichen Entscheidungen meistens bestehenden Informationsdefizits der Rechtsanwender wohl nie abschließend rechtlich klären lassen.[1034]

Eine eigenständige Bestimmung zeitlich abgegrenzter relevanter Märkte kommt in Betracht, soweit Angebot und Nachfrage von einem bestimmbaren Zeitraum abhängig sind, also typischerweise bei zeitlich begrenzten Erlaubnissen, saiso-

---

1029 *Bosch*, in: Bechtold/Bosch, Gesetz gegen Wettbewerbsbeschränkungen, § 18 GWB, Rn. 30; *Richter/Steinvorth*, in: Wiedemann, Handbuch des Kartellrechts, § 20, Rn. 60; *Schütz*, in: Busche/Röhling, Kölner Kommentar zum Kartellrecht, Art. 2 FKVO, Rn. 85; OLG Frankfurt a. M., Urt. v. 13.4.1989 – 6 U (Kart) 44/89 (Kunstmesse Art Frankfurt I), GRUR 1989, 777 (779); OLG Frankfurt a. M., Beschl. v. 17.3.1992 – 6 W (Kart) 31/92 (Kunstmesse Art Frankfurt II), GRUR 1992, 554 (555); BGH, Beschl. v. 26.5.1987 – KVR 4/86 (Gekoppelter Kartenverkauf), GRUR 1987, 928 (m. Anm. v. Mailänder) (930); BGH, Beschl. v. 3.3.1969 – KVR 6/68 (Sportartikelmesse), NJW 1969, 1716 (1717); EuGH, Urt. v. 14.2.1978 – Rs. 27/76 (United Brands), NJW 1978, 2439, Rn. 23.
1030 Vgl. bereits *Mailänder*, GRUR 1987, S. 931 (932).
1031 *Weiß*, in: Calliess/Ruffert, EUV/AEUV, Art. 101 AEUV, Rn. 95.
1032 *Podszun*, in: Di Porto/Podszun, Abusive practices in competition law, 2018, S. 68 (83 f.).
1033 *Bergmann/Fiedler*, in: Loewenheim et al., Kartellrecht, Art. 102 AEUV, Rn. 110.
1034 *Kerber*, in: Vanberg, Evolution und freiheitlicher Wettbewerb, 2012, S. 169 (176).

nalen Abfolgen oder Perioden oder aber temporären Mangellagen.[1035] In diesem Fall könnte die Kontrollfrage gestellt werden, ob sich die allgemeine Nachfrage zu einem anderen Zeitpunkt weiterhin auf einen ansonsten örtlich und sachlich abgrenzbaren Markt bezieht, oder ob die untersuchten Zeitpunkte durch derart unterschiedliche Umstände gekennzeichnet sind, dass eine einheitliche Marktabgrenzung nicht mehr gerechtfertigt wäre. Diese wäre dann unabhängig von der Frage, ob die bereits beschriebenen preislichen oder qualitativen Abgrenzungsmethoden zu einem oder mehreren sachlich relevanten Märkten führen. Liegt eine derartige konditionale Unabhängigkeit vor, also ändern sich Angebot und Nachfrage unabhängig von sonstigen Bedingungen bei diesem hypothetischen Test, dann kann eine Abgrenzung nach zeitlich relevanten Märkten erfolgen. Im Übrigen muss insbesondere bei Mangellagen der Zirkelschluss vermieden werden, dass ein Unternehmen allein aufgrund seiner in diesen oder ähnlichen Situationen bestehenden Fähigkeit zur als unangemessen empfundenen Preissetzung marktbeherrschend auf dem durch die Mangellage beschriebenen Markt sei. Eine derartige Bewertung wäre der anschließenden Missbrauchsprüfung vorbehalten. Die Dynamik des Wettbewerbs führt also nicht zu einer noch feingliedrigeren Marktabgrenzung, sondern sie kann bei richtiger Anwendung zu der rechtsfehlerfreien Feststellung auch zeitlich relevanter Märkte führen.

f) Innovationsgetriebener Wettbewerbsdruck

Innovation hat über das in § 18 Abs. 3a Nr. 5 GWB aufgenommene neue Kriterium des innovationsgetriebenen Wettbewerbsdrucks eine ihrem Wortlaut nach ausdrückliche eigenständige Bedeutung im deutschen Kartellrecht gewonnen.[1036] Im europäischen Kartellrecht fehlt eine derartige Vorschrift, wie aber auch ansonsten keine ausdrücklichen Vorschriften über Marktmachtkriterien bestehen. Dabei kommen durchaus Zweifel angesichts einer eigenständigen Bedeutung für Plattformen auf. Zum einen ist wegen des in § 18 Abs. 3a GWB zu Beginn enthaltenen Wortlauts „insbesondere" und der Systematik des gesamten § 18 GWB davon auszugehen, dass es sich lediglich um den ersten Absatz ergänzende Marktmachtbestimmungskriterien zum Zweck der Schaffung einer höheren Rechtssicherheit handelt.[1037] Dies ergibt sich auch daraus, dass die für die Bewertung der Marktstellung grundlegende Norm gleichlautend bleibt, nämlich § 18 Abs. 1 GWB, und dass hiernach stets eine konkrete Bestimmung der marktbeherrschenden Stellung möglich ist. Daraus folgt, dass weiterhin die grundsätzliche Möglichkeit einer Einzelfallbetrachtung der Marktmacht besteht. Zum anderen erscheint die Anwendung dieser Kriterien durchaus auch in Fallkonstellationen denkbar, die keine Plattformen, also „mehrseitige Märkte oder

---

1035 *Bergmann/Fiedler*, in: Loewenheim et al., Kartellrecht, Art. 102 AEUV, Rn. 111.
1036 Vgl. bereits hierzu Bundeskartellamt, Arbeitspapier – Marktmacht von Plattformen und Netzwerken v. 9.6.2016, https://www.bundeskartellamt.de/SharedDocs/Publikation/DE/Berichte/Think-Tank-Bericht.pdf?__blob=publicationFile&v=2 (abgerufen 14.12.2019), S. 80 ff.
1037 *Grave*, in: Kersting/Podszun, Die 9. GWB-Novelle, Kapitel 2, Rn. 9; *Fuchs*, in: Immenga/Mestmäcker, Wettbewerbsrecht. Band 2 GWB, § 18 GWB, Rn. 142.

Netzwerke", betreffen. Innovation kann hierbei ebenso als marktmachtrelativierender Faktor und damit als möglicher Einwand gesehen werden.[1038] Insofern lässt sich hier die bildhafte Beschreibung *Kantzenbachs* heranziehen, wonach sich die Wettbewerbsintensität mit der Geschwindigkeit erfassen lasse, in der Vorteile eines Unternehmens durch Wettbewerber weggefressen werden.[1039]

Die Gesetzesbegründung zu dieser Regelung aus dem Jahr 2017 ist defizitär und trägt nur wenig zu einer eigenständigen historischen und teleologischen Auslegung bei.[1040] So erkennt der Bundesgesetzgeber zwar zunächst an, dass in der digitalen Ökonomie ein Innovationspotenzial wirkt. Es wird damit der auch für die anderen Ergänzungen des § 18 Abs. 3a GWB geltende Zusammenhang mit einer angestrebten Erweiterung der kartellrechtlichen Kontrolle auf digitale Plattformen klargestellt. In tatsächlicher Hinsicht und in Bezug auf dieses Kriterium äußere sich dies dadurch, dass infolge vorherrschender dynamischer Entwicklungen Marktpositionen angegriffen werden könnten. Dies könne zum einen durch einfache technische Innovationen, sich kurzfristige Nutzervorstellungen sowie insbesondere im Zusammenhang mit disruptiven Veränderungen bestehen. Ob mit „disruptiv" dabei derselbe Begriff wie bei *Bower/Christensen* gemeint ist, wird nicht weiter erläutert, erscheint aber angesichts des Wortlauts „innovationsgetrieben" nicht unwahrscheinlich. Dieser innovationsgetriebene Wettbewerbsdruck solle innerhalb „des behördlichen Prognosespielraums" daraufhin untersucht werden, ob „mit einiger Wahrscheinlichkeit" Verschiebungen bestehender Marktstellungen eintreten.[1041] Diese Anforderungen an die Wahrscheinlichkeit des Eintretens sind denkbar ungenau. Eine ausdrückliche gesetzliche Vorgabe über einen bestimmten Prognosespielraum gibt es nicht. Es wird sich deshalb um denjenigen Prognosespielraum handeln, der unter Beachtung der konkreten Umstände des Einzelfalls rechtsfehlerfrei begründbar ist.[1042] Eine lediglich abstrakte und vage Angreifbarkeit reiche hierfür nicht aus, sodass sich erneut die Frage nach dem rechtlich geltenden Wahrscheinlichkeitsmaßstab ergibt. Gewonnene Erfahrungen zu den fusionskontrollrechtlichen Prognosespielräumen liegen dabei zwar nicht fern.[1043] Für eine unmittelbare Anwendung fehlt es an einer rechtlichen Anordnung. Zudem kann in systematischer Hinsicht ein Konflikt dadurch auftreten, dass ein Prognosespielraum beim Marktmachtmissbrauchsverbot nicht geregelt ist und nicht aus den Beurteilungsspielräumen dieser Vorschrift abgeleitet werden kann.[1044] Zwar besteht hier ein unbestimmter

---

1038 So auch BKartA, Beschl. v. 6.2.2019 – B6-22/16 (Facebook), BeckRS 2019, 4895, Rn. 501.

1039 *Kantzenbach*, Die Funktionsfähigkeit des Wettbewerbs, 1967, S. 38.

1040 Regierungsbegründung zur 9. GWB-Novelle, BT-Drs. 18/10207, S. 51.

1041 Regierungsbegründung zur 9. GWB-Novelle, BT-Drs. 18/10207, S. 51.

1042 Vgl. *Fuchs*, in: Immenga/Mestmäcker, Wettbewerbsrecht. Band 2 GWB, § 18 GWB, Rn. 149c, der auf die unterschiedlichen Anwendungsbereiche bei der Missbrauchskontrolle und der Fusionskontrolle hinweist.

1043 *Marschollek/Sura*, in: Sassenberg/Faber, Rechtshandbuch Industrie 4.0 und Internet of Things, § 7, Rn. 37.

1044 Vgl. zum „angemaßten Prognosespielraum" bei der gerichtlichen Kontrolle des Beurteilungsspielraums des Marktmachtmissbrauchsverbots *Podszun/Palzer*, NZKart 2017, S. 559 (567);

Rechtsbegriff, der im Rahmen des Beurteilungsspielraums zu einer eigenständigen Wertungsentscheidung ermächtigt, die allerdings hier eine Prognose beinhaltet. Allein der Zweck der Prognosebetrachtung ist unterschiedlich und gebietet deshalb im Rahmen ihrer rechtmäßigen Ausführung eine jeweils konkrete sich an dieser Zweckerfüllung orientierende Entscheidung.[1045] Richtet sich die Prognose in der Fusionskontrolle auf die negativen wettbewerblichen Entwicklungen nach einem etwa genehmigten Zusammenschluss, bezieht sich die Prognose eines etwa bestehenden innovationsgetriebenen Wettbewerbsdrucks auf einen als wettbewerblich positiv zu bewertenden Umstand. Je weiter der Prognosespielraum in der Fusionskontrolle gesetzt wird, desto mehr potenziell sich negativ auf die Genehmigungsfähigkeit des Zusammenschlusses auswirkende Umstände könnten einbezogen werden müssen. Ein weiter gewählter Zeitraum kann sich hinsichtlich dieser negativen Umstände zulasten der an einem Zusammenschluss beteiligten Unternehmen auswirken, sodass Unsicherheiten zu einer Verkürzung des Prognosezeitraums führen müssen. Je weiter der Prognosespielraum aber bei der Betrachtung des innovationsgetriebenen Wettbewerbsdrucks gesetzt wird, desto mehr sich potenziell positiv auf die Marktstellung des jeweils untersuchten Unternehmens auswirkende Umstände könnten einbezogen werden. Ein weiter gewählter Zeitraum könnte sich deshalb bei dieser Wertung positiv auf das Unternehmen auswirken, sodass Unsicherheiten eher zu einer Verlängerung des Prognosezeitraums führen. Als ausgestalteter Einwand gegenüber der Feststellung einer Marktmachtstellung ist diese Vorschrift damit konsistent zu dem nicht auf eine Prognose abzielenden Beurteilungsmaßstab des Marktmachtmissbrauchsverbots. Denn diese geht von der bestehenden Marktmacht aus, die aber durch die feststellbaren Entwicklungen geschmälert werden kann.

Bemerkenswert ist an dieser Stelle die Formulierung am Ende der Gesetzesbegründung zu dieser Regelung, der Vorwurf einer missbräuchlichen Ausnutzung einer marktbeherrschenden Position bliebe per se einer Prüfung entzogen, wenn allein die Aussicht auf ein Wegfallen dieser Position zur Verneinung der Marktbeherschung führen würde.[1046] Denn dies im Zusammenhang mit der vorher beschriebenen Anforderung lässt auf eine ihrem Wortlaut nach zunächst restriktive Anwendung schließen, die nicht bereits aufgrund des möglichen Auftretens von Innovationen oder allgemeiner Veränderungen eine marktbeherrschende Stellung eröffnet ist.[1047]

---

vgl. so auch BGH, Urt. v. 24.1.2017 – KZR 47/14 (VBL-Gegenwert II), NZKart 2017, 242, Rn. 25, der im Hinlick auf die Bewertung der Marktstellung auf den „maßgeblichen Beurteilungszeitraum" abstellt und demgegenüber auf eine Prognose wie bei der Fusionskontrolle ausdrücklich nicht zurückgreift.

1045 *Fuchs*, in: Immenga/Mestmäcker, Wettbewerbsrecht. Band 2 GWB, § 18 GWB, Rn. 149c f.

1046 Regierungsbegründung zur 9. GWB-Novelle, BT-Drs. 18/10207, S. 51.

1047 *Grave*, in: Kersting/Podszun, Die 9. GWB-Novelle, Kapitel 2, Rn. 57; so wohl auch BGH, Beschl. v. 23.6.2020 – KVR 69/19 (Facebook), ECLI:DE:BGH:2020:230620BKVR69.19.0, NZKart 2020, 473 = GRUR-RS 2020, 20737, Rn. 50.

In verschiedener Hinsicht bietet sich ein Vergleich mit der ähnlichen Regelung in § 18 Abs. 3 Nr. 6 GWB an.[1048] So enthält diese Vorschrift die rechtliche Möglichkeit zur Marktmachtanalyse unter Berücksichtigung des „potenziellen Wettbewerbs durch Unternehmen", was eine insofern ähnliche Regelungsintention durchscheinen lässt, als dass beide Regelungen auf etwas Ungewisses und nicht Vorhersehbares abstellen. Insbesondere scheint es auf den ersten Blick naheliegend, im Hinblick auf die Eintrittswahrscheinlichkeit des potenziellen Wettbewerbs die dafür bereits vorhandene Rechtsprechung auf das neue Merkmal des innovationsgetriebenen Wettbewerbsdrucks zu übertragen, die aufgrund konkreter Anhaltspunkte eine gewisse Wahrscheinlichkeit des Eintritts des jeweiligen ungewissen zukünftigen Ereignisses verlangt.[1049] Dabei wird ein Markteintritt eines jeweils zu untersuchenden Unternehmens unter ihrer wirtschaftlichen Zweckmäßigkeit und kaufmännischen Vernunft berücksichtigt.[1050] Diese Wahrscheinlichkeit ist also unternehmensbezogen. Die Regelungsintention des § 18 Abs. 3 Nr. 6 GWB ist lediglich dahingehend zu verstehen, dass eine Erstreckung der Marktbewertung auf den tatsächlichen wie potenziellen Auslandswettbewerb klargestellt werden sollte und zwar unabhängig von dem räumlichen Geltungsbereich des GWB.[1051] Damit wird klargestellt, dass andere als das untersuchte Unternehmen durch ihre bloße Fähigkeit zum Markteintritt bereits realen Einfluss auf den Wettbewerb auszuüben, wenn dies sich zur Beeinflussung des aktuellen Verhaltens der Marktteilnehmer eignet.[1052] Anders dagegen ist der in § 18 Abs. 3a Nr. 5 GWB beschriebene innovationsgetriebene Wettbewerbsdruck von der Unternehmenseigenschaft losgelöst und umfasst damit zunächst einen weiteren Anwendungsbereich möglicher Wettbewerbsveränderungen. So wird nicht vorausgesetzt, dass der Wettbewerbsdruck durch Unternehmen erfolgt, sondern er könnte ebenso als unpersönlicher Zwang im Sinne der Erklärung *von Hayeks*[1053] im Wettbewerb durch andere Umstände eintreten. Deshalb lassen sich die unternehmensbezogenen Wahrscheinlichkeitswertungen nicht übertragen. Die stattdessen dieser Vorschrift entsprechende innovationsbezogene Wahrscheinlichkeit lässt sich dagegen aus dem Wortlaut der beiden Merkmalsbestandteile „getrieben" und „Druck" ableiten und genauer beschreiben. „Getrieben" drückt den Partizip des Verbs „treiben" aus, das eine aktive Einwirkung auf etwas ausdrückt. Durch die Verwendung als Partizipform wird das Verb nicht mehr nur zur Beschreibung einer Tätigkeit verwendet, sondern drückt einen Zustand aus. Gleichzeitig rückt dieser Ausdruck von einem Wortlaut ab, der sich auf ein Substantiv bezieht, dem eine aktive Handlung zugeordnet wird, und ordnet sich stattdessen als Attribut zu dem nachfolgenden Wort

---

1048 So auch *Fuchs*, in: Immenga/Mestmäcker, Wettbewerbsrecht. Band 2 GWB, § 18 GWB, Rn. 149b.

1049 Vgl. hierzu allein BGH, Urt. v. 15.12.2015 – KZR 92/13 (Pelican/Pelikan), GRUR 2016, 849, Rn. 28, 36; *Kahlenberg*, in: Loewenheim et al., Kartellrecht, § 36 GWB, Rn. 73 f.

1050 BGH, Urt. v. 15.12.2015 – KZR 92/13 (Pelican/Pelikan), GRUR 2016, 849, Rn. 28.

1051 *Bosch*, in: Bechtold/Bosch, Gesetz gegen Wettbewerbsbeschränkungen, § 18 GWB, Rn. 50.

1052 Ebenda, Rn. 38.

1053 *Von Hayek*, in: von Hayek, Freiburger Studien, 1969, S. 249 (261).

„Wettbewerbsdruck" ein. Druck muss hierbei als kraftbezogener Ausdruck im Zusammenhang mit Wettbewerb verstanden werden. Diese Kraft beschreibt in sprachlich-systematischer Hinsicht mehr als den nur potenziellen Wettbewerb, da ansonsten bereits die Formulierung „innovationsgetriebener Wettbewerb" ausreichen würde. Der Druck besteht, wenn er im Wettbewerb als solche Kraft nachweisbar ist, also wirkt. Damit können Gelegenheiten oder Krisen im Rahmen dieses Tatbestandsmerkmals erfasst sein.

Wenn zudem der unpersönliche Zwang zur Anpassung oder zum Voranschreiten bereits allgemein Wettbewerb und seine Dynamik beschreibt, könnte sich hieraus der Schluss ziehen lassen, dass für eine eigenständige Bedeutung dieses Kriteriums neben den bisherigen Merkmalen kein Bedarf besteht, wird doch scheinbar ein typisches Merkmal des Wettbewerbs beschrieben. Allerdings darf die deklaratorische Wirkung der Beispielsvorschriften in § 18 Abs. 3 und Abs. 3a GWB nicht unterschätzt werden. Die Behörde hat bei der Ausführung der kartellrechtlichen Vorschriften auf der Tatbestandsebene weitreichende Beurteilungsspielräume, was auch für die Feststellungen zur marktbeherrschenden Stellung gilt. Sie hat dabei bereits die rechtliche Ermächtigung zur Bewertung der Marktstellung im Rahmen des § 18 Abs. 1 GWB anhand der Rechtsbegriffe „relevanter Markt" und „Wettbewerb", sowie den Voraussetzungen, dass kein Wettbewerb besteht oder das Unternehmen keinem wesentlichen Wettbewerb ausgesetzt ist oder eine überragende Marktstellung zu seinen Wettbewerbern hat. Jedoch können im Rahmen der Untersuchung der Marktstellung eines Unternehmens einige Situationen typischerweise empirisch belastbar festgestellt werden. Sollen diese Situationen gerichtlich überprüfbar sein, sind sie einerseits rechtsfehlerfrei festzustellen und andererseits mit einer verfassungsrechtlich nicht angreifbaren Begründung zu bewerten. Da die Annahme typischer Fallkonstellationen eine starke wettbewerbstheoretische wie auch -politische Ausrichtung der jeweiligen Entscheidung verlangt, könnte die jeweilige Rechtspraxis allein mittels einer wettbewerbsstrategischen Argumentation angreifbar sein. Dies soll die ausdrückliche Regelung dieser Beispiele verhindern.[1054] Sie dienen der ausdrücklichen Übertragung wettbewerbstheoretischer Erkenntnisse und Annahmen in geltendes Recht und damit einerseits einer Rechtsvereinfachung und andererseits der Rechtssicherheit.

Dabei scheint sich zunächst ein Auslegungsparadoxon im Hinblick auf die beschriebene Kraftwirkung zu ergeben. Denn wenn nach den bisherigen Erkenntnissen kein vollkommener Wettbewerb und kein vollkommen rationaler und informierter Wirtschaftsteilnehmer in tatsächlicher Hinsicht vorstellbar sind, könnte sich die Betrachtung des Wettbewerbsdrucks nach vermeintlich subjektiven Kriterien richten. So wären keine rational verständlichen und umfassend informierten Marktteilnehmer heranzuziehen. Allerdings lässt sich aufgrund der Zweifel am *homo oeconomicus* kein „alternativer Wirtschaftsteilnehmer" formulieren. Eine ausdrückliche positive Beschreibung eines kartellrechtli-

---

1054 *Fuchs*, in: Immenga/Mestmäcker, Wettbewerbsrecht. Band 2 GWB, § 18 GWB, Rn. 114.

chen „Druckempfängers" besteht bislang nicht. Zwar ließen sich sprachliche Parallelen zu Fällen ziehen, in denen ein marktmächtiges Unternehmen Druck ausübt. Allerdings wäre dies einerseits zirkelschlüssig, da von unterstellten Marktmachtmissbräuchen auf die zu ihrer Bestimmung notwendigen Marktmachtkonstellationen geschlossen würde. Zudem beschreibt die Vorschrift des § 18 Abs. 3a Nr. 5 GWB allemal eine Drucksituation mit umgekehrter Richtung, nämlich nicht ausgehend von einem bereits als marktmächtig angenommenen Unternehmen, sondern vielmehr auf dieses selbst einwirkend. Das bedeutet aber wiederum, dass die Einwirkung dieses Drucks auf dieses Unternehmen, das auf seine Marktstellung hin untersucht wird, sich in wettbewerblicher Hinsicht danach bemisst, wie er von diesem konkreten Unternehmen wahrgenommen wird und nicht von irgendeinem anderen Unternehmen oder einem nach einem Wertungsmaßstab zu beschreibenden durchschnittlichen Marktteilnehmer. Druck ist demnach, was von diesem Unternehmen als Druck wahrgenommen wird und sich zur Beeinflussung der wettbewerblichen Entscheidungsfreiheit eignet. Damit gibt das Merkmal „Druck" gleichzeitig eine Erheblichkeitsschwelle vor, da Innovationen ohne diesen Druck oder Innovationswettbewerb allein nicht erfasst sind. Jedoch gibt es nicht nur eine einzelne gradmäßige Ausprägung von Druck, sondern oberhalb seiner als erheblich rechtsfehlerfrei annehmbaren Wahrnehmung unterschiedliche Stärken. Dies entspricht der in der Gesetzesbegründung geforderten Feststellung eines über die vage Angreifbarkeit hinausgehenden konkreten Umstands.[1055]

Aus dem Vorhergesagten folgt zusammengefasst, dass es sich bei dem innovationsgetriebenen Wettbewerbsdruck um ein Kriterium handelt, das als marktmachtabschwächender Faktor bei der Untersuchung der Marktstellung eines Unternehmens berücksichtigt werden kann, also eine zu berücksichtigende Einwendung gegen eine Marktmachtstellung eines Unternehmens darstellt. Damit ist der Gesetzgeber nicht der teilweise erhobenen Forderung gefolgt, die mit Innovation in Zusammenhang gesetzte Pfadabhängigkeit als Bedingung dieses Kriteriums mitaufzunehmen, indem zum Beispiel innovationsbezogene Hindernisse als potenzieller Faktor im Rahmen der Feststellung einer marktbeherrschenden Stellung berücksichtigt werden.[1056] Ist ein innovationsgetriebener Wettbewerbsdruck feststellbar, ist er im Rahmen der komplexen Untersuchung der Marktstellung des Unternehmens mit den übrigen Umständen zur Markt-

---

1055 Regierungsbegründung zur 9. GWB-Novelle, BT-Drs. 18/10207, S. 50; bestätigend und mit konkreten Feststellungen insofern BKartA, Beschl. v. 6.2.2019 – B6-22/16 (Facebook), BeckRS 2019, 4895, Rn. 503.

1056 *Podszun/Schwalbe*, NZKart 2017, S. 98, S. 101; kritisch ist dabei generell ein Vorgehen zu sehen, dass die Marktmachtstellung auch an mögliche Verhinderungsstrategien mit positiv definierten Zwecken oder Zielen koppelt, da hierdurch einerseits der Eindruck entstehen könnte, als sollte Wettbewerb auf diesem Weg ausdrücklich normiert werden, und andererseits ein dogmatischer Zirkelschluss von etwa als missbräuchlich untersuchten Strategien auf die Marktstellung vorliegen könnte.

stellung abzuwägen.[1057] Das bedeutet im Hinblick auf die anderen Kriterien des § 18 Abs. 3a GWB eine mögliche Abschwächung der dort festgestellten wettbewerblichen Wirkungszusammenhänge. Wenn zum Beispiel besonders starke Netzwerkeffekte auftreten, die in Verbindung mit Kostenvorteilen stehen, könnte hieraus grundsätzlich bereits auf eine marktbeherrschende Stellung geschlossen werden. Wird allerdings ein innovationsgetriebener Wettbewerbsdruck festgestellt, kann er sich relativierend auf diese bisherigen Feststellungen auswirken, sodass im Rahmen der Gesamtabwägung je nach seinem Wirkungsgrad nicht mehr von einer marktbeherrschenden Stellung ausgegangen werden könnte. Dabei kann keine graduelle oder zahlenmäßige Abschwächung vorgeschrieben sein. Denn genauso, wie die Feststellung einer marktbeherrschenden Stellung außerhalb eindeutiger Marktanteile Gegenstand eines komplexen Abwägungsprozesses ist, muss dieser Abwägungsprozess in der Rechtsanwendung ausgeübt werden. Prozentuale Abschläge können dabei zwar hilfreich sein, weil sie die im Rahmen des untersuchten Druckes festgestellte Wirkung eines innovationsgetriebenen Wettbewerbsdrucks anhand eines Wertes darstellen und damit verständlicher machen. Allerdings setzt dies bereits eine ähnlich zahlenmäßig eindeutige Feststellung über die Marktstellung aufgrund der sonstigen wettbewerblichen Umstände voraus. Stützen sich die sonstigen Untersuchungen zur Marktstellung ausschließlich auf prozentual darstellbare Marktanteile, könnte insofern der innovationsgetriebene Wettbewerbsdruck je nach unterschiedlicher Stärke und Wirkung als Abzug angesetzt werden. Im Übrigen muss dieses Kriterium im Rahmen des Abwägungsprozesses bei der Ausfüllung des Beurteilungsspielraums angemessen mit einbezogen und gewürdigt werden.

2. Innovationsbewertung in der Fusionskontrolle

Die Fusionskontrolle im europäischen und deutschen Kartellrecht hat den Zweck, bereits im Vorfeld Situationen zu verhindern, die wettbewerblich nicht gewünscht sind.[1058] Der zweite Erwägungsgrund der FKVO sieht dabei als Sinn und Zweck den Schutz des Binnenmarktes vor Verfälschungen vor. Dabei knüpft sie vor allem am Marktergebnis und der Marktstruktur an und weniger am Marktverhalten.[1059] Die Dynamik des Wettbewerbs ist hier in zweifacher Weise stark richtungsweisend. Erstens ist die Fusionskontrolle als präventives Instrument des Kartellrechts in formeller Hinsicht von einer prognostischen Vorschau geprägt, bei der die Entscheidung von einer Untersuchung der hypothetischen Entwicklung – also kontrafaktischen Szenarien – nach dem unter-

---

1057 So mittlerweile auch durch den BGH angewandt BGH, Beschl. v. 23.6.2020 – KVR 69/19 (Facebook), ECLI:DE:BGH:2020:230620BKVR69.19.0, NZKart 2020, 473 = GRUR-RS 2020, 20737, Rn. 51.

1058 *Körber*, in: Immenga/Mestmäcker, Wettbewerbsrecht. Band 3 Fusionskontrolle, Art. 2 FKVO, Rn. 7.

1059 Ausnahmen können in dem grundsätzlichen Verbot gesehen werden, ohne vorherige Genehmigung einen Zusammenschluss zu vollziehen; *Riesenkampff/Steinbarth*, in: Loewenheim et al., Kartellrecht, Art. 2 FKVO, Rn. 3, 11; *Podszun/Kersting*, ZRP 2019, S. 34 (35).

suchten Zusammenschluss abhängt. Das behördliche Verfahren als solches ist also zukunftsgerichtet, beansprucht dabei aber gerade trotz dieser Ungewissheit über die zukünftige Entwicklung rechtliche Geltung.[1060] Zweitens ist die zukünftige Entwicklung des Wettbewerbs in materieller Hinsicht Gegenstand des Prüfkonzepts einer möglichen Genehmigung oder Untersagung des geplanten Zusammenschlusses. Dies wird auf mehreren tatbestandlichen Stufen der eröffneten Fusionskontrolle ermöglicht. Zunächst ist zu untersuchen, ob durch den Zusammenschluss wirksamer Wettbewerb erheblich behindert würde (*significant impediment of effective competition* = SIEC-Test). Dieser Test stellt in materieller Hinsicht die allein maßgebliche Anforderung an die Untersagungsfähigkeit eines Zusammenschlusses dar. Als Regelbeispiel gilt die zu erwartende Begründung oder Verstärkung einer beherrschenden Stellung, also der Marktbeherrschungstest.[1061] Ebenso können positive wettbewerbliche Auswirkungen eines Zusammenschlusses in die Prüfung miteinbezogen werden. Schließlich haben die Kartellbehörden die Befugnis zur Verbindung von Freigabeentscheidungen mit Bedingungen oder Auflagen sowie Verpflichtungszusagen, die ebenso von ihren zukünftigen wettbewerblichen Auswirkungen abhängen.

a) Prognose und kontrafaktische Untersuchung

Der materielle Prüfungsumfang der Fusionskontrolle ergibt sich neben den jeweiligen qualitativ-inhaltlichen Tatbestandsmerkmalen der zu prüfenden Voraussetzung aus einer qualitativ-zeitlichen Dimension, die sich aus dem Wortlaut „würde" (im englischen Text der FKVO „would") in Verbindung mit dem Indikativverb „behindert" (im Englischen „impede") ergibt. Es handelt sich um den Konjunktiv II, der zur sprachlichen Beschreibung etwas Irrealens verwendet wird. Der Wortlaut drückt also aus, dass eine Situation – nämlich die erhebliche Beeinträchtigung wirksamen Wettbewerbs – tatsächlich derzeit nicht besteht, sondern eintreten könnte. Er schließt sich insofern der europäischen Regelung an. Hierin ist die Erklärung für den unterschiedlichen Wortlaut der Prognoseermächtigungen für den SIEC-Test einerseits und den Marktbeherrschungstest andererseits zu sehen.[1062] Das Regelbeispiel des Marktbeherrschungstests in der deutschen Regelung des § 36 Abs. 1 S. 1 GWB verwendet nämlich noch deutlicher die Formulierung „von dem zu erwarten ist". Dem Sinn und Zweck der Norm ist dabei zu entnehmen, dass hiermit keine unterschiedlichen rechtlichen Anforderungen gestellt werden sollten, sondern lediglich einerseits der bereits in der deutschen Fusionskontrolle bestehende Marktbeherrschungstest ohne sprachliche Änderung weitergeführt werden sollte und andererseits ebenso ohne

---

1060 Einführend hierzu insbesondere *Thomas*, in: Immenga/Mestmäcker, Wettbewerbsrecht. Band 3 Fusionskontrolle, § 36 GWB, Rn. 519.

1061 Zum Verhältnis zwischen Marktbeherrschungstest und SIEC-Test vgl. ebenda, Rn. 16 f.; *Kahlenberg*, in: Loewenheim et al., Kartellrecht, § 36 GWB, Rn. 5.

1062 *Körber*, in: Immenga/Mestmäcker, Wettbewerbsrecht. Band 3 Fusionskontrolle, Art. 2 FKVO, Rn. 208; *Thomas*, in: Immenga/Mestmäcker, Wettbewerbsrecht. Band 3 Fusionskontrolle, § 36 GWB, Rn. 524.

sprachliche Unterscheidungen der für die europäische Fusionskontrolle insofern neu eingeführte SIEC-Test übernommen werden sollte.[1063] Die Prüfung richtet sich für beide Fälle einheitlich danach, was noch nicht eingetreten ist, aber noch eintreten kann, falls der Zusammenschluss freigegeben wird. Der Wortlaut drückt also eine Hypothese aus, was in der Zukunft sich entwickeln kann und ermächtigt die jeweils zuständige Kartellbehörde zu einer eigenständigen Bewertung dieser Entwicklung.[1064] Sie hat also einen prognostischen Beurteilungsspielraum, der gerichtlich mindestens eingeschränkt auf seine rechtsfehlerfreie Anwendung durch die Kartellbehörde überprüfbar ist.[1065]

aa) Zukunftsbezug der Prognosewertung

Eine zukunftsbezogene Hypothese und die daran gemessene Bewertung der fusionskontrollrechtlichen Freigabemöglichkeit verlangt also eine wertende Entscheidung über die zukünftigen Entwicklungen.[1066] Das setzt zunächst eine Analyse des derzeitigen Zustands voraus. Dies ist beim SIEC-Test deshalb erforderlich, um den Grad der möglichen Behinderung wirksamen Wettbewerbs festzustellen. Im Rahmen des Marktbeherrschungstests können dagegen sogar unmittelbare Vergleiche zwischen der bestehenden Marktsituation und zukünftigen Entwicklungen vorgenommen werden, auch wenn dies nicht abschließend ist und sogar eine zukunftsgerichtete Marktabgrenzung rechtlich möglich wäre.[1067] Anschließend müssen mögliche Entwicklungsszenarien dargestellt werden. Dabei gilt als Maßstab, dass diese Szenarien tatsächlich hinreichend fundiert belegbar sein müssen und sich dahingehend eine hohe Wahrscheinlichkeit

---

1063 Regierungsbegründung zur 8. GWB-Novelle, BT-Drs. 17/9852, S. 28.

1064 *Sachs*, in: Stelkens/Bonk/Sachs, Verwaltungsverfahrensgesetz, § 40 VwVfG, Rn. 158 ff.; *Schmidt-Aßmann*, in: Maunz/Dürig, Grundgesetz, Art. 19 Abs. 4 GG, Rn. 198 f.; *Wagemann*, in: Wiedemann, Handbuch des Kartellrechts, § 16, Rn. 55 f.

1065 Allgemein hierzu für das gesamte Kartellrecht *Mestmäcker/Schweitzer*, Europäisches Wettbewerbsrecht, 2014, § 20 Rn. 65 ff.; Die Rechtsprechung des EuGH geht in ihrem Wortlaut scheinbar weiter als die deutsche Praxis zu Beurteilungsspielräumen und ihrer nur eingeschränkten gerichtlichen Überprüfbarkeit, wird im Ergebnis ebenso nicht die richterliche Entscheidung anstelle der behördlichen Fachentscheidung setzen können, vgl. hierzu insbesondere für die Fusionskontrolle, EuGH, Urt. v. 15.2.2005 – C-12/03 P, C-13/03 P (Kommission/Tetra Laval), ECLI:EU:C:2005:87, BB 2005, 1070, Rn. 39; EuGH, Urt. v. 10.7.2008 – C-413/06 P (Bertelsmann und Sony Corporation of America/Impala), ECLI:EU:C:2008:392, Slg. 2008, I-04951 = BeckRS 2008, 70755, Rn. 47 ff., 69, 144 f.; EuGH, Urt. v. 10.7.2014 – C-295/12 P (Telefónica und Telefónica de España/Kommission), ECLI:EU:C:2014:2062, BeckRS 2014, 81153, Rn. 54; EuG, Urt. v. 13.5.2015 – T-162/10 (Lufthansa/Austrian Airlines), ECLI:EU:T:2015:283, NZKart 2015, 311, Rn. 84 ff.; außerdem für Prognosespielräume als Beurteilungsspielräume nach dem deutschen Recht *Aschke*, in: Bader/Ronellenfitsch, BeckOK VwVfG, § 40 VwVfG, Rn. 30; *Schmidt-Aßmann*, in: Maunz/Dürig, Grundgesetz, Art. 19 Abs. 4 GG, Rn. 198.

1066 *Thomas*, in: Immenga/Mestmäcker, Wettbewerbsrecht. Band 3 Fusionskontrolle, § 36 GWB, Rn. 15 ff.

1067 *Bardong*, in: Langen/Bunte, Kartellrecht, Art. 2 FKVO, Rn. 65.

ergibt.[1068] In materieller Hinsicht setzt die rechtsfehlerfreie Ausfüllung des Prognosespielraums an dieser Stelle eine belastbare Entscheidungsgrundlage voraus, mittels derer die zukünftigen Entwicklungen abgeschätzt werden können. Hier kommen die bereits angesprochenen empirisch nachweisbaren Fallgruppen der *innovation theory of harm* in Betracht, soweit sich diesbezüglich belastbare Nachweise ergeben, wenn also eine allgemeine Anreizverringerung entsteht und die Investitionen in Entwicklungen signifikant nachlassen. Verringerte Anreize könnten dabei nach der bisherigen Praxis in der Entstehung hoher Markteintrittsbarrieren, der Einstellung von Produkten oder einem aufgrund des Zusammenschlusses nicht mehr vorhandener wichtiger Innovator im Wettbewerb gesehen werden. Ebenso erscheint eine Anwendung des von der EU-Kommission in der Dow/DuPont-Entscheidung angewandten Konzepts der Innovationsräume nicht fernliegend, sofern sich diese anhand einer rechtsfehlerfrei angewandten Methode aufstellen lassen. Ähnlich hat das Bundeskartellamt bereits in einem ersten Papier angedeutet, dass nicht bloß eine Abgrenzung und Untersuchung des relevanten Marktes alleine geboten sein kann, sondern eine weitreichendere zukunftsbezogene Aufstellung potenzieller wettbewerblicher Entwicklungen angebracht wäre.[1069]

bb) Eingeschränkter materieller Prognosespielraum

Die vorangestellten Konzepte treffen noch keine Aussage darüber, unter welchen materiellen Voraussetzungen überhaupt eine Bewertung der zukünftigen Entwicklungen getroffen werden kann und wann diese nicht im Rahmen von Rechtsbehelfen angreifbar wäre. Die Kartellbehörde kann jedenfalls nicht ermächtigt sein, an die Stelle der bislang unbekannten Tatsachenlage eine eigene lediglich ihr logisch erscheinende zukünftige Entwicklung und damit eine Spekulation zu setzen.[1070] Stattdessen muss die Behörde ihren Prognosespielraum als Beurteilungsspielraum nach den dafür geltenden Vorgaben ausfüllen.[1071] Das bedeutet nach der Rechtsprechung des EuGH, dass sie konkrete und vollständig zu beweisende Tatsachen heranziehen muss, die ihre Bewertung

---

1068 Vgl. BGH, Beschl. v. 21.2.1978 – KVR 4/77 (Kfz-Kupplungen), GRUR 1978, 439; maßgeblich in Bezug auf Innovationen als Untersuchungsgegenstand vor allem zuletzt auch EuGH, Urt. v. 15.2.2005 – C-12/03 P, C-13/03 P (Kommission/Tetra Laval), ECLI:EU:C:2005:87, BB 2005, 1070, Rn. 42 f.; zusammenfassen auch *Thomas*, in: Immenga/Mestmäcker, Wettbewerbsrecht. Band 3 Fusionskontrolle, § 36 GWB, Rn. 519 ff.

1069 Bundeskartellamt, Innovationen – Herausforderungen für die Kartellrechtspraxis v. 9.11.2017, http://www.bundeskartellamt.de/SharedDocs/Publikation/DE/Schriftenreihe_Digitales/Schriftenreihe_Digitales_2.pdf?__blob=publicationFile&v=3 (abgerufen 14.12.2019), S. 28 ff.

1070 *Thomas*, in: Immenga/Mestmäcker, Wettbewerbsrecht. Band 3 Fusionskontrolle, § 36 GWB, Rn. 521.

1071 *Aschke*, in: Bader/Ronellenfitsch, BeckOK VwVfG, § 40 VwVfG, Rn. 33; *Mestmäcker/Schweitzer*, Europäisches Wettbewerbsrecht, 2014, § 20 Rn. 65; insoweit auch kritisch zu der Entscheidung der Kommission über den Zusammenschluss Dow/DuPont *Wirtz/Schultz*, NZKart 2019, S. 20 (25 f.).

einer zukunftsgerichteten Situation stützen.[1072] Es bedarf also eines ausdrücklich festgestellten – und damit gerichtlich auf die rechtliche Zulässigkeit dieser Feststellung überprüfbaren – Tatsachenmaterials als Grundlage der Prognoseentscheidung.[1073] Wenn nämlich der Prognosespielraum eine Form des Beurteilungsspielraums ist, kann er in diesem Zusammenhang mindestens eingeschränkt gerichtlich überprüft werden, nämlich auf seine korrekte Ausfüllung durch die Behörde. Dies ergibt sich bereits aus der Forderung des EuGH, der an sich bereits eine auf ihre Prognosefähigkeit überprüfbare Tatsachenlage voraussetzt.[1074] Ähnliches gilt für die eingeschränkt gerichtliche Überprüfbarkeit von Beurteilungsspielräumen im deutschen Recht, die ebenso die eigenständige Auseinandersetzung mit den zugrundeliegenden Tatsachen verlangt. Soll der Prognosespielraum der Fusionskontrolle nicht zu einem Instrument der willkürlichen Spekulation degradiert werden und stattdessen gerichtlich überprüfbar bleiben, so bedarf es einer hinreichenden tatsächlichen Anküpfungsgrundlage, die wiederum die Wertung über die zukünftige Entwicklung wahrscheinlich erscheinen lässt. Die zukünftige Entwicklung muss also in tatsächlicher Hinsicht bereits in dem der Kartellbehörde vorliegenden Zusammenschlusssachverhalt verankert sein.

cc) Zeitlicher Prognosespielraum

Der zeitliche Bemessungsumfang des zukunftsgerichteten Prognosespielraums wirft zwei Fragen auf:[1075] Erstens, wie weit dieser Zeitraum reichen darf, und zweitens, wie weit er reichen muss. Einen festen vorgeschriebenen Prognosezeitraum gibt es nicht.[1076] Dieser ergibt sich vielmehr mittelbar aus den An-

---

1072 EuGH, Urt. v. 15.2.2005 – C-12/03 P, C-13/03 P (Kommission/Tetra Laval), ECLI:EU:C:2005:87, BB 2005, 1070, Rn. 39; EuGH, Urt. v. 10.7.2008 – C-413/06 P (Bertelsmann und Sony Corporation of America/Impala), ECLI:EU:C:2008:392, Slg. 2008, I-04951 = BeckRS 2008, 70755, Rn. 69; eine andere Ansicht hierzu vertritt *Leber*, Dynamische Effizienzen in der EU-Fusionskontrolle, 2018, S. 27, wonach „die Fakten, auf denen die Prognoseentscheidungen beruhen, nicht dem Beweis zugänglich" seien. Das würde bedeuten, dass eine rechtliche Kontrolle der durch die Kartellbehörde vorgenommenen tatsächlichen Feststellungen nicht möglich wäre. Dies begründet er damit, dass die fusionskontrollrechtliche Prognoseentscheidung ausschließlich eine Wahrscheinlichkeitswertung über einen künftigen hypothetischen Sachverhalt erfordere, nicht aber eine Subsumtion auf der Grundlage von festgestellten vergangenen oder gegenwärtigen Tatsachen. Wertungen im Rahmen eines rechtmäßig wahrgenommenen Beurteilungsspielraums basieren auch bei Prognoseentscheidungen auf tatsächlichen Feststellungen, die wiederum gerichtlich eingeschränkt überprüfbar sind.
1073 In der Aussage gleich findet sich dies wiederum auch bei ebenda, S. 31, wobei der Widerspruch zu der vorherigen Aussage nicht aufgelöst wird.
1074 EuGH, Urt. v. 15.2.2005 – C-12/03 P, C-13/03 P (Kommission/Tetra Laval), ECLI:EU:C:2005:87, BB 2005, 1070, Rn. 39; vgl. *Mestmäcker/Schweitzer*, Europäisches Wettbewerbsrecht, 2014, § 20 Rn. 69.
1075 *Wirtz/Schultz*, NZKart 2019, S. 20 (26); *Körber*, in: Immenga/Mestmäcker, Wettbewerbsrecht. Band 3 Fusionskontrolle, Art. 2 FKVO, Rn. 8; hierzu auch *Thomas*, in: Immenga/Mestmäcker, Wettbewerbsrecht. Band 3 Fusionskontrolle, § 36 GWB, Rn. 519.
1076 In der kartellbehördlichen Entscheidungspraxis wurden bereits Zeiräume zwischen zwei und fünf Jahren in konkreten Fällen als angemessen bewertet, vgl. Kommission, Entsch. v.

forderungen des Prognosespielraums. Dieser verlangt eine rechtlich belastbare Aussage über die zu erwartenden Veränderungen, dass also keine rein spekulative Wertung vorgenommen wird. Der zukunftsgerichtete Untersuchungszeitraum darf deshalb solange berücksichtigt werden, wie dies noch eine rechtsfehlerfreie Ausfüllung des Prognosespielraums bedeutet. Eine Kartellbehörde würde ihren Prognosespielraum überschreiten und sich in den spekulativen Bereich begeben, wenn sie in zeitlicher Hinsicht einen zu weiten Anknüpfungspunkt verwenden würde. Es lässt sich dabei eine tendenzielle Veränderung der europäischen Rechtspraxis von langfristigen Betrachtungen hin zu eher kurz- bis mittelfristigen Betrachtungszeiträumen festmachen.[1077] Dies hängt mit der gesetzgeberischen Schwerpunktverlagerung vom Marktbeherrschungstest hin zum SIEC-Test als wesentlichem Untersuchungskriterium zusammen. Während der Erste in tatbestandlicher Hinsicht an die – nicht nur vorübergehende – Veränderung der Marktstruktur anknüpft, richtet sich der SIEC-Test nach einer eigenständigen Signifikanzschwelle, die bereits zu einem früheren Zeitpunkt als der Entstehung einer marktbeherrschenden Stellung eintreten kann. *Wagemann* macht dies an dem hierbei infolge des Zusammenschlusses „verringerten Wettbewerbsdrucks" fest.[1078] Da dieser weniger als beim Marktbeherrschungstest von einer formalen Veränderung der Marktstruktur abhängig ist und deshalb weniger eindeutig noch in weiter zukünftig liegenden Zeitabschnitten nachweisbar ist, wird regelmäßig eine kurzfristigere Untersuchung geboten sein.[1079] Neben diesem „unteren" Zeitrahmen begrenzen die Vorgaben des Prognosespielraums den „oberen" Zeitrahmen. Sobald nämlich die zukünftigen Entwicklungen sich nicht mehr rechtsfehlerfrei im Rahmen der tatbestandlichen Prognose aufgrund der tatsächlichen Feststellungen vorhersagen lassen, verlassen sie den zulässigen Prognosespielraum und begeben sich in die unzulässige Spekulation.[1080] Das bedeutet also, dass der Prognosespielraum solange rechtsfehlerfrei ausgefüllt wird und werden muss, wie sich für eine vertretbare wettbewerbliche Wertung über die wahrscheinlichen Folgen des Zusammenschlusses hinreichend aussagekräftige Tatsachen ergeben. Eine wertende Aussage einer Kartellbehörde im Rahmen einer Entscheidung in einem Fusionskontrollverfahren muss deshalb auch eine Festlegung des relevanten Zeitraums enthalten. Dieser kann sich aus bereits vorliegenden Erfahrungen in der jeweiligen Branche und den dort bereits

---

12.11.1992 – COMP/M.222 (Mannesmann/Hoesch), ABl. L 114, Rn. 107; Kommission, Entsch. v. 21.6.1994 – COMP/M.430 (Procter & Gamble/VP Schickedanz), ABl. L 354, Rn. 178; Kommission, Entsch. v. 19.7.1995 – COMP/M.490 (Nordic Satellite Distribution), ABl. L 53, Rn. 98; Kommission, Entsch. v. 4.12.1996 – M.774 (Saint-Gobain/Wacker-Chemie/NOM), ABl. L 247, Rn. 216.

1077 *Wagemann*, in: Wiedemann, Handbuch des Kartellrechts, § 16, Rn. 56; *Körber*, in: Immenga/Mestmäcker, Wettbewerbsrecht. Band 3 Fusionskontrolle, Art. 2 FKVO, Rn. 206.

1078 *Wagemann*, in: Wiedemann, Handbuch des Kartellrechts, § 16, Rn. 56.

1079 *Bardong*, in: Langen/Bunte, Kartellrecht, Art. 2 FKVO, Rn. 124 ff.

1080 *Wirtz/Schultz*, NZKart 2019, S. 20 (26).

feststellbaren Innovationszyklen ergeben, wenn sich daraus ein Rückschluss auf den weiteren Entwicklungsverlauf ergibt.[1081]

dd) Prognostische Interessenabwägung

Im Hinblick auf jede dieser festgestellten Entwicklungsmöglichkeiten muss daraufhin eine eigenständige Wertung über die jeweiligen Folgen erstens einer Untersagung der Fusion, zweitens ihrer Freigabe oder drittens einer bedingten Freigabe vorgenommen werden.[1082] Auch diese Vorgabe ergibt sich aus den Voraussetzungen eines rechtsfehlerfrei ausgeübten Prognosespielraums. Denn dieser verlangt eine Abwägung der jeweiligen Interessen untereinander, sodass es einer Berücksichtigung der jeweiligen die Wettbewerbsfreiheiten umschreibenden Grundrechte und Grundfreiheiten bedarf. Diese Abwägungen können bei innovationsbezogenen Sachverhalten dazu führen, dass sich Unsicherheiten im Fusionskontrollverfahren zugunsten der jeweils beteiligten Unternehmen auswirken. Denn eine Untersagung aufgrund einer Überschreitung des Prognosespielraums würde zu einer Fehlgewichtung der Wettbewerbsfreiheiten der sich zusammenschließenden Unternehmen bedeuten. Anders herum würde ein Unterschreiten dieses Spielraums dazu führen, dass die wettbewerblichen Entfaltungsspielräume anderer Wirtschaftsteilnehmer und insbesondere der Wettbewerber des nach dem Zusammenschluss entstehenden Unternehmens in ihren Wettbewerbsfreiheiten beeinträchtigt wären.

b) Bewertbarkeit des Aufkaufs innovativer Unternehmen

Zunehmend Bedeutung gewinnt die Strategie einiger größerer digitaler Plattformen, innovative Unternehmen zu einem hohen Kaufpreis zu erwerben. So trat dies besonders aufsehenerregend in der politischen Diskussion in Erscheinung, als das Unternehmen Facebook den Messenger-Dienst WhatsApp, der nur geringen Umsatz erwirtschaftete, zu einem außergewöhnlich hohen Preis erwarb.[1083] In Deutschland wurden die damals geltenden Umsatzschwellwerte für die Eröffnung der Fusionskontrolle nicht erreicht, weshalb das Bundeskartellamt nicht für die Prüfung des Zusammenschlusses zuständig war. Lediglich aufgrund der Eröffnung der Fusionskontrolle in drei Mitgliedsstaaten konnte die EU-Kommission ein eigenes Fusionskontrollverfahren eröffnen, das im Ergebnis mit der Freigabe des Zusammenschlusses endete.[1084] Als Reaktion hierauf wurde im deutschen Kartellrecht ein neuer § 35 Abs. 1a GWB eingeführt, wonach die Vorschriften der Fusionskontrolle auch bei geringen Umsätzen des zu erwerbenden Unternehmens anwendbar sein sollten, wenn der Wert der Gegenleistung für

---

1081 *Schütz*, in: Busche/Röhling, Kölner Kommentar zum Kartellrecht, Art. 2 FKVO, Rn. 87.
1082 Hierzu schon *Bach*, NZKart 2015, S. 365 (366), der dies als „Irrtumskosten" beschreibt.
1083 *Barth/dos Santos Goncalves*, GWR 2017, S. 289 (289); *Esser/Höft*, NZKart 2017, S. 259 (260); *Podszun/Schwalbe*, NZKart 2017, S. 98 (103); *Pohlmann/Wismann*, NZKart 2017, S. 555 (559); *Kallfaß*, in: Langen/Bunte, Kartellrecht, § 35 GWB, Rn. 32.
1084 *Meyer-Lindemann*, in: Kersting/Podszun, Die 9. GWB-Novelle, Kapitel 12, Rn. 7f.

den Zusammenschluss mehr als 400 Mio. Euro beträgt und das zu erwerbende Unternehmen im erheblichen Umfang im Inland tätig ist.[1085] Damit kommt es nicht mehr auf erhebliche Umsätze des zu erwerbenden Unternehmens an, die ansonsten ein Indiz für die wettbewerbliche Implikation des Zusammenschlusses sein könnten. Der Neuregelung wird aufgrund des recht hoch angesetzten Transaktionskostenschwellwerts bei gleichzeitiger erheblicher Inlandstätigkeit eine nur geringe praktische Bedeutung zugeschrieben.[1086]

Zunehmend hat sich in den letzten Jahren die Erkenntnis durchgesetzt, dass es Unternehmen gibt, die nicht wegen ihrer Umsätze für Zusammenschlüsse interessant sind, sondern aufgrund ihrer Geschäftsidee, ihrer Verbreitung oder dem Zugang zu besonderen Daten.[1087] Einige dieser Unternehmen werden *Startups* genannt und zeichnen sich durch eine meistens besonders intensive Unternehmensaktivität in ihrer Anfangszeit aus, der häufig eine alleinige Ausrichtung auf die Übernahme und damit den Marktexit unterstellt wird.[1088] Allerdings ist der Anwendungsbereich der Neuregelung in § 35 Abs. 1a GWB nicht auf Startups beschränkt, sondern kann auch bei Übernahmen etablierter Unternehmen unter diesen Voraussetzungen eingreifen. Einige der Unternehmen, die nach dem Gesetzeszweck erfasst werden sollen, bieten Angebote an, die sich als disruptiv innovativ zu anderen herkömmlichen Technologien beschreiben lassen oder aus Sicht der Erwerber und häufig auch Wettbewerber ein derartiges Potenzial haben. So ist der angesprochene WhatsApp-Messenger innerhalb einer vergleichbar kurzen Zeit zu einem beliebten Dienst bei Endnutzern geworden, der die herkömmliche SMS als Textkommunikationsmittel zunehmend verdrängt. Dieses Potenzial zur disruptiven Innovation hängt mit einer daran geknüpften Erwartung des Erwerbers an zukünftige wirtschaftliche Erfolge zusammen.[1089] Die Entscheidung für einen Erwerb solcher Unternehmen hängt weniger von ihren gegenwärtigen wirtschaftlichen Erfolgen ab als von den zukünftigen wirtschaftlichen Erfolgsaussichten, die sich mit ihrer Integration in das erwerbende Unternehmen erzielen lassen könnten. Die Investition eines Unternehmens in ein derartiges Startup-Unternehmen kann deshalb auch eine Investition in seine eigenen zukünftigen Erwerbschancen im Wettbewerb sein. Es kann also in besonderer Weise ein Wettbewerb um den Markt selbst stattfinden, der sich an dem Preis abbilden lässt, der für diesen Markteintritt durch die Übernahme des Unternehmens gezahlt wird.[1090] Dies gilt umso mehr, wenn das zu erwerbende Unternehmen mit seinem Angebot selbst bereits eine derart starke Stellung auf dem

1085 Regierungsbegründung zur 9. GWB-Novelle, BT-Drs. 18/10207, S. 70 f.
1086 *Meyer-Lindemann*, in: Kersting/Podszun, Die 9. GWB-Novelle, Kapitel 12, Rn. 18.
1087 Vgl. ebenda, Rn. 4.
1088 So schon kritisch für den Regelungsbedarf der neuen Aufgreifschwelle *Bach*, NZKart 2015, S. 365 (366); skeptisch hierzu *Meyer-Lindemann*, in: Kersting/Podszun, Die 9. GWB-Novelle, Kapitel 12, Rn. 4.
1089 Regierungsbegründung zur 9. GWB-Novelle, BT-Drs. 18/10207, S. 71 ff.; *Kallfaß*, in: Langen/Bunte, Kartellrecht, § 35 GWB, Rn. 33.
1090 So auch schon *Meyer-Lindemann*, in: Kersting/Podszun, Die 9. GWB-Novelle, Kapitel 12, Rn. 5 mit der Beschreibung als „Wettbewerb um einen innovativen neuen Markt"; *Zimmer*,

relevanten Markt innehat, dass seine Übernahme für den Erwerber gleichzeitig den Erwerb des gesamten Marktes bedeutet. Dies könnte mit einer Strategie zum Aufkauf verschiedener ähnlicher Unternehmen verbunden werden, sodass letztendlich das erwerbende Unternehmen die Möglichkeit hätte, die einzelnen Entwicklungen selbst für sich günstig zu steuern, indem es sie in eine für sich günstige Richtung lenkt. Die Höhe der Gegenleistung für den Zusammenschluss kann insofern ein Indiz für Innovationswettbewerb darstellen wie der Umsatz auf einem bestehenden Markt ein Indiz für den Erfolg im Preiswettbewerb sein kann.[1091]

Allerdings ist die neue Aufgreifschwelle in der Fusionskontrolle nicht auf eine preisliche Betrachtung des Erwerbsgegenwerts beschränkt, sondern ermöglicht eine inhaltliche Bewertung von Innovation anhand des Tatbestandsmerkmals „erhebliche Inlandstätigkeit" in § 35 Abs. 1a Nr. 4 GWB. Diese muss als solche zunächst marktbezogen sein, also auf einem relevanten Markt stattfinden und sich auf ihn beziehen.[1092] Dies ergibt sich bereits aus § 185 Abs. 2 GWB und der darin geregelten regionalen Anwendbarkeit des GWB, der allerdings seinem Wortlaut nach auf „Wettbewerbsbeschränkungen" abstellt, während die in § 35 Abs. 1a Nr. 4 GWB geforderte „erhebliche Inlandstätigkeit" darüber hinaus geht.[1093] Das Auswirkungsprinzip der Wettbewerbsbeschränkungen kann damit nicht abschließend gelten, da es sich anderenfalls um eine rein deskriptive Wiederholung handeln würde.[1094] Sowohl der Regelungszweck als auch die systematische Gestaltung des § 35 Abs. 1a GWB sprechen vielmehr für eine eigenständige materielle Geltung dieses Kriteriums, das in seiner Auslegung nicht allein von § 185 Abs. 2 GWB geleitet wird.[1095] Auch die Gesetzesbegründung weist auf einen lokalen Bezug als wichtiges zusätzliches materielles Aufgreifkriterium der Tätigkeit hin.[1096] Umsätze sollen dabei nicht in die Wertung miteinbezogen werden, wie auch ansonsten quantitative Aspekte nicht ausschlaggebend sind. Damit ist diese Regelung konsistent mit der Vorschrift des § 18 Abs. 2a GWB.[1097] Bereits seinem Wortlaut nach schließt „erheblich" unbedeutende Tätigkeiten aus. Entscheidend seien nach der Regierungsbegründung an

---

in: Nihoul/van Cleynenbreugel, The roles of innovation in competition law analysis, 2018, S. 299 (303).

1091 Ähnlich auch bereits *Fuchs*, in: Kokott/Pohlmann/Polley, Europäisches, deutsches und internationales Kartellrecht, 2018, S. 271 (276); *Bach*, NZKart 2015, S. 365 (365).

1092 *Barth/dos Santos Goncalves*, GWR 2017, S. 289 (292); *Meyer-Lindemann*, in: Kersting/Podszun, Die 9. GWB-Novelle, Kapitel 12, Rn. 44.

1093 *Kallfaß*, in: Langen/Bunte, Kartellrecht, § 35 GWB, Rn. 36; *Rehbinder/Kalben*, in: Immenga/Mestmäcker, Wettbewerbsrecht. Band 2 GWB, § 185 GWB, Rn. 264.

1094 So auch schon *Esser/Höft*, NZKart 2017, S. 259 (261); a. A. *Meyer-Lindemann*, in: Kersting/Podszun, Die 9. GWB-Novelle, Kapitel 12, Rn. 44.

1095 Vgl. hierzu auch die Formulierung in der Regierungsbegründung zur 9. GWB-Novelle, BT-Drs. 18/10207, S. 73 „*Darüber hinaus gelten die allgemeinen Anwendungsvoraussetzungen nach § 185 Absatz 2*", der sich entnehmen lässt, dass auch dem Gesetzgeber der eigenständige tatbestandliche Bewertungsbereich des § 35 Abs. 1a Nr. 4 GWB bewusst war.

1096 Regierungsbegründung zur 9. GWB-Novelle, BT-Drs. 18/10207, S. 74.

1097 *Esser/Höft*, NZKart 2017, S. 259 (261); *Kallfaß*, in: Langen/Bunte, Kartellrecht, § 35 GWB,

dieser Stelle im Weiteren der Ort des Kunden und der Durchführung der „charakteristischen Handlung des fraglichen Rechtsverhältnisses", nicht also der Sitz des Anbieters. Eine marktbezogene Wertung bedeutet also zunächst eine Untersuchung des Angebots- und Nachfrageverhältnisses nach seinem Schwerpunkt. Als Beispiele führt sie die tatsächliche Inanspruchnahme von Angeboten des Unternehmens durch Nutzer oder die Durchführung von Forschungs- und Entwicklungstätigkeiten im Inland an.[1098] Dabei sollte nicht allein die qualitative Tätigkeit an sich als erhebliche Inlandstätigkeit angesehen werden, wenn sie sich ausschließlich im Ausland auswirkt.[1099] Das bedeutet, dass der ausdrückliche Wortlaut der „Tätigkeit" nicht mit dem eigentlichen Zweck einer Bewertung der inlandsbezogenen Wirkung dieser Tätigkeit übereinstimmt, wenn nämlich ihre Auswirkung nicht im Inland erfolgt. Entsprechend ist deshalb der Wortlaut teleologisch reduziert dahingehend marktbezogen auszulegen, dass es auf die inlandsbezogene Auswirkung der Tätigkeit ankommt.[1100] Soweit sie sich im Inland auswirken, können dabei auch innovationsbezogene Anstrengungen berücksichtigt werden. Aufgrund dieses materiellrechtlichen Auswirkungsprinzips müssen diese Anstrengungen zusätzlich im Wettbewerb wahrnehmbar sein.[1101] Soweit allerdings im Ausland Umsätze erzielt wurden, bedeutet auch dies nicht wiederum einen Ausschluss der erheblichen Inlandsaktivität, wenn und soweit sich weiterhin eine auswirkungsbezogene erhebliche Inlandsaktivität feststellen lässt.[1102] Ansonsten würde zum einen allein die Verlagerung derjenigen Tätigkeiten ins Ausland, aufgrund derer sich Umsätze generieren lassen, hiernach einen Ausschluss der erheblichen Inlandstätigkeit entgegen der tatsächlichen Auswirkungen der Tätigkeit des Unternehmens bedeuten. Eine auswirkungsbasierte Bewertung kommt zum anderen der Realität bei digitalen Plattformen näher, die ihre Tätigkeiten mehr noch als konventionelle Unternehmen nicht von Länder- oder Sprachgrenzen abhängig machen. Dies steht nicht im Widerspruch zu der gesetzgeberischen Aussage, die Neuregelung solle auch Fälle einer Disproportionalität zwischen Umsatz und Kaufpreis erfassen, denn der Gesetzgeber hat diese Disproportionalität selbst lediglich als einen Anschein und damit Anlass für sein Tätigwerden, nicht aber als Voraussetzung der neu erlassenen Vorschrift formuliert.[1103]

Rn. 36; vgl. hierzu schon Regierungsbegründung zur 9. GWB-Novelle, BT-Drs. 18/10207, S. 72.

1098 Regierungsbegründung zur 9. GWB-Novelle, BT-Drs. 18/10207, S. 72.

1099 *Barth/dos Santos Goncalves*, GWR 2017, S. 289 (292); *Pohlmann/Wismann*, NZKart 2017, S. 555 (560 f.).

1100 *Esser/Höft*, NZKart 2017, S. 259 (261).

1101 *Jung*, in: Grabitz/Hilf/Nettesheim, Das Recht der Europäischen Union: EUV/AEUV, Art. 102 AEUV, Rn. 32.

1102 Anders *Kallfaß*, in: Langen/Bunte, Kartellrecht, § 35 GWB, Rn. 36; ähnlich auch die Kritik bei *Fuchs*, in: Kokott/Pohlmann/Polley, Europäisches, deutsches und internationales Kartellrecht, 2018, S. 271 (279), der sich gegen eine teleologische Reduktion ausspricht.

1103 Regierungsbegründung zur 9. GWB-Novelle, BT-Drs. 18/10207, S. 71 unten: *„In derartigen Konstellationen spricht die Disproportionalität zwischen fehlendem oder geringem Umsatz, der zunächst eine fehlende oder geringe Marktbedeutung vermuten lässt, und dem gleich-*

c) Innovationen unter dem SIEC-Test

Das Kriterium der erheblichen Beeinträchtigung wirksamen Wettbewerbs kann in der Praxis als Auffangkriterium für diejenigen Fälle greifen, in denen sich die materielle Untersagungsfähigkeit nicht bereits aufgrund des Marktbeherrschungstests ergibt.[1104] Wie die bisherigen Untersuchungen aber gezeigt haben, ist im Zusammenhang mit Innovationen nicht immer von einem abgrenzbaren Markt und einer darauf feststellbaren Markbeherrschung auszugehen. Vielmehr ist der Anwendungsbereich des SIEC-Tests an sich bereits darauf angelegt, die marktbezogenen Ungewissheiten im Wege einer Ex-ante-Untersuchung zu berücksichtigen. Der wirksame Wettbewerb kann dabei nicht als normatives Korrektiv für wettbewerbspolitische Erwägungen herangezogen werden, sondern bezeichnet einen eigenständig kartellrechtlich auszulegenden Rechtsbegriff. Dies verbietet Auslegungen, die sich auf funktional-wertende Bestimmungen eines positiv gewollten Wettbewerbs beziehen, aber auch eine rein sich an Effizienz und Verbraucherwohlfahrt orientierende Betrachtung, wenn andere rechtliche Bestimmungskriterien dadurch vernachlässigt würden, wie dies im Rahmen des *more economic approach* teilweise geübt wird.[1105] Stattdessen ist der auch von der EU-Kommission bereits angesprochene auswirkungsorientierte Auslegungsansatz heranzuziehen, wobei dieser einen weiteren Anwendungsbereich als eine reine Effizienzbetrachtung unter einer Zweck-Mittel-Relation verlangt.[1106] Denn wie bereits dargestellt ist Wettbewerb nicht nur Ergebnis oder Zustand, sondern ein Prozess, zu dessen Zweck die an ihm Beteiligten ihre Wettbewerbsfreiheiten ausüben und der sich an dieser Ausübung gemessen als effektiv untersuchen lässt.

aa) Tatsachenbezogene Schwächen bei Plattformsachverhalten

Ein eigenständiger Anwendungsfall des SIEC-Tests ohne Berücksichtigung der Marktentwicklungen wird bei der Fallgruppe der sogenannten unilateralen Effekte bei konglomeraten Zusammenschlüssen diskutiert.[1107] Dabei handelt es

---

wohl auffällig hohem Kaufpreis dafür, dass der Zusammenschluss aus Sicht des Erwerbers durchaus eine wirtschaftliche und wettbewerbliche Relevanz besitzt."; argumentativ dies unterstützend *Fuchs*, in: Kokott/Pohlmann/Polley, Europäisches, deutsches und internationales Kartellrecht, 2018, S. 271 (279).

1104 *Kahlenberg*, in: Loewenheim et al., Kartellrecht, § 36 GWB, Rn. 5; *Riesenkampff/Steinbarth*, in: Loewenheim et al., Kartellrecht, Art. 2 FKVO, Rn. 57; *Körber*, in: Immenga/Mestmäcker, Wettbewerbsrecht. Band 3 Fusionskontrolle, Art. 2 FKVO, Rn. 183; *Thomas*, in: Immenga/Mestmäcker, Wettbewerbsrecht. Band 3 Fusionskontrolle, § 36 GWB, Rn. 17.

1105 *Körber*, in: Immenga/Mestmäcker, Wettbewerbsrecht. Band 3 Fusionskontrolle, Art. 2 FKVO, Rn. 201; vgl. hierzu auch *Ibáñez Colomo*, My Chillin' talk ('What is an anticompetitive effect?') in: Chillin'Competition v. 20.12.2018, https://chillingcompetition.com/2018/12/20/4th-chillincompetition-conference-the-videos-pablo-ibanez-on-what-is-an-anticompetitive-effect/ (abgerufen 14.12.2019).

1106 *Thomas*, in: Immenga/Mestmäcker, Wettbewerbsrecht. Band 3 Fusionskontrolle, § 36 GWB, Rn. 17 f.

1107 *Riesenkampff/Steinbarth*, in: Loewenheim et al., Kartellrecht, Art. 2 FKVO, Rn. 159; *Thomas*, in: Immenga/Mestmäcker, Wettbewerbsrecht. Band 3 Fusionskontrolle, § 36 GWB, Rn. 572,

sich um diejenigen Auswirkungen des Zusammenschlusses, die nicht aufgrund einer Koordinierung stattfinden. Konglomerate Zusammenschlüsse liegen dann vor, wenn die Tätigkeiten der an dem Zusammenschluss beteiligten Unternehmen sich auf unterschiedlichen Märkten auswirken. In diesen Fällen läge die Beeinträchtigung des Wettbewerbs nicht darin, dass eine marktbeherrschende Stellung entsteht oder verstärkt wird, was als koordinierte Effekte angesehen werden könnte. Die Kommission nimmt dies jedenfalls in oligopolistischen Märkten an.[1108] Die Feststellung einer derartigen oligopolistischen Marktstruktur erscheint bei Plattformsachverhalten grundsätzlich noch schwieriger als die absolute Bewertung der Marktstellung eines einzelnen Unternehmens. Zusätzlich zu den angesprochenen dogmatischen wie auch verfahrenstatsächlichen Herausforderungen bei der Abgrenzung der relevanten Märkte und der Bestimmung der Marktstellung des einen Unternehmens müsste dabei auch die Marktstellung anderer Plattformen auf dem Markt bewertet werden. Dieses Vorgehen verringert die Praktikabilität des SIEC-Tests gegenüber seinem Regelbeispiel Marktbeherrschungstest.

Stattdessen könnte eine Auswirkung auf den Innovationswettbewerb sowie auf Innovation als Element wirksamen Wettbewerbs anzunehmen sein, ohne dass dies lediglich in einer Verringerung des Angebots zu sehen sein könnte.[1109] Eine empirisch belegte Möglichkeit dieser prognostischen Feststellung ließe sich ähnlich wie bereits die EU-Kommission im Wege der *innovation theory of harm* festmachen, sofern ausreichend Tatsachenmaterial für eine derartige Prognoseentscheidung vorliegt und die Ausfüllung des Beurteilungsspielraums rechtsfehlerfrei erfolgt. Wettbewerb als offener Suchprozess könnte danach durch den Zusammenschluss beeinträchtigt sein, wenn jener erheblich die Möglichkeiten einschränkt, neues Wissen im Wettbewerb zu erlangen. Ähnlich wäre dies zu bewerten, wenn die Wettbewerbsintensität nachlässt. Beides verlangt tatsächliche Feststellungen dieser Wirkungen, die sich wiederum häufig nur schwer empirisch nachweisen werden lassen.[1110]

bb) Abwägungslösung des effektiven Wettbewerbs

Die Effektivität des Wettbewerbs als Untersuchungsmaßstab des SIEC-Tests ist auch ohne diese kasuistische Orientierung als Untersuchungsmaßstab über

---

zweifelnd an ihrer tatsächlichen Nachweisbarkeit bei Rn. 574, 582; Regierungsbegründung zur 8. GWB-Novelle, BT-Drs. 17/9852, S. 28; Kommission, Leitlinien zur Bewertung horizontaler Zusammenschlüsse gemäß der Ratsverordnung über die Kontrolle von Unternehmenszusammenschlüssen – Leitlinien horizontale Zusammenschlüsse v. 5.2.2004, https://eur-lex.europa.eu/legal-content/DA/TXT/PDF/?uri=CELEX:52004XC0205(02)&from=DE (abgerufen 29.3.2019), Rn. 24.

1108 Kommission, Leitlinien zur Bewertung horizontaler Zusammenschlüsse gemäß der Ratsverordnung über die Kontrolle von Unternehmenszusammenschlüssen – Leitlinien horizontale Zusammenschlüsse v. 5.2.2004, https://eur-lex.europa.eu/legal-content/DA/TXT/PDF/?uri=CELEX:52004XC0205(02)&from=DE (abgerufen 29.3.2019), Rn. 25.

1109 *Riesenkampff/Steinbarth*, in: Loewenheim et al., Kartellrecht, Art. 2 FKVO, Rn. 159.

1110 *Kallfaß*, in: Langen/Bunte, Kartellrecht, § 36 GWB, Rn. 16.

die wettbewerblichen Auswirkungen heranziehbar.[1111] Der SIEC-Test außerhalb des Marktbeherrschungstests verlangt zum einen eine Behinderung wirksamen Wettbewerbs. Wirksamer Wettbewerb ist derjenige Wettbewerb, der seinen Teilnehmern eine effektive Auslebung ihrer Wettbewerbsfreiheiten ermöglicht. Eine Behinderung könnte demnach zunächst in jeglicher Verkürzung der Auslebung dieser Wettbewerbsfreiheiten liegen. Dies könnte unter anderem dadurch erfolgen, dass ein Unternehmen nur zu dem Zweck seiner Entfernung aus dem Wettbewerbsprozess und damit als zukünftiger Rivale übernommen wird, wie dies bereits *Carl/Finch/Ford* als eine sogenannte *Killer Acquisition* beschrieben haben.[1112] Bei der Auslegung des Tatbestandsmerkmals „wirksamer Wettbewerb" kann hier die objektive Wertsetzungsfunktion der die Wettbewerbsfreiheiten umschreibenden Grundrechte herangezogen werden.[1113] Soweit es dabei um die Innovationsoffenheit der Grundrechte geht, nämlich deren „nach oben offene", also grundsätzlich freie Auslebung, würde zunächst jede noch so kleine Einschränkung dieser Innovationsoptionen auch eine Behinderung des wirksamen Wettbewerbs bedeuten. Sobald also die dynamischen Funktionen effektiven Wettbewerbs nicht mehr erfüllt würden oder der Wettbewerb in anderer Weise weniger effektiv seinem Zweck dient, einen prozesshaften Entfaltungsraum hinsichtlich der Wettbewerbsfreiheiten zu bieten, würde der Wettbewerb im Vergleich zu seinem Zustand vor dem Zusammenschluss weniger wirksam.[1114] Dies kann dadurch erfolgen, dass der Wettbewerb um ein neues Angebot beschränkt wird, weil in diesem Fall die tatsächlichen Entscheidungsmöglichkeiten objektiv verringert werden. Diese möglichen Einschränkungen lassen sich im Rahmen des Prognosespielraums behördlich feststellen.[1115] Vorsicht geboten ist mit einer vorschnellen Annahme der bereits erwähnten sogenannten *Killer Acquisitions* oder einer möglichen *Killzone*, wie sie das Digital Competition Expert Panel im Zusammenhang mit angestrebten großangelegten innovationsfeindlichen Zusammenschlüssen angenommen hat.[1116] Denn auch die Zwecke, sich von als „lästig" empfundenem Wettbewerb zu befreien oder neue Einnahmequellen zu

---

1111 *Esser/Höft*, NZKart 2013, S. 447 (448).
1112 *Carlin/Finch/Ford*, in: Gregoriou/Neuhauser, Mergers and Acquisitions, 2007, S. 234 (234 f.); das Digital Competition Expert Panel des Vereinigten Königreichs nimmt eine quantitative Anzahl von 6 % der jährlichen Übernahmen als *Killer Acquisitions* an, vgl Digital Competition Expert Panel, Unlocking digital competition v. 13.3.2019, https://assets.publishing.service.gov.uk/government/uploads/system/uploads/attachment_data/file/785547/unlocking_digital_competition_furman_review_web.pdf (abgerufen 14.12.2019), S. 49; zusammenfassend hierzu *Podszun/Kersting*, ZRP 2019, S. 34 (35).
1113 Ähnlich auch *Bueren*, ZWeR 2019, S. 403 (416 ff.), der grundrechtliche Wertungen allerdings als „außerwettbewerblich" anzusehen scheint.
1114 So auch schon *Thomas*, in: Immenga/Mestmäcker, Wettbewerbsrecht. Band 3 Fusionskontrolle, § 36 GWB, Rn. 11, der dies an einer nachlassenden Intensität des Wettbewerbs ausmacht.
1115 *Carlin/Finch/Ford*, in: Gregoriou/Neuhauser, Mergers and Acquisitions, 2007, S. 234 (246).
1116 Digital Competition Expert Panel, Unlocking digital competition v. 13.3.2019, https://assets.publishing.service.gov.uk/government/uploads/system/uploads/attachment_data/file/785547/unlocking_digital_competition_furman_review_web.pdf (abgerufen 14.12.2019), S. 40; *Schweitzer* et al., Modernisierung der Missbrauchsaufsicht für marktmächtige Unternehmen, 2018, S. 152, m. w. N. hinsichtlich *Solon*, As tech companies get richer, is it 'game over' for

schaffen, sind von den Wettbewerbsfreiheiten erfasst. Dies umfasst sogar das Ziel des Erwerbs eines gesamten Marktes oder einer zukünftigen Erwerbsposition.[1117] Solange diese weiterhin innerhalb eines effektiven Wettbewerbs verfolgt werden, ihn also nicht erheblich behindern, müssen diese Zwecke als grundsätzlich rechtmäßig anerkannt bleiben.

cc) Erheblichkeitsschwelle in Innovationssachverhalten

Dass dadurch nicht wiederum jegliche noch so kleine Beeinträchtigung oder nachlassende Wettbewerbsintensität im Rahmen eines unilateralen Effekts zu einer materiellen Untersagungsfähigkeit führen kann, folgt zum anderen aus der tatbestandlich vorausgesetzten Erheblichkeitsschwelle.[1118] Dieses Kriterium hatte bislang eine eher nachrangige Bedeutung, da es sich bereits aus dem vorher maßgeblichen Marktbeherrschungstest ergab. Die Erheblichkeit der Wettbewerbsbehinderung ist unter dem SIEC-Test nicht mehr allein an die Entwicklung einer Marktstellung geknüpft, sondern kann hiervon unabhängig betrachtet werden.[1119] Aus dem Wortlaut „Erheblichkeit" folgt bereits, dass nicht jegliche Behinderungen wirksamen Wettbewerbs erfasst werden sollen, sondern nur diejenigen, die eine bestimmte Schwelle überschreiten. Es kann also auch im Rahmen der Fusionskontrolle keinen umfassenden objektiven Schutz der Wettbewerbsfreiheiten geben. Wo diese Schwelle liegt, ist wiederum erneut der Rechtsanwendung durch die Kartellbehörden überlassen. Empirische Kasuistik und darauf sich stützende konkrete Einzelfallfeststellungen der Behörde können – soweit vorhanden – hilfreich sein.[1120] Allerdings verbieten sich aufgrund der Zukunftsgewandtheit der Fusionskontrolle rein schematische Übertragungen, sofern dies den Prognosespielraum rechtsfehlerhaft einschränkt. Das bedeutet also in doppelter Hinsicht für die mit dem Zusammenschluss befasste Behörde eine Ungewissheit. Zum einen kann sie bereits in tatsächlicher Hinsicht nicht wissen, welche Veränderungen sich aufgrund des Zusammenschlusses noch ergeben. Zum anderen kann sie auf der Wertungsebene nicht wissen, ob und welche Veränderungen sich als erhebliche Behinderung des wirksamen Wettbewerbs darstellen könnten. Die Fusionskontrolle ist in Sachverhalten mit

---

startups? v. 20.10.2017, https://www.theguardian.com/technology/2017/oct/20/tech-startups-facebook-amazon-google-apple (abgerufen 14.12.2019).

1117 Kritisch insofern deshalb auch *Podszun/Kersting*, ZRP 2019, S. 34 (36) in Bezug auf Änderungen des materiellen Prüfungsrahmens der Fusionskontrolle in Richtung einer Erfassbarkeit von *Killer Acquisitions* in Form eines „strategischen Aufkaufs", wie sie vorschlagen, *Schweitzer* et al., Modernisierung der Missbrauchsaufsicht für marktmächtige Unternehmen, 2018, S. 154.

1118 Vgl. aber *Körber*, in: Immenga/Mestmäcker, Wettbewerbsrecht. Band 3 Fusionskontrolle, Art. 2 FKVO, Rn. 203, der auf die bislang noch geringe Bedeutung angesichts der dem Marktbeherrschungstest nachgeordneten Regelung des SIEC-Tests hinweist; *Kahlenberg*, in: Loewenheim et al., Kartellrecht, § 36 GWB, Rn. 7; *Esser/Höft*, NZKart 2013, S. 447 (454).

1119 Vgl. so auch schon *Körber*, in: Immenga/Mestmäcker, Wettbewerbsrecht. Band 3 Fusionskontrolle, Art. 2 FKVO, Rn. 203.

1120 Vgl. hierzu auch die Erläuterungen bei *Riesenkampff/Steinbarth*, in: Loewenheim et al., Kartellrecht, Art. 2 FKVO, Rn. 163 f.

starker Innovationsbedeutung also von erheblichen Wissensdefiziten des staatlichen Akteurs geprägt. Dieses fehlende Wissen kann die Behörde bedingt durch eine rechtmäßige Ausfüllung ihrer Beurteilungs- und Prognosespielräume ausgleichen. Als Abwägungskriterien können die unterschiedlichen Grundrechtsgehalte der Wettbewerbsfreiheiten herangezogen werden. Im Verhältnis zwischen den an einem Zusammenschluss beteiligten Unternehmen, die sich grundsätzlich auf den Schutz des Erwerbs berufen können, einerseits und den Betroffenen, deren im Übrigen nicht geschützte Erwerbsaussichten betroffen wären, würde es dabei um den bereits beschriebenen wettbewerblichen Entfaltungsspielraum als maßgebliches Kriterium gehen. Dient eine Fusion dem Zweck seiner Einschränkung oder lässt sich dieser tatsächlich in seinen Wirkungen nachweisen, so wäre eine Fusion für betroffene Drittunternehmen wettbewerblich einschränkend und materiell untersagungsfähig. Eine Vernichtungsfusion wäre demnach nur dann kartellrechtlich untersagungsfähig, wenn und soweit in der Fusion gleichzeitig eine nicht mehr gerechtfertigte Einschränkung des wettbewerblichen Entfaltungsraums liegt und dadurch subjektive Rechte eines Dritten beeinträchtigt werden, indem nämlich seine wettbewerbliche Existenz konkret gefährdet wird.[1121] Diese ließe sich weniger anhand von preislichen Merkmalen feststellen als an tatsächlichen Gestaltungsfreiheiten im effektiven Wettbewerb.

dd) Unternehmerische Aufkaufintention als Ausstiegsszenario

Eine Besonderheit bietet in innovationserheblichen Plattformsachverhalten zunehmend die Wertentwicklung des übernommenen Unternehmens. Einige dieser Unternehmen richten sich bereits zu Beginn ihrer Tätigkeit auf eine spätere Übernahme aus. In diesem Fall könnte eine wettbewerbliche Wertentwicklung bereits als solche fehlen, sodass sich der Einwand ähnlich wie bei Rettungsfusionen ergeben könnte, gerade durch die Fusion werden die ansonsten verloren zu gehen drohenden Werte des übernommenen Unternehmens bewahrt.[1122] So könnten die bislang mit einer Verluststrategie tätigen *Startups* gerade mit den unternehmerischen Kapazitäten des übernehmenden Unternehmens für den Wettbewerbsprozess erhalten bleiben, wenn sie ansonsten aus dem Wettbewerb ausscheiden würden.[1123] Allerdings ist dieses Ausscheiden aus dem Wettbewerbsprozess gerade nicht die Regel, sondern vielmehr werden sich entweder für das betreffende Unternehmen andere Übernahmeoptionen ergeben oder aber es schafft aus eigener wirtschaftlicher Kraft im Wettbewerb eine potenzielle wirt-

---

1121 Dies und der bis dahin noch allein maßgebliche Marktbeherrschungstest in der Fusionskontrolle ist die Grundlage jedenfalls bei *Schmidt-Preuß*, Kollidierende Privatinteressen im Verwaltungsrecht, 2005, S. 355 für die Annahme eines subjektiven öffentlichen Rechts, woraus sich nicht zwingend Rückschlüsse auf die materiell-rechtlichen Wirkungen entnehmen lassen.

1122 *Riesenkampff/Steinbarth*, in: Loewenheim et al., Kartellrecht, Art. 2 FKVO, Rn. 166.

1123 Vgl. zu diesem Einwand aus seiner Entscheidungspraxis maßgeblich Kommission, Entsch. v. 14.12.1993 – Fall Nr. IV/M308 (Kali + Salz/MdK/Treuhand), Abl. L 186/38, Rn. 70 ff.; hierzu bestätigend EuGH, Urt. v. 31.3.1998 – verb. Rs. C-68/94 u. C-30/95 (Frankreich, Société Commerciale des Potasses et de l'Azote [SCPA] u. Entreprise Minière et Chimique [EMC]/ Kommission), Slg. I 1998, 1375 = EuZW 1998, 299, Rn. 110 ff.

schaftliche Verwertung seiner Angebote. Es geht bei der Übernahme also gerade um die Sicherung der noch erwarteten wirtschaftlichen Erfolge, sodass nicht der Einwand der wettbewerblichen Sicherung durch die an der Fusion Beteiligten erhoben werden. Nicht der potenzielle Wettbewerb innovativer Unternehmen ist daher für die Bewertung dieser Übernahmen ausschlaggebend, sondern der bereits bestehende tatsächliche Innovationswettbewerb.[1124]

Daten gewinnen bei Fusionen im Zusammenhang mit dem wettbewerblichen Wirken digitaler Plattformen eine besondere Rolle und können unter zwei Gesichtspunkten bewertet werden. Erstens könnte anhand des Marktbeherrschungstests der technische Bestand der zu erwerbenden Daten dazu herangezogen werden, eine marktbeherrschende Stellung zu begründen oder zu festigen. Insofern wäre eine eigenständige Bewertung erforderlich, welche wettbewerblichen Marktveränderungen sich durch den Zusammenschluss ergeben. Zweitens können unabhängig von der Marktanalyse die Auswirkungen einer Datensatzkombination im Rahmen des SIEC-Tests bewertet werden.

d) Innovationsförderung durch Zusammenschlüsse

Nicht jeder Zusammenschluss wird sich wettbewerblich negativ auswirken. Bereits auf der tatbestandlichen Ebene der Untersagungsfähigkeit wird Innovation als ein möglicher Einwand zu berücksichtigen sein.[1125] Das bedeutet, dass nicht allein die Einschränkung tatsächlicher Handlungsoptionen eine Behinderung wirksamen Wettbewerbs darstellt, sondern die damit einhergehenden wettbewerblichen Vorteile ebenso in die Prüfung miteinbezogen werden müssen. So könnte durch einen Zusammenschluss bereits vorhandenes Wissen oder Entwicklungspotenzial konsolidiert werden, sodass es wirksam weiterverfolgt werden könnte. Dies erscheint bei digitalen Plattformen durchaus nachvollziehbar, insbesondere wenn diese neue Verknüpfungsvarianten erhalten, also weitere Nutzergruppen in ihr Portfolio aufnehmen könnten. Dies lässt sich auf das Argument zuspitzen, die Innovationsförderung eines Zusammenschlusses könnte gerade darin liegen, dass ein Monopol entsteht, weil dieses allein in der Lage ist, die Bedürfnisse aller Beteiligter ausreichend zu befriedigen und gleichzeitig weiteren Fortschritt zu sichern. Das würde eine Feststellung wiederum der positiven Innovationsauswirkungen des Zusammenschlusses bedeuten.

Eine andere Möglichkeit besteht im Zusammenhang mit der Effizienzverteidigung, die bei Plattformsachverhalten aufgrund der Netzwerkseffekte und Skalie-

---

1124 Zurückhaltend hierzu noch *Schweitzer* et al., Modernisierung der Missbrauchsaufsicht für marktmächtige Unternehmen, 2018, S. 153, die eine Aufkaufstrategie und davon ausgehende Bedrohungen zwar als mögliche Anwendungsfall des SIEC-Tests beschreiben, jedoch die überwiegende Wahrscheinlichkeit einer Wettbewerbsgefährdung aufgrund der schwer nachweisbaren Sicherheit ablehnen. Aus den verfahrensmäßigen sowie prozessualen Unsicherheiten kann höchstens auf ein Rechtsdurchsetzungsdefizit geschlossen werden, nicht aber auf ein Rechtsgeltungsdefizit.

1125 *Riesenkampff/Steinbarth*, in: Loewenheim et al., Kartellrecht, Art. 2 FKVO, Rn. 184; *Todino/van de Walle/Stoican*, AB 2019, S. 11 (15 ff.).

rungsvorteile besonders gut fruchtbar gemacht werden kann. So ließen sich Effizienzen als ein Einwand vorbringen, um einen ansonsten zwar aufgrund seiner wettbewerblichen Wirkungen untersagungsfähigen Zusammenschluss dennoch freizugeben. Die beteiligten Unternehmen müssten hierfür die notwendigen Tatsachen vorbringen und beweisen. Im Rahmen der produktiven Effizienz könnten dabei verschiedene Abläufe der Plattformen zusammengelegt und damit Kosten gespart werden. Allokative Effizienz könnte sich besonders dadurch ergeben, dass die beteiligten Unternehmen unter ihren Nutzern die vorhandenen Ressourcen besser verteilen können.

e) Abhilfemaßnahmen

Sowohl in der europäischen wie auch der deutschen Fusionskontrolle muss ein Hauptprüfverfahren bei Vorliegen der materiellen Untersagungsgründe nicht stets mit einer Untersagung des Zusammenschlusses abgeschlossen werden. So können die an einem Zusammenschluss Beteiligten gemäß § 40 Abs. 3 S. 1 GWB sowie Art. 8 Abs. 2 UAbs. 2 FKVO und Art. 6 Abs. 2 UAbs. 2 FKVO Verpflichtungszusagen anbieten. Sind diese geeignet, die materiellen Einwände gegen den angemeldeten Zusammenschluss zu entkräften, ist die Fusion unter Bedingungen oder Auflagen freizugeben, wobei die Kartellbehörde ein Auswahlermessen hat.[1126] Inhaltlich kann zwischen den Möglichkeiten der Strukturzusagen und den Verhaltenszusagen unterschieden werden, wobei aufgrund des Strukturbezugs der Fusionskontrolle der Schwerpunkt bei der Auswahl der geeigneten Abhilfemaßnahmen auf der ersten liegt.[1127]

Inhaltlich müssen die Abhilfemaßnahmen so ausgestaltet sein, dass sie die wettbewerblichen Zweifel an der Genehmigungsfähigkeit des Zusammenschlusses aufheben können. Dies kann bei innovationsbezogenen Einwänden zunächst darin bestehen, dass der konkrete Anlass der Prognose der erheblichen Beeinträchtigung wirksamen Wettbewerbs beseitigt wird. So könnte bei der Fusion zwischen mehreren in ähnlichen Bereichen – Innovationsräumen – aktiven Unternehmen ein Teil der unternehmerischen Innovationskraft für den Wettbewerb freigegeben werden. Dies kann entweder in einer Veräußerung einzelner Unternehmensteile oder –bereiche liegen, ebenso wie der für Innovationen zuständigen Einheiten. Dabei muss es nicht zwingend nur oder schon auf die FuE-Aktivitäten ankommen. Besonders in technologisch komplexen Bereichen bieten sich vor allem unabhängig von der unternehmerischen Struktur Öffnungsstrategien an. Die zusammenschließenden Unternehmen könnten dabei Rechte, Inhaberschaften oder sogar Wissen veräußern oder teilen.

Nur schwer wird sich aber ein konkreter Innovationsbezug durch eine Abhilfemaßnahme derart abbilden lassen, dass er einer direkten Neutralisierung der innovationsbezogenen Schadenstheorie gleichkommt. Dies ist allein schon des-

---

1126 *Richter/Steinvorth*, in: Wiedemann, Handbuch des Kartellrechts, § 21, Rn. 125.
1127 *Körber*, in: Immenga/Mestmäcker, Wettbewerbsrecht. Band 3 Fusionskontrolle, Art. 8 FKVO, Rn. 117.

halb selten möglich, weil dieser Prüfungsansatz zur Untersagungsfähigkeit allein darauf abstellt, dass sich strukturell etwas schlechter entwickelt, als es unter einem effektiven Wettbewerb möglich wäre. Das Wissen über diese Entwicklung ist nie vorhanden. Deshalb werden Unternehmen, die diesen Einwand neutralisieren wollen, bei Innovationszusagen regelmäßig mehr anbieten, als sie eigentlich müssten. Das Risiko über rechtsfehlerfreie Entscheidungen der mit dem Zusammenschluss befassten Behörde geht aufgrund des fehlenden Wissens in diesem Fall zu ihren Lasten. Denn sie könnten in der Folge Innovationspotenzial abstoßen, das zu wirtschaftlichen Vorteilen und Profiten führt, von denen die von der Zusage betroffenen Unternehmen nicht mehr profitieren könnten. Rein wettbewerbliche Erfolgsaussichten und Chancen sind nicht von den Schutzbereichen der Wettbewerbsfreiheiten erfasst. Zudem prüft die zuständige Kartellbehörde die angebotene Abhilfemaßnahme allein auf ihre Geeignetheit, nicht aber auf eine Angemessenheit, bei der auch Interessen zugunsten der Parteien berücksichtigt werden könnten.[1128]

f) Ministererlaubnis und Gemeinwohlbelange

Eine in diesem Zusammenhang noch erwähnenswerte Besonderheit stellt im deutschen Kartellrecht die Ministererlaubnis dar. Es handelt sich dabei um ein der Fusionskontrolle getrennt nachgelagertes Verfahren.[1129] Mit ihm können vom Bundeskartellamt untersagte Zusammenschlüsse vom Bundeswirtschaftsministerium bei Vorliegen besonderer Gründe gleichwohl freigegeben werden. Erforderlich ist dabei eine Abwägung dieser Gründe gegenüber der von der Kartellbehörde in dem betreffenden Fusionskontrollverfahren festgestellten[1130] erwarteten erheblichen Beeinträchtigung wirksamen Wettbewerbs. Diese besonderen Gründe können gemäß § 42 Abs. 1 S. 1 GWB in Form gesamtwirtschaftlicher Vorteile oder eines überragenden Interesses der Allgemeinheit bestehen, wobei ein Beurteilungsspielraum des Ministeriums besteht.[1131] Hierdurch wird deutlich, dass die Ministererlaubnis in wettbewerbspolitischer Hinsicht das Instrument ist, um über den Regelungszweck Wettbewerbsschutz der Fusionskontrolle hinaus weitere Erwägungs- und Schutzgründe abzudecken, die einem

---

1128 *Richter/Steinvorth*, in: Wiedemann, Handbuch des Kartellrechts, § 21, Rn. 127.

1129 *Riesenkampff/Steinbarth*, in: Loewenheim et al., Kartellrecht, § 42 GWB, Rn. 2.

1130 Kritisch hierzu aber und mit der Möglichkeit eines Abweichens bei offensichtlich unplausiblen Feststellungen durch die Behörde bei *Bosch*, in: Bechtold/Bosch, Gesetz gegen Wettbewerbsbeschränkungen, § 42 GWB, Rn. 6; ähnlich und zwischen der Tatbestandswirkung und der Feststellungswirkung differenziert *Thomas*, in: Immenga/Mestmäcker, Wettbewerbsrecht. Band 3 Fusionskontrolle, § 42 GWB, Rn. 51 ff..

1131 Ebenda, Rn. 56 ff.; *Riesenkampff/Steinbarth*, in: Loewenheim et al., Kartellrecht, § 42 GWB, Rn. 4.

übergeordneten politischen Wohlfahrtszweck dienen.[1132] Eine fachliche Überprüfung der kartellbehördlichen Entscheidung findet dabei nicht statt.[1133] Der übergeordnete Wohlfahrtszweck der Ministererlaubnis kann dabei grundsätzlich auch in der Sicherung allgemeiner gesellschaftlicher Innovationen liegen. Üblicher sind in der Praxis allerdings eher Entscheidungen, bei denen ein Schutz politischer Interessen vor Veränderungen verfolgt wird.[1134] Diese müssen grundsätzlich in eine Abwägung einbeziehbar sein und dabei die bisherigen wettbewerblichen Zweifel erheblich überwiegen. Dies ergibt sich bereits aus dem Wortlaut „überragend" und „gesamtwirtschaftlich".

3. Verdrängung durch Plattformen

Digitale Plattformen können durch eine Vielzahl an ineinandergreifenden Maßnahmen sehr weit und tief in das Wettbewerbsgeschehen eingreifen. Dies liegt auch an ihrer Eigenschaft als mehrseitige Wirtschaftszweige, da sie nicht nur in bipolaren Marktverhältnissen tätig werden, sondern die jeweiligen Besonderheiten verschiedener Marktverhältnisse für sich günstig ausnutzen können. Einige dieser strategischen Entscheidungen über das Ausnutzen der wettbewerblichen Besonderheiten werden dabei mit kartellrechtlichen Fragestellungen über die Zulässigkeit von Behinderungen der Wettbewerber des betreffenden Unternehmens in Verbindung gebracht.[1135] Materieller Anknüpfungspunkt ist im europäischen Kartellrecht Art. 102 AEUV sowie im deutschen Kartellrecht § 19 Abs. 1, Abs. 2 Nr. 1 GWB, letztere Vorschrift bei gegebener relativer Marktmacht auch in Verbindung mit § 20 Abs. 1 S. 1 GWB. Das bedeutet also, dass ein Unternehmen seine auf einem relevanten Markt bestehende beherrschende Stellung – respektive seine relative Marktmacht – missbräuchlich ausnutzt, wenn es andere Unternehmen mindestens mittelbar unbillig behindert oder ohne objektive Rechtfertigung anders als gleichartige Unternehmen behandelt.

Maßgeblicher Regelungsgegenstand dieser Vorschriften sind aufgrund seiner Marktstellung bestehende Rücksichtnahmepflichten des marktbeherrschenden

---

1132 *Bosch*, in: Bechtold/Bosch, Gesetz gegen Wettbewerbsbeschränkungen, § 42 GWB, Rn. 1, 4; *Podszun*, in: Kokott/Pohlmann/Polley, Europäisches, deutsches und internationales Kartellrecht, 2018, S. 613 (615).

1133 *Riesenkampff/Steinbarth*, in: Loewenheim et al., Kartellrecht, § 42 GWB, Rn. 3.

1134 Siehe Aufzählung bei *Bosch*, in: Bechtold/Bosch, Gesetz gegen Wettbewerbsbeschränkungen, § 42 GWB, Rn. 10: langfristige Sicherung der Energieversorgung, Erhaltung eines volkswirtschaftlich besonders wertvollen technischen Potenzials oder Know-hows, Lösung von Strukturkrisen, Sanierung beteiligter Unternehmen, Sicherung gesamtwirtschaftlich notwendiger Wirtschaftsbereiche, Stärkung internationaler Wettbewerbsfähigkeit, Sicherung der Pressevielfalt, teilweise auch Rationalisierungsvorteile, Sicherung von Arbeitsplätzen oder andere regional-, militär-, gesundheits- oder sozialpolitische Erwägungen. Ähnlich *Riesenkampff/Steinbarth*, in: Loewenheim et al., Kartellrecht, § 42 GWB, Rn. 6 f.; *Thomas*, in: Immenga/Mestmäcker, Wettbewerbsrecht. Band 3 Fusionskontrolle, § 42 GWB, Rn. 64 ff.

1135 *Fuchs*, in: Immenga/Mestmäcker, Wettbewerbsrecht. Band 1 EU, Art. 102 AEUV, Rn. 199; *Walzel*, CR 2019, S. 314 (314 ff.).

Unternehmens sowohl gegenüber Wettbewerb wie auch sonstigen Marktbegleitern.[1136] Diese ergeben sich aus der nach den Umständen des Einzelfalls zu ermittelnden Verantwortlichkeit, dass das marktbeherrschende Unternehmen durch „sein Verhalten einen wirksamen und unverfälschten Wettbewerb nicht beeinträchtigt".[1137] Eine solche Verantwortlichkeit stützt der EuGH maßgeblich darauf, dass der Wettbewerb gerade wegen der Anwesenheit des fraglichen (marktbeherrschenden) Unternehmens geschwächt ist.[1138] Es kommt bei dieser Form des Marktmachtmissbrauchs also maßgeblich darauf an, konkrete Behinderungsvarianten in Bezug auf das konkret marktbeherrschende Unternehmen herauszuarbeiten.[1139] Hierzu in Abgrenzung steht der noch zu besprechende Ausbeutungsmissbrauch, der an konkrete Marktergebnisse auf dem bereits eingeschränkten Wettbewerb anknüpft.[1140]

Eine Kernfrage dieser Untersuchung ist die, ob und unter welchen Umständen Zugang zu Innovationen oder innovationsbefangener Gegenstände auf der Grundlage kartellrechtlicher Vorschriften verlangt werden kann. Erstens könnte im Rahmen einer Freigabeentscheidung einer angemeldeten Fusion die entscheidende Behörde zu der Erkenntnis kommen, dass ein Zusammenschluss unter der Auflage einer Öffnung oder eines Zugangsrechts zugunsten Dritter genehmigt werden kann. Dies ist eine Frage der Bewertung des Zusammenschlusses, die nicht notwendigerweise einen direkten Bezug zur kartellrechtlichen Bewertung innovationsrelevanter Sachverhalte hat, sondern erst auf der Rechtsfolgenebene stattfindet. Die weiteren methodischen Ausführungen zur Marktmacht und Innovation können dabei Rahmenbedingungen für die pflichtgemäße Ausübung des behördlichen Ermessens bei einer derartigen Entscheidung bilden. Zweitens könnte im Rahmen der Bewertung einer möglicherweise wettbewerbsbeschränkenden Maßnahme zwischen mehreren Unternehmen die ein Verbot auslösende Wettbewerbsbeschränkung durch eine bewusste Öffnungsstrategie entfallen. Hier erfolgt eine Öffnungsstrategie lediglich mittelbar im Wege der unternehmerischen Entscheidungen zur Abwendung kartellrechtlicher Haftung.[1141]

Schließlich kommen unmittelbare kartellrechtliche Zugangsansprüche auf der Grundlage von Verstößen gegen das Verbot des Missbrauchs einer marktbeherrschenden Stellung in Zusammenhang mit einer spezifischen Anspruchsgrundlagenvorschrift in Betracht. Zum einen könnte ein Zugang dadurch begründet

---

1136 *Bosch*, in: Bechtold/Bosch, Gesetz gegen Wettbewerbsbeschränkungen, § 19 GWB, Rn. 7; *Huttenlauch/Lübbig*, in: Loewenheim et al., Kartellrecht, Art. 102 AEUV, Rn. 218.

1137 So bereits EuGH, Urt. v. 14.11.1996 – C-333/94 P (Tetra Pak/Kommission), ECLI:EU:C: 1996:436, Slg. I 1996, 5951, Rn. 24; EuGH, Urt. v. 16.3.2000 – C-395/96 P, C-396/96 P (Compagnie maritime belge transports u. a./Kommission), ECLI:EU:C:2000:132, Slg. 2000, I-01365 = BeckRS 2004, 77003, Rn. 114; EuGH, Urt. v. 17.2.2011 – C-52/09 (TeliaSonera Sverige) ECLI:EU:C:2011:83, Slg. 2011, 527, Rn. 24.

1138 EuGH, Urt. v. 13.2.1979 – Rs. 85/76 (Hoffmann-LaRoche), ECLI:EU:C:1979:36, Slg. 1979, 1869, 1879, Rn. 91.

1139 *Huttenlauch/Lübbig*, in: Loewenheim et al., Kartellrecht, Art. 102 AEUV, Rn. 218.

1140 *Ellger*, WuW 2019, S. 446 (450); *Künstner*, K&R 2019, S. 605 (607).

1141 EuGH, Urt. v. 28.5.1998 – C-7/95 P (John Deere/Kommission), Slg. 1998 I-03111, Rn. 98.

sein, weil das marktbeherrschende Unternehmen unmittelbar den Zugang zur Innovation schuldet. Hierbei ist zunächst zu klären, was der Innovationsgegenstand in diesem Fall sein kann. Zum anderen könnten Zugangsansprüche daraus erwachsen, dass ein Unternehmen seine Marktstellung innovationsbezogen missbraucht und nur der Zugang zur Innovation eine geeignete und wirksame Abhilfe darstellt. In beiden Fällen ist ein Unternehmen im Zusammenhang mit einer Innovation in der Lage, den Wettbewerb zu seinen Gunsten zu lenken. Dies kann zu einer Verdrängung anderer Unternehmen aus dem Wettbewerb führen. Die folgenden Ausführungen beziehen sich deshalb auf die Formen des Verdrängungsmissbrauchs, in denen ein Unternehmen seine Marktstellung mit Innovationsbezug ausnutzt. Für die praktische Diskussion stellt sich hierbei die Frage, unter welchen Voraussetzungen Unternehmen ihre Rechte in Form von Ansprüchen durchsetzen können oder aber eine Behörde zulässigerweise einschreiten dürfte.

a) Mögliche Grundlagen für einen Schutz vor Verdrängung

Ein auf kartellrechtlichen Vorschriften basierender unmittelbarer Anspruch auf Zugang kann vor allem auf der Grundlage des Marktmachtmissbrauchsverbots zustande kommen, wenn der Abbruch oder die Verweigerung eines Zugangs oder einer Geschäftsbeziehung, aber auch soweit die spezifische Ausgestaltung dieser missbräuchlich ist.[1142] Im Zusammenhang mit der Fusionskontrolle und dem Verbot wettbewerbsbeschränkender abgestimmter Verhaltensweisen kommen Zugangsverhältnisse oder –ansprüche als wirksame Abhilfemaßnahmen bezüglich der festgestellten Wettbewerbsbeschränkungen in Betracht. Daneben können nicht-exklusive Verdrängungsstrategien diskutiert werden.[1143]

aa) Strukturelle Betrachtung der Missbrauchskontrolle

Eine erste Besonderheit dynamischer Sachverhalte in der kartellrechtlichen Prüfung sind deren zeitlich und strukturell unterschiedliche Anknüpfung. Dabei ist grundsätzlich zunächst klarzustellen, dass der hierbei geregelte Marktmachtmissbrauch tatbestandlich nicht zwingend auf demselben Markt stattfinden muss, auf dem das betreffende Unternehmen seine Marktstellung hat.[1144] Die bereits erwähnte Pfadabhängigkeit bedeutet auch, dass Entscheidungen durch Wirtschaftsteilnehmer für eine technologische Entwicklung sich auf spätere Ent-

---

1142 *Fuchs*, in: Immenga/Mestmäcker, Wettbewerbsrecht. Band 1 EU, Art. 102 AEUV, Rn. 310; *Graef*, EU competition law, data protection and online platforms, 2016, S. 187. Der Abbruch bestehender Geschäftsbeziehung hat einen eigenständigen Innovationsbezug lediglich hinsichtlich seiner objektiven Rechtfertigung, wenn dies Anpassungen des Geschäftsmodells oder der Aufgabe wettbewerblich nicht mehr gerechtfertigter Angebote dient, was an späterer Stelle erörtert wird, siehe Seite 313 ff.

1143 *Vesala*, in: Nihoul/van Cleynenbreugel, The roles of innovation in competition law analysis, 2018, S. 50 (70 ff.).

1144 *Fuchs*, in: Immenga/Mestmäcker, Wettbewerbsrecht. Band 1 EU, Art. 102 AEUV, Rn. 199; *Schwintowski*, WuW 1999, S. 842 (850).

scheidungen in tatsächlicher Hinsicht auswirken können. So können Plattformen ihre Nutzer mittels der die Pfadabhängigkeit tatsächlich beschreibenden technischen Besonderheiten durch ihr Angebotsportfolio leiten und von etwa konkurrierenden Angeboten weglenken.[1145] Diese späteren Entscheidungen oder die in dem konkreten Moment untersuchte Entscheidungsfreiheit können zunächst in ihrem jeweiligen momentanen Bestand kartellrechtlich untersucht werden. Häufig werden sich Zusammenhänge erst daraus ergeben, dass sie als Folge vorheriger Entscheidungen und Entwicklungen untersucht werden.

Die unterschiedlichen Entscheidungen innerhalb eines Pfades sind also häufig zeitlich oder strukturell voneinander abhängig. Das bedeutet, dass sie regelmäßig eine vorherige Entscheidung voraussetzen, zum Beispiel für ein bestimmtes Betriebssystem oder eine physische Technologie. Pfadabhängigkeiten lassen sich also in kartellrechtlicher Hinsicht durch ihre Verkettung auf unterschiedlichen Marktstufen oder auf unterschiedlichen Märkten abbilden. Dabei hängen sie häufig nicht einmal in einem Verhältnis vor- und nachgelagerter Märkte zusammen. Bei digitalen Plattformen stellen sich diese Verknüpfungen in mehrfacher Hinsicht dar. Zunächst richtet sich ihr Geschäftsmodell darauf aus, die Interessen verschiedener Nutzergruppen oder Nutzer miteinander zu verknüpfen. Die dabei zwischen den Nutzern bestehenden Netzwerkeffekte führen dazu, dass sich die individuellen Entscheidungen der Nutzer auf andere Nutzer oder Mitglieder anderer Nutzergruppen auswirken. Das bedeutet, dass eine strukturelle netzwerktypische Abhängigkeit zwischen den auf einer Plattform angeschlossenen Nutzern besteht, die sich in den Netzwerkeffekten äußert. Aber auch in technologischer Hinsicht bestehen Verknüpfungen mit Vorentscheidungen für ein bestimmtes technologisches Regime oder System, zum Beispiel im Zusammenhang mit einem Betriebssystem, Standards oder der Nutzung einer bestimmten Infrastruktur. Entsprechend stellt sich die Frage nach einer Anwendung des geltenden Missbrauchsverbots auf einer allgemeinen vorgelagerten Ebene.[1146] Dies kann schon darin bestehen, dass ein vorgelagerter Markt untersucht wird. Dies ist in der Regel bei Vertriebsketten oder Vorleistungsprodukten der Fall, wenn also ein Markt der Befriedigung eines Zwischenbedarfs dient, der wiederum die Nachfrage auf einem weiteren Markt bedient. Auf ähnliche Weise bezieht sich der Behinderungsmissbrauch auf „benachbarte" Märkte.[1147] Bei digitalen Plattformen liegen häufig keine der bereits bekannten Vertriebssituationen oder benachbarte Märkte vor. Stattdessen geht es um die Verknüpfung der Interessen verschiedener Nutzergruppen miteinander, die auf sehr stark unter-

1145 *Walzel*, CR 2019, S. 314 (316):
1146 Einen Einblick geben insofern auch *Schweitzer* et al., Modernisierung der Missbrauchsaufsicht für marktmächtige Unternehmen, 2018, S. 59 ff., indem sie eine mögliche fallgruppenspezifische Absenkung des Anwendungsbereichs des Marktmachtmissbrauchverbots de lege ferenda diskutieren, dabei aber auch den geltenden Rechtsrahmen darstellen.
1147 *Fuchs*, in: Immenga/Mestmäcker, Wettbewerbsrecht. Band 1 EU, Art. 102 AEUV, Rn. 199; vgl. hierzu aus der kartellbehördlichen Praxis auch Kommission, Entsch. v. 27.6.2017 – AT.39740 (Google Search (Shopping)), http://ec.europa.eu/competition/antitrust/cases/dec_docs/39740/39740_14996_3.pdf (abgerufen 29.11.2018), Rn. 334.

schiedlichen Märkten abgefragt werden. Bei digitalen Plattformen tritt aufgrund ihrer tatsächlichen Möglichkeit zur Virtualisierung herkömmlicher Technologien das Phänomen auf, dass Zwischenschritte übersprungen werden können. Sie suchen sich neue benachbarte oder vor- und nachgelagerte Märkte. Das bedeutet wiederum, dass sie aufgrund der ihnen möglichen flexibleren Umgestaltung ihrer Geschäftsbeziehungen auf anderen Märkten tätig werden können. Diese Märkte können damit grundsätzlich in die kartellrechtliche Untersuchung des Behinderungs- und Diskriminierungsmissbrauchs miteinbezogen werden.[1148] Erforderlich ist dabei aber, dass sich das als behindernd oder diskriminierend untersuchte Verhalten auf dem anderen Markt objektiv auswirkt.[1149] Dies kann bei einer besonderen Nähe zwischen den verschiedenen Märkten der Fall sein oder wenn das marktbeherrschende Unternehmen aus sonstigen Gründen in der Lage ist, seine Marktmacht zu übertragen. Insofern kann an dieser Stelle die in Art. 102 AEUV zusätzlich zu den ansonsten im Marktmachtmissbrauch gleichlaufenden Tatbestandsmerkmalen enthaltene Zwischenstaatlichkeitsklausel eine eigenständige Bedeutung finden, als dass aufgrund der über die mitgliedsstaatlichen Grenzen hinaus reichenden Auswirkungen gleichzeitig die europäische Marktmachtmissbrauchskontrolle eröffnet sein kann.[1150]

Das Konzept des Marktmachttransfers bedeutet, dass ein Unternehmen seine bereits bestehende Marktmacht auf einem bestimmten Markt auf einen anderen Markt überträgt und dadurch auf diesem den Wettbewerb behindert.[1151] Dabei

---

1148 Insofern sehr deutlich auch *Bosch*, in: Bechtold/Bosch, Gesetz gegen Wettbewerbsbeschränkungen, § 19 GWB, Rn. 11; *Jung*, in: Grabitz/Hilf/Nettesheim, Das Recht der Europäischen Union: EUV/AEUV, Art. 102 AEUV, Rn. 139; *Fuchs*, in: Immenga/Mestmäcker, Wettbewerbsrecht. Band 2 GWB, § 19 GWB, Rn. 19f.; BGH, Beschl. v. 23.6.2020 – KVR 69/19 (Facebook), ECLI:DE:BGH:2020:230620BKVR69.19.0, NZKart 2020, 473 = GRUR-RS 2020, 20737, Rn. 96.

1149 *Mestmäcker/Schweitzer*, Europäisches Wettbewerbsrecht, 2014, § 19 Rn. 35f.; *Fuchs*, in: Immenga/Mestmäcker, Wettbewerbsrecht. Band 1 EU, Art. 102 AEUV, Rn. 144f.; *Weyer*, in: Kokott/Pohlmann/Polley, Europäisches, deutsches und internationales Kartellrecht, 2018, S. 915 (929); vgl. so schon für das im deutschen Kartellrecht mittlerweile mit dem Behinderungsmissbrauch gleichlaufende Diskriminierungsverbot BGH, Urt. v. 7.11.1960 – KZR 1/60 (Molkereigenossenschaft), GRUR 1961, 142 (144); seitdem bestätigt durch BGH, Urt. v. 23.3.1982 – KZR 28/80 (Meierei-Zentrale), GRUR 1982, 576 (578); vgl. grundlegend zum Auswirkungsprinzip auch bei der Anwendung des Missbrauchsverbots durch Maßnahmen außerhalb des europäischen Binnenmarkts, die sich aber auf diesen auswirken, EuGH, Urt. v. 6.9.2017 – C-413/14 P (Intel/Kommission), ECLI:EU:C:2017:632, EuZW 2017, 850 = NZKart 2017, 525 = GRUR Int. 2018, 69, Rn. 40ff.; grundlegend dazu schon EuGH, Urt. v. 13.2.1979 – Rs. 85/76 (Hoffmann-LaRoche), ECLI:EU:C:1979:36, Slg. 1979, 1869, 1879, Rn. 91; zuvor schon deutlich unter Ablehnung eines allgemeinen Kausalitätserfordernisses EuGH, Urt. v. 21.2.1973 – Rs. 6-72 (Continental Can/Kommission), ECLI:EU:C:1973:22, Slg. 1973, 215, Rn. 27; BGH, Beschl. v. 23.6.2020 – KVR 69/19 (Facebook), ECLI:DE:BGH: 2020:230620BKVR69.19.0, NZKart 2020, 473 = GRUR-RS 2020, 20737, Rn. 72 ff.

1150 *Bechtold/Bosch/Brinker*, in: Bechtold/Bosch/Brinker, EU-Kartellrecht, Art. 102 AEUV, Rn. 66 ff.

1151 *Fuchs*, in: Immenga/Mestmäcker, Wettbewerbsrecht. Band 1 EU, Art. 102 AEUV, Rn. 199; ebenso *Fuchs*, in: Immenga/Mestmäcker, Wettbewerbsrecht. Band 2 GWB, § 19 GWB, Rn. 20; vgl. im Zusammenhang mit Kopplungen hierzu Kommission, Mitteilung der Kommission –

kann nicht allein jedes Übertragen von Marktmacht bereits als kartellrechtswidriger Verstoß anzusehen sein, da Wachsen durch eigene Kraft an sich nicht bedenklich ist.[1152] Daraus folgt, dass nicht jede angestrebte Erringung einer stärkeren Marktstellung oder gar einer marktbeherrschenden Stellung auf einem noch nicht beherrschten Markt durch ein marktbeherrschendes Unternehmen gegen das Marktmachtmissbrauchsverbot verstößt.[1153] Eine Abgrenzung zwischen wettbewerblich unbedenklichen Entwicklungsstrategien auf einem Markt durch ein marktmächtiges Unternehmen und einer missbräuchlichen Übertragung kann dabei durch das objektive Auswirkungserfordernis des Missbrauchsverbots vorgenommen werden.[1154] Dieses ermöglicht die Erfassung jedenfalls derjenigen Maßnahmen als wettbewerbsbeschränkend, die sich als solche durch die Marktmacht auf dem einen Markt auf einen anderen verdrängend auswirken und dadurch die konkrete Gefährdungslage für den Wettbewerb abbilden.[1155] Es sind davon nur diejenigen Maßnahmen erfasst, die auf die Marktstellung auf dem als marktmächtig festgestellten Markt zurückgehen, nicht diejenigen auf dem Drittmarkt unmittelbar.[1156] Nicht ausgeschlossen ist dabei, dass eine Maß

Erläuterungen zu den Prioritäten der Kommission bei der Anwendung von Artikel 82 des EG-Vertrags auf Fälle von Behinderungsmissbrauch durch marktbeherrschende Unternehmen – Prioritätenmitteilung v. 24.2.2009, https://eur-lex.europa.eu/LexUriServ/LexUriServ.do?uri =OJ:C:2009:045:0007:0020:DE:PDF (abgerufen 23.11.2018), Rn.48; zur allgemeinen Berücksichtigungsfähigkeit derartiger Umstände im Marktmachtmissbrauchsverbot siehe BGH, Beschl. v. 23.6.2020 – KVR 69/19 (Facebook), ECLI:DE:BGH:2020:230620BKVR69.19.0, NZKart 2020, 473 = GRUR-RS 2020, 20737, Rn.96.

1152 Vgl. hierzu *Jung*, in: Grabitz/Hilf/Nettesheim, Das Recht der Europäischen Union: EUV/ AEUV, Art.102 AEUV, Rn.130; *Kühling/Gauß*, MMR 2007, S.751 (754).

1153 So aber *Deselaers*, in: Grabitz/Hilf/Nettesheim, Das Recht der Europäischen Union: EUV/ AEUV, Art.102 AEUV, Rn.456, der einen Missbrauch auch bei einer objektiven Verstärkung einer marktbeherrschenden Stellung annimmt. Allerdings erwähnt auch dieser die Zweckgerichtetheit möglicher Maßnahmen eines marktbeherrschenden Unternehmens auf einem anderen Markt, die sich in den dort aufgeführten Beispielen konkret dennoch wieder in einem Missbrauch der Marktstellung äußerte.

1154 EuGH, Urt. v. 13.2.1979 – Rs.85/76 (Hoffmann-LaRoche), ECLI:EU:C:1979:36, Slg. 1979, 1869, 1879, Rn.91; EuGH, Urt. v. 21.2.1973 – Rs.6-72 (Continental Can/Kommission), ECLI:EU:C:1973:22, Slg. 1973, 215, Rn.27; *Wiedemann*, in: Wiedemann, Handbuch des Kartellrechts, § 5, Rn.12, 24; dieses auch materiellrechtlich zu betrachtende Auswirkungsprinzip ergibt sich für die europäische Vorschriften des Kartellrechts bereits aus dem Wortlaut und dem darin enthaltenen Binnenmarktbezug. Gleichzeitig und auch im deutschen Kartellrecht über die Vorschrift des § 185 Abs. 2 GWB wird der Auswirkungsgrundsatz für die Anwendung auf exterritoriale Sachverhalte herangezogen, hat also eine völkerrechtliche Bedeutung. Aus dieser ergibt sich im Umkehrschluss auch für inländische Unternehmen die Unanwendbarkeit der kartellrechtlichen Vorschriften bei fehlender Auswirkung im Inland; *Fuchs*, in: Immenga/ Mestmäcker, Wettbewerbsrecht. Band 1 EU, Art. 102 AEUV, Rn.138; a.A. *Jung*, in: Grabitz/ Hilf/Nettesheim, Das Recht der Europäischen Union: EUV/AEUV, Art. 102 AEUV, Rn.326, der missbräuchliches Wachsen bei der Verwendung nicht leistungswettbewerblicher Mittel annimmt.

1155 *Fuchs*, in: Immenga/Mestmäcker, Wettbewerbsrecht. Band 1 EU, Art.102 AEUV, Rn.145; siehe hierzu schon *Möschel*, JZ 1975, S.393 (393); *Wurmnest*, Marktmacht und Verdrängungsmissbrauch, 2012, S.348 ff.

1156 *Wiedemann*, in: Wiedemann, Handbuch des Kartellrechts, § 23, Rn.63.

nahme auf dem noch nicht beherrschten Markt gleichzeitig eine auf dem bereits beherrschten Markt darstellt und insofern eine Doppelwirkung besteht.[1157] Ist also ein Unternehmen auf einem ersten Markt marktbeherrschend und auf einem zweiten nicht, dann können nur diejenigen Verhaltensweisen einen Marktmachtmissbrauch darstellen, die auf dem ersten Markt stattfinden und sich als Missbrauch der auf diesem festgestellten Marktmacht feststellen lassen. Diese Auswirkungen des jeweiligen Missbrauchs können auch auf anderen Märkten feststellbar sein.[1158]

Fraglich ist dabei an dieser Stelle der rechtliche Zusammenhang zwischen diesen anderen Märkten und Innovation. Denn wenn neben dem beherrschten Markt, der aufgrund des Kriteriums der Marktmacht auf einem relevanten Markt positiv festgestellt werden muss, noch eine darüber hinausgehende Auswirkung eine Bedeutung haben kann, stellt sich die Frage, welche Anforderungen an deren Feststellung zu setzen sind. So könnte es auf die Abgrenzung eines bestehenden oder potenziellen sachlich relevanten Marktes ankommen.[1159] Erneut gewinnt hier die Diskussion über die Innovationsmarktanalyse eine gewisse Bedeutung, der dieselben Zweifel wie bereits bei der Untersuchung des relevanten Marktes entgegenzusetzen sind. Letztendlich wird es dabei nicht immer auf einen konkret abzugrenzenden oder feststellbaren zweiten Markt ankommen, auf den sich der Missbrauch der festgestellten Marktmacht auf dem ersten Markt auswirkt, da eine Abgrenzung nicht zur Feststellung der Tatbestandsmäßigkeit erforderlich ist.[1160] Denn der Verstoß gegen das Marktmachtmissbrauchsverbot kann allein schon unter Zuhilfenahme des Grundsatzes zugerechnet werden, dass sich die fragliche Maßnahme zur Beschränkung des Wettbewerbs eignet.[1161] Daraus kann und muss nicht allein schon ein Kausalitätserfordernis gezogen werden.

1157 Vgl. hierzu *Fuchs*, in: Immenga/Mestmäcker, Wettbewerbsrecht. Band 1 EU, Art. 102 AEUV, Rn. 138; auf eine „besondere Nähe" der Märkte kommt es bei einer feststellbaren Auswirkung nicht mehr an, vgl. ebenda, Rn. 141.

1158 EuGH, Urt. v. 14.11.1996 – C-333/94 P (Tetra Pak/Kommission), ECLI:EU:C:1996:436, Slg. I 1996, 5951, Rn. 27; EuGH, Urt. v. 3.10.1985 – Rs. 311/84 (CBEM/CLT und IPB), ECLI:EU:C:1985:394, Slg. 1985, 3261, Rn. 85.

1159 So nimmt insbesondere die EU-Kommission für die Untersuchung eines marktmachtmissbräuchlichen Kopplungsmissbrauchs eine Abgrenzung nicht nur des beherrschten Kopplungsmarktes vor, sondern auch des Marktes für die gekoppelten Produkte, Kommission, Mitteilung der Kommission – Erläuterungen zu den Prioritäten der Kommission bei der Anwendung von Artikel 82 des EG-Vertrags auf Fälle von Behinderungsmissbrauch durch marktbeherrschende Unternehmen – Prioritätenmitteilung v. 24.2.2009, https://eur-lex.europa.eu/LexUriServ/LexUriServ.do?uri=OJ:C:2009:045:0007:0020:DE:PDF (abgerufen 23.11.2018), Rn. 48 f.; EuG, Urt. v. 17.9.2007 – T-201/04 (Microsoft), ECLI:EU:T:2007:289, Slg. 2007, II-03601 = BeckRS 2007, 70806, Rn. 842; A.A. *Huttenlauch/Lübbig*, in: Loewenheim et al., Kartellrecht, Art. 102 AEUV, Rn. 195; *Fuchs*, in: Immenga/Mestmäcker, Wettbewerbsrecht. Band 1 EU, Art. 102 AEUV, Rn. 278.

1160 Vgl. insbesondere mit speziellem Bezug auf den Kopplungsmissbrauch EuG, Urt. v. 17.9.2007 – T-201/04 (Microsoft), ECLI:EU:T:2007:289, Slg. 2007, II-03601 = BeckRS 2007, 70806, Rn. 842; siehe bereits *Schwintowski*, WuW 1999, S. 842 (850).

1161 *Fuchs*, in: Immenga/Mestmäcker, Wettbewerbsrecht. Band 1 EU, Art. 102 AEUV, Rn. 136; *Huttenlauch*, in: Loewenheim et al., Kartellrecht, Art. 102 AEUV, Rn. 8; EuGH, Urt. v.

Im Sinne einer conditio sine qua non bestehende Umstände lassen sich nämlich häufig nicht bei Fällen des Verdrängungsmissbrauchs feststellen, wenn bereits die Verdrängung selbst sich als das fragliche missbräuchliche Verhalten darstellt.[1162] Ein tatbestandsspezifischer Zusammenhang muss lediglich zwischen dem marktmachtmissbräuchlichen Verhalten des marktbeherrschenden Unternehmens und den wettbewerbswidrigen Wirkungen bestehen.[1163]

Soweit sich also ein Verhalten eines marktbeherrschenden Unternehmens auswirkt, kann dieses bei Feststellung einer tatbestandsmäßigen Wettbewerbsbeschränkung diesem Unternehmen zugerechnet werden. Allein auf diese Auswirkung auf den Wettbewerb kommt es aber an und nicht auf die auf einem bestimmten Markt.[1164] Die Auswirkungen auf den Wettbewerb können damit darin gesehen werden, dass seine dynamischen Funktionen in erheblicher oder unbilliger Weise eingeschränkt werden. Die EU-Kommission eröffnet in ihrer Prioritätenmitteilung Raum für ein ähnliches Vorgehen, indem sie auf die mittelbare verschließende Wirkung abstellt.[1165] Hierfür ließen sich wiederum die weiteren Erwägungen der EU-Kommission zu einem Innovationsraum übertragen, wie sie bei der Ausprägung der *innovation theory of harm* entwickelt wurden. Denn wenn der Tatbestand nicht die zwingende Abgrenzung eines Marktes und die Feststellung der wettbewerbsschädlichen Auswirkungen auf diesem voraussetzt, kann auch ein weiter gehender Begründungsansatz herangezogen werden.[1166] Tatbestandlich wäre deshalb auch eine Beeinträchtigung der dynamischen Wettbewerbsfunktionen, bei der Anreize für Innovationen durch Maßnahmen gesenkt werden oder aber ein potenzieller Markt von vornherein an seiner Entwicklung gehindert wird. Darüber hinaus lässt der tatbestandliche Beurteilungsspielraum eine konkrete Einzelfallbetrachtung der Auswirkungen auf den Wettbewerb zu.

21.2.1973 – Rs.6-72 (Continental Can/Kommission), ECLI:EU:C:1973:22, Slg.1973, 215, Rn.27.

1162 Vgl. hierzu bereits EuGH, Urt.v. 21.2.1973 – Rs.6-72 (Continental Can/Kommission), ECLI:EU:C:1973:22, Slg.1973, 215, Rn.27; dies lässt sich andeutungsweise auch der Haltung der EU-Kommission entnehmen, die auf die indirekte Verschlusswirkung abstellt, Kommission, Mitteilung der Kommission – Erläuterungen zu den Prioritäten der Kommission bei der Anwendung von Artikel 82 des EG-Vertrags auf Fälle von Behinderungsmissbrauch durch marktbeherrschende Unternehmen – Prioritätenmitteilung v. 24.2.2009, https://eur-lex.europa.eu/LexUriServ/LexUriServ.do?uri=OJ:C:2009:045:0007:0020:DE:PDF (abgerufen 23.11.2018), Rn.49; siehe auch *Fuchs*, in: Immenga/Mestmäcker, Wettbewerbsrecht. Band 1 EU, Art. 102 AEUV, Rn. 143 dagegen für den Ausbeutungsmissbrauch.

1163 Ebenda, Rn.136; so mittlerweile auch BGH, Beschl. v. 23.6.2020 – KVR 69/19 (Facebook), ECLI:DE:BGH:2020:230620BKVR69.19.0, NZKart 2020, 473 = GRUR-RS 2020, 20737.

1164 A.A.: *Fuchs*, in: Immenga/Mestmäcker, Wettbewerbsrecht. Band 1 EU, Art. 102 AEUV, Rn. 137.

1165 Kommission, Mitteilung der Kommission – Erläuterungen zu den Prioritäten der Kommission bei der Anwendung von Artikel 82 des EG-Vertrags auf Fälle von Behinderungsmissbrauch durch marktbeherrschende Unternehmen – Prioritätenmitteilung v. 24.2.2009, https://eur-lex.europa.eu/LexUriServ/LexUriServ.do?uri=OJ:C:2009:045:0007:0020:DE:PDF (abgerufen 23.11.2018), Rn.49.

1166 Zustimmend hierzu auch *Weyer*, in: Kokott/Pohlmann/Polley, Europäisches, deutsches und internationales Kartellrecht, 2018, S. 915 (931).

Bei dieser Bewertung kann aber anders als im Rahmen der Fusionskontrolle kein abstrakter Prognosespielraum angewandt werden, der eine allgemeine Untersuchung der zukünftigen wettbewerblichen Entwicklungen aufgrund des geplanten Zusammenschlusses ermöglicht. Dies folgt einerseits aus dem Wortlaut des Art. 102 AEUV bzw. § 19 Abs. 1, Abs. 2 GWB, der nicht auf eine zukünftige Entwicklung der fraglichen Maßnahme abzielt, sondern allein das gegenwärtige oder vergangene Verhalten zum Gegenstand hat. Anders als bei der Fusionskontrolle behandelt das Markmachtmissbrauchsverbot eine konkrete Gefahr für den Wettbewerb und seine Intensität durch das Verhalten eines marktbeherrschenden Unternehmens.[1167] Außerdem ergibt sich die Notwendigkeit zur positiven Feststellung bereits bestehender negativer Auswirkungen für den Wettbewerb aus dem Wortlaut der Vorschriften. Dies sperrt nicht die Untersuchung von Maßnahmen mit einer in die Zukunft gerichteten Auswirkung der Wettbewerbsbeschränkung, wenn und sofern sich diese nicht aufgrund einer Prognose, sondern einer gegenwartsbezogenen Gefahrenuntersuchung ergibt.

(1) Mehrseitigkeit der Plattformen

Plattformen zeichnen sich durch eine nicht-neutrale Kostenstruktur aus. Das bedeutet, dass sie die monetären Kosten ihrer Leistungserbringung nicht unmittelbar auf jeden einzelnen Nutzer abrechnen, sondern diese im Rahmen ihres Plattform-Geschäftsmodells auf unterschiedliche Nutzergruppen unterschiedlich verteilen. Dadurch kann es ihnen gelingen, der einen Nutzergruppe gegen ein Entgelt die Reichweite der anderen Plattformseite gewinnbringend anzubieten. Notwendigerweise müssen sie dabei ihre Bedeutung und Anerkennung bei der einen Nutzergruppe auf die andere Nutzergruppe übertragen, indem sie diese als wirtschaftlich verwertbares Gut anbieten. Zum Beispiel kann eine Werbe-Plattform ihren kommerziellen Werbeanbietern entgeltlich ihre Reichweite unter denjenigen Nutzern anbieten, die die Inhalte unentgeltlich zur Kenntnis nehmen. Es kann sich dabei nach den bisherigen Erkenntnissen je nach den Umständen des Einzelfalls um einzelne Märkte mit unterschiedlichen Angeboten und Nachfragen handeln. Für die Plattform ist es dabei für den Betrieb ihres Geschäftsmodells an sich bereits erforderlich, dass sie ihren Einfluss auf der einen Seite auf die andere Nutzergruppe erstreckt, insbesondere wenn sie dadurch das Henne-

---

1167 *Fuchs*, in: Immenga/Mestmäcker, Wettbewerbsrecht. Band 1 EU, Art. 102 AEUV, Rn. 144; *Weyer*, in: Kokott/Pohlmann/Polley, Europäisches, deutsches und internationales Kartellrecht, 2018, S. 915 (930); EuG, Urt. v. 30.1.2007 – T-340/03 (France Télécom/Kommission), ECLI:EU:T:2007:22, Slg. 2007, II-107, Rn. 195; EuGH, Urt. v. 2.4.2009 – C-202/07 P (France Télécom/Kommission), ECLI:EU:C:2009:214, Slg. 2009, I-2403 = BeckRS 2011, 80008, Rn. 48; EuG, Urt. v. 7.10.1999 – T-228/97 (Irish Sugar plc/Kommission), ECLI:EU:T:1999:246, Rn. 191; EuG, urt. v. 8.10.1996 – T-24/93, T-25/93, T-26/93 und T-28/93 (Compagnie maritime belge transports SA u. a./Kommission), ECLI:EU:T:1996:139, Slg. 1996 II-01201, Rn. 149; EuGH, Urt. v. 14.10.2010 – C-280/08 P (Deutsche Telekom AG/Kommission), ECLI:EU:C:2010:603, Slg. 2010 I-09555, Rn. 254; EuGH, Urt. v. 17.2.2011 – C-52/09 (Konkurrensverket/TeliaSonera Sverige AB), ECLI:EU:C:2011:83, EuZW 2011, 339 (m. Anm. v. Leopold, EuZW 2011, 345, Rn. 24).

Ei-Paradoxon überwinden kann. Soweit sie auf der einen Seite eine marktbeherrschende Stellung innehat, kann sich diese grundsätzlich auf die andere Seite auswirken.[1168] Wenn allerdings das Geschäftsmodell grundsätzlich als Plattform ausgestaltet ist und damit notwendigerweise ein zunehmender Einfluss auf dem anderen Wirtschaftszweig erforderlich ist, muss dort auch ein Wachstum möglich sein. Dieses kann horizontal auf derselben Marktstufe, vertikal auf einer vor- oder nachgelagerten Marktstufe oder, wie es bei Plattformen besonders häufig beobachtet wird und wohl aufgrund ihrer Matchmaker-Funktionen häufig angestrebt wird, in konglomerater Hinsicht auf nicht auf den ersten Blick verbindbaren Märkten.[1169] Soweit dies nicht mit Mitteln des Behinderungsmissbrauchs erfolgt, ist eine Ausdehnung des wettbewerblichen Einflusses eines bereits auf einem anderen Markt mächtigen Unternehmens unbedenklich. Ein Marktmachtmissbrauch durch die Übertragung der bereits bestehenden Marktstellung auf einer Plattformseite auf eine weitere kann also danach in Betracht kommen, wenn dadurch auf dem diese Seite ausmachenden Markt ein tatbestandliches Ausnutzen vorliegt.[1170]

(2) Systematische Übertragung

In herkömmlichen Wirtschaftsbereichen hat sich für Fälle stark miteinander verbundener Marktbeziehungen und damit verbundener Missbrauchsstrategien das Konzept des Aftermarket-Missbrauchs entwickelt. Dabei handelt es sich um Konstellationen, in denen sogenannte Primär- und Sekundärprodukte oder -leistungen vorliegen.[1171] Beispiele lassen sich mit KFZ oder anderen komplexen Produkten beschreiben, bei denen neben oder nach dem Erwerb des eigentlichen Primärangebots weitere Angebote wahrgenommen werden, wie zum Beispiel Ersatzteile oder Wartungs- und Reparaturleistungen. Typischerweise erhalten die Unternehmen, die bereits auf dem Primärmarkt tätig sind, damit einen zusätzlichen wirtschaftlichen Einfluss auf dem Sekundärmarkt.

Dabei kann das Marktmachtmissbrauchsverbot auf verschiedene Weisen zur Anwendung gebracht werden:[1172] Erstens kann es sich je nach Abgrenzung bei dem Primärmarkt um einen eigenständigen zweiten Markt handeln, der dann nach den bereits dargestellten Erwägungen ebenso in die Untersuchung etwaiger missbräuchlicher Ausnutzungsstrategien eines auf dem Primärmarkt beherrschenden Unternehmens einbezogen werden kann. In diesem Fall könnte

---

1168 Soweit eine getrennte Marktbetrachtung nicht infrage kommt, stellt sich bei einer plattforminternen Betrachtung des Geschäftsmodells die Frage des Marktmachttransfers zunächst nicht. Jedoch kommt weiterhin die plattformexterne Ausnutzung einer marktbeherrschenden Stellung in Betracht, die im Folgenden noch erläutert wird.

1169 *Kühling/Gauß*, MMR 2007, S. 751 (753).

1170 *Deselaers*, in: Grabitz/Hilf/Nettesheim, Das Recht der Europäischen Union: EUV/AEUV, Art. 102 AEUV, Rn. 458.

1171 *Kühnert/Xeniadis*, WuW 2008, S. 1054 (1054).

1172 Ähnlich hierzu die Darstellung bei ebenda, S. 1054 (1055), die vor allem eine absolute Einordnung von Primär- und Sekundärmärkten ohne kategoriale Differenzierung versuchen.

ein Marktmachtmissbrauch in der Form untersucht werden, dass ein Unternehmen seine Marktstellung auf dem Primärmarkt missbräuchlich auf dem nicht beherrschten Sekundärmarkt ausnutzt.[1173] Zweitens können sich die Sekundärleistungen als Teil eines einheitlichen beherrschten Marktes darstellen, sodass es nicht mehr auf die mittelbare Feststellung der wettbewerblichen Auswirkungen der Maßnahme des auf dem ersten Markt beherrschenden Unternehmens ankommt und stattdessen ein unmittelbarer Missbrauch auf demselben relevanten Markt untersucht werden kann.[1174] Und drittens könnte der Sekundärmarkt als solcher einen eigenständigen relevanten Markt mit einer marktbeherrschenden Stellung eines Unternehmens darstellen. Der Marktmachtmissbrauch findet hier auf demselben Markt statt, auf dem das Unternehmen eine marktbeherrschende Stellung innehat. Er kann mit der Tätigkeit des Unternehmens auf dem Primärmarkt zusammenhängen. In allen drei Konstellationen versuchen Unternehmen regelmäßig, den Wettbewerb hinsichtlich der Primär- oder Sekundärangebote durch Ausschlussstrategien für sich zu gewinnen.[1175] Die Untersuchung des Sekundärmarktes auf etwaige Marktmachtmissbräuche bedeutet dabei auch die Untersuchung einerseits des vorgelagerten Primärmarktes und andererseits der Auswirkungen des Handelns des marktmächtigen Unternehmens.[1176] Diese Verknüpfung zwischen Primär- und Sekundärangeboten kann dazu führen, dass auch unter den Voraussetzungen der relativen Marktmacht das Behinderungsverbot anwendbar ist.[1177]

(3) Zeitliche Übertragung

Innovation und wettbewerbliche Dynamik setzt sich über harmonisierende oder effiziente Bestrebungen hinweg. Sie dient dem Zweck, einem Unternehmen gerade das Entfliehen aus einem Gleichgewicht zu ermöglichen. Dies erfolgt durch Ausbrüche. Das jeweilige Unternehmen bricht „nach vorne" aus, weil es sich davon wettbewerbliche und damit verbunden wirtschaftliche Vorteile verspricht, zum Beispiel indem es besonders verwertbare Monopolstellungen erhält. Dies kann zum einen die bereits beschriebenen Marktmachttransfers umfassen, bei denen das marktbeherrschende Unternehmen seinen Einfluss versucht in örtlicher Hinsicht zu erweitern. Dieses Verständnis ist vor allem von einem plastischen, teilweise statischen Verständnis des Marktmachttransfers geprägt. Die Wettbewerbsbeschränkung müsste sich hiernach unmittelbar auf die bestehenden wettbewerblichen Verhältnisse auswirken. Nach vorne Ausbrechen kann auch ein in zeitlicher Hinsicht noch nicht als abgrenzbaren Markt erschlossenes Umfeld umfassen. Dennoch kann es gleichzeitig Wettbewerb sein, da dieser Be-

---

1173 *Jung*, in: Grabitz/Hilf/Nettesheim, Das Recht der Europäischen Union: EUV/AEUV, Art. 102 AEUV, Rn. 10.

1174 *Fuchs*, in: Immenga/Mestmäcker, Wettbewerbsrecht. Band 1 EU, Art. 102 AEUV, Rn. 137.

1175 *Kühnert/Xeniadis*, WuW 2008, S. 1054 (1061).

1176 Vgl. bereits ebenda, S. 1054 (1062).

1177 *Schweitzer* et al., Modernisierung der Missbrauchsaufsicht für marktmächtige Unternehmen, 2018, S. 82.

griff weiter geht als der Marktbegriff, auf den sich nach den bisherigen Darstellungen das missbräuchliche Verhalten des Unternehmens auswirken kann.

Als Einwand lässt sich hier erneut der fehlende rechtliche Prognosespielraum des Marktmachtmissbrauchsverbots anführen, der rein zukunftsgewandte Bewertungen über wahrscheinliche Entwicklungen ausschließt. Deshalb stellt sich hier die Frage, inwiefern sich einem marktbeherrschenden Unternehmen zukunftsbezogene Handlungen als Ausdruck des – gegenwärtigen – Missbrauchs zurechnen lassen. Als mögliche verschiedene Denkansätze könnten zum einen das Konzept der zukünftigen Märkte in Betracht kommen, zum anderen die bereits von der EU-Kommission in der Fusionskontrolle angesprochenen Innovationsräume sowie der Missbrauch zeitlich nachgelagerter Märkte durch Verhinderungsstrategien. Schließlich könnte eine Beeinträchtigung der dynamischen Funktionen des effektiven Wettbewerbs eine Bedeutung gewinnen.

Die erste Möglichkeit der Annahme zukünftiger Märkte wurde auch vom Bundeskartellamt in einem Papier angesprochen.[1178] Allerdings beschränkt sich die Behörde auf die Erörterung zukünftiger Märkte allein im Zusammenhang mit der Fusionskontrolle und dem Verbot wettbewerbsbeschränkender abgestimmter Verhaltensweisen. Dies bezieht sie darauf, dass sich innovationsbezogenes Verhalten von Unternehmen auf Zusammenschlüsse und Kooperationen bezieht. Eine Untersuchung zukünftiger Märkte im Hinblick auf das Marktmachtmissbrauchsverbot wird dort als „schwer vereinbar" angesehen.[1179] Demnach seien die Wettbewerbsbedingungen und -kräfte regelmäßig noch nicht hinreichend beobachtbar, insbesondere die Anbieter noch nicht identifizierbar. Letzteres ist allerdings jedenfalls dann nicht erforderlich, wenn es im Zusammenhang mit den festzustellenden Auswirkungen nicht auf manifeste Märkte, sondern darüber hinaus den Wettbewerb ankommt.[1180] Aber auch dieser muss sich bereits hinreichend manifestiert haben, da ansonsten die Kartellbehörde lediglich vage Möglichkeiten oder Aussichten bereits als Wettbewerb ansehen könnte, der beschränkt wäre. Diese Betrachtungsweise ist ihr bei der Prüfung des Marktmachtmissbrauchs anders als bei der Fusionskontrolle mit ihren Prognosespielräumen bislang versperrt.[1181] Als zusätzlich erschwerend sieht das Bundeskartellamt die Möglichkeit, dass sich die Ergebnisse dieses ausbrechenden Wettbewerbshandelns in Marktzutrittsschranken in der Form von gewerblichen Schutzrechten

---

1178 Bundeskartellamt, Innovationen – Herausforderungen für die Kartellrechtspraxis v. 9.11.2017, http://www.bundeskartellamt.de/SharedDocs/Publikation/DE/Schriftenreihe_Digitales/Schriftenreihe_Digitales_2.pdf?__blob=publicationFile&v=3 (abgerufen 14.12.2019), S. 26 ff.; grundlegend dazu auch bereits *Kern*, WOCO 2014, S. 173 (179 ff.)

1179 Bundeskartellamt, Innovationen – Herausforderungen für die Kartellrechtspraxis v. 9.11.2017, http://www.bundeskartellamt.de/SharedDocs/Publikation/DE/Schriftenreihe_Digitales/Schriftenreihe_Digitales_2.pdf?__blob=publicationFile&v=3 (abgerufen 14.12.2019), S. 28 mit Erläuterung in Fn. 93.

1180 *Kern*, WOCO 2014, S. 173 (179).

1181 Vgl. dies vor dem Hintergrund einer möglichen gesetzlichen Änderung, die zu einer behördlichen Überprüfbarkeit des Tippings führen soll, *Bischke/Brack*, NZG 2019, S. 58 (59); ähnlich auch *Podszun/Palzer*, NZKart 2017, S. 559 (567).

manifestieren können. Damit greift die Behörde lediglich dem Konflikt vor, wie diese rechtlich gewollten Marktzutrittsschranken oder Monopole mit der Bewertung der Marktmachtstellung übereinzubringen sind. Ein Rückschluss auf das Bestehen eines zukünftigen Marktes an sich wird damit nicht versperrt, sondern liegt sogar aufgrund dieser möglichen Belohnung in Form rechtlicher Monopole erst recht nahe. Die Möglichkeit zur Erlangung gewerblicher Schutzrechte kann also nach den Umständen des Einzelfalls eher in Verbindung mit auf den Wettbewerb ausgerichteten Anstrengungen als Indiz für das Bestehen eines derartigen zukünftigen Wettbewerbs sprechen.

Das bereits von der EU-Kommission in jüngeren Fusionskontrollentscheidungen angeregte Konzept der Innovationsräume lässt sich nach den bisherigen Darstellungen auf die Missbrauchskontrolle übertragen, sofern dabei keine Überschreitung des Beurteilungsspielraums hin zu einer Prognose erfolgt. Das bedeutet also, dass eine Bewertung über Innovationsspielräume sich nur danach richten kann, in welcher Form sie sich historisch oder gegenwärtig überhaupt tatsächlich feststellen lassen. Die EU-Kommission beschreibt dies in ihren Horizontal-Leitlinien als den Wettbewerb im Bereich der Innovationen sowie FuE-Anstrengungen.[1182] So könne hiernach auch der auf Innovationen und neue Produktmärkte ausgerichtete Wettbewerb untersucht werden, wenn die Tätigkeit auf die Entwicklung neuer Produkte oder Technologien abziele, die „eines Tages" bestehende Produkte oder Technologien ersetzen könnten oder die für einen neuen Verwendungszweck entwickelt werden und deshalb nicht bestehende Produkte ersetzen, sondern eine völlig neue Nachfrage schaffen. Die Auswirkungen dieser Tätigkeiten auf den Wettbewerb seien erheblich, könnten aber nicht im Rahmen des tatsächlichen oder potenziellen Wettbewerbs hinreichend berücksichtigt werden. Nach der Mitteilung der EU-Kommission macht diese ihre weiteren Untersuchungen davon abhängig, ob sich hinsichtlich der innovationsbezogenen Anstrengungen FuE-Pole feststellen lassen.[1183] Dies wäre dann der Fall, wenn der Innovationsprozess bereits zu seinem Beginn hinreichend strukturiert ist und gleichzeitig miteinander konkurrierende FuE-Pole ausmachbar sind. Dies deutet auf eine erfahrungsgeleitete Analyse hin, die davon ausgeht, dass bestimmte Tätigkeiten regelmäßig zu einer Innovation führen. Für die

---

1182 Kommission, Leitlinien zur Anwendbarkeit von Artikel 101 des Vertrags über die Arbeitsweise der Europäischen Union auf Vereinbarungen über horizontale Zusammenarbeit – Horizontalleitlinien v. 14.1.2011, Rn. 119 ff.; dieser Gedanke lässt sich trotz der Ausführungen der EU-Kommission an in den Horizontal-Leitlinien zur Anwendung des Verbots wettbewerbsbeschränkender abgestimmter Verhaltensweisen insofern auch heranziehen, als es an dieser Stelle um die Abgrenzung und Bestimmung des relevanten Marktes sowie des untersuchten Wettbewerbs geht.

1183 Kommission, Leitlinien zur Anwendbarkeit von Artikel 101 des Vertrags über die Arbeitsweise der Europäischen Union auf Vereinbarungen über horizontale Zusammenarbeit – Horizontalleitlinien v. 14.1.2011, Rn. 120; das Bundeskartellamt steht diesen Überlegungen ebenso offen gegenüber Bundeskartellamt, Innovationen – Herausforderungen für die Kartellrechtspraxis v. 9.11.2017, http://www.bundeskartellamt.de/SharedDocs/Publikation/DE/Schriften reihe_Digitales/Schriftenreihe_Digitales_2.pdf?__blob=publicationFile&v=3 (abgerufen 14.12.2019), S. 32 f.

in den Horizontal-Leitlinien besprochene Konstellation des Kartellverbots will die EU-Kommission also die Anzahl ernstzunehmender konkurrierender FuE-Pole untersuchen. Auf das Marktmachtmissbrauchsverbot würde dies abgesehen von der gesperrten Prognosewertung übertragbar sein, sodass jedenfalls dann eine Bewertung auch der FuE-Pole möglich wäre, wenn sich eine hinreichende Konkurrenz zwischen diesen feststellen ließe, die auf ernsthaften Wettbewerb schließen lasse.[1184] Eine kartellrechtlich eigenständige Bewertung dieser FuE-Pole unterbleibt demnach, wenn sich diese tatsächliche Konkurrenzsituation nicht feststellen lässt. In diesem Fall bezieht sich der Untersuchungsrahmen lediglich auf die festgestellten Produktmärkte. Das bedeutet übertragen auf das Marktmachtmissbrauchsverbot, dass außerhalb konkret feststellbarer Märkte nur dann eine wettbewerbliche Auswirkung des etwaigen missbräuchlichen Verhaltens eines marktbeherrschenden Unternehmens geprüft werden kann, wenn und soweit sich diese auf derartig feststellbare Tätigkeiten bezieht. Das Vorgehen mittels einer Feststellung und Bewertung der Verhältnisse auf FuE-Polen ähnelt stark der bereits vorgestellten *innovation theory of harm* und den hierbei untersuchten Innovationsräumen.[1185] Gleich ist ihnen, dass sie sich nicht allein vom Marktkonzept leiten lassen, sondern auf andere Weise einen eingrenzbaren Untersuchungsbereich zu definieren versuchen.

In der Praxis können Konfliktlagen um sogenannte nachgelagerte Märkte eine Bedeutung haben. Dabei geht es häufig um Konstellationen, in denen Unternehmen versuchen, ihren Einfluss auf einem Markt auf das Schicksal von Produkten und Leistungen auf einem anderen Markt auszudehnen. Nach- und entsprechend vorgelagerte Märkte können zueinander in einer engen wirtschaftlichen und

---

1184 Vgl. zur Ernsthaftigkeit Kommission, Leitlinien zur Anwendbarkeit von Artikel 101 des Vertrags über die Arbeitsweise der Europäischen Union auf Vereinbarungen über horizontale Zusammenarbeit – Horizontalleitlinien v. 14.1.2011, Rn. 120 a. E.: „*Bei der Prüfung, ob es sich um ernstzunehmende Wettbewerber handelt, sind die folgenden Gesichtspunkte zu berücksichtigen: Art, Bereich und Umfang anderer FuE-Anstrengungen, Zugang zu Finanz- und Humanressourcen, Know-how/Patenten oder anderen spezifischen Vermögenswerten sowie Zeitplan und Fähigkeit zur Verwertung der Ergebnisse. Ein FuE-Pol ist kein ernstzunehmender Wettbewerber, wenn er zum Beispiel hinsichtlich des Zugangs zu Ressourcen oder des Zeitplans nicht als nahes Substitut für die FuE-Anstrengungen der Parteien angesehen werden kann*.".

1185 Kommission, Entsch. v. 27.3.2017 – COMP/M.7932 (Dow/DuPont), http://ec.europa.eu/competition/mergers/cases/decisions/m7932_13668_3.pdf (abgerufen 29.11.2018), Rn. 351; Das Bundeskartellamt bewertet dieses Vorgehen der EU-Kommission scheinbar als eines nach den nicht feststellbaren FuE-Tätigkeiten, Bundeskartellamt, Innovationen – Herausforderungen für die Kartellrechtspraxis v. 9.11.2017, http://www.bundeskartellamt.de/SharedDocs/Publikation/DE/Schriftenreihe_Digitales/Schriftenreihe_Digitales_2.pdf?__blob=publicationFile&v=3 (abgerufen 14.12.2019), S. 33; dies entspricht zum einen nicht dem tatsächlichen Vorgehen, da die EU-Kommission die Innovationsräume ausdrücklich als feststellbar beschreibt, und ist auch systematisch sinnwidrig im Zusammenhang mit dem dargestellten zweiten Szenario, das mangels Feststellbarkeit der innovationsbezogenen Tätigkeiten eine Untersuchung allein der bereits bestehenden Märkte als maßgeblich sieht, vgl. Kommission, Leitlinien zur Anwendbarkeit von Artikel 101 des Vertrags über die Arbeitsweise der Europäischen Union auf Vereinbarungen über horizontale Zusammenarbeit – Horizontalleitlinien v. 14.1.2011, Rn. 122.

zeitlich-dynamischen Abhängigkeit stehen. Dabei kann es zu wettbewerblichen Abhängigkeiten kommen. So könnten zum einen Unternehmen, die auf dem nachgelagerten Markt tätig sind, von der Inanspruchnahme von Produkten oder Leistungen des vorgelagerten Marktes abhängig sein. Dies kann sich zum einen als Fall der relativen Marktmacht darstellen und zum anderen könnte das auf dem vorgelagerten Markt tätige Unternehmen bei einer entsprechend festzustellenden Marktstellung in der Lage sein, seine Marktmacht auf dem nachgelagerten Markt missbräuchlich auszunutzen, indem es seinen wettbewerblichen Einfluss überträgt. Sofern dies eine wettbewerbliche Relevanz hat, kann dabei eine Missbrauchskontrolle erfolgen. Diese knüpft an dem Missbrauch der marktbeherrschenden Stellung auf dem vorgelagerten Markt an, betrachtet aber die Auswirkungen auf dem nachgelagerten Markt. Praktisch eine hohe Relevanz hat dies in den Fällen, bei denen durch nachgelagerte Märkte Wettbewerbsdruck auf die vorgelagerten Märkte ausgeübt wird, wie dies zum Beispiel im Verhältnis zwischen Neuwaren und Gebrauchtwarenmärkten der Fall ist. Können Produkte oder Leistungen, die auf einem Markt von Unternehmen angeboten werden, auf einem weiteren Markt erneut angeboten werden, kann es sich in wirtschaftlicher Hinsicht um eine mehrfache gewerbliche Verwertung handeln. Das kann zu einer Erweiterung des Wettbewerbs führen, die wiederum zu einem höheren Preisdruck führt, der schließlich für das Unternehmen auf dem vorgelagerten Markt zu einer geringeren wirtschaftlichen Ausbeutungsmöglichkeit führt.[1186] Dies stellt sich insbesondere bei der wettbewerblichen Verwertung von Immaterialgütern dar. Werden diese einmal im wettbewerblichen Verkehr von ihren Rechteinhabern verwertet, kann aus verschiedenen Gründen eine weitere Verwertung auf einer zweiten Stufe erfolgen. So könnte es Nachahmer geben, die auf einem Zweitmarkt tätig werden, der zu dem Markt der Ersteinbringung der Angebote in den Wettbewerbsverkehr sich als nachgelagerter Markt darstellt.

Schließlich könnte eine Betrachtung auf einer abstrakten Ebene der Wettbewerbsdefinition stattfinden, indem die Auswirkungen wettbewerblichen Verhaltens im Zusammenhang mit den dynamischen Wettbewerbsfunktionen untersucht werden. Diese stellen Erfahrungssätze dar, was als (noch) funktionsfähiger Wettbewerb angesehen werden kann. Wird dabei die Anpassungs- oder die Antriebsfunktion des Wettbewerbs gestört, so ist damit eine zeitliche Komponente miterfasst. Denn Anreize wie Entwicklungen, aber auch die Anpassung an diese wirken entlang eines Zeitablaufs. Werden sie eingeschränkt durch ein Verhalten eines marktmächtigen Unternehmens, könnte grundsätzlich diese Auswirkung als missbräuchliches Verhalten zugerechnet werden. Dies gilt umso mehr unter der Annahme des effektiven Wettbewerbs und seiner der Auslebung der Grundrechte dienenden Funktion. Hierbei kann die Antriebsfunktion des Wettbewerbs

---

1186 Damit kann das Interesse eines den vorgelagerten Markt beherrschenden Unternehmens einhergehen, hier Gewinneinbußen in Kauf zu nehmen und stattdessen durch missbräuchliche Ausnutzung der Marktstellung auf dem nachgelagerten Markt Gewinne zu erzielen, vgl. hierzu auch schon Kommission, Entsch. v. 29.9.2010 – COMP/39.315 (ENI), ABl. C 352, 9, Rn. 59.

als das ihm innewohnende Element beschrieben werden, das die Wettbewerbsteilnehmer zu neuen Entwicklungen, einem Ausbrechen aus der vorherigen
Angepasstheit und damit zu wettbewerblichen Innovationen motiviert. Seine
Einschränkung kann in tatsächlicher Hinsicht im Wettbewerb bedeuten, dass es
weniger Entwicklung gibt oder ein Ausbrechen nicht mehr möglich ist, also tatsächliche Anreize verringert werden. Ähnlich ist dies bei der wettbewerblichen
Anpassungsfunktion, wobei diese an der Reaktionsmöglichkeit auf wettbewerbliche Umstände anknüpft und damit der Entscheidung für die innerbetrieblich
am besten scheinende Handlungsoption. Wettbewerbsbeschränkungen bestehen
bei dieser funktionalen Betrachtung darin, dass sich dritte Unternehmen nicht
mehr derart an dem Verhalten des marktbeherrschenden Unternehmens orientieren können, dass sie selbst noch ihre Wettbewerbsfreiheiten effektiv ausüben
können.

(4) Aggressive anti-innovative Verdrängungsstrategien

Eine andere zeitlich vorverlagerte Betrachtungsweise mit Innovationsbezug
wird unter dem Gedanken eines aggressiven Markteintritts im Zusammenhang
mit der wettbewerblichen Gefahr eines „Umkippens der Märkte", dem sogenannten Tipping, zugunsten eines Unternehmens erwogen.[1187] Mit dem Umkippen sind dabei Marktanteilsentwicklungen hin zu einem Monopol eines Unternehmens gemeint. Damit einher geht der Vorwurf, die jeweilige Strategie und
das Verhalten eines expandierenden Unternehmens wirke so stark auf andere
Unternehmen, dass diese allein deshalb nicht mehr innovativ sein können. Damit
steht weniger ein aktiver Ausschluss anderer Unternehmen im Wettbewerb im
Mittelpunkt der Untersuchung als die Frage nach einer marktmachtmissbräuchlichen nicht-exklusiven Verringerung von Innovation.[1188]

Die Entwicklung zu einem umgekippten Markt erscheint dabei unter drei Konstellationen denkbar. Einerseits könnte es durch äußere Einflüsse wie das autonome Marktverlassen eines Wettbewerbers hierzu kommen, bei denen das wettbewerbliche Verhalten des späteren Monopolisten keinen Einfluss hat. Andererseits
könnte ein bereits marktbeherrschendes Unternehmen, das noch kein Monopo-
list ist, diese Entwicklung durch eigenes Verhalten herbeiführen. Vom geltenden
Kartellrecht nicht erfasst sind Maßnahmen eines Unternehmens, das noch keine
erhebliche Marktstellung innehat, die die Missbrauchskontrolle eröffnet, aber
dennoch aggressiv wirken. Hier tut sich die Parallele zum Lauterkeitsrecht auf,
das unter anderem aggressives Verhalten im Wettbewerb unter bestimmten zusätzlichen Voraussetzungen verbietet. Allerdings ist dabei auf den Unterschied
zwischen dem Kartell- und dem Lauterkeitsrecht hinzuweisen. Während das erste das „Ob" des Wettbewerbs und seines grundsätzlichen Bestehens behandelt,

---

1187 *Schweitzer* et al., Modernisierung der Missbrauchsaufsicht für marktmächtige Unternehmen,
2018, S. 60.
1188 *Vesala*, in: Nihoul/van Cleynenbreugel, The roles of innovation in competition law analysis,
2018, S. 50 (70 ff.).

also die grundlegenden Voraussetzungen dafür regelt, dass überhaupt Unternehmen im Wettbewerb tätig werden können, ist das Lauterkeitsrecht auf das „Wie" des wettbewerblichen Verhaltens der Akteure ausgerichtet.[1189] Dabei sind nach derzeitigem Recht diejenigen Situationen nicht erfasst, in denen das aggressiv auftretende Unternehmen keine Marktmachtstellung innehat, die eine rechtliche Beurteilung anhand des Marktmachtmissbrauchsverbots eröffnet. In Betracht kommen aus kartellrechtlicher Sicht lediglich Bewertungen kooperativer Maßnahmen im Rahmen des Art. 101 Abs. 1 AEUV sowie § 1 GWB. Soweit es also um aggressive Wettbewerbsstrategien geht, die ein Unternehmen unterhalb einer marktbeherrschenden Stellung ausübt, ist dies im Rahmen des Missbrauchsverbots unbedenklich. Aber auch das aggressive Verhalten eines Marktbeherrschers allein ist grundsätzlich unbedenklich, solange sich dieses im Rahmen des effektiven Wettbewerbs verhält. Aggressivität ist nämlich als solche nicht durch das Kartellrecht ausgeschlossen und kein tauglicher Anknüpfungspunkt für eine vorverlagerte Marktmachtkontrolle. Insofern lässt sich in der Regel bereits kein ausreichender Bezug zwischen Tipping fördernden Maßnahmen und einem innovationsbezogenen Missbrauch herstellen.

bb) Unterlassung der Verweigerung

Im deutschen Kartellrecht können Betroffene bei Verstößen gemäß § 33 Abs. 1 GWB Beseitigung sowie Unterlassung verlangen.[1190] Eine derartige eindeutige Vorschrift fehlt im europäischen Kartellrecht, lässt sich aber aus dem Grundsatz der effektiven Abstellung des kartellrechtswidrigen Verhaltens als spezieller Ausprägung des europarechtlichen Grundsatzes *effet utile* ableiten.[1191] Die rechtliche Wirkung eines kartellrechtlichen Unterlassungsanspruchs hat eine besondere Bedeutung für Liefer- oder Geschäftsverweigerungen.[1192] Wenn ein marktbeherrschendes Unternehmen seine Marktstellung dadurch missbräuchlich ausnutzt, dass es anderen Unternehmen den Abschluss und die Durchführung einer Geschäftsbeziehung verweigert, besteht hiermit ein Verstoß gegen eine kartellrechtliche Vorschrift entweder des Art. 102 AUEV oder § 19 GWB, gegebenenfalls in Verbindung mit § 20 GWB. Eine wirksame Abstellung dieses spezifischen Kartellrechtsverstoßes kann nur in dem Unterlassen der Geschäfts-

---

1189 Zusammenfassend zur Abgrenzung zwischen den beiden Rechtsmaterien, vgl. *Wiedemann*, in: Wiedemann, Handbuch des Kartellrechts, § 1, Rn. 5; ferner *Fuchs*, in: Immenga/Mestmäcker, Wettbewerbsrecht. Band 2 GWB, § 19 GWB, Rn. 17.

1190 Zu den Hintergründen *Lübbert/Schöner*, in: Wiedemann, Handbuch des Kartellrechts, § 25, Rn. 5.

1191 *Fuchs*, in: Immenga/Mestmäcker, Wettbewerbsrecht. Band 1 EU, Art. 102 AEUV, Rn. 427, außerdem ist die materiell-rechtliche Durchsetzung Sache der mitgliedstaatlichen privaten Rechtsdurchsetzung, weshalb hier regelmäßig erneut § 33 Abs. 1 GWB unmittelbar zur Anwendung kommt, *Jung*, in: Grabitz/Hilf/Nettesheim, Das Recht der Europäischen Union: EUV/AEUV, Art. 102 AEUV, Rn. 387.

1192 *Bosch*, in: Bechtold/Bosch, Gesetz gegen Wettbewerbsbeschränkungen, § 33 GWB, Rn. 17.

verweigerung bestehen, nicht aber der positiven Herstellung von Wettbewerb.[1193] Dieses beanspruchbare Unterlassen einer Geschäftsverweigerung kann im Ergebnis einem zwangsweise durchsetzbaren Recht auf Zugang, Belieferung oder Geschäftsabschluss nahe kommen.[1194] Der Unterschied besteht lediglich darin, dass kein unmittelbarer Leistungsanspruch durchgesetzt werden kann. Dasselbe kann insofern gelten, wenn zwar nicht der Abschluss oder die Durchführung einer Geschäftsbeziehung selbst grundsätzlich verweigert wird, sondern stattdessen die konkreten Bedingungen missbräuchlich sind. Dies gilt nur soweit, wie dies entweder der Verweigerung oder Behinderung der Geschäftsbeziehung gleichkommt oder aber als Minus hierzu eine Behinderung dieser darstellt.[1195] Soweit der Missbrauch der Marktstellung in anderer Form besteht, kann zwar Unterlassung begehrt werden, jedoch nicht in der Form einer dann herzustellenden Geschäftsbeziehung. Innovation kann hierbei unmittelbar das Objekt des begehrten Zugangs darstellen oder aber als Mittel des Marktmachtmissbrauchs. Im ersten Fall würde ein Unterlassungsanspruch unmittelbar den Zugang zu dem Innovationsobjekt bezwecken, im zweiten lediglich bewirken, während ein anderes Zugangsobjekt der zweckmäßigen Anspruchserfüllung dient.

Dagegen können auf Zugang, Belieferung oder ähnliches gerichtete kartellrechtliche Ansprüche in aller Regel nicht als Schadensersatz oder anderer Grundlagen als Leistungsanspruch geltend gemacht werden. Denn hierfür fehlt es trotz der durch den Betroffenen häufig verfolgten eindeutigen Interessenlage regelmäßig an einem eindeutigen Leistungsanspruch. Ein Schadensersatzanspruch könnte lediglich bei bereits eingetretenen Schäden erwachsen. Zwar mag dessen Verfolgung häufig für Betroffene ebenso ein Ziel sein. Die Verweigerung des zunächst verfolgten Zugangsbegehrens führt nicht zwingend bereits zu Vermögensnachteilen, wie nicht jede Wettbewerbsbeschränkung unmittelbar einen monetär-wirtschaftlichen Schaden verursacht. Für eine effektive Durchsetzung des Kartellrechts steht insofern zunächst das Unterlassen oder Abstellen der wettbewerbsbeschränkenden Maßnahme.

Im Hinblick auf andere Verstöße oder aber im Rahmen von Zusagenverpflichtungen könnten sich Unternehmen weiterhin veranlasst sehen, eigenbestimmt den Zugang zu öffnen oder Verweigerungen zu unterlassen. Dies kann mit wettbewerblich günstigen Wirkungen zusammen hängen. So kann eine bewusst gewählte Öffnungsstrategie unter FRAND-Bedingungen die wettbewerblichen Bedenken bei Normungsinitiativen beseitigen.[1196]

1193 *Dieckmann*, in: Wiedemann, Handbuch des Kartellrechts, § 40, Rn. 22; zustimmend hierzu auch *Ollerdißen*, in: Wiedemann, Handbuch des Kartellrechts, § 61, Rn. 65 ff.

1194 *Bosch*, in: Bechtold/Bosch, Gesetz gegen Wettbewerbsbeschränkungen, § 19 GWB, Rn. 97.

1195 Kommission, Entsch. v. 29.9.2010 – COMP/39.315 (ENI), ABl. C 352, 9, Rn. 55 ff.; *Huttenlauch/Lübbig*, in: Loewenheim et al., Kartellrecht, Art. 102 AEUV, Rn. 283.

1196 Kommission, Leitlinien zur Anwendbarkeit von Artikel 101 des Vertrags über die Arbeitsweise der Europäischen Union auf Vereinbarungen über horizontale Zusammenarbeit – Horizontalleitlinien v. 14.1.2011, Rn. 285.

cc) Geschäftsverweigerung und Essential-Facilities-Doktrin

Eine eigenständige besondere dogmatische Bedeutung hat zudem bei der Bewertung von kartellrechtlichen Zugangsansprüchen die sogenannte Essential-Facilities-Doktrin erhalten. Hierbei handelt es sich um eine besondere Ausprägung des Marktmachtmissbrauchsverbots, indem ein marktmächtiges Unternehmen den Abschluss oder die Durchführung einer Geschäftsbeziehung hinsichtlich einer von ihm innegehabten wettbewerblich wesentlichen Einrichtung verweigert. Sie wird normativ aus dem Behinderungsmissbrauch abgeleitet und stellt eine besondere dogmatische Figur dar, die in der Rechtsprechung ständig weiter ausgebildet wird.[1197] Die wesentlichen Voraussetzungen, unter denen hiernach ein Zugang kartellrechtlich begründet werden kann, sind erstens die Eignung der Zugangsverweigerung zur Ausschaltung jeglichen wirksamen Wettbewerbs, für den die Einrichtung zweitens unverzichtbar ist und drittens keine objektive Rechtfertigung für die Zugangsverweigerung besteht.[1198] Dabei wird im Zusammenhang mit dem Prüfkonzept dieser Figur ebenso die Auswirkung der missbräuchlichen Zugangsverweigerung über den eigentlichen beherrschten Markt hinaus untersucht. Allerdings richtet sie sich unmittelbar selbst bereits auf die Gewährleistung eines Zugangs.

Ihre Vorgeschichte findet die Essential-Facilities-Doktrin in der missbräuchlichen Zugangsverweigerung zu physischen wesentlichen Einrichtungen wie Eisenbahnbrücken oder Häfen, die als natürliche Monopole bezeichnet werden.[1199] In dieser Konstellation kann der Inhaber einer Einrichtung andere Unternehmen in ihrer wettbewerblichen Entfaltung behindern, indem er diesen den Zugang zu dieser verweigert. Das ist dann der Fall, wenn die Einrichtung derart wesentlich ist, dass andere Unternehmen auf sie angewiesen sind und sie nicht duplizieren können.[1200] Für hauptsächlich physische Einrich-

---

1197 Zuletzt im Hinblick auf SEP-Lizenzen und den damit zusammenhängenden gegenseitigen Obliegenheiten bei der Unterbreitung FRAND-konformer Lizenzbedingungen im Zusammenhang mit einem kartellrechtlichen Zwangslizenzeinwand gegenüber der missbräuchlichen Geltendmachung patentrechtlicher Unterlassungsansprüche EuGH, Urt. v. 16.7.2015 – C-170/13 (Huawei Technologies/ZTE), ECLI:EU:C:2015:477, GRUR 2015, 764 = MMR 2015, 599 (m. Anm. v. Dahm); davor bereits ständige Weiterentwicklung mit Bezügen zu anderen Immaterialgüterrechten EuGH, Urt. v. 29.4.2004 – C-418/01 (IMS Health), ECLI:EU:C:2004:257, Slg. 2004, 5069 = GRUR Int 2004, 644 = MMR 2004, 456 (m. Anm. v. Hoeren); EuGH, Urt. v. 26.11.1998 – C-7/97 (Bronner), ECLI:EU:C:1998:569, Slg. 1998, I-07791 = GRUR Int 1999, 262 = MMR 1999, 348; EuGH, Urt. v. 6.4.1995 – C-241/91 P, C-242/91 P (Magill), ECLI:EU:C:1995:98, Slg. 1995, I-00743 = GRUR Int 1995, 490; zum Marktmachtmissbrauch durch Informationsverweigerung siehe bereits EuG, Urt. v. 17.9.2007 – T-201/04 (Microsoft), ECLI:EU:T:2007:289, Slg. 2007, II-03601 = BeckRS 2007, 70806.

1198 Zusammenfassend zu den Grundvoraussetzungen *Huttenlauch/Lübbig*, in: Loewenheim et al., Kartellrecht, Art. 102 AEUV, Rn. 280.

1199 *Deselaers*, in: Grabitz/Hilf/Nettesheim, Das Recht der Europäischen Union: EUV/AEUV, Art. 102 AEUV, Rn. 465 ff.; *Huttenlauch/Lübbig*, in: Loewenheim et al., Kartellrecht, Art. 102 AEUV, Rn. 270.

1200 *Deselaers*, in: Grabitz/Hilf/Nettesheim, Das Recht der Europäischen Union: EUV/AEUV, Art. 102 AEUV, Rn. 469.

tungen[1201] sieht im deutschen Kartellrecht § 19 Abs. 2 Nr. 4 GWB ein Regelbeispiel des Marktmachtmissbrauchs gegenüber auf vor- oder nachgelagerten Märkten tätigen Unternehmen vor, wenn diesen der Zugang zu Netzen oder Infrastruktureinrichtungen verwehrt wird. Daneben bleibt grundsätzlich die Möglichkeit der Prüfung einer missbräuchlichen Zugangsverweigerung zu einer wesentlichen Einrichtung nach den Voraussetzungen des Behinderungsmissbrauchs gemäß § 19 Abs. 1, Abs. 2 Nr. 2 GWB, sodass eine Abgrenzung nicht zwingend ist. Es können also nicht-physische, virtuelle und damit immaterielle Einrichtungen grundsätzlich erfasst werden, wenn und soweit auf sie die Voraussetzungen der Essential-Facilities-Doktrin zutreffen. So wurde diese dogmatische Figur bereits seit längerem auf immaterialgüterrechtlich geschützte Gegenstände ausgeweitet und hierbei fortgebildet. Statt eines natürlichen Monopols wird hier ein rechtliches Monopol angenommen, zu dem der Zugang marktmachtmissbräuchlich verweigert wird.[1202]

Die Hürden für eine Anwendung der Essential-Facilities-Doktrin und der Annahme eines sich hierauf stützenden kartellrechtlichen Zugangszwangs bei gewerblichen Schutzrechten sind sehr hoch.[1203] Denn bei diesen handelt es sich nicht um natürliche Monopole, sondern um gesetzlich zugesprochene Schutzrechte, die aufgrund einer ausdrücklichen gesetzgeberischen Entscheidung dem Inhaber Ausschließlichkeitsrechte zusprechen, mittels derer er andere von der Nutzung oder Verwertung ausschließen kann. Es gibt also bereits dem Zweck dieser Rechte nach eine grundsätzliche Intention zum Ausschluss anderer Unternehmen. Entsprechend ist zunächst von einer kartellrechtsfreien Nutzung des zugebilligten Schutzrechts auszugehen, wenn nicht besondere Umstände des Einzelfalls eine ausnahmsweise missbräuchliche Rechtsausübung darstellen. Zusätzlich können den Zugang begehrende Unternehmen besondere Obliegenheiten bei der Akzeptanz eines billigerweise annehmbaren Lizenzierungs- oder Nutzungsvertrags treffen.[1204]

Noch einmal weiter gedacht ergibt sich im Bereich der digitalen Plattformen die Frage, inwiefern immaterielle Werte unter den vorstehend aufgeführten Voraussetzungen erfasst sein können, wenn sie weder ein natürliches noch ein

1201 *Loewenheim*, in: Loewenheim et al., Kartellrecht, § 19 GWB, Rn. 87 unter Verweis auf Regierungsbegründung zur 6. GWB-Novelle, BT-Drs. 13/9720, S. 73: „*Damit werden vor allem – aber nicht ausschließlich – physische Netze erfaßt.*". Hieraus lässt sich entnehmen, dass das Merkmal „Netz" auch immateriell bewertet werden könnte. Aufgrund der begrifflichen Unschärfe und der mittlerweile immer präziseren Rechtsprechung werden Zugangsansprüche überwiegend unter dem Gesichtspunkt des Behinderungsmissbrauchs diskutiert. Immaterialgüterrechte werden hiervon nicht erfasst *Huttenlauch/Lübbig*, in: Loewenheim et al., Kartellrecht, Art. 102 AEUV, Rn. 266.

1202 Ausführlich hierzu ebenda, Rn. 265 ff.

1203 *Fuchs*, in: Immenga/Mestmäcker, Wettbewerbsrecht. Band 1 EU, Art. 102 AEUV, Rn. 331 ff.; BGH, Urt. v. 6.5.2009 – KZR 39/06 (Orange-Book-Standard), GRUR 2009, 694 = NJW-RR 2009, 1047; BGH, Urt. v. 13.7.2004 – KZR 40/02 (Standard-Spundfass), GRUR 2004, 966.

1204 Ausführlich hierzu EuGH, Urt. v. 16.7.2015 – C-170/13 (Huawei Technologies/ZTE), ECLI:EU:C:2015:477, GRUR 2015, 764 = MMR 2015, 599 (m. Anm. v. Dahm).

rechtliches Monopol darstellen. Gleichwohl kann es Unternehmen in konkreten Situationen möglich sein, aufgrund anderer Umstände ihre Wettbewerber auszuschließen. Zugespitzt stellt sich dies zum einen anhand der Frage, ob unter den Grundsätzen der Essential-Facilities-Doktrin ein kartellrechtlich begründeter Zugang zu Daten verlangt werden kann.[1205] Darüber hinaus kann sich diese Frage im Hinblick auf Innovationen ergeben, wenn nämlich ein Unternehmen aufgrund einer erlangten Stellung in der Lage ist, den wirksamen Wettbewerb zu beschränken. Dies verlangt eine Definition der jeweiligen Einrichtungen, auf die sich ein Zugangsbegehren oder der Vorwurf einer missbräuchlichen Ausnutzung einer Marktstellung bezieht.

dd) Sperrwirkung durch Rechtsgrundverweis bei relativer Marktmacht

Bereits bei der Frage der grundsätzlichen Anwendbarkeit des Konzepts der relativen Marktmacht nach § 20 Abs. 1 S. 1 GWB wurde der Rechtsgrundverweis auf lediglich den Behinderungs- und Diskriminierungsmissbrauch nach § 19 Abs. 1, Abs. 2 Nr. 1 GWB deutlich. Daneben besteht noch ein Verweis über § 20 Abs. 2 GWB auf das Regelbeispiel des Marktmachtmissbrauchsverbots in § 19 Abs. 2 Nr. 5 GWB.[1206] Obwohl der dort genannte Rechtsgrundverweis auch auf den in § 19 Abs. 1 GWB geregelten Grundtatbestand stattfindet, der als weit auszulegende Auffangvorschrift alle Missbrauchskonstellationen miterfasst, kann hier nur eine eingeschränkte Anwendung des mit Abs. 2 Nr. 1 erfassten Regelbeispiels erfolgen. Die Anwendung der anderen Regelbeispiele ist deshalb bei vorliegender relativer Marktmacht gesperrt. Allerdings kann es für den Fall der Zugangsverweigerung zu einer wesentlichen Einrichtung, die auch von § 19 Abs. 1, Abs. 2 Nr. 4 GWB erfasst ist und nach dem Vorgesagten gesperrt ist, dennoch weiterhin zu einer Anwendung der kartellrechtlichen Zwangslizenz aufgrund missbräuchlicher Zugangsverweigerung nach den allgemeinen Grundsätzen des Behinderungsmissbrauchs kommen. Mehr noch hat der Gesetzgeber bei der Schaffung und Erweiterung der Sonderregelung für relative Marktmacht und den Rechtsgrundverweis insbesondere missbräuchlicher Geschäftsabschlussverweigerungen erfassen wollen.[1207] Dies spricht für eine weiterhin weite Auslegung des Regelbeispiels Behinderungsmissbrauchs im Hinblick auf missbräuchliche Zugangsverweigerungen.

Die eindeutige Rechtsgrundverweisung versperrt aber Auslegungen des Behinderungs- und Diskriminierungsmissbrauchs, die eine Erfassung von Sachverhalten ermöglichen, die ansonsten unter eines der anderen Regelbeispiele fallen. Insofern ist der ansonsten ohne weiteres mögliche Rückgriff auf den Grundtatbestand nicht über einen Auslegungsrückgriff möglich. Die Erweiterung des

---

1205 *Louven*, NZKart 2018, S. 217; umfassend hierzu *Graef*, EU competition law, data protection and online platforms, 2016.

1206 Der Anwendungsbereich dieser Vorschrift ist aber deshalb gering, weil er lediglich Nachfrager erfasst, *Loewenheim*, in: Loewenheim et al., Kartellrecht, § 20 GWB, Rn. 101.

1207 Regierungsbegründung zur 2. GWB-Novelle, BT-Drs. 6/2520, S. 34.

persönlichen Anwendungsbereichs auf relativ marktmächtige Unternehmen unterhalb der Marktbeherrschungsschwelle des relevanten Marktes führt damit zu einer lediglich punktuellen Anwendung eines spezifischen Missbrauchstatbestands.

ee) Bestimmtheitsgrundsatz und Zukunftsgewandtheit

Begehrt ein Unternehmen aus eigener Betroffenheit Zugang zu wesentlichen Einrichtungen oder will einen kartellrechtlichen Kontrahierungszwang aus sonstigen Gründen durchsetzen, so kann dies in praktischer verfahrens- und prozessrechtlicher Hinsicht eine Herausforderung darstellen. Denn ein kartellrechtlich begründeter Anspruch müsste hinreichend bestimmt sein, um wirksam durchgesetzt werden zu können. Bei der behördlichen Durchsetzung wäre ebenso aufgrund des Grundsatzes der effektiven Kartellrechtsdurchsetzung ein hinreichend bestimmter Zugangsantrag zu formulieren. Das bedeutet, dass sich für den in Anspruch Genommenen klar ergeben muss, inwiefern er durch die Bereitstellung oder Ermöglichung des Zugangs oder der Aufnahme einer Geschäftsbeziehung der Erfüllung einer Verpflichtung nachkommt. Dasselbe gilt für die an der Durchsetzung beteiligten staatlichen Organe.

Ein aus dem Marktmachtmissbrauchsverbot abgeleiteter Zugangszwang kann zunächst nur in Form eines Unterlassungsanspruchs durchgesetzt werden.[1208] Dieser ist in die Zukunft gerichtet und zwar auf die Begründung eines Dauerschuldverhältnisses, soweit und solange die Verweigerung missbräuchlich wäre.[1209] Denn wenn ein Betroffener einen Anspruch auf Unterlassen der kartellrechtswidrigen Geschäftsverweigerung hat, kann die Erfüllung dieses Anspruchs nur darin gesehen werden, dass ein Geschäft abgeschlossen wird.[1210] Wenn aber ein Geschäftsabschluss begehrt und wirksam durchgesetzt werden kann, so kann dies wiederum nur diejenigen Geschäfte mit einschließen, die in der zur Vermeidung des Verstoßes gegen das Marktmachtmissbrauchsverbot erforderlichen Annahme eines Vertrags zustande kommen.[1211]

In der gerichtlichen privaten Durchsetzung durch den Betroffenen wäre dieser wiederum mit dem in § 251 Abs. 2 Nr. 2 ZPO festgelegten Bestimmtheitsgrundsatz bei der Formulierung eines Zugangspetitums im Rahmen eines prozessualen Antrags konfrontiert, der zusätzlich im deutschen Recht an seiner Vollstreckbar-

---

1208 Seite 269 ff.; *Markert*, in: Immenga/Mestmäcker, Wettbewerbsrecht. Band 2 GWB, § 19 GWB, Rn. 228.
1209 BGH, Urt. v. 6.10.2015 – KZR 87/13 (Porsche-Tuning), NZKart 2015, 535 = WRP 2016, 229 (m. Anm. v. Telle), Rn. 25; BGH, Urt. v. 30.6.1981 – KZR 19/80 (Sportschuhe), GRUR 1981, 917 (918); BGH, Urt. v. 22.1.1985 – KZR 35/83 (Technics), GRUR 1985, 394 (395); zusammenfassend *Saenger*, in: Saenger, Zivilprozessordnung, § 253 ZPO, Rn. 19.
1210 *Bosch*, in: Bechtold/Bosch, Gesetz gegen Wettbewerbsbeschränkungen, § 19 GWB, Rn. 97.
1211 Siehe schon BGH, Urt. v. 30.6.1981 – KZR 19/80 (Sportschuhe), GRUR 1981, 917 (917); BGH, Urt. v. 22.1.1985 – KZR 35/83 (Technics), GRUR 1985, 394 (394); *Bosch*, in: Bechtold/Bosch, Gesetz gegen Wettbewerbsbeschränkungen, § 19 GWB, Rn. 97.

keit gemäß § 890 Abs. 1 S. 1 ZPO gemessen wird.[1212] Das bedeutet, dass sowohl die Entscheidungsbefugnis des erkennenden Gerichts gemäß § 308 Abs. 1 S. 1 ZPO, als auch die materielle Rechtskraft des Urteils gemäß § 322 Abs. 1 ZPO hinreichend klar für die Parteien sein müssen, und die mit der Vollstreckung befassten Personen nicht zu einer Auslegung des Vollstreckungsbegehren veranlasst werden dürfen.[1213] Dabei können entsprechend der Kerntheorie des BGH zur materiellen Reichweite gerichtlicher Entscheidungen zu Unterlassungsansprüchen Begriffe verwendet werden, die aufgrund eines gemeinsamen Verständnisses zwischen den Parteien oder aufgrund einer objektiven Auslegbarkeit keine Unklarheit über das bei der Vollstreckung Gewollte lassen.[1214]

In der Folge bedeutet dies, dass die jeweils den Zugangsanspruch begründenden Umstände hinreichend in einem Antrag spezifiziert werden müssen.[1215] Aus dem Vorgenannten ergeben sich wiederum Besonderheiten für das materielle Kartellrecht in Innovationssachverhalten. Denn wenn die Umstände des Einzelfalls aufgrund der noch offenen Entwicklung häufig für alle Parteien noch ungeklärt sind, kann hieraus aufbauend meistens kein eindeutig bestimmter Anspruch auf Unterlassung formuliert werden. Dies bedeutet für die methodische Prüfung innovationserheblicher Sachverhalte wiederum, dass in dem jeweiligen Sachverhalt diejenigen Gegenstände hinreichend und objektiv nachvollziehbar beschrieben werden können, zu denen Zugang oder ein bestimmtes die Lieferbeziehung ausgestaltendes Verhalten begehrt wird.[1216] Nach dem oben Dargestellten bedeutet dies aber auch, dass im Hinblick auf die in einem Unterlassungsantrag dargestellten Begriffe ein gemeinsames oder jedenfalls objektiv klares Verständnis ausgebildet sein muss. Insofern ergibt sich zusätzlich ein aus dem materiellen Kartellrecht hier besonders deutlich zutage tretendes Bestimmtheitsgebot.[1217] Dieses verlangt für das weitere Vorgehen eine Bestimmung des jeweiligen Wissensstands hinsichtlich einzelner Innovationsbereiche. Dagegen können keine

---

1212 Ebenda, Rn. 97.

1213 *Saenger*, in: Saenger, Zivilprozessordnung, § 253 ZPO, Rn. 19; *Becker-Eberhard*, in: Krüger/Rauscher, Münchener Kommentar zur Zivilprozessordnung, § 253, Rn. 133.

1214 Zuletzt in stetiger Rspr. BGH, Urt. v. 6.10.2015 – KZR 87/13 (Porsche-Tuning), NZKart 2015, 535 = WRP 2016, 229 (m. Anm. v. Telle), Rn. 23; BGH, Urt. v. 4.11.2010 – I ZR 118/09 (Rechtsberatung durch Lebensmittelchemiker), GRUR 2011, 539, Rn. 17; BGH, Urt. v. 22.10.2009 – I ZR 58/07 (Klassenlotterie), GRUR 2010, 454 (454 f.); BGH, Urt. v. 23.2.2006 – I ZR 272/02 (Markenparfümverkäufe), GRUR 2006, 421 (422); BGH, Urt. v. 29.6.2000 – I ZR 29/98 (Filialleiterfehler), NJW-RR 2001, 620 (621); BGH, Urt. v. 15.12.1999 – I ZR 159/97 (Preisknaller), NJW-RR 2000, 704 (704 f.); BGH, Urt. v. 23.6.1994 – I ZR 15/92 (Rotes Kreuz), NJW 1994, 2820 (2822); BGH, Urt. v. 19.12.1960 – I ZR 14/59 (Zahnbürsten), GRUR 1961, 288 (290); BGH, Urt. v. 22.2.1952 – I ZR 117/51 (Fischermännchen-Zwilling-Illing), GRUR 1952, 577 (579); *Saenger*, in: Saenger, Zivilprozessordnung, § 253 ZPO, Rn. 19; *Becker-Eberhard*, in: Krüger/Rauscher, Münchener Kommentar zur Zivilprozessordnung, § 253, Rn. 134.

1215 Deutlich hierzu BGH, Urt. v. 22.10.2009 – I ZR 58/07 (Klassenlotterie), GRUR 2010, 454 (455); BGH, Urt. v. 4.11.2010 – I ZR 118/09 (Rechtsberatung durch Lebensmittelchemiker), GRUR 2011, 539, Rn. 17.

1216 *Markert*, in: Immenga/Mestmäcker, Wettbewerbsrecht. Band 2 GWB, § 19 GWB, Rn. 228.

1217 *Becker-Eberhard*, in: Krüger/Rauscher, Münchener Kommentar zur Zivilprozessordnung, § 253, Rn. 135.

rein innovationsbezogenen Zugangsansprüche begehrt werden, wenn diese sich nicht als Gegenstand eines entsprechenden Geschäftsverhältnisses darstellen lassen, das abzulehnen missbräuchlich wäre.

b) Verdrängung durch Ausschaltung wirksamen Wettbewerbs

Die bisher dargestellten materiellen Eingriffsgründe gegenüber marktbeherrschenden Unternehmen aufgrund von Verdrängungsmissbräuchen zielen auf eine Ausschaltung wirksamen Wettbewerbs durch das marktbeherrschende Unternehmen ab. Dabei stellen sich verschiedene Fragen hinsichtlich dieses Maßstabes. So könnte unter einer strengen Anwendung der Essential-Facilities-Doktrin zu diskutieren sein, ob diese die Entwicklung neuer Angebote und damit einen innovativen Wettbewerb durch die Zugang begehrenden oder sich in Verdrängung befindenden Unternehmen erforderlich macht. Dies kommt der Frage nach einer etwaigen wettbewerblichen Mitwirkungsobliegenheit der Unternehmen gleich.

Das Marktmachtmissbrauchsverbot dient einer kartellrechtlichen Kontrolle einseitiger Maßnahmen durch ein marktbeherrschendes Unternehmen. Es ist also das Verhalten maßgeblich, nicht das Ergebnis.[1218] Die Verdrängung im Wettbewerb allein als Ergebnis seines effektiven Funktionierens kann damit nicht schon erfasst sein, sondern es kommt auf die Missbräuchlichkeit der konkreten unternehmerischen Maßnahme an. Diese ist aufgrund einer umfassenden Einzelfallabwägung unter Berücksichtigung aller Interessen festzustellen.[1219] Dabei kann keine umfassende Verhaltenskontrolle geboten sein, ebenso wie nicht jeder wettbewerbliche Nachteil und damit Verdrängung der Marktmachtmissbrauchskontrolle unterliegt.[1220] Es kann deshalb nicht auf eine Einschränkung der bloßen Wettbewerbschancen anderer Unternehmen ankommen, da diese nicht von den Wettbewerbsfreiheiten erfasst sind.[1221] Soll Wettbewerb und sein Schutz durch die kartellrechtlichen Per-se-Verbote kein politisches Lenkinstrument sein, können seine Funktionen nach den bisherigen Erkenntnissen nicht als unmittelbare normative Bewertungsmaßstäbe heranzuziehen sein, sondern lediglich als tatsächliche Äußerung der Ausübung der ihm zugrunde liegenden und den Rahmen seiner Ordnung vorgebenden Wettbewerbsfreiheiten in Form rechtlicher Prinzipien.[1222] Nicht die Aussicht auf Entwicklung oder ihrer Ergebnisse ist Zweck des Wettbewerbs, sondern die freie Teilhabe am wettbewerblichen Entwicklungsprozess innerhalb der ausgelebten Wettbewerbsfreiheiten. *Fuchs* leitet hierzu

---

1218 *Fuchs*, in: Immenga/Mestmäcker, Wettbewerbsrecht. Band 1 EU, Art. 102 AEUV, Rn. 199.
1219 Ebenda, Rn. 201.
1220 *Markert*, in: Immenga/Mestmäcker, Wettbewerbsrecht. Band 2 GWB, § 19 GWB, Rn. 102 f.;
Fuchs, in: Immenga/Mestmäcker, Wettbewerbsrecht. Band 2 GWB, § 19 GWB, Rn. 22.
1221 *Markert*, in: Immenga/Mestmäcker, Wettbewerbsrecht. Band 2 GWB, § 19 GWB, Rn. 103.
1222 Siehe Seite 107 ff; *Fuchs*, in: Immenga/Mestmäcker, Wettbewerbsrecht. Band 2 GWB, § 19
GWB, Rn. 14; markant hierzu *Bosch*, in: Bechtold/Bosch, Gesetz gegen Wettbewerbsbeschränkungen, § 19 GWB, Rn. 16, der die Verfolgung außerhalb des GWB liegender Interessen als nicht berücksichtigungsfähig sieht.

aus den „Ordnungsprinzipien"[1223] ein Auslegungskriterium der Beschränkung oder Verfälschung des Wettbewerbs als Selbststeuerungsmechanismus ab.[1224] Dies lässt sich hinsichtlich Innovation dahingehend konkretisieren, dass diejenigen Maßnahmen als missbräuchlich angesehen werden können, die eindeutig als Gegenmaßnahmen zu dem eigentlichen effektiven Wettbewerbsprozess stehen. Wenn Wettbewerb als Prozess der Selbstordnung innerhalb seiner eigenen Prinzipien wirken soll, so bedeutet dies, dass eine Wettbewerbsbeschränkung einen Eingriff in diesen Prozess als solchen verlangt. Verstöße gegen außerhalb dessen liegende Interessen sind deshalb nicht durch das kartellrechtliche Missbrauchsverbot verfolgbar.[1225] Im Hinblick auf Innovation und Verdrängung und deren Bewertung im Zusammenhang mit vornehmlich dem Behinderungsmissbrauch ist deshalb die Verdrängung im „normalen" Wettbewerb von der missbräuchlichen Behinderung abzugrenzen.[1226] Dabei ist das verdrängende Verhalten auf seine wettbewerbliche Zulässigkeit umfassend abzuwägen, wobei sich die Frage stellt, inwiefern höhere Interessen überhaupt oder ausreichend berücksichtigt werden können.[1227]

aa) Nichtleistungswettbewerb auf Plattformen

Eine insbesondere in der europäischen Rechtspraxis sich wiederfindende Möglichkeit zur Abgrenzung zwischen zulässigem wettbewerblichen und kartellrechtswidrigen Verhalten zielt darauf ab, ob dieses im Rahmen eines Leistungswettbewerbs erfolge.[1228] Diese Abgrenzung würde sich auf Feststellungen dazu

---

1223 Siehe hierzu auch schon Seite 111 ff.
1224 *Fuchs*, in: Immenga/Mestmäcker, Wettbewerbsrecht. Band 2 GWB, § 19 GWB, Rn. 16; ähnlich auch *Vesala*, in: Nihoul/van Cleynenbreugel, The roles of innovation in competition law analysis, 2018, S. 50 (70 ff.).
1225 Zustimmend hierzu *Bosch*, in: Bechtold/Bosch, Gesetz gegen Wettbewerbsbeschränkungen, § 19 GWB, Rn. 16; insofern kommt es zur Abgrenzung von außerhalb des Schutzbereichs des Kartellrechts liegenden Interessen nicht auf das Marktverständnis an, so aber *Volmar*, Digitale Marktmacht, 2019, S. 113 f.
1226 *Fuchs*, in: Immenga/Mestmäcker, Wettbewerbsrecht. Band 2 GWB, § 19 GWB, Rn. 22.
1227 *Fuchs*, in: Immenga/Mestmäcker, Wettbewerbsrecht. Band 1 EU, Art. 102 AEUV, Rn. 199.
1228 EuGH, Urt. v. 16.7.2015 – C-170/13 (Huawei Technologies/ZTE), ECLI:EU:C:2015:477, GRUR 2015, 764 = MMR 2015, 599 (m. Anm. v. Dahm), Rn. 45; EuG, Urt. v. 12.6.2014 – T-286/09 (Intel/Kommission), ECLI:EU:T:2014:547, NZKart 2014, 267, Rn. 219; EuGH, Urt. v. 6.12.2012 – C-457/10 P (AstraZeneca/Kommission), ECLI:EU:C:2012:770, NZKart 2013, 113, Rn. 134; EuGH, Urt. v. 14.10.2010 – C-280/08 P (Deutsche Telekom AG/Kommission), ECLI:EU:C:2010:603, Slg. 2010 I-09555, Rn. 174; EuGH, Urt. v. 3.7.1991 – C-62/86 (Akzo), ECLI:EU:C:1991:286, BeckRS 2004, 73453, Rn. 69; EuGH, Urt. v. 13.2.1979 – Rs. 85/76 (Hoffmann-LaRoche), ECLI:EU:C:1979:36, Slg. 1979, 1869, 1879, Rn. 91; zustimmend hierzu und als Grundkonzept für die Anwendung der Marktmachtmissbrauchskontrolle auch im GWB *Schweitzer* et al., Modernisierung der Missbrauchsaufsicht für marktmächtige Unternehmen, 2018, S. 8, 23 m. w. N.; erläuternd hierzu *Fuchs*, in: Immenga/Mestmäcker, Wettbewerbsrecht. Band 2 GWB, § 19 GWB, Rn. 26; ausführlich auch zu den Ausführungen aus der Prioritätenmitteilung der EU-Kommission siehe *Fuchs*, in: Immenga/Mestmäcker, Wettbewerbsrecht. Band 1 EU, Art. 102 AEUV, Rn. 204, zustimmend zuvor auch bei Rn. 201; zu den Hintergründen der Entstehung dieses Konzepts siehe *Fleischer*, Behinderungsmissbrauch durch Produktinnovation, 1997, S. 114 ff. Das Kriterium des leistungsgerechten Wett-

stützen, ob ein Unternehmen sein Verhalten auf eine wirtschaftliche aktive und eigene Leistung zum Zweck der Absatzförderung zurückführen kann und in einen Wettbewerb um immer bessere Leistungen tritt.[1229] Der Begriff des Leistungswettbewerbs geht auf ein zunächst eher lauterkeitsrechtliches Verständnis zurück, das in der ersten Hälfte des 20. Jahrhunderts zunehmend unter dem Versuch einer allgemeinen wettbewerbsrechtlichen Verständnisbildung vor allem von *Ulmer*[1230] in das Kartellrecht übertragen wurde.[1231]

Bei diesem Vorgehen stellt sich bereits die tatsachenbezogene die Frage, warum dies bei Plattformen nicht der Fall sein soll.[1232] So könnte zunächst zwar angenommen werden, dass allein das Ausnutzen von Netzwerk- oder Skalierungseffekten keine aktive Leistung ist, sondern lediglich ein passives Profitieren, also begrifflich in die Nähe eines Nichtleistungswettbewerbs gerückt wird. Allein auf der tatsächlichen Ebene lässt sich bereits dieses Argument damit widerlegen, dass bei Plattformen erhebliche wirtschaftliche Mittel, Ressourcen und Kapazitäten für deren Aufbau und Betrieb aufgewendet werden müssen. Denn diese basieren auf den teilweise erheblichen Investitionen in mögliche zukünftige Ertragsaussichten. Auch diese Aufwendungen mit ihren Risiken können aber Leistungen im Wettbewerb darstellen. Im Zusammenhang mit dem effektiven Wettbewerb kann aber eine Aussage darüber, was eine heranziehbare Leistung ist und was nicht, nur wieder in einer ziel- und preisorientierten Bewertung liegen, die zu einer nicht rechtfertigbaren Verkürzung des Wettbewerbsbegriffs führt.[1233] In Bezug auf die mit Risiken verbundenen Investitionen und den Aufbau von Infrastrukturen lässt sich deshalb von einem Vorleistungswettbewerb sprechen.

---

bewerbs war zwischenzeitlich eine Voraussetzung für den Erlass von Wettbewerbsregeln durch Unternehmen im Rahmen der Eigenregulierung, also als Ausnahme vom Verbot wettbewerbsbeschränkender mehrseitiger Maßnahmen, siehe Regierungsbegründung zur 2. GWB-Novelle, BT-Drs. 6/2520, S. 34. Allerdings kann dies nicht als ein grundsätzliches Bekenntnis zum Konzept des Leistungswettbewerbs angesehen werden. Vielmehr geht es in dem damals zu regelnden § 28 Abs. 2 GWB um die Festlegung eines lauterkeitsrechtlichen Rahmens durch die Unternehmen selbst im Rahmen von Wettbewerbsregeln, siehe hierzu auch *Mestmäcker*, Der verwaltete Wettbewerb, 1984, S. 25.

1229 Siehe vor allem *Ulmer*, GRUR 1977, S. 565; Regierungsbegründung zur 2. GWB-Novelle, BT-Drs. 6/2520, S. 34; kritisch hierzu *Fleischer*, Behinderungsmissbrauch durch Produktinnovation, 1997, S. 114; *Mestmäcker*, Der verwaltete Wettbewerb, 1984, S. 59; *Wurmnest*, Marktmacht und Verdrängungsmissbrauch, 2012, S. 346; *Esser*, in: Kokott/Pohlmann/Polley, Europäisches, deutsches und internationales Kartellrecht, 2018, S. 249 (262).

1230 *Ulmer*, GRUR 1977, S. 565; erläuternd und ablehnend hierzu *Loewenheim*, in: Loewenheim et al., Kartellrecht, § 19 GWB, Rn. 25 m. w. N.

1231 Ausführlich erläuternd hierzu *Kerber*, Evolutionäre Marktprozesse und Nachfragemacht, 1989, S. 461 ff.; *Wurmnest*, Marktmacht und Verdrängungsmissbrauch, 2012, S. 345; zum historischen Verlauf siehe auch *Sack*, in: Loewenheim et al., Kartellrecht, § 24 GWB, Rn. 55 ff.; *Möschel*, Recht der Wettbewerbsbeschränkungen, 1983, S. 329 f.

1232 Zur Kritik am Maßstab der „Leistungsfremdheit" siehe auch *Fuchs*, in: Immenga/Mestmäcker, Wettbewerbsrecht. Band 2 GWB, § 19 GWB, Rn. 28.

1233 Siehe auch *Bechtold/Bosch/Brinker*, in: Bechtold/Bosch/Brinker, EU-Kartellrecht, Art. 102 AEUV, Rn. 27, der die „Beeinträchtigung effektiver Strukturen" des Wettbewerbs als Schutzgut sieht.

Diese Kritik lässt sich bereits bei *Kerber* finden, der darauf hinweist, dass Wettbewerb auch gerade diejenigen innovativen Initiativen schützt, die zunächst aus der Sicht des überwiegenden Anteils der Marktteilnehmer wenig sinnvoll erscheinen.[1234] Es kann also gerade nicht auf Vernunftaspekte ankommen.

Jedenfalls erscheint eine klare Abgrenzung zwischen Leistungs- und Nichtleistungswettbewerb bei Plattformen nicht immer trennscharf haltbar.[1235] In rechtlicher Hinsicht würde eine Differenzierung zwischen Leistungs- und Nichtleistungswettbewerb ohne tatbestandliche Rückanknüpfung zu einer Bewertung darüber führen, was wettbewerblich billigenswerte Leistungen sind, die also im Rahmen der Bewertung des Marktmachtmissbrauchsverbots unbedenklich sind, und welche hierzu nicht gehören.[1236] Insofern ist *Scholz* zu widersprechen, die für ein marktbeherrschendes Unternehmen sogar nur noch Mittel des Leistungswettbewerbs als zulässig sieht.[1237] Demzufolge widerspreche eine Beeinträchtigung der Wettbewerbsstrukturen mit anderen Mitteln dem Ordnungsprinzip des freien Wettbewerbs. Damit würde die wettbewerbliche qualitative Entscheidung über die Frage des Ausnutzens der Marktstellung lediglich auf eine andere Ebene verlagert, die modernen technischen und gesellschaftlichen Entwicklungen nicht mehr gerecht wird. Die Frage nach der Missbräuchlichkeit einer Maßnahme würde mit der Definition des Wettbewerbs beantwortet oder gar mit der Unterordnung des Wettbewerbsprinzips als Mittel zum Zweck der Binnenmarktziele.[1238] Dies wird aber einem an der effektiven Auslebung der Wettbewerbsfreiheiten sich orientierenden Wettbewerbsverständnisses nicht mehr gerecht, das eine positive Definition des Wettbewerbsbegriffs verbietet.[1239] Zudem würde sich das als Verhaltenskontrolle ausgestaltete Marktmachtmissbrauchsverbot zu einem politischen Instrument der Marktstrukturkontrolle wandeln.[1240] Dies spannt einen Bogen zu einer sehr frühen Kritik an diesem Vorgehen, dass nämlich mittels des Kriteriums des Leistungswettbewerbs häufig weniger ein Schutz des Wettbewerbs selbst erzielt wird, als eher ein Schutz vor Wettbewerb.[1241] So erscheint es naheliegend, dass der Begriff des Leistungswettbewerbs als ein Abgrenzungskriterium herangezogen wird zwischen etablierten Unternehmen einerseits, die etwas durch „Leistung" bereits erlangt haben und auf den Bestand dieses Erlangten hoffen, und neu auftretenden Unternehmen mit Geschäftsmodellen, die diesem Bestand wettbewerblich gefährlich werden. So wie es keinen allgemeinen Anspruch auf Schutz vor Veränderung in der Wettbewerbsverfas-

---

1234 *Kerber*, Evolutionäre Marktprozesse und Nachfragemacht, 1989, S. 469.
1235 *Loewenheim*, in: Loewenheim et al., Kartellrecht, § 19 GWB, Rn. 25; *Möschel*, Recht der Wettbewerbsbeschränkungen, 1983, S. 329 f.
1236 *Fuchs*, in: Immenga/Mestmäcker, Wettbewerbsrecht. Band 1 EU, Art. 102 AEUV, Rn. 201 f.
1237 *Scholz*, in: Wiedemann, Handbuch des Kartellrechts, § 22, Rn. 57 ff.
1238 Kritisch hierzu *Thomas*, JZ 2011, S. 485 (486).
1239 So zusammenfassend auch *Loewenheim*, in: Loewenheim et al., Kartellrecht, § 19 GWB, Rn. 25.
1240 *Fleischer*, Behinderungsmissbrauch durch Produktinnovation, 1997, S. 116.
1241 So bereits ebenda, S. 116, aber auch *Kerber*, Evolutionäre Marktprozesse und Nachfragemacht, 1989, S. 461.

sung gibt, kann in dieser Verdrängungssituation für die etablierten Unternehmen kein allgemeines Kriterium zum Schutz ihrer gegenwärtigen Ausgangslagen herangezogen werden. Dies steht bereits gegen eine derartige Betrachtung in Innovationssachverhalten. Hinzu kommt, dass Innovation selbst als Gegenstand effektiven Wettbewerbs regelmäßig sich nicht nach herkömmlichen Leistungsmaßstäben einordnen lässt, jedenfalls von Leistungen selbst nicht bedingt ist, sondern allenfalls durch Investitionen empirisch feststellbar ist.

Auch die Gesetzesbegründung zur 2. GWB-Novelle, mit der das Kriterium des leistungsgerechten Wettbewerbs in die Vorschrift des § 28 Abs. 2 GWB a. F. aufgenommen wurde, deutet eher auf eine Berücksichtigung auf der Rechtfertigungsebene hin.[1242] Denn das Konzept des leistungsgerechten Wettbewerbs diente ursprünglich lediglich der Bestimmung ausnahmsweise zulässiger Wettbewerbsregeln, die sich Unternehmen selbst auferlegen und durch das Bundeskartellamt bestätigen lassen konnten. Bereits aus der Definition der Vorschrift des nunmehr § 24 Abs. 1 GWB geht hervor, dass es sich um Bestimmungen handeln soll, die das Verhalten von Unternehmen im Wettbewerb zu dem Zweck regeln, einem „den Grundsätzen des lauteren oder der Wirksamkeit eines leistungsgerechten Wettbewerbs zuwiderlaufenden Verhalten im Wettbewerb entgegenzuwirken und ein diesen Grundsätzen entsprechendes Verhalten am Wettbewerb anzuregen".[1243] Die Unternehmen sollten die Möglichkeit einer teilweise wettbewerblichen Selbstverwaltung erhalten. Aus diesem System der selbstgestalteten Wettbewerbsregeln als Ausnahme lässt sich aber entnehmen, dass die wettbewerbliche Selbstverwaltung lediglich zu einem bestimmten klar umrissenen Zweck zulässig ist, der sich nicht als regulatorischer Zweck verallgemeinern lässt.[1244]

Eine andere Betrachtungsmöglichkeit ist die nach den wettbewerblichen Auswirkungen der fraglichen Maßnahme des marktbeherrschenden Unternehmens auf den vorhandenen Restwettbewerb, wie sie insbesondere von der EU-Kommission in ihrer Prioritätenmitteilung vorgenommen wird.[1245] Diese geht von dem Grundsatz aus, dass ein marktbeherrschendes Unternehmen eine besondere wettbewerbliche Verantwortung für den Restwettbewerb hat und diesen nicht wettbewerbswidrig verschließen dürfe. Es hat sich insofern jedenfalls derjenigen Maßnahmen zu enthalten, die diesen Restwettbewerb ohne Rechtfertigung

---

1242 Regierungsbegründung zur 2. GWB-Novelle, BT-Drs. 6/2520, Rn. 34.
1243 *Staebe*, in: Busche/Röhling, Kölner Kommentar zum Kartellrecht, § 24 GWB, Rn. 46 ff.
1244 *Mestmäcker*, Der verwaltete Wettbewerb, 1984, S. 25.
1245 Sie auch erläuternd *Fuchs*, in: Immenga/Mestmäcker, Wettbewerbsrecht. Band 2 GWB, § 19 GWB, Rn. 29; hierzu ausführlich weiterhin *Fuchs*, in: Immenga/Mestmäcker, Wettbewerbsrecht. Band 1 EU, Art. 102 AEUV, Rn. 204 ff.; Dieses Vorgehen entspricht dem erst später ausdrücklich so entwickelten *more economic approach* und begegnet aufgrund der verkürzten Betrachtung rechtlich erheblicher Abwägungsinteressen zugunsten einer rein empirischen Betrachtungsweise denselben Zweifeln. So auch *Wurmnest*, Marktmacht und Verdrängungsmissbrauch, 2012, S. 205.

beeinträchtigen.[1246] Damit zielt dieses Vorgehen zwar schon auf eine Betrachtung der ökonomischen Umstände des Einzelfalls ab. Diese kann dabei nur eine von mehreren Abwägungsentscheidungen darstellen. Denn auch hier könnten Maßnahmen durch Plattformen wie zum Beispiel das Ausnutzen besonderer wettbewerblicher Phänomene oder Akquise-Strategien erfasst werden, die sich im weiteren Sinne sehr wohl als typische Formen des Wettbewerbs zeigen.

Die Bedeutung der ursprünglich begrenzten Möglichkeit von Wettbewerbsregeln zugunsten des leistungsgerechten Wettbewerbs und dieses vermittelnden Ansatzes zeigt sich darin, dass die Frage nach einer leistungswettbewerblichen Betrachtung auf die Ebene der Rechtfertigung verschoben wird.[1247] Dies wird sich insbesondere bei einer Betrachtung der die unbestimmten Rechtsbegriffe des Missbrauchsverbots ausfüllenden Interessenabwägung integrieren lassen. Denn das Interesse an einem Leistungswettbewerb kann hierbei vorschnell als ein Prinzip angenommen werden, das die eigentlich berücksichtigungsfähigen geschützten Wettbewerbsfreiheiten übersteuert. Wenn in einer einfachen beispielhaften Konstellation ein marktbeherrschendes Unternehmen und ein Betroffener sich gegenüber stehen, bei der es um die Frage einer marktmachtmissbräuchlichen Zugangsverweigerung geht, ist der Begriff des Leistungswettbewerbs zur Beschreibung der Interessenabwägung aber ungeeignet und könnte zu fehlerhaften Abwägungsentscheidungen führen. Auf der Seite des den Zugang verweigernden Unternehmens kann es nach den bisherigen Ausführungen für eine Aussage zu dessen kartellrechtlicher Unbedenklichkeit nicht darauf ankommen, wie dieses seine marktbeherrschende Stellung überhaupt erlangt hat, also durch wirtschaftliche Leistung oder aber durch anderes Wachstum im Wettbewerb, zum Beispiel weil sich zahlreiche Endnutzer für sein Produkt entschieden haben und damit Netzwerkeffekte zu seinen Gunsten entstehen. Maßgeblich ist für dieses Unternehmen vielmehr, dass es eine Stellung im Wettbewerb erlangt hat und diese wiederum zu seinen Gunsten bestmöglich ausnutzt und damit den Wettbewerb beschränkt. Kartellrechtlich relevant ist lediglich das missbräuchliche Ausnutzen einer bereits bestehenden Marktmachtstellung.[1248] Auf der kontradiktorischen Seite können die Wettbewerbsfreiheiten kein Interesse des von einer möglichen marktmachtmissbräuchlichen Zugangsverweigerung betroffenen Unternehmens auf Einhaltung eines leistungswettbewerblichen Verhaltens begründen. Vielmehr können diese lediglich ein Interesse daran wirksam einbringen, in ihren Wettbewerbsfreiheiten nicht ohne Rechtfertigung beeinträch-

---

1246 Bestätigend hierzu auch EuGH, Urt. v. 15.3.2007 – C-95/04 P (British Airways plc/Kommission), ECLI:EU:C:2007:166, Slg. 2007, I-02331 = EuZW 2007, 306 = BeckRS 2007, 70195, Rn. 69; EuG, Urt. v. 17.9.2007 – T-201/04 (Microsoft), ECLI:EU:T:2007:289, Slg. 2007, II-03601 = BeckRS 2007, 70806, Rn. 319; EuGH, Urt. v. 3.7.1991 – C-62/86 (Akzo), ECLI:EU:C:1991:286, BeckRS 2004, 73453, Rn. 69; EuGH, Urt. v. 13.2.1979 – Rs. 85/76 (Hoffmann-LaRoche), ECLI:EU:C:1979:36, Slg. 1979, 1869, 1879, Rn. 91; insofern auch schon *Ulmer*, GRUR 1977, S. 565 (575),

1247 *Fuchs*, in: Immenga/Mestmäcker, Wettbewerbsrecht. Band 2 GWB, § 19 GWB, Rn. 32 ff.; *Sack*, in: Loewenheim et al., Kartellrecht, § 24 GWB, Rn. 58 ff.

1248 *Körber*, WuW 2015, S. 120 (128 f.).

tigt zu werden. Eine mögliche Rechtfertigung für eine Beeinträchtigung anderer Wettbewerbsfreiheiten und der dahinterstehenden Prinzipien kann aber ein hohes Interesse des marktbeherrschenden Unternehmens an der wirtschaftlichen Ausbeutung seiner bisherigen Leistungen sein. Das Argument des Leistungswettbewerbs kann damit einer von mehreren vernünftigen wettbewerblichen Begründungsansätzen sein und muss deshalb nicht vollständig ausgeblendet werden,[1249] darf aber nicht als Stellvertreterbegriff überstrapaziert werden.

bb) Abwägung der Wettbewerbsfreiheiten im Verdrängungsmissbrauch

Die das Marktmachtmissbrauchsverbot umschreibenden unbestimmten Rechtsbegriffe stellen eine Antwort auf die unzählbaren wettbewerblichen Möglichkeiten dar. Gerade weil Wettbewerb nicht als solcher abschließend definiert werden kann, ist seine Einschränkung durch Verdrängungsmissbrauch nur schwer fassbar. Es wird sich deshalb keine allgemeingültige Schwelle an in jedem Fall unzulässigen Maßnahmen finden lassen, solange diese nicht als Fallgruppe durch die Rechtsprechung herausgearbeitet wird, die wiederum in konkreten Einzelfällen rechtsfehlerfrei festgestellt werden müsste. Dies läge aber bei einem Vorgehen vor, das sich lediglich auf den Leistungswettbewerb stützt. Der Leistungswettbewerb ist nur ein Teilausschnitt des effektiven Wettbewerbs und seines Prozesses und kann dementsprechend nur als ein Teil der notwendigen rechtlichen Entscheidung berücksichtigt werden.[1250] Vielmehr ergibt sich ein gesetzlicher Befehl an den Rechtsanwender zur rechtskonformen Auslegung der Vorschrift. Was aber bei den unbestimmten Rechtsbegriffen „missbräuchlich" oder „unbillig" im Sinne der Vorschriften des Marktmachtmissbrauchsverbots ist, ergibt sich im Rahmen einer Einzelfallauslegung und lässt sich nur schwer ohne Verkürzung zulasten anderer rechtlich geschützter Interessen – nämlich der Wettbewerbsfreiheiten – zu einer eindeutigen positiven Definition bringen.[1251] Diese Rechtsbegriffe sind also nach den herkömmlichen rechtlichen Auslegungsmethoden anzuwenden. Bei der Auslegung dieser unbestimmten Rechtsbegriffe sind nach ständiger BGH-Rechtsprechung die Interessen der Beteiligten unter Berücksichtigung der auf die Freiheit des Wettbewerbs gerichteten Zielsetzung des Gesetzes abzuwägen.[1252]

1249 So auch mit Erwägungen zum Leistungswettbewerb beim Verbot wettbewerbsbeschränkender Kooperationen *Eilmansberger/Kruis*, in: Streinz, EUV/AEUV, Art. 101 AEUV, Rn. 40.
1250 Siehe so schon kritisch *Mestmäcker*, Der verwaltete Wettbewerb, 1984, S. 25.
1251 *Loewenheim*, in: Loewenheim et al., Kartellrecht, § 19 GWB, Rn. 25.
1252 Zuletzt ständig so BGH, Urt. v. 23.1.2018 – KVR 3/17 (Hochzeitsrabatte), NZKart 2018, 136 (137); BGH, Urt. v. 31.1.2012 – KZR 65/10 (Werbeanzeigen), NJW 2012, 2110 (2112); BGH, Beschl. v. 11.11.2008 – KVR 17/08 (Bau und Hobby), NJW 2009, 1753 (1754); BGH, Urt. v. 8.5.2007 – KZR 9/06 (Aufruf-Genossenschaft II), NJW-RR 2007, 1113 (1114); BGH, Urt. v. 13.7.2004 – KZR 40/02 (Standard-Spundfass), GRUR 2004, 966 (968); davor auch schon so BGH, Beschl. v. 18.1.2000 – KVR 23/98 (Tariftreueerklärung II), NZBau 2000, 189 (192); BGH, Urt. v. 14.7.1998 – KZR 1/97 (Schilderpräger im Landratsamt), NJW 1998, 3778 (3779); BGH, Urt. v. 10.11.1998 – KZR 6/97 (U-Bahn-Buchhandlungen), BeckRS 1998, 30032406; BGH, Beschl. v. 15.11.1994 – KVR 29/93 (Gasdurchleitung), JZ 1995, 722 (m.

In der deutschen Rechtspraxis besteht also ein erkennbar deutlicherer Bezug zu den Wettbewerbsfreiheiten und einer institutionell bezogenen Abwägungslösung. Dieser Ansatz stellt die grundsätzliche unternehmerische Freiheit zur autonomen Ausgestaltung des eigenen Geschäftsmodells in den Vordergrund und stellt nicht auf eine qualitativ-inhaltliche Bewertung des Geschäftsmodells selbst ab, sofern dieses grundsätzlich rechtlich zulässig ist.[1253] Dies entspricht einer an den betroffenen Wettbewerbsfreiheiten sich orientierenden Interessenabwägung.[1254] Damit schlägt dieser Ansatz wiederum einen dogmatischen Bogen zu einer sich an einer effektiven Auslebung der Wettbewerbsfreiheiten orientierenden Annahme über den Wettbewerbsprozess. Wettbewerb wird hierbei als Institution selbst geschützt, was Leistungen als seine atomaren Bestandteile erfassen kann. Insofern lässt eine sich lediglich am Leistungswettbewerb ori-

Anm. v. Kühne/Pohlmann) = NJW 1995, 2718 (2722); BGH, Urt. v. 7.3.1989 – KZR 15/87 (Staatslotterie), NJW 1989, 3010 (3011); BGH, Urt. v. 26.10.1972 – KZR 54/71 (Ersatzteile für Registrierkassen), GRUR 1973, 277 (278 f.); BGH, Beschl. v. 3.3.1969 – KVR 6/68 (Sportartikelmesse), NJW 1969, 1716 (1717); BGH, Urt. v. 27.9.1962 – KZR 6/61 (Grote-Revers), GRUR 1963, 86 (89); zusammenfassend *Fuchs*, in: Immenga/Mestmäcker, Wettbewerbsrecht. Band 2 GWB, § 19 GWB, Rn. 33 f., der dies unter Bezug auf *Möschel* als die „Theorie der beweglichen Schranken" beschreibt, was auf die ständige Abwägung im Einzelfall unter Berücksichtigung der Freiheit des Wettbewerbs abzielt, worunter hier die Wettbewerbsfreiheiten im Wege der Auslegung berücksichtigt werden; *Möschel*, ORDO 1979, S. 295 (310); ausführlich hierzu *Möschel*, Recht der Wettbewerbsbeschränkungen, 1983, S. 332, 406 ff.; *Loewenheim*, in: Loewenheim et al., Kartellrecht, § 19 GWB, Rn. 18 m. w. N.; abweichend ist in dieser Rechtsprechung aber noch BGH, Urt. v. 24.10.2011 – KZR 7/10 (Grossistenkündigung), NJW 2012, 773 (775), BGH, Urt. v. 12.3.1991 – KZR 26/89 (Einzelkostenerstattung), NJW 1991, 2963 (2966) wonach zur Zielsetzung des GWB neben der Offenhaltung des Marktzugangs auch die Sicherung des Leistungswettbewerbs zähle. Allerdings bleibt die Grundformel gleich, dass eine Abwägung vor dem Hintergrund des Gesetzeszwecks der Gewährleistung der Wettbewerbsfreiheiten zu erfolgen hat. Siehe ähnlich auch noch *Bosch*, in: Bechtold/Bosch, Gesetz gegen Wettbewerbsbeschränkungen, § 19 GWB, Rn. 19, der auf eine zwischenzeitliche Tendenz in der Rechtsprechung des KG Berlin verweist, welche ebenso die beiden – einschränkenden – Abwägungskriterien der Offenhaltung des Wettbewerbs und der Sicherung des Leistungswettbewerbs aufnahm, siehe KG, Urt. v. 26.1.77 – Kart 27/76 (Kombinationstarif), FHZivR 23 Nr. 5990 (Ls.); KG Berlin, Beschl. v. 4.6.1997 – Kart 14/96 (Großbildfilmprojektoren), ZUM-RD 1998, 55 (65). Den Bezug zum Leistungswettbewerb hat der BGH in der nachfolgenden Rechtsprechung nicht mehr in dieser Deutlichkeit aufgenommen. Eine entsprechend eindeutige Entwicklung bei der Rechtsprechung des EuGH kann zwar noch nicht nachvollzogen werden, es besteht aber jedenfalls eine Abkehr von einem einem rein auf den Leistungswettbewerb konzentrierten Abwägungsansatz bei EuGH, Urt. v. 15.3.2007 – C-95/04 P (British Airways plc/Kommission), ECLI:EU:C:2007:166, Slg. 2007, I-02331 = EuZW 2007, 306 = BeckRS 2007, 70195, Rn. 69, allerdings dort mit einer Gewichtung auf das Ziel der Verbraucherwohlfahrt in Rn. 86, die in Rn. 106 wiederum zugunsten der „Struktur des Marktes" aufgegeben wurden; für die europäische Rechtspraxis zusammenfassend *Fuchs*, in: Immenga/Mestmäcker, Wettbewerbsrecht. Band 1 EU, Art. 102 AEUV, Rn. 307; hierzu aus der älteren Rechtsprechung EuGH, Urt. v. 6.3.1974 – 6/73 (Istituto Chemioterapico Italiano und Commercial Solvents/Kommission), ECLI:EU:C:1974:18, Slg. 1974 -00223, Rn. 25; für den Zusammenhang auch bei der Bewertung des Ausbeutungsmissbrauchs betonend *Künstner*, K&R 2019, S. 605 (607).

1253 Prägnant insofern auch BGH, Urt. v. 23.1.2018 – KVR 3/17 (Hochzeitsrabatte), NZKart 2018, 136 (137); BGH, Urt. v. 31.1.2012 – KZR 65/10 (Werbeanzeigen), NJW 2012, 2110 (2112).
1254 Siehe schon *Möschel*, Recht der Wettbewerbsbeschränkungen, 1983, S. 408.

entierende Abwägungsintention andere Bestandteile des Wettbewerbsprozesses außen vor.[1255] Ein derart enges Verständnis ergibt sich nicht zwingend aus dem Binnenmarktziel eines unverfälschten Wettbewerbs.[1256]

Eine Tendenz zu einer ähnlichen Entwicklung auf der europäischen Ebene zeichnet sich in der jüngeren Rechtsprechung ab.[1257] Hieraus kann zunächst jedenfalls der Schluss gezogen werden, dass der EuGH an einem prozessualen Wettbewerbsverständnis festhält, was eine jeweils prozessbezogene Abwägungsentscheidung verlangt.[1258] Dabei stellt er überwiegend darauf ab, dass es nicht auf das Interesse der Verbraucherwohlfahrt allein ankomme. Eine Abkehr von dem Argument des Leistungswettbewerbs ist dort nicht ausdrücklich enthalten, sondern ergibt sich aus den tatsächlichen Umständen der von ihm vorgenommenen Abwägung.[1259] Allerdings wird es stets Einwände gegen die Verwendung eines Standards zur Auslegung der kartellrechtlichen Vorschriften geben. Einige der vorgeschlagenen Konzepte mögen dabei im Einzelfall rechtsfehlerfreie Entscheidungen im Ergebnis ermöglichen. So kann eine Abwägungsentscheidung zu demselben Ergebnis kommen wie diejenige, die sich allein auf eine Bewertung des Leistungswettbewerbs oder der Verbraucherwohlfahrt nebst Effizienzen stützt. Da diese aber lediglich Teilumstände des im großen zu betrachtenden Wettbewerbs darstellen, kann lediglich eine umfassende Abwägungsentscheidung unter Berücksichtigung der jeweils in der konkreten Situation kollidierenden Wettbewerbsfreiheiten einen dem objektiven effektiven Wettbewerb entsprechenden Ausgleich bringen.[1260]

Dieses Vorgehen lässt sich auf die in der Rechtsprechung, insbesondere des EuGH, ausgeprägten Grundsätze der Essential-Facilities-Doktrin übertragen.

1255 *Jung*, in: Grabitz/Hilf/Nettesheim, Das Recht der Europäischen Union: EUV/AEUV, Art. 102 AEUV, Rn. 122; insofern uneindeutig *Weiß*, in: Calliess/Ruffert, EUV/AEUV, Art. 102 AEUV, Rn. 30, der zwar auf die Beschränkung des Leistungswettbewerbs abstellt, hieraus aber ein Verbot für diejenigen Maßnahmen herleitet, die das marktbeherrschende Unternehmen „bei funktionierendem Wettbewerb nicht an den Tag legen könnte".

1256 So aber *Jung*, in: Grabitz/Hilf/Nettesheim, Das Recht der Europäischen Union: EUV/AEUV, Art. 102 AEUV, Rn. 121.

1257 EuGH, Urt. v. 6.10.2015 – C-23/14 (Post Danmark II), ECLI:EU:C:2015:651, GRUR Int. 2016, 68, Rn. 26; EuGH, Urt. v. 6.12.2012 – C-457/10 P (AstraZeneca/Kommission), ECLI:EU:C:2012:770, NZKart 2013, 119, Rn. 134; EuGH, Urt. v. 27.3.2012 – C-209/10 (Post Danmark), ECLI:EU:C:2012:172, GRUR Int. 2012, 922, Rn. 23; EuGH, Urt. v. 17.2.2011 – C-52/09 (TeliaSonera Sverige), ECLI:EU:C:2011:83, Slg. 2011, 527, Rn. 24; EuGH, Urt. v. 6.10.2009 – C-501/06 P, C-513/06 P, C-515/06 P, C-519/06 P (GlaxoSmith-Kline Services Unlimited/Kommission), ECLI:EU:C:2009:610, Slg. 2009, I-09291 = GRUR Int 2010, 509, Rn. 63; EuGH, Urt. v. 15.3.2007 – C-95/04 P (British Airways plc/Kommission), ECLI:EU:C:2007:166, Slg. 2007, I-02331 = EuZW 2007, 306 = BeckRS 2007, 70195, Rn. 106; EuG, Urt. v. 17.9.2007 – T-201/04 (Microsoft), ECLI:EU:T:2007:289, Slg. 2007, II-03601 = BeckRS 2007, 70806, Rn. 229.

1258 Zustimmend hierzu *Wurmnest*, Marktmacht und Verdrängungsmissbrauch, 2012, S. 213 unter Verweis auf insbesondere EuGH, Urt. v. 16.9.2008 – C-468/06, C-478/06 (Lélos u. a./GlaxoSmithKline), ECLI:EU:C:2008:504, Slg. 2008, I-07139, Rn. 68.

1259 *Fuchs*, in: Immenga/Mestmäcker, Wettbewerbsrecht. Band 1 EU, Art. 102 AEUV, Rn. 130.

1260 *Wurmnest*, Marktmacht und Verdrängungsmissbrauch, 2012, S. 227.

Auch hier sind die ersten Voraussetzungen von den wettbewerblichen Auswirkungen geprägt, woran sich eine Prüfung der objektiven Rechtfertigung anschließt. Allerdings beinhaltet bereits der erste Schritt in dieser Prüfungsfolge die Annahme, dass grundsätzlich kein zwangsweiser Zugang auf der Grundlage kartellrechtlicher Vorschriften in Betracht kommen soll, wenn dies nicht ausnahmsweise aufgrund der Umstände des Einzelfalls geboten ist. Dies deutet wiederum nicht auf eine Betrachtung des Leistungswettbewerbs hin, sondern eröffnet eine offene Abwägung.[1261]

cc) Zumutbare Replizierbarkeit von Innovationsgegenständen

Im Rahmen der Abwägung der Interessen tritt die Frage auf, ob ein von einem vermeintlichen Verdrängungsmissbrauch betroffenes Unternehmen auf eine konkret zu bestimmende Innovation angewiesen ist. Diese Frage ist von der grundsätzlichen Voraussetzung des Marktmachtmissbrauchsverbots abhängig, die als missbräuchlich untersuchte Maßnahme eines Marktbeherrschers müsse sich zur Beschränkung des Wettbewerbs eignen. Dies ist dann nicht der Fall, wenn die betroffenen Unternehmen Ausweich- oder Gestaltungsmöglichkeiten haben. In der bisherigen Rechtsprechung hat sich dies im Zusammenhang mit der Bewertung missbräuchlicher Geschäftsverweigerungen zu der Frage herauskristallisiert, ob die jeweilige Einrichtung, zu der Zugang begehrt wird, für den Zugangspetenten unverzichtbar ist.[1262] Demnach dürfe hinsichtlich des begehrten Zugangs zu einem konkreten Angebot kein tatsächlicher oder potenzieller Ersatz ersichtlich sein.[1263] Dies lässt sich auf weitere Fälle des Verdrängungsmissbrauchs verallgemeinern, die nicht allein mit einem konkreten Zugang verbunden sind.[1264] In diesen Fällen ginge es ebenso um die Frage, ob die Unternehmen angemessene Möglichkeiten haben, ihre Wettbewerbsfreiheiten unabhängig von dem jeweils konkreten Innovationsgegenstand effektiv zu entfalten.

Die Voraussetzung der Unerlässlichkeit ist im Zusammenhang mit der Rechtsprechung über die missbräuchliche Geschäftsverweigerung hinsichtlich des Zugangs zu wesentlichen Einrichtungen entwickelt worden. Sie basiert auf der Annahme, dass ein Zugang nur dann begehrt werden kann, wenn es aus wettbewerblicher Sicht auf diesen ankommt. Denn nur dann kann seine Verweigerung eine Beeinträchtigung der Wettbewerbsfreiheiten darstellen. Das bedeutet, dass der Innovationsgegenstand objektiv erforderlich sein muss, um überhaupt im Wettbewerb tätig werden zu können, und dass es hierfür keinen ernsthaften

---

1261 Siehe allein schon *Loewenheim*, in: Loewenheim et al., Kartellrecht, § 19 GWB, Rn. 25.
1262 Siehe maßgeblich hierzu EuGH, Urt. v. 26.11.1998 – C-7/97 (Bronner), ECLI:EU:C:1998:569, Slg. 1998, I-07791 = GRUR Int 1999, 262 = MMR 1999, 348, Rn. 41; zusammenfassend *Huttenlauch/Lübbig*, in: Loewenheim et al., Kartellrecht, Art. 102 AEUV, Rn. 280 ff.; *Oechsler*, in: Joost/Oetker/Paschke, Festschrift für Franz Jürgen Säcker zum 70. Geburtstag, 2011, S. 879 (883).
1263 *Graef*, EU competition law, data protection and online platforms, 2016, S. 216.
1264 *Huttenlauch/Lübbig*, in: Loewenheim et al., Kartellrecht, Art. 102 AEUV, Rn. 283.

Ersatz gibt.[1265] Damit muss also das betroffene Unternehmen nach den allgemeinen Grundsätzen die Umstände darlegen und beweisen, dass eine ernsthafte und zumutbare Ausweichmöglichkeit nicht besteht. Es ist also nicht erforderlich, dass keine mögliche Ausweichmöglichkeit besteht. Vielmehr kommt es auf die wirtschaftliche Rentabilität einer eigenen wirtschaftlichen Tätigkeit für den Ersatz an.[1266]

Die bisherigen Ausführungen zur Replizierbarkeit haben gezeigt, dass es keine ernsthafte wettbewerbliche Ausweichmöglichkeit zu dem erforderlichen Innovationsgegenstand geben darf.[1267] Dies ist als Einwand gegen die Ansicht anzubringen, rechtliche Möglichkeiten allein schon könnten für eine Replizierbarkeit herangezogen werden.[1268] Zunächst betrifft der Aspekt der Replizierbarkeit die ausgeübten Wettbewerbsfreiheiten der Betroffenen als tatsächliche Umstände. Diese können nicht allein durch eine gesetzgeberische Initiative gestaltet werden, wenn sie nicht jedenfalls wettbewerblich wirken. Das bedeutet, dass es auf eine tatsächliche Feststellung ankommen muss, ob das betroffene Unternehmen frei auf andere wettbewerbliche Entfaltungsmöglichkeiten ausweichen kann. Technische, rechtliche oder wirtschaftliche Gründe können dabei lediglich als Hinderungsgründe für ein Ausweichen angesehen werden.[1269]

dd) Kein Erfordernis neuer Marktergebnisse

Aus den ersten Anwendungsfällen zur Essential-Facilities-Doktrin ergab sich als eine wesentliche Anforderung für die missbräuchliche Ausübung gewerblicher Schutzrechte neben der Unverzichtbarkeit ihrer Inanspruchnahme durch die Betroffenen das Erfordernis eines neuen Angebots.[1270] Diese Frage stellt sich nicht

---

1265 So dargestellt bei *Graef*, EU competition law, data protection and online platforms, 2016, S. 216. Allerdings ist im Folgenden noch zu erörtern, ob es auf eine lediglich Tätigkeit auf einem nachgelagerten Markt ankommt, also das betroffene Unternehmen nicht auf demselben Markt wie das marktmächtige Unternehmen tätig werden darf.

1266 EuGH, Urt. v. 26.11.1998 – C-7/97 (Bronner), ECLI:EU:C:1998:569, Slg. 1998, I-07791 = GRUR Int 1999, 262 = MMR 1999, 348, Rn. 46; zustimmend *Graef*, EU competition law, data protection and online platforms, 2016, S. 218.

1267 Ebenda, S. 219.

1268 Dies scheinen *Schweitzer* et al., Modernisierung der Missbrauchsaufsicht für marktmächtige Unternehmen, 2018, S. 166 f. zu vertreten, indem sie das in Art. 20 DSGVO geregelte Recht auf Datenportabilität als Grundlage einer möglichen alternativen Quelle für den Aufbau eines größeren Datensatzes heranziehen. Dies begegnet bereits rechtlichen Zweifeln, da das Recht auf Datenportabilität lediglich ein Betroffenenrecht darstellt, also in seiner Ausübung von einer natürlichen Person abhängt, dessen personenbezogene Daten verarbeitet werden. Ob davon allein schon eine ausreichende wettbewerbliche Wirkung ausgehen kann, dass sich andere Unternehmen als das marktbeherrschende Unternehmen einen wettbewerblich ausreichend großen Datenvorrat aufbauen können, erscheint in tatsächlicher Hinsicht äußerst fraglich. Naheliegender ist zunächst durch den beabsichtigten Anbieterwechsel eine tatsächliche Abmilderung von Netzwerkeffekten, siehe hierzu auch *Brüggemann*, K&R 2018, S. 1 (1).

1269 EuGH, Urt. v. 26.11.1998 – C-7/97 (Bronner), ECLI:EU:C:1998:569, Slg. 1998, I-07791 = GRUR Int 1999, 262 = MMR 1999, 348, Rn. 44.

1270 EuGH, Urt. v. 29.4.2004 – C-418/01 (IMS Health), ECLI:EU:C:2004:257, Slg. 2004, 5069 = GRUR Int 2004, 644 = MMR 2004, 456 (m. Anm. v. Hoeren), Rn. 49; EuGH, Urt. v. 6.4.1995 –

ausschließlich im Zusammenhang mit Zugangs- oder Geschäftsverweigerungen. Auch die sonstigen Formen einer missbräuchlichen Verdrängung vom Markt können von der Klärung der Frage abhängig sein, ob es für die missbräuchliche Behinderung eines Unternehmens hierauf ankommt, dass dieses nicht in der Lage ist, ein neues Produkt oder eine neue Leistung im Wettbewerb anzubieten.[1271] Auf der anderen Seite kann dies eine besondere Rolle bei gewerblichen Schutzrechten deshalb spielen, weil deren ureigener Zweck darin besteht, ihren Inhaber vor Nachahmungen zu schützen.[1272]

Dies würde in der praktischen Durchsetzbarkeit für betroffene Unternehmen bedeuten, dass diese zu dem als Missbrauchsinstrument eingesetzten Innovationsgegenstand entweder einen gewissen qualitativen Abstand halten müssten, um das Verhalten des marktbeherrschenden Unternehmens als missbräuchlich darstellen zu können.[1273] Es könnte also ein „Mehr" zu dem bereits vorhandenen Angebot zu fordern sein. Daneben könnte verlangt werden, dass der den Zugang nachfragende Betroffene auf einem gänzlich anderen Markt tätig ist.[1274] In beiden Fällen geht es vorrangig um eine Verhinderung des Imitationswettbewerbs zugunsten des marktbeherrschenden Unternehmens. Dieses kann ein schutzwürdiges – und im Fall gewerblicher Schutzrechte ausdrücklich gesetzlich geregeltes – Interesse daran haben, dass seine wettbewerblichen Erfolge ausschließlich ihm selbst zustehen und es diese nicht teilen muss. Anders ist dies, wenn das Unternehmen durch die Verweigerung ein anderes behindert und dadurch seine Marktmacht missbraucht. In diesem Fall kann der Innovationswettbewerb beschränkt sein, wenn sich aus einer Abwägung ein überwiegendes wettbewerbliches Interesse an entweder einer Neuigkeit oder in sonstiger Weise einer Marktöffnung ergibt.[1275] Beides verlangt nicht auf Seiten des betroffenen Unternehmens eine eigene Leistung oder gar Innovation, sondern lediglich eine im Wettbewerb. Innovation würde hier also einen den Betroffenen treffenden

---

C-241/91 P, C-242/91 P (Magill), ECLI:EU:C:1995:98, Slg. 1995, I-00743 = GRUR Int 1995, 490, Rn. 54; zusammenfassend *Peter*, ZWeR 2004, S. 379 (403); aktuell dazu vor dem Hintergrund etwaiger Anpassungen im Hinblick auf missbräuchliche Strategien über den Zugang zu Daten *Schweitzer* et al., Modernisierung der Missbrauchsaufsicht für marktmächtige Unternehmen, 2018, S. 168; *Graef*, EU competition law, data protection and online platforms, 2016, S. 196.

1271 *Oechsler*, in: Joost/Oetker/Paschke, Festschrift für Franz Jürgen Säcker zum 70. Geburtstag, 2011, S. 879 (889 f.).

1272 *Fuchs*, in: Immenga/Mestmäcker, Wettbewerbsrecht. Band 1 EU, Art. 102 AEUV, Rn. 337; *Peter*, ZWeR 2004, S. 379 (393): *Holzweber*, in: Maute/Mackenrodt, Recht als Infrastruktur für Innovation, 2019, S. 41 (53).

1273 *Oechsler*, in: Joost/Oetker/Paschke, Festschrift für Franz Jürgen Säcker zum 70. Geburtstag, 2011, S. 879 (890 f.).

1274 *Körber*, RIW 2004, S. 881 (890); *Graef*, EU competition law, data protection and online platforms, 2016, S. 216 vertritt hier, dass das Unternehmen nur auf einem nachgelagerten Markt tätig sein darf.

1275 *Körber*, RIW 2004, S. 881 (890); siehe auch das Beispiel des Zugangs zu einem datenbasierten Diagnosesystem mit Informationen über Ersatzteile eines Autoherstellers; BGH, Urt. v. 6.10.2015 – KZR 87/13 (Porsche-Tuning), NZKart 2015, 535 = WRP 2016, 229 (m. Anm. v. Telle).

Einwand darstellen.[1276] Dies mag zwar eine gewisse Obliegenheit zur Entwicklung und damit verbundene Motivation zur Innovation mit sich bringen, entspricht jedoch nicht dem Sinn und Zweck des Marktmachtmissbrauchsverbots, das lediglich eine missbräuchlich behindernde Ausnutzung der Marktstellung voraussetzt. Für eine wirksame und dem gesetzlichen Zweck der Offenhaltung des Wettbewerbsprozesses entsprechende Auslegung würde ein derart enges Verständnis der Wettbewerbsbeschränkung zu einer Verkürzung der Rechte betroffener Unternehmen führen.

Das EuG hat hierzu in seiner Microsoft-Entscheidung mit einem Bezug auf den Wortlaut des Art. 102 UAbs. 2 lit. b AEUV (ex Art. 82 Abs. 2 lit. b EGV) klargestellt, dass es auf eine derart strenge Auslegung des Marktmachtmissbrauchsverbots nicht ankomme, sondern verschiedene Formen der Einschränkung der technischen Entwicklung in Betracht kämen.[1277] Ausreichend ist hiernach die Einschränkung der Wahlmöglichkeiten der Verbraucher als eine ausreichende Beschränkung wirksamen Wettbewerbs.[1278] Bereits zuvor hatte der EuGH die Einschränkung des potenziellen Wettbewerbs und der Entwicklung von Produktinnovationen als allein maßgeblich gesehen.[1279] Demgegenüber befasste sich das Gericht aber mit dem Einwand der Innovation insofern, als dass es die möglichen Innovationsanreize Microsofts durch die Verpflichtung zur Offenlegung der verfahrensgegenständlichen Schnittstelleninformationen als nicht eingeschränkt ansah. Es bewertete diese also als ein mögliches wettbewerbliches Interesse des marktbeherrschenden Unternehmens. Auf der anderen Seite stellte es bei dem den Zugang nachfragenden Unternehmen kein auf Imitation der Angebote Microsofts angelegtes Interesse fest.

1276 So GA Claus Gulmann, Schlussanträge v. 1.6.1994 – C-241/91 P, C-242/91 P (Magill), ECLI:EU:C:1994:210, Slg. 1995, I-00743, Rn. 96, der übereinstimmend auf ein enges Verständnis des Kriteriums „neues Produkt" im Sinne eines Angebots abstellen will, das nicht mit dem marktmächtigen Unternehmen in einem unmittelbaren Wettbewerb steht. Damit würde das Marktmachtmissbrauchsverbot allein schon durch die Unternehmensstruktur des Marktbeherrschers umgangen werden können. Ist dieser nämlich auf mehreren Märkten tätig und auch auf demjenigen, der das hiernach erforderliche Betätigungsfeld des zugangsbegehrenden Unternehmens für das „neue Produkt" sein müsste, so wäre die Argumentation ad absurdum geführt. Befürwortend hierzu *Körber*, RIW 2004, S. 881 (890). Der EuGH hat sich dieser engen Auslegung nicht angeschlossen, sondern ein nicht lediglich auf Imitation ausgelegtes Interesse vorausgesetzt, EuGH, Urt. v. 29.4.2004 – C-418/01 (IMS Health), ECLI:EU:C:2004:257, Slg. 2004, 5069 = GRUR Int 2004, 644 = MMR 2004, 456 (m. Anm. v. Hoeren), Rn. 49.

1277 EuG, Urt. v. 17.9.2007 – T-201/04 (Microsoft), ECLI:EU:T:2007:289, Slg. 2007, II-03601 = BeckRS 2007, 70806, Rn. 643; erläuternd hierzu *Körber*, WuW 2007, S. 1209 (1213); *Schweitzer* et al., Modernisierung der Missbrauchsaufsicht für marktmächtige Unternehmen, 2018, S. 14.

1278 EuG, Urt. v. 17.9.2007 – T-201/04 (Microsoft), ECLI:EU:T:2007:289, Slg. 2007, II-03601 = BeckRS 2007, 70806, Rn. 652.

1279 Insofern hat der EuGH bereits zuvor die EU-Kommission in ihren Feststellungen bestätigt, EuGH, Urt. v. 29.4.2004 – C-418/01 (IMS Health), ECLI:EU:C:2004:257, Slg. 2004, 5069 = GRUR Int 2004, 644 = MMR 2004, 456 (m. Anm. v. Hoeren), Rn. 693 ff.; erläuternd hierzu *Fuchs*, in: Immenga/Mestmäcker, Wettbewerbsrecht. Band 1 EU, Art. 102 AEUV, Rn. 337.

Dagegen kann diese Argumentation nicht auf einen reinen Innovationswettbewerb reduziert werden, wie dies *Holzweber* vertritt.[1280] Demnach müsse bei kartellrechtlichen Eingriffen in gewerbliche Schutzrechte jeweils nachgewiesen werden, dass das Unterbleiben des Eingriffs mit einer Schädigung von Innovation einhergehe, und weiterhin sei dieser Eingriff nur dann legitim, wenn das Ausschließlichkeitsrecht des gewerblichen Schutzrechts nicht mit Innovationsförderung einhergehe. Die erste Aussage würde den Innovationsschaden zu einer allein maßgeblichen Bedingung machen, wobei weitere wettbewerbliche Interessen beeinträchtigt sein könnten. Allein der Umstand, dass in derartigen Sachlagen häufig die gegenseitigen Innovationsanreize der beteiligten Unternehmen betroffen sind, macht diese Anreize nicht zu einem Gegenstand des möglicherweise beschränkten Wettbewerbs. Die zweite Aussage intendiert mit der Innovationsförderung eine Rechtfertigung der Zugangsverweigerung.[1281] Wenn und sobald nämlich im Umkehrschluss das Ausschließlichkeitsrecht zur Innovationsförderung verwendet werde, sei ein Eingriff, also Maßnahmen auf der Grundlage des Marktmachtmissbrauchsverbots, nicht zulässig. Dem könnte höchstens gefolgt werden, wenn bereits durch die Innovationsförderung die Wettbewerbsbeschränkung entfiele.[1282] Dies ist nicht selbstverständlich. Vielmehr kann ein Unternehmen ein Ausschließlichkeitsrecht ebenso zur ausschließlichen eigenen Innovationsförderung ausüben und gerade dadurch den Wettbewerb durch ein missbräuchliches Ausnutzen beschränken. Zudem hängen gewerbliche Schutzrechte zwar mit Innovationen zusammen, jedoch in der Weise, dass sie Belohnungen auf Innovationen in Form rechtlicher Monopole darstellen. Sie konservieren also einen erreichten Zustand zugunsten eines Unternehmens.[1283] Mit diesen Rechten geht grundsätzlich kein Grundsatz oder gar ein Anwendungsbefehl der Innovationsförderung einher, sondern es bleibt ihrem jeweiligen Inhaber unbenommen, es beliebig – also innerhalb der Grenzen hier des kartellrechtlichen Marktmachtmissbrauchsverbots – auszuüben. Es kann also bereits keine gesetzliche und entsprechend widerlegbare Vermutung aufgestellt werden, dass die gewerblichen Schutzrechte stets innovationsfördernd sind und deren Fehlanwendung entsprechend kartellrechtlich missbräuchlich sind. Stattdessen kommt es allein auf die Anreizwirkung an, die wiederum durch die Auswirkungen ihres Nachlassens einen wettbewerblichen Bezug eröffnet.[1284] Darüber hinaus verkennt diese Argumentation, dass es nicht auf den nach dem jeweiligen objektiven Immaterialgüterrecht vorausgesetzten Anwendungszweck bei der Bewertung der missbräuchlichen Ausübung ankommt, sondern allein auf

---

1280 *Holzweber*, in: Maute/Mackenrodt, Recht als Infrastruktur für Innovation, 2019, S. 41 (53 f.).
1281 Ähnlich sieht dies *Graef*, EU competition law, data protection and online platforms, 2016, S. 197.
1282 So zutreffend bei *Schweitzer* et al., Modernisierung der Missbrauchsaufsicht für marktmächtige Unternehmen, 2018, S. 168.
1283 Dies wiederum auch anerkennend *Holzweber*, in: Maute/Mackenrodt, Recht als Infrastruktur für Innovation, 2019, S. 41 (45 f.), der bei möglichen Eingriffen in Immaterialgüterrechte auf die möglicherweise dabei herabgesetzten Innovationsanreize verweist.
1284 *Fuchs*, in: Immenga/Mestmäcker, Wettbewerbsrecht. Band 1 EU, Art. 102 AEUV, Rn. 307.

den des Schutzzwecks Wettbewerb. Im Rahmen einer Abwägung über die Anwendbarkeit des Marktmachtmissbrauchs können Innovationsanreize als Objekte der Auswirkung herangezogen werden.

c) Kartellrechtliche Innovationsgegenstände und Verdrängung

Wendet man die vorherigen Erkenntnisse im Zusammenhang mit digitalen Plattformen an, so ergeben sich verschiedene mögliche Verdrängungsstrategien, die
vor allem im Zusammenhang mit dem Behinderungsmissbrauch und daran angeknüpft dem Diskriminierungsmissbrauch untersucht werden können. Diese
lassen sich weiterhin aufgrund ihrer wettbewerblichen Wirkung und der dadurch
geprägten Rechtsprechung und der wissenschaftlichen Erörterung in die drei
Fallgruppen Geschäftsverweigerung zu Innovationen, innovationsbezogene Ver-
drängungsstrategie und Missbrauch durch Verweigerung von Innovation auftei-
len.

Bei der ersten Fallgruppe stellt die Innovation das eigentliche Ziel des begehrten
Zugangs durch Wettbewerber dar und dem marktbeherrschenden Unternehmen
geht es um eine Vorenthaltung dieses Gegenstands. Dieser Anwendungsbereich
erscheint solange eher gering, wie noch keine monopolartige Verfestigung der
Innovation selbst vorliegt. Demgegenüber wird Innovation bei der zweiten Fallgruppe als Mittel des marktbeherrschenden Unternehmens missbräuchlich zum
Zweck der Verdrängung anderer Unternehmen im Wettbewerb gebraucht. Hier
ist Innovation nicht selbst Zugangsobjekt, sondern das missbräuchliche Ausnutzen orientiert sich im Sinne eines „Minus" am monopolistischen Innovationsgegenstand. Gleichwohl kann sich in der Praxis eine wirksame Abstellung des
behindernden Verhaltens auch bei der zweiten Fallgruppe in Form einer Gewährung des Zugangs ergeben. Daneben wird in der dritten Fallgruppe untersucht,
ob und wenn ja unter welchen Umständen ein marktbeherrschendes Unternehmen seine Marktmacht dadurch missbräuchlich ausnutzt, dass es marktmachtmissbräuchlich Innovationen unterlässt. Erneut tritt hier die Frage nach einer
Innovationsverantwortung des marktbeherrschenden Unternehmens auf. Allerdings ist Anknüpfungspunkt der Untersuchung hier nicht die Tatsache der Feststellung einer marktbeherrschenden Stellung. Zwar kann eine besondere und
damit abzuwägende Verantwortung eines marktbeherrschenden Unternehmens
für den Restwettbewerb bestehen. Dieser kann als solcher auf einen Innovationswettbewerb reduziert sein. Dennoch ist dies nicht allein Grundlage einer
besonderen rechtlich durchsetzbaren Verantwortung. Es muss vielmehr auf ein
Ausnutzen der marktbeherrschenden Stellung ankommen, die auch prägend für
das Unterlassen von Innovationen ist.

aa) Innovation als Monopol

Die Grundlagen zur Anwendung der Essential-Facilities-Doktrin haben bereits
gezeigt, dass es bei einer wesentlichen Einrichtung darauf ankommt, dass das innehabende Unternehmen wirksamen Wettbewerb ausschließen oder verringern

kann. Ebenso entspricht es einem – auch – monopolistischen Wettbewerb, dass ein Unternehmen ausbricht und sich eine Alleinstellung schafft, die es für sich ausbeuten kann. Für die weitere Untersuchung kommt es deshalb darauf an, ob zunächst überhaupt eine Monopolstellung vorliegt. Diese ist im nächsten Schritt daraufhin zu untersuchen, ob sie selbst Innovation ist oder Gegenstand einer Innovation sein kann. Denn wenn mit den Worten *Holzwebers* Immaterialgüterrechte „geronnene Innovation" sein können,[1285] so stellt dies ihren Ablauf bereits dar. Es bedarf also der Feststellung eines spezifischen Innovationsmonopols. Das verlangt eine Untersuchung, ob das Innovationsmonopol seinen Inhaber in die Lage versetzt, sich vom Wettbewerb unabhängig zu verhalten und dadurch wirksamen Wettbewerb auszuschließen. Erst hieran schließt sich jeweils die Frage an, ob die Zugangsverweigerung zu dieser unter den bisher aufgestellten Voraussetzungen missbräuchlich sein kann.

Wieder anders zu bewerten sind die natürlichen Monopole, bei denen der Inhaber seine allein von ihm verfügbaren Angebote zu für ihn günstigeren Kosten herstellen kann als dies bei zwei oder mehreren Anbietern der Fall wäre und damit die gesamte tatsächlich bestehende Nachfrage bedient.[1286] Dies scheint bei digitalen Plattformen auf den ersten Blick der Fall zu sein, wenn diese die mit Netzwerkeffekten einhergehenden Größen- und Skalierungsvorteile für ihre Angebote ausnutzen können. Allerdings bedarf dies stets wiederum der einzelfallbezogenen Feststellung hinsichtlich der für Plattformen besonders wirkenden wettbewerblichen Umstände.[1287] Bei Plattformen mit mehrseitigen Wirtschaftszweigen ist besonders zu beachten, dass eine Betrachtung auf verschiedenen Märkten erforderlich sein kann. Dies erschwert in tatsächlicher Hinsicht regelmäßig die Feststellung eines eigenständigen natürlichen Monopols.

Das natürliche Monopol ist außerdem nur in sehr seltenen Fällen geeignet, um einen Innovationsgegenstand als monopolartige Stellung einer Marktbeherrschung zu beschreiben, da es in besonderer Weise mit der die Innovation ablösenden Tradition verbunden ist. Die netzwerktypischen wettbewerblichen Besonderheiten lassen sich nicht anhand eines physischen Merkmals feststellen. Sie sind durch die besonderen technischen und wettbewerblichen Umstände in der Digitalwirtschaft geprägt. Indem die wesentlichen technischen Merkmale virtuell über Informationstechnik abgebildet werden, sind die damit zusammenhängenden wettbewerblichen Faktoren virtualisiert. Das bedeutet, dass sich die für die Feststellung eines natürlichen Monopols erforderliche Kostenbetrachtung anhand der „virtuellen Umstände" ergeben kann. Diese sind aber häufig schwerer feststellbar, als dies bei herkömmlichen Geschäftsmodellen mit physischen Gütern oder konventionellen Leistungen der Fall sein mag. Das bedeutet aber nicht, dass die zur Konzentration zugunsten einer Plattform neigenden Ef-

---

1285 *Holzweber*, in: Maute/Mackenrodt, Recht als Infrastruktur für Innovation, 2019, S. 41 (45).
1286 *Ewald*, in: Wiedemann, Handbuch des Kartellrechts, § 7, Rn. 68; *Dewenter/Rösch*, Einführung in die neue Ökonomie der Medienmärkte, 2015, S. 45.
1287 *Ewald*, in: Wiedemann, Handbuch des Kartellrechts, § 7, Rn. 63.

fekte nicht berücksichtigt werden können und keine marktbeherrschende Stellung feststellbar ist. Die auf mehrseitigen Wirtschaftszweigen stattfindenden wettbewerblichen Phänomene können einen Konzentrationsprozess bis hin zu einem Umkippen eines oder mehrerer Märkte abbilden. Auf diesem Konzentrationsprozess kann bereits vor dem Umkippen eine marktbeherrschende Stellung vorliegen, die dann aber –noch – kein natürliches Monopol darstellt.[1288]

(1) Rechtlicher Innovationsschutz

Wie die bisherigen Untersuchungen gezeigt haben ist nicht ohne weiteres ein eigenständiger Innovationsmarkt abgrenzbar. Die grundlegenden unternehmerischen Vorleistungen eines Unternehmens dagegen, die sich auf Forschung oder Entwicklung beziehen, können eigenständige Gegenstände eines Marktes sein, wenn und soweit sich hinsichtlich dieser ein eigenständiges Verhältnis von Angebot und Nachfrage festmachen lässt. In diesem Fall ist die Annahme eines relevanten innovationsbezogenen Marktes grundsätzlich denkbar, auf dem eine marktbeherrschende Stellung bestehen kann.

Rechtliche Monopole entstehen durch eine gesetzliche Zuschreibung eines Ausschließlichkeitsrechts. Ihnen ist gemein, dass sie bereits durch die rechtliche Zuschreibung die Möglichkeit zum Ausschluss anderer Unternehmen eröffnen. Allein diese rechtliche Möglichkeit zum Ausschluss anderer Unternehmen bedeutet nicht gleichzeitig, dass es sich um ein Monopol im kartellrechtlichen Sinne handelt. Stattdessen muss der Inhaber aufgrund der tatsächlichen wettbewerblichen Umstände, welche die Wirkung des rechtlichen Monopols ausmachen, andere Unternehmen ausschließen können.[1289] Das bedeutet nach den bisherigen Ausführungen, dass die Nachfrager nach dem rechtlichen Monopol aus wettbewerblichen Gründen auf dieses angewiesen sind und die Zugangs- oder Geschäftsverweigerung einen Ausschluss wirksamen Wettbewerbs darstellt. Dies ist eine Frage der tatsächlichen Feststellung.

Nicht jedes rechtliche Monopol, das gleichzeitig als wettbewerbliches Monopol im Sinne einer marktbeherrschenden Stellung betrachtet werden kann, ist wiederum – noch – Innovation. Denn wie die bisherigen Untersuchungen gezeigt haben, ist Innovation kein ständiger Zustand, sondern Abbild eines Prozesses. Ein Innovationsmonopol kann also nur dann angenommen werden, wenn und solange sein Inhaber durch dieses selbst den wirksamen Wettbewerb ausschalten kann. Dies wird allein auf die Innovation bezogen wiederum nur für einen kurzen Zeitpunkt der Fall sein, nämlich solange wie dessen wettbewerbliche Wirkung als Innovation reicht. Wie die bisherigen Untersuchungen gezeigt haben, kann die Innovation im Verlauf des Wettbewerbsprozesses durch andere Innovationen abgelöst werden oder aber als solche verblassen. An ihre Stelle tritt dann häufig ein Traditionsinteresse in dem Sinne, dass das hinter ihrer Ent-

---

1288 *Louven*, ZWeR 2019, S. 154 (178).
1289 *Ewald*, in: Wiedemann, Handbuch des Kartellrechts, § 7, Rn. 29; *Fuchs*, in: Immenga/Mestmäcker, Wettbewerbsrecht. Band 1 EU, Art. 102 AEUV, Rn. 81.

wicklung stehende Unternehmen nach einem möglichst langen und gewinnbringenden Ausbeuten trachten wird. Bereits in diesen Fällen richtet sich die kartellrechtliche Bewertung über einen ausnahmsweise zwangsweise gegen das seine Marktstellung ausübende Unternehmen nach den allgemeinen Grundsätzen der Essential-Facilities-Doktrin. Es kann also nur unter ausnahmsweisen Umständen überhaupt ein Missbrauch bei der Ausübung eines rechtlichen Monopols angenommen werden. Dies gilt noch einmal mehr, solange dieses aktuelle Innovation ist. Denn in dieser Situation überwiegen die wettbewerblichen Interessen an einer Innovation durch das diese innehabende Unternehmen. Es liegt häufig sogar gerade in dem Zweck eines rechtlichen Monopols, in Innovation mündende Leistung zu schützen.

(2) Informationelle Innovationsgrundlagen als faktische Monopole

Es sind nicht allein die rechtlichen Monopole, die Unternehmen in die Lage versetzen, sich missbräuchlich zu verhalten. Wenn nämlich wie soeben untersucht die tatsächliche wettbewerbliche Wirkung maßgeblich für die Annahme einer marktbeherrschenden Stellung in der Form eines Monopols ist, so kann dies erst recht bei faktischen Monopolen angenommen werden.[1290] Bei diesen kommt es darauf an, ob ein Unternehmen kraft seiner Inhaberschaft und der Verweigerung der Nutzung durch andere Unternehmen den wirksamen Wettbewerb ausschalten kann. Die bisherigen Erkenntnisse haben bereits gezeigt, dass in besonderer Weise Informationen eine Bedeutung für die kartellrechtliche Analyse digitaler Plattformen gewonnen haben.[1291] Informationen können aber nicht allein Form oder Gegenstand der Zusammenarbeit sein, sondern stellen ebenso durch ihre Nichtübermittlung oder Art und Weise ihrer Gestaltung ein Mittel zur Verdrängung im Wettbewerb dar.[1292]

Dabei sind zwei Konstellationen denkbar.[1293] In der Ersten ist die Information selbst Gegenstand einer eigenständigen Nachfrage und damit eines – als solchen ausdrücklich festzustellenden[1294] – Marktes, auf dem das innehabende Unternehmen eine bestimmte Marktstellung hat, die es missbraucht. Daneben kann ein Unternehmen seine festgestellte Marktstellung auf einem Nicht-Informationsmarkt dadurch missbräuchlich ausnutzen, indem es Unternehmen Informationen über seine Angebote auf dem von ihm beherrschten Markt vorenthält.[1295]

1290 *Jung*, in: Grabitz/Hilf/Nettesheim, Das Recht der Europäischen Union: EUV/AEUV, Art. 102 AEUV, Rn. 85, 233; *König*, in: Hennemann/Sattler, Immaterialgüter und Digitalisierung, 2017, S. 89 (92).
1291 Seite 44 ff.
1292 EuGH, Urt. v. 23.11.2006 – C-238/05 (Asnef-Equifax/Asociación de Usuarios de Servicios Bancarios (Ausbanc)), ECLI:EU:C:2006:734, EuZW 2006, 753 (m. Anm. v. Stappert/Esser-Wellié), Rn. 61; EuGH, Urt. v. 28.5.1998 – C-7/95 P (John Deere/Kommission), Slg. 1998 I-03111, Rn. 98.
1293 *Körber*, NZKart 2016, S. 303 (305).
1294 Ebenda, S. 303 (304).
1295 BGH, Urt. v. 6.10.2015 – KZR 87/13 (Porsche-Tuning), NZKart 2015, 535 = WRP 2016, 229 (m. Anm. v. Telle), Rn. 109 f.

In sachlicher Hinsicht lassen sich persönliche und sachliche Bezüge voneinander unterscheiden sowie hierzu große Datensammlungen.

(a) Individuenbezug

Eine erste besonders häufig diskutierte Gruppe an Informationen ist die mit einem Bezug zu Individuen.[1296] Deren Bedeutung hängt vor allem mit den für digitale Plattformen typischen wettbewerblichen Phänomenen zusammen. So kann eine Plattform indirekte Netzwerkeffekte besser oder überhaupt erst ausnutzen, wenn sie über die von ihr bedienten Nutzergruppen ausreichende – oder möglichst zahlreiche – Informationen über deren Bedürfnisse, insbesondere Nachfragen, aber auch Verhalten erhält. Diese können in einfach gelagerten Fällen mit denjenigen Informationen identisch sein, die eine Plattform bereits zur Erfüllung ihrer Dienstleistung verarbeitet. Eine Nutzergruppe wie zum Beispiel Werbekunden könnte aber darüber hinaus gehende Informationen über die verbundene Nutzergruppe von Endkunden abfragen, weil sie sich originär an diese richten will, um ihre Werbung zu adressieren und Angebote abzusetzen.[1297] Da diese Bedürfnisse für die meisten Plattform-Betreiber zu einem Großteil noch nicht erkennbar sind, sie aber zur Vermeidung von Wettbewerbsnachteilen schnell auf sich ändernde Nachfragen eingehen wollen, werden die meisten ihre Datenstrategien darauf auslegen, möglichst viele Informationen über die auf ihnen angeschlossenen Individuen zu erlangen.[1298]

Eine besondere Gruppe sind die personenbezogenen Daten, die als Gegenstand des Datenschutzrechts sektorspezifisch reguliert sind und bei denen über die technische noch die weitere syntaktische Bedeutung des Personenbezugs mit dem Datenbegriff verbunden ist.[1299] Bei diesen steht der informationsrelevante Aussagegehalt für einen jeweils relevanten Umstand, der in einer natürlichen Person liegt.[1300] Auch diese können im Wettbewerb relevant sein.[1301] Aus ihnen lässt sich Wissen über bisheriges oder zukünftiges Verhalten ableiten.[1302] Weiterhin kann es für digitale Plattformen aufgrund eines bestehenden innovationsgetriebenen Wettbewerbsdrucks erforderlich sein, weitere personenbezogene Daten zu verarbeiten, als sie allein zur Leistungserbringung gegenüber dem datenliefernden Nutzer erforderlich sind. Daten können dabei zur Angebotsverbesserung beitragen und haben damit einen eigenständigen Innovationsbezug.[1303] Plattformen können aber auch aufgrund der ihnen zur Verfügung stehenden

---

1296 *Weber*, ZWeR 2014, S. 169 (171 f.).
1297 *Graef*, EU competition law, data protection and online platforms, 2016, S. 251.
1298 *Zech*, CR 2015, S. 137 (139).
1299 Ebenda, S. 137 (138).
1300 *Karg*, in: Simitis/Hornung/Spiecker, gen. Döhmann, Datenschutzrecht, Art. 4 Nr. 1 DSGVO, Rn. 25 ff.
1301 Kommission, Entsch. v. 11.3.2008 – COMP/M.4731 (Google/DoubleClick), ABl. C 184, 10, Rn. 273.
1302 *Weber*, ZWeR 2014, S. 169 (171).
1303 *Körber*, in: Körber/Immenga, Daten und Wettbewerb in der digitalen Ökonomie, 2016, S. 81 (89).

personenbezogenen Daten ihre Nutzer besser beobachten. Die Ergebnisse dieser Beobachtungen könnten sie dazu verwenden, Nutzerbewegungen zu lenken, sodass hierdurch eigene Angebote begünstigt werden.[1304] Hierbei dienen die personenbezogenen Daten allerdings lediglich als Mittel für eine andere Form des Missbrauchs durch missbräuchliche Selbstbegünstigung, Kopplung oder Diskriminierung, sind nicht selbst Gegenstand des Zugangsbegehrens anderer Unternehmen.

Allerdings kann die wettbewerbliche Relevanz der personenbezogenen Informationen und Daten allein nicht die Annahme stützen, die bloße Inhaberschaft oder Größe löse bereits eine wettbewerbliche Implikation im Zusammenhang mit dem Marktmachtmissbrauchsverbot aus. Denn hierfür müsste durch die Inhaberschaft eine rechtlich erhebliche Machtstellung entstehen, die durch ihre verweigerte Öffnung gegenüber anderen Unternehmen missbräuchlich ausgeübt wird. Hiergegen sprechen aber die drei Gründe der Nicht-Rivalität, Nicht-Verbrauchbarkeit und Nicht-Exklusivität personenbezogener Daten. Nicht-Rivalität meint dabei, dass es grundsätzlich möglich ist, dass die Daten durch mehrere Unternehmen nebeneinander verarbeitet werden können.[1305] Sie können sogar vervielfältigt werden, ohne dass dies eine andere Verarbeitung ausschließt.[1306] Nicht-Verbrauchbarkeit beschreibt den gegen die Metapher von „Daten als das Öl des 21. Jahrhunderts" stehenden Umstand, dass Daten und Informationen grundsätzlich unendlich verfügbar sind.[1307] Zudem können die dahinterstehenden Informationen zwar durch Zeitablauf ihren Wert verlieren, jedoch nicht ihren grundsätzlichen Nutzungsvorteil. Sie sind dann weiterhin personenbezogene Daten mit dem ihnen innewohnenden Informationsgehalt über Individuen, aber nicht mehr innovativ. Das Kriterium der Nicht-Exklusivität geht schließlich mit der Nicht-Rivalität einher und meint, dass sich mehrere parallele Verarbeitungen nicht gegenseitig ausschließen.[1308] Etwas anderes gilt lediglich bei geheimen Daten, wenn hierdurch eine faktische Beschränkung der Verarbeitung eintritt. Da personenbezogene Daten grundsätzlich nicht-rival sind, verfügen Unternehmen weiterhin über die Möglichkeit zur Verarbeitung eines eigenen Datensatzes, indem sie diesen direkt bei den einzelnen Personen erheben oder sich über Drittquellen erschließen. Die bloße Inhaberschaft über personenbezogene Daten ist damit noch nicht geeignet, andere Unternehmen vom Wettbewerb auszuschließen.

Allerdings werden Wettbewerber regelmäßig keine Informationen darüber haben, wie viele personenbezogene Daten ein Unternehmen tatsächlich innehat. Es bleibt ihnen lediglich die subjektive Vermutung. Sofern nicht konkret nachvollziehbar nach der quantitativen Masse der aus einem Netzwerk gewonnenen

---

1304 *Walzel*, CR 2019, S. 314 (316).
1305 *Drexl*, JIPITEC 2017, S. 257 (271); *Louven*, K&R 2018, S. 230 (233).
1306 *Zech*, CR 2015, S. 137 (139).
1307 *Kaben*, in: Körber/Immenga, Daten und Wettbewerb in der digitalen Ökonomie, 2016, S. 123 (125).
1308 *Louven*, NZKart 2018, S. 217 (220).

Informationen ein absoluter Bestand genannt werden kann, wofür das den Zugang begehrende Unternehmen darlegungs- und beweisbelastet wäre, aber auch eine Behörde die notwendigen Belege vornehmen müsste, scheitern unmittelbare Ansprüche bereits an der Unbestimmtheit des Zugangsobjekts.

Zugangsansprüchen zu personenbezogenen Daten werden in der Regel geltende datenschutzrechtliche Verbotsnormen entgegenstehen, die zu einer objektiven Rechtfertigung der Geschäftsverweigerung führen. An dieser Stelle zeigt sich ein grundsätzlicher Unterschied zwischen den beiden Regelungsbereichen Kartellrecht und Datenschutzrecht. Das Kartellrecht geht – mit unterschiedlichen Begründungsansätzen der jeweiligen Wettbewerbstheorien – von einer grundsätzlich freien Tätigkeit der Unternehmen im Wettbewerb aus, der erst durch die ausdrücklichen Verbotsvorschriften Schranken gesetzt werden. Das unternehmerische Handeln ist im Schutzbereich des Kartellrechts also grundsätzlich frei, soweit und solange keine der ausdrücklichen Verbotsvorschriften des Kartellrechts greift. Anders herum ist dies im Datenschutzrecht, das von einem grundsätzlich vorrangigen Schutz der personenbezogenen Daten ausgeht, der erst durch ausdrückliche Erlaubnisvorschriften die Verarbeitung ermöglicht. Das unternehmerische Handeln ist im Schutzbereich des Datenschutzrechts also grundsätzlich nicht frei, soweit und solange keine der ausdrücklichen Erlaubnisvorschriften des Datenschutzrechts greift, wie sie vor allem in Art. 6 DSGVO normiert sind.[1309] Die datenschutzrechtlichen Erlaubnisvorschriften setzen dabei in allen Fällen einen bereits bestehenden unbedingten – also nicht von dem Vorliegen eines Erlaubnissatzes abhängigen – Zugang voraus. Solange ein derartiger Erlaubnissatz nicht vorliegt, liegt in dem datenschutzrechtlichen Verbot mit Erlaubnisvorbehalt eine objektive Rechtfertigung.

Eine besondere Bedeutung spielt hier das in Art. 20 DSGVO vorgeschriebene Recht auf Datenportabilität. Dieses ermöglicht betroffenen Personen, also nicht Unternehmen und damit auch nicht Wettbewerbern, in gewisser Weise einen Zugangsanspruch zu den von ihnen bereitgestellten personenbezogenen Daten. Die Hoheit über die Ausübung dieses Rechts liegt allein bei der betroffenen Person, also dem jeweiligen Nutzer. Lediglich soweit ein Unternehmen der Verarbeitung personenbezogener Daten im Rahmen seiner pflichtgemäßen Erfüllung dieser Vorschrift nachkommt, könnte es sich also nicht auf eine objektive Rechtfertigung der Geschäftsverweigerung berufen. Allerdings wird dies wiederum dadurch relativiert, dass das Recht auf Datenportabilität selbst keine Pflicht zum Geschäftsabschluss mit einem anderen Unternehmen enthält, sondern sich lediglich eine Pflicht zur Bereitstellung der personenbezogenen Daten an die betroffene Person und im Rahmen der technischen Möglichkeiten an den neuen Verantwortlichen ergibt. Dies ergibt sich noch einmal deutlicher aus Art. 20 Abs. 1 DSGVO, wonach die betroffene Person das erste Unternehmen dazu veranlassen kann, dass dieses die sie betreffenden personenbezogenen Daten direkt

---

1309 A.A. hierzu aber *Kamann*, in: Körber/Immenga, Daten und Wettbewerb in der digitalen Ökonomie, 2016, S. 59 (68)

an das übernehmende Unternehmen übergibt. Das alleinige wettbewerblich wirkende Verfügungsrecht verbleibt also ständig bei der betroffenen Person.

(b) Innovationsbezogene nicht-personenbezogene Informationen

Werden Informationen vorenthalten, die lediglich von einem Unternehmen generiert und vorgehalten werden und die aktuell sein müssen, so kann dies dem Inhaber die Möglichkeit zum Ausschluss wirksamen Wettbewerbs eröffnen. Dies kann zum einen der Fall sein, wenn dieses Unternehmen als einziges über die Möglichkeit zur Generierung und Freigabe der jeweiligen Daten verfügt.[1310] Zum anderen kann sich ein Annex-Anspruch auf den Zugang zu Informationen ergeben, wenn die Verweigerung als Mittel zum Zweck der Verdrängung von einem der Informationsgewinnung vorgelagerten oder komplementären Markt dient.[1311] Letzteres stellte sich in der Porsche-Entscheidung des BGH dar, bei der es primär um einen Belieferungszwang eines abhängigen Unternehmens hinsichtlich angebotener Liefergegenstände Luxusfahrzeuge ging, die hierbei gleichzeitig den Zugang zum Informations- und Analysesystem des Autoherstellers zusprach.[1312] Sofern es Wettbewerbern nicht zumutbar möglich ist, diese ursprünglich lediglich beim Hersteller vorliegenden Informationen selbst zu erstellen oder über andere Quellen tatsächlich und auf einem wettbewerblich angemessen aktuellen Stand zu erlangen, kann der Hersteller hinsichtlich dieser Informationen marktbeherrschend sein.[1313] In beiden Fällen könnte das innehabende Unternehmen andere Unternehmen bei alleinigen faktischen Zugriffsmöglichkeiten wirksam ausschließen und dadurch Wettbewerb missbräuchlich ausschließen.[1314] Anders als bei personenbezogenen Daten und Informationen wird es hier dem nachfragenden Unternehmen nicht schwer fallen, das Zugangsobjekt zu konkretisieren.

(c) Datenpools

Die bisher angesprochenen Informationen könnten von einem Unternehmen zusammengelegt und aggregiert werden, sodass es über einen großen Datenschatz und damit einhergehenden Vorsprung innehat. Dabei ist es für die Feststellung eines etwaigen Missbrauchs nicht ausreichend, dass das Unternehmen

---

1310 *Schweitzer* et al., Modernisierung der Missbrauchsaufsicht für marktmächtige Unternehmen, 2018, S. 166.

1311 Ebenda, S. 166.

1312 BGH, Urt. v. 6.10.2015 – KZR 87/13 (Porsche-Tuning), NZKart 2015, 535 = WRP 2016, 229 (m. Anm. v. Telle).

1313 *Schweitzer* et al., Modernisierung der Missbrauchsaufsicht für marktmächtige Unternehmen, 2018, S. 167, Fn. 361 m. w. N., was allerdings wohl nur für komplexere Produkte oder Leistungen mit umfangreichen Datenbeständen gelten dürfte. So wäre es weiterhin bei weniger komplexen Informationsbeständen denkbar, dass sich nachfragende Unternehmen die Informationen über andere Wege beschaffen, wie zum Beispiel eigene Analyse und Prüfung der Kompatibilitätsmöglichkeiten.

1314 *Drexl*, JIPITEC 2017, S. 257 (281).

allein durch die Inhaberschaft den Wettbewerb beeinflussen kann.[1315] Denn die Möglichkeit zur Beeinflussung an sich ist noch nicht ausschlaggebend für ein Aufgreifen nach den kartellrechtlichen Vorschriften, die sich an einer Marktbeherrschung orientieren, solange und soweit das betreffende Unternehmen nicht frei von Wettbewerb ist. Bis dahin ist ein Daten- respektive Informationsvorsprung lediglich ein Vorsprung an Wissen, also das Ergebnis eines wettbewerbsimmanenten Ablaufs. Allein ein Wissensvorsprung reicht noch nicht aus, eine relevante Machtstellung zu begründen, wenn bereits keine Nachfrage besteht. Das pauschale und unspezifische Begehren nach einem großen Wissensschatz kann dann keinen potenziellen Markt begründen. Dies schließt nicht aus, dass zwar ein Wissensvorsprung als Mittel zur missbräuchlichen Ausnutzung einer – anderweitig festgestellten – marktbeherrschenden Stellung verwendet wird, begründet nicht allein aufgrund dieses Wissens eine marktbeherrschende Stellung. Es besteht also ein rechtlicher Unterschied zwischen erstens Wissen im Wettbewerb und zweitens Wissen im Markt. Wissen im Wettbewerb ist Zweck des effektiven Wettbewerbs und stellt sich als eine seiner notwendigen Komponenten dar. Wissensschaffung entspricht damit der Wettbewerbsfunktion und dem Zweck des Wettbewerbs als Suchveranstaltung. Erst wenn sich durch Angebot und Nachfrage ein abgrenzbarer Markt ergibt, kann Wissen und ein möglicher Vorsprung überhaupt Gegenstand der Marktmachtmissbrauchskontrolle werden.

Wissen allein hat also in aller Regel keine mögliche Auswirkung außerhalb der Unternehmensstruktur des dieses Wissen innehabenden Unternehmens, die mindestens als ein Fehlen wesentlichen Wettbewerbs anzusehen sein kann.[1316] Das bedeutet, dass ähnlich wie bei sonstigen Konzernstrukturen die interne Verfügung über das vorhandene Wissen grundsätzlich kartellrechtsneutral ist, sofern nicht weitere Umstände hinzukommen, die sich als manifestierte Verdrängung wettbewerblich negativ auswirken. Dies wäre erst dann der Fall, wenn sich gerade durch das Wissen das Unternehmen auf einem abgegrenzten relevanten Markt unabhängig von dem Wettbewerb durch andere Unternehmen verhalten kann.[1317] Eine derartige Stellung wird allein durch die Größe eines Datensatzes nicht nachweisbar sein. Bis dahin fehlt es selbst bei großen Datenvorsprüngen regelmäßig an einer Außenwirkung.

Erneut tritt hier die Frage nach der eigenständigen Bedeutung des § 18 Abs. 3a Nr. 4 GWB für die Bestimmung einer marktbeherrschenden Stellung auf und wie diese bei lediglich großen Datenpools fruchtbar gemacht werden kann. Denn die Erläuterung des Gesetzgebers scheint hier darauf hinzudeuten, dass auch die „interne" Möglichkeit des als marktbeherrschend untersuchten Unternehmens zur Auswertung der Daten als ein nach dieser Vorschrift erheblicher Vorgang bewertet werden kann. So seien für Wettbewerbsvorteile auch „Fähigkeiten und Möglichkeiten des Unternehmens zur Datenauswertung bzw. –ver-

---

1315 So aber noch *Louven*, K&R 2018, S. 230 (233).
1316 *Fuchs*, in: Immenga/Mestmäcker, Wettbewerbsrecht. Band 2 GWB, § 18 GWB, Rn. 101.
1317 *Fuchs*, in: Immenga/Mestmäcker, Wettbewerbsrecht. Band 1 EU, Art. 102 AEUV, Rn. 76.

arbeitung" ausschlaggebend, was auf ansonsten als kartellrechtsneutral angesehene Umstände hindeutet.[1318] Der Gesetzgeber relativiert diese Aussage durch einen nachfolgenden Satz, wonach dies beispielsweise bei eingeschränkten Möglichkeiten für Wettbewerber vorliege, selbst an entsprechend erforderliche Daten zu gelangen. Damit ist dies wiederum ein externer wettbewerblicher Umstand, der als eine Form der Exklusivität betrachtet werden kann. Nicht geklärt ist allerdings die Frage, wie eine rechtsfehlerfreie Feststellung dieses Kriteriums möglich sein soll. Denn wenn es nicht die alleinige Größe des Wissens und eines vermuteten Datenschatzes sein kann, die eine rechtlich relevante Marktstellung begründet, müssen es äußere wettbewerblich wahrnehmbare Umstände sein. Auch wenn dies in der Regierungsbegründung nicht ausdrücklich erwähnt wird, lässt sich dies nur über die tatsächliche Nachverfolgung der möglichen Datenströme entlang der Netzwerkinfrastruktur und der Netzwerkeffekte nachvollziehen, die sich wiederum über öffentliche Konsultationen untersuchen lassen. Das Kriterium aus § 18 Abs. 3a Nr. 4 GWB wird damit nur wenig eigenständige Bedeutung haben und ist bei der Frage nach einem exklusiven Zugang zu Innovationsgegenständen nur wenig hilfreich.

Einen nicht ohne weiteres sich in diese Abgrenzung einfügenden Begriff werfen *Mayer-Schönberger/Ramge* in ihrem Konzept über eine sogenannte progressive Daten-Sharing-Pflicht auf.[1319] Dabei handelt es sich um einen Vorschlag für ein marktregulatorisches Lenkungsinstrument, das bei begrifflichen Vorfragen auf die offenen kartellrechtlichen Diskussionen hinweist und in sachlicher Hinsicht an sogenannten Feedbackdaten anknüpfen soll. Bei diesen soll es sich um derartige Informationen handeln, die ein Unternehmen gerade aufgrund seiner Auswertungsmöglichkeiten erhält.[1320] Damit lässt sich diese Erklärung ähnlich einordnen wie die Antwort auf die Frage nach einer eigenständigen kartellrechtlichen Bewertung einer schier großen Datenmasse. Es wird vor allem auf die Feststellung der tatsächlich bestehenden Netzwerkeffekte und damit einhergehender Größenvorteile ankommen, die dem Unternehmen eine von den unpersönlichen Zwängen des Wettbewerbs losgelöste Aktivität erlauben. Es geht also um die Metainformationen über bereits vorhandene Informationen, also das Ergebnis eines Lernprozesses. Allerdings wird im weiteren Verlauf nicht weiter geklärt, wie eine rechtssichere Abgrenzung zwischen Feedbackdaten, personenbezogenen Daten und sonstigen Daten erfolgen soll. So verweisen *Mayer-Schönberger/Ramge* lediglich pauschal darauf, dass „der Datenschutz" beachtet werden soll.[1321] In seiner Wirkung würde dieser Vorschlag ebenso an einer Vermutung der Marktstellung aufgrund der unterstellten Größe des Datenschatzes anknüpfen.

1318 Regierungsbegründung zur 9. GWB-Novelle, BT-Drs. 18/10207, S. 51.
1319 *Mayer-Schönberger/Ramge*, Das Digital, 2017, S. 195 ff.
1320 Ebenda, S. 90, 94, 99, 184, 193.
1321 Ebenda, S. 22.

(3) Keine allgemeine Innovationsverantwortung

Die bisherigen Untersuchungen knüpften vor allem an Maßnahmen an, bei denen sich eine marktmächtige Plattform missbräuchlich verhält, indem sie anderen Unternehmen entweder den Zugang verweigert oder diese mit Veränderungen konfrontiert. Beides stellt sich als aktive Maßnahmen dar, mittels derer die Handlungsspielräume anderer Unternehmen im Wettbewerb beschnitten werden. Weiterhin stellt sich die Frage, ob ein marktmächtiges Unternehmen seine Stellung dadurch missbrauchen kann, dass es keine Veränderungen vornimmt, sich also Innovationen verweigert. Der Missbrauchsbeitrag des marktbeherrschenden Unternehmens rückt damit mehr in die Nähe eines Unterlassens. Der EuGH es hat in seiner älteren Rechtsprechung bereits als missbräuchlich angesehen, wenn ein marktmächtiges Unternehmen den Einsatz moderner Technologien ablehnt.[1322] Dies gelte vor allem, wenn dem Unternehmen im Rahmen hoheitlicher Maßnahmen die Befugnis zugeteilt werde, die technischen Spezifikationen auf einem Markt zu bestimmen, auf dem es selbst tätig wird.[1323]

Auch hierbei ist eine Beschränkung auf das Regelbeispiel des Art. 102 UAbs. 2 lit. b AEUV nicht geboten, sondern es kommt darüber hinaus eine Untersuchung des Marktmachtmissbrauchsverbots anhand der Generalklauseln aus Art. 102 UAbs. 1 AEUV und § 1 GWB in Betracht. Hierbei stellt sich die Frage, unter welchen Voraussetzungen ein missbräuchliches Ausnutzen der Marktstellung durch ein Verweigern von Veränderungen gegenüber Unternehmen in Betracht kommt, das sich als eine Form des Missbrauchs durch Unterlassen beschreiben ließe. Dies soll im Näheren auf die unterlassene Innovation als einer möglichen Fallgruppe des Unterlassens eingegrenzt werden. Hieran anknüpfend sind die gegebenenfalls erforderlichen Maßnahmen darzustellen, die ein marktmächtiges Unternehmen veranlassen müsste. Erneut stellt sich hier die Frage, zu welchen Maßnahmen ein Unternehmen verpflichtet werden kann, ohne dass dabei dessen unternehmerische Souveränität ungerechtfertigt eingeschränkt wird. Dies lässt sich als eine besondere Form des Verhältnismäßigkeitsgrundsatzes darstellen.

Die vorgenannte missbräuchliche Innovationsverweigerung kann unter drei Fallgruppen diskutiert werden. Erstens könnte sich das marktmächtige Unternehmen in der Lage befinden, etwaige Wettbewerber zu verdrängen, indem es die allgemeine Nachfrage nicht ausreichend befriedigt.[1324] Der EuGH hat hierzu bereits vereinzelt klargestellt, dass in diesem Fall eine missbräuchliche Beschrän-

---

1322 EuGH, Urt. v. 10.12.1991 – C-179/90 (Porto di Genova), ECLI:EU:C:1991:464, BeckRS 2004, 74716, Rn. 19; EuGH, Urt. v. 20.3.1985 – RS. 41/83 (Italien/Kommission), ECLI:EU:C:1985:120, BeckRS 2004, 71140, Rn. 24; EuGH, Urt. v. 13.12.1991 – C-18/88 (GB-Inno-BM), ECLI:EU:C:1991:474, BeckRS 2004, 72047, Rn. 25.

1323 EuGH, Urt. v. 19.3.1991 – Rs. 202/88 (Frankreich/Kommission), ECLI:EU:C:1991:120, BeckRS 2004, 72254, Rn. 51; EuGH, Urt. v. 23.4.1991 – C-41/90 (Höfner und Elser/Macrotron), ECLI:EU:C:1991:161, NJW 1991, 2891, Rn. 31; EuGH, Urt. v. 11.12.1997 – C-55/96 (Job Centre), ECLI:EU:C:1997:603, EuZW 1998, 274, Rn. 31, 35.

1324 *Jung*, in: Grabitz/Hilf/Nettesheim, Das Recht der Europäischen Union: EUV/AEUV, Art. 102 AEUV, Rn. 234.

kung der eigenen Leistungsfähigkeit gesehen werden kann.[1325] Die verweigerte Innovation stellt sich hier materiell in Form zusätzlicher Kapazitäten dar. Diese Entscheidungen stehen zwar nicht in einem Zusammenhang mit der konkreten Bewertung einer missbräuchlichen Maßnahme eines marktbeherrschenden Unternehmens. Denn es ging dort um die Bewertung von Maßnahmen einzelner Mitgliedsstaaten, die Unternehmen eine Monopolstellung eingeräumt hatten. Der EuGH sah es in diesem Zusammenhang als möglich an, dass die Unternehmen diese Stellung missbrauchten, indem sie die Nachfrage nur defizitär befriedigen. Der Schwerpunkt dieser Begründung liegt dabei auf einer kapazitätsbedingten Minderbefriedigung der Nachfrage, wie sie die EU-Kommission bereits vereinzelt als missbräuchlich angenommen hat.[1326] Diese Entscheidungspraxis hat eine dogmatische Nähe zur missbräuchlichen Geschäftsverweigerung und der Essential-Facilities-Doktrin, indem sie die Kapazitätsbeschränkung als Minus-Maßnahme beschreibt. Ähnlich ist insofern, dass es sich um die Verweigerung des Zugangs zu einem bestimmten Monopol handelte und in diesen Fällen das Monopol selbst gezielt nicht ausreichend zu Deckung der Nachfrage ausgestattet war. Missbräuchlich sei es hiernach lediglich, wenn das marktbeherrschende Unternehmen keine Anpassungsmaßnahmen zur Deckung dieser konkreten Nachfrage vornimmt.[1327] Allerdings blieb bislang noch offen, unter welchen Voraussetzungen eine Entscheidung darüber getroffen werden kann, wann ein Angebot die Nachfrage ausreichend befriedigt oder nach diesen Grundsätzen nachgebessert werden müsste. Jedenfalls dürfte in der Regel bei digitalen Plattformen eine quantitative Beschränkung nicht zu rechtfertigen sein, während es insbesondere für qualitative Beschränkungen zahlreiche denkbare qualitative Rechtfertigungen geben wird.

Zweitens und aus dieser Frage ebenso folgend könnte deshalb neben der nicht ausreichenden Befriedigung der Nachfrage als missbräuchlich untersucht werden, dass ein marktbeherrschendes Unternehmen qualitativ unzureichende Produkte oder Leistungen anbietet, sich also einem „vernünftigen" oder sonstwie „angemessenen" Fortschritt verweigert.[1328] Hierbei rückt das untersuchte Verhalten weg von einer kapazitätsbedingten Zugangsverweigerung hin zu einer Verweigerung von Veränderungen an dem Angebot des marktbeherrschenden Unternehmens. Anders als bei der ersten Fallgruppe besteht dabei bereits nicht

---

1325 EuGH, Urt. v. 23.4.1991 – C-41/90 (Höfner und Elser/Macrotron), ECLI:EU:C:1991:161, NJW 1991, 2891, Rn. 30, 31, 34; EuGH, Urt. v. 11.12.1997 – C-55/96 (Job Centre), ECLI:EU:C:1997:603, EuZW 1998, 274, Rn. 32, 35; *Jung*, in: Grabitz/Hilf/Nettesheim, Das Recht der Europäischen Union: EUV/AEUV, Art. 102 AEUV, Rn. 234.

1326 Kommission, Entsch. v. 29.9.2010 – COMP/39.315 (ENI), ABl. C 352, 9, Rn. 45 ff.

1327 Kommission, Entsch. v. 26.7.2016 – AT.39767 (E.ON GAS), http://ec.europa.eu/competition/antitrust/cases/dec_docs/39317/39317_2139_3.pdf (abgerufen 27.4.2019), Rn. 40 ff.; kritisch hierzu *Huttenlauch/Lübbig*, in: Loewenheim et al., Kartellrecht, Art. 102 AEUV, Rn. 283.

1328 *Jung*, in: Grabitz/Hilf/Nettesheim, Das Recht der Europäischen Union: EUV/AEUV, Art. 102 AEUV, Rn. 235; schon *Körber*, RIW 2004, S. 881 (890 f.); *Höppner*, Netzveränderungen im Zugangskonzept, 2009, S. 107 f.; *Eilmansberger/Bien*, in: Säcker et al., Münchener Kommentar zum Wettbewerbsrecht: Band 1, Art. 102 AEUV, Rn. 352.

schon das Angebot auf dem Markt selbst, zu dem Zugang begehrt wird, sondern es geht um die Schaffung eines wettbewerblich ausreichenden Angebots. Die verweigerte Innovation stellt sich hier immateriell in Form zusätzlicher Schöpfungen dar. Das marktmächtige Unternehmen könnte hiernach also zur Veränderung im Sinne einer Erweiterung seines Angebots oder sogar Entwicklung und Angebot neuer Produkte oder Leistungen verpflichtet werden. Hier stellt sich die Frage nach den ausreichenden Handlungen eines marktbeherrschenden Unternehmens noch einmal stärker, nämlich ob es eine Pflicht zur Innovation gibt. Dies würde anders als bei der bloß preislich betrachtbaren Kapazitätserweiterung einen Zwang zur Kreativität erfordern, wo es noch keine Entwicklung gibt. Damit würde dem marktbeherrschenden Unternehmen die Verantwortung für fremdes Innovationsversagen auferlegt.[1329] Sofern eine Entwicklung bereits existent ist, stellt sie möglicherweise bereits deshalb keine Innovation mehr dar, sondern ist als Ausdruck eines effektiven Wettbewerbsangebots auf die Betroffenheit von einer missbräuchlichen Geschäftsverweigerung zu untersuchen. Daneben kommt eine missbräuchliche Behinderung durch Maßnahmen in Betracht, mit denen zulässige Bemühungen der Wettbewerber um eigene Innovationen im Zusammenhang mit der Plattform ohne Rechtfertigung unterbunden werden.[1330]

Schließlich als Drittes kommt eine Untersuchung der sogenannten geplanten Obsoleszenz in Betracht, also wenn ein marktbeherrschendes Unternehmen sein Angebot in technischer Hinsicht so gestaltet, dass es nach einer von dem Unternehmen bestimmten Zeit nicht mehr von seinen Abnehmern nutzbar ist oder in sonstiger Weise deren Erwartungen entspricht. Diese Praxis scheint bereits aus technischen Gründen für digitale Plattformen nicht einschlägig, da die für die Erbringung dieser virtuellen Leistungen maßgeblichen technischen Vorleistungen kein Ablaufdatum haben. Zudem ist dieses Vorgehen eines marktbeherrschenden Unternehmens von einer hierfür eher einschlägigen Betrachtung im Rahmen des Ausbeutungsmissbrauchs abzugrenzen[1331] sowie einer Bewertung des ausschließlich vertragsrechtlich zu bewertenden enttäuschten Äquivalenzinteresses der Marktgegenseite nach schuldrechtlichen Maßstäben.

Eine erste Begründung für eine missbräuchliche Verweigerung der Innovation durch ein marktbeherrschendes Unternehmen könnte dann anzunehmen sein, wenn dieses eine Pflicht zur Innovation treffen würde. Im Zusammenhang mit dem Marktmachtmissbrauch ist ein Unternehmen aufgrund seiner Marktstellung als Marktbeherrscher oder relativ marktmächtiges Unternehmen zu besonderer Rücksicht auf den Wettbewerb verpflichtet.[1332] Dies ergibt sich insofern aus der bisherigen Rechtsprechung insbesondere des EuGH, als dass nicht der Marktzutritt für Wettbewerber erschwert oder vereitelt werden darf, wenn der

---

1329 *Fleischer*, Behinderungsmissbrauch durch Produktinnovation, 1997, S. 70.
1330 Für physische Netzwerke siehe *Höppner*, Netzveränderungen im Zugangskonzept, 2009, S. 110 f.
1331 *Huttenlauch/Lübbig*, in: Loewenheim et al., Kartellrecht, Art. 102 AEUV, Rn. 248.
1332 EuGH, Urt. v. 2.4.2009 – C-202/07 P (France Télécom/Kommission), ECLI:EU:C:2009:214, Slg. 2009, I-2403 = BeckRS 2011, 80008, Rn. 105.

Wettbewerb aufgrund des Auftritts des beherrschenden Unternehmens bereits geschwächt ist.[1333] Hieraus ergibt sich keine allgemeine Innovationsverantwortung des marktbeherrschenden Unternehmens.[1334] Die besondere Verantwortung des marktbeherrschenden Unternehmens für den Restwettbewerb ist stattdessen ein die Abwägungsentscheidung prägender Umstand, der erst bei der Bewertung eines möglichen missbräuchlichen Verhaltens relevant wird.[1335] Diese Verantwortung für den Restwettbewerb bedeutet lediglich, dass sich das marktmächtige Unternehmen derjenigen Maßnahmen zu enthalten hat, die diesen weiter missbräuchlich beeinträchtigen.[1336] Das marktmächtige Unternehmen ist nicht verpflichtet, Maßnahmen für den Abbau seines Monopols zu schaffen, sondern es können lediglich diejenigen Maßnahmen rechtlich möglich sein, die den effektiven Wettbewerbsprozess weiterhin ermöglichen. Deshalb kann eine allgemeine Pflicht zur Innovation nicht aus den Grundsätzen über missbräuchliche Geschäfts- oder Zugangsverweigerungen hergeleitet werden.[1337] Entsprechend kann es nicht verboten sein, die bereits bestehende Marktstellung nach eigenem Ermessen kommerziell auszunutzen und dabei den technologischen Stand beizubehalten oder gar veralten zu lassen.[1338] Die Entscheidung darüber, dass eine verweigerte Innovation Ausdruck eines missbräuchlichen Verhaltens ist, würde dagegen ein staatlich angemaßtes Wissen über den weiteren Wettbewerbsverlauf darstellen. *Fleischer*[1339] und dem sich anschließend *Körber*[1340] sehen an dieser Stelle als einzige Möglichkeit für die Annahme eines Innovationsmissbrauchs das Fehlen jeglicher vernünftiger Erklärung. Für die aktive Veränderung mag dies wohl möglich sein, wenn aus dem Fehlen einer nachvollziehbaren Erklärung darauf geschlossen werden kann, dass nicht mehr der effektive Wettbewerb und mit ihm Fortschritt die eigentliche Intention des marktbeherrschenden Unternehmens ausmacht.[1341] Für die Frage des missbräuchlichen Verweigerns gegenüber dem allgemeinen Fortschritt kann dies allerdings nicht überzeugend herangezogen werden.

Auch der Grundsatz der Verhältnismäßigkeit steht einer Pflicht zur Innovation entgegen. Denn diese ist zwar als solche Bestandteil des effektiven Wettbewerbs,

---

1333 EuGH, Urt.v. 6.10.2015 – C-23/14 (Post Danmark II), ECLI:EU:C:2015:651, GRUR Int. 2016, 68, Rn. 26; EuGH, Urt.v. 6.12.2012 – C-457/10 P (AstraZeneca/Kommission), ECLI:EU:C:2012:770, NZKart 2013, 113, Rn. 134; EuGH, Urt.v. 27.3.2012 – C-209/10 (Post Danmark), ECLI:EU:C:2012:172, GRUR Int. 2012, 922, Rn. 23; EuGH, Urt.v. 17.2.2011 – C-52/09 (TeliaSonera Sverige), ECLI:EU:C:2011:83, Slg. 2011, 527, Rn. 24.

1334 *Huttenlauch/Lübbig*, in: Loewenheim et al., Kartellrecht, Art. 102 AEUV, Rn. 248; *Fleischer*, Behinderungsmissbrauch durch Produktinnovation, 1997, S. 70.

1335 *Fuchs*, in: Immenga/Mestmäcker, Wettbewerbsrecht. Band 1 EU, Art. 102 AEUV, Rn. 130.

1336 *Weiß*, in: Calliess/Ruffert, EUV/AEUV, Art. 102 AEUV, Rn. 29.

1337 *Frenz*, WRP 2012, S. 1483 (1487).

1338 *Huttenlauch/Lübbig*, in: Loewenheim et al., Kartellrecht, Art. 102 AEUV, Rn. 248 mit dem Hinweis auf die Überprüfung im Rahmen des Preishöhenmissbrauchs als Form des Ausbeutungsmissbrauchs.

1339 *Fleischer*, Behinderungsmissbrauch durch Produktinnovation, 1997, S. 129 ff.

1340 *Körber*, RIW 2004, S. 881 (890).

1341 *Fleischer*, Behinderungsmissbrauch durch Produktinnovation, 1997, S. 117 ff.

zu dem ein lediglich unpersönlicher Zwang zur Anpassung gehört, der allerdings nicht erzwungen werden kann. Denn ein staatlicher Zwang zur Entwicklung und Veränderung kann wiederum nur die Vorwegnahme der Innovation selbst bedeuten. Damit würden mögliche Wettbewerbsfreiheiten des marktbeherrschenden Unternehmens eingeschränkt. Wollte man dennoch in den konkreten Umständen eines Einzelfalls andere Interessen als überwiegend ansehen, würde sich erneut das Problem des angemaßten Wissens stellen.[1342] So müsste eine Wertung darüber getroffen werden, dass von mehreren möglichen Handlungsalternativen lediglich die eine nachfragemäßig Geforderte offen bleibt und diese unentbehrlich für die anderen Unternehmen ist. Ist dies der Fall, besteht ein mindestens potenzieller Wettbewerb, sodass dann wiederum die Frage nach den Grundsätzen der missbräuchlichen Geschäftsverweigerung unmittelbar bewertet werden kann. Mit diesem Argument hat auch die EU-Kommission bislang ihre Zweifel an der Missbräuchlichkeit eines bloß nicht ausreichend leistungsfähigen Angebots zum Ausdruck gebracht.[1343]

(4) Innovationsvorbehalt und Verzögerung

Soweit also unter den bereits beschriebenen Bedingungen ein natürliches Monopol einer Plattform vorliegt, ein rechtliches Monopol besteht oder ein faktisches Monopol nachgewiesen werden kann, kommt eine missbräuchliche Zugangsverweigerung in Betracht, wenn diese der Ausschaltung wirksamen Wettbewerbs dient. Dabei kann die Innovation selbst regelmäßig nur für einen kurzen Zeitraum ein relevantes Monopol darstellen, sodass es für die weitere Untersuchung statt auf die missbräuchliche Zugangsverweigerung zur Innovation darauf ankommt, ob ein marktmächtiges Unternehmen durch eine Innovationsmaßnahme seine Marktstellung aktiv und gezielt missbräuchlich ausnutzt.

bb) Integration und Desintegration auf Plattformen

Das Zwischenspiel von unternehmerischen Verschließungsstrategien einerseits und den Öffnungsbewegungen des Wettbewerbs zeigt sich bei digitalen Plattformen besonders daran, dass die technischen und wettbewerblichen Besonderheiten hier besonders starke Bewegungen auslösen können. Dies bedeutet, dass sich die Frage danach stellt, inwiefern Veränderung durch ein marktmächtiges Unternehmen überhaupt missbräuchlich ausgeübt werden kann. Denn wie die bisherigen Untersuchungen zum Innovationsbegriff gezeigt haben, zeichnet sich Wettbewerb in dynamischer Hinsicht auch durch ein Ausbrechen und Verfolgen aus, das sich auf die Angebotsgestaltung von Plattformen auswirken kann. So könnten Kopplungs- und Bündelungsstrategien unter dem Gesichtspunkt dieses sich dynamisch darstellenden Prozesses zeitlich unterschiedlich daraufhin untersucht werden, ob Vermachtungen im Wettbewerb aufgelöst werden können.[1344]

1342 *Huttenlauch/Lübbig*, in: Loewenheim et al., Kartellrecht, Art. 102 AEUV, Rn. 250 m. w. N.
1343 Kommission, Entsch. v. 12.4.1999 – K(1999) 221) (P&I-Clubs), ABl. L 125/12, Rn. 128.
1344 *Todino/van de Walle/Stoican*, AB 2019, S. 11 (13).

In diesem Zusammenhang stellt sich die Frage, unter welchen Bedingungen ein marktmächtiges Unternehmen Veränderungen seines Produktes durchführen darf, ohne sich dabei marktmachtmissbräuchlich zu verhalten. In der europäischen kartellrechtlichen Praxis wurde dies bislang weitgehend unberücksichtigt gelassen und bisherige Erkenntnisse stammen vor allem aus der angloamerikanischen Forschung.[1345]

(1) Kopplung

Eine besondere Form des Missbrauchs einer marktbeherrschenden Stellung durch Übertragung der auf einem bisherigen Markt festgestellten beherrschenden Stellung stellt der Kopplungsmissbrauch dar. Hierbei überträgt das marktbeherrschende Unternehmen seinen wettbewerblichen Einfluss auf dem Markt für das Kopplungsprodukt auf weitere Bereiche im Zusammenhang mit einem gekoppelten Produkt.[1346] Wie die bisherigen Ausführungen zur vorverlagerten Marktmachtkontrolle gezeigt haben, ist es dabei nicht erforderlich, dass ein eigenständiger separater Markt besteht.[1347] Stattdessen kommt es vielmehr darauf an, ob eine Verknüpfung von nicht in einem sachlichen Zusammenhang stehenden Produkten oder Leistungen von dem marktbeherrschenden Unternehmen vorgenommen wird und es dadurch Wettbewerbern den Zugang zu möglichen Kunden ohne sachliche Begründung verwehrt.[1348] Dies erfolgt in systematischer Hinsicht durch die Integration der Kopplungsobjekte in ein Angebot, sodass es nicht möglich ist, das gekoppelte Produkt ohne das Kopplungsprodukt wahrzunehmen.[1349] Geschieht dies auf dem Wege, dass mit der Abnahme eines bestimmten Angebots die Verpflichtung zur Abnahme weiterer Produkte oder Leistungen besteht, so lässt sich von Kopplung sprechen.[1350] Dagegen bezieht

---

1345 *Schrepel*, SMU STLR 2018, S. 19 (23 ff.); *Acuña-Quiroga*, IRLCT 2001, S. 7 (8 ff.); vgl. hierzu schon früh *Calvani*, ALJ 1985, S. 409 (410).

1346 Kommission, Mitteilung der Kommission – Erläuterungen zu den Prioritäten der Kommission bei der Anwendung von Artikel 82 des EG-Vertrags auf Fälle von Behinderungsmissbrauch durch marktbeherrschende Unternehmen – Prioritätenmitteilung v. 24.2.2009, https://eur-lex. europa.eu/LexUriServ/LexUriServ.do?uri=OJ:C:2009:045:0007:0020:DE:PDF (abgerufen 23.11.2018), Rn. 48, daneben können Kopplungsmissbräuche selbstständig innerhalb des Ausbeutungsmissbrauchs angebracht werden und damit eine selbstständige Bewertung einer Ausplünderungslage vorgenommen werden, vgl. *Fuchs*, in: Immenga/Mestmäcker, Wettbewerbsrecht. Band 2 GWB, § 19 GWB, Rn. 211a; BGH, Beschl. v. 23.6.2020 – KVR 69/19 (Facebook), ECLI:DE:BGH:2020:230620BKVR69.19.0, NZKart 2020, 473 = GRUR-RS 2020, 20737.

1347 Seite 258 f.; bestätigt hierzu auch EuG, Urt. v. 17.9.2007 – T-201/04 (Microsoft), ECLI:EU:T:2007:289, Slg. 2007, II-03601 = BeckRS 2007, 70806, Rn. 842; So aber wohl *Huttenlauch/Lübbig*, in: Loewenheim et al., Kartellrecht, Art. 102 AEUV, Rn. 195; *Fuchs*, in: Immenga/Mestmäcker, Wettbewerbsrecht. Band 1 EU, Art. 102 AEUV, Rn. 278.

1348 *Kuoppamäki*, in: Nihoul/van Cleynenbreugel, The roles of innovation in competition law analysis, 2018, S. 307 (314); *Körber*, RIW 2004, S. 568 (575 f.).

1349 EuG, Urt. v. 17.9.2007 – T-201/04 (Microsoft), ECLI:EU:T:2007:289, Slg. 2007, II-03601 = BeckRS 2007, 70806, Rn. 842.

1350 Kommission, Mitteilung der Kommission – Erläuterungen zu den Prioritäten der Kommission bei der Anwendung von Artikel 82 des EG-Vertrags auf Fälle von Behinderungsmissbrauch

sich Bündelung auf die Art und Weise der Gestaltung des Angebots, ist also eine Frage des Produkt-Designs. Missbräuchlich sind diese Strategien, wenn ein Wettbewerbsverschließungseffekt auftritt.[1351]

Statt auf die positive Feststellung einer wettbewerbsbeschränkenden Wirkung in Form einer Verschließung oder Verdrängung könnte darauf abgestellt werden, ob eine sachliche Rechtfertigung oder ein Handelsbrauch besteht, wie dies im Tatbestand des Art. 102 UAbs. 2 lit. d AEUV erwähnt wird.[1352] Allerdings ist ein derart enges Verständnis zum einen nicht zwingend, da nach den bisherigen Erkenntnissen jedenfalls eine Prüfung anhand der Generalklausel des Marktmachtmissbrauchs eine tatsächliche wettbewerbliche Auswirkung verlangen würde.[1353] Dies gilt umso mehr für das deutsche Kartellrecht und § 19 GWB, der kein vergleichbares Regelbeispiel eines Kopplungsmissbrauchs enthält, sondern bei dem derartige missbräuchliche Praktiken entweder als Behinderungsmissbrauch qualifiziert werden können oder aber ebenso unter die Generalklausel fallen.

Digitale Plattformen verknüpfen die Interessen verschiedener Nutzergruppen miteinander.[1354] Dies verlangt schon eine kommerzielle Verwebung der verschiedenen Interessensnachfragen in der Plattformleistung derart, dass sie sich allein auf die Vermittlungsleistung ausrichtet. Die Innovation liegt hier häufig in dem Geschäftsmodell selbst. Diese Vermittlung kann bedeuten, dass die verschiedenen Interessen von der Plattform selbst bereits bei seiner Ausgestaltung des Angebots in kommerzieller Hinsicht berücksichtigt werden. Gleichzeitig strebt das Plattformunternehmen nach einer bestmöglichen Rendite seines Geschäftsmodells. Beides kann es über bestimmte Design-Entscheidungen miteinander kombinieren. Dabei werden nicht unbedingt nur Produkte miteinander

durch marktbeherrschende Unternehmen – Prioritätenmitteilung v. 24.2.2009, https://eur-lex.europa.eu/LexUriServ/LexUriServ.do?uri=OJ:C:2009:045:0007:0020:DE:PDF (abgerufen 23.11.2018), Rn. 48; dies für die unfreiwillige Leistungserweiterung um zusätzliche Datenverarbeitungsbefugnisse eines Social-Media-Netzwerks noch offen lassend BGH, Beschl. v. 23.6.2020 – KVR 69/19 (Facebook), ECLI:DE:BGH:2020:230620BKVR69.19.0, NZKart 2020, 473 = GRUR-RS 2020, 20737, Rn. 58.

1351 Kommission, Mitteilung der Kommission – Erläuterungen zu den Prioritäten der Kommission bei der Anwendung von Artikel 82 des EG-Vertrags auf Fälle von Behinderungsmissbrauch durch marktbeherrschende Unternehmen – Prioritätenmitteilung v. 24.2.2009, https://eur-lex.europa.eu/LexUriServ/LexUriServ.do?uri=OJ:C:2009:045:0007:0020:DE:PDF (abgerufen 23.11.2018), Rn. 52 ff.; *Kuoppamäki*, in: Nihoul/van Cleynenbreugel, The roles of innovation in competition law analysis, 2018, S. 307 (315); teilweise wird hier auch von "Marktverschließungseffekt" gesprochen, siehe *Huttenlauch/Lübbig*, in: Loewenheim et al., Kartellrecht, Art. 102 AEUV, Rn. 196, wobei es sich um dasselbe Begriffsverständnis handeln dürfte, bei dem letzterer die tatbestandlich nicht erforderliche, aber bei der tatsächlichen Feststellung hilfreiche, Marktanalyse auf dem Markt für die gekoppelten Produkte benennt.

1352 So auch *Jung*, in: Grabitz/Hilf/Nettesheim, Das Recht der Europäischen Union: EUV/AEUV, Art. 102 AEUV, Rn. 197 f.; *Fuchs*, in: Immenga/Mestmäcker, Wettbewerbsrecht. Band 1 EU, Art. 102 AEUV, Rn. 287.

1353 *Weiß*, in: Calliess/Ruffert, EUV/AEUV, Art. 102 AEUV, Rn. 71.

1354 *Kuoppamäki*, in: Nihoul/van Cleynenbreugel, The roles of innovation in competition law analysis, 2018, S. 307 (334).

gekoppelt, sondern auch Leistungen. Dies wird besonders deutlich bei digitalen Plattformen, die eine Nutzergruppe entgeltlich begünstigen und stattdessen einer anderen Nutzergruppe ein Entgelt dafür abverlangen, dass sie ihre Inhalte gegenüber der ersten anbieten oder darstellen können. Ist zum Beispiel dieses Plattform-Angebot ein Betriebssystem oder ein soziales Netzwerk, das von den Endnutzern unentgeltlich genutzt werden darf, so wird ihnen ein Rabatt eingeräumt. Allerdings steht dieser Rabatt regelmäßig nicht in einem Zusammenhang damit, dass die Nutzer zur Abnahme weiterer Angebote verpflichtet sind, die sie sonst nicht erhalten könnten. Vielmehr steht dieser in einem Zusammenhang damit, dass das Netzwerk allein von der Anwesenheit möglichst vieler Nutzer profitiert und deshalb wettbewerblich tätig werden kann. Hieraus kann zum einen der Schluss gezogen werden, dass bereits regelmäßig kein Bündelangebot im marktmachtmissbräuchlichen Sinn vorliegt, wenn es bei der Rabattgewährung lediglich um eine Unterstützung der Netzwerkeffekte geht, nicht aber um den zwangsweisen Bezug eines weiteren Angebots.

Zum anderen lässt sich aus der Struktur, wie sie Plattformen im Wettbewerb immanent ist, ein Umstand herleiten, der für Bündelangebote rechtfertigend wirkt, weil mit diesen die berechtigten Interessen einzelner Individuen miteinander vermittelt werden.[1355] So kann sich eine sachliche Rechtfertigung für einen Nullrabatt gegenüber einer Nutzergruppe daraus ergeben, dass dieser für ein notwendiges wettbewerbliches Tätigwerden der Plattform auf eine andere Seite, also Nutzergruppe übertragen wird. Dies spricht als solches gegen die bei einem Kopplungsverbot erforderliche Verschließungswirkung durch die Ausgestaltung des Angebots als solches und für eine sachliche Rechtfertigung.[1356] Vielmehr tritt bei einer Innovation und damit einhergehenden Zusammenfassung mehrerer möglicher Leistungen oder Produkte auf einer Plattform zunächst eine Wettbewerbserweiterung auf, die eine sachliche Rechtfertigung begründet, indem wettbewerbliche Interessen miteinander integriert werden und dadurch der Nutzen steigt.[1357] Zudem berücksichtigt die EU-Kommission auch Effizienzgesichtspunkte.[1358] Dabei hat sie in Rn. 30 ihrer Prioritätenmitteilung festgelegt,

---

[1355] Erläuternd zu den Unterschieden zwischen missbräuchlichen Kopplungsgeschäften und Produktgestaltung siehe *Fleischer*, Behinderungsmissbrauch durch Produktinnovation, 1997, S. 42.

[1356] Kommission, Mitteilung der Kommission – Erläuterungen zu den Prioritäten der Kommission bei der Anwendung von Artikel 82 des EG-Vertrags auf Fälle von Behinderungsmissbrauch durch marktbeherrschende Unternehmen – Prioritätenmitteilung v. 24.2.2009, https://eur-lex. europa.eu/LexUriServ/LexUriServ.do?uri=OJ:C:2009:045:0007:0020:DE:PDF (abgerufen 23.11.2018), Rn. 52 ff.

[1357] *Dewenter/Rösch/Terschüren*, NZKart 2014, S. 387 (388); *Jung*, in: Grabitz/Hilf/Nettesheim, Das Recht der Europäischen Union: EUV/AEUV, Art. 102 AEUV, Rn. 197; *Huttenlauch/Lübbig*, in: Loewenheim et al., Kartellrecht, Art. 102 AEUV, Rn. 200.

[1358] Kommission, Mitteilung der Kommission – Erläuterungen zu den Prioritäten der Kommission bei der Anwendung von Artikel 82 des EG-Vertrags auf Fälle von Behinderungsmissbrauch durch marktbeherrschende Unternehmen – Prioritätenmitteilung v. 24.2.2009, https://eur-lex. europa.eu/LexUriServ/LexUriServ.do?uri=OJ:C:2009:045:0007:0020:DE:PDF (abgerufen 23.11.2018), Rn. 62.

dass sie darunter technische Verbesserungen zur Qualitätssteigerung und Kostensenkungen in Herstellung oder Vertrieb anerkennt, sofern dieses zur Erreichung der Effizienzvorteile unerlässlich ist, etwaige negative Auswirkungen auf den Wettbewerb und das Verbraucherwohl aufgewogen werden und durch das Verhalten der wirksame Wettbewerb in Form einer Rivalität nicht ausgeschaltet wird.[1359] Dies entspricht einer ähnlichen Auslegung wie sie in Art. 101 Abs. 3 AEUV positiv für die Freistellung wettbewerbsbeschränkender mehrseitiger Maßnahmen vorgesehen ist.[1360] Zur Rivalität nimmt die EU-Kommission an, diese stehe auch für dynamische Effizienzvorteile in Form von Innovationen. Dies kann allerdings nur soweit gelten, wie in dieser Konstellation Effizienz als Verteidigungsstrategie des marktmächtigen Unternehmens zugelassen wird, dieses also seine individuellen wirtschaftlichen Verhältnisse im Wettbewerb darlegt. Ein verallgemeinerbarer Rückschluss auf Innovationen in Form dynamischer Effizienzen lässt sich dem nicht entnehmen.

Der Aspekt des Produkt-Designs lässt zunächst den Kopplungsmissbrauch für plattformbezogene Innovationen weitgehend nicht relevant erscheinen.[1361] Ein Plattform-Betreiber hat selbst bei bestehender Marktmacht die rechtlich zulässige Möglichkeit zur grundsätzlich freien Ausgestaltung seines Angebots innerhalb des technisch Notwendigen. Dies gilt noch einmal mehr im Zusammenhang mit Innovationen, soweit ein Unternehmen sich dadurch im Wettbewerb differenziert und ein neues Angebot schafft.[1362] Plattformmäßige Integration als solche kann also auch eine wettbewerbsgünstige Wirkung haben, sodass in der Regel Ausschlusswirkungen nicht bestehen. Effizienzen können dabei berücksichtigt werden,[1363] sofern dadurch andere Abwägungsinteressen nicht fehlgewichtet werden. Wann demgegenüber ein Wettbewerbsverschließungseffekt auftritt, muss danach festgestellt werden, ob und unter welchen Umständen eine eigenständige Nachfrage besteht. Dies kann nach einer gewissen Zeit dadurch entstehen, dass sich die Nachfrage wandelt, etwa weil nunmehr die Nachfrager erkannt haben, dass es sogar einen eigenständigen separaten Markt für das gekoppelte Produkt gibt. Hierdurch kann es zu einer desintegrierenden Nachfragesituation kommen. In diesem Fall könnten Nutzer an Pfadabhängigkeiten gebunden sein, hohe Wechselkosten haben oder eine Wechselentscheidung aus

---

1359 Kommission, Mitteilung der Kommission – Erläuterungen zu den Prioritäten der Kommission bei der Anwendung von Artikel 82 des EG-Vertrags auf Fälle von Behinderungsmissbrauch durch marktbeherrschende Unternehmen – Prioritätenmitteilung v. 24.2.2009, https://eur-lex.europa.eu/LexUriServ/LexUriServ.do?uri=OJ:C:2009:045:0007:0020:DE:PDF (abgerufen 23.11.2018), Rn. 30.

1360 *Huttenlauch/Lübbig*, in: Loewenheim et al., Kartellrecht, Art. 102 AEUV, Rn. 200; kritisch zur *efficiency defence* aber *Mestmäcker/Schweitzer*, Europäisches Wettbewerbsrecht, 2014, § 8 Rn. 85.

1361 *Fleischer*, Behinderungsmissbrauch durch Produktinnovation, 1997, S. 42 ff.

1362 *Schrepel*, SMU STLR 2018, S. 19 (28); zustimmend auch und mit dem Hinweis auf den umgekehrten Fall, dass diese technische Notwendigkeit erst später anerkannt wird, *Huttenlauch/Lübbig*, in: Loewenheim et al., Kartellrecht, Art. 102 AEUV, Rn. 201.

1363 *Motta*, Competition policy, 2009, S. 461.

anderen Gründen nicht mehr treffen können.[1364] Erst sobald dies eintritt und die innovationsimmanente Wettbewerbserweiterung nicht mehr besteht, stellt sich die Frage nach einer objektiven Rechtfertigung der weiter durchgeführten Kopplung. Allerdings lässt sich dann wiederum bezweifeln, ob noch ein kausales Ausnutzen der marktbeherrschenden Stellung vorliegt und zudem das Unternehmen zu einer Entkopplung oder Entbündelung gezwungen sein könnte. Dies könnte nur dann in Betracht kommen, wenn bei Einführung der Kopplung das Unternehmen aufgrund eines Informationsgefälles bereits die spätere mögliche wettbewerbliche Entwicklung hinreichend antizipieren konnte und deshalb durch sein strategisches Verhalten bereits den von ihm erwarteten Wettbewerb verschließt. Dies würde aufgrund des eingeschränkten Prognosespielraums wiederum eine ausreichende Tatsachengrundlage über diese wettbewerblichen Entwicklungen einerseits und die tatsächlichen Auswirkungen unmittelbar des Kopplungsverhaltens des zu dem Zeitpunkt bereits marktmächtigen Unternehmens andererseits verlangen. Daneben besteht weiterhin die Möglichkeit einer Zugangserzwingung unter den Gesichtspunkten der wesentlichen Einrichtung, wenn die Kopplungsstrategie nicht objektiv gerechtfertigt ist. Ebenso steht eine Betrachtung unter dem Gesichtspunkt des Ausbeutungsmissbrauchs offen.[1365]

(2) Verändern einzelner Funktionalitäten der Plattform

Die herkömmlichen Kriterien zur Feststellung eines marktmachtmissbräuchlichen Kopplungsmissbrauchs sind also häufig nicht auf digitale Plattformen übertragbar, weil diese die verschiedenen Leistungen nicht vertraglich miteinander koppeln, sondern eine Bündelung durch die technische Ausgestaltung ihres Angebots vornehmen.[1366] Allerdings kann über einen dogmatisch ähnlichen Begründungsansatz die Innovation selbst als Gegenstand oder Instrument eines missbräuchlichen Ausnutzens einer marktbeherrschenden Stellung gesehen werden.[1367] So ließe sich eine Fallgruppe nicht-preislicher Verdrängungsstrategien beschreiben, wie dies bereits *Calvini* früh versucht hat.[1368] Hierbei geht es vor allem um strategische Maßnahmen durch ein marktmächtiges Unternehmen, mit dem dieses entweder den Eintritt anderer Unternehmen verhindern kann oder aber bereits aktive Wettbewerber derart einschränkt, dass sie im Markt entweder aufgeben oder aber aufgrund nachlassender Nachfrage verschwinden.[1369] Das untersuchte Innovationsverhalten liegt dabei nicht in der Integration mehrerer Produkte in einem gebündelten Plattformangebot, sondern der Veränderung des

---

1364 *Kuoppamäki*, in: Nihoul/van Cleynenbreugel, The roles of innovation in competition law analysis, 2018, S. 307 (332).
1365 *Fuchs*, in: Immenga/Mestmäcker, Wettbewerbsrecht. Band 2 GWB, § 19 GWB, Rn. 211a.
1366 *Schrepel*, SMU STLR 2018, S. 19 (29).
1367 *Fleischer*, Behinderungsmissbrauch durch Produktinnovation, 1997, S. 52 f.
1368 *Calvani*, ALJ 1985, S. 409 (409); ähnlich *Sidak/Teece*, JCLE 2009, S. 581 (628).
1369 *Schrepel*, SMU STLR 2018, S. 19 (22, 29); *Calvani*, ALJ 1985, S. 409 (411); *Kuoppamäki*, in: Nihoul/van Cleynenbreugel, The roles of innovation in competition law analysis, 2018, S. 307 (318).

Angebots selbst, wodurch Unternehmen verdrängt werden könnten.[1370] Dies kann einer Minus-Maßnahme zu der bereits besprochenen missbräuchlichen Geschäftsverweigerung nahekommen,[1371] aber auch einen eigenständigen Fall des Verdrängungsmissbrauchs darstellen, der sich als Form wettbewerblicher Einschüchterungseffekte darstellen kann. Bei diesen geht es dem marktbeherrschenden Unternehmen darum, seine Wettbewerber durch den Einsatz von Innovation zum Aufgeben zu bewegen.

Minus-Maßnahmen zur Geschäftsverweigerung zeigen sich in der bisherigen Behördenpraxis der EU-Kommission in der Form von Kapazitätsverweigerungen.[1372] Hiernach sah die Behörde in den konkreten Fällen es als einen Fall der marktmachtmissbräuchlichen Geschäftsverweigerung im Zusammenhang mit der Essential-Facilities-Doktrin an, wenn das marktbeherrschende Unternehmen anderen Unternehmen zwar nicht den Zugang zu seiner physischen Netzinfrastruktur verweigert, ihnen jedoch wesentliche Kapazitäten vorenthält oder diese bewusst verschlechtert. Weist das marktbeherrschende Unternehmen sich selbst dagegen mehr Kapazitäten zu, stellt es sich also selbst gegenüber seinen Wettbewerbern besser, ohne hierfür eine sachliche Rechtfertigung zu haben, könne dies auch eine missbräuchliche (Teil-)Lieferverweigerung darstellen.[1373]

Für digitale Plattformen stellt sich die Kapazitätsfrage nicht in dieser Form. Denn anders als bei den Konstellationen, in denen die EU-Kommission eine missbräuchliche Lieferverweigerung durch Kapazitätsverweigerung zu physischen wesentlichen Einrichtungen annahm, handelt es sich bei digitalen Plattformen und ihren Angeboten um virtuelle Einrichtungen. Diese bauen lediglich auf physischen Vorleistungen in Form von Servern, Informationstechnik und Internettechnologie auf. Eine physische Verknappung kann deshalb aus tatsächlichen Gründen bereits nicht bestehen, weil das Angebot digitaler Plattformen virtuell ist. Das bedeutet zunächst, dass für das eigentliche Angebot selbst nicht der Einwand durch das marktbeherrschende Unternehmen erhoben werden kann, die tatsächlichen physischen Kapazitäten seien natürlich begrenzt. Denn

---

1370 *Busche*, in: Busche/Röhling, Kölner Kommentar zum Kartellrecht, § 19 GWB, Rn. 127.

1371 Dies andeutend schon *Fuchs*, in: Immenga/Mestmäcker, Wettbewerbsrecht. Band 2 GWB, § 19 GWB, Rn. 63; soweit dort Qualitätsmängel unter Verstoß gegen vertragliche Vereinbarungen als nicht einschlägig angesehen werden, ist dem zwar im Hinblick auf den Verdrängungsmissbrauch als Form des Behinderungsmissbrauchs zuzustimmen, eine gesonderte Prüfung gezielter Verdrängungsmaßnahmen durch Verschlechterung oder unterlassener Entwicklung sowie objektiv negativer Veränderungen als Form des Ausbeutungsmissbrauchs damit aber nicht versperrt; siehe dazu auch schon *Huttenlauch/Lübbig*, in: Loewenheim et al., Kartellrecht, Art. 102 AEUV, Rn. 283.

1372 Kommission, Entsch. v. 29.9.2010 – COMP/39.315 (ENI), ABl. C 352, 9, Rn. 45; Kommission, Entsch. v. 4.5.2010 – COMP/39.317 (Gasmarktabschottung durch Eon), ABl. C 278, 9, Rn. 31 ff.; Kommission, Entsch. v. 3.12.2009 – COMP/39.316 (Gaz de France), ABl. C 57, 13, Rn. 37; Kommission, Entsch. v. 13.8.2008 – COMP/39.402 (Gasmarktabschottung durch RWE), ABl. C 133, 9, Rn. 27; erläuternd hierzu *Huttenlauch/Lübbig*, in: Loewenheim et al., Kartellrecht, Art. 102 AEUV, Rn. 283.

1373 *Markert*, in: Immenga/Mestmäcker, Wettbewerbsrecht. Band 2 GWB, § 19 GWB, Rn. 162 ff.; *Busche*, in: Busche/Röhling, Kölner Kommentar zum Kartellrecht, § 19 GWB, Rn. 129.

das auf Informationstechnologie und Internetinfrastruktur basierende Gestalten von Plattformangeboten führt dazu, dass die Leistungserbringung unabhängig von physischen Begrenzungen wird und stattdessen lediglich von dem jeweiligen Stand der Technik abhängen. Diese Virtualität der Angebote digitaler Plattformen schließt missbräuchliche Behinderungsstrategien in Form von Minus-Maßnahmen zur Geschäftsverweigerung nicht aus, sondern verlagert die dafür maßgeblichen Fragen ebenso in das Virtuelle. Da die dafür erforderlichen Maßnahmen nicht begrenzt sind, kann es nur auf Veränderungen ankommen, die den berechtigten Zugangsanspruch vereiteln.

(a) Strategische Angebotsmodifikation

Eine erste Möglichkeit zur Untersuchung eines möglichen Behinderungsmissbrauchs durch eine digitale Plattform könnte darin gesehen werden, dass sie systematisch ihr Angebot im Vergleich zu anderen Entwicklungsmöglichkeiten modifiziert.[1374] Dies könnte sich derart darstellen, dass ein Unternehmen sein Angebot weiterentwickelt, um in diesem wettbewerblichen Vergleich die Schwächen anderer Angebote aufzuzeigen oder aber sich abgrenzt und dadurch erneut ausbricht. Ähnlich könnte dies zu sehen sein bei gezielten und massiven Investitionen in Entwicklung und Forschung, an deren Ende das investierende Unternehmen Vorsprünge im Wettbewerb erhält.[1375] Dies ist in aller Regel zum einen Gegenstand des typischen Wettbewerbsprozesses, also dem Ausbrechen aus dem Standard, das als solches keine Form des Missbrauchs darstellen kann. Ebenso könnte ein Unternehmen die Kompatibilität seiner Plattform mit anderen Angeboten verändern, was wiederum einer Geschäftsverweigerung gleichkommen kann, sofern die dafür vorliegenden Bedingungen erfüllt sind.

Allgemein kann eine Strategie als solche noch keinen Missbrauch darstellen, ebenso wie die Veränderung des Angebots noch nicht missbräuchlich sein kann, wollte man nicht dem marktmächtigen Unternehmen über die Kontrahierungsfreiheit hinaus die Freiheit zur eigenständig möglichen Gestaltung seiner Produkte und Leistungen beschneiden.[1376] Dies kann aber grundsätzlich nur wiederum der Fall sein, wenn gerade diese Veränderung gegen die Wettbewerbsfreiheiten verstößt und den Wettbewerbsprozess als solchen ausschaltet. Einen Schutz im Wettbewerb vor Veränderungen gibt es allgemein nicht. Reine Produktveränderungen aufgrund der ausgeübten unternehmerischen Freiheit sind also kartellrechtlich zunächst unbedenklich.[1377]

1374 *Newman*, FSULR 2012, S. 681 (695); *Schrepel*, SMU STLR 2018, S. 19 (26) unter Diskussion der Darstellungen bei *Petty*, SLR 1988, S. 977 (1023 ff.).

1375 *Crane*, Concurrences Review 2013, Art. N° 58811 2013, S. 1 (2).

1376 *Huttenlauch/Lübbig*, in: Loewenheim et al., Kartellrecht, Art. 102 AEUV, Rn. 283; *Jacobson/Sher/Holman*, LCLR 2010, S. 1 (8).

1377 *Schrepel*, SMU STLR 2018, S. 19 (28); *Areeda/Turner*, HLR 1975, S. 697 (731); *Busche*, in: Busche/Röhling, Kölner Kommentar zum Kartellrecht, § 19 GWB, Rn. 127.

In qualitativer Hinsicht kann eine Veränderung nicht nur in einer objektiven Verbesserung bestehen, sondern auch in für andere Wettbewerbsteilnehmer schlechteren Bedingungen. Dies könnte zum einen erfolgen, indem eine Plattform ihre allgemeine interne Kompatibilität für ein bestimmtes konkurrierendes Angebot verringert oder ausschließt. Hierbei geht es weniger um den Ausschluss des Wettbewerbs außerhalb der Plattform als auf der Plattform selbst.[1378] Das verlangt wiederum, dass der Wettbewerb auf dieser Plattform das nachgefragte Angebot ist. Hier besteht eine gewisse Nähe zu der Essential-Facilities-Doktrin, bei der es um die Begründung eines Zugangs zu einer wesentlichen Einrichtung geht, die für das Tätigwerden im Wettbewerb selbst erforderlich ist. Bei digitalen Plattformen kann es dazu kommen, dass diese selbst nicht nur Einrichtung, sondern auch virtualisierter Entfaltungsraum für Wettbewerb sind, indem die Unternehmen dort einen Zugang zu den ebenso angeschlossenen anderen Kunden und Unternehmen erhalten. Dabei ist nicht der Zugang zur Einrichtung für die nachfragenden Unternehmen erheblich, sondern der Zugang zu diesem eröffneten Wettbewerbsraum und seinen Vernetzungsmöglichkeiten. Mögliche Formen des Behinderungsmissbrauchs beschreibt *Schrepel* mit der Veränderung des Plattform-Typs.[1379] Dabei kommen im Wesentlichen zwei gegensätzliche Änderungsrichtungen in Betracht: Erstens die Verschließung einer bislang offenen Plattform, zweitens die Öffnung einer bislang geschlossenen Plattform.

Im ersten Fall könnte sich ein Behinderungsmissbrauch daraus ergeben, dass ein Zugang zu vorher erreichbaren Kundengruppen nicht mehr gegeben ist.[1380] Hierzu würde zu zählen sein, wenn eine Transaktionplattform ohne sachliche Begründung[1381] zu einem Geschäftsmodell verändert wird, bei dem der Betreiber selbst zum Großhändler wird oder eine ähnliche Vertriebshändlerrolle erhält, bei der er selbst den alleinigen Kundenkontakt erhält und steuert. Entsprechend ähnlich können Maßnahmen bewertet werden, bei denen ein als Vertriebsplattform marktmächtiges Unternehmen die auf seiner Plattform anfallenden Informationen für eigene wettbewerbliche Zwecke gegenüber den auf ihr angeschlossenen Unternehmen verwendet. Hierdurch würde es den Zugang zum Kunden steuern und auf sich umleiten können.[1382] Dies muss nicht lediglich auf eine finite Kundengruppe begrenzt sein, sondern könnte auch in Betracht kommen, wenn die Plattform die Kundenbewegungen von außerhalb der auf ihr stattfindenden Transaktionen auf ihr Angebot umleitet. Dies könnte in der Form erfolgen, dass sich die Plattform in ihrer Außendarstellung entgegen der tatsächlichen Lage als

---

1378 *Schrepel*, SMU STLR 2018, S. 19 (33).

1379 Ebenda, S. 19 (46 ff.).

1380 *Armstrong/Wright*, ET 2007, S. 353 (376); *Blaschczok*, Kartellrecht in zweiseitigen Wirtschaftszweigen, 2015, S. 136.

1381 Speziell zur sachlichen Begründungen bei aktiven Innovationen siehe *Fleischer*, Behinderungsmissbrauch durch Produktinnovation, 1997, S. 117 ff.; *Körber*, RIW 2004, S. 881 (890).

1382 Vgl. zu den wettbewerblichen Vor- und Nachteilen unter Bezug auf eine wettbewerbstheoretische Untersuchung der französischen Wettbewerbsbehörde *Schrepel*, SMU STLR 2018, S. 19 (49); ähnlich hierzu in Form der Abschottung von Nachfragern *Blaschczok*, Kartellrecht in zweiseitigen Wirtschaftszweigen, 2015, S. 137.

möglicher Anbieter geriert, aber die jeweiligen Angebote als derzeit nicht verfügbar auszeichnet. Durch diese Täuschung könnte sich die Plattform eine mögliche Kundenbeziehung über diese Angebote der Drittunternehmen anmaßen und damit eine vermeintliche Angebotsverfügbarkeit aneignen. Hierdurch könnten sich einerseits Endkunden veranlasst sehen, nicht erst außerhalb der Plattform nach dem Angebot zu suchen. Die bislang noch nicht vertretenen Unternehmen könnten dagegen veranlasst werden, sich der Plattform anzuschließen und dadurch mögliche negative Eindrücke potenzieller Kunden zu verhindern, indem sie ihre Angebote dort verfügbar machen. Mit diesem Kommunikationsverhalten könnte die Plattform also ihre Marktmacht dadurch missbrauchen, dass sie die anderen Unternehmen auf ihr Angebot drängt, also eine Ansaugwirkung hervorruft.

Der zweite Fall der Öffnung einer vorher verschlossenen Plattform könnte dagegen zu einem Verlagern bisher noch nicht ausgeschöpfter Netzwerkeffekte auf das öffnende Plattformunternehmen führen.[1383] Erfolgt dies im Rahmen einer vollständigen Öffnung der Plattform mit der Folge, dass nunmehr ein für alle Nachfrager verfügbarer neuer Vertriebsweg geschaffen wird, ist hierin eine Wettbewerbserweiterung zu sehen. Zwar kann es aufgrund der steigenden Beliebtheit der Plattform zu starken Abwanderungsbewegungen kommen. Diese sind grundsätzlich Ausdruck des kartellrechtlich unbedenklichen monopolistischen Wettbewerbs ist. Die sich mit den Abwanderungsbewegungen darstellenden Netzwerkeffekte können dabei lediglich im Rahmen der Untersuchung einer marktbeherrschenden Stellung untersucht werden. Als solche hat eine umfassende Öffnungsstrategie keine als missbräuchlich anzusehende Wirkung.

Von dieser Situation einer vollständigen Öffnung ist die teilweise Öffnung zu unterscheiden, wie sie beim einseitigen Multi-homing diskutiert wird.[1384] In diesem Fall könnte die Öffnungsstrategie zum Zweck einer Selektion vorgenommen werden, um nämlich mögliche Wettbewerber gezielt auszuschließen und Kunden von ihnen wegzulenken.[1385] Dabei wird die Plattform lediglich gegenüber einer Nutzergruppe für weitere potenzielle Mitglieder geöffnet, während auf der anderen Seite der Plattform die Teilnahme beschränkt bleibt. Diese Beschränkung wiederum bedeutet auch, dass außenstehende Unternehmen von der Öffnung nicht profitieren. Stattdessen kann es sogar dazu kommen, dass die Öffnungsstrategie zu starken Wechselbewegungen hin zu der Plattform führt, die damit also Kunden auf sich umlenkt. Die vorher geschlossene Plattform kann damit zu einem sogenannten *competitive bottleneck* umgewandelt werden, wie es von *Armstrong* zuerst beschrieben wurde.[1386] Dabei kann erneut nicht allein aus der einseitigen Öffnungsstrategie auf eine missbräuchliche Verdrängung geschlossen werden. So könnten sich zwar die durch die Öffnungsstrategie intensiver wirkenden Netzwerkeffekte zugunsten einer Marktstellung der Plattform

---

1383 *Schrepel*, SMU STLR 2018, S. 19 (47).
1384 *Armstrong*, RJE 2006, S. 668 (677); *Schrepel*, SMU STLR 2018, S. 19 (48).
1385 Ebenda, S. 19 (48).
1386 *Armstrong*, RJE 2006, S. 668 (678); *Armstrong/Wright*, ET 2007, S. 353 (375).

auswirken. Allein aus diesem Anwachsen kann noch kein Missbrauch entnommen werden. Vielmehr wird es an dieser Stelle erneut um die Frage gehen, ob Unternehmen der nicht geöffneten Seite den Zugang verlangen können.

Zum anderen könnte es sich als missbräuchlich darstellen, wenn eine Funktionsweise der Plattform geändert wird und dadurch die externe Kompatibilität eingeschränkt wird, was sich wiederum negativ auf die Kosten der Wettbewerber auswirken kann und hierdurch eine Verdrängungswirkung hat.[1387] Hierbei geht es nicht um eine Änderung der grundsätzlichen Bedingungen des Plattform-Geschäftsmodells, sondern seine konkrete funktionelle Ausgestaltung zum Zweck des Ausschlusses konkurrierender Unternehmen.[1388] Die internen Bedingungen innerhalb des Plattform-Ökosystems sind hiervon nicht berührt. Dies wird überwiegend mit kurzfristigen Effizienzvorteilen begründet, die mit der Einschränkung der Plattformgestaltung einhergehen.[1389] Allerdings ist dieser mögliche Rechtfertigungsgrund einer Plattformeffizienz den steten Einwänden erstens gegenüber einer Effizienzbetrachtung im Allgemeinen zur Erklärung wettbewerblich unbedenklichen Verhaltens, zweitens im Speziellen als in der Regel durch kostengünstiger gestaltende Plattformen und drittens als lediglich unternehmensinterner Grund ausgesetzt. Vielmehr könnte sich diese externe Veränderung der Plattform und die damit einhergehende zeitlich unterschiedliche Behandlung der angeschlossenen Unternehmen im Rahmen einer möglichen sachlichen Rechtfertigung an den Grundsätzen des Diskriminierungsmissbrauchs messen lassen.

(b) Verhinderung des Anbieterwechsels

Schließlich sind Maßnahmen eines marktbeherrschenden Unternehmens denkbar, mit denen dies die eigenständige Entscheidungsfreiheit der Kunden zu einem Anbieterwechsel beschränkt. Anbieterwechsel meint dabei die freie Entscheidung, das nachgefragte Produkt oder die Leistung von einem anderen Anbieter zu beziehen. Dies wird in seinen wettbewerblichen Wirkungen vor allem unter dem Begriff Kunden-Lock-in diskutiert.[1390] Dabei ist nicht jede Lock-in-Lage als wettbewerblicher Missstand zu sehen, sondern kann als solche zunächst sogar Ausdruck funktionierenden Wettbewerbs sein, nämlich bei großer Ungewissheit über andere Angebote oder aber wenn aus technischen Gründen eine besondere Erfahrung für die Inanspruchnahme des Angebots erforderlich ist.[1391] Missbräuchlich können derartige einschränkende Maßnahmen aber sein, wenn dadurch der Wettbewerb um das bessere Produkt und damit Innovationswettbewerb von dem marktbeherrschenden Unternehmen ausgebremst wird. Dies kann

---

1387 *Schrepel*, SMU STLR 2018, S. 19 (53 ff.); siehe so schon auch *Calvani*, ALJ 1985, S. 409 (411).
1388 *Jacobson/Sher/Holman*, LCLR 2010, S. 1 (8); *Busche*, in: Busche/Röhling, Kölner Kommentar zum Kartellrecht, § 19 GWB, Rn. 127.
1389 *Schrepel*, SMU STLR 2018, S. 19 (53).
1390 *Van Arsdale/Venzk*, HJLT 2015, S. 243 (271).
1391 *Liebowitz/Margolis*, JLEO 1995, S. 205 (212).

unter dem Gesichtspunkt der erhöhten Wechselkosten gesehen werden. Denn diese könnten gleichzeitig eine Verdrängung etwaiger Wettbewerber darstellen, weil sie deren Aufwand für eine Geschäftsbeziehung mit dem Kunden erhöhen. Gegenüber dem jeweiligen Kunden selbst kommt eine derartige Prüfung vor allem im Zusammenhang mit dem Preis- oder Konditionenmissbrauch in Betracht.

(c) Veränderungsgeschwindigkeit

Innovationsbezogener Missbrauch einer marktbeherrschenden Stellung hat als solcher auch eine zeitliche Komponente, die über die inhaltliche Bewertung der Innovation hinausgeht.[1392] Das bedeutet, dass es neben der qualitativen Bewertung, was eine Innovation für den Wettbewerb bedeutet und wie sie sich auf diesen auswirkt, auch auf die akzelerative Wirkung auf den Wettbewerbsprozess ankommen kann. Dies kann neben den bereits untersuchten Umständen, dass und wie schnell eine Innovation im Wettbewerb durch das Nachziehen der Wettbewerber oder eine schwenkende Nachfrage abgebaut werden kann, darin gesehen werden, dass ein marktmächtiges Unternehmen Veränderungen besonders schnell oder in einer kurzfristigen Frequenz vornimmt. Die könnte für Wettbewerber insofern eine verdrängende Wirkung haben, dass sie sich entweder nicht schnell genug an die Veränderung anpassen können oder aber aufgrund mehrerer schnell aufeinander folgender Veränderungen und ihrer Reaktionen hierauf übermäßig viele Ressourcen für ihre Anpassung aufwenden müssen. Sofern dies lediglich im Rahmen des Verdrängungs- oder Diskriminierungsmissbrauchs bewertet wird, kann allein die Geschwindigkeit oder Frequenz noch nicht missbräuchlich angesehen werden, da diese als solche zu einem effektiven Wettbewerb als Ausbrech- und Verfolgungsprozess gehört.[1393]

Etwas anderes kann allerdings dann gelten, wenn das marktmächtige Unternehmen durch die von ihm ausgelöste Veränderungsfrequenz die Kosten anderer Unternehmen für Anpassungsmaßnahmen beeinflussen kann und dadurch wiederum mittelbar deren wirksame wettbewerbliche Entfaltungsmöglichkeiten.[1394] Dies könnte ein Fall ähnlich dem bereits bekannten Kostenerhöhungszwang darstellen.[1395] Dies kann in seiner Wirkung einer Zugangsverweigerung gleichkommen, aber auch darüber hinaus eine Verdrängungswirkung haben. Wenn nämlich die Inanspruchnahme von Leistungen oder Produkten des Marktbeherrschers

---

1392 *Schrepel*, SMU STLR 2018, S. 19 (29).

1393 Ebenda, S. 19 (29); *Crane*, Concurrences Review 2013, Art. N° 58811 2013, S. 1 (2) unter Verweis auf bereits vereinzelte Rechtsprechung in den USA, die sich mit ihren Bezügen auf diese wettbewerbstheoretische Aussage übertragen lässt, siehe insbesondere United States Court of Appeal, Entsch. v. 25.6.1979 – 603 F.2d 263 (Berkey Photo Inc./Eastman Kodak Co.), https://openjurist.org/603/f2d/263/berkey-photo-inc-v-eastman-kodak-company (abgerufen 3.6.2019), Rn. 89; hierzu ausführlich bei *Jacobson/Sher/Holman*, LCLR 2010, S. 1 (22); vorher auch schon *Fleischer*, Behinderungsmissbrauch durch Produktinnovation, 1997, S. 156 f.

1394 *Acuña-Quiroga*, IRLCT 2001, S. 7 (15).

1395 *Markert*, in: Immenga/Mestmäcker, Wettbewerbsrecht. Band 2 GWB, § 19 GWB, Rn. 194; maßgeblich basierend auf den Annahmen bei *Krattenmaker/Salop*, YLJ 1986, S. 209 (289); *Acuña-Quiroga*, IRLCT 2001, S. 7 (25).

in ihrer tatsächlichen Wirksamkeit von einer stetigen Anpassung abhängig ist, müssen die nachfragenden Unternehmen, wollen sie nicht ausgeschlossen werden, diese zusätzlichen Updatekosten aufwenden. Dabei wird eine Betrachtung im Rahmen des Ausbeutungsmissbrauchs nur teilweise in Betracht kommen, nämlich dann nicht, wenn die Anpassungen jeweils auf Eigenkosten beruhen, die nicht als Gegenleistung für den Marktbeherrscher gesehen werden können. Insofern kommt es auf die für den Verdrängungsmissbrauch maßgebliche Einzelfallabwägung an, wobei insbesondere die Frage nach einer sachlichen Rechtfertigung für die schnelle Veränderungsfrequenz aufgeworfen wird, die wiederum nach einer vernünftigerweise vertretbaren Erklärung für das Veränderungsverhalten fragt. Eine Möglichkeit der missbräuchlichen Verdrängung wird hierbei angenommen, wenn durch die Veränderung die Umsätze oder Gewinne des anderen Unternehmens eingefroren werden und es deshalb seine Freiheit zur Gewinnsteigerung nicht mehr effektiv ausüben kann.[1396] Auch an dieser Stelle können Effizienzgewinne[1397] nicht die alleinige maßgebliche Begründung liefern, will man nicht die autonome Unternehmerentscheidung einem reinen Wirtschaftlichkeitspostulat unterwerfen. Stattdessen wird das verdrängende Verhalten allgemein zulässig sein und keinen Ausdruck eines Missbrauchs darstellen.[1398]

(d) Kommunikation einer Veränderung

Neben der Strategie und der Geschwindigkeit kann die Kommunikation eine besondere wettbewerbliche Bedeutung haben. Ein Plattform-Unternehmen könnte dabei allein durch die Art und Weise, wie es seine Veränderungen ankündigt, Einfluss auf den Wettbewerb nehmen. Dies könnte sich in der Form darstellen, dass es durch die Ankündigung eines Updates oder einer anderen Veränderung seines Angebots danach trachtet, entweder die Kosten der nachfragenden Unternehmen zu erhöhen, sodass diese durch den hohen wirtschaftlichen Aufwand verdrängt werden, oder dadurch sogar als solches den Marktaustritt eines möglichen Konkurrenzangebots vorziehen.[1399] Dies erfolgt dann nicht einmal mehr durch die Veränderung selbst, sondern bereits auf einer vorgelagerten Stufe der Kommunikation des marktmächtigen Unternehmens. Dabei muss stets eine Abgrenzung zu den als solchen unbedenklichen bloßen wettbewerbswidrigen Absichten vorgenommen werden.[1400] Denn bei letzterer mangelt es bereits an einer konkreten wettbewerblichen Auswirkung sowie derer kausalen Verursachung durch eine missbräuchliche Maßnahme des marktbeherrschenden Unternehmens. Mehr noch ist die Verdrängungsabsicht als Motivation im monopolistischen Wettbewerb immanent.

1396 Ebenda, S. 7 (25).
1397 *Fleischer*, Behinderungsmissbrauch durch Produktinnovation, 1997, S. 67.
1398 *Acuña-Quiroga*, IRLCT 2001, S. 7 (15).
1399 Ebenda, S. 7 (25 f.).
1400 *Wurmnest*, Marktmacht und Verdrängungsmissbrauch, 2012, S. 344.

Die Herausforderung besteht an dieser Stelle deshalb in einer dogmatisch rechtsfehlerfreien Abgrenzung zwischen einerseits unbedenklichen Werbemaßnahmen,[1401] die allenfalls aufgrund irreführender Angaben Gegenstand lauterkeitsrechtlicher Bewertungen sein können, und andererseits einer missbräuchlichen Auswirkung der Ankündigung auf den verbleibenden Restwettbewerb.[1402] Denn nur im letzten Fall kann die Kommunikation selbst einen Missbrauch der marktbeherrschenden Stellung in Form des Verdrängungsmissbrauchs als Fall des Behinderungsmissbrauchs darstellen. Das bedeutet, dass die konkreten wettbewerblichen Wirkungen einer fraglichen Aussage auf den Wettbewerb und gegebenenfalls andere Unternehmen untersucht und festgestellt werden müssen. Dies könnte zum einen erneut in der bezweckten und kausalen Erhöhung der Kosten anderer Unternehmen bestehen sowie in dem darin bewirkten Fernhalten anderer Unternehmen aus dem Wettbewerb ohne eine sachliche Begründung.[1403] Zum anderen könnte durch diese ein konkurrierendes Angebot aus dem Wettbewerb verdrängt werden, indem aufgrund dieser Ankündigung entweder das andere Unternehmen freiwillig aufgibt oder aber durch die Wechselbewegungen der Nachfrager hin zu dem marktmächtigen Unternehmen nicht mehr im Wettbewerb existieren kann. Beides kann sich in seiner Wirkung derart äußern, dass das marktbeherrschende Unternehmen mit der Maßnahme den anderen Markt für sich vorsorglich reserviert und absteckt, sodass für andere Unternehmen deutlich wird, sie mögen die Aufnahme wirksamen Wettbewerbs überhaupt nicht erst versuchen. In beiden Fällen gewinnen hypothetische wettbewerbliche Alternativverläufe eine rechtliche Bedeutung. Ähnlich wie beim Als-ob-Wettbewerb geht es hier um die Frage, welche Entwicklung sich unter wettbewerblichen Entwicklungen ergeben hätte, allerdings dieses Mal als ein den Marktbeherrscher begünstigender Umstand.

(3) Aneignung von Geschäftsmodellen

In verschiedener Hinsicht ist bei Plattformen der Vorwurf erhoben worden, diese würden ihre Geschäftsmodelle dazu verwenden, sich die Geschäftsmodelle der ihre Leistungen nutzenden Unternehmen anzueignen.[1404] Darunter werden verschiedene Konstellationen zusammengefasst, in denen sich die Plattform auf wettbewerblich nicht gerechtfertigte Weise zulasten der angeschlossenen Unternehmen bereichert. Dies erfolgt zum einen durch verschließende Praktiken, indem nämlich den Unternehmen der Zugang zu den Kunden zugunsten des Plattform-Betreibers vorenthalten wird. Zum anderen könnten die Geschäftsbedingungen der Plattformen so ausgestaltet werden, dass sie über die Vermittlungsleistung hinaus weitere Vorteile versprochen bekommen, die eine

---

1401 *Schrepel*, SMU STLR 2018, S. 19 (28).
1402 *Fleischer/Körber*, K&R 2001, S. 623 (629); *Körber*, RIW 2004, S. 568 (575); *Gey*, WuW 2001, S. 933 (939); zur dogmatischen Grundfrage im US-amerikanischen Kartellrecht *Fleischer/Doege*, WuW 2000, S. 705 (716).
1403 *Körber*, RIW 2004, S. 568 (575).
1404 Zusammenfassend hierzu *Khan*, ColLR 2019, S. 973 (1031).

sukzessive Übernahme der Kundenbeziehung vorsehen und über das für den eigentlichen Zweck der plattformbedingten Geschäftsbeziehung Erforderliche hinausgehen. Hierbei bietet sich ein Vergleich zwischen der selbstständigen Vermittlungsleistung durch eine Plattform einerseits und dem Vertriebshandel andererseits an. Letzterer bedeutet die wirtschaftlich selbstständige Beschaffung zu vertreibender Angebote auf der einen Seite zu dem Zweck, sie gegenüber einer anderen Gruppe im eigenen Namen und auf eigenes wettbewerbliches Risiko hin zu vertreiben. Der Vertriebshändler verfügt dabei über eine eigene Kundenbeziehung. Anders ist dies bei Vermittlungen durch eine digitale Plattform, die lediglich auf den Kontakt zum Kunden ausgerichtet sind. Unternehmen haben dabei grundsätzlich die eigene freie Wahl zwischen den von ihnen favorisierten Vertriebsmodellen. Diese Wahl würde aber eingeschränkt, wenn eine bisher offene Vermittlungs- oder Vertriebsplattform ihre Geschäftspolitik hin zu einem geschlossenen Eigenvertrieb ändert.

Noch weiter gedacht lässt sich die Frage stellen, unter welchen Umständen digitale Plattformen mit einer marktbeherrschenden Stellung auf für sie neuen Märkten tätig werden können, ohne sich dabei marktmachtmissbräuchlich zu verhalten. Nahe liegt ein möglicher Missbrauchsvorwurf insbesondere dann, wenn die digitale Plattform mit einem ergänzenden Geschäftsmodell auftritt, das in direkter Konkurrenz zu einem anderen Angebot steht, das bislang in ihrem Portfolio nicht vertreten war. Abgrenzungen lassen sich hier zunächst unter Zuhilfenahme der Unterscheidung zwischen optimaler und maximaler Wettbewerbsintensität herleiten. Eine noch optimale Wettbewerbsintensität würde die von *Kantzenbach* beschriebenen Wettbewerbsfunktionen weiterhin in einer normativ überprüfbaren angemessenen Weise erfüllen. Dagegen würden bei einer maximalen Wettbewerbsintensität die Teilhabemöglichkeiten am Wettbewerbsprozess ausgeschaltet. Eine wertende Aussage darüber, ob die Erschließung oder Eroberung eines neuen Marktes durch eine digitale Plattform marktmachtmissbräuchlich ist, kann damit daran festgemacht werden, ob der Entfaltungsraum für die Wettbewerbsfreiheiten eingeschränkt wird. In diesem Fall könnte eine Rechtfertigung für die Einschränkung der auf Teilhabe am Wettbewerbsprozess gerichteten Wettbewerbsfreiheiten fehlen. Daneben könnte sich ein graduelles Abwägungskriterium aus der bisherigen Rechtsprechung ergeben, die eine besondere Verantwortlichkeit des marktbeherrschenden Unternehmens für den durch seine Anwesenheit bereits geschwächten Restwettbewerb annimmt.[1405] Denn aus der angesprochenen Verantwortlichkeit ergibt sich eine besondere Rücksichtnahme. Deren Maßstab liegt umso höher, je stärker die wettbewerblichen Einflüsse des marktbeherrschenden Unternehmens sind. Beim Eintritt in

---

1405 Bestätigend hierzu auch EuGH, Urt. v. 15.3.2007 – C-95/04 P (British Airways plc/Kommission), ECLI:EU:C:2007:166, Slg. 2007, I-02331 = EuZW 2007, 306 = BeckRS 2007, 70195, Rn. 69; EuG, Urt. v. 17.9.2007 – T-201/04 (Microsoft), ECLI:EU:T:2007:289, Slg. 2007, II-03601 = BeckRS 2007, 70806, Rn. 319; EuGH, Urt. v. 3.7.1991 – C-62/86 (Akzo), ECLI:EU:C:1991:286, BeckRS 2004, 73453, Rn. 69; EuGH, Urt. v. 13.2.1979 – Rs. 85/76 (Hoffmann-LaRoche), ECLI:EU:C:1979:36, Slg. 1979, 1869, 1879, Rn. 91.

neue Märkte durch ein bereits marktbeherrschendes Unternehmen kann dieses damit zu einer besonderen wettbewerblichen Rücksicht angehalten sein, die sich erneut nach dem Konzept der flexiblen Schranken im Rahmen einer Abwägung der Wettbewerbsfreiheiten des effektiven Wettbewerbs richtet. Nicht der Eintritt in einen neuen Markt allein, sondern die Art und Weise seiner Durchführung ist dabei auf seine Missbräuchlichkeit zu untersuchen. Dabei können wiederum Umstände berücksichtigt werden, die Ausdruck der besonderen Rücksichtnahme sind, wie zum Beispiel Selbstverpflichtungen, Öffnungsstrategien oder eine allen zugute kommende qualitative Anpassung der Plattformleistungen.

(4) Selbstbevorzugung

In der öffentlichen Diskussion wurden zuletzt Konstellationen diskutiert, bei denen digitale Plattformen nicht nur als Vermittler zwischen verschiedenen Nutzergruppen tätig werden, sondern gleichzeitig mit eigenen Angeboten selbst Mitglied einer dieser Gruppen sind.[1406] Damit handelt es sich um eine Situation vertikaler Integration, die den betreffenden Unternehmen konzerninterne Kostenvorteile ermöglicht. Die Plattform hätte hierbei die Möglichkeit, sich mit ihrem eigenen Angebot in den Vermittlungsergebnissen besser darzustellen. Hiervon unabhängig und nicht Gegenstand der Untersuchung ist der für die Transportebene von Informationen entwickelte Begriff der Netzneutralität.[1407]

In der Praxis etabliert sind bereits Konzepte des preislich bezogenen Behinderungsmissbrauchs in Form der Preis-Kosten-Schere oder Kampfpreisstrategien.[1408] Dabei kann das marktbeherrschende Unternehmen andere Unternehmen durch eine die Kostenvorteile ausnutzende Preissetzungsstrategie verdrängen, indem es nicht mehr konkurrenzfähige Preise auf dem Endkundenmarkt verlangt.[1409] Dem vergleichbar können umfangreiche Datenverwertungen sein, die nicht mit der Vermittlungsleistung oder einem hierfür annexen Angebot zusammenhängen, sondern zur Unterstützung eines mit den Mitgliedern einer

---

1406 Exemplarisch sind die vorgeworfenen Praktiken von drei großen Plattformen: 1. Dem Suchmaschinen-Konzern Google wurde vorgeworfen, in den Suchergebnissen eigene Angebote bevorzugt dargestellt zu haben, Kommission, Entsch. v. 27.6.2017 – AT.39740 (Google Search (Shopping)), http://ec.europa.eu/competition/antitrust/cases/dec_docs/39740/39740_14996_3.pdf (abgerufen 29.11.2018). 2. Der Handelsplattform-Betreiber Amazon soll zum einen Transaktionsdaten für eigene gewerbliche Zwecke verwenden und zum anderen gegenüber gewerblichen Verkäufern unangemessene Geschäftsbedingungen eingeführt haben. 3. Der Technologie-Konzern Apple soll in seinem Marktplatz für mobile Apps externe Angebote gegenüber den konzerneigenen nachteilig dargestellt haben. Zusammenfassend auch bei *Walzel*, CR 2019, S. 314 (314); *Hoffer/Lehr*, NZKart 2019, S. 10 (16 ff.); grundlegend auch *Schweitzer* et al., Modernisierung der Missbrauchsaufsicht für marktmächtige Unternehmen, 2018, S. 124 ff.; *Paal*, in: Gersdorf/Paal, BeckOK Informations- und Medienrecht, Art. 102 AEUV, Rn. 72.

1407 Zur Abgrenzung siehe erläuternd ebenda, Rn. 77.

1408 *Bechtold/Bosch/Brinker*, in: Bechtold/Bosch/Brinker, EU-Kartellrecht, Art. 102 AEUV, Rn. 39; hinsichtlich der Unterschiede differenzierend *Hoffer/Lehr*, NZKart 2019, S. 10 (17 f.).

1409 *Fuchs*, in: Immenga/Mestmäcker, Wettbewerbsrecht. Band 1 EU, Art. 102 AEUV, Rn. 273.

Nutzergruppe konkurrierenden Angebots dienen.[1410] Das eigene Angebot wird dabei ebenso durch die aufgrund der vertikalen Integration bestehenden Kostenvorteile begünstigt, wobei die Auswirkung des Missbrauchs sich nicht in einer Preissetzungsstrategie zeigt, sondern der besseren Darstellung gegenüber anderen Kundengruppen.[1411] Problematisch an diesem Ansatz ist seine Kostenorientierung. Denn die Kosten in Plattformsachverhalten sind häufig nicht ohne weiteres nachvollziehbar, da sie auf verschiedene Nutzergruppen verteilt werden und regelmäßig ohne erkennbare Bepreisung nicht nachvollziehbar sind.[1412] Es müsste insofern die unternehmerische Freiheit zur Wahl einer Kostenstruktur und damit einhergehender unternehmensinterner Effizienz abgewogen werden.

Den dargestellten Grundsätzen sowohl im Speziellen der Essential-Facilities-Doktrin als auch allgemein des Verdrängungsmissbrauchs lässt sich bereits der Grundsatz entnehmen, dass ein etwa bestehender Zugangsanspruch grundsätzlich diskriminierungsfrei zu erfolgen hat. In dieser Konstellation wird das ansonsten eine freie Preis- und Bedingungsgestaltung ermöglichende Amortisierungsinteresse des marktbeherrschenden Unternehmens begrenzt.[1413] Darüber hinaus trifft das vertikal integrierte Unternehmen auf dem von ihm beherrschten Markt eine aus der Verantwortlichkeit für den Restwettbewerb resultierende Verpflichtung zur diskriminierungsfreien Ausgestaltung seiner Nutzungsbedingungen.[1414] Diese Verpflichtung schließt eine Gleichbehandlung eigener Angebote auf dem beherrschten Markt mit ein. Die Grundsätze eines zwangsweisen Zugangs zur Plattform müssen dabei nicht zwingend angewendet werden.[1415] Unabhängig hiervon kann ein freiwillig eröffneter Markt selbstbevorzugend ausgenutzt werden, wenn die beteiligten Unternehmen anderenfalls zunächst selbst eine eigene Plattform aufbauen müssten.[1416] Eine Pflicht zur „Gleichbehandlung mit sich selbst" kann also dann bestehen, wenn und sofern die Bevorzugung ein exklusives Ausnutzen von Marktzutrittsschranken in Form von Informationsasymmetrien oder Netzwerkeffekten bedeutet.[1417]

Zu beachten ist hierbei erneut das Interesse der Plattform-Betreiber an einer selbstbestimmten Ausgestaltung der Plattformleistungen. Dies kann bei Suchmaschinen darin bestehen, dass sie die Vermittlungsergebnisse aufgrund einer die Nachfrage darstellenden öffentlichen Relevanz erstellen. Diese Relevanz kann stark von den Meinungen und unterschiedlichen persönlichen Prägungen der Nutzeranfragen abhängig sein und damit zu unscharfen empirischen Ergeb-

---

1410 Ähnlich schon *Hoffer/Lehr*, NZKart 2019, S. 10 (17).
1411 *Höppner*, WuW 2017, S. 421 (421).
1412 *Busch*, GRUR 2019, S. 788 (794); *Schweitzer* et al., Modernisierung der Missbrauchsaufsicht für marktmächtige Unternehmen, 2018, S. 125.
1413 *Fuchs*, in: Immenga/Mestmäcker, Wettbewerbsrecht. Band 1 EU, Art. 102 AEUV, Rn. 333.
1414 *Walzel*, CR 2019, S. 314 (317); *Schweitzer* et al., Modernisierung der Missbrauchsaufsicht für marktmächtige Unternehmen, 2018, S. 126.
1415 Zustimmend kritisch *Hoffer/Lehr*, NZKart 2019, S. 10 (16).
1416 *Höppner*, WuW 2017, S. 421 (421).
1417 *Schweitzer* et al., Modernisierung der Missbrauchsaufsicht für marktmächtige Unternehmen, 2018, S. 128.

nissen in der Wahrnehmbarkeit führen. Diese individuellen Interessen der Plattformnutzer können nicht unmittelbar in die Bewertung herangezogen werden, sondern nur mittelbar über das berechtigte Interesse der Plattform an einer individuellen Ausgestaltung seiner Leistungen. *Paal* bezeichnet diese als „dezisionistische Festlegungen" und damit als Wertungen.[1418] Diese Wertungen können im Gefüge der Wettbewerbsfreiheiten durch die Meinungsäußerungsfreiheit und das Unternehmerpersönlichkeitsrecht zur freien selbstbestimmten Angebotsausgestaltung erfasst werden. Auch das marktbeherrschende Plattformunternehmen hat also insofern eine Einschätzungsprärogative, die im Rahmen des Verdrängungsmissbrauchs lediglich auf seine missbräuchliche Ausübung kontrolliert werden kann.[1419] Hieraus folgt eine Willkürkontrolle unter Abwägung der Interessen des effektiven Wettbewerbs. Nicht willkürlich wäre dabei wiederum das Interesse einer Plattform zur Vermeidung etwaiger eigener Rechtsverstöße insbesondere im Zusammenhang mit gewerblichen Schutzrechten oder Persönlichkeitsrechten.[1420]

cc) Zwang zum Wettbewerb zu eigenen Lasten

Wird unter den geschilderten Voraussetzungen den Wettbewerbern eines marktbeherrschenden Unternehmens die Möglichkeit eröffnet, sich gegen missbräuchliches Verhalten zu wehren, so stellt sich als nächstes die Frage nach dem Umfang der Reichweite der Verpflichtung dieses Unternehmens. Im Rahmen der kartellrechtlichen Missbrauchskontrolle kann ein Unternehmen grundsätzlich durch eine staatliche Maßnahme zur Beseitigung oder Unterlassung verpflichtet werden. Das marktmächtige Unternehmen wird also zum Unterlassen seiner Missbrauchsmaßnahme verpflichtet. Dies kann in der Folge nach den bisherigen Untersuchungen unter engen Voraussetzungen einer Geschäftsabschlusspflicht oder gar einer Gestaltungspflicht gleichkommen. Damit würde in die unternehmerische Freiheit zur selbstbestimmten Ausgestaltung der eigenen Betriebsabläufe und Geschäftsmodelle eingegriffen. Dies wiederum konkretisiert sich gelegentlich in dem aus der deutschen Rechtsprechung stammenden Einwand, ein marktbeherrschendes Unternehmen könne nicht zur Förderung fremden Wettbewerbs zum eigenen Schaden oder Nachteil verpflichtet werden.[1421]

1418 *Paal*, in: Gersdorf/Paal, BeckOK Informations- und Medienrecht, Art. 102 AEUV, Rn. 72; ähnlich schon *Paal*, GRUR Int 2015, S. 997 (999).

1419 So schon *Kühling/Gauß*, ZUM 2007, S. 881 (888); *Ott*, K&R 2007, S. 375 (379); *Paal*, GRUR Int 2015, S. 997 (999).

1420 Ausführlich erläutert hierzu *Paal*, in: Gersdorf/Paal, BeckOK Informations- und Medienrecht, Art. 102 AEUV, Rn. 84a.

1421 BGH, Urt. v. 6.10.2015 – KZR 87/13 (Porsche-Tuning), NZKart 2015, 535 = WRP 2016, 229 (m. Anm. v. Telle), Rn. 66; BGH, Beschl. v. 11.11.2008 – KVR 17/08 (Bau und Hobby), NJW 2009, 1753 (1756); BGH, Beschl. v. 28.6.2005 – KVR 27/04 (Arealnetz), WuW 2005, 924 (931); BGH, Beschl. v. 15.11.1994 – KVR 29/93 (Gasdurchleitung), JZ 1995, 722 (m. Anm. v. Kühne/Pohlmann) = NJW 1995, 2718 (2723); *Dreher*, DB 1999, S. 833 (835); Maßgeblich gestützt auf die Aussage bei BGH, Urt. v. 12.11.1991 – KZR 2/90 (Aktionsbeträge), NJW 1992, 1827 (1828), die sich vermeintlich auf eine gefestigte Rechtsprechung stützt und auf

Seine erste Erwähnung hatte der Einwand in der Entscheidung *Aktionsbeträge* des BGH.[1422] Dort ging es um die Frage der Zuwendung von Zuschüssen durch einen Hersteller von Kraftfahrzeugen gegenüber seinen Vertragshändlern dafür, dass sie von ihm bestimmte oder seine eigenen Leasinggesellschaften an Kunden vermittelten. Ein mit seiner eigenen Leasinggesellschaft konkurrierendes Unternehmen begehrte eine gleiche Zuwendung von Aktionsbeiträgen. Im Ergebnis sah der BGH diese Praxis bereits als nicht kartellrechtswidrig an, da das marktmächtige Unternehmen die Leasinggesellschaften als Teil seiner unternehmerischen Einheit fördern könne.[1423] Mit dem Wortlaut „dazu kommt" beginnend argumentiert das Gericht anschließend, würde das marktmächtige Unternehmen zu einer Zuwendung auch an die konkurrierende Leasinggesellschaft verpflichtet, so müsse der Hersteller damit Wettbewerber zum eigenen Schaden fördern, wozu niemand verpflichtet werden könne. Die Aussage ist in dem konkreten Zusammenhang also bereits überflüssig und deshalb unerheblich, weil die eigentliche Entscheidung aufgrund der umfassenden Interessenabwägung anhand der auf die Freiheit des Wettbewerbs gerichteten Zwecksetzung des GWB erfolgt und dabei bereits entsprechende Einwände – wären sie erheblich gewesen – hätte berücksichtigen müssen.[1424]

Dennoch hat diese Aussage in der Folge ein dogmatisches Eigenleben entwickelt und wurde in der genannten Rechtsprechung und Literatur zu einem vermeintlichen Grundsatz erhoben.[1425] Dieser werde durch die ausdrückliche Regelung der Essential-Facilities-Doktrin im deutschen Kartellrecht für den Zugang zu Infrastrukturen in § 19 Abs. 2 Nr. 4 GWB durchbrochen, wie unter anderem *Topel* und der BGH in seiner Entscheidung *Arealnetz* argumentierten.[1426] Dieses Verständnis geht allerdings bereits nicht aus der Gesetzesbegründung zur Einführung dieser Spezialregelung hervor, die lediglich auf eine Kodifizierung dieses typischerweise als anwendbar gesehenen Regelbeispiels des Marktmachtmissbrauchs einerseits sowie einer Umsetzung der bisher ergangenen Rechtsprechung des EuGH abzielte.[1427] Vielmehr ergeben sich weiterhin die allgemeinen

---

die Entscheidungen BGH, Urt. v. 21.2.1989 – KZR 3/88 (Frankiermaschinen), NJW-RR 1989, 1310 (1311); BGH, Beschl. v. 25.10.1988 – KVR 1/87 (Lüsterbehangsteine), NJW-RR 1989, 485 (486); BGH, Urt. v. 22.10.1973 – KZR 22/72 (EDV-Ersatzteile), NJW 1974, 141 (142) verweist. Eine eigenständige Kasuistik hat sich erst nach der Aktionsbeträge-Entscheidung entwickelt, wie *Förster*, WuW 2015, S. 233 (234 ff.) kritisch darstellt; *Markert*, WuW 1995, S. 560 (570) sieht hierin denn auch eher ein *obiter dictum*; für digitale Plattformen und den Zugang zu Daten noch offen lassend *Louven*, NZKart 2018, S. 217 (221).

1422 BGH, Urt. v. 12.11.1991 – KZR 2/90 (Aktionsbeträge), NJW 1992, 1827 (1828).
1423 *Förster*, WuW 2015, S. 233 (234).
1424 *Markert*, WuW 1995, S. 560 (579).
1425 Hierzu siehe die Anmerkung von *Kühne/Pohlmann*, JZ 1995, S. 725 (727) zu der fraglichen Aussage bereits in der BGH-Entscheidung Gasdurchleitung; *Fleischer*, Behinderungsmissbrauch durch Produktinnovation, 1997, S. 155 f.; *Weyer*, AG 1999, S. 257 (263).
1426 *Topel*, ZWeR 2006, S. 27 (33), Fn. 32; BGH, Beschl. v. 28.6.2005 – KVR 27/04 (Arealnetz), WuW 2005, 924 (931).
1427 Regierungsbegründung zur 6. GWB-Novelle, BT-Drs. 13/9720, S. 51 f.

Auslegungsgrundsätze zum Marktmachtmissbrauch und dabei insbesondere zum Behinderungsmissbrauch.

Verstößt ein Unternehmen gegen das Verbot des Missbrauchs seiner marktbeherrschenden Stellung, so kann es zur Unterlassung angehalten werden. Das bedeutet, es ist zu allen Maßnahmen verpflichtet, die seinen Missbrauch abstellen, also den Restwettbewerb weiter effektiv laufen lassen. Kommt es im Rahmen dieses Wettbewerbs zu einer nachteiligen Folge für das marktbeherrschende Unternehmen, so ist dies eine notwendige und in Kauf zu nehmende Folge.[1428] Die bisherigen Untersuchungen haben hierzu gezeigt, dass es keinen Schutz vor Veränderung im Wettbewerb gibt und lediglich in einem beschränkten Umfang für Unternehmen die Möglichkeit gibt, sich auf einen subjektiv-individuellen Bestandsschutz zu berufen. Veränderungen und hieraus erwachsende Nachteile sind vielmehr eine typische tatsächliche Folge der schöpferischen Zerstörung, vor der Unternehmen nicht geschützt sind. Dasselbe gilt, wenn diese Veränderung aufgrund einer rechtmäßigen staatlichen Entscheidung zum Schutz des Wettbewerbsprozesses erfolgt. Weil dies aber so ist und das marktmächtige Unternehmen aus den Wettbewerbsfreiheiten keinen Schutz vor der Veränderung als solcher ableiten kann, kann im Rahmen der den Missbrauch ausmachenden Abwägung dieser Einwand als solcher formuliert nicht berücksichtigt werden. Allein bei nachgewiesener Existenzgefährdung des verpflichteten Unternehmens könnte in der Abwägung zu berücksichtigen sein, dass es einen zumutbaren Anteil der Kapazitäten für die Sicherstellung der eigenen Wettbewerbsfähigkeit vorbehält.[1429]

d) Abwägungsmaßstäbe des Verdrängungsmissbrauchs

Die methodische Erweiterung des marktbezogenen Prüfumfangs zeigt sich nach der Marktanalyse erneut bei der Rechtsanwendung zur Kontrolle missbräuchlicher Verdrängungsmaßnahmen eines marktbeherrschenden Unternehmens. Strukturelle Besonderheiten bei Sachverhalten mit der Beteiligung digitaler Plattformen können dabei auf der Tatsachenebene ausreichend berücksichtigt werden. Bei der Auslegung der kartellrechtlichen Vorschriften ergibt sich ein besonders für Innovationssachverhalte geltendes materielles Bestimmtheitserfordernis, das gegen antizipierende oder ungenaue Wissensentscheidungen spricht. Auch eigene Innovation der missbräuchlich verdrängten Unternehmen oder des beschränkten Wettbewerbs sind nicht erforderlich. Objektive Abwägungsentscheidungen unter Einbeziehung der Wettbewerbsfreiheiten bei der Auslegung des Missbrauchstatbestands können dabei Aussagen über die Rahmenbedingungen für ein marktbeherrschendes Unternehmen treffen. Dabei zeigt sich, dass ein marktbeherrschendes Unternehmen aus rechtlichen, informationellen oder natürlichen Innovationsgegenständen keine allgemeine Innovationsverantwortung

---

1428 So auch *Förster*, WuW 2015, S. 233 (243 f).
1429 *Busche*, in: Busche/Röhling, Kölner Kommentar zum Kartellrecht, § 19 GWB, Rn. 129; *Markert*, in: Immenga/Mestmäcker, Wettbewerbsrecht. Band 2 GWB, § 19 GWB, Rn. 163.

hat, sondern eine Rücksichtnahmepflicht, deren Umfang sich ebenso aufgrund der abzuwägenden Wettbewerbsfreiheiten ergibt.

4. Innovationsrente und Wertbildung

Unternehmen streben nach Innovationen, um sie für sich bestmöglich im Wettbewerb zu verwerten. Dies ist Ausdruck des monopolistischen Wettbewerbs und seiner Motivationsfunktion, dass nämlich Unternehmen nach Vorsprüngen vor ihren Wettbewerbern trachten, um dadurch wirtschaftliche Vorteile unterschiedlichster Form zu erzielen. Im Wettbewerb selbst zeigt sich dies vor allem dadurch, dass Unternehmen mit einem Innovationsvorsprung in der Lage sein können, eine Monopolstellung zu erlangen und damit wiederum einen vom Wettbewerb nicht disziplinierten Gestaltungsfreiraum innehaben. Entsprechend besteht eine etablierte Praxis über die kartellrechtliche Bewertung der Preishöhe, die sich auch auf den Preis für Produkte oder Leistungen beziehen können, die Ausdruck einer Innovation im Wettbewerb sind.[1430] Erst seit jüngerer Zeit werden zunehmend nicht-preisliche Faktoren in die kartellrechtliche Bewertung einbezogen und damit der Konditionenmissbrauch angewandt.[1431] Dies steht unter zwei wesentlichen Erwägungen: Erstens zeigt sich bestätigend zu den bisherigen Untersuchungen, dass die marktmäßigen Austauschbeziehungen nicht mehr stets an einen Preis im Sinne eines Gegenwertes gebunden sind. Dies zeigt sich nicht nur bei der Abgrenzung des relevanten Marktes und der Bewertung der auf ihm herrschenden Machtverhältnisse, sondern auch im Rahmen möglicher Gegenleistungen zwischen Anbietern und Nachfragern und deren Bewertung im Sinne einer Ausbeutung.[1432] Zweitens rückt die Preisbewertung als solche immer mehr in den Hintergrund angesichts der zunehmenden Bedeutung nicht-preislicher Wettbewerbsparameter. Aber auch diese nicht-preislichen Austauschbeziehungen können kartellrechtlich einer Missbrauchskontrolle unterworfen werden.[1433] Zusammenfassend zeigt sich hierbei, dass im Zusammenhang mit innovationserheblichen Sachverhalten und Plattformen Preissetzungsstrategien vor allem im Rahmen des Behinderungsmissbrauchs als Form marktmachtmissbräuchlicher

---

1430 Siehe zusammenfassend unter anderem *Fuchs*, in: Immenga/Mestmäcker, Wettbewerbsrecht. Band 1 EU, Art. 102 AEUV, Rn. 168 ff.; *Huttenlauch/Lübbig*, in: Loewenheim et al., Kartellrecht, Art. 102 AEUV, Rn. 179 ff.; *Jung*, in: Grabitz/Hilf/Nettesheim, Das Recht der Europäischen Union: EUV/AEUV, Art. 102 AEUV, Rn. 166 ff.; *Scholz*, in: Wiedemann, Handbuch des Kartellrechts, § 22, Rn. 95 ff,; *Eilmansberger/Bien*, in: Säcker et al., Münchener Kommentar zum Wettbewerbsrecht: Band 1, Art. 102 AEUV, Rn. 342 ff.

1431 *Thomas*, NZKart 2017, S. 92 (93 ff.); Einen Überblick im Zusammenhang mit dem damals noch laufenden Verfahren des BKartA gegenüber Facebook auch mit der europäischen Rechtspraxis zum nicht-preislichen Ausbeutungsmissbrauch geben *Volmar/Helmdach*, ECJ 2018, S. 195 (195 ff.).

1432 *Jung*, in: Grabitz/Hilf/Nettesheim, Das Recht der Europäischen Union: EUV/AEUV, Art. 102 AEUV, Rn. 166; *Bosch*, in: Bechtold/Bosch, Gesetz gegen Wettbewerbsbeschränkungen, § 19 GWB, Rn. 53.

1433 Vgl. hierzu allein schon BGH, Beschl. v. 6.11.1984 – KVR 13/83 (Favorit), GRUR 1985, 318.

Verdrängung relevant werden und eine Kontrolle im Rahmen des Ausbeutungsmissbrauchs oder einer konkreten Gegenwertkontrolle eher nachrangig ist.

Die bisherigen Erkenntnisse haben aber gezeigt, dass Innovation das Prozesshafte des Wettbewerbs und seine Veränderungen hervorhebt. Deshalb kann es schwierig sein, im Zusammenhang mit Innovation von Marktergebnissen zu sprechen, wenn diese doch ständig im Wettbewerbsprozess abgelöst werden könnten.[1434] Damit kann Innovation an dieser Stelle bereits als ein Umstand für eine Abgrenzung notwendiger kartellrechtlicher Kontrolle von Marktergebnissen einerseits gegenüber politisch motivierten, lenkenden Eingriffen in den Wettbewerbsprozess betont werden. So könnten zwar Umstände im Zusammenhang mit der Kurz- oder Langfristigkeit von Innovationen berücksichtigt und gewichtet werden. Allerdings lässt sich hier kein allgemeiner Grundsatz ableiten, dass das Eine zugunsten des Anderen zurückstehen müsste.[1435] Hierfür spricht schon der einzelne Umstand, dass langfristige Innovationen im Zusammenhang mit Immaterialgüterrechten und derer rechtlicher Monopolwirkungen wettbewerbswidrig wirken können, aber durch ebenso schützenswerte kurzfristige Innovationen ablösbar sind. Ähnlich stellt sich dies bei der Bewertung möglicher Ausbeutungskonstellationen dar. So können Innovationseinwände eines unter dem Verdacht der Ausbeutung stehenden marktbeherrschenden Unternehmens nicht allein mit der pauschalen Begründung als unerheblich gelten, dass hierdurch langfristige Innovationen möglich sind. Notwendig wäre hierfür vielmehr eine konkrete Feststellung im Einzelfall, die dann wiederum eine Aussage über den tatsächlichen Wettbewerb enthalten müsste. Soweit hinreichende Tatsachen feststellbar sind, wären hier die Grundsätze über Innovationsräume durchaus berücksichtigungsfähig. Es lässt sich also keine Aussage darüber treffen, ob die vorläufigen Marktergebnisse zugunsten längerfristiger Innovationsverläufe grundsätzlich verstärkt einer Kontrolle unterliegen. Stattdessen bildet diese Frage einen eigenständigen Abwägungsgesichtspunkt.

Eine kartellrechtliche Kontrolle der angesprochenen Ergebnisse im Rahmen des Marktmachtmissbrauchs ist vor allem über den Ausbeutungsmissbrauch möglich. Im europäischen Kartellrecht ist dieser über das Regelbeispiel in Art. 102 UAbs. 2 lit. AEUV normiert, im deutschen Kartellrecht findet sich eine ähnliche Regelung in § 19 Abs. 2 Nr. 2 GWB. Allerdings ist der Wortlaut der beiden Vorschriften sehr unterschiedlich und gibt deshalb voneinander abweichende Auslegungsmöglichkeiten her. So lässt der Ausbeutungsmissbrauch im europäischen Kartellrecht unmittelbar auf eine Angemessenheitsprüfung schließen, während im deutschen Recht ein Abweichen von den Bedingungen maßgeblich ist, wie sie bei wirksamem Wettbewerb bestehen würden. Dennoch wird bei der Anwendung beider Rechtsvorschriften häufig eine Vergleichsmarktanalyse durchgeführt, deren Übertragung auf innovationserhebliche Sachverhalte im Folgenden

---

1434 *Möschel*, Der Oligopolmissbrauch im Recht der Wettbewerbsbeschränkungen, 1974, S. 160.
1435 *Huttenlauch/Lübbig*, in: Loewenheim et al., Kartellrecht, Art. 102 AEUV, Rn. 180.

dieser Untersuchung kritisch diskutiert wird.[1436] Gleich ist beiden, dass sie den Ausbeutungsmissbrauch nicht allein an Preise knüpfen, die ein marktmächtiges Unternehmen für sich erzwingen kann. Auch eine Bewertung sonstiger Geschäftsbedingungen und damit nicht-preislicher Faktoren ist möglich.[1437] Beim Ausbeutungsmissbrauch ist eine Anwendung des Grundtatbestands offen und oftmals die geeignetere Maßnahme, da sich eine trennscharfe Annahme der typisierten Ausbeutungslage nicht immer begründen lässt und zusätzlich Abgrenzungsschwierigkeiten zu anderen Fallgruppen und Regelbeispielen des Marktmachtmissbrauchs auftreten können.[1438]

Im Hinblick auf Innovation, Verdrängungswettbewerb und damit in Zusammenhang stehende Untersuchungen marktmachtmissbräuchlichen Verhaltens scheint eine teilweise Bewertung preislicher oder preisähnlicher Maßnahmen zunächst über den Behinderungsmissbrauch möglich und besser praktikabel.[1439] Hierzu lässt sich zwischen ausbeuterischem Missbrauch einerseits mit und andererseits ohne Verdrängungseffekt differenzieren.[1440] In den meisten Fällen wird es dem marktbeherrschenden Unternehmen um die Behinderung seiner Wettbewerber gehen, sodass sich hierbei Überschneidungen ergeben können.[1441] Dies zeigt sich auch in materieller Hinsicht an den Zweifeln gegenüber einer eigenständigen „Preiskontrolle" aufgrund der weitreichenden und pauschalen Eingriffe in das Marktgeschehen.[1442] Allerdings lässt sich neben der Einordnung des Verhaltens eines marktmächtigen Unternehmens in einem Verdrängungsprozess des Wettbewerbs die Art und Weise kartellrechtlich bewerten, wie es in einem innovativen Umfeld Gegenleistungen für sich verlangt oder aber sein Geschäftsmodell ausprägt, um damit Innovationen wirtschaftlich auszuwerten. Anders als bei dem vorherigen Kapitel geht es in diesem Abschnitt der Untersuchung um die Frage, ob und unter welchen rechtlichen Voraussetzungen des Marktmachtmissbrauchsverbots sich in innovationserheblichen Sachverhalten eine Bewertung von Austauschverhältnissen oder ähnlichen Konstellationen zwischen einem

---

1436 *Jung*, in: Grabitz/Hilf/Nettesheim, Das Recht der Europäischen Union: EUV/AEUV, Art. 102 AEUV, Rn. 166.

1437 *Bosch*, in: Bechtold/Bosch, Gesetz gegen Wettbewerbsbeschränkungen, § 19 GWB, Rn. 53; *Huttenlauch/Lübbig*, in: Loewenheim et al., Kartellrecht, Art. 102 AEUV, Rn. 180; *Jung*, in: Grabitz/Hilf/Nettesheim, Das Recht der Europäischen Union: EUV/AEUV, Art. 102 AEUV, Rn. 175; insofern lassen sich auch auf den ersten Blick deskriptive oder lediglich beschreibende Erklärungen eines marktbeherrschenden Unternehmens als sonstige Geschäftsbedingungen erfassen, sofern diese Ausdruck des Machtgefälles hinsichtlich der Anbieter-Nachfrager-Beziehung sind, siehe BKartA, Beschl. v. 6.2.2019 – B6-22/16 (Facebook), BeckRS 2019, 4895, Rn. 561 ff.

1438 *Nothdurft*, in: Langen/Bunte, Kartellrecht, § 19 GWB, Rn. 120 f.

1439 *Mestmäcker/Schweitzer*, Europäisches Wettbewerbsrecht, 2014, § 18 Rn. 8 ff.

1440 *Jung*, in: Grabitz/Hilf/Nettesheim, Das Recht der Europäischen Union: EUV/AEUV, Art. 102 AEUV, Rn. 166 ff.

1441 Ebenda, Rn. 184.

1442 *Huttenlauch/Lübbig*, in: Loewenheim et al., Kartellrecht, Art. 102 AEUV, Rn. 180; *Fuchs*, in: Immenga/Mestmäcker, Wettbewerbsrecht. Band 1 EU, Art. 102 AEUV, Rn. 169; *Nordmann/Förster*, WRP 2016, S. 312 (315).

marktmächtigen Unternehmen und auf der Gegenseite stehenden Nachfragern oder Anbietern ergeben kann und nach welchen rechtlichen Maßstäben diese betrachtet werden können. Erneut zeigt sich hier die Notwendigkeit einer Beachtung des Einwands angemaßten Wissens, wie ihn für den Ausbeutungsmissbrauch insbesondere in Form der Preiskontrolle bereits *Möschel* angesprochen hatte.[1443] Dabei ist neben kontrafaktischen Betrachtungen anhand des Konzepts vom Als-ob-Wettbewerb eine Einzelfallabwägung anhand der auf die Offenhaltung des Wettbewerbsprozesses und der effektiv ausgelebten Wettbewerbsfreiheiten möglich. Übergreifend stellt sich hierbei die Frage, inwiefern die Dynamik des Wettbewerbs angemessen bei den vorzunehmenden rechtlichen Entscheidungen einbezogen werden kann.

a) Gegenwerte und Betrachtungsgegenstände

Die Untersuchungen im Rahmen des Ausbeutungsmissbrauchs können an verschiedenen möglichen Bezugspunkten anknüpfen, die bereits in unterschiedlichen Konstellationen im Rahmen dieser Arbeit eine Bedeutung gewonnen haben. Namentlich die Frage nach dem bestehenden relevanten Markt bei unentgeltlichen Leistungen knüpfte bereits an der Darstellung verschiedener möglicher Gegenleistungen an, die nach hier nicht vertretener Argumentation die vermeintlich notwendige Austauschsituation abbilden soll. Kommt es zwar bei der Marktabgrenzung und der dieser vorgelagerten Frage nach dem überhaupt Bestehen einer Marktbeziehung nicht auf eine Austauschsituation an, so können doch tatsächlich feststellbare Austauschbeziehungen zwischen einem marktbeherrschenden Unternehmen und anderen Wirtschaftssubjekten auf ihre kartellrechtliche Zulässigkeit als solcher untersucht werden. Rechtlicher Anknüpfungspunkt ist der Ausbeutungsmissbrauch, der sich in die beiden Fallbeispiele einerseits des in der Praxis bekannten Preismissbrauchs und andererseits des noch nicht umfangreich erprobten Konditionenmissbrauchs aufgliedert.[1444] Dabei stellt sich die Frage, inwiefern in dieses Gefüge diejenigen Marktverhältnisse eingeordnet werden können, die sich nicht durch ein unmittelbares monetäres Entgelt erklären lassen.

Insofern ist hier der konkrete Betrachtungsgegenstand einer missbräuchlichen Ausbeutungslage zu beschreiben. Im Zusammenhang mit Plattform-Sachverhalten bedeutet dies nämlich nicht, dass eine Gegenwertkontrolle überhaupt nicht mehr relevant ist. Ob die einzelnen Nutzerbeziehungen ein angemessenes Austauschverhältnis haben und als solche zulässige Marktergebnisse haben, hängt dabei meistens nicht in materieller Hinsicht unmittelbar mit Innovation

---

1443 *Möschel*, JZ 1975, S. 393 (394).

1444 Aus der kartellbehördlichen Praxis vgl. hierzu vor allem BKartA, Beschl. v. 6.2.2019 – B6-22/16 (Facebook), BeckRS 2019, 4895; dazu *Louven*, CR 2019, S. 352 (352 ff.); BGH, Beschl. v. 6.11.1984 – KVR 13/83 (Favorit), GRUR 1985, 318; BGH, Urt. v. 6.11.2013 – KZR 58/11 (VBL-Gegenwert I), NZKart 2014, 31; BGH, Urt. v. 7.6.2016 – KZR 6/15 (Claudia Pechstein), NZKart 2016, 328 = NJW 2016, 2266; BGH, Urt. v. 24.1.2017 – KZR 47/14 (VBL-Gegenwert II), NZKart 2017, 242.

zusammen. Nicht die Innovation als solche wird ausgebeutet, sondern die Gegenseite eines konkreten Marktverhältnisses, auf das Innovation eine wettbewerbliche Bedeutung haben kann. Der Gegenstand dieses Marktverhältnisses kann dabei also eine Leistung sein, die sich im Hinblick auf Innovation ergibt. Das bedeutet also, dass sie gerade aufgrund des innovativen Umfelds getätigt werden, Innovation also (auch) Grundlage der Wertbildung ist. Anknüpfungspunkt hierfür sind vor allem die sonstigen Geschäftsbedingungen im weiteren und tatsächlichen Sinn.[1445] Diese weite Auslegung ergibt sich aus dem Sinn und Zweck der Vorschrift, sämtliche Fälle zu erfassen, die einem Preismissbrauch nahekommen. Es kommt also auf diejenigen wettbewerblich tatsächlichen Bedingungen an, die für das vertikale Austauschverhältnis gelten sollen. Insofern dient eine weite Auslegung der Erfassung möglicher Umgehungsmaßnahmen hinsichtlich des Preismissbrauchs als erstem Fall des Ausbeutungsmissbrauchs. Die Einordnung als Geschäftsbedingung im Sinne des Ausbeutungsmissbrauchs ist damit von ihrer rechtlichen Erfassung durch andere objektive Rechtsmaterien wie zum Beispiel dem AGB-Recht, dem Verbraucherschutzrecht oder dem Datenschutzrecht unabhängig. Allerdings schränkt bereits der Prüfungsmaßstab der Missbrauchskontrolle wiederum den Umfang einer Rechtskontrolle nichtpreislicher Geschäftsbedingungen ein. In diesem Zusammenhang kann sich kein allgemeiner und umfassender Prüfkatalog ergeben, der sämtliche inhaltlichen Regelungen der sonstigen Geschäftsbedingungen erfasst.[1446] Denn erfasst sind nur diejenigen sonstigen Geschäftsbedingungen im weiteren Sinne, die sich als solche zur Regelung einer Ausbeutung eignen, also in systematischer Hinsicht preisäquivalent sind, und als solche ausgeübt werden.[1447]

aa) Subsidiarität beim Innovationsrentenmissbrauch

Der Ausbeutungsmissbrauch und andere sich an konkreten Marktergebnissen orientierende Missbrauchsuntersuchungen sind in innovationserheblichen Sachverhalten regelmäßig in ihrer Wirkung subsidiär.[1448] Dies ergibt sich bereits in tatsächlicher Hinsicht daraus, dass sich in vielen Fällen kein konkreter Zustand feststellen lässt, der auf seine Angemessenheit hin untersucht werden kann.[1449]

1445 *Bosch*, in: Bechtold/Bosch, Gesetz gegen Wettbewerbsbeschränkungen, § 19 GWB, Rn. 53; *Fuchs*, in: Immenga/Mestmäcker, Wettbewerbsrecht. Band 1 EU, Art. 102 AEUV, Rn. 186; *Weiß*, in: Calliess/Ruffert, EUV/AEUV, Art. 102 AEUV, Rn. 49; *Jung*, in: Grabitz/Hilf/Nettesheim, Das Recht der Europäischen Union: EUV/AEUV, Art. 102 AEUV, Rn. 175; so schon *Franck*, ZWeR 2016, S. 137 (163); *Thomas*, NZKart 2017, S. 92 (96); siehe auch BKartA, Beschl. v. 6.2.2019 – B6-22/16 (Facebook), BeckRS 2019, 4895, Rn. 561 ff.; zustimmend hierzu *Louven*, CR 2019, S. 352 (356).

1446 *Nordmann/Förster*, WRP 2016, S. 312 (315 f.); *Haus/Heitzer*, WuW 2016, S. 181 (184) sehen hier dagegen einen verallgemeinerungsfähigen Grundsatz hin zu einer wettbewerblichen Alsob-Kontrolle des marktbeherrschenden Unternehmens.

1447 *Bosch*, in: Bechtold/Bosch, Gesetz gegen Wettbewerbsbeschränkungen, § 19 GWB, Rn. 53; *Nordmann/Förster*, WRP 2016, S. 312 (316).

1448 *Fuchs*, in: Immenga/Mestmäcker, Wettbewerbsrecht. Band 1 EU, Art. 102 AEUV, Rn. 169.

1449 *Möschel*, Der Oligopolmissbrauch im Recht der Wettbewerbsbeschränkungen, 1974, S. 160.

Denn so wie sich Innovation als Gegenstand des stetig sich selbst überholenden Wettbewerbsprozesses darstellt,[1450] können die einzelnen Marktergebnisse ständig von weiteren Entwicklungen abgelöst werden. Das mit dieser Aussage verbundene Zurückstehen von Marktergebniskontrollen hinter prozessual sich orientierenden Betrachtungen hängt wiederum mit verschiedenen dogmatisch-systematischen Erwägungen zusammen. Zum einen tritt hier erneut die Überlegung auf, dass es sich um einen Verzicht auf eine kurzfristige Innovationsergebnisbewertung zugunsten einer langfristigen Innovationsprozessbewertung handeln kann. Letztere kann sich so jedenfalls aufgrund des allgemeinen Behinderungsmissbrauchs ergeben.

bb) Datenbezogene Verarbeitungsbefugnisse

Eine besondere Bedeutung haben erneut Daten und deren Gewinnung durch Unternehmen in einer auf Informationstechnologien basierenden Wirtschaftsumgebung. Erneut stehen diese dabei in einem Zusammenhang mit der Unentgeltlichkeit zahlreicher Plattformleistungen. Digitale Plattformen mit mehrseitig vermittelnden Geschäftsmodellen bieten ihre Leistungen häufig gegenüber einer Nutzergruppe entgeltlich an, während der Preis für die andere Nutzergruppe auf null rabattiert wird. Die betriebswirtschaftlich regelmäßig nachvollziehbare Begründung hierfür ist, dass die Plattform der mit einem positiven Preis über Null bepreisten Nutzergruppe den Zugang zu der anderen Nutzergruppe und deren geäußerter Interessen vermittelt und gerade hierfür das Nutzungsentgelt erhält. Auf dieser marktmäßigen Seite der Plattform ist regelmäßig die Preiskontrolle anwendbar, wenn von den Mitgliedern dieser Nutzergruppe ein monetäres Entgelt verlangt wird. Eine unmittelbare Aussage auf die Kostenverteilung lässt sich aus diesem Vorgehen dagegen noch nicht entnehmen.

Anders stellt sich dies im Hinblick auf das Nutzungsverhältnis mit der Nutzergruppe dar, die kein monetäres Entgelt entrichtet. Hier hat sich mit den technischen Möglichkeiten der Internetwirtschaft eine Praxis weitreichender Datenverarbeitungspraktiken durchgesetzt. Digitale Plattformen verarbeiten im Zusammenhang mit der Erbringung ihrer Leistungen regelmäßig umfangreich Daten ihrer Nutzer.[1451] Dies geschieht teilweise auf der Grundlage in den jeweiligen Nutzungsverhältnissen mit den Mitgliedern ausgestalteteter Verarbeitungsbefugnisse, teilweise in tatsächlicher Hinsicht aufgrund der faktischen Zugriffsmöglichkeiten.[1452] Die aus diesen Verarbeitungen gewonnenen Erkenntnisse können wiederum für Zwecke des Plattformbetriebs verwendet werden, nämlich indem gewonnenes Wissen vermittelt wird.

1450 *Hoffmann-Riem*, Innovation und Recht, Recht und Innovation, 2016, S. 294.
1451 Zur Betrachtung der datenschutzrechtlichen Einwilligung als Vermögenswert *Möllnitz*, CR 2019, S. 640 (643).
1452 BGH, Beschl. v. 23.6.2020 – KVR 69/19 (Facebook), ECLI:DE:BGH:2020:230620BK VR69.19.0, NZKart 2020, 473 = GRUR-RS 2020, 20737, Rn. 59.

cc) Aufmerksamkeit

Verbunden mit Daten ist die Aufmerksamkeit der Nutzer auf den verschiedenen Seiten der Plattform. Diese lässt sich einerseits über Daten und den damit verbundenen Informationen als argumentativem Stellvertreter darstellen. Damit besteht aber nur ein unvollständiges Bild davon, was als möglicher Austausch für die Nutzung der Plattform gespendet wird. Denn es kann nur das tatsächlich von außen wahrnehmbare Verhalten über Daten abgebildet werden. Die eigentliche Sinneswelt der Nutzer und damit die Beweggründe und Anreize für deren wettbewerbliche Entscheidungen bleiben zunächst verborgen.

Es bleiben Zweifel, ob sich die gedankliche Aufmerksamkeit der Nutzer vertretbar als eine ausbeutbare Gegenleistung betrachten lässt. Dies wäre wohl nur unter der Annahme möglich, dass eine physische Zwangslage zur ausschließlichen Wahrnehmung der Plattform-Leistungen besteht. Anderenfalls verbleibt es bei den rein gedanklichen Leistungen, die als lediglich Entscheidungsgrundlagen nicht wettbewerblich im Zusammenhang mit dem Ausbeutungsmissbrauch darstellbar sind.

dd) Anwesenheit und Teilnahme im Netzwerk

In eine Reihe mit den nicht-preislichen Faktoren stellt sich die Relevanz der Nutzer als Teilnehmer des Netzwerks. Sie bilden durch ihre Anwesenheit und Nutzung eines Netzwerks dessen wesentliche wirtschaftliche Grundlage.[1453] Denn ohne die Teilnahme einer gewissen Zahl und damit der einzelnen Nutzer lassen sich keine Netzwerkeffekte erzielen, sodass das gesamte Netzwerk von Beginn an zum Scheitern verurteilt wäre. Dies bedeutet, dass die einzelnen Teilnehmer einer Plattform stets auch Teil eines größeren Ganzen sind, der sich aus dem wirtschaftlichen Zweck ergibt, den die jeweilige Plattform – also deren Betreiber – verfolgt. Die Nutzer entscheiden sich durch ihre Teilnahme an der Plattform, zu einem Teil des Netzwerkes zu werden und der damit durch die Plattform wiederum an andere Nutzer angebotenen Vermittlungsleistung. Hieraus ergibt sich allein bereits regelmäßig eine ökonomische Ausgleichslage zwischen den Nutzern und der Plattform, da in Bezug auf die reinen Netzwerkleistungen der eine von dem anderen profitiert. Anders ist dies zum einen, wenn ein Zwang zum Netzwerk aufgebaut wird oder wenn für die ansonsten freiwillige Entscheidung zum Netzwerk eine übermäßige Gegenleistung verlangt wird. Übermäßig würde in diesem Zusammenhang etwas sein, das nicht mehr eine angemessene Verrentung der Plattform für deren Betreiber begründet und bei der dem Nutzer keine angemessene Gegenleistung mehr für seine Teilnahme an dem Netzwerk angeboten wird. Dies betrifft dabei nicht nur die Bedingungen für Endnutzer, die sich als Verbraucher digitaler Plattformen bedienen.

1453 BGH, Beschl. v. 23.6.2020 – KVR 69/19 (Facebook), ECLI:DE:BGH:2020:230620BK VR69.19.0, NZKart 2020, 473 = GRUR-RS 2020, 20737, Rn. 24.

ee) Nicht-preisliche Erwartungsinvestition

Schließlich ließen sich weitere nicht-preisliche Faktoren beschreiben, die in einer kartellrechtlichen Abwägungsentscheidung berücksichtigt werden könnten, die eine Bewertung von Innovationsrente und dem damit zusammenhängenden Wert von Plattformleistungen zum Gegenstand hat. Innovation kann Anlass für Entscheidungen der Nutzer sein. Damit handelt es sich zunächst erneut um einen inneren Beweggrund, der regelmäßig nicht als Leistung bewertbar ist. Durch empirische Untersuchungen kann nachweisen lassen, dass wettbewerbliche Entscheidungen für ein Produkt oder eine Leistung bewusst von der Innovationskraft des jeweiligen Unternehmens abhängig gemacht werden oder gar eine gewisse Innovation erwartet wird. Dies könnte wiederum dann der Fall sein, wenn sich keine andere Möglichkeit im Wettbewerb mehr als vernünftig erklären lässt, als dass ein spezifisches Unternehmen allein in einem bestimmbaren Bereich innovativ ist. In diesem Fall könnte ähnlich wie bereits eben erklärt zwar ebenso eine gedanklich freie Entscheidung für das Angebot von den Nutzern getroffen werden, die jedoch keinen angemessenen Ausgleich findet.[1454] Allerdings lässt sich aufgrund des Dilemmas vom angemaßten Wissen nur schwer begründen, welche Innovation man konkret dem Unternehmen abverlangen könnte, damit es eine angemessene Innovationsleistung erbringt.

(1) Allgemeine Leistungsverschlechterung

Eine erste Gruppe ist die, bei der die Leistungen eines Unternehmens sich erkennbar verschlechtern und im wettbewerblichen Kontext nicht mehr bestehen können. Ein Beispiel kann eine Social-Media-Plattform sein, die aufgrund ihrer Funktionalitäten oder Darstellung nicht mehr als attraktiv und nützlich wahrgenommen wird oder die aus der Sicht der Mehrheit ihrer Nutzer kein angemessenes nachvollziehbares Community-Management mehr betreibt.[1455] Dies setzt ein auf seine Angemessenheit überprüfbares Marktergebnis voraus, das sich entweder nur schwer in derartigen Zusammenhängen feststellen lässt oder aber grundsätzlich aufgrund der Prozesshaftigkeit der Innovation nicht möglich ist.[1456]

Handelt es sich hierbei um ein bloßes gestörtes Äquivalenzinteresse der Nutzer, ist dieses regelmäßig nicht Ausdruck des Missbrauchs einer marktbeherrschenden Stellung. Stattdessen greift vorrangig das jeweilige Schuldrecht und die kartellrechtliche Missbrauchsaufsicht ist nur subsidiär.[1457] Sie würde erst dann eingreifen, wenn sich tatsächlich konkrete Leistungen oder Entscheidungen der Nutzer feststellen lassen, die sich ausschließlich und im berechtigten Vertrauen auf die erwartete Plattform-Leistung beziehen. Auch hier lässt sich keine allge-

---

1454 Ähnlich BGH, Beschl. v. 23.6.2020 – KVR 69/19 (Facebook), ECLI:DE:BGH:2020:230620B KVR69.19.0, NZKart 2020, 473 = GRUR-RS 2020, 20737, Rn. 62 f.
1455 *Huttenlauch/Lübbig*, in: Loewenheim et al., Kartellrecht, Art. 102 AEUV, Rn. 248; *Fuchs*, in: Immenga/Mestmäcker, Wettbewerbsrecht. Band 1 EU, Art. 102 AEUV, Rn 401.
1456 *Fuchs*, in: Immenga/Mestmäcker, Wettbewerbsrecht. Band 2 GWB, § 19 GWB, Rn. 63.
1457 Ebenda, Rn. 63.

meine Pflicht zur Innovation bestimmen. Zwar gilt mit den technischen Besonderheiten der Informationstechnologie, dass die Angebote digitaler Plattformen grundsätzlich nicht verschleißen. Sie können aufgrund nachlassenden Interesses der Nutzer an Netzwerkkraft verlieren, also Attraktivität und damit den Zweck ihrer Leistungen einbüßen. Es kann aufgrund des grundsätzlich selbstständig wählbaren Außenauftritts den Unternehmen nicht vorgegeben werden, ein bestimmtes Maß an Attraktivität weiterhin zu wahren, um die Aufmerksamkeit ihrer Nutzer zu halten.

(2) Geplante Obsoleszenz

Eine zweite Gruppe lässt sich unter dem Stichwort der geplanten Obsoleszenz zusammenfassen.[1458] Dabei handelt es sich um eine Situation, bei der die Verschlechterung nicht erst später, nach der Entscheidung der Marktgegenseite für ein bestimmtes Angebot eintritt – sondern diese ist bereits bei der Produktgestaltung eingeplant. In einem herkömmlichen Verständnis über physische Güter besteht deren Relevanz für Unternehmen vor allem dann, wenn eine Verkaufssituation über das jeweilige Marktangebot vorliegt, dieses also einmalig als solches zu einer wirtschaftlichen Abgeltung in Form eines Preises oder einer Gegenleistung abgegeben wird.[1459] Denn in diesem Fall kann die Lebensdauer eines Produkts Gegenstand der Abnehmerentscheidung sein.[1460] Dies könnten Anbieter für sich ausnutzen, indem sie durch einen geplanten Verfall des Produktes nach einer gewissen Zeit eine neue Abnahmeentscheidung veranlassen.[1461] Dies allein könnte ebenso bereits unter dem Gesichtspunkt eines Innovationswettbewerbs zu sehen sein, wenn die neuen Abnahmeentscheidungen jeweils zur Versorgung mit einem besseren Produkt führen. Es ließen sich also durchaus Konstellationen denken, bei denen trotz einer marktbeherrschenden Stellung auch die geplante Obsoleszenz zu einer Förderung von Innovation führt. In diesen Fällen kann ein wettbewerbliches Interesse an einer intertemporalen Preis- und Angebotspolitik bestehen.[1462] Das bedeutet, dass die qualitative Ausgestaltung des Angebots unter Berücksichtigung der zukünftig anfallenden Nachfragen und damit verbundenen Wettbewerbs erfolgt. Eine geplante Obsoleszenz kann also einen zukünftigen Wettbewerb grundsätzlich sogar fördern. Anders ist dies, wenn ein marktmächtiges Unternehmen die Möglichkeit hat, seine Marktstellung missbräuchlich im Hinblick auf diese zukünftige Entwicklung auszunutzen. In diesem Fall gelten die bisherigen Ausführungen, die eine Untersuchung übertragener Marktmacht

---

1458 *Maggiolino*, IIC 2019, S. 405 (405 ff.); *Weyer*, in: Jaeger et al., Frankfurter Kommentar zum Kartellrecht, § 19 GWB, Rn. 837; *Fuchs*, in: Immenga/Mestmäcker, Wettbewerbsrecht. Band 2 GWB, § 19 GWB, Rn. 63; *Schmidt*, WuW 1971, S. 868 (868 ff.).
1459 *Tirole*, Industrieökonomik, 2015, S. 189; *Wiedemann*, in: Wiedemann, Handbuch des Kartellrechts, § 23, Rn. 57.
1460 *Tirole*, Industrieökonomik, 2015, S. 189.
1461 *Schmidt*, WuW 1971, S. 868 (868 f.).
1462 *Tirole*, Industrieökonomik, 2015, S. 159 f.

auch in zeitlicher Hinsicht – unter Beachtung des beim Marktmachtmissbrauchs eingeschränkten Prognosespielraums – erlauben.

Ein derartiges Verständnis über die zeitliche Obsoleszenz physischer Güter lässt sich aus zwei Gründen nicht unmittelbar und in jedem Fall auf digitale Plattformen übertragen. Erstens bieten sie ihre Leistungen regelmäßig auf der Basis von nicht verderblicher oder vergänglicher Informationstechnologien an. Zweitens bestehen ihre Geschäftsmodelle sehr häufig aus jedenfalls zeitlich angelegten Nutzungsmöglichkeiten. Es kann sich eine zeitliche Erwartungshaltung an die Lebensdauer aus der technischen Nutzbarkeit im Zusammenhang mit dem aktuellen Stand der Technik ergeben. Ein Beispiel sind Software-Updates oder die Anpassung an Betriebssysteme, mit denen eine Plattform bisher kompatibel war. Sind hier Umstände erkennbar, die eine regelmäßige Anpassung des Plattformangebots an äußere Bedingungen verlangen, damit dies überhaupt noch angemessen nutzbar ist, so könnte dies Grundlage einer berechtigten Erwartungshaltung sein. Ist dies der Fall und entscheiden sich Nutzer für ein Plattformangebot aufgrund dieser Erwartungshaltung, so kann die fehlende Befriedigung dieses Nutzungsinteresses gemessen an der Gegenleistung eine Ausbeutung darstellen.[1463] Allerdings ist hier wieder anzumerken, dass regelmäßig keine Pflicht zur Aktualisierung auf den Stand der Technik besteht. Dies gilt wiederum nicht bei Hinzukommen weiterer Umstände, die eine Wechselentscheidung der Nutzer erschweren, zum Beispiel bei einem Kunden-Lock-in.

Hiervon unabhängig zu betrachten ist eine Strategie der funktional-technischen Obsoleszenz, bei der ein Unternehmen sein bisheriges Angebot selbst durch eine funktionale Erweiterung erneuert und damit den Nutzen des bisherigen Angebots verringert.[1464] Grundsätzlich ist hierbei eine Betrachtung der Gegenleistung möglich, wobei zwischen einer bloßen Verbesserung und einer Veranlassung zum ungeplanten Neuerwerb zu differenzieren ist. Bloße Verbesserungen können unter Beibehaltung des bisherigen Bedingungswerks für die Nutzung der digitalen Plattform weitgehend unbedenklich sein.[1465] Werden Abnehmer zu einer neuen Entscheidung für die Plattform veranlasst, kann dies einen Missbrauch der marktbeherrschenden Stellung darstellen, sofern keine Ausweichmöglichkeiten bestehen. Denn in diesem Fall hätte die Obsoleszenzstrategie eine die Nutzung verkürzende Auswirkung. Aber auch dies kann dann unbedenklich sein, wenn mit der verkürzten Nutzungsmöglichkeit ebenso eine Gestaltung der Gegenleistung einhergeht.

ff) Vorleistungen auf Innovationen und Monopolrente

Nach alledem lässt sich zunächst festhalten, dass auf Plattformen die jeweiligen Leistungsaustauschbeziehungen zu großen Teilen mit Erwartungen an die weitere wirtschaftliche Entwicklung verbunden werden. Dies betrifft die Qualität

---

1463 *Schmidt*, WuW 1971, S. 868 (872).
1464 Ebenda, S. 868 (872).
1465 Entsprechend kritisch äußerte sich hierzu deshalb *von Brunn*, WuW 1972, S. 615 (617).

in zeitlicher Hinsicht, also wie gut sich das nachgefragte Gut im Wettbewerb entwickelt. Das kann eine rechtliche Überprüfung einzelner Zwischenergebnisse des bei einem marktbeherrschenden Plattform-Unternehmen stattfindenden Marktprozesses auf eine etwaige Ausbeutungslage ermöglichen. Dies betrifft lediglich die Gegenleistungen als solche gemessen an einem derzeit feststellbaren Stand der Plattform. Nicht erfassbar sind als Gegenleistungen die Innovationsgeschwindigkeit und die Innovationsintensität als unternehmensinterne Beweggründe. Dies könnte nur anders betrachtet werden, wenn Geschwindigkeit und Intensität als solche Gegenstand einer nachgefragten Leistung wären. Nicht ausgeschlossen werden können an dieser Stelle bereits Einwände eines marktbeherrschenden Unternehmens im Zusammenhang mit Innovation entgegen der Annahme eines Marktmachtmissbrauchs. Zudem verbleibt eine Prüfung von Geschwindigkeit und Intensität der eigenen innovationsbezogenen Tätigkeit eines Unternehmens als verdrängende Maßnahme. Die Erwartungen in die Entwicklungen bei digitalen Plattformen können zum Anlass genommen werden, um die Reichweite gegenwärtig geltender Prüfmaßstäbe auszuloten.

b) Betrachtungsmaßstäbe

Wurden bislang mögliche Marktergebnisse beschrieben, die einer Ausbeutungskontrolle unterzogen werden könnten oder in anderer Weise auf ihre innovationsbezogene „Performance" untersucht werden könnten, so steht bislang noch der konkrete Untersuchungsmaßstab offen. Unter herkömmlichen Betrachtungsweisen kam es vor allem auf eine preisbezogene Wertung an. Der Preis fungierte dabei als Stellvertreter für die Angemessenheit und wettbewerbliche Ausgeglichenheit konkreter Maßnahmen. Diese Überlegungen lassen sich bei Plattformen allgemein und bei Innovation insbesondere nur noch selten übertragen. Zunächst fehlt regelmäßig eine unmittelbare Anknüpfungsposition für eine preisliche Kontrolle. Erste Überlegungen gehen an dieser Stelle dahin, alternative Preisbewertungskonzepte zu entwickeln. Daneben stellt sich die Frage nach dem Preis oder dem Wert von Innovationen selbst, die nur begrenzt im Rahmen des geltenden Kartellrechts beantwortbar ist. Dabei lässt sich zwischen gegenwärtig-statischen und dynamisch-zeitlichen Betrachtungen differenzieren. Erstere setzen an dem eigentlichen Zweck des positiv festgelegten Ausbeutungsmissbrauch an und fragen nach der gegenwärtigen Ausgeglichenheit des Austauschverhältnisses. Darüber hinaus könnten anknüpfend an die mögliche Prüfung zeitlicher Vergleichsmärkte[1466] neue Prüfkonzepte erwogen werden, die zeitlich-dynamische Aspekte mit einbeziehen, aber unter erheblichen Einwänden stehen.

aa) Wettbewerbstheoretische Anknüpfung des Als-ob-Wettbewerbs

Der wirtschaftstheoretische Anknüpfungspunkt für das Konzept des Als-ob-Wettbewerbs ist einerseits die Annahme, dass belastbare Aussagen über Markt-

---

1466 *Bosch*, in: Bechtold/Bosch, Gesetz gegen Wettbewerbsbeschränkungen, § 19 GWB, Rn. 57.

struktur, Marktverhalten und Marktergebnis gemacht werden können.[1467] Daneben stützt sich diese Annahme teilweise auf das Leitbild der vollständigen Konkurrenz.[1468] Gemessen an diesem soll demnach eine rechtliche Bewertung vorgenommen werden, ob eine fragliche Maßnahme missbräuchlich ist, also den Raum des wettbewerblich Zulässigen verlässt. Problematisch ist hierbei, dass von einem – positiv zu definierenden – Leitbild auf einen einzuhaltenden positiven Verhaltensmaßstab geschlossen wird. Wettbewerb wird also nicht mehr allein als soziale Veranstaltung und als Entfaltungsraum akzeptiert, die es in ihrer Offenheit zu schützen gelte. Stattdessen ermöglicht der Wortlaut des § 19 Abs. 2 Nr. 2 GWB die Modulierung eines positiven Referenzwettbewerbs. Ein derartiges kontrafaktisches Prüfungsvorgehen ist dabei in der Praxis nicht allein auf diese Vorschrift beschränkt, sondern wird auch in anderen Zusammenhängen vorgenommen, etwa wenn auf vernünftige Effizienzerwägungen abgestellt wird.

Bosch weist hierzu darauf hin, das in § 19 Abs. 2 Nr. 2 GWB angesprochene Kriterium des wirksamen Wettbewerbs entspreche dem des „ wesentlichen Wettbewerbs" in § 18 Abs. 1 Nr. 2 GWB.[1469] Dies ist selbst bei einer angenommenen begrifflich ähnlichen Auslegung von „wesentlich" und „wirksam" nicht zutreffend. Denn dieser Begründungsansatz läuft Gefahr einer unreflektierten Übertragung der eine mögliche Marktmachtstellung begründenden Umstände auf den späteren Prüfmaßstab zur Missbräuchlichkeit. Dies wäre aber selbst dann nicht zwingend, wenn Wirkungsidentität zwischen dem beherrschten Markt und demjenigen Markt bestehe, auf dem sich der Missbrauch auswirkt. Die Frage des wesentlichen Wettbewerbs richtet sich aber danach, ob überhaupt irgendein – qualitativ unspezifischer – Wettbewerb festgestellt werden kann. Es darf hierfür also überhaupt keine mögliche Situation eines wettbewerblich geprägten Marktes bestehen, wobei lediglich ein Wesentlichkeitseinwand erhoben werden könnte. Bei der Anwendung des Als-ob-Prüfmaßstabs müsste ein positiv zu definierender wirksamer Wettbewerb erst noch gefunden werden, der sich mit hoher Wahrscheinlichkeit ergeben würde. Hier könnten die Einwände erstens der Unwirksamkeit und zweitens der Unwahrscheinlichkeit erhoben werden. Letzteres zielt auf einen gesetzlich erlaubten Fiktionsspielraum ab, der weiter geht als die tatsächliche Feststellung über den wesentlichen Wettbewerb, wie sie hinsichtlich der Marktmachtuntersuchung erforderlich ist.[1470] Das Merkmal des wirksamen Wettbewerbs trifft also eine qualitative Aussage.

1467 *Lenel*, in: Sauermann/Mestmäcker, Wirtschaftsordnung und Staatsverfassung, 1975, S. 317 (320 f.); *Thomas*, NZKart 2017, S. 92 (95 f.).
1468 *Wurmnest*, Marktmacht und Verdrängungsmissbrauch, 2012, S. 154; kritisch hierzu *Wolf*, in: Säcker/Meier-Beck, Münchener Kommentar zum Wettbewerbsrecht: Band 2, § 19 GWB, Rn. 83, der auf den mit den Zielen des GWB konformen Wettbewerb abstellt, dabei jedoch nicht den Schluss hin zu einer differenzierten Abwägungslösung unter Beachtung des effektiven Wettbewerbs zieht.
1469 *Bosch*, in: Bechtold/Bosch, Gesetz gegen Wettbewerbsbeschränkungen, § 19 GWB, Rn. 55.
1470 *Fuchs*, in: Immenga/Mestmäcker, Wettbewerbsrecht. Band 2 GWB, § 19 GWB, Rn. 210.

In wettbewerbspolitischer Hinsicht ist hier eine Abgrenzung zu der kontrafaktisch prognostischen Betrachtungsmöglichkeit der Fusionskontrolle erforderlich, die eine zukunftsgerichtete Strukturbetrachtung ermöglicht. Damit ist der bereits erörterte kontrafaktische Betrachtungsmaßstab bei der Fusionskontrolle sehr weit gefasst, während hier kein Prognosespielraum eröffnet ist. Dem steht vermeintlich der Wortlaut der Vorschrift des § 19 Abs. 2 Nr. 2 GWB entgegen, wonach die kontrafaktischen Bedingungen zu suchen sind, „die sich bei wirksamem Wettbewerb mit hoher Wahrscheinlichkeit ergeben würden". Auch dies kann dem Sinn und Zweck der Vorschrift nach nicht als einen Prognosespielraum eröffnende Vorschrift gelesen werden, sondern steht im Zusammenhang mit dem Auswirkungsprinzip. Das Marktmachtmissbrauchsverbot knüpft am gegenwärtigen Verhalten des marktmächtigen Unternehmens an. Es soll dabei ein wettbewerblicher Unwert demjenigen Unternehmen zugerechnet werden, das sich gegenläufig zum wirksamen Wettbewerb verhält. Das bedeutet gleichsam, dass die Umstände des diesen Unwert begründenden Verhaltens dem Rechtsanwender zum Zeitpunkt der Entscheidung bekannt sein müssen. Zudem muss es sich um Umstände handeln, die sich gerade auf die marktbeherrschende Stellung des Unternehmens zurückführen lassen. Denn anderenfalls würde an die Stelle der Missbrauchskontrolle eine Wettbewerbskontrolle treten, bei der die als kontrafaktisch begründete Situation maßstabgebend für einen Missbrauch ist. Hierbei handelt es sich um keine Frage der Kausalität zwischen Marktstellung und missbräuchlichem Verhalten als solcher, sondern einer danach, welche hypothetischen Sachverhalte überhaupt in eine Betrachtung mit einbezogen werden dürften.[1471] Ausgeschlossen müssen deshalb diejenigen kontrafaktischen Szenarien sein, die zwar als idealtypisch wettbewerblich beschrieben werden könnten, die aber selbst bei fehlender Marktmachtstellung des Unternehmens nicht eintreten könnten, denen also eine objektive wettbewerbliche Zurechenbarkeit fehlt. Zusammenfassend verlangt dies eine objektive Divergenzbetrachtung nach dem Auswirkungsprinzip auch bei der Untersuchung hypothetischer Sachverhalte.[1472] Wahrscheinlichkeit bedeutet in diesem Zusammenhang also nicht Prognose, sondern Zurechnung.

Insbesondere der Vergleichsmaßstab des Als-ob-Wettbewerbs begegnet erheblichen Zweifeln, da er eine Gefahr läuft, eine korrigierende Entscheidung des Staates über die betrachteten wettbewerblichen Zustände zu provozieren. Versteht man diesen Maßstab eng im Sinne eines zu definierenden Wettbewerbs, so muss sich dies dem Einwand des fehlenden vollkommenen Wettbewerbs ausgesetzt sehen. Aber auch eine vollkommene Konkurrenz würde ein verzerrtes Wertungsbild darstellen, da es ein möglicherweise zu Recht im Wettbewerb

---

1471 *Künstner*, K&R 2019, S. 605 (610); siehe mittlerweile dazu auch BGH, Beschl. v. 23.6.2020 – KVR 69/19 (Facebook), ECLI:DE:BGH:2020:230620BKVR69.19.0, NZKart 2020, 473 = GRUR-RS 2020, 20737, 1. Ls.

1472 Vgl. hierzu bei tatsächlich divergenten Märkten *Jung*, in: Grabitz/Hilf/Nettesheim, Das Recht der Europäischen Union: EUV/AEUV, Art. 102 AEUV, Rn. 142.

monopolistisch gewordenes Unternehmen mit von ihm nicht einhaltbaren Maßstäben konfrontiert.

bb) Gegenwärtige Betrachtung

Die bisher bekannten Fälle einer Anwendung kontrafaktischer Betrachtungsweisen im Allgemeinen bezogen sich zeitlich auf gegenwärtige Sachverhalte. Das bedeutet, dass die Angemessenheit danach bewertet wird, was zum Bewertungszeitpunkt feststellbar unangemessen ist.

(1) Gesamtbetrachtung des Leistungsbündels

Eine bisher gängige inhaltliche Betrachtungsweise des Konditionenmissbrauchs stellte maßgeblich auf die zusammengefassten Bedingungen ab, die sich als Gegenwert darstellen lassen.[1473] Damit wird vor allem auf den systematischen Vergleich zwischen Preis- und Konditionenmissbrauch als Unterfälle des Ausbeutungsmissbrauchs hingedeutet.[1474] Konditionen können demnach auf eine Ausbeutung hin untersucht werden. Hierfür wird auf ein definierbares Leistungsbündel abgestellt, innerhalb dessen sich verschiedene Konditionen durch ihre unterschiedlichen Wirkungen gegenseitig ausgleichen können.[1475] Dies geht von der Annahme aus, dass sich die verschiedenen Klauseln eines Bedingungswerkes grundsätzlich innerhalb des konkreten Austauschverhältnisses vergleichbar zu einem Preis bewerten lassen.[1476] Dieser Ansatz geht also von der Annahme aus, dass sich in dem jeweiligen Verhältnis anhand der Geschäftsbedingungen und der sonstigen ausgetauschten Leistungen eins oder mehrere abgrenzbare Bündel überhaupt abgrenzen lassen. Dies ist bereits unter noch nicht durch Plattformen geprägten Szenarien als schwer überprüfbar angesehen worden.[1477]

In Plattform-Sachverhalten dürfte eine derartige Betrachtung grundsätzlich zum Scheitern verurteilt sein. Denn erstens handelt es sich um eine gewillkürte Betrachtung des Austauschverhältnisses, die jeweils einzelfallbezogen ihre Komplexitätsreduktion auf ein Leistungsbündel rechtlich begründen müsste. Damit würde einmal mehr das vermeintliche Wissen des Rechtsanwenders über die verschiedenen Leistungs- und Austauschbeziehungen bei Plattformen und deren betriebliche Ausgestaltungen und Besonderheiten an die Stelle der tatsächlichen Umstände gestellt. Dies würde noch einmal dadurch gesteigert, wenn ein unmittelbar monetärer Preis nicht besteht und selbst in mittelbaren Zusammenhängen

---

1473 Maßgeblich insofern BGH, Beschl. v. 6.11.1984 – KVR 13/83 (Favorit), GRUR 1985, 318; *Fuchs*, in: Immenga/Mestmäcker, Wettbewerbsrecht. Band 2 GWB, § 19 GWB, Rn. 209; *Esser*, in: Kokott/Pohlmann/Polley, Europäisches, deutsches und internationales Kartellrecht, 2018, S. 249 (252).
1474 *Bosch*, in: Bechtold/Bosch, Gesetz gegen Wettbewerbsbeschränkungen, § 19 GWB, Rn. 53; *Telle*, WRP 2016, S. 814 (819).
1475 BGH, Beschl. v. 6.11.1984 – KVR 13/83 (Favorit), GRUR 1985, 318 (319).
1476 *Fuchs*, in: Immenga/Mestmäcker, Wettbewerbsrecht. Band 2 GWB, § 19 GWB, Rn. 210.
1477 Ebenda, Rn. 210; *Wiedemann*, in: Wiedemann, Handbuch des Kartellrechts, § 23, Rn. 209; *Satzky*, NZKart 2018, S. 554 (557); *Thomas*, NZKart 2017, S. 92 (97).

nicht festgestellt werden kann. Fehlt hier der jeweilige unmittelbare Vergleichspreis in dem betreffenden Marktverhältnis, könnte er zwar anhand der jeweiligen Kostenverteilung auf einer anderen Plattformseite nachvollzogen werden. Dies verlangt als solches wiederum eine an der Mehrseitigkeit und der Kostenstruktur der Plattform sich orientierende Betrachtung. Eine konkrete Gegenwertkontrolle erscheint in diesem Gefüge nur noch schwer nachvollziehbar.

Schließlich begegnet dieses Vorgehen dem Einwand, dass eine Gesamtbetrachtung in Form eines Leistungsbündels aufgrund seiner Pauschalisierung geeignet ist, wesentliche Umstände un- oder fehlberücksichtigt zu lassen. Denn bei diesem Vorgehen würde die Identifizierung des Leistungsbündels in einem vorgelagerten Schritt vorgenommen, bevor es auf seine mögliche Ausbeutungslage hin untersucht würde. Innerhalb dieses Prüfungspunktes würde untersucht, ob die negativen Wirkungen einer Klausel durch die anderen Konditionen oder die Preisgestaltung ausgeglichen werden könnten.[1478] Das wiederum würde aber bedeuten, dass sich über ein jeweiliges Leistungsbündel überhaupt eine belastbare und derart umfassende Aussage treffen lässt. Anders als Preise können Geschäftsbedingungen unterschiedlich von ihren Adressaten wahrgenommen und ausgelegt werden. So könnte eine ungünstig wirkende Klausel nur aus Sicht einer Nutzergruppe ausgeglichen werden, aus Sicht anderer Nutzergruppen dagegen grundlegender Gegenstand ihrer Entscheidung sein. Insofern leidet eine pauschalierte Betrachtung an einem Differenzierungsmangel. Zudem könnte dieser Betrachtung bei zahlreichen Geschäftsbedingungen digitaler Plattformen die monetäre Unentgeltlichkeit entgegengesetzt werden.

(2) Vergleichsmärkte und Plattformen

Große Herausforderungen ergeben sich in tatsächlicher Hinsicht bei Plattformsachverhalten.[1479] Denn wie die bisherigen Untersuchungen gezeigt haben, handelt es sich um weitgehend junge technologische Entwicklungen mit entsprechend noch nicht lange etablierten Märkten. Diese variieren darüber hinaus stark und sind als solche Teil eines besonders innovativen Umfelds. Es dürfte deshalb nur schwer möglich sein, überhaupt in Bezug auf den einen konkreten untersuchten Markt einen Vergleichsmarkt zu beschreiben. Hinzu kommen Unschärfen aufgrund der Besonderheiten bei Plattformen. So könnten zwar auf einer Marktseite durchaus ähnliche Bedingungen mit anderen Geschäftsmodellen angenommen werden. Weichen die anderen Marktseiten stark voneinander ab, steht das Vergleichsmarktkonzept auf wackligen Beinen. Das könnte anzunehmen sein, wenn eine Plattform über mehrere verschiedene weitere Marktseiten verfügt. Denn in diesem Fall könnten derart unterschiedliche Bedingungen bestehen, dass ein Vergleich der ersten Marktseite wiederum entfallen muss. So wie die verschiedenen unterschiedlichen Marktseiten von Plattformen miteinander verbunden werden, könnten sich ebenso die jeweiligen Bedingungen auf

---

1478 BGH, Beschl. v. 6.11.1984 – KVR 13/83 (Favorit), GRUR 1985, 318 (319).
1479 *Körber*, NZKart 2019, S. 187 (193).

die anderen Gruppen auswirken und damit trotz auf den ersten Blick ähnlicher Bedingungen zum Beispiel eines Endnutzerverhältnisses zu stark unterschiedlichen Marktbedingungen führen.

(3) Einbringungsfähigkeit von Kosten- oder Gewinnpositionen

In konventionellen und von unmittelbaren Preisen sowie häufig auf materielle Vorleistungen bezogene Kosten geprägten Wirtschaftsbereichen haben sich alternative Betrachtungsmethoden entwickelt, die das wettbewerbliche Verhältnis von Kosten, Gewinn und tatsächlichem Preis zum Gegenstand haben.[1480] Auch diese beziehen sich auf einen Vergleichsmaßstab nach ökonomischen Erkenntnissen über die wettbewerbliche Angemessenheit. Bei digitalen Plattformen ergeben sich Besonderheiten daraus, dass sie die Interessen verschiedener Nutzergruppen miteinander vermitteln und zugunsten ihrer Geschäftsmodelle sich für eine Preisstruktur entscheiden, bei der einer Nutzergruppe sogar ein oberhalb des Monopolpreises liegendes Entgelt abverlangt wird, während dagegen eine andere Seite unentgeltlich bepreist wird. Dies erfolgt regelmäßig zur Überwindung des Henne-Ei-Paradoxons,[1481] das mit zunehmendem Erfolg des jeweiligen Plattform-Unternehmens in den Hintergrund tritt, aber als solches einen vernünftigen Einwand darstellen kann.[1482] Dennoch folgt zunächst aus der getrennten Marktseitenbetrachtung eine separate Kostenverteilung. Entsprechend müssen diese Kosten weiterhin nicht nur tatsächlich zur ökonomischen Erklärung dieses sozialen Phänomens herangezogen werden, sondern können hieraus folgend auch als prüfungsrelevante Positionen in Missbrauchsfällen beachtet werden. Schwierigkeiten bereitet dann erneut die Berechnung der Bedingungen für die nicht mit einem monetären Entgelt bepreiste Marktgegenseite, da in diesem Fall ein preisanaloger Vergleich die Folge wäre, gemessen an dem eine Bewertung der Kosten und eines „angemessenen Gewinnaufschlags" stattfinden könnte.[1483] Dies steht als Einwand im Zusammenhang mit der typischen Plattformstruktur einer Gewinnspannenkontrolle gegenüber, da mit der Verlagerung sämtlicher Kosten auf eine monetär bepreiste Nutzergruppe auch die Gewinne entsprechend dort zu verorten sein müssten. Daneben erscheint es für Innovationen nicht nachvollziehbar, eine Regel aufzustellen, welcher Gewinn als solcher nicht mehr dem Wettbewerb entspricht, da dieser zuerst von einem Preis abhängig ist. In einem nichtpreislichen Umfeld wird deshalb die differenzierte Abwägungslösung zu besser vertretbaren Ergebnissen führen. Kosten und

---

1480 *Eilmansberger/Bien*, in: Säcker et al., Münchener Kommentar zum Wettbewerbsrecht: Band 1, Art. 102 AEUV, Rn. 352 ff.; *Wolf*, in: Säcker/Meier-Beck, Münchener Kommentar zum Wettbewerbsrecht: Band 2, § 19 GWB, Rn. 108 ff.; *Scholz*, in: Wiedemann, Handbuch des Kartellrechts, § 22, Rn. 95.
1481 Seite 42 ff.
1482 *Holzweber*, in: Maute/Mackenrodt, Recht als Infrastruktur für Innovation, 2019, S. 41 (57).
1483 Kritisch hierzu schon *Möschel*, JZ 1975, S. 393 (395).

Gewinne können als solche deshalb nur Hilfsmaßstäbe bei der Betrachtung von Preisen und Geschäftsbedingungen sein.[1484]

Dies stellt hohe Anforderungen an den Einwand, nicht mit dem Angebot zusammenhängende Kosten in Abzug zu bringen, wie er in der EuGH-Rechtsprechung jedenfalls hinsichtlich Inhaber staatlich verliehener Sonderrechte angenommen wurde.[1485] Diese dürften diejenigen Kosten nicht mehr veranschlagen, die bereits auf andere Weise ausgeglichen wurden. Allerdings blieb dabei offen, ob dieser Einwand nur aufgrund der Sonderstellung der Unternehmen durchgreift. Dafür würde sprechen, dass bei staatlich verliehenen Sonderrechten ein höheres öffentliches Interesse daran bestehen kann, dass die Leistungserbringung zu vernünftig begründeten Bedingungen erfolgt. Ein Unternehmen soll die Kosten für Vorleistungen nur insoweit anrechnen können, wie diese noch als solche bestehen. Dies lässt sich allerdings ebenso für sonstige Unternehmen begründen und damit auf digitale Plattformen übertragen. Bei diesen stellt sich aufgrund der typischerweise gewählten Kostenstrukturen ein weiter Preissetzungsspielraum ein. Denn wenn eine Nutzergruppe dadurch subventioniert wird, dass ihr hypothetischer Preis auf null rabattiert wird, um das Henne-und-Ei-Paradoxon zu überwinden und im Wettbewerb zu bestehen, bedeutet dies die Verlagerung des hypothetischen Preises auf eine andere Nutzergruppe. Damit einher geht deren rechnerische Erhöhung des bereits vorherigen hypothetischen Preises. Im Rahmen einer Angemessenheitskontrolle müsste also berücksichtigt werden, dass es sich innerhalb eines Preises um mehrere Preisbestandteile handeln kann, die jeder für sich wiederum auf seine Angemessenheit überprüft werden muss. Sollte also beispielsweise ein Gewinnbegrenzungskonzept in einem konkreten Fall mit lediglich zwei Marktseiten angewandt werden, von denen der Preis einer Nutzergruppe auf null rabattiert wurde, müsste der Maßstab hinsichtlich der anderen Nutzergruppe ein doppelter sein, da die betriebswirtschaftlich gerechtfertigte Preisspaltung und –verteilung in diesem Fall auch zu einer Kostenübertragung führen kann.

Grundsätzlich steht dieser Betrachtung ein anderer weiterer Einwand entgegen. Zwar sind Kosten zum einen über Vorleistungen oder Aufwendungen darstellbar, die ein Unternehmen auf einer anderen Ebene leistet, um das Angebot wettbewerbsfähig erstellen zu können. Aufwände können aber verschiedene Bezüge hinsichtlich verschiedener Marktseiten haben, die sich nicht gegenseitig ausschließen.[1486] Es ist also nicht zwingend, dass ein Aufwand, der gegenüber einer Nutzerseite betrieben wird und der sich dieser gegenüber in

---

1484 *Fuchs*, in: Immenga/Mestmäcker, Wettbewerbsrecht. Band 2 GWB, § 19 GWB, Rn. 232.

1485 Zusammenfassend beschrieben von *Eilmansberger/Bien*, in: Säcker et al., Münchener Kommentar zum Wettbewerbsrecht: Band 1, Art. 102 AEUV, Rn. 353; EuGH, Urt. v. 17.5.2001 – C-340/99 (TNT Traco), ECLI:EU:C:2001:281, BeckRS 2004, 76571, Rn. 46; EuGH, Urt. v. 10.2.2000 – C-147/97; C-148/97 (Deutsche Post/GZS & Citicorp), ECLI:EU:C:2000:74, NJW 2000, 2261, Rn. 58; EuGH, Urt. v. 5.10.1994 – C-323/93 (Crespelle), ECLI:EU:C:1994:368, BeckRS 2004, 76367, Rn. 26.

1486 *Scholz*, in: Wiedemann, Handbuch des Kartellrechts, § 22, Rn. 83 ff..

Form von monetären Kosten darstellt, gleichzeitig nicht mehr gegenüber einer anderen Nutzerseite angebracht werden kann. Dies könnte sogar einen wesentlichen Erwägungspunkt eines Unternehmens außer Acht lassen und damit zu einem Abwägungsdefizit führen. Indem aber Kosten und Aufwände multipolar berücksichtigt und abgewogen werden können, wird gleichzeitig ein Argument wiederum für den Streit über die Berücksichtigungsfähigkeit von Gemeinkosten gegeben.[1487] Denn eine Abgrenzung dieser von den produktbezogenen Kosten erscheint weitgehend willkürlich.[1488] Vielmehr geht die Entscheidung für eine plattformbedingte Preisstruktur mit dem Wettbewerb um die beste Kostenverteilung einher.

Bei der Kostenbetrachtung müsste weiterhin beachtet werden, dass diese in wettbewerblicher Hinsicht häufig auf eine zeitliche Perspektive hin entstehen. Entsprechend kann es auf die jeweilige Gestaltung des Kostenanlasses ankommen, zum Beispiel ob es sich um Fixkosten oder laufende Kosten handelt und nach welchen Bedingungen sich diese ergeben.

Ohne dass es dabei zunächst auf die Preisbildung ankommt, stellt sich noch die Frage, ob ein Unternehmen Kosten ansetzen kann, die ihm dadurch entstehen, dass es Innovationen unterlassen hat.[1489] Erneut ist dabei zu untersuchen, ob es unterhalb einer Pflicht jedenfalls eine kartellrechtliche Obliegenheit zur Innovation geben kann. Allerdings kommt es hier lediglich darauf an, welche nachteiligen Folgen dem marktbeherrschenden Unternehmen aus der Nichtbeachtung gereichen. In diesem Zusammenhang kann eine Angemessenheitsentscheidung über den Grad der vertretbaren Kosten gezogen werden. So könnten die Kosten mit zunehmend nicht mehr vertretbarer wirschaftlicher Verwertung abnehmend progressiv berücksichtigt werden. Dem setzen *Eilmansberger/Bien* den Einwand entgegen, dass diese Bewertung wiederum im Wege der Kostenbewertung eine „Verurteilung der Ineffizienz" bedeuten würde und damit der Anwendungsbereich des Marktmachtmissbrauchs überschritten würde.[1490] Dem kann aber entgegengesetzt werden, dass diese interne Effizienzbetrachtung noch keine Rückschlüsse auf den externen wettbewerblichen Preis oder die Konditionen zwingend ermöglicht. Unterlassene Innovationen sind damit also nicht stets auch als Ausbeutungsmissbrauch rechtlich erfassbar, sondern nur dann, wenn sie ohne sonstige vernünftige Erklärung als Grundlage für wettbewerblich nicht gerechtfertigte Marktergebnisse stehen.

1487 *Eilmansberger/Bien*, in: Säcker et al., Münchener Kommentar zum Wettbewerbsrecht: Band 1, Art. 102 AEUV, Rn. 356;
1488 *Scholz*, in: Wiedemann, Handbuch des Kartellrechts, § 22, Rn. 84 f.
1489 *Eilmansberger/Bien*, in: Säcker et al., Münchener Kommentar zum Wettbewerbsrecht: Band 1, Art. 102 AEUV, Rn. 352.
1490 Ebenda, Rn. 352.

(4) Qualitative Betrachtungen

Aufgrund der vorgenannten Einwände zeichneten sich Bestrebungen zur Entwicklung hiervon losgelöster Betrachtungskonzepte ab.[1491] Dabei kann grundsätzlich ausgehend von der Abwägungslehre eine Betrachtung an den Maßstäben der miteinander objektiv in Ausgleich zu bringenden Wettbewerbsfreiheiten vorgenommen werden, wie sich dies besonders in der jüngeren BGH-Rechtsprechung andeutet.[1492] Dieses Vorgehen steht erneut teilweise im Widerspruch zur behördlichen Praxis, die sich zunehmend an einer wettbewerbspolitischen Ausformung des Kartellrechts entgegen dem eigentlichen Offenhaltungszweck orientiert und positive Rechtsverstöße außerhalb des kartellrechtlichen Anwendungsbereichs als tatbestandlichen Marktmachtmissbrauch annimmt.[1493] So hat das Bundeskartellamt in der zitierten Entscheidung auf eine positive Prüfung des regulatorischen Rechtsrahmens zur Feststellung eines Missbrauchs abgestellt und die Datenverarbeitungspraxis eines sozialen Netzwerks gegenüber seinen Nutzern als marktmachtmissbräuchlich angesehen, indem es gegen „datenschutzrechtliche Wertungen der Datenschutzgrundverordnung" verstoße.[1494] Ein derartiges Vorgehen wiederum wird in einem Zusammenhang mit einer stärker verbraucherrechtlichen Ausrichtung der kartellrechtlichen Anwendung diskutiert.[1495] Erneut eröffnet sich hier die Frage nach der wettbewerbspolitischen Ausrichtung des Kartellrechts und der Rolle des Verbrauchers sowie seines Schutzes bei der Anwendung. Dabei zeigt sich, dass es nicht auf eine Auflösung eines wettbewerbspolitischen Wertungskonflikts ankommt, sondern bei konsequenter Anwendung der dogmatischen Erkenntnisse über den effektiven Wettbewerb und die vorzunehmende Abwägung differenzierte Einzelfallentscheidungen möglich und notwendig sind. Insofern lässt sich dies sogar zurückführen auf die Aussage, dass Wettbewerb selbst der beste Verbraucherschutz ist,

---

1491 *Fuchs*, in: Immenga/Mestmäcker, Wettbewerbsrecht. Band 2 GWB, § 19 GWB, Rn. 211c; *Bueren*, ZWeR 2019, S. 403 (436 ff.); dies andeutend auch *Lettl*, WuW 2016, S. 214 (219); zusammenfassend *Ellger*, WuW 2019, S. 446 (450); kritisch hierzu *Künstner*, K&R 2019, S. 605 (608).

1492 BGH, Urt. v. 24.1.2017 – KZR 2/15 (Kabelkanalanlagen), NZKart 2017, 198, Rn. 30; BGH, Urt. v. 24.1.2017 – KZR 47/14 (VBL-Gegenwert II), NZKart 2017, 242, Rn. 35; BGH, Urt. v. 7.6.2016 – KZR 6/15 (Claudia Pechstein), NZKart 2016, 328 = NJW 2016, 2266, Rn. 48 a. E.; noch offen in BGH, Urt. v. 6.11.2013 – KZR 58/11 (VBL-Gegenwert I), NZKart 2014, 31, Rn. 65; *Haus/Heitzer*, WuW 2016, S. 181 (184); kritisch hierzu *Nordmann/Förster*, WRP 2016, S. 312 (317); für die europäische Rechtslage siehe zusammenfassend *Bueren*, ZWeR 2019, S. 403 (419 ff.); mittlerweile bestätigt durch BGH, Beschl. v. 23.6.2020 – KVR 69/19 (Facebook), ECLI:DE:BGH:2020:230620BKVR69.19.0, NZKart 2020, 473 = GRUR-RS 2020, 20737, Rn. 105 ff.

1493 Exemplarisch hierzu der Begründungsansatz des Bundeskartellamts in seiner Entscheidung gegenüber dem Unternehmen Facebook, siehe BKartA, Beschl. v. 6.2.2019 – B6-22/16 (Facebook), BeckRS 2019, 4895, kritisch bereits vor der Entscheidung und insbesondere vor dem Hintergrund des vor der DSGVO geltenden datenschutzrechtlichen Referenzrahmens *Thomas*, NZKart 2017, S. 92; *Telle*, WRP 2016, S. 814; zustimmend *Rempe*, K&R 2017, S. 149; *Wiedmann/Jäger*, K&R 2016, S. 217; *Lettl*, WuW 2016, S. 214; *Körber*, NZKart 2019, S. 187 (195).

1494 BKartA, Beschl. v. 6.2.2019 – B6-22/16 (Facebook), BeckRS 2019, 4895, Rn. 531.

1495 *Satzky*, NZKart 2018, S. 554 (558).

jedenfalls soweit sich auf der betrachteten Marktgegenseite Verbraucher verorten lassen.[1496]

(a) Einbeziehung verhaltensökonomischer Erkenntnisse

Der Ausbeutungsmissbrauch zielt auf eine Betrachtung des Marktverhältnisses zwischen dem marktbeherrschenden Unternehmen und der ihm gegenüberstehenden Marktgegenseite ab. Bei digitalen Plattformen sind die jeweiligen Marktgegenseiten die Mitglieder einer jeweiligen Nutzergruppe. Auf einer empirischen Ebene stellt sich hierzu die sozialwissenschaftliche Frage danach, wie Ausweich- und Gestaltungsmöglichkeiten sowie die unterschiedlichen Erfahrungsstände und Wissen berücksichtigt werden können und welche tatsächliche ökonomische Wirkung sie haben.[1497] Auf der rechtlichen Ebene folgt hieraus die Frage erstens nach einer Verwertbarkeit und zweitens Gewichtung etwaiger Erkenntnisse.[1498] Hieraus können sich Rückschlüsse auf die wettbewerblichen Auswirkungen des fraglichen Verhaltens eines marktbeherrschenden Unternehmens ziehen lassen. Denn je nach unterschiedlicher Bewertung der tatsächlichen Auswirkungen könnten die rechtlichen Bewertungen ausfallen. Dass verhaltensökonomische Erkenntnisse überhaupt in diesem Zusammenhang verwertet werden, lässt sich unmittelbar aus dem rechtlichen Bewertungsmaßstab der Abwägung der Wettbewerbsfreiheiten entnehmen. Denn wenn diese bei der Auslegung des Kartellrechts herangezogen werden, stellt sich stets die Frage, durch welche festgestellten Umstände des Einzelfalls die jeweils einschlägige Wettbewerbsfreiheit in welchem Grad betroffen ist und in ihrer objektiven Wertsetzungsfunktion berücksichtigt werden kann.

Die Nutzer digitaler Plattformen nehmen deren Leistungen deshalb in Anspruch, weil sie sich davon zusätzliche Handlungsmöglichkeiten versprechen und ihre Freiheiten ausüben können. Sie verfügen regelmäßig über einen begrenzten Wissensstand, den sie durch die Nutzung digitaler Plattformen spezifisch zu erweitern versuchen. Hier gewinnt die eingeschränkte Rationalität der Nutzer eine weitere Bedeutung und dabei vor allem die theoretischen Annahmen einerseits des sogenannten *Privacy Paradox* und andererseits des *Privacy Calculus*.[1499] Der erste Begriff beschreibt das Handeln der Nutzer unter einer ihnen bewuss-

---

1496 Ebenda, S. 554 (558); *Erhard*, Wohlstand für alle, 1964, S. 185 f.

1497 *Haucap*, Eingeschränkte Rationalität in der Wettbewerbsökonomie v. 1.12.2010, http://www.dice.uni-duesseldorf.de/Wirtschaftspolitik/Dokumente/008_OP_Haucap.pdf (abgerufen 14.12.2019), S. 10; *Paal*, in: Gersdorf/Paal, BeckOK Informations- und Medienrecht, Art. 102 AEUV, Rn. 80b; *Podszun*, Die Facebook-Entscheidung: Erste Gedanken von Podszun, D'Kart v. 8.2.2019, https://www.d-kart.de/die-facebook-entscheidung-erste-gedanken-von-podszun/ (abgerufen 14.12.2019); zur empirischen Feststellbarkeit *Acquisti/Taylor/Wagman*, JEL 2016, S. 442 (442 ff.); *Norberg/Horne/Horne*, JCA 2007, S. 100 (108 f.); *Kruse*, NZKart 2019, S. 418 (418 ff.); *Drexl*, ZUM 2017, S. 529 (533 f.).

1498 Ausführlich hierzu hinsichtlich der Anforderungen an die richterliche tatsächliche Erkenntnisgewinnung im Facebook-Verfahren *Kruse*, NZKart 2019, S. 418 (422 ff.).

1499 Eingehend *Dienlein*, The psychology of privacy: Analyzing processes of media use and interpersonal communication, 2017, S. 52 ff.

ten Unwissenheit über den Status ihrer Privatheit.[1500] *Paal* bezeichnet dies als „rationale nutzerseitige Apathie".[1501] Hieraus ließe sich darauf schließen, dass Nutzer bewusst auf offene Fragen ihrerseits verzichten und damit allgemein auf den Datenschutz, wie dies *Podszun* unmittelbar nach der bereits angesprochenen Facebook-Entscheidung des Bundeskartellamts anmerkte.[1502] Der zweite Begriff dagegen stellt wiederum auf den wirtschaftlich rational handelnden Wirtschaftsteilnehmer ab, der etwaige Sorgen über den Status von Privatheit in eine wirtschaftliche Entscheidung mit einbezieht.[1503] Beide stehen hinsichtlich ihrer Annahmen und Feststellungen in einem Widerspruch, der soweit noch nicht mit allgemeingültigen sozialwissenschaftlichen Aussagen aufgeklärt werden kann.[1504] Sie können allerdings in einen Zusammenhang mit bewusster Ignoranz gebracht werden und hierauf aufbauend wiederum dem – in der konkreten Fallkonstellation festzustellenden mehr oder weniger – mündigen Verzicht auf eigene Interessen oder Rechte.[1505] Dabei blenden Wirtschaftsteilnehmer ihnen bekannte Informationen bewusst aus und treffen eine unter den für sie gegebenen Umständen wirtschaftliche Entscheidung. In Bezug auf Datenschutz kann dies einen Verzicht auf Rechte im Wege einer auf ihre Angemessenheit überprüfbaren Erklärung bedeuten. Je nach Grad des vorhandenen Wissens bei den Nutzern über den Umfang dieses Verzichts kann dies wiederum Rückschlüsse auf die Freiwilligkeit und Informiertheit dieser Entscheidungen ermöglichen.[1506] In normativer Hinsicht folgen hieraus die im Folgenden zu besprechenden Fragen,

---

1500 Der Begriff geht auf einen Aufsatz von Barnes zurück, *Barnes*, A privacy paradox: Social networking in the United States, firstmonday v. 4.9.2006, https://firstmonday.org/ojs/index.php/fm/article/view/1394/1312 (abgerufen 14.12.2019); nähere Untersuchung bei *Norberg/Horne/Horne*, JCA 2007, S. 100 (100 ff.); näher hierzu *Dienlein*, in: Specht-Riemenschneider/Werry/Werry, Datenrecht in der Digitalisierung, 2019, S. 305 (315); *Kerber*, GRUR Int 2016, S. 639 (643); siehe hierzu in Bezug auf die Facebook-Entscheidung des Bundeskartellamts *Körber*, NZKart 2019, S. 187 (192).

1501 *Paal*, in: Gersdorf/Paal, BeckOK Informations- und Medienrecht, Art. 102 AEUV, Rn. 80d.

1502 *Podszun*, Die Facebook-Entscheidung: Erste Gedanken von Podszun, D'Kart v. 8.2.2019, https://www.d-kart.de/die-facebook-entscheidung-erste-gedanken-von-podszun/ (abgerufen 14.12.2019).

1503 *Laufer/Wolfe*, JSI 1977, S. 22 (22 ff.); *Dienlein*, in: Specht-Riemenschneider/Werry/Werry, Datenrecht in der Digitalisierung, 2019, S. 305 (315); *Bidler* et al., in: Specht-Riemenschneider/Werry/Werry, Handbuch Datenrecht und Digitalisierung, § 3.1 Kundenwahrnehmungen und Kundenverhalten beim Bezahlen von digitalen Dienstleistungen mit personenbezogenen Daten, S. 285, Rn. 6 ff.

1504 *Kerber*, GRUR Int 2016, S. 639 (642).

1505 So auch schon Bundeskartellamt, Wettbewerb und Verbraucherverhalten – Konflikt oder Gleichlauf zwischen Verbraucherschutz und Kartellrecht? v. 6.10.2016, https://www.bundeskartellamt.de/SharedDocs/Publikation/DE/Diskussions_Hintergrundpapier/AK_Kartellrecht_2016_Wettbewerb_und_Verbraucherverhalten.pdf?__blob=publicationFile&v=4 (abgerufen 14.12.2019), S. 7; *Dienlein*, The psychology of privacy: Analyzing processes of media use and interpersonal communication, 2017, S. 52; *Norberg/Horne/Horne*, JCA 2007, S. 100 (118).

1506 *Podszun*, in: Rodenstock/Sevsay-Tegethoff, Werte – und was sie uns wert sind, 2018, S. 207 (213); den Hinweis für eine dogmatische Berücksichtigung gibt BGH, Urt. v. 7.6.2016 – KZR 6/15 (Claudia Pechstein), NZKart 2016, 328 = NJW 2016, 2266, Rn. 52.

ob erstens von einer mündigen Entscheidung der Nutzer ausgegangen und zweitens inwiefern diese Mündigkeit im Rahmen des den Ausbeutungsmissbrauch umschreibenden Abwägungsprozesses abgebildet werden kann. Das Begriffspaar *Privacy Paradox* und *Privacy Calculus* kann dabei insofern die Spanne der möglichen tatsächlichen Verhaltensweisen in unterschiedlichen tatsächlichen Zusammenhängen darstellen.[1507]

(b) Objektive Rechtsverstöße

Eine Möglichkeit der qualitativen Bewertung des Ausbeutungsmissbrauchs und damit tatsächlicher Umstände der oben dargestellten Informationsgewinnung von Plattformen gegenüber ihren Nutzern wird in der Verknüpfung des Konditionenmissbrauchs mit Verstößen gegen außerhalb des materiellen Kartellrechts liegendes objektives Recht gesehen.[1508] Dies geht vor allem in der deutschen Kartellrechtsdogmatik auf die jüngere Rechtsprechung des BGH zurück, der in konkreten Fällen Bedingungswerke marktbeherrschender Unternehmen als missbräuchlich angesehen hatte, da sie gegen das positive AGB-Recht der §§ 307 ff. BGB verstoßen.[1509] Seinen Ausgang nahm dies in der für den Konditionenmissbrauch soweit grundlegenden Favorit-Entscheidung, in der der BGH allerdings noch offen ließ, ob die allgemeinen Gerechtigkeitsvorschriften auf die Weise zu berücksichtigen seien, wie sie den in dieser Lage fraglichen Fachvorschriften unter anderem des AGB-Rechts zugrunde liegen.[1510] In der Entscheidung VBL-Gegenwert I des BGH wird dies noch einmal deutlicher in der Aussage „Die Verwendung unzulässiger allgemeiner Geschäftsbedingungen durch marktbeherrschende Unternehmen kann grundsätzlich einen Missbrauch im Sinne von § 19 GWB darstellen".[1511] Eine Betonung ist für die Zwecke dieser Untersuchung auf den Wortlaut „kann" zu legen, sodass nicht stets aus unzulässigen AGB eines marktmächtigen Unternehmens auf ein marktmachtmissbrauchendes Verhalten geschlossen werden kann.[1512] Dies geht schon aus dem nachfolgenden Satz des BGH an der betreffenden Stelle und der sich anschließenden Entscheidung VBL-Gegenwert II hervor, dieser Zusammenhang lasse

---

1507 *Bueren*, ZWeR 2019, S. 403 (409).

1508 Dies im Ergebnis für deutsches und auch europäisches Kartellrecht befürwortend *Lettl*, WuW 2016, S. 214 (221); auch *Buchner*, WRP 2019, S. 1243 (1234 ff.), kritisch differenzierend hierzu *Künstner*, K&R 2019, S. 605 (610 ff.).

1509 Vor allem BGH, Urt. v. 24.1.2017 – KZR 47/14 (VBL-Gegenwert II), NZKart 2017, 242; BGH, Urt. v. 6.11.2013 – KZR 58/11 (VBL-Gegenwert I), NZKart 2014, 31; in diesem Zusammenhang siehe auch schon BGH, Urt. v. 7.6.2016 – KZR 6/15 (Claudia Pechstein), NZKart 2016, 328 = NJW 2016, 2266 und die dort vorgenommene Abwägung auf der Grundlage grundrechtlicher Erwägungen; grundlegend auch BGH, Beschl. v. 6.11.1984 – KVR 13/83 (Favorit), GRUR 1985, 318.

1510 BGH, Beschl. v. 6.11.1984 – KVR 13/83 (Favorit), GRUR 1985, 318 (321).

1511 BGH, Urt. v. 6.11.2013 – KZR 58/11 (VBL-Gegenwert I), NZKart 2014, 31, Rn. 65.

1512 So schon *Telle*, WRP 2016, S. 814 (818); zustimmend OLG Düsseldorf, Beschl. v. 26.8.2019 – VI-Kart 1/19 (V) (Facebook), ECLI:DE:OLGD:2019:0826.KART1.19V.00, NZKart 2019, 495; mittlerweile klarstellend BGH, Beschl. v. 23.6.2020 – KVR 69/19 (Facebook), ECLI:DE :BGH:2020:230620BKVR69.19.0, NZKart 2020, 473 = GRUR-RS 2020, 20737, Rn. 64, 99.

sich jedenfalls dann ziehen, wenn die Klausel Ausfluss der großen Marktmacht oder Marktüberlegenheit des Verwenders sei.[1513] Im Umkehrschluss folgt daraus die Möglichkeit von Verstößen gegen Vorschriften des einfachen Rechts außerhalb des Kartellrechts, in denen nicht grundsätzlich auch ein Konditionenmissbrauch anzunehmen ist. Eine reine Akzessorietät zwischen Gesetzesverstoß eines marktbeherrschenden Unternehmens und der Annahme eines hierin bestehenden Marktmachtmissbrauchs besteht also nicht.[1514] Dennoch wird mit unterschiedlichen Begründungen derzeit überwiegend in der deutschsprachigen Kartellrechtswissenschaft ein unmittelbarer Zusammenhang zwischen Verstößen gegen das Datenschutzrecht und dem Marktmachtmissbrauch befürwortet.[1515] Der EuGH[1516] und die EU-Kommission[1517] haben bislang die beiden Rechtsmaterien grundsätzlich getrennt voneinander betrachtet.[1518]

Bislang noch nicht ausreichend erörtert blieb hierzu aber der Einwand der unterschiedlichen Schutzkonzepte zwischen Kartellrecht und Datenschutzrecht, der besonders in innovationserheblichen Sachverhalten offenbar wird.[1519] Das

---

1513 BGH, Urt. v. 6.11.2013 – KZR 58/11 (VBL-Gegenwert I), NZKart 2014, 31, Rn. 65; fortgeführt in BGH, Urt. v. 24.1.2017 – KZR 47/14 (VBL-Gegenwert II), NZKart 2017, 242, Rn. 35.

1514 So schon *Telle*, WRP 2016, S. 814 (818); *Louven*, CR 2019, S. 352 (357); bestätigend BGH, Urt. v. 24.1.2017 – KZR 47/14 (VBL-Gegenwert II), NZKart 2017, 242, Rn. 35; wohl auch OLG Düsseldorf, Beschl. v. 26.8.2019 – VI-Kart 1/19 (V) (Facebook), ECLI:DE:OLGD:2019:0826. KART1.19V.00, NZKart 2019, 495; *Esser*, in: Kokott/Pohlmann/Polley, Europäisches, deutsches und internationales Kartellrecht, 2018, S. 249 (253 f., 260); *Fuchs*, in: Immenga/Mestmäcker, Wettbewerbsrecht. Band 2 GWB, § 19 GWB, Rn. 49 ff.; mittlerweile hat sich der BGH dahingehend klarstellend geäußert BGH, Beschl. v. 23.6.2020 – KVR 69/19 (Facebook), ECLI:DE:BGH:2020:230620BKVR69.19.0, NZKart 2020, 473 = GRUR-RS 2020, 20737, Rn. 64.

1515 *Lettl*, WuW 2016, S. 214 (221); *Wiedmann/Jäger*, K&R 2016, S. 217 (219); *Rempe*, K&R 2017, S. 149 (151); *Franck*, ZWeR 2016, S. 137 (163); *Fokken*, PinG 2019, S. 195 (200); *Buchner*, WRP 2019, S. 1243 (1234 ff.).

1516 EuGH, Urt. v. 23.11.2006 – C-238/05 (Asnef-Equifax/Asociación de Usuarios de Servicios Bancarios (Ausbanc)), ECLI:EU:C:2006:734, EuZW 2006, 753 (m. Anm. v. Stappert/Esser-Wellié), Rn. 63.

1517 Kommission, Entsch. v. 11.3.2008 – COMP/M.4731 (Google/DoubleClick), ABl. C 184, 10, Rn. 368; Kommission, Entsch. v. 3.10.2014 – COMP/M.7217 (Facebook/WhatsApp), ABl. C 417, 4, Rn. 164; Kommission, Entsch. v. 23.2.2016 – M.7813 (Sanofi/Google/DMI JV), http://ec.europa.eu/competition/mergers/cases/decisions/m7813_479_2.pdf (abgerufen 15.8.2019), Rn. 70; Kommission, Entsch. v. 6.12.2016 – COMP/M.8124 (Microsoft/LinkedIn), http://ec.europa.eu/competition/mergers/cases/decisions/m8124_1349_5.pdf (abgerufen 29.11.2018), Rn. 177 ff.; Kommission, Entsch. v. 6.9.2018 – COMP/M.8788 (Apple/Shazam), http://ec.europa.eu/competition/mergers/cases/decisions/m8788_1279_3.pdf (abgerufen 7.12.2018), Rn. 313 ff.

1518 Zur Übersicht siehe *Kamann*, in: Körber/Immenga, Daten und Wettbewerb in der digitalen Ökonomie, 2016, S. 59 (62 ff.); hinsichtlich der Bindungswirkung der Grundrechtecharta widersprechend *Holzweber*, NZKart 2016, S. 104 (107).

1519 *Zingales*, in: Nihoul/van Cleynenbreugel, The roles of innovation in competition law analysis, 2018, S. 79 (120 ff.); lediglich *Körber*, NZKart 2019, S. 187 (193 f.) weist auf den fehlenden Anwendungswillen des Datenschutzrechtsgesetzgebers hinsichtlich einer ausdrücklichen Adressierung an marktmächtige Unternehmen hin und verknüpft dies mit der Frage nach der Zuständigkeit des Bundeskartellamts für die Durchsetzung von Verbraucherschutzinteressen. Dies noch ausdrücklich ablehnend *Kamann*, in: Körber/Immenga, Daten und Wettbe-

Erste ist auf den Schutz des offenen Wettbewerbs und dabei auf die freie Auslebung der Wettbewerbsfreiheiten ausgerichtet, erfasst also multiple gegenläufige
und nicht definierte Schutzzwecke. Es ist insofern grundsätzlich auch innovationsoffen. Dies zeigt sich in dem Grundsatz, dass die Freiheit zum Wettbewerb grundsätzlich zunächst vorbehaltlos besteht und ihr erst in einem zweiten
Schritt ausnahmsweise Schranken in Form spezifischer Verbote entgegengesetzt
werden. Das Datenschutzrecht ist als Regulierungsrecht auf einen spezifischen
Schutzzweck ausgerichtet. Es geht hinsichtlich der Verarbeitung personenbezogener Daten von einem grundsätzlichen Verbot mit Erlaubnisvorbehalt aus.
Das bedeutet, dass die Freiheit zur Verarbeitung grundsätzlich beschränkt ist,
soweit nicht im zweiten Schritt ausnahmsweise ein Erlaubnissatz besteht. Die
Tätigkeiten verantwortlicher Unternehmen werden dabei also eingeschränkt und
zwar mehr, als dies ohne die fragliche Vorschrift der Fall wäre. Die Freiheit zur
Verarbeitung, die als solche ebenso grundrechtlich relevant sein kann, wird unter
einen grundsätzlichen Vorbehalt gestellt. Datenschutzrecht verfolgt damit ein
systematisch anderes Regelungskonzept in Bezug auf sein Schutzgut und die
möglichen berührten Prinzipien und Freiheiten, das teilweise im Widerspruch
zu dem Konzept der grundsätzlichen Wettbewerbsfreiheit mit ausdrücklichen
Verboten stehen kann – nämlich insbesondere dadurch, dass unbeschadet sonstiger etwaiger wettbewerblicher Aspekte der Schutz personenbezogener Daten
bevorzugt behandelt wird.

In materieller Hinsicht zeigt sich eine partielle Kongruenz der Schutzrichtungen
der Rechtsmaterien Kartell- und Datenschutzrecht an den unterschiedlich zugrundeliegenden Gerechtigkeitsvorstellungen in Form der Grundrechte. Die im
Kartellrecht maßgeblichen Wettbewerbsfreiheiten lassen sich auf eine Vielzahl
unterschiedlicher Grundrechte zurückführen. Das Datenschutzrecht dient dem
Schutz der in Artt. 7 und 8 GRC niedergelegten Grundrechte. Zuvor wurde es im
deutschen Recht auf den Schutz des Grundrechts auf informationelle Selbstbestimmung gestützt, das Ausfluss des in Art. 2 Abs. 1 GG i. V. m. Art. 1 Abs. 1 GG
vorgesehenen allgemeinen Persönlichkeitsrechts ist. Hinsichtlich dieser Grundrechte erscheint ein teilweiser Gleichlauf zwischen Datenschutz- und Kartellrecht denkbar, soweit dies denselben Grundrechtsträger trifft.[1520] Dies gilt umso
mehr hinsichtlich der von *Buchner* angemerkten wirtschaftlichen Bedeutung des
Datenschutzrechts.[1521] Nicht betroffen sind davon die anderen Grundrechte, wie
sie zur Begründung der Wettbewerbsfreiheiten herangezogen werden können.
Das Datenschutzrecht trifft also eine einseitig begünstigende Schutzentschei-

---

werb in der digitalen Ökonomie, 2016, S. 59 (68 f.), der dagegen sogar Gemeinsamkeiten
im Verbotsprinzip sieht. Auch das Bundeskartellamt nimmt in seiner Facebook-Entscheidung
einen gleichlaufenden Interessenschutz an, siehe BKartA, Beschl. v. 6.2.2019 – B6-22/16 (Facebook), BeckRS 2019, 4895, Rn. 530, kritisch hierzu *Louven*, CR 2019, S. 352 (356 f.); dem
sich anschließend *Fokken*, PinG 2019, S. 195 (199).
1520 Siehe auch den Vergleich bei *Künstner*, K&R 2019, S. 605 (611).
1521 *Buchner*, WRP 2019, S. 1243 (1245).

dung hinsichtlich der betroffenen Personen, ohne dabei eine umfassende Einbeziehung der anderen Wettbewerbsfreiheiten als solcher vorzusehen.

Insofern ist eine rein akzessorische Prüfung des Datenschutzrechts im Rahmen des Marktmachtmissbrauchsverbots dem grundsätzlichen Einwand eines Abwägungsausfalls ausgesetzt. Für eine umfassende Einbeziehung des Datenschutzrechts müsste dieses als solches nämlich mit den Zielen des Kartellrechts im Anwendungsbereich der jeweiligen Norm vollständig komplementär sein. Dies kann allenfalls hinsichtlich derjenigen Vorschriften gelten, die ähnlich wie einzelne Vorschriften des AGB-Rechts einen Ausgleich der unterschiedlichen Verhandlungsmacht bezwecken,[1522] wie zum Beispiel dem Zweckbindungsgrundsatz gemäß Art. 5 Abs. 1 lit. b DSGVO oder dem Freiwilligkeitsgrundsatz gemäß Art. 7 Abs. 4 DSGVO, also an der Erfassung einer Machtsituation anknüpfbar sind, oder als solche selbst eine Austauschsituation zu regeln geeignet sind. Dagegen können Informationsasymmetrien als Marktversagensumstand nicht über das Marktmachtmissbrauchsverbot erfasst werden, wenn sie nicht mit einem Missbrauch der Marktmacht einher gehen.[1523] Es besteht also teilweise ein grundrechtsbezogener Einbeziehungsausfall bei einer undifferenzierten Übernahme des datenschutzrechtlichen Regulierungsrahmens in die Missbrauchsabwägung.

Im Allgemeinen kann das grundsätzliche System des Verbots mit Erlaubnisvorbehalt, wie es in Art. 6 DSGVO enthalten ist, nicht vollständig mit dem Schutz der Wettbewerbsfreiheiten überein gebracht werden. Insbesondere die Vorschrift des Art. 6 Abs. 1 S. 1 lit. f DSGVO eröffnet über die Interessenabwägung zwar auch die Einbeziehung und Abwägung der Wettbewerbsfreiheiten, allerdings nur eingeschränkt, sofern es sich um „berechtigte" Interessen des Verantwortlichen oder eines Dritten handelt. Dies deutet dem Wortlaut und Regelungszweck nach auf einen wirksamen Schutz personenbezogener Daten hin, der im Gegenzug zu anderen nicht-berechtigten Interessen zu bevorzugen wäre. Daraus folgt eine Auslegung im Zweifel zugunsten des Datenschutzes, wodurch wiederum andere Interessen unberücksichtigt blieben. Damit lässt sich ein nur partikularer Schutz des Wettbewerbs als solcher herleiten. Im Übrigen wären Verarbeitungen hiernach grundsätzlich verboten. Prägnant fasst dies *Körber* damit zusammen, dass sich aus dem Gedanken der Marktmachtmissbrauchskontrolle, das marktbeherrschende Unternehmen trage eine besondere Verantwortung für den Restwettbewerb, nicht darüber hinaus eine Verantwortung für die Rechtsordnung ableiten lässt.[1524] Aber auch die weiteren Erlaubnisnormen müssten im Wege ihrer Heranziehung als kartellrechtlicher Prüfmaßstab dahingehend ausgelegt werden, ob und wie weit sie eine Ausbeutungslage abzubilden geeignet sind.

1522 Siehe auch ebenda, S. 1243 (1245).

1523 *Lamadrid*, The Suspension of the Bundeskartellamt's Facebook Decision- Part I: What the Order Actually Says, Chillin'Competition v. 3.9.2019, https://chillingcompetition.com/2019/09/03/the-suspension-of-the-bundeskartellamts-facebook-decision-part-i-what-the-order-actually-says/ (abgerufen 14.12.2019).

1524 *Körber*, NZKart 2019, S. 187 (191).

Erneut stellt sich bei diesem Vorgehen die Frage nach der Kausalität, wenn aus dem Verstoß selbst auf den Missbrauch geschlossen wird.[1525] Denn hierbei scheint auf den ersten Blick zwischen rechtlich missbilligtem Verhalten und Ergebnis eine vollständige Identität zu bestehen. Dass dies wiederum nicht stets bei jeglichen Rechtsverstößen eines Marktbeherrschers angenommen werden kann, lässt sich bereits auf die BGH-Rechtsprechung zurückführen, der Verstoß müsse „Ausfluss" der großen Marktmacht oder Marktüberlegenheit des Verwenders sein.[1526] *Franck* argumentiert hierbei zugunsten einer „instrumentellen Kausalität", wonach erforderlich ist, dass das marktbeherrschende Unternehmen die fraglichen Bedingungen allein aufgrund seiner marktbeherrschenden Stellung durchsetzen konnte.[1527] Ein derart auf die Marktstellung beschränktes Prüfungsvorgehen ist nicht zwingend und ergibt sich weder aus dem Wortlaut, noch dem Gesetzeszweck.[1528] Vielmehr deutet der Wortlaut „Ausnutzung" auf eine normative Auslegung hin, die ebenso nach den konkreten Auswirkungen betrachtet werden kann.[1529] Dies bedeutet ebenso für Rechtsverstöße, dass stets zu prüfen ist, ob ein derartiger normativer Zusammenhang zwischen dem Verhalten und dem angenommenen Missbrauch vorliegt. Es bedeutet aber nicht, dass die jeweilige Vorschrift, deren Verstoß im Raum steht, selbst auf ihren inhaltlichen Wettbewerbsbezug im Sinne eines bezweckten Wettbewerbsschutzes geprüft werden muss.[1530] Diese Argumentation scheint sich auf eine nicht existente Parallele zu dem im Lauterkeitsrecht in § 3a UWG ausdrücklich geregelten Verstoß gegen Marktverhaltensregeln zu stützen. Stattdessen kommt es nach der Rechtsprechung des BGH auf den Wettbewerbsbezug des Verstoßes selbst an und damit eine Untersuchung seiner Auswirkungen.[1531] Aus diesem Grund muss der jeweilige Regelungszweck einer außerhalb des Kartellrechts liegenden Vorschrift grundsätzlich unberücksichtigt bleiben.

Unerheblich sind Verweise auf wettbewerbsfördernde oder –erhaltende Intentionen in Vorschriften.[1532] Dies gilt für die in Art. 1 DSGVO aufgenommen Ziele, wie sie im Datenschutzrecht vorgesehen sind. Anderenfalls könnte allein durch eine ausdrückliche Erklärung wettbewerbspolitischer Zwecke in jeglichem Gesetz eine dogmatische Überbrückung der tatbestandlichen Prüfung des Marktmachtmissbrauchsverbots erreicht werden, was bereits aus Gründen der Normsetzungsbefugnis bedenklich ist. So ist das Kartellrecht bereits auf der pri-

---

1525 Ausführlich hierzu ebenda, S. 187 (192 f.).
1526 BGH, Urt. v. 24.1.2017 – KZR 47/14 (VBL-Gegenwert II), NZKart 2017, 242, Rn. 35.
1527 *Franck*, ZWeR 2016, S. 137 (163).
1528 *Eilmansberger/Bien*, in: Säcker et al., Münchener Kommentar zum Wettbewerbsrecht: Band 1, Art. 102 AEUV, Rn. 270.
1529 Ebenda, Rn. 270.
1530 So aber *Rempe*, K&R 2017, S. 149 (151); *Ellger*, WuW 2019, S. 446 (451 f.); *Buchner*, WRP 2019, S. 1243 (1245).
1531 BGH, Urt. v. 6.11.2013 – KZR 58/11 (VBL-Gegenwert I), NZKart 2014, 31, Rn. 65; BGH, Urt. v. 24.1.2017 – KZR 47/14 (VBL-Gegenwert II), NZKart 2017, 242, Rn. 35; *Telle*, WRP 2016, S. 814 (818).
1532 A.A.: *Rempe*, K&R 2017, S. 149 (152); *Buchner*, WRP 2019, S. 1243 (1245).

märrechtlichen Ebene in seinem materiellen Geltungsbereich abschließend geregelt. Der Erlass datenschutzrechtlicher Vorschriften erfolgt dabei allein auf der Grundlage des Art. 16 AEUV. Dieser Einwand schließt nicht aus, sondern deutet an dieser Stelle darauf hin, dass vielmehr in vielen Fällen eine Durchsetzungskongruenz zwischen dem Kartellrecht und dem sonstigen Recht besteht.[1533] Es kann also eine Berücksichtigung nicht der Regelungen selbst, sondern nur der Wirkungen stattfinden. Soweit letzteres bei der Durchsetzung des materiellen Kartellrechts im Rahmen der Zuständigkeiten gegeben ist, können Durchsetzungskongruenzen zu ähnlichen Wirkungsergebnissen kommen. Das bedeutet im Umkehrschluss, dass eine wirksame kartellbehördliche Durchsetzung des Marktmachtmissbrauchsverbots zu einer objektiv wahrgenommenen Verbesserung des Datenschutzes oder gar der Abstellung objektiv vorliegender Datenschutzrechtsverstöße führen kann.

Von *Nothdurft* stammt die Argumentation, das marktbeherrschende Unternehmen könne sich nicht durch den Einwand aus dem Maßstab des außerkartellrechtlichen Rechts begeben, dass ein Widerspruch dieses Vorgehens zum Konzept des Als-ob-Wettbewerbs bestehe.[1534] Denn das einfache Recht stelle demzufolge einen „Nexus" dar, innerhalb dessen sich das marktbeherrschende Unternehmen bewegen dürfe. Damit wird die Begründung für eine wettbewerbspolitische Überlagerung des Konditionenmissbrauchs auf die legislative Ebene verlagert. Sie muss sich dort ähnlichen dogmatischen Einwänden stellen. Ad absurdum könnte damit zunächst jede Vorschrift als Referenzrahmen für eine Bewertung des Konditionenmissbrauchs herangezogen werden,[1535] soll es nicht auf einer zweiten Ebene dennoch eine Korrektur nach dem Sinn und Zweck des Marktmachtmissbrauchsverbots geben. Zum anderen könnte der Gesetzgeber durch eine legislative „Widmung" zum vermeintlichen Wettbewerbsschutz andere Vorschriften für eine Kontrolle im Rahmen der Missbrauchsprüfung eröffnen. Das würde bedeuten, dass Regelungen mit wettbewerbsneutralen oder sogar negativen Wirkungen berücksichtigt werden könnten. Allein beim Datenschutzrecht ist die innovationsfördernde Wirkung stark anzuzweifeln. Dies schlägt sich auf die Auslegung der Vorschriften durch. Denn es wird häufig nicht nachvollziehbar sein, ob sich der Gesetzgeber bei Erlass der anderen Vorschriften über dessen „Nexuswirkung" bewusst war und dabei eine wettbewerbsregelnde Vorschrift erlassen wollte, die zudem mit dem Zweck des Kartellrechts

---

1533 So auch in der europäischen Praxis deutlich EuGH, Urt. v. 23.11.2006 – C-238/05 (Asnef-Equifax/Asociación de Usuarios de Servicios Bancarios (Ausbanc)), ECLI:EU:C:2006:734, EuZW 2006, 753 (m. Anm. v. Stappert/Esser-Wellié), Rn. 63; Kommission, Entsch. v. 23.2.2016 – M.7813 (Sanofi/Google/DMI JV), http://ec.europa.eu/competition/mergers/cases/decisions/m7813_479_2.pdf (abgerufen 15.8.2019), Rn. 70; Kommission, Entsch. v. 3.10.2014 – COMP/M.7217 (Facebook/WhatsApp), ABl. C 417, 4, Rn. 164; Kommission, Entsch. v. 11.3.2008 – COMP/M.4731 (Google/DoubleClick), ABl. C 184, 10, Rn. 368.

1534 *Nothdurft*, in: Langen/Bunte, Kartellrecht, § 19 GWB, Rn. 196 ff., sogenannte *Cosí-fan-tutte-Einrede*; kritisch hierzu *Esser*, in: Kokott/Pohlmann/Polley, Europäisches, deutsches und internationales Kartellrecht, 2018, S. 249 (260).

1535 Ebenda, S. 249 (260).

konform geht. Mehr noch neigt diese Ansicht dazu, das Risiko einer Bevormundung im Wettbewerb zu übersehen. Wenn nämlich durch außerkartellrechtliches Recht der Maßstab des Als-ob-Wettbewerbs definiert würde, kann dies einem angemaßten Wissen über den Wettbewerb gleich kommen, wie dieser sich zu entwickeln hat. Dies steht aber wiederum im Widerspruch zu den oben diskutierten verhaltensökonomischen Erkenntnissen über die Einstellung der Nutzer zum Verzicht hinsichtlich ihrer Rechte und Interessen auf Datenschutz und Privatheit. Lässt sich in dem konkret zu entscheidenden Fall aus wettbewerblicher Sicht feststellen, dass eine freiwillige Entscheidung vorliegt, soweit dies auch Wettbewerbsfreiheiten betrifft, würde diese freie Entscheidung übersteuert.[1536] Es könnten damit also sogar Ergebnisse vorgegeben sein, die nicht mit den Wettbewerbsfreiheiten vereinbar sind.

(c) Wertungen außer-kartellrechtlicher Vorschriften

Die oben bereits angesprochene Durchsetzungskongruenz und die bereits dargestellten Äußerungen des BGH deuten auf ein weiteres Argument gegen eine unmittelbar generelle Anwendung des Datenschutzrechts und für eine differenziert-abwägende Prüfung hin. Denn das Datenschutzrecht bezweckt den Schutz eines nur teilweise mit dem Schutzgut Wettbewerb kongruenten Schutzguts.[1537] Soweit also das einfachgesetzliche Datenschutzrecht zum Schutz dieser umgesetzt ist, kann ein Gleichlauf ebenso nur bei Schutzgutkongruenz vorliegen. Das bedeutet, dass eine Missbrauchsprüfung in diesen Fällen nur soweit erfolgreich sein kann, wie sie gemessen an einer Abwägung der Wettbewerbsfreiheiten fehlerfrei ist. Es wäre demnach grundsätzlich ein differenziertes Vorgehen möglich, das die im einfachen Recht sich wiederfindenden Gerechtigkeitswertungen beachtet.[1538] Allerdings sind diese erneut mit dem Schutzziel des effektiven Wettbewerbs in Einklang zu bringen, um den Einwand der politischen Übersteuerung zu entkräften. In der Praxis wäre dies auf zwei Wegen möglich. Erstens könnten die jeweiligen Fachnormen mit dem Schutzziel des Wettbewerbsrechts durch eine Auslegung abgeglichen werden.[1539] Zweitens ließe sich für den Einzelfall

---

1536 *Louven*, CR 2019, S. 352 (357); *Herfurth/Benner-Tischler*, ZD-Aktuell 2017, 05901; vermittelnd hierzu *Buchner*, WRP 2019, S. 1243 (1245).

1537 EuGH, Urt. v. 23.11.2006 – C-238/05 (Asnef-Equifax/Asociación de Usuarios de Servicios Bancarios (Ausbanc)), ECLI:EU:C:2006:734, EuZW 2006, 753 (m. Anm. v. Stappert/Esser-Wellié), Rn. 63; Kommission, Entsch. v. 23.2.2016 – M.7813 (Sanofi/Google/DMI JV), http://ec.europa.eu/competition/mergers/cases/decisions/m7813_479_2.pdf (abgerufen 15.8.2019), Rn. 70; Kommission, Entsch. v. 3.10.2014 – COMP/M.7217 (Facebook/WhatsApp), ABl. C 417, 4, Rn. 164; Kommission, Entsch. v. 11.3.2008 – COMP/M.4731 (Google/DoubleClick), ABl. C 184, 10, Rn. 368.

1538 Kritisch hierzu *Zingales*, in: Nihoul/van Cleynenbreugel, The roles of innovation in competition law analysis, 2018, S. 79 (113 ff.).

1539 Dies ansprechend *Buchner*, WRP 2019, S. 1243 (1245); ähnlich andeutend *Künstner*, K&R 2019, S. 605 (608), aber mit dem Hinweis auf unterschiedliche Ziele des GWB und der DSGVO.

eine durch die Fachnormen inspirierte, aber eigenständige Referenzwertung modulieren.

Bei der ersten Methode würde zwar zunächst das bereits angesprochene Vorgehen gewählt, bei der Anwendung des Konditionenmissbrauchs auf Vorschriften außerhalb des materiellen Kartellrechts zurückzugreifen. Die dargestellten Inkongruenzen hinsichtlich der Schutzbereiche würden dabei insofern umgangen, als dass bereits die Auslegung dieser Fachnormen kartellrechtskonform erfolgen müsste. Dies wäre in systematischer Hinsicht zunächst nicht zu beanstanden, da die Kartellbehörden sich aufgrund des Rechtsbindungsgrundsatzes allein an die Durchsetzung des Rechts innerhalb ihres Zuständigkeitsbereichs halten müssten. Datenschutzrecht muss von den Kartellbehörden also nur bei der Anwendung und Durchsetzung des Kartellrechts beachtet werden, nicht aber grundsätzlich in der Auslegung des materiellen Rechts.[1540] Die Anwendung des jeweiligen Fachrechts durch die Kartellbehörde müsste damit aufgrund des Rechtsbindungsgrundsatzes dem Kartellrecht entsprechen. Dies läuft aber auf eine teilweise separierte Auslegung des Datenschutzrechts auf Basis grundrechtlicher Wertungen hinaus.[1541] Dabei stellt sich die Frage, ob diese jeweils in den konkreten Einzelfällen möglich ist. Nicht zu berücksichtigen ist dabei im Besonderen das System der DSGVO hinsichtlich der europaweiten Konsistenz und Einheitlichkeit der behördlichen Entscheidungen, da dies als bloße Verfahrensvorschrift nur die Datenschutzbehörden inhaltlich bindet. Aber auch im Allgemeinen ist der aus dem Rechtsstaatsprinzip abgeleitete Einwand der Einheit der Rechtsordnung nicht einschlägig, da er nur die Legislative bindet.[1542] Ein Gebot der einheitlichen Auslegung des Datenschutz- und Kartellrechts ergibt sich daraus nicht. Es gibt außer den bereits dargestellten Grundsätzen einer kartellrechtlichen Dogmatik keinen Anwendungbefehl gegenüber den Kartellbehörden, eine kongruente datenschutzrechtskonforme Auslegung vorzunehmen.[1543] Die jeweilige Fachbehörde ist an die Grundsätze des von ihr auszulegenden Rechts gebunden. Wenn eine Kartellbehörde also bei der Anwendung des in ihrem Zuständigkeitsbereich liegenden Kartellrechts eine Bewertung auch anderer Vorschriften vornimmt, ist sie aus diesen Gründen nicht an einer abweichenden Auslegung gehindert.

In tatsächlicher Hinsicht machen digitale Plattformen und ihre Nutzer die Verfügungsbefugnisse über personenbezogene Daten zur Ausübung ihrer Wettbe-

---

1540 *Körber*, NZKart 2016, S. 348 (352).

1541 *Bueren*, ZWeR 2019, S. 403 (419 f.).

1542 Umfassend einführend hierzu *Soldan*, JZ 1999, S. 864 (864 ff.); BVerfG, Urt. v. 7.5.1998 – 2 BvR 1991/95, 2 BvR 2004/95 (Kommunale Verpackungssteuer), BVerfGE 98, 106 = NJW 1998, 2341 (2342); bestätigt durch BVerfG, Beschl. v. 15.12.2015 – 2 BvL 1/12 (Treaty Override), ECLI:DE:BVerfG:2015:ls20151215.2bvl000112, BVerfGE 141, 1 = NJW 2016, 1295 (1302).

1543 *Esser*, in: Kokott/Pohlmann/Polley, Europäisches, deutsches und internationales Kartellrecht, 2018, S. 249 (261); so wohl auch *Schmidt*, in: Immenga/Mestmäcker, Wettbewerbsrecht. Band 1 EU, Art. 1 VO 1/2003, Rn. 5; a. A.: *Nothdurft*, in: Langen/Bunte, Kartellrecht, § 19 GWB, Rn. 197.

werbsfreiheiten.[1544] Dies kann auf drei verschiedene Weisen erfolgen, die sich wiederum in rechtlicher Hinsicht gespiegelt in den Erlaubnistatbeständen Art. 6 Abs. 1 S. 1 lit. a, lit. b und lit. f DSGVO wiederfinden. Dabei lässt sich zwischen der tatsächlichen Verfügung über die Daten durch die Plattform einerseits und der Beteiligung des jeweiligen Subjekts differenzieren. Gibt dieses eine tatsächliche und ausdrückliche Erklärung über die Verfügung ab, so lässt sich insoweit von einer Einwilligung sprechen.[1545] Die tatsächliche Verfügungsbefugnis wird unmittelbar durch die Einwilligung ermöglicht. Weiterhin können die Verarbeitungsbefugnisse als erforderlich in einer Vereinbarung aufgenommen werden. Die tatsächliche Verfügungsbefugnis wird hier mittelbar durch den Vereinbarungszweck und die Erforderlichkeit bestimmt, die wiederum ebenso einer wettbewerblichen Kontrolle gegenüber gewillkürten Vereinbarungen unterstellt werden können.[1546] Daneben erfasst der dritte Fall diejenigen Datenverarbeitungen, die ohne eine vorherige unmittelbare oder mittelbare Mitwirkung der betroffenen Person zulässig sind, weil ein berechtigtes Verarbeitungsinteresse besteht.

Dieses vorgestellte Vorgehen der ersten Methode kann bei konkreten Einzelfallentscheidungen zu Begründungsdefiziten führen, da jedes Mal und in Bezug auf jede einzelne Vorschrift eine Erklärung dafür gegeben sein müsste, dass der Verstoß gegen diese Vorschrift einen Konditionenmissbrauch darstellt. Entsprechend ist die Behörde dabei veranlasst, eine negative Abgrenzung hinsichtlich derjenigen Vorschriften vorzunehmen, deren Missachtung nicht zur Begründung des Missbrauchsvorwurfs herangezogen werden können. Auf diesen praktischen Einwänden aufbauend könnte die Behörde grundsätzlich ein Vorgehen wählen, bei dem sie die Erkenntnisse und Erfahrungen aus anderen Rechtsmaterien heranzieht, um eine unter Beachtung des Kartellrechts vertretbare eigenständige Dogmatik zu entwickeln.[1547] Hierbei müsste sie die Grundsätze des effektiven Wettbewerbs und der Wettbewerbsfreiheiten beachten. Ohne ein dogmatisches Gerüst basierend auf den Wettbewerbsfreiheiten und dem Schutzzweck des effektiven Wettbewerbs neigt aber dieses Vorgehen zu einer politisierenden Überschreibung und wäre deshalb mit Unschärfen verbunden, weil in komplexen Sachverhalten ein komplexes dogmatisch vertretbares „Gerüst" an normativen Vorgaben entwickelt werden müsste.

(d) Differenzierende Abwägung

In der Favorit-Entscheidung ließ der BGH zunächst noch offen, ob taugliche Maßstäbe in den Ordnungsprinzipien der Wettbewerbswirtschaft oder zusätzlich in den sich im dispositiven Recht niederschlagenden Gerechtigkeitsvorstellung

---

1544 Hierauf hinweisend *Buchner*, WRP 2019, S. 1243 (1245).
1545 *Künstner*, K&R 2019, S. 605 (609).
1546 Zum datenschutzrechtlichen Erforderlichkeitsgrundsatz siehe *Taeger*, in: Taeger/Gabel, DSGVO – BDSG, Art. 6 DSGVO, Rn. 49.
1547 Darauf hindeutend *Mohr*, EuZW 2019, S. 265 (271); so auch *Buchner*, WRP 2019, S. 1243 (1246); *Künstner*, K&R 2019, S. 605 (611); *Bueren*, ZWeR 2019, S. 403 (419 f.).

zu sehen seien.[1548] Denn die in dem verwaltungskartellrechtlichen Verfahren ergangene Verfügung sei hiernach bereits zu bestätigen, wenn die allgemeinen Gerechtigkeitsvorstellungen den Beurteilungsmaßstab bilden können. Hieraus lassen sich zwei Annahmen ableiten, die für die differenzierende Abwägungslösung der Wettbewerbsfreiheiten relevant sind. Erstens deutet der BGH in dieser Entscheidung – zwar noch sehr offen – an, dass Gerechtigkeitsvorstellungen an sich in die Wertung miteinbezogen werden können.[1549] Dies findet sich später in der Claudia-Pechstein-Entscheidung des BGH wieder, wonach eine in dem konkreten Rechtsstreit als missbräuchlich gerügte Bedingung nicht den „allgemeinen gesetzlichen Wertentscheidungen" widerspreche, zu denen das Gericht die Grundrechte auf Berufsfreiheit, faires Verfahren und Justizgewährung zählt.[1550] Damit bezieht sich das Gericht darauf, dass sich die Missbrauchskontrolle zuerst an seinem Zweck der Offenhaltung des Wettbewerbs und der Sicherung der Wettbewerbsfreiheiten zu orientieren hat.[1551]

Zweitens hält der Senat es nicht für notwendig, dass sich diese Gerechtigkeitsvorstellungen in Vorschriften auf der Ebene des einfachen Rechts niederschlagen. Die positive Festlegung der Gerechtigkeitsvorstellungen auf der einfachgesetzlichen Ebene ist also nicht notwendig. Das eröffnet die grundsätzliche Einbeziehung grundrechtlicher Wertungen im Wege der mittelbaren Drittwirkung bei der Auslegung der kartellrechtlichen Vorschriften, ohne dass es eines Rückgriffs auf ein einfachgesetzliches Recht bedarf.[1552] Gleichzeitig setzt dieses Vorgehen eine Grenze der Auslegung hinsichtlich der objektiven Wertsetzungsfunktion der Wettbewerbsfreiheiten. Daraus ergeben sich wiederum Erkenntnisse für die Bewertung von Datenverarbeitungen. Diese muss inhaltlich eröffnet und betroffen sein, um in einem konkreten Fall überhaupt rechtsfehlerfrei angewendet werden zu können. Ähnlich argumentiert zwar bereits *Möschel*, dass die Einbeziehung abzuwägender Interessen sich nach der Beteiligungsfähigkeit richtet, orientiert sich dabei jedoch an einem formellen Kriterium.[1553] Hier gilt die materielle Einbeziehungsfähigkeit von Interessen als das maßgebliche Kriterium. Das bedeutet wiederum für Sachverhalte mit den oben bereits angesprochenen nicht-preislichen Leistungen einer Marktgegenseite, dass inhaltlich das allgemeine Persönlichkeitsrecht in Form der negativen Vertragsfreiheit erfasst

---

1548 BGH, Beschl. v. 6.11.1984 – KVR 13/83 (Favorit), GRUR 1985, 318 (321).
1549 Siehe hierzu den Wortlaut bei *Möschel*, Recht der Wettbewerbsbeschränkungen, 1983, S. 358: *„einseitig belastende Abweichung von den Gerechtigkeitsvorstellungen, wie sie dem dispositiven Recht zugrunde liegen."*.
1550 BGH, Urt. v. 7.6.2016 – KZR 6/15 (Claudia Pechstein), NZKart 2016, 328 = NJW 2016, 2266, Rn. 48.
1551 Ähnlich *Künstner*, K&R 2019, S. 605 (611), der in einer derartigen Interessenabwägung das „normative Herzstück" der Marktmachtmissbrauchskontrolle verortet.
1552 So auch bei BGH, Urt. v. 7.6.2016 – KZR 6/15 (Claudia Pechstein), NZKart 2016, 328 = NJW 2016, 2266, Rn. 58 ausführlich zu dem dargestellten Bewertungsansatz Seite 352 ff.; BGH, Beschl. v. 23.6.2020 – KVR 69/19 (Facebook), ECLI:DE:BGH:2020:230620BKVR69.19.0, NZKart 2020, 473 = GRUR-RS 2020, 20737, Rn. 105 ff.; A.A.: *Esser*, in: Kokott/Pohlmann/Polley, Europäisches, deutsches und internationales Kartellrecht, 2018, S. 249 (259).
1553 *Möschel*, Recht der Wettbewerbsbeschränkungen, 1983, S. 408.

sein kann und damit in die Abwägung eingebracht werden kann, solange und soweit dies mit einer Wettbewerbsfreiheit korreliert.[1554] Dies kann wiederum in seiner reflexartigen[1555] Wirkung mit den auch den datenschutzrechtlichen Bestimmungen zugrunde liegenden Erwägungen übereinstimmen, nicht zum Gegenstand eines so nicht gewollten Datenverarbeitungsvorgangs gemacht zu werden, sofern der Schutzbereich eröffnet ist.[1556] Auch soweit dies der Fall ist, kann eine Auslegungskongruenz zwischen Datenschutz- und Kartellrecht bestehen. Zusammenfassen lässt sich dies mit dem Ergebnis, dass datenschutzbegründende Prinzipien in Form von Grundrechten oder einfachgesetzlichen Vorschriften dann als Maßstab einer kartellrechtlichen Bewertung herangezogen werden können, soweit sie in ihrem Schutz- oder Anwendungsbereich die effektive Auslebung der Wettbewerbsfreiheiten abbilden.

Daneben können außer-kartellrechtliche Vorschriften lediglich in der Form des vom BGH so formulierten Einwand berücksichtigt werden, dass bei der Anwendung des Kartellrechts nicht diejenigen Interessen berücksichtigt werden können, die als solche von der Rechtsordnung nicht geschützt sind.[1557] Dies verlangt aber eine eindeutige Aussage jeweils über das Interesse. Das Datenschutzrecht geht unbeschadet seiner konkreten Ausgestaltung von einer grundsätzlichen Verfügungsberechtigung der betroffenen Personen aus und schließt damit nicht an sich extensive Datenverarbeitungen aus.

(5) Innovationsrentenbewertung durch Abwägung

Die bisherigen Untersuchungen dieses Abschnitts haben gezeigt, dass hypothetisch kontrafaktische Betrachtungen nichtpreislicher Bedingungen als Innovationsrenten digitaler Plattformen regelmäßig nicht möglich sind, ohne dabei Innovation als Ausdruck gelebter Wettbewerbsfreiheiten fehlzugewichten. Deshalb empfiehlt sich in jedem Fall eine korrektive Abwägungsbetrachtung,[1558] bei der

---

1554 Ähnlich schon *Künstner*, K&R 2019, S. 605 (610); BGH, Beschl. v. 23.6.2020 – KVR 69/19 (Facebook), ECLI:DE:BGH:2020:230620BKVR69.19.0, NZKart 2020, 473 = GRUR-RS 2020, 20737, Rn. 105.

1555 *Podszun*, in: Kokott/Pohlmann/Polley, Europäisches, deutsches und internationales Kartellrecht, 2018, S. 613 (616).

1556 Noch offen gelassen bei *Telle*, WRP 2016, S. 814 (818); *Holzweber*, NZKart 2016, S. 104 (107) dagegen liest die Bindungswirkung des Art. 51 GRC umfassend und spricht sich für eine Einbeziehung des Datenschutzgrundrechts entsprechend wohl unabhängig von der konkreten Eröffnung seines Schutzbereichs im Einzelfall aus, was für eine stets zwingende Anwendung wiederum auch des Datenschutzrechts sprechen müsste; mittlerweile hat der BGH diese im Wege der Berücksichtigung grundrechtlicher Gewährleistungen im Rahmen ihrer Ausstrahlungswirkung angenommen, siehe BGH, Beschl. v. 23.6.2020 – KVR 69/19 (Facebook), ECLI :DE:BGH:2020:230620BKVR69.19.0, NZKart 2020, 473 = GRUR-RS 2020, 20737, Rn. 105.

1557 Zuletzt hierzu BGH, Urt. v. 24.1.2017 – KZR 2/15 (Kabelkanalanlagen), NZKart 2017, 198, Rn. 30; erläuternd im Zusammenhang mit der auf BGH, Urt. v. 7.6.2016 – KZR 6/15 (Claudia Pechstein), NZKart 2016, 328 = NJW 2016, 2266 gestützten Abwägungslösung *Künstner*, K&R 2019, S. 605 (611).

1558 BGH, Beschl. v. 23.6.2020 – KVR 69/19 (Facebook), ECLI:DE:BGH:2020:230620BK VR69.19.0, NZKart 2020, 473 = GRUR-RS 2020, 20737, Rn. 97.

die offenen Wettbewerbsfreiheiten hinsichtlich ihrer Innovationsoffenheit berücksichtigt werden.

cc) Dynamisch-zeitliche Betrachtung

Alternativ zu den bisherigen gegenwartsbezogenen Prüfmaßstäben könnten Bewertungen daran gemessen werden, was nicht mehr dem wirksamen Wettbewerb entspricht. Hierbei könnte eine Betrachtung entlang eines historischen Erzählstrangs vorgenommen werden. Dies deutete sich bereits in dem Einwand an, etwaige Kostenbetrachtungen müssten auch in zeitlicher Hinsicht erfolgen. Dies wurde bislang bereits unter dem Gesichtspunkt eines zeitlichen Vergleichsmarkts diskutiert, bei dem das vorherige Verhalten des marktbeherrschenden Unternehmens betrachtet wurde.[1559] Aber auch von diesem Vorverhalten losgelöste Prüfkonzepte begegnen rechtlichen Zweifeln.[1560]

(1) Sockel-Theorie und vergangener Vergleichsmarkt

Einen wettbewerblichen Blick zurück auf das bisherige Verhalten des untersuchten Unternehmens warf das Bundeskartellamt zuletzt in seinem Tätigkeitsbericht für die Jahre 1989/90, scheint dieses Vorgehen aber nunmehr aufgegeben zu haben.[1561] Danach ging die Behörde in dem Berichtszeitraum Preisänderungen marktbeherrschender Unternehmen nach und nahm als Vergleichsmaßstab dessen vorheriges Verhalten auf demselben Markt an. Es unterstellte dabei die Wettbewerbskonformität der bisherigen Praktiken, ohne diese selbst auf eine etwaige Missbräuchlichkeit zu überprüfen.[1562] Entsprechend ausgehend von diesem als wettbewerbskonform angenommenen Sockel sollten Preisänderungen nur noch in einem sehr begrenzten Umfang möglich sein.[1563] Damit fehlt diesem Vergleichsmarktkonzept bereits das tatbestandlich vorausgesetzte Kriterium der Wettbewerblichkeit.[1564] Zudem wurde diesem Verfahren von *Möschel* ein Festschreibeffekt attestiert, der zu einem behördlichen Eingreifen entgegen dem Wettbewerb führen könne, da Kosten und Erlöse sich hiernach in einem zeitlich vorher festgesetzten Rahmen bewegen müssten.[1565] Entsprechend ist dieses Vorgehen darauf beschränkt, aber jedenfalls im Grundsatz möglich, wenn

---

1559 Kritisch hierzu bereits *Möschel*, JZ 1975, S. 393 (395 f.); *Bosch*, in: Bechtold/Bosch, Gesetz gegen Wettbewerbsbeschränkungen, § 19 GWB, Rn. 58.

1560 Ausführlich bereits *Möschel*, Recht der Wettbewerbsbeschränkungen, 1983, S. 353.

1561 BKartA, Unterrichtung durch die Bundesregierung – Bericht des Bundeskartellamtes über seine Tätigkeit in den Jahren 1989/90 sowie über die Lage und Entwicklung auf seinem Aufgabengebiet, https://www.bundeskartellamt.de/SharedDocs/Publikation/DE/Taetigkeitsberichte/Bundeskartellamt %20- %20T %C3 %A4tigkeitsbericht %201990.pdf?__blob=publicationFile&v=4 (abgerufen 18.8.2019), S. 57.

1562 Hierzu kritisch bereits früh *Möschel*, JZ 1975, S. 393 (395).

1563 Nach *Fuchs* können dies jedenfalls die auf das „Unternehmen zugekommenen unvermeidbaren Mehrkosten bei wirksamem Wettbewerb" sein, *Fuchs*, in: Immenga/Mestmäcker, Wettbewerbsrecht. Band 1 EU, Art. 102 AEUV, Rn. 184.

1564 *Fuchs*, in: Immenga/Mestmäcker, Wettbewerbsrecht. Band 2 GWB, § 19 GWB, Rn. 229 f.

1565 *Möschel*, JZ 1975, S. 393 (396).

der zeitlich vorgelagerte Markt auf seine Wettbewerblichkeit geprüft wird.[1566] Die Wettbewerbsfreiheiten des marktbeherrschenden Unternehmens müssten dabei in einwendungsbegründender Weise berücksichtigt werden, sodass es zu keinen Einschränkungen seiner Preis- oder Bedingungsgestaltungsfreiheit kommen darf, die nicht zwingend zur Abstellung eines missbräuchlichen Verhaltens erforderlich und angemessen sind. Dies würde ansonsten auf innovationseinschränkende reduzierte Verhaltensspielräume des marktbeherrschenden Unternehmens hinauslaufen.

(2) Kein unmittelbarer wettbewerblicher Vergleichsmaßstab

Sachverhalte mit digitalen Plattformen sehen sich an dieser Stelle mehreren tatsächlichen Einwänden ausgesetzt. So treten sie zum einen häufig erst seit kürzerer Zeit auf, was Zweifel an der Zuverlässigkeit zeitlich vergleichender Aussagen aufkommen lässt. In der Markteintrittsphase können sie darüber hinaus als alleiniger Anbieter der Plattformleistungen in besonderer Weise das Marktgeschehen beeinflussen. Hier stellt sich einerseits die Frage, ob überhaupt ein wettbewerblicher Markt angenommen werden kann, wenn es nur die Pioniere gibt. Diese könnten allein durch ihr erstes Auftreten im Markt die Vergleichsbedingungen setzen. Dabei besticht zwar grundsätzlich der Gedanke, dass in einem dynamischen Marktgeschehen auch das Auftreten eines Neulings Ausdruck wirksamen Wettbewerbs sein kann, wenn dieser den neuen Markt überhaupt erst begründet. Soweit dieses tatsächliche Auftreten als solches zwar wettbewerblich gewesen sein mag, könnten dennoch gleichwohl die von dem Unternehmen herangezogenen Bedingungen oder Preise nicht wettbewerblich geprägt sein.

Daneben stellt das disruptive Auftreten digitaler Plattformen dieses Vorgehen vor Herausforderungen. Denn bei dem hier häufig vorliegenden kurzfristigen zeitlichen Betrachtungshorizont könnten die vermeintlich missbräuchlichen Preise oder Bedingungen nicht klar von denjenigen abgegrenzt werden, wie sie unter wettbewerblichen Bedingungen sich ergeben würden. Dem stünde nämlich der Einwand gegenüber, dass gerade die Verdrängung im Wettbewerb als wettbewerbliches Verhalten zu dieser nunmehr marktbeherrschenden Stellung geführt hat. Dies lässt den Schluss zu, dass in Fällen wettbewerblicher und kartellrechtlich nicht zu beanstandender Verdrängung bei gleichbleibenden Bedingungen oder Preisen ein zeitliches Vergleichsmarktkonzept nicht vertretbar ist. Darüber hinaus ist bei der Bewertung der Preise und Bedingungen fraglich, wie weit ein inhaltlicher Vergleich aus dem „vergangenen" Markt dabei gezogen werden könnte. Digitale Plattformen mit disruptiven Geschäftsmodellen stehen häufig im Wettbewerb zu konventionellen Geschäftsmodellen. Dabei bieten sie virtuelle Leistungen an, die sich im Wettbewerb durchsetzen. Dies geschieht häufig auch, weil die konventionellen Angebote qualitativ als nicht ausreichend angesehen werden und von den Nachfragern nicht mehr angenommen, also ausgesiebt werden. Auf diesen Vorgang bezogen stellt sich die Frage, ob dann

---

[1566] *Bosch*, in: Bechtold/Bosch, Gesetz gegen Wettbewerbsbeschränkungen, § 19 GWB, Rn. 58.

die wettbewerblichen Bedingungen unter Beeinflussung der verdrängten Angebote in die Bewertung miteinbezogen werden müssten. Dies würde Raum für Missbrauch durch die Anbieter konventioneller Angebote bieten, sich gegen die Veränderung und wettbewerbliche Verdrängung zu wehren. Dies würde wiederum dem Gedanken widersprechen, dass es allgemein keinen kartellrechtlichen Schutz vor Veränderung gibt. Eine Lösung könnte darin bestehen, dass mit dem Kriterium der Vergleichbarkeit diese – nicht-innovativen – Bedingungen herausgedacht werden. Damit wiederum würde die Unschärfe darin bestehen, dass das marktbeherrschende Unternehmen bereits die Vorbedingungen wettbewerblich geprägt hat.

Das zeitliche Vergleichsmarktkonzept geht von einer gewissen Beständigkeit der Entwicklungen aus. Denn nur unter dieser Annahme kann überhaupt zeitliche Vergleichbarkeit bestehen. Bei inkrementellen Innovationen könnten die Veränderungen dabei in mehreren Schritten nachverfolgt werden, die sich jeweils aufeinander beziehen und als solche historisch wettbewerblich erklärbar wären.[1567] Das wäre grundsätzlich nicht der Fall bei drastischen oder disruptiven Innovationen oder kurzfristigen Veränderungen entlang dieser Untersuchungszeitleiste, bei denen die Entwicklung größer wäre. Denn dies könnte dem Einwand ausgesetzt sein, dass mit der Entwicklung die Vergleichbarkeit entfiele. Dies steht erneut einer Anwendung des zeitlichen Vergleichsmarkts entgegen, das einen engen Rahmen zur Bewertung innovationsbezogener Marktergebnisse setzt. So ließe sich gerade noch bei inkrementellen Innovationen oder langfristig zur Verfügung stehenden Informationen eine Untersuchung anstellen, bei der starke Abweichungen in einer ansonsten gleichförmigen Entwicklung durch die sonstigen verfügbaren Informationen über das historische wettbewerbliche Geschehen ausgeglichen werden. Aber auch dies läuft Gefahr, die Abweichungen als „Ausreißer" wettbewerblich zu ignorieren.

(3) Unmöglichkeit des zukünftigen Vergleichsmarkts

Wie bislang gegenwärtig oder historisch die tatsächlichen Bedingungen einem Vergleichsmarkt gegenüber gestellt wurden, wäre dies zunächst hinsichtlich eines erst noch entstehenden Marktes denkbar. Um nicht spekulativ oder ohne vertretbare Grundlage prognostisch rechtliche Entscheidungen über die Missbräuchlichkeit hiernach anzustellen, müsste ein gesichertes Wissen über die Entwicklung vorliegen. Anderenfalls scheitert eine Prüfung des zukünftigen Vergleichsmarkts. Ein gesicherter zukünftiger Markt kann aber wiederum nur unter zwei Szenarien angenommen werden. Entweder verengen sich aufgrund derzeit bestehender – notwendigerweise – wettbewerblicher Umstände die Bedingungen eines vergleichbaren Marktes so sehr, dass sie bereits zum Entscheidungszeitpunkt ohne vernünftige Zweifel als einzig möglicher Maßstab voraussehbar und definierbar sind. Oder aber diese Bedingungen sind durch zwingendes staat-

---

[1567] *Hirsch-Kreinsen*, in: Howaldt/Jacobsen, Soziale Innovation, 2010, S. 71 (74); *Kühling*, in: Eifert/Hoffmann-Riem, Innovationsfördernde Regulierung, 2009, S. 47 (65).

liches Handeln vorgegeben, sofern dieses sich wiederum im Rahmen der differenzierenden Abwägungslösung der Wettbewerbsfreiheiten und des effektiven Wettbewerbs bewegen. Eine Anwendung des Vergleichsmarktprinzips ist danach nicht als Bewertungsmaßstab zulasten des marktbeherrschenden Unternehmens möglich, sondern kann nur zu seiner Entlastung herangezogen werden.

dd) Beschränkte Ausbeutungskontrolle in Innovationssachverhalten

Die bisherigen Untersuchungen haben gezeigt, dass reine Innovationsrenten nur im Rahmen einer jedenfalls stattfindenden Abwägung auf ihre kartellrechtliche Angemessenheit hin untersucht werden können. Dies zieht eine teleologisch reduzierte Auslegung des Vergleichsmarktkonzepts auf den Schutz des Wettbewerbsprozesses als solchem und der ihn ausmachenden Wettbewerbsfreiheiten nach sich. Diese ist nur möglich, wenn die betroffenen und in einem Konflikt stehenden Wettbewerbsfreiheiten miteinander in die Abwägung gebracht und dabei abgewogen werden. In diesem Zusammenhang lässt sich eine größere Bedeutung des Verdrängungsmissbrauchs gegenüber dem Ausbeutungsmissbrauch festhalten.

c) Zwischenergebnisse

Die vorstehenden Untersuchungen kommen zu dem Ergebnis, dass eine rechtsfehlerfreie Bewertung von Innovationsrenten nicht umhinkommt, eine ganzheitliche multipolare Bewertung vorzunehmen. Das verlangt bei digitalen Plattformen insbesondere eine Einbeziehung der preisstrukturellen Besonderheiten und des hohen wettbewerblichen Risikos. Herkömmliche Konzepte mit kontradiktorischen Interessenlagen können in Einzelfällen hilfreich sein, vermögen aber nicht die umfassenden Gemengelagen digitaler Plattformen mit ihren mehrseitigen Ausprägungen und davon abhängigen Interessenkonflikten abzubilden. Dies muss dazu führen, dass eine Bewertung nach statischen gesetzlichen Vorschriften nur dann in Betracht kommt, wenn hierbei in tatsächlicher wie rechtlicher Hinsicht die umfassenden Interessen der möglicherweise Betroffenen gewahrt bleiben. Auch zu Preisen alternative, zeitliche Wettbewerbsparameter wie Erwartungen, Informationen oder Zeitabläufe können grundsätzlich Gegenstand einer Angemessenheitswertung sein. Aufgrund des begrenzten Wissens und fehlender Referenzentwicklungen im dynamischen Wettbewerb können häufig keine rechtlich ausreichenden Aussagen über Wettbewerbsergebnisse getroffen werden, sodass der Ausbeutungsmissbrauch in Innovationssachverhalten eine nachgelagerte Bedeutung hat.

5. Begrenzte Machtkontrolle in Innovationssachverhalten

Anders als beim Behinderungsmissbrauch und insbesondere seiner Ausformung als Verdrängungsmissbrauch liegt eine unmittelbare Innovationsbewertung beim Ausbeutungsmissbrauch häufig nicht nahe. Vorübergehende Marktergebnisse lassen sich begrenzt auf die Angemessenheit ihres Austauschs bewerten. Dabei sind zum einen die neuartigen Marktaustauschbeziehungen zu definieren, die möglicherweise Gegenstand eines Ausbeutungsmissbrauchs sind. Dies zielt besonders auf eine Beschreibung der sogenannten Innovationsrente ab. In einem zweiten Schritt sind der Dynamik des Wettbewerbs Rechnung tragende Prüfkonzepte erst noch zu entwickeln, wobei dies hier aus der Wettbewerbsdefinition als Ort der ausgelebten Wettbewerbsfreiheiten abgeleitet werden kann. Hier zeigt sich die Praxistauglichkeit dieses Konzepts, da es als einziges eine differenzierende Entscheidung hinsichtlich etwaiger Durchsetzungsfriktionen mit anderen objektiven Rechtsmaterien erlaubt, ohne dabei unter Verletzung des Rechtsbindungsgrundsatzes eine überschießende Auslegung des außer-kartellrechtlichen Rechts vorzunehmen.

II. Innovationssachverhalte und mehrseitige Maßnahmen

Einen wichtigen Aspekt bei der kartellrechtlichen Bewertung des Auftretens von Unternehmen im Wettbewerb bildet das Verbot wettbewerbsbeschränkender Maßnahmen, wie es im Art. 101 Abs. 1 AEUV bei Sachverhalten mit grenzüberschreitendem Bezug sowie für das deutsche Kartellrecht in § 1 GWB geregelt ist. Der Bereich des objektiven Rechts ist hier so überschaubar wie offen. Denn der lange Wortlaut des Gesetzes mit scheinbar mehreren Handlungsalternativen lässt sich auf folgende Tatbestandsmerkmale im materiellen Kernbereich zusammenfassen: Es muss erstens eine mindestens abgestimmte Verhaltensweise zwischen zweitens mehreren Unternehmen vorliegen. Diese muss drittens eine Wettbewerbsbeschränkung[1568] bewirken oder bezwecken.

Die Betrachtung eines Marktes wird tatbestandlich nicht vorausgesetzt, kann aber unter verschiedenen Aspekten doch wieder eine Bedeutung gewinnen.[1569] So behalten sich die EU-Kommission wie auch das Bundeskartellamt bei lediglich bewirkten und nicht bezweckten Wettbewerbsbeschränkungen ein behördliches Einschreiten erst ab der Überschreitung einer bestimmten Bagatellschwelle vor, die sich an den Marktanteilen der beteiligten Unternehmen orientiert.[1570] Ist ein Verhalten tatbestandsmäßig, kann es zudem auf einer weiteren Prüfungsstufe

---

1568 Insofern besteht nach h. M. ein tatbestandlicher Gleichlauf, der eine Differenzierung des Wortlauts „Verhinderung, Einschränkung oder Verfälschung" entbehrlich sein lässt, *Zimmer*, in: Immenga/Mestmäcker, Wettbewerbsrecht. Band 1 EU, Art. 101 Abs. 1 AEUV, Rn. 123 f.; *Gravel/Nyberg*, in: Loewenheim et al., Kartellrecht, Art. 101 AEUV, Rn. 217; differenzierend, aber im Ergebnis auch zustimmend *Paschke* in: Säcker et al., Münchener Kommentar zum Wettbewerbsrecht: Band 1, Art. 101 AEUV, Rn. 83; *Bosch*, in: Bechtold/Bosch, Gesetz gegen Wettbewerbsbeschränkungen, § 1 GWB, Rn. 33; *Mohr*, ZWeR 2015, S. 1 (1).

1569 Eine Darstellung der verschiedenen Anwendungsfälle findet sich auch bei *Gravel/Nyberg*, in: Loewenheim et al., Kartellrecht, Art. 101 AEUV, Rn. 236 ff.

1570 Kommission, Bekanntmachung über Vereinbarungen von geringer Bedeutung, die im Sinne des Artikels 101 Absatz 1 des Vertrags über die Arbeitsweise der Europäischen Union den Wettbewerb nicht spürbar beschränken – De-minimis-Bekanntmachung v. 30.8.2014; BKartA, Bekanntmachung Nr. 18/2007 des Bundeskartellamtes über die Nichtverfolgung von Ko-

freigestellt werden. Dies erfolgt regelmäßig im Rahmen von Gruppenfreistellungsverordnungen, die wiederum bei Maßnahmen oberhalb spezifischer Marktanteile nicht mehr eingreifen. Insofern kann auf die bisherigen Ausführungen verwiesen werden. Zudem enthält Art. 101 Abs. 1 AEUV das – für diese Untersuchung keine eigenständige zusätzliche Relevanz entfaltende – zusätzliche Kriterium der Beeinträchtigung des Handels zwischen den Mitgliedsstaaten, womit für die Anwendung des europäischen Kartellrechts auf die Zwischenstaatlichkeit im europäischen Binnenmarkt abgestellt wird. Schließlich tritt diese Frage erneut bei dem ungeschriebenen Kriterium der Spürbarkeit bei lediglich bewirkten Wettbewerbsbeschränkungen zutage.[1571]

1. Innovationsbezogene Wettbewerbsbeschränkung

Der Wortlaut der Art. 101 Abs. 1 AEUV sowie § 1 GWB ist denkbar weit, was sich als erhebliche Schwierigkeit seiner Auslegung darstellt und erneut Raum für die Entwicklung von Fallgruppen eröffnet. Insofern wäre hier eine behördliche Ausprägung einer konkreten innovationsbezogenen Schadenstheorie denkbar. Gleichwohl müsste sich diese wiederum an einem rechtlichen Prüfrahmen orientieren, sodass zum einen wiederum die bereits dargestellten Zweifel gegenüber einem rein auf Effizienz und Verbraucherwohlfahrt abzielenden *more economic approach* erhoben werden können. Es stellt sich hierbei zunächst die Frage, ob und inwieweit überhaupt eine rechtliche Bewertung innovationsbezogener Beschränkungen des Wettbewerbs vorgenommen werden kann. Denn so wie Innovation als Gegenstand und Ausdruck effektiven Wettbewerbs nur unscharf positiv fassbar ist, kann seine kollusive Beschränkung noch vager feststellbar sein. Dies gilt insbesondere für kontrafaktische Betrachtungsweisen, wie sie auch für das Verbot wettbewerbsbeschränkender Kooperationen teilweise vorgenommen werden.[1572] Da aber effektiver Wettbewerb als die Auslebung der Wettbewerbsfreiheiten verstanden werden kann, kann an dieser Stelle wiederum eine Auslegung des Merkmals Wettbewerbsbeschränkung unter Berücksichtigung der objektiven Wertsetzungsfunktion dieser Freiheitsrechte, also ihrer Einschränkung, erfolgen.[1573] Dies bedeutet aber keineswegs eine alleinige sich an den Wettbewerbsfreiheiten orientierende Prüfung der Wettbewerbsbeschränkung, wie dies *Eilmansberger/Kruis* andeuten und kritisieren.[1574] Denn auch der

---

operationsabreden mit geringer wettbewerbsbeschränkender Bedeutung – Bagatellbekanntmachung v. 13.3.2007.

1571 *Kirchhoff*, in: Säcker et al., Münchener Kommentar zum Wettbewerbsrecht: Band 1, Art. 101 AEUV, Rn. 764; *Zimmer*, in: Immenga/Mestmäcker, Wettbewerbsrecht: Band 1 EU, Art. 101 Abs. 1 AEUV, Rn. 139 f.; *Grave/Nyberg*, in: Loewenheim et al., Kartellrecht, Art. 101 AEUV, Rn. 263 ff.

1572 *Eilmansberger/Kruis*, in: Streinz, EUV/AEUV, Art. 101 AEUV, Rn. 61.

1573 *Bosch*, in: Bechtold/Bosch, Gesetz gegen Wettbewerbsbeschränkungen, § 1 GWB, Rn. 34; *Mohr*, ZWeR 2015, S. 1 (6, 8, 12); EuGH, Urt. v. 7.2.2013 – C-68/12 (Protimonopolný úrad Slovenskej republiky/Slovenská sporiteľňa a. s.), ECLI:EU:C:2013:71, CCZ 2013, 126, Rn. 18.

1574 *Eilmansberger/Kruis*, in: Streinz, EUV/AEUV, Art. 101 AEUV, Rn. 54 f.

netzwerkartige Interaktionsprozess als Ort der Auslebung dieser Wettbewerbs-freiheiten kann eingeschränkt werden, ohne dass es hierfür stets auf eine unmittelbare Prüfung der Wettbewerbsfreiheiten ankäme.[1575] Dies lässt sich in Form nachlassender Wettbewerbsintensität feststellen.

a) Geheimniswettbewerb und Innovationswettbewerb

Zunächst könnte sich eine grundsätzliche Eingrenzung über Geheimniswettbewerb und Innovationswettbewerb anbieten. Diese ist als solche auf der Grundlage der bisherigen Untersuchungen möglich und nicht rechtlich ausgeschlossen. Denn je nach den individuellen Neigungen und Auslebungen der konkret betroffenen Teilnehmer kann sich eine unterschiedliche Gewichtung, aber auch Betrachtung des jeweils effektiven Wettbewerbs ergeben.[1576] Dies schlägt sich in der Untersuchung desjenigen effektiven Wettbewerbs nieder, der als möglicherweise beschränkt untersucht wird.[1577] Nicht zwingend erforderlich, aber in Einzelfällen hilfreich, ist für diese Feststellung eine Marktabgrenzung und –analyse.[1578]

Beschränkungen könnten danach hinsichtlich Innovation objektiv darin beschrieben werden, dass sich die Maßnahme gegen die Dynamik des Wettbewerbs richtet.[1579] Dies könnte den Ausschluss von Veränderungen als solchen betreffen, aber auch ihre Geschwindigkeit und Intensität.[1580] Ebenso können Gebietsaufteilungen einen Innovationsbezug haben, wenn die daran beteiligten Unternehmen sich hierdurch gegenseitig von den wettbewerblichen Auswirkungen ihres Verhaltens freihalten, also das für den monopolistischen Wettbewerb prägende Ausbrechen und Verfolgen abmildern oder ganz ausschalten. Dies alles lässt sich zuletzt auf die Wettbewerbsfreiheiten zurückführen, die im Rahmen ihres jeweils einschlägigen Anwendungs- oder Schutzbereichs in einer konkreten Abwägung zu berücksichtigen sind. So schränkt das Verbot wettbewerbsbeschränkender kollusiver Maßnahmen die zweckwidrige Ausübung der Wettbewerbsfreiheiten insofern ein. Ein derartiger nicht mehr der Wettbewerbsordnung entsprechender Einsatz kann darin bestehen, dass Unternehmen ihre eigene Ausübung der Wettbewerbsfreiheiten entgegen der eigentlich nach oben offenen Möglichkeiten übereinstimmend beschränken. Hierauf lässt sich wiederum das in der EuGH-Rechtsprechung entwickelte Selbstständigkeitspostulat zurückführen.[1581] Wenn also Innovation auch über die Auslebung der in ihrem Schutzbe-

---

1575 Ähnlich schon ebenda, Rn. 56.
1576 *Zimmer*, in: Immenga/Mestmäcker, Wettbewerbsrecht. Band 1 EU, Art. 101 Abs. 1 AEUV, Rn. 107; *Mestmäcker/Schweitzer*, Europäisches Wettbewerbsrecht, 2014, § 11 Rn. 3.
1577 *Grave/Nyberg*, in: Loewenheim et al., Kartellrecht, Art. 101 AEUV, Rn. 222.
1578 Ebenda, Rn. 236 ff.
1579 *Zimmer*, in: Immenga/Mestmäcker, Wettbewerbsrecht. Band 1 EU, Art. 101 Abs. 1 AEUV, Rn. 136.
1580 Siehe unter anderem *Maggiolino*, IIC 2019, S. 405 (407).
1581 EuGH, Urt. v. 4.6.2009 – C-8/08 (T-Mobile Netherlands BV u. a./Raad van bestuur van de Nederlandse Mededingingsautoriteit), ECLI:EU:C:2009:343, EuZW 2009, 505, Rn. 33; EuGH, Urt. v. 16.12.1975 – verb. Rs. 40 bis 48, 50, 54 bis 56, 111, 113 und 114-73 (Suiker

reich nach oben offenen Wettbewerbsfreiheiten erklärt werden kann, lässt sich eine Wettbewerbsbeschränkung in Form der Beschränkung von Handlungsfreiheiten darin sehen, dass durch die kollusive Maßnahme der Schutzbereich ohne Rechtfertigung verkürzt wird.[1582]

b) Bezweckte Innovationsbeschränkung

Schwierigkeiten bestehen derzeit noch hinsichtlich des Kriteriums der bezweckten Wettbewerbsbeschränkung, das alternativ neben dem „Bewirken" steht.[1583] Denn zum einen ist eine Abgrenzung dieser beiden Merkmale im Allgemeinen nicht immer trennscharf möglich, aber notwendig.[1584] Letzteres bezieht sich daraus, dass es im Fall einer bezweckten Wettbewerbsbeschränkung überhaupt nicht mehr auf die Prüfung der Auswirkungen der fraglichen Maßnahme auf den Wettbewerb ankommt.[1585] Insofern steht mit der jüngeren Rechtsprechung des EuGH fest, dass es auf eine eigenständige Prüfung des Merkmals der Spürbarkeit bei bezweckten Wettbewerbsbeschränkungen nicht mehr ankommt.[1586] Zudem knüpft die Zweckprüfung regelmäßig bereits in zeitlicher Hinsicht an den Abschluss der Vereinbarung an, indem sie nicht erst an die möglicherweise später auftretenden Auswirkungen anknüpft.[1587] Das Verbot wettbewerbsbeschränkender Maßnahmen beschreibt also einen Gefährdungstatbestand.[1588] Damit sind zum einen subjektive Merkmale der an der wettbewerbsbeschränkenden

---

Unie), NJW 1976, 470 (471); aus der deutschen Rspr. insofern BGH, Beschl. v. 29.1.1975 – KRB 4/74 (Aluminium-Halbzeug), NJW 1975, 788 (790); zusammenfassend *Zimmer*, in: Immenga/Mestmäcker, Wettbewerbsrecht. Band 1 EU, Art. 101 Abs. 1 AEUV, Rn. 107.

1582 Ebenda, Rn. 135; *Mohr*, ZWeR 2015, S. 1 (12).

1583 EuG, Urt. v. 29.6.2012 – T-360/09 (E.ON/Kommission), ECLI:EU:T:2012:332, BeckRS 2012, 81353, Rn. 141; EuGH, Urt. v. 6.10.2009 – C-501/06 P, C-513/06 P, C-515/06 P, C-519/06 P (GlaxoSmithKline Services Unlimited/Kommission), ECLI:EU:C:2009:610, Slg. 2009, I-09291 = GRUR Int 2010, 509, Rn. 55.

1584 *Gravel/Nyberg*, in: Loewenheim et al., Kartellrecht, Art. 101 AEUV, Rn. 230.

1585 *Zimmer*, in: Immenga/Mestmäcker, Wettbewerbsrecht. Band 1 EU, Art. 101 Abs. 1 AEUV, Rn. 128; EuGH, Urt. v. 7.2.2013 – C-68/12 (Protimonopolný úrad Slovenskej republiky/ Slovenská sporiteľňa a.s.), ECLI:EU:C:2013:71, CCZ 2013, 126, Rn. 17; EuGH, Urt. v. 13.12.2012 – C-226/11 (Expedia Inc./Autorité de la concurrence), ECLI:EU:C:2012:795, GRUR Int 2013, 285, Rn. 37; klarstellend hierzu zuletzt auch GA Michal Bobek, Schlussanträge v. 5.9.2019 – C-228/18 (Budapest Bank u. a.), ECLI:EU:C:2019:678, Rn. 40 ff.

1586 EuGH, Urt. v. 11.9.2014 – C-67/13 P (Groupement des cartes bancaires/Kommission), ECLI:EU:C:2014:2204, EuZW 2014, 901 (m. Anm. v. Köckritz), Rn. 52; EuGH, Urt. v. 14.3.2013 – C-32/11 (Allianz Hungária Biztosító Zrt./Gazdasági Versenyhivatal), ECLI:EU:C:2013:160, NZKart 2013, 241, Rn. 34; EuGH, Urt. v. 13.12.2012 – C-226/11 (Expedia Inc./Autorité de la concurrence), ECLI:EU:C:2012:795, GRUR Int 2013, 285, Rn. 37; zusammenfassend hierzu *Mohr*, ZWeR 2015, S. 1 (11); ebenso zuletzt GA Michal Bobek, Schlussanträge v. 5.9.2019 – C-228/18 (Budapest Bank u. a.), ECLI:EU:C:2019:678, Rn. 40.

1587 *Mohr*, ZWeR 2015, S. 1 (12); dies gilt aber nicht, sofern es bereits keine Vereinbarung, sondern ausschließlich eine untersuchbare abgestimmte Verhaltensweise gibt, da sich hierbei regelmäßig kein unmittelbarer Zweck feststellen lässt.

1588 Ebenda, S. 1 (12); *Gravel/Nyberg*, in: Loewenheim et al., Kartellrecht, Art. 101 AEUV, Rn. 229.

Maßnahme Beteiligten nicht erforderlich, können aber bei der Zweckbeschreibung berücksichtigt werden.[1589]

Eine bezweckte Wettbewerbsbeschränkung liegt nach der ständigen EuGH-Rechtsprechung vor, wenn die Maßnahme „schon ihrer Natur nach schädlich für das gute Funktionieren des normalen Wettbewerbs" ist.[1590] Da es nicht auf die Auswirkungen ankommt, ist allein die Eignung zur Wettbewerbsbeschränkung bereits ausreichend. Diese bestimmt sich zunächst nach dem Inhalt der Vereinbarung, aber auch ihren Zielen sowie den wirtschaftlichen und rechtlichen Zusammenhängen.[1591] Insofern hat der EuGH hierzu bereits entschieden, dass die bewusste und gezielte Ausschaltung von Unsicherheiten im Wettbewerb, insbesondere über das Verhalten der Wettbewerber, eine bezweckte Wettbewerbsbeschränkung darstellen kann.[1592] In diesem Fall ist die wettbewerbliche gegenseitige Koordinierung der Unternehmen der einzige Zweck.[1593] Die Kommission nimmt dies insbesondere bei Absprachen an, die andere Innovation behindern soll oder Unternehmen aus dem Innovationsprozess ausschließen.[1594]

Systematisch konsequent im Vergleich zu dem anderen Merkmal „Bewirken" bedeutet dies angenommenes Wissen über den Zweck der Wettbewerbsbeschränkung, wenn dort die Auswirkungen tatsächlich festgestellt werden sollen, hier aber entbehrlich sind. Das wiederum bedeutet, dass es in einem gewissen Umfang rechtlich zulässig ist, ein Wissen über die Wettbewerbsbeschränkung anzunehmen. Die Grenze dieser Annahme ist die aus dem Rechtsstaatsprinzip folgende unzulässige Anmaßung von Wissen.[1595] Die Formulierung „ihrer Natur" nach in der genannten Rechtsprechung deutet auf die Berücksichtigung von Erfahrungswerten über typischerweise schädliche Auswirkungen hin.[1596]

1589 *Mestmäcker/Schweitzer*, Europäisches Wettbewerbsrecht, 2014, § 11 Rn. 35 ff.

1590 Zuletzt hierzu EuGH, Urt. v. 23.1.2018 – C-179/16 (F. Hoffmann-La Roche Ltd u. a./Autorità Garante della Concorrenza e del Mercato), ECLI:EU:C:2018:25, NZKart 2018, 84, Rn. 78; EuGH, Urt. v. 11.9.2014 – C-67/13 P (Groupement des cartes bancaires/Kommission), ECLI:EU:C:2014:2204, EuZW 2014, 901 (m. Anm. v. Köckritz), Rn. 50; EuGH, Urt. v. 14.3.2013 – C-32/11 (Allianz Hungária Biztosító Zrt./Gazdasági Versenyhivatal), ECLI:EU:C:2013:160, NZKart 2013, 241, Rn. 35; EuGH, Urt. v. 20.11.2008 – C-209/07 (Competition Authority/Beef Industry Development Society Ltd/Barry Brothers (Carrigmore) Meats Ltd), ECLI:EU:C:2008:643, BeckRS 2008, 71211, Rn. 17.

1591 Zuletzt EuGH, Urt. v. 23.1.2018 – C-179/16 (F. Hoffmann-La Roche Ltd u. a./Autorità Garante della Concorrenza e del Mercato), ECLI:EU:C:2018:25, NZKart 2018, 84, Rn. 79.

1592 EuGH, Urt. v. 19.3.2015 – C-286/13 P (Bananen (Dole)), ECLI:EU:C:2015:184, NZKart 2015, 267, Rn. 121 m. w. N.; erläuternd *Zimmer*, in: Immenga/Mestmäcker, Wettbewerbsrecht. Band 1 EU, Art. 101 Abs. 1 AEUV, Rn. 246.

1593 So ebenda, Rn. 246.

1594 Kommission, Leitlinien zur Anwendbarkeit von Artikel 101 des Vertrags über die Arbeitsweise der Europäischen Union auf Vereinbarungen über horizontale Zusammenarbeit – Horizontalleitlinien v. 14.1.2011, Rn. 266, 273 f.

1595 Ähnlich hierzu schon *Schmidt*, in: Joost/Oetker/Paschke, Festschrift für Franz Jürgen Säcker zum 70. Geburtstag, 2011, S. 937 (947); *Mohr*, ZWeR 2015, S. 1 (12).

1596 GA Michal Bobek, Schlussanträge v. 5.9.2019 – C-228/18 (Budapest Bank u. a.), ECLI:EU:C:2019:678, Rn. 26, 42; EuGH, Urt. v. 13.12.2012 – C-226/11 (Expedia Inc./Au-

In einem engen rechtlichen Umfang sind damit also Pauschalierungen über das zweckbezogene Wissen möglich. Das bedeutet, dass zwar nicht die konkreten Auswirkungen in diesem Fall untersucht werden, aber die stets negativen Auswirkungen der als bezweckt eingeordneten Maßnahmen feststehen muss. Dies betrifft dabei nicht die sich anschließende Frage der Darlegungs- und Beweislast, sondern bereits die der materiellen Ausfüllung des Tatbestandsmerkmals bei der grundsätzlichen Frage nach der Eignung zur Wettbewerbsbeschränkung. Insofern könnten sich empirische Werte aus wettbewerbsökonomischen Betrachtungen methodisch berücksichtigen lassen. Rechtsfehlerfrei wären Rückschlüsse auf den allein wettbewerbsschädlichen Zweck insofern möglich, wenn sich kein anderer aufgrund einer umfassenden Abwägung der Wettbewerbsfreiheiten und unter Berücksichtigung des Gesetzeszwecks der Offenhaltung des dynamischen Wettbewerbsprozesses feststellbarer Grund feststellen lässt, es also allein um die Abschwächung oder Ausschaltung des Wettbewerbs geht.[1597] Entsprechend hat der EuGH zuletzt auf eine enge Auslegung des Bezwecken-Merkmals hingewiesen und damit den betroffenen Unternehmen die Möglichkeit zur Geltendmachung von Einwendungen und vernünftigen Erklärungen eröffnet.[1598] Dies betrifft auch die Frage nach der Offensichtlichkeit. Denn wenn Erfahrungswerte in rechtlich nicht zu beanstandender Weise in Wissen über den wettbewerbsbeschränkenden Zweck einer Maßnahme aufgenommen werden können, müssen sich auch die beteiligten Unternehmen auf den Maßstab ihres Verhaltens einstellen können. Nicht entbehrlich ist allerdings die Prüfung dieses zweckbezogenen Wissens am konkreten Fall, also ob ein derartiger Zweck vorliegt.

c) Bewirkte Wettbewerbsbeschränkungen in Plattformsachverhalten

Die vorgenannten Erfahrungen und das daraus rechtsfehlerfrei entnehmbare pauschalierbare Wissen lassen sich in Plattformsachverhalten häufig nicht feststellen. So lassen sich empirische Forschungsergebnisse über ihrer Natur nach innovationsbeschränkende kollusive Maßnahmen regelmäßig mit Umständen widerlegen, die aus den multipolar angelegten Geschäftsmodellen und den sich

---

torité de la concurrence), ECLI:EU:C:2012:795, GRUR Int 2013, 285, Rn. 36; *Mohr*, ZWeR 2015, S. 1 (13); *Eilmansberger/Kruis*, in: Streinz, EUV/AEUV, Art. 101 AEUV, Rn. 45.

1597 EuGH, Urt. v. 23.1.2018 – C-179/16 (F. Hoffmann-La Roche Ltd u. a./Autorità Garante della Concorrenza e del Mercato), ECLI:EU:C:2018:25, NZKart 2018, 84, Rn. 78; ähnlich bereits GA Nils Wahl, Schlussanträge v. 27.3.2014 – C-67/13 P (Groupement des cartes bancaires/Kommission), ECLI:EU:C:2014:1958, BeckRS 2014, 81560, Rn. 56; so schon *Eilmansberger*, ZWeR 2009, S. 437 (444), der auf die angesichts dieser Wertungsentscheidung begrenzte Aussagekraft erneut des *more economic approach* hinweist; *Mohr*, ZWeR 2015, S. 1 (13 f. m. w. N.); *Wollmann/Herzog*, in: Säcker et al., Münchener Kommentar zum Wettbewerbsrecht: Band 1, Art. 101 Abs. 1 AEUV, Rn. 303 ff.; *Zimmer*, in: Immenga/Mestmäcker, Wettbewerbsrecht. Band 1 EU, Art. 101 Abs. 1 AEUV, Rn. 246.

1598 EuGH, Urt. v. 23.1.2018 – C-179/16 (F. Hoffmann-La Roche Ltd u. a./Autorità Garante della Concorrenza e del Mercato), ECLI:EU:C:2018:25, NZKart 2018, 84, Rn. 78; EuGH, Urt. v. 11.9.2014 – C-67/13 P (Groupement des cartes bancaires/Kommission), ECLI:EU:C:2014:2204, EuZW 2014, 901 (m. Anm. v. Köckritz), Rn. 58; erläuternd *Eilmansberger/Kruis*, in: Streinz, EUV/AEUV, Art. 101 AEUV, Rn. 45.

jeweils stark unterscheidenden Nutzergruppen herrühren. Mehr noch, findet hier häufig nicht einmal ein direkter kooperativer Austausch statt, der auf seine wettbewerbswidrigen Zwecke hin untersucht werden könnte. Diese beiden Gründe sprechen für eine zunächst stärkere praktische Gewichtung der bewirkten Wettbewerbsbeschränkung, die auf die unterschiedlichen Wettbewerbsparameter abzielen kann.[1599] Dies eröffnet den Raum für eine sich jeweils nach den konkreten Umständen ergebende Abwägung, wobei hier Schadenstheorien empirische Bedeutung gewinnen können. Dabei kommt es allerdings bei digitalen Plattformen nicht einmal nur auf die Auswirkungsanalyse der fraglichen Maßnahmen an, sondern auch auf Zurechnungsfragen bei der Betrachtung der Kollusion in Form abgestimmter Verhaltensweisen.[1600]

aa) Abschwächen des dynamischen Wettbewerbs

Hinsichtlich des dynamischen Wettbewerbs lassen sich zunächst zwei Gruppen der Abschwächung des dynamischen Wettbewerbs voneinander abgrenzen. In beiden Fällen muss die Auswirkungsanalyse konkret fallbezogen sein und kann noch nicht pauschal durch eine ökonomische Schadenstheorie ersetzt werden.[1601]

Die erste Fallgruppe bezieht sich auf herkömmliche Untersuchungsgegenstände des Wettbewerbs, wie zum Beispiel Preise, Mengen, Gebiete oder Qualität, die mittelbar mit Innovation zusammenhängen.[1602] Dieser Zusammenhang kann zum einen darin bestehen, dass die Wettbewerbsparameter besonders stark der Dynamik des Wettbewerbs ausgesetzt sind. Insofern lässt sich bei den bewirkten Wettbewerbsbeschränkungen dieser Merkmale die Beschränkung im dynamischen Wettbewerbsprozess prüfen und je nach empirischer Lage bewerten.[1603] Die Abwägung kann deshalb auch in zeitlicher Hinsicht stattfinden und die Möglichkeit zur zukünftigen Beschränkung oder Entfaltung der Wettbewerbsfreiheiten einbeziehen. Zum anderen kann Innovation als positiver wettbewerblicher Faktor zu berücksichtigen sein, was in dem hierauf folgenden Abschnitt ausführlicher untersucht wird. In diesem Fall kann Innovation tatbestandsausschließende Umstände bilden.

Die zweite Fallgruppe bezieht sich unmittelbar auf die Auswirkungen einer Innovation. Diese kann sich losgelöst von einer Betrachtung konkret eingeschränkter

---

1599 *Mohr*, ZWeR 2015, S. 1 (18); *Eilmansberger*, ZWeR 2009, S. 437 (445); *Pohlmann*, in: Kokott/Pohlmann/Polley, Europäisches, deutsches und internationales Kartellrecht, 2018, S. 633 (561 ff.).
1600 Ebenda, S. 633 (648); *Richter/Niggemann*, in: Kokott/Pohlmann/Polley, Europäisches, deutsches und internationales Kartellrecht, 2018, S. 683 (690 ff.).
1601 *Mohr*, ZWeR 2015, S. 1 (17); *Zimmer*, in: Immenga/Mestmäcker, Wettbewerbsrecht. Band 1 EU, Art. 101 Abs. 1 AEUV, Rn. 132 ff.; *Wollmann/Herzog*, in: Säcker et al., Münchener Kommentar zum Wettbewerbsrecht: Band 1, Art. 101 Abs. 1 AEUV, Rn. 304; a. A. wohl: *Grave/Nyberg*, in: Loewenheim et al., Kartellrecht, Art. 101 AEUV, Rn. 232.
1602 *Wollmann/Herzog*, in: Säcker et al., Münchener Kommentar zum Wettbewerbsrecht: Band 1, Art. 101 Abs. 1 AEUV, Rn. 304; *Lübbig*, WuW 2011, S. 1142/1151 f.).
1603 *Pohlmann*, in: Kokott/Pohlmann/Polley, Europäisches, deutsches und internationales Kartellrecht, 2018, S. 633 (634 f.).

Handlungsfreiheiten daraus ergeben, dass die Wettbewerbsintensität als solche verringert wird und damit der Auslebungsort für die Wettbewerbsfreiheiten als solcher beschränkt wird.[1604] Letzteres lässt sich anhand einer Beschränkung der Teilhabemöglichkeiten am dynamischen Wettbewerbsprozess festhalten. Entsprechend unmittelbar könnte hierbei danach zu untersuchen sein, inwiefern die Eigenschaft der nach oben hin offenen Wettbewerbsfreiheiten beschränkt,[1605] ein Wettbewerber oder eine spezifische Innovation ausgeschlossen wird.[1606]

bb) Informationsverhalten über Plattformen

Die bisherigen Untersuchungen haben bereits die Bedeutung von Informationen im Zusammenhang mit Innovation gezeigt. Informationen als Bestandteile des Wissens können Gegenstand des Entdeckungsverfahrens sein. Geheimniswettbewerb stellt sich insofern als Besonderheit dar, einerseits weil sich hierzu bereits eine etablierte Praxis über den Informationsaustausch herausgebildet hat,[1607] andererseits weil dieser sich nach den bisherigen Erkenntnissen als besondere Ausprägung des Wettbewerbs zur Erklärung von Innovation eignet. Denn als Entdeckungsverfahren steht Wettbewerb mit dem Begriffspaar Wissen und Unwissen in Verbindung. Unwissen kann wiederum Unsicherheit und Zufall bedeuten. Aber auch hiervon können sich Unternehmen durch wettbewerbsbeschränkendes kollusives Verhaltens lösen, ohne sich dabei unmittelbar selbst zu binden.[1608] Entsprechend hat der EuGH hierzu bereits eine verbotene Abstimmung angenommen, wenn die beteiligten Unternehmen durch ihr übereinstimmendes Verhalten den Grad der Unsicherheit über das wettbewerbliche

---

1604 *Eilmansberger/Kruis*, in: Streinz, EUV/AEUV, Art. 101 AEUV, Rn. 56.
1605 Zum Beispiel indem Handlungsfreiheiten im monopolistischen Wettbewerb durch Schutzrechtsvereinbarungen beschränkt werden, siehe *Nordemann*, in: Loewenheim et al., Kartellrecht, GRUR, Rn. 15 ff.; *Wolf*, in: Säcker et al., Münchener Kommentar zum Wettbewerbsrecht: Band 1, Einleitung f., Rn. 1175 ff.
1606 Kommission, Leitlinien zur Anwendbarkeit von Artikel 101 des Vertrags über die Arbeitsweise der Europäischen Union auf Vereinbarungen über horizontale Zusammenarbeit – Horizontalleitlinien v. 14.1.2011, Rn. 264.
1607 Darstellungen bei *Bechtold/Bosch/Brinker*, in: Bechtold/Bosch/Brinker, EU-Kartellrecht, Art. 101 AEUV, Rn. 199 ff.; *Mestmäcker/Schweitzer*, Europäisches Wettbewerbsrecht, 2014, § 10 Rn. 57 ff.; *Grave/Nyberg*, in: Loewenheim et al., Kartellrecht, Art. 101 AEUV, Rn. 309 ff.; *Zimmer*, in: Immenga/Mestmäcker, Wettbewerbsrecht. Band 1 EU, Art. 101 Abs. 1 AEUV, Rn. 244 ff.; *Paschke*, in: Säcker et al., Münchener Kommentar zum Wettbewerbsrecht: Band 1, Art. 101 AEUV, Rn. 169 ff.; aus der Rspr. vgl. maßgeblich EuGH, Urt. v. 23.11.2006 – C-238/05 (Asnef-Equifax/Asociación de Usuarios de Servicios Bancarios (Ausbanc)), ECLI:EU:C:2006:734, EuZW 2006, 753 (m. Anm. v. Stappert/Esser-Wellié), Rn. 51; BGH, Beschl. v. 18.11.1986 – KVR 1/86 (Baumarkt-Statistik), NJW 1987, 1821 (1821); BGH, Beschl. v. 18.5.1982 – KVR 6/81 (Gesamtumsatzrabattkartell), NJW 1982, 2319 (2320); BGH, Beschl. v. 29.1.1975 – KRB 4/74 (Aluminium-Halbzeug), NJW 1975, 788 (790).
1608 *Zimmer*, in: Immenga/Mestmäcker, Wettbewerbsrecht. Band 1 EU, Art. 101 Abs. 1 AEUV, Rn. 137; *Paschke*, in: Säcker et al., Münchener Kommentar zum Wettbewerbsrecht: Band 1, Art. 101 AEUV, Rn. 169.

Verhalten der anderen beseitigen oder verringern.[1609] Daraus folgt, solange und soweit sich nicht eine – noch zu erörternde – konkrete Rechtfertigung für einen Informationsaustausch ergibt,[1610] zunächst die Pflicht der Unternehmen zur Teilnahme und Einhaltung des wettbewerblichen Entdeckungsverfahrens. Eine Wettbewerbsbeschränkung kann darin gesehen werden, dass Unternehmen sich darüber abstimmen, dieses Entdeckungsverfahren zu verlassen oder zu verkürzen. Erneut kommt es an dieser Stelle auf eine Bestimmung der relevanten Informationen an, dieses Mal danach, ob sie eine Wettbewerbsrelevanz haben. Es kann dabei grundsätzlich ein wettbewerblicher Grund für die Beseitigung der Unsicherheit im Raum stehen. In der Praxis haben sich zahlreiche Differenzierungen herausgebildet, die sich stark nach den jeweiligen Wirtschaftsbereichen und der darauf feststellbaren Wettbewerblichkeit unterscheiden.[1611] Es lässt sich aber jedenfalls soweit auf der Stufe der Wettbewerbsbeschränkung zwischen aggregierten historischen Informationen und zukunftsbezogenen Informationen unterscheiden. Erstere können regelmäßig Gegenstand einer eigenständig zulässigen Dienstleistung sein, die von digitalen Plattformen übernommen wird. So sammeln diese als Vermittler zwischen verschiedenen Nutzergruppen Informationen ein, um sie nach den jeweiligen Bedürfnissen an einzelne oder die Öffentlichkeit herauszugeben. Der Informationsaustausch kann deshalb zu einer Markterweiterung führen oder sogar Gegenstand eines derzeitigen zulässigen Geschäftsmodells und deshalb gemessen am Verbot wettbewerbsbeschränkender Abstimmungen unbedenklich sein.[1612] Bei zukunftsbezogenen Informationen geht es regelmäßig um wettbewerbsstrategische Informationen, deren Austausch die Unsicherheit im Wettbewerb beseitigt.[1613]

Besonderheiten bestehen hier bei Plattformen und ihrer Vermittlungsfunktion. Denn zwischen den einzelnen Nutzern besteht häufig kein unmittelbarer kommunikativer Kontakt, ebenso wenig eine unmittelbare Verhaltensbindung.[1614] Entsprechend fehlt es regelmäßig an einer bezweckten Wettbewerbsbeschränkung.

1609 EuGH, Urt. v. 23.11.2006 – C-238/05 (Asnef-Equifax/Asociación de Usuarios de Servicios Bancarios (Ausbanc)), ECLI:EU:C:2006:734, EuZW 2006, 753 (m. Anm. v. Stappert/Esser-Wellié), Rn. 51; EuGH, Urt. v. 2.10.2003 – C-194/99 P (Thyssen Stahl/Kommission), ECLI:EU:C:2003:527, Slg. 2003, I-10821, Rn. 81; EuGH, Urt. v. 28.5.1998 – C-7/95 P (John Deere/Kommission), Slg. 1998 I-03111, Rn. 90, dem sich anschließend BKartA, Beschl. v. 9.7.2015 - – B1-72/12 (Rundholzvermarktung), BeckRS 2016, 1139 = WuW 2016, 44, Rn. 376; auch schon BGH, Beschl. v. 18.11.1986 – KVR 1/86 (Baumarkt-Statistik), NJW 1987, 1821 (1821).

1610 Instruktiv hierzu *Mestmäcker/Schweitzer*, Europäisches Wettbewerbsrecht, 2014, § 10 Rn. 67 ff.; *Dewenter/Löw*, NZKart 2015, S. 458 (459 ff.).

1611 Zur Übersicht siehe *Zimmer*, in: Immenga/Mestmäcker, Wettbewerbsrecht. Band 1 EU, Art. 101 Abs. 1 AEUV, Rn. 246 ff.

1612 *Stockenhuber*, in: Grabitz/Hilf/Nettesheim, Das Recht der Europäischen Union: EUV/AEUV, Art. 101 AEUV, Rn. 153.

1613 Teilweise wird bei Informationsaustauschen über zukünftiges Preissetzungsverhalten eine bezweckte Wettbewerbsbeschränkung angenommen, siehe *Eilmansberger/Kruis*, in: Streinz, EUV/AEUV, Art. 101 AEUV, Rn 45.

1614 Ebenda, Rn. 56.

In dieser Konstellation gewinnt das Merkmal der abgestimmten Verhaltensweise eine besondere Bedeutung, da es stattdessen eine reine „Fühlungnahme" ausreichend sein lässt.[1615] Dies ist insbesondere über den Gedanken der sogenannten Hub-and-Spoke-Konstellation möglich, bei denen die Abstimmung zwischen Unternehmen über einen Dritten erfolgt.[1616] In diesem Fall kann eine Abstimmung darin liegen, dass zwischen einem Informationsvermittler und anderen Unternehmen sternförmige Geschäftsbeziehungen bestehen, die der Plattform die gleichförmige Koordinierung der bei ihm angeschlossenen Unternehmen ermöglichen. Dabei muss hinsichtlich der wettbewerbswidrigen Kooperationen nicht einmal ein unmittelbarer aktiver Kommunikationsablauf stattfinden, wie der EuGH in seiner Eturas-Entscheidung festgehalten hat.[1617] Ausreichend für eine verbotene abgestimmte Verhaltensweise ist danach bereits, wenn ein angeschlossenes Unternehmen bewusst passiv bleibt und die Vermutung seiner Beteiligung an der kollusiven Wettbewerbsbeschränkung nicht widerlegt. Dieser Gedanke lässt sich noch weiter auf automatisierte oder algorithmische Plattform-Modelle übertragen, wenngleich die Abstimmungsmaßnahme dabei auf einem technisch abstrakteren Niveau stattfindet.[1618] Maßgeblich ist vielmehr allein, dass die an der fraglichen Maßnahme beteiligten Unternehmen an die Stelle des mit Risiken verbundenen Wettbewerbs eine praktische Zusammenarbeit treten lassen, was erneut aus dem wettbewerbsrechtlichen Selbstständigkeitspostulat abgeleitet wird.[1619]

cc) Abgrenzung zum bloß innovativen Parallelverhalten

Nicht in den Anwendungsbereich des Verbots wettbewerbsbeschränkender Maßnahmen fallen diejenigen unternehmerischen Handlungen, die Ausdruck gerade des Selbstständigkeitspostulats sind und keine Koordinierung darstellen.[1620] Dies wird unter dem Begriff Parallelverhalten beschrieben, bei dem sich Unternehmen im Wettbewerb entweder bewusst aneinander anpassen oder aber unbewusst gleiche Entscheidungen treffen.[1621] Insofern können Unternehmen moderne Technologien und Plattformen einsetzen, sofern sich dies ohne Koor-

---

1615 Statt vieler *Gravel/Nyberg*, in: Loewenheim et al., Kartellrecht, Art. 101 AEUV, Rn. 312.

1616 *Zimmer*, in: Immenga/Mestmäcker, Wettbewerbsrecht. Band 1 EU, Art. 101 Abs. 1 AEUV, Rn. 78; *Mestmäcker/Schweitzer*, Europäisches Wettbewerbsrecht, 2014, § 10 Rn. 40; *Künstner/ Franz*, K&R 2018, S. 688 (691); *Ylinen*, NZKart 2018, S. 19 (20 f.); *Dohrn/Huck*, DB 2018, S. 173 (177 ff.); *Louven/Saive*, NZKart 2018, S. 348 (349); grundlegend schon *Hainz/Benditz*, EuZW 2012, S. 686 (686 ff.).

1617 EuGH, Urt. v. 21.1.2016 – C-74/14 (Eturas), ECLI:EU:C:2016:42, NZKart 2016, 133, Rn. 28.

1618 *Louven/Saive*, NZKart 2018, S. 348 (349).

1619 EuGH, Urt. v. 4.6.2009 – C-8/08 (T-Mobile Netherlands BV u. a./Raad van bestuur van de Nederlandse Mededingingsautoriteit), ECLI:EU:C:2009:343, EuZW 2009, 505, Rn. 26; EuGH, Urt. v. 14.7.1972 – C-48/69 (Imperial Chemical Industries Ltd./Kommission), ECLI:EU:C:1972:70, BeckRS 2004, 73172, Rn. 64/67; EuG, Urt. v. 16.9.2013 – T-380/10 (Wabco und Ideal Standard), ECLI:EU:T:2013:449, BeckRS 2013, 81740, Rn. 37.

1620 *Zimmer*, in: Immenga/Mestmäcker, Wettbewerbsrecht. Band 1 EU, Art. 101 Abs. 1 AEUV, Rn. 78.

1621 *Mestmäcker/Schweitzer*, Europäisches Wettbewerbsrecht, 2014, § 10 Rn. 47 ff.; *Paschke*,

dinierung als Verschärfung ihrer unternehmerischen Sinne darstellt.[1622] Nimmt diese Technologie aufgrund seiner Programmierung automatisierte Koordinierungen vor, so besteht unter den oben dargestellten Voraussetzungen eine technologisch abstrahierte Hub-and-spoke-Konstellation.[1623] Für die kartellbehördliche Praxis zieht dies einen höheren technischen Ermittlungsaufwand nach sich, die auf interne Abläufe von Technologien abzielen. Auch für die betroffenen Unternehmen kann dies einen hohen Aufwand erfordern, eingesetzte Technologien auf die Vermeidung von rechtswidrigen Koordinationen hin zu prüfen oder auszugestalten.[1624]

d) Zwischenergebnisse

Bezweckte Wettbewerbsbeschränkungen im Zusammenhang mit Innovation setzen gesicherte tatsächliche Annahmen über die wettbewerblichen Wirkungen bestimmter mehrseitiger Maßnahmen voraus. Insofern besteht die Herausforderung in der rechtsfehlerfreien Bildung einer derartigen Annahme einerseits und der Zurechnung zu einer Maßnahme andererseits. Bewirkte Wettbewerbsbeschränkungen lassen sich dagegen durch Abwägungsentscheidungen feststellen, die auf die Feststellung von Einschränkungen der wettbewerblichen Dynamik und des Entdeckungsverfahrens ausgerichtet sind.

2. Tatbestandliche Ausnahmen für Innovationsstrategien

Bereits bei der Darstellung etwaiger innovationsbezogener Wettbewerbsbeschränkungen wurde die Bedeutung von Innovation auf der Tatbestandsebene angesprochen. Innovation als Ausdruck der Dynamik des Wettbewerbs kann einerseits beschränkt werden. Andererseits kann aber Innovation als Gegenstand des effektiven Wettbewerbs die Annahme einer verbotenen Wettbewerbsbeschränkung entfallen lassen.

a) Grundlagen einer innovationsbezogenen Tatbestandsreduktion

Letzteres wird in diesem Abschnitt untersucht. Dabei handelt es sich um die Frage, unter welchen Umständen und rechtlichen Voraussetzungen Innovation in einen Zusammenhang mit der Nichtanwendbarkeit des Verbots abgestimmter

---

in: Säcker et al., Münchener Kommentar zum Wettbewerbsrecht: Band 1, Art. 101 AEUV, Rn. 155 f.; *Künstner/Franz*, K&R 2018, S. 688 (691 f.); *Bernhardt*, NZKart 2019, S. 314 (316).

1622 *Louven*, InTeR 2018, S. 176 (179); *Künstner/Franz*, K&R 2018, S. 688 (692); zurückführend auf die Aussage bei Kommission, Leitlinien zur Anwendbarkeit von Artikel 101 des Vertrags über die Arbeitsweise der Europäischen Union auf Vereinbarungen über horizontale Zusammenarbeit – Horizontalleitlinien v. 14.1.2011, Rn. 61; ähnlich *Dohrn/Huck*, DB 2018, S. 173 (177); *Pohlmann*, in: Kokott/Pohlmann/Polley, Europäisches, deutsches und internationales Kartellrecht, 2018, S. 633 (644).

1623 *Louven/Saive*, NZKart 2018, S. 348 (349).

1624 *Louven*, InTeR 2018, S. 176 (180 f.).

Verhaltensweisen gebracht werden kann.[1625] Dies lässt sich mit den positiven Auswirkungen von Innovation auf den dynamischen Wettbewerb in Verbindung bringen. Anders herum könnten auf den ersten Blick innovationsfeindliche Maßnahmen gleichwohl als Gegenstand des effektiven Wettbewerbs angesehen werden.

aa) Keine Möglichkeit zur *Rule of Reason*

Der Rule-of-reason-Gedanke hat eine Abwägung der etwa festgestellten negativen Auswirkungen auf den Wettbewerb gegenüber den aus ihr resultierenden positiven Auswirkungen zum Gegenstand.[1626] Dies ließe sich mit dem Argument begründen, dass das Verbot wettbewerbsbeschränkender Maßnahmen jedenfalls dann nicht gelten soll, wenn vernünftige Gründe für die konkrete Maßnahme vorliegen, was mit der innovationsimmanenten Veränderung und dem Fortschritt begründet werden könnte. Die Rechtsprechung hat diesen Ansatz stets als nicht in der europäischen Kartellrechtsordnung existent betrachtet.[1627] Insbesondere lässt sich hierzu der systematische Zusammenhang zwischen Art. 101 Abs. 1 und Abs. 3 AEUV und das damit festgeschriebene Prinzip der eng auszulegenden Legalausnahme betonen.[1628] Aber auch in wettbewerbstheoretischer Hinsicht würde dies auf eine Tendenz hin zu einer übergreifenden Abwägungslösung führen, die aus den bereits genannten Gründen aber verfassungsrechtlichen Bedenken begegnet. Aus diesem Grund ist zu trennen zwischen einerseits der „echten", also ausdrücklich vorgesehenen Güter- und Interessenabwägung, wie sie im Rahmen der Freistellungsvorschriften eröffnet wird, und zweitens der bereits auf der tatbestandlichen Ebene vorzunehmenden Eingrenzung des betroffenen Schutzgegenstands. Letzteres erfolgt aber nicht nach den jeweils momentbezogenen Vor- und Nachteilen, sondern der Effektivität des Wettbewerbs.

1625 Allgemein hierzu *Zimmer*, in: Immenga/Mestmäcker, Wettbewerbsrecht. Band 1 EU, Art. 101 Abs. 1 AEUV, Rn. 146 ff.; *Möschel*, Recht der Wettbewerbsbeschränkungen, 1983, S. 132 ff.
1626 Ausführlich hierzu *Weiß*, in: Calliess/Ruffert, EUV/AEUV, Art. 101 AEUV, Rn. 108; ablehnend auch *Säcker/Molle*, in: Säcker et al., Münchener Kommentar zum Wettbewerbsrecht: Band 1, Art. 101 AEUV, Rn. 206 f.; *Pohlmann*, in: Jaeger et al., Frankfurter Kommentar zum Kartellrecht, Art. 101 AEUV, Rn. 100 ff.; *Schröter/van Vormizeele*, in: von der Groeben/Schwarze/Hatje: Nomos-Kommentar, Europäisches Unionsrecht, AEUV Artikel 101 (ex-Artikel 81 EGV) [Kartellverbot], Rn. 91; mit weiteren Differenzierungen *Roth/Ackermann*, in: Jaeger et al., Frankfurter Kommentar zum Kartellrecht, Art. 81 EG, 68. Ergänzungslieferung 5/2009, Rn. 352; hierauf hinweisend bereits *Möschel*, ORDO 1979, S. 295 (311 f.).
1627 EuGH, Urt. v. 8.7.1999 – C-235/92 P (Montecatini SpA/Kommission), ECLI:EU:C:1999:362, Slg. 1999 I-04539, Rn. 133; EuG, Urt. v. 24.5.2012 – T-111/08 (MasterCard u.a./Kommission), ECLI:EU:T:2012:260, BeckRS 2012, 80963, Rn. 80; EuG, Urt. v. 2.5.2006 – T-328/03 (O2 (Germany)/Kommission), ECLI:EU:T:2006:116, Slg. 2006 II-01231, Rn. 69; EuG, Urt. v. 18.9.2001 – T-112/99 (M6 u.a./Kommission), ECLI:EU:T:2001:215, Slg. 2001 II-2459, Rn. 72; zusammenfassend *Bernhard*, NZKart 2019, S. 577 (578).
1628 *Weiß*, in: Calliess/Ruffert, EUV/AEUV, Art. 101 AEUV, Rn. 112; *Säcker/Molle*, in: Säcker et al., Münchener Kommentar zum Wettbewerbsrecht: Band 1, Art. 101 AEUV, Rn. 208 f.; *Pohlmann*, in: Jaeger et al., Frankfurter Kommentar zum Kartellrecht, Art. 101 AEUV, Rn. 108; EuG, Urt. v. 18.9.2001 – T-112/99 (M6 u.a./Kommission), ECLI:EU:T:2001:215, Slg. 2001 II-2459, Rn. 74.

bb) Wettbewerbsimmanenz

In der europäischen Rechtspraxis wird die ausnahmsweise Nichtanwendung des Verbots wettbewerbsbeschränkender Vereinbarungen dagegen bereits auf der vorgelagerten Tatbestandsebene der Wettbewerbsbeschränkung behandelt.[1629] So werden regelmäßig diejenigen Maßnahmen nicht als wettbewerbsbeschränkend angesehen, die gerade Ausdruck wirksamen Wettbewerbs sind.[1630] Diese müssen danach für einen wettbewerblich positiven oder jedenfalls kartellrechtlich neutralen Zweck erforderlich sein und in einem angemessenen Verhältnis zu dessen Verfolgung stehen.[1631] Der Immanenzgedanke beschreibt also dogmatisch eine teleologische Reduktion des Tatbestands.[1632] Insofern können die Wettbewerbsfreiheiten hier erneut zur Beschreibung des innerhalb des effektiven Wettbewerbsprozesses liegenden Zwecks herangezogen werden und dabei gleichzeitig den Maßstab seiner Beschränkung bilden.[1633]

Konkrete Maßstäbe für die Einzelfallbewertung werden in der Rechtsprechung ständig neu ausgelegt. In der älteren BGH-Rechtsprechung stellte dieser noch auf eine Erforderlichkeitsprüfung ab, was nach dem geltenden Zivilrecht geboten sei.[1634] Dies war auf eine kongruente Auslegung des nicht mehr im Gesetzeswortlaut enthaltenen Merkmals „gemeinsamer Zweck" zurückzuführen und

---

1629 *Zimmer*, in: Immenga/Mestmäcker, Wettbewerbsrecht. Band 1 EU, Art. 101 Abs. 1 AEUV, Rn. 146 ff.

1630 EuGH, Urt. v. 11.9.2014 – C-382/12 P (Mastercard), ECLI:EU:C:2014:2201, NZKart 2015, 44, Rn. 89; EuGH, Urt. v. 12.12.1995 – C-399/93 (Oude Luttikhuis), ECLI:EU:C: 1995:434, Slg. 1995 I-04515, Rn. 12 ff; EuGH, Urt. v. 15.12.1994 – C-250/92 (DLG), ECLI:EU:C:1994:413, Slg. 1994 I-05641, Rn. 35; EuGH, Urt. v. 11.7.1985 – Rs. 42/84 (Nutricia), ECLI:EU:C:1985:327, GRUR Int 1986, 55 = Slg. 1985 -02545, Rn. 19 f.; EuGH, Urt. v. 28.1.1986 – Rs. 161/84 (Pronuptia de Paris GmbH/Pronuptia de Paris Irmgard Schillgallis), ECLI:EU:C:1986:41, Slg. 1986 -00353, Rn. 17 f.; EuG, Urt. v. 18.9.2001 – T-112/99 (M6 u. a./ Kommission), ECLI:EU:T:2001:215, Slg. 2001 II-2459, Rn. 104; der BGH hat sich dem im Zusammenhang mit dem steten Gleichlauf der Regelungen des europäischen und deutschen Kartellrechts angeschlossen, siehe zuletzt auch BGH, Urt. v. 12.6.2018 – KZR 4/16 (Busverkehr im Altmarkkreis), NZKart 2018, 372, Rn. 53; BGH, Urt. v. 10.2.2009 – KVR 67/07 (Gaslieferverträge), NJW-RR 2009, 1635, Rn. 35; BGH, Urt. v. 10.12.2008 – KZR 54/08 (Subunternehmervertrag II), GRUR 2009, 698, Rn. 15 f.; Zusammenfassend *Zimmer*, in: Immenga/ Mestmäcker, Wettbewerbsrecht. Band 1 EU, Art. 101 Abs. 1 AEUV, Rn. 146.

1631 EuG, Urt. v. 24.5.2012 – T-111/08 (MasterCard u. a./Kommission), ECLI:EU:T:2012:260, BeckRS 2012, 80963, Rn. 77; EuG, Urt. v. 18.9.2001 – T-112/99 (M6 u. a./Kommission), ECLI:EU:T:2001:215, Slg. 2001 II-2459, Rn. 104 ff.

1632 BGH, Urt. v. 10.12.2008 – KZR 54/08 (Subunternehmervertrag II), GRUR 2009, 698, Rn. 15; *Zimmer*, in: Immenga/Mestmäcker, Wettbewerbsrecht. Band 1 EU, Art. 101 Abs. 1 AEUV, Rn. 155; *Säcker/Molle*, in: Säcker/Meier-Beck, Münchener Kommentar zum Wettbewerbsrecht: Band 2, § 1 GWB, Rn. 15; *Schmidt*, in: Joost/Oetker/Paschke, Festschrift für Franz Jürgen Säcker zum 70. Geburtstag 2011, S. 949 (953); schon *Möschel*, Recht der Wettbewerbsbeschränkungen, 1983, S. 133 ff.

1633 So auch schon *Weiß*, in: Calliess/Ruffert, EUV/AEUV, Art. 101 AEUV, Rn. 118; dies in der Konsequenz noch offen lassend *Schmidt*, in: Joost/Oetker/Paschke, Festschrift für Franz Jürgen Säcker zum 70. Geburtstag, 2011, S. 949 (953).

1634 BGH, Urt. v. 21.2.1978 – KZR 6/77 (Gabelstapler), NJW 1978, 1001 (1001 f.).

konnte insofern nicht mehr aufrecht erhalten werden.[1635] Nach der mittlerweile maßgeblichen EuGH-Rechtsprechung richtet sich die Erforderlichkeit nach dem eigentlichen Zweck des Verbots wettbewerbsbeschränkender Vereinbarungen und dürfe dessen praktisch wirksame Durchsetzbarkeit nicht unterlaufen.[1636] Dies erscheint vor dem Hintergrund der bisherigen Erkenntnisse dieser Untersuchung nachvollziehbar, dass nämlich nur Maßnahmen nicht verboten werden können, die Ausdruck wirksamen Wettbewerbs sind. Der jeweilige Zweck der konkreten Maßnahme und deren Auswirkung müssen also wettbewerblich positiv oder mindestens neutral sein, um als berechtigtes Interesse anerkannt zu werden.[1637] Dies beurteilt sich nicht nach subjektiven unternehmerischen Maßstäben, sondern erneut den objektiv gesetzten Werten der Wettbewerbsfreiheiten.[1638] Diese stellen damit eine Grenze gegenüber der Einbeziehung anderer Interessen dar.[1639] Diese Einbeziehung der Handlungsfreiheiten als Maßstab einer normativen wettbewerblichen Wertung[1640] unterscheidet den Immanenzgedanken von der *Rule of reason*. Erforderlich ist die Maßnahme, wenn der legitime Zweck ohne sie nicht oder nur unangemessen erreicht werden kann. Schließlich ermöglicht der Verhältnismäßigkeitsgrundsatz zusätzliche interne Abwägungsmöglichkeiten in zeitlicher Dimension.[1641] Denn die Maßnahme muss danach in einem angemessenen Verhältnis zu dem verfolgten Zweck stehen, darf also nicht über das erforderliche Maß hinaus gehen. Ein Überschreiten des Angemessenheitsmaßstabs kann aber in zeitlicher Hinsicht bestehen, wenn durch eine Maßnahme übermäßig lange Wettbewerb beschränkt wird.

Aufgrund der Bewertung des legitimen Zwecks der herangezogenen Wettbewerbsfreiheiten könnte der Schluss gezogen werden, dass die an einer Kooperation beteiligten Unternehmen sich innovationsfreundlich zu verhalten hätten, sollten doch an dieser Stelle etwaige Wettbewerbsfreiheiten nicht ohne Rechtfertigung eingeschränkt werden. Erneut in diesem Zusammenhang ergibt sich keine allgemeine kartellrechtliche Innovationsverantwortung.[1642] Denn zum einen wird es bei der Auslegung des Wettbewerbsbegriffs nicht auf eine konkre-

---

1635 Siehe auch BGH, Urt. v. 10.12.2008 – KZR 54/08 (Subunternehmervertrag II), GRUR 2009, 698, Rn. 16.
1636 EuGH, Urt. v. 11.9.2014 – C-382/12 P (Mastercard), ECLI:EU:C:2014:2201, NZKart 2015, 44, Rn. 91; *Zimmer*, in: Immenga/Mestmäcker, Wettbewerbsrecht. Band 1 EU, Art. 101 Abs. 1 AEUV, Rn. 146.
1637 BGH, Beschl. v. 18.2.2003 – KVR 24/01 (Verbundnetz II), NVwZ 2003, 1140 (1142 f.); *Eilmansberger/Kruis*, in: Streinz, EUV/AEUV, Art. 101 AEUV, Rn. 64.
1638 *Säcker/Molle*, in: Säcker et al., Münchener Kommentar zum Wettbewerbsrecht: Band 1, Art. 101 AEUV, Rn. 226.
1639 Davon unberücksichtigt bleibt die Frage der Einbeziehbarkeit außerwettbewerblicher, politischer Interessen. Ablehnend hierzu *Säcker/Molle*, in: Säcker/Meier-Beck, Münchener Kommentar zum Wettbewerbsrecht: Band 2, § 1 GWB, Rn. 52.
1640 *Roth/Ackermann*, in: Jaeger et al., Frankfurter Kommentar zum Kartellrecht, Art. 81 EG, 68. Ergänzungslieferung 5/2009, Rn. 355.
1641 BGH, Urt. v. 12.6.2018 – KZR 4/16 (Busverkehr im Altmarkkreis), NZKart 2018, 372, Rn. 53.
1642 Vgl. schon zu dieser Frage im Zusammenhang mit einer diskutierten Pflicht zur Innovation auf Seite 302 ff. und Obliegenheit zur Innovation auf Seite 289 f. und Seite 345 ff.

te Betroffenheit anderer Grundrechte oder Wettbewerbsfreiheiten ankommen, sondern allein auf deren objektive Wertsetzungsfunktion. Zum anderen bedeutet effektiver Wettbewerb nicht perfekter Wettbewerb. Es lässt sich also keine Obliegenheit zur Innovation in dem Sinne herleiten, dass deren Nichtbeachtung die wettbewerbsimmanente Erforderlichkeit entfallen ließe. Schließlich ist das Erforderlichkeitskriterium als solches bereits von der jeweiligen Maßnahme und deren wettbewerblichem Zweck bestimmt. Die konkret als möglicherweise wettbewerbsbeschränkend untersuchte Maßnahme muss also in sich selbst wettbewerblich sein, nicht aber dem Wettbewerb dienen. Es wird also keine Aussage über die Qualität des Wettbewerbs getroffen, sondern lediglich über die Qualität eines koordinierten Verhaltens mehrerer Unternehmen. Dies beschränkt wiederum den Erforderlichkeitsmaßstab auf die wettbewerbliche Funktionsnotwendigkeit.[1643]

cc) Wettbewerbserschließung

Neben dem Immanenzgedanken wurde bislang alternativ eine tatbestandliche Ausnahme vom Verbot wettbewerbsbeschränkender Kooperationen angenommen, wenn die fragliche Maßnahme zur Erschließung neuer Märkte erforderlich sei und zur Verfolgung dieses Zwecks angemessen ist.[1644] Dies wurde allgemein zunächst vor allem für vertikale Kooperationen angenommen, lässt sich aber grundsätzlich auch horizontal verstehen, wenn nämlich der Erschließungsgedanke als solcher die Aufdeckung neuer wettbewerblicher Entfaltungsmöglichkeiten umfasst. Damit kann an die festgestellten Besonderheiten des Auftretens digitaler Plattformen angeknüpft werden. *Bechtold/Bosch/Brinker* sehen in dieser von der Rechtsprechung ausgeprägten Markterschließung angesichts der in Art. 4 lit. b) Vertikal-GVO vorgesehenen Kernbeschränkung des Verbots des aktiven Verkaufs vorbehaltlich eines von dem Vertriebsgeber für sich selbst vorgesehenen Vertriebsgebiets keine Relevanz mehr.[1645] Rechtliche Begriffe aus dem Bereich der Freistellungen vermögen allgemein nicht die wettbewerblich gebotene Abwägung im Rahmen der Wettbewerbsbeschränkung abzunehmen.[1646]

Mit diesem Argument ist noch keine Reduktion auf einen konkret abzugrenzenden zukünftigen Markt geboten, sodass im weiteren Sinn wettbewerbliche Entwicklungen erfasst sein können. Denn maßgeblich für die Begründung die-

---

1643 *Schmidt*, in: Joost/Oetker/Paschke, Festschrift für Franz Jürgen Säcker zum 70. Geburtstag, 2011, S. 949 (953).

1644 *Bechtold/Bosch/Brinker*, in: Bechtold/Bosch/Brinker, EU-Kartellrecht, Art. 101 AEUV, Rn. 133; *Zimmer*, in: Immenga/Mestmäcker, Wettbewerbsrecht. Band 2 GWB, § 1 GWB, Rn. 51, dies sich zurück auf die Entscheidung EuGH, Urt. v. 30.6.1966 – Rs. 56-65 (Société Technique Minière (L. T.M.)/Maschinenbau Ulm GmbH (M. B.U.).), ECLI:EU:C:1966:38, Slg. 1966, 282 (304); hieran anknüpfend EuGH, Urt. v. 8.6.1982 – Rs. 258/78 (Maissaatgut), ECLI:EU:C:1982:211, GRUR Int 1982, 530 (m. Anm. v. Pietzke), Rn. 57.

1645 *Bechtold/Bosch/Brinker*, in: Bechtold/Bosch/Brinker, EU-Kartellrecht, Art. 101 AEUV, Rn. 133.

1646 Ebenso ablehnend *Schroeder*, in: Grabitz/Hilf/Nettesheim, Das Recht der Europäischen Union: EUV/AEUV, Art. 101 AEUV, Rn. 592.

ser tatbestandlichen Ausnahme ist die mit Innovation verbundene unternehmerische Pionierstätigkeit und Förderung neuen Wettbewerbs.[1647] Steht diese im
Mittelpunkt und ist alleiniger Zweck einer Maßnahme, so erscheint sie unabhängig von einem noch zu definierenden Markt als möglicher Erschließungsge-
genstand. So hat das europäische Gericht hierzu die Erschließung eines neuen
Gebiets als möglichen Umstand angenommen, auf dem ein Unternehmen bisher
nicht tätig war.[1648] Der BGH sieht die Erforderlichkeit bereits als gegeben, wenn
durch die Kooperation überhaupt erst wettbewerbliche Aktivität ermöglicht
wird.[1649] Entsprechend lassen sich hier die bisherigen Erkenntnisse zu innovativen zukunftsgerichteten Tätigkeiten und potenziellem Wettbewerb übertragen,
sofern sich der ausschließliche wettbewerbliche Innovationszweck hinreichend
feststellen lässt. Da sich diese Notwendigkeit nicht durch die Kartellbehörde im
Rahmen einer kontrafaktischen Prüfung ohne weiteres antizipieren lässt, ohne
dabei Wissen anzumaßen, kommt es für die Notwendigkeit auf die Erwägungen
der Unternehmen an, ob also die selbstständige wirtschaftliche Teilnahme am
Wettbewerb in diesem Fall wirtschaftlich nicht zweckmäßig und kaufmännisch
unvernünftig wäre und mit einer gewissen Wahrscheinlichkeit erwartet werden
kann.[1650] Dies ist insbesondere dann der Fall, wenn ein nicht-koordiniertes Vorgehen den Unternehmen im Wettbewerb nicht zugemutet werden kann.[1651] Die
EU-Kommission hat dies hinsichtlich des für die wettbewerbliche Entfaltung
erforderlichen Know-hows angenommen, wenn ein potenzieller Wettbewerb
ansonsten nicht entstehen oder ein konzentrierter Markt dadurch aufgebrochen
werden könne.[1652] Hierbei wird nun deutlich, dass Wettbewerbsimmanenz und
Wettbewerbserschließung identisch und Ausdruck desselben Schutzguts sind,
letzterer aber der speziellere Begriff ist. Immanenzgedanke und Erschließungsgedanke unterscheiden sich in der zeitlichen Betrachtung des erfassten legitimen
Zwecks. Damit gelten hier ebenso die für den Immanenzgedanken entwickelten
Grundsätze der Erforderlichkeit und Angemessenheit.

Dass die Maßnahme zur Verfolgung des wettbewerblichen Zwecks angemessen
ist, beinhaltet gleichzeitig ein Abwägungsgebot hinsichtlich der Entwicklung
an sich. Dies lässt sich darauf zurückführen, dass eine angemessene Zweckver-

---

1647 So ausdrücklich auch *Weiß*, in: Calliess/Ruffert, EUV/AEUV, Art. 101 AEUV, Rn. 108; *Eil-
mansberger/Kruis*, in: Streinz, EUV/AEUV, Art. 101 AEUV, Rn. 68; *Pohlmann*, in: Jaeger et
al., Frankfurter Kommentar zum Kartellrecht, Art. 101 AEUV, Rn. 123.

1648 EuG, Urt. v. 2.5.2006 – T-328/03 (O2 (Germany)/Kommission), ECLI:EU:T:2006:116,
Slg. 2006 II-01231, Rn. 68.

1649 BGH, Urt. v. 5.2.2002 – KZR 3/01 (Jugendnachtfahrten), GRUR 2002, 644 (646); BGH,
Urt. v. 13.12.1983 – KRB 3/83 (Bauvorhaben Schramberg), GRUR 1984, 379 (379 f.).

1650 BGH, Urt. v. 15.12.2015 – KZR 92/13 (Pelican/Pelikan), GRUR 2016, 849, Rn. 28; BGH,
Urt. v. 5.2.2002 – KZR 3/01 (Jugendnachtfahrten), GRUR 2002, 644 (646); BGH, Urt. v.
13.12.1983 – KRB 3/83 (Bauvorhaben Schramberg), GRUR 1984, 379 (379).

1651 Kommission, Entsch. v. 13.7.1990 – IV/32.009 (Elopak/Metal Box – Odin), Abl. 1990-L 209,
S. 15, Rn. 24; *Eilmansberger/Kruis*, in: Streinz, EUV/AEUV, Art. 101 AEUV, Rn. 68.

1652 Kommission, Entsch. v. 27.7.1999 – IV/36.581 (Télécom Développement), Abl. 1999-L 218,
S. 24, Rn. 32, 46; Kommission, Entsch. v. 13.7.1990 – IV/32.009 (Elopak/Metal Box – Odin),
Abl. 1990-L 209, S. 15, Rn. 25 am Ende.

folgung bei der kollusiven innovationsbezogenen Maßnahme nur dann vorliegt, wenn sie den bisherigen Zustand unter Bedingungen des effektiven Wettbewerbs ändert. Das ist dann wiederum nicht der Fall, sofern sich aus einem objektiven Wertsetzungsgehalt der Wettbewerbsfreiheiten ein Beharrungsinteresse ergibt, das nicht durch die innovationsbezogene Auslebung anderer Wettbewerbsfreiheiten objektiv überwogen wird. Insofern können sich hier Innovation und Tradition in Form abwägungsfähiger Interessen gegenüberstehen. Damit wird die Frage wieder aufgegriffen, ob und unter welchen Voraussetzungen sich Unternehmen durch Vereinbarungen oder abgestimmte Verhaltensweisen gegen Veränderungen und ihre Auswirkungen schützen können.

b) Maßstäbe zulässiger kollusiver Innovationsabstimmungen

Die vorstehenden Ausführungen lassen die Beschreibung von tatsächlich innovationsfreundlichen Bedingungen zu, unter denen kollusives Verhalten nicht durch die Vorschriften der Art. 101 Abs. 1 AEUV sowie § 1 GWB verboten ist. Dies ist der Fall, wenn die betreffende Maßnahme zugunsten eines erlaubten wettbewerblichen Zwecks erfolgt, zu dessen Erreichung erforderlich ist und nicht über die Verwirklichung des Zwecks hinausgeht. Dabei kommt es nach den oben genannten Darstellungen bei Innovation als Zweck darauf an, ob eine wettbewerbliche Erschließung bezweckt wird. Dies wird zum einen der Fall sein, wenn die kollusive Maßnahme unmittelbar Gegenstand einer Wettbewerbserschließung ist, also zum Beispiel Forschungs- oder Entwicklungsvorhaben zum objektiven Gegenstand hat. Zum anderen können Maßnahmen selbst Gegenstand und Teil des Innovationswettbewerbs sein. Gestalten die beteiligten Unternehmen hierbei ihr kollusives Zusammenwirken selbst wettbewerblich, so kann dies ebenso bereits auf der Tatbestandsebene als nicht verboten betrachtet werden.[1653] Das bedeutet, dass zwar eine Absprache mit Wettbewerbsbezug stattfindet. Diese würde als solche selbst unter wettbewerblichen Bedingungen erfolgen.

aa) Wettbewerblich notwendiges Wissen

Erschließungsinitiativen hängen mit der Suche nach neuem Wissen zusammen. Ist dies aber unter objektiven wettbewerblichen Gesichtspunkten einem einzelnen Unternehmen nicht möglich oder nicht zumutbar, so kann eine koordinierte Suche stattfinden. Insofern kann der Austausch von wettbewerbsrelevantem Wissen Gegenstand einer Wettbewerbserschließung sein. Gleichzeitig könnten mit dem Wissen über eine neue Lösung andere Lösungsmöglichkeiten ausgeschlossen werden, also eine Beschränkung des Innovationswettbewerbs drohen.[1654] Dieses Risiko wird geringer, je offener und öffentlicher der Suchprozess stattfindet und eine Teilhabe ermöglicht wird. Dies gilt zum einen be-

---

1653 Kommission, Leitlinien zur Anwendbarkeit von Artikel 101 des Vertrags über die Arbeitsweise der Europäischen Union auf Vereinbarungen über horizontale Zusammenarbeit – Horizontalleitlinien v. 14.1.2011, Rn. 266 ff.

1654 Kommission, Leitlinien zur Anwendbarkeit von Artikel 101 des Vertrags über die Arbeitswei-

reits unter dem Gesichtspunkt der Arbeitsgemeinschaft, wenn „komplementäre Unternehmen"[1655] miteinander zu wettbewerbsgünstigen Zwecken erforderlichenfalls zusammenarbeiten. Wenn es nämlich allein auf den wettbewerblich günstigen Zweck der Koordinierung ankommt, so kann die Zugehörigkeit der beteiligten Unternehmen allenfalls indizielle Wirkung haben. Denn auch auf demselben Markt miteinander zusammenarbeitende Unternehmen könnten grundsätzlich neue wettbewerbliche Entfaltungsmöglichkeiten erschließen, sei es aufgrund ihrer gebündelten Kapazitäten oder aufgrund ihres komplementären, sich ergänzenden Wissens.

Weiterhin besteht nicht nur die Möglichkeit eines wettbewerbserweiternden Informationsaustauschs zum Zweck eines eigenständigen neuen Angebots. Eher noch unter Immanenzgedanken lässt sich die Konstellation fassen, dass Informationen miteinander ausgetauscht werden, die zwar wettbewerbliche Relevanz haben, gerade aufgrund ihres Austauschs neue Angebote zulassen und damit Gegenstand des Wettbewerbs sind. Dies kann wiederum bei digitalen Plattformen der Fall sein, die Transaktionen zwischen verschiedenen Unternehmen ermöglichen und dabei grundsätzlich Informationen austauschen lassen. Gleichwohl aufgrund dieser Ermöglichung neuer Angebote besteht eine Ähnlichkeit mit gemeinsamen Forschungs- und Entwicklungsinitiativen. Entsprechend hat das Bundeskartellamt hinsichtlich einer gemeinsam aufgebauten Handelsplattform keinen Verstoß gegen das Koordinierungsverbot angenommen, wenn eine wettbewerbsbeschränkende Koordinierung durch die operativen Bedingungen der Plattform ausgeschlossen werden.[1656] Dies könne unter anderem dadurch sichergestellt werden, dass die eingebrachten Informationen ausschließlich für den wettbewerblich zulässigen Zweck der Plattform verwendet werden.

bb) Standardisierung und Normierung

Auch die Entwicklung an sich kann Gegenstand von Kooperationen sein. Dies wird von der EU-Kommission unter den Begriffen Normierung und Standardisierung beschrieben. Dabei handelt es sich um die Koordinierung zwischen Unternehmen, die nicht zwingend die Entwicklung eines neuen Angebots zum Gegenstand hat, sondern vorerst eine Problemlösung. Es geht dabei um bessere Verfahren für technische Vorgänge. So können Normenvorgänge darauf abzielen, Interoperabilität und Kompatibilität verschiedener Angebote miteinander zu regeln.[1657] Die Unternehmen bleiben hierbei als solche selbstständige Anbieter ihrer Produkte oder Leistungen, können diese aber besser mit den Angeboten anderer Unternehmen kombinieren und dabei regelmäßig den Wettbewerb besser

---

se der Europäischen Union auf Vereinbarungen über horizontale Zusammenarbeit – Horizontalleitlinien v. 14.1.2011, Rn. 57.
1655 *Bechtold/Bosch/Brinker*, in: Bechtold/Bosch/Brinker, EU-Kartellrecht, Art. 101 AEUV, Rn. 125.
1656 BKartA, Entsch. v. 27.2.2018 – B5-1/18-001 (XOM Metals GmbH), nicht veröffentlicht.
1657 *Loest/Bartlik*, ZWeR 2008, S. 41 (42).

durchdringen.[1658] Diese Durchdringung entspricht dem Erschließungsgedanken, indem bereits bestehende Handlungsoptionen erweitert werden. Dabei ist nicht ausgeschlossen, dass sich hierauf wiederum neue Angebote erstellen lassen, weshalb Überschneidungen mit den vorstehenden Ausführungen bestehen. Insofern müssen keine besonderen inhaltlichen Anforderungen an die Innovation als wettbewerbsförderndem Zweck gestellt werden.

Die EU-Kommission sieht dies in ihren Horizontalleitlinien dann nicht als kritisch an, wenn keine Machtsituation entsteht, der Normungsprozess grundsätzlich offen für andere Teilnehmer ist und die Ergebnisse des Normungsprozesses allen Teilnehmern zur Verfügung stehen.[1659] Letzteres nimmt sie insbesondere dann an, sofern faire, angemessene und diskriminierungsfreie Zugangsbedingungen (*fair, reasonable and non-discriminatory* = *FRAND*) bestehen, die einen effektiven Zugang ermöglichen. Regelmäßig finden derartige Koordinationen über Normierungsorganisationen statt, bei denen sich die Teilnehmer einer FRAND-Verpflichtung unterwerfen.

cc) Entwicklungsoffenheit

Die bisherigen Untersuchungen lassen sich zusammenfassen unter dem Grundsatz, dass selbst kollusive auf den Wettbewerb abzielende Abstimmungen zwischen Unternehmen dann nicht unter das Verbot wettbewerbsbeschränkender Vereinbarungen fallen, wenn sie dem Grundsatz der Entwicklungsoffenheit des Wettbewerbsprozesses entsprechen. Dies wiederum ist dann der Fall, wenn die Wirtschaftsteilnehmer weiterhin die Möglichkeit zur Auslebung ihrer Wettbewerbsfreiheiten haben, also grundsätzlich innovativ sein können. Wann dies nicht mehr der Fall ist, kann sich aufgrund einer die Wettbewerbsfreiheiten einbeziehenden Abwägung ergeben. Ist die Auslebung der in ihrem Schutzbereich nach oben hin offenen Wettbewerbsfreiheiten weiterhin objektiv möglich, was sich im Rahmen einer Auslegung des Wettbewerbsbegriffs unter Heranziehung ihrer objektiven Wertsetzungsfunktion bestimmt, so ist der Auslebungsprozess als nicht beschränkt anzusehen. Dies ist auch der Fall, wenn wettbewerbliche Handlungsalternativen angeboten werden. Dogmatisch lässt sich dies erneut auf die Abgrenzung zwischen optimaler Wettbewerbsintensität und maximaler Wettbewerbsintensität stützen. Denn bei letzterer würde die Erfüllung der dynamischen Wettbewerbsfunktionen überhand zulasten der statischen Wettbewerbsfunktionen nehmen, die wiederum anderen Unternehmen Teilhabe im Wettbewerbsprozess ermöglichen.

1658 Kommission, Leitlinien zur Anwendbarkeit von Artikel 101 des Vertrags über die Arbeitsweise der Europäischen Union auf Vereinbarungen über horizontale Zusammenarbeit – Horizontalleitlinien v. 14.1.2011, Rn. 263.

1659 Kommission, Leitlinien zur Anwendbarkeit von Artikel 101 des Vertrags über die Arbeitsweise der Europäischen Union auf Vereinbarungen über horizontale Zusammenarbeit – Horizontalleitlinien v. 14.1.2011, Rn. 278 ff.; so auch schon EuGH, Urt. v. 23.11.2006 – C-238/05 (Asnef-Equifax/Asociación de Usuarios de Servicios Bancarios (Ausbanc)), ECLI:EU:C:2006:734, EuZW 2006, 753 (m. Anm. v. Stappert/Esser-Wellié), Rn. 61.

dd) Schaffung eines neuen Wettbewerbers

Unabhängig von einer fusionskontrollrechtlichen Einordnung können Kooperationen zwischen Unternehmen mit gesellschaftsrechtlicher Implikation am Maßstab des Art. 101 Abs. 1 AEUV bzw. § 1 GWB bewertet werden. Das bedeutet, dass auch Gründungen neuer Unternehmen oder Vereinbarungen mit gesellschaftsrechtlichen Wirkungen sich am Maßstab des Verbots wettbewerbsbeschränkender Maßnahmen zu orientieren haben.[1660] Die wettbewerbsbeschränkenden Wirkungen entfallen aber dann, wenn das neue Gemeinschaftsunternehmen auf anderen Märkten als die an seiner Gründung beteiligten Unternehmen tätig wird und jene weiterhin auf den bereits vorher bedienten Märkten tätig bleiben. Gleichzeitig muss nach der aufgeführten BGH-Rechtsprechung der Einfluss der an der koordinierten Maßnahme beteiligten Unternehmen derart abnehmen, dass es sich um ein selbstständiges Unternehmen handelt. Hier spiegelt sich erneut das Selbstständigkeitspostulat wieder. Bedeutet die Gründung eines Gemeinschaftsunternehmens also für die beteiligten Unternehmen den Aufbau eines eigenständigen Wettbewerbers und ist dies wettbewerblich erforderlich, so kann dieses koordinierende Verhalten kartellrechtsneutral sein.[1661]

c) Schutz vor innovativem Wettbewerb

Bisherige Untersuchungen kollusiver Maßnahmen haben sich vor allem auf Innovation als Kernzweck gestützt. Gleichzeitig eine Folgefrage und ein antagonistisches Interesse ausdrückend, ist die nach der Zulässigkeit von Maßnahmen, die sich gegen bestimmte Veränderungen richten. Denn hierbei ist nicht mehr die Erschließung selbst Gegenstand einer Maßnahme, sondern die Sicherung wettbewerblicher Vorteile. Dies kann sich einerseits als Folge des Wettbewerbserschließungsgedankens darstellen, dass also Innovation nicht nur ermöglicht, sondern auch abgesichert werden sollte. Andererseits steht im Zusammenhang mit dem Immanenzgedanken der Gedanke, ob bestimmte Aspekte des Wettbewerbs diesen derart beschreiben können, dass innovationsbeschränkende Maßnahmen keine Wettbewerbsbeschränkung darstellen. Hier stellt sich dies nicht als Frage des originären Zwecks der Wettbewerbsfreiheiten, sondern abgeleitet danach, wie weit beteiligte Unternehmen ihre Wettbewerbsfreiheiten im Rahmen mehrseitiger Maßnahmen noch effektiv ausleben, ohne dass dies eine Wettbewerbsbeschränkung darstellt.

Dabei lässt sich hier auf die Veränderung als immanenter Teil des dynamischen Wettbewerbs hinweisen. Die effektive Auslebung der Wettbewerbsfreiheiten und der damit zusammenhängende Prozess der schöpferischen Zerstörung macht es als solche notwendig, die möglichen dynamischen und sogar destruktiven Umstände des Wettbewerbs einzubeziehen. Positiv kann dies zum einen zugunsten

---

1660 BGH, Urt. v. 23.6.2009 – KZR 58/07 (Gratiszeitung Hallo), NZG 2010, 76, Rn. 15 ff.; BGH, Beschl. v. 4.3.2008 – KVZ 55/07 (Nord-KS/Xella), BeckRS 2008, 16751, Rn. 14; BGH, Beschl. v. 8.5.2001 – KVR 12/99 (Ost-Fleisch), GRUR 2002, 99 = NJW 2001, 3782, Rn. 30.
1661 BGH, Urt. v. 23.6.2009 – KZR 58/07 (Gratiszeitung Hallo), NZG 2010, 76, Rn. 15.

einer koordinierenden Maßnahme wirken, wenn das gesamte Umfeld besonders wettbewerblich geprägt ist. In diesem Fall könnten Einschränkungen der Grundlagen des Innovationswettbewerbs weniger wahrscheinlich sein. Negativ aber wirkt zum einen ein geringeres wettbewerbliches Umfeld, wenn hierbei eine höhere Wahrscheinlichkeit weiterer Wettbewerbsverschließungen feststellbar ist. Zum anderen lässt sich den bereits angesprochenen Mutations- oder Innovationszyklen des Wettbewerbs eine mit der Zeit zunehmende tatsächliche Immanenz der Verdrängung im Wettbewerb entnehmen. Zwar könnte es auch dieser gegenüber ein wettbewerbsimmanentes Schutzinteresse geben, das im Rahmen der Erforderlichkeit und Angemessenheit zu prüfen wäre. Dieses ist gegenüber dem ebenso wettbewerbsimmanenten Verblassen und der Verdrängung abzuwägen.[1662]

aa) Kein allgemeiner *First-mover*-Schutz

Grundsätzlich haben die bisherigen Erkenntnisse gezeigt, dass sich aus den wirtschaftsverfassungsrechtlich begründeten Wettbewerbsfreiheiten kein umfassender Schutz gegen Veränderung ergibt. Lediglich die Eigentumsgarantie ermöglicht einen Bestandsschutz, nicht aber einen Wertschutz. Das bedeutet, dass das im Wettbewerb Erworbene als solches vor seiner Beschränkung geschützt werden kann. Erneut kann sich ein Unternehmen nicht dagegen wehren, dass es nicht mehr mit einem von ihm erschlossenen Markt oder hierauf dominant vertretenen Angeboten assoziiert wird oder von etwaigen Kostenvorteilen profitiert, da der Wert des Erworbenen als solcher nicht im Wettbewerb geschützt ist.[1663] Entsprechend können basierend auf dieser Bewertung des effektiven Wettbewerbs keine kollusiven Maßnahmen zulässig sein, die allein der Absicherung der wettbewerblich bedingten Vorsprungstellung dient. Stattdessen können lediglich die bestandsschutzfähigen Interessen zur Begründung des Wettbewerbs einen legitimen Zweck darstellen.

bb) Notwendige Nebenabreden

Ist der Hauptzweck einer Vereinbarung wettbewerblich unbedenklich, so können aus dem Immanenzgedanken folgend Maßnahmen ebenso unbedenklich sein, die allein zur Unterstützung dieses legitimen Hauptzwecks dienen und hierfür erforderlich und angemessen sind.[1664] In diesem Fall könnten Einschränkungen einzelner Wettbewerbsfreiheiten unter dem Gesichtspunkt der sogenannten notwendigen Nebenabreden zulässig sein, wenn sich damit keine Auswirkungen

1662 *Louven*, CR 2018, S. 31 (37).
1663 *Baker*, ALJ 2007, S. 575 (581).
1664 EuG, Urt. v. 18.9.2001 – T-112/99 (M6 u. a./Kommission), ECLI:EU:T:2001:215, Slg. 2001 II-2459, Rn. 74, 104; *Säcker/Molle*, in: Säcker et al., Münchener Kommentar zum Wettbewerbsrecht: Band 1, Art. 101 AEUV, Rn. 221. 232; *Mestmäcker/Schweitzer*, Europäisches Wettbewerbsrecht, 2014, § 8 Rn. 65; *Roth/Ackermann*, in: Jaeger et al., Frankfurter Kommentar zum Kartellrecht, Art. 81 EG, 68. Ergänzungslieferung 5/2009, Rn. 355; *Bernhard*, NZKart 2019, S. 577 (578).

auf den Wettbewerb feststellen lassen.[1665] Dies geht davon aus, dass sich kollusives Verhalten zwischen mehreren Unternehmen häufig nach verschiedenen Zwecken oder einzelnen Maßnahmen unterscheiden lässt, obwohl es sich um eine zusammenhängende Gesamtmaßnahme zwischen den Unternehmen handelt. Wenn und soweit diese Gesamtmaßnahme, wie auch Nutzungsbedingungen für eine Plattform, von einem wettbewerbsimmanenten Hauptzweck bestimmt werden und zu dessen Absicherung notwendig sind,[1666] können gleichwohl akzessorisch unterstützende Maßnahmen kartellrechtlich zulässig sein, obwohl sie einzelne Wettbewerbsfreiheiten einschränken.[1667] Bestimmend ist hierbei, dass eine isolierte Betrachtung der Nebenabrede aus objektiv wettbewerblichen Aspekten nicht geboten ist. Nicht die individuelle Ausgestaltung oder eine subjektive Absicht sind prägend, sondern die wettbewerbliche Wirkung der Hauptmaßnahme. Damit wird auch hier nicht zwischen wettbewerblichen Vor- und Nachteilen abgewogen, sondern eine normativ-abstrakte Prüfung des wettbewerblich Immanenten vorgenommen. Dabei wären grundsätzlich auch wettbewerblich zulässige Zwecke denkbar, die sich aus dem Aufbau und Betrieb einer Plattform begründen, also der Ermöglichung von Wettbewerb dienen.[1668]

cc) Trittbrettfahrer-Problem

Die vorstehenden Ausführungen zur Nebenabrede treffen aufeinander beim sogenannten Trittbrettfahrer-Problem.[1669] Dieses betrifft die Frage, ob sich Unternehmen dagegen wehren können, dass ihre Angebote ausgenutzt werden. Dieses lässt sich im Wesentlichen anhand zweier für digitale Plattformen anekdotische Konstellationen mit sehr stark unterschiedlichen Konfliktlagen beschreiben, die beide von dem stetigen Kampf zwischen Konvention und Progression geprägt sind. Beide Male geht es den Unternehmen um die Erhaltung wettbewerblicher Ausgangsposition. Sie knüpfen strukturell an unterschiedlichen Punkten an. In der ersten Konstellation sehen konventionelle Unternehmen ihre Angebote dadurch ausgenutzt, dass Nachfrager zunächst bei ihnen Beratungsleistungen ohne Entgelt beziehen, ihre anschließende Abnahmeentscheidung zugunsten eines anderen Anbieters treffen, der das Angebot über eine digitale Plattform vertreibt und dabei die häufig niedrigeren Kosten in Form von Preisnachlässen an die Endkunden weitergibt. Das Trittbrettfahrer-Problem beschreibt ein Ausnutzen wettbewerblicher Vorteile des Vertriebs über digitale Plattformen und bezieht

---

1665 *Pohlmann*, in: Jaeger et al., Frankfurter Kommentar zum Kartellrecht, Art. 101 AEUV, Rn. 118; EuGH, Urt. v. 28.1.1986 – Rs. 161/84 (Pronuptia de Paris GmbH/Pronuptia de Paris Irmgard Schillgallis), ECLI:EU:C:1986:41, Slg. 1986 -00353, Rn. 12.

1666 *Bechtold/Bosch/Brinker*, in: Bechtold/Bosch/Brinker, EU-Kartellrecht, Art. 101 AEUV, Rn. 128.

1667 *Mestmäcker/Schweitzer*, Europäisches Wettbewerbsrecht, 2014, § 8 Rn. 65; *Zimmer*, in: Immenga/Mestmäcker, Wettbewerbsrecht. Band 1 EU, Art. 101 Abs. 1 AEUV, Rn. 146.

1668 *Bernhard*, NZKart 2019, S. 577 (578 f.).

1669 *Kerber/Schwalbe*, in: Säcker et al., Münchener Kommentar zum Wettbewerbsrecht: Band 1, Einleitung B., Rn. 489; *dos Santos Goncalves/Karsten*, WuW 2019, S. 454 (556); *Schweda/Rudowicz*, WRP 2013, S. 590 (594).

sich hierbei auf die von unterschiedlichen ökonomischen Motiven geprägten Entscheidungen der Endkunden. Die zweite Konstellation knüpft dagegen bei dem Verhalten der Unternehmenskunden an, die die Leistungen digitaler Plattformen in Anspruch nehmen. Diese sind einhergehend mit Netzwerkeffekten besonders stark mit dem Trittbrettfahrer-Problem konfrontiert, da der Aufbau einer entsprechenden Infrastruktur ein erhebliches Investitions- und Vorleistungsrisiko beinhaltet. Die damit einhergehenden Kosten werden häufig im Zusammenhang mit der Entscheidung für eine bestimmte Kostenstruktur auf eine Nutzergruppe in Form eines Preises oder einer Vermittlungsprovision umgelegt, während andere Nutzergruppen dagegen kein monetäres Entgelt entrichten müssen. Das Trittbrettfahrer-Problem tritt dabei auf, wenn Nutzer die Popularität einer Plattform für ihre Werbezwecke ausnutzen und auf ihre Informations- und Vermittlertätigkeit zurückgreifen, dabei die eigentliche Transaktion außerhalb der Plattform anzubahnen und damit etwaige Entgeltansprüche der Plattform zu verhindern versuchen. Beiden gemein ist das Argument, es müsse eine Absicherung gegen ein unangemessenes Ausnutzen der Leistungen geben.

Hierbei lässt sich beobachten, dass es digitalen Plattformen allgemeinhin leichter fällt, das Trittbrettfahrer-Problem in ihrem Geschäftsbetrieb überhaupt zu bewältigen und dabei eine kartellrechtskonforme Lösung anzubieten. Soweit letzteres im Rahmen der Plattform-Nutzungsbedingungen durch kollusive Maßnahmen erfolgt, müssen diese einem legitimen wettbewerblichen Zweck entsprechen und zu dessen effektiver Erfüllung erforderlich und angemessen sein. Dabei besteht zwar grundsätzlich zunächst kein schutzfähiges Interesse vor Veränderung im Wettbewerb oder zur Loyalität der Geschäftspartner. Gleichwohl lassen sich die bisherigen Aussagen zur Immanenz und auch der Erschließung des Wettbewerbs übertragen. Denn wenn schon die Erschließung des Wettbewerbs nicht ohne die betreffende kollusive Maßnahme möglich ist, lässt sich diesem ein grundsätzliches Interesse an einem vorübergehenden, zeitlich akzessorischen Schutz der erlangten Position entnehmen. Dies geht darauf zurück, dass ein neu erschlossener Wettbewerb nicht effektiv sein kann, wenn er sofort droht wieder zu erlahmen, und damit kein Anreiz mehr zur Innovation besteht. Daraus folgt, dass ein wettbewerblich geschütztes Interesse an einer Amortisierung und angemessenen Verrentung der Plattformleistungen grundsätzlich Ausdruck eines legitimen Zwecks sein können.[1670] Bei der inzident zu prüfenden Angemessenheit der Nutzungsbedingungen ist zu berücksichtigen, ob und wie Handlungsfreiheiten über den zulässigerweise verfolgten eigentlichen Nachhaltigkeitszweck der Plattform hinaus eingeschränkt werden, insbesondere dabei andere Plattformen in ihrer wettbewerblichen Entfaltung beschränken.[1671]

1670 *Dos Santos Goncalves/Karsten*, WuW 2019, S. 454 (556 f.).
1671 *Zimmer/Blaschczok*, in: Ackermann/Köndgen, Privat- und Wirtschaftsrecht in Europa, 2015, S. 713 (721).

dd) Repressiver Innovationsschutz

In ihrer schärfsten Form äußern sich antiinnovative kollusive Maßnahmen darin, dass sie immaterialgüterrechtliche Verbotsrechte gegenüber anderen Unternehmen zu etablieren oder erweitern versuchen. Dies lässt sich als repressiver Innovationsschutz beschreiben, weil sich die Praktiken auf die gezielte und aktive Unterbindung bestimmter innovativer Tätigkeiten und damit Verhinderung von Innovation beziehen. Insofern liegt bereits eine tendenzielle Nähe zur bezweckten Wettbewerbsbeschränkung vor. Gleichwohl können innovationsbezogene Kooperationen über Schutzrechte im Rahmen von Immanenz und Erschließung zulässig sein. Dabei können sich Friktionen zwischen den jeweiligen Schutzzwecken des Wettbewerbsrechts auf der einen Seite und des einschlägigen Immaterialgüterschutzrechts auf der anderen Seite ergeben.

Gewerbliche Schutzrechte dienen dem ausnahmsweisen Schutz des Erworbenen im Wettbewerb. Damit stellen sie auf den Zweck der immaterialgüterrechtlichen Vorschriften beschränkte Privilegierungen ihrer Inhaber im monopolistischen Wettbewerb gegenüber dem Nachahmungswettbewerb dar.[1672] Mitbezweckt wird ein partikularer Innovationsschutz durch gesetzliche Regelungen über gewerbliche Schutzrechte, die ihren Inhabern die Verhinderung bestimmter Imitationen ermöglichen, indem diese ausdrücklich geregelte Unterlassungsansprüche durchsetzen können. Dabei sehen diese Vorschriften regelmäßig ein eigenes Schutzobjekt vor, das sich als Invention oder sonstiges Ergebnis kreativer Tätigkeit ergibt. Verdrängungen einzelner Unternehmen aus dem Wettbewerb werden dabei als mögliche Nebenfolge zugunsten des spezialgesetzlichen Schutzzwecks grundsätzlich hingenommen. Ausnahmen bestehen einerseits in Fällen missbräuchlicher Lizenzverweigerung. Darüber hinaus können vertragliche Ausgestaltungen immaterialgüterrechtlicher Nutzungsrechte oder sonstiger gewerblich verwertbarer Rechte durch das Kooperationsverbot ebenso bezweckte oder bewirkte Wettbewerbsbeschränkungen darstellen. Ein prägnantes Beispiel aus dem Bereich digitaler Plattformen können Vereinbarungen zwischen mehreren Werbeanbietern über die Verwendung unterschiedlicher Begriffe im Zusammenhang mit der Werbung auf Suchmaschinen sein. Unzulässig sind hierbei Vereinbarungen, die allein auf eine wettbewerbsverschließende Wirkung abzielen oder diese bezwecken. Als positive Zwecke lassen sich die Beseitigung von Unsicherheiten zugunsten eines damit einhergehenden verstärkten Interbrand-Wettbewerbs anführen.

ee) Präventiver Innovationsschutz

Eine Sicherung des wettbewerblichen Ist-Zustands kann daneben durch präventive gestalterische Maßnahmen in Vertriebsbedingungen und die daran gekoppelte qualitative Auswahl der Vertriebspartner erfolgen. Dabei steht nicht der ausnahmsweise unmittelbare Bestandsschutz gegenüber wettbewerblicher

---

1672 *Nordemann*, in: Loewenheim et al., Kartellrecht, GRUR, Rn. 15.

Veränderung im Mittelpunkt der kollusiven Maßnahme, sondern andere wettbewerbliche Zwecke mit einer veränderungshindernden Tendenz. Für diese Zwecke erforderliche und angemessene Maßnahmen können ihrer Wirkung nach gleichwohl innovationsfeindlich sein. So versuchen Unternehmen ihre Vertriebsbedingungen so auszugestalten, dass sie zwar nicht ihrem Zweck nach,[1673] aber in der Wirkung den wettbewerblichen Auftritt über digitale Plattformen einschränken und diese aus der Vertriebskette ausschließen.[1674] Dabei polarisierte sich ein Konflikt zwischen einerseits Erhaltung konventioneller Vertriebsstrukturen gegenüber innovativen Vertriebswegen und andererseits der weitreichenden Ermöglichung des Internetvertriebs. Entsprechende Grundlagen in der Rechtsprechung gehen vor allem auf die Rechtsprechung des EuGH zum Selektivvertrieb zurück.[1675] Hiernach beschränken vertragliche Maßnahmen nicht den Wettbewerb und sind demnach zulässig, bei denen ein Unternehmen seine Vertragspartner nach objektiven qualitativen Kriterien auswählt, die sich auf die fachliche Eignung des Wiederverkäufers, seines Personals und seiner sachlichen Ausstattung beziehen und sofern diese einheitlich und diskriminierungsfrei für alle Unternehmen gelten.[1676] Der Erforderlichkeitsmaßstab orientiert sich dabei an der zu wahrenden Qualität und der Gewährleistung des richtigen Gebrauchs.[1677]

(1) Förderung des Inter-brand-Wettbewerbs

Die maßgebliche Annahme zur tatbestandlichen Ausnahme des Selektivvertriebs liegt darin, dass unter den vom EuGH vordefinierten Umständen der Wettbewerb zwischen Anbietern verschiedener Produkte oder Leistungen gefördert wird.[1678] Prägnant beschreibt dies *Zimmer* damit, dass der EuGH in der Metro-Entschei-

---

1673 Ein entsprechendes Totalverbot des Internetvertriebs hat der EuGH für unzulässig angesehen, EuGH, Urt. v. 13.10.2011 – C-439/09 (Pierre Fabre Dermo-Cosmétique), ECLI:EU:C:2011:649, Slg. 2011, I-9447 = EuZW 2012, 28, Rn. 47.
1674 Siehe einführend hierzu *Schweda/Rudowicz*, WRP 2013, S. 590 (596).
1675 EuGH, Urt. v. 11.12.1980 – Rs. 31/80 (L'Oréal/PVBA), ECLI:EU:C:1980:289, Slg. 1980, 3775 = GRUR Int 1981, 315, Rn. 16; EuGH, Entsch. v. 25.10.1977 – Rs. 26/76 (Metro SB/Kommission), ECLI:EU:C:1977:167, NJW 1978, 480, Rn. 20; ausführlich zu den Hintergründen *Zimmer*, in: Immenga/Mestmäcker, Wettbewerbsrecht. Band 1 EU, Art. 101 Abs. 1 AEUV, Rn. 278.
1676 EuGH, Urt. v. 6.12.2017 – C-230/16 (Coty Germany), ECLI:EU:C:2017:941, MMR 2018, 77 (m. Anm. v. Hoeren) = NZKart 2018, 36 = GRUR 2018, 211 (m. Anm. v. Funke/Neubauer) = ZVertriebsR 2018, 52, Rn. 24; EuGH, Urt. v. 13.10.2011 – C-439/09 (Pierre Fabre Dermo-Cosmétique), ECLI:EU:C:2011:649, Slg. 2011, I-9447 = EuZW 2012, 28, Rn. 41; EuGH, Urt. v. 13.10.2011 – C-439/09 (Pierre Fabre Dermo-Cosmétique), ECLI:EU:C:2011:649, Slg. 2011, I-9447 = EuZW 2012, 28, Rn. 41; EuGH, Entsch. v. 25.10.1977 – Rs. 26/76 (Metro SB/Kommission), ECLI:EU:C:1977:167, NJW 1978, 480, Rn. 20.
1677 EuGH, Urt. v. 13.10.2011 – C-439/09 (Pierre Fabre Dermo-Cosmétique), ECLI:EU:C:2011:649, Slg. 2011, I-9447 = EuZW 2012, 28, Rn. 41; EuGH, Urt. v. 23.4.2009 – C-59/08 (Copad/Dior), ECLI:EU:C:2009:260, Slg. 2009 I-03421 = GRUR 2009, 593, Rn. 28; EuGH, Urt. v. 11.12.1980 – Rs. 31/80 (L'Oréal/PVBA), ECLI:EU:C:1980:289, Slg. 1980, 3775 = GRUR Int 1981, 315, Rn. 16.
1678 *Lubberger*, ZWeR 2018, S. 57 (69 f.).

dung den Selektivvertrieb mit seiner den Inter-brand-Wettbewerb fördernden Ausrichtung als Gegenstand des gesunden Wettbewerbs „inkorporiert".[1679] Inter-brand-Wettbewerb meint damit den Wettbewerb zwischen Anbietern verschiedener Markenangebote.[1680] Damit werden gleichzeitig die dahinter stehenden dynamischen und monopolistischen Elemente des effektiven Wettbewerbs anerkannt. Innovation dient hier also als Umstand, der bereits auf der tatbestandlichen Ebene einen Verstoß ausschließt. So können damit auf den ersten Blick bestehende Einschränkungen des Intra-brand-Wettbewerbs oder des Inter-type-Wettbewerbs vom Tatbestand des Verbots wettbewerbsbeschränkender Vereinbarungen ausgeschlossen sein.[1681] Intra-brand-Wettbewerb beschreibt den Wettbewerb zwischen verschiedenen Anbietern desselben Angebots.[1682] Hier erscheinen qualitative Vertriebsbeschränkungen nachvollziehbar, die zu besseren Angeboten führen und damit den dynamischen Wettbewerb zwischen innovativen Unternehmen und Nachahmern aufrechterhalten.

Maßgeblicher Anknüpfungspunkt für die Anerkennung des Selektivvertriebs als Tatbestandsausnahme ist der Qualitätswettbewerb, also der Wettbewerb um das nach seinen Eigenschaften bessere Angebot.[1683] Damit werden Elemente des monopolistischen Wettbewerbs der Bahnbrecher angesprochen, die sich von der breiten Masse absondern, indem sich ihre Angebote durch besondere Eigenschaften auszeichnen. Dies entspricht wiederum dem Immanenzgedanken einerseits, kann andererseits eine Wettbewerbserschließung enthalten, wenn etwa aufgrund höherer Qualität weitere Nachfragen mobilisiert werden.

Problematisch ist dagegen im Zusammenhang mit Plattform-Sachverhalten die Gegenüberstellung selektiver Vertriebssysteme mit möglichen Beschränkungen des Inter-type-Wettbewerbs, also des Wettbewerbs zwischen verschiedenen Vertriebsformen. Hier steht das Risiko im Raum, dass eine Privilegierung des Inter-brand-Wettbewerbs zulasten des Inter-type-Wettbewerbs zum einen den auf Plattformen besonders intensiven Preiswettbewerb vernachlässigt.[1684] Zum anderen werden potenziell diejenigen Unternehmen ausgeschlossen, die ausschließlich auf einem besonderen Vertriebskanal tätig sind. Dagegen kann zwar das unternehmerische Selbstbestimmungsrecht zur freien Ausgestaltung der Vertriebswege herangezogen werden. Denn zunächst liegt es bei jedem Unternehmen selbst, die für den Absatz und Vertrieb seiner Angebote maßgeblichen Bedingungen zu definieren.[1685] Dies ist im Rahmen der Angemessenheit darauf zu untersuchen, ob tatsächlich der eigentliche zulässige wettbewerbliche Zweck

---

1679 *Zimmer*, in: Immenga/Mestmäcker, Wettbewerbsrecht. Band 1 EU, Art. 101 Abs. 1 AEUV, Rn. 279.

1680 Zur Begriffserklärung in diesem rechtlichen Zusammenhang siehe auch *Schweda/Rudowicz*, WRP 2013, S. 590 (591).

1681 *Zimmer*, in: Immenga/Mestmäcker, Wettbewerbsrecht. Band 1 EU, Art. 101 Abs. 1 AEUV, Rn. 282.

1682 Siehe erneut nur *Schweda/Rudowicz*, WRP 2013, S. 590 (591).

1683 *Kersting/Otto*, JZ 2018, S. 434 (437); *Palzer*, EWS 2018, S. 90 (91).

1684 *Schweda/Rudowicz*, WRP 2013, S. 590 (592).

1685 *Palzer*, EWS 2018, S. 90 (93).

verfolgt wird oder die Maßnahme nicht vielmehr doch der Marktverschließung und Verhinderung etwaiger negativ sich auswirkender Entwicklungen dient.[1686]

(2) Nachhaltigkeit

Ein Schutz vor Veränderung im Wettbewerb kann zwar nicht unmittelbar Grundlage einer Tatbestandsausnahme werden, könnte unter dem Gesichtspunkt einer wettbewerblichen Nachhaltigkeit gleichwohl zulässig sein.[1687] Darunter ist eine zeitliche Verlängerung der oben genannten Zwecke der Wettbewerbsimmanenz und Wettbewerbserschließung zu verstehen. Zum einen kann das Halten und Absichern einer gewissen Qualität im Wettbewerb bereits an sich Gegenstand des weiterhin bestehenden Wettbewerbs sein. Zum anderen kann das Argument der wirtschaftlichen Sinnhaftigkeit einer Wettbewerbserschließung als Grundlage dafür herangezogen werden. So könnte der Zweck neuen Wettbewerbs nicht mehr erfüllt sein, wenn er zwar neue Angebote hervorbringt, diese aber nicht gewinnbringend im Wettbewerb durchsetzt, etwa weil die Wettbewerbsintensität maximal ist. Dies entspricht einer unternehmensinternen wirtschaftlichen Effizienzbetrachtung.[1688] Soweit eine Monetarisierung wettbewerblich erforderlich ist, kann dies damit zu einer zeitlichen Verlängerung des zulässigen Zwecks einer koordinierenden Maßnahme führen. Dem steht der ebenso zu berücksichtigende Einwand weiterer unternehmensexterner Innovationen gegenüber, sodass langfristige Vereinbarungen mit dem Einwand sie streitig machender Innovationen konfrontiert sind. Unmittelbar erfasst von der Immanenz kann Nachhaltigkeit als qualitative Angebotseigenschaft und Wettbewerbsparameter sein.[1689]

(3) Luxus

Besonders deutliche Konfliktlagen bestehen bei Vertriebsbeschränkungen im Zusammenhang mit Luxusangeboten. So treffen hier besonders häufig Innovation und Tradition aufeinander, wenn es gilt konventionelle Geschäftsmodelle mit hohen Erträgen gegenüber Preisdruck ausübenden wettbewerblichen Entwicklungen abzusichern.[1690] Luxus wird dabei in stetiger Rechtsprechung grundsätzlich als qualitativer Umstand anerkannt.[1691] Hierbei handelt es sich nicht um materielle oder physische Eigenschaften eines Angebots im Wettbewerb. Statt-

---

1686 Skeptisch *Schweda/Rudowicz*, WRP 2013, S. 590 (600).
1687 Allgemein zum Verhältnis zwischen Nachhaltigkeit und Innovation *Fichter*, in: Howaldt/Jacobsen, Soziale Innovation, 2010, S. 181 (181 f.); *Hawker/Edmonds*, AB 2015, S. 208; nicht gemeint sind damit politische oder rechtliche Nachhaltigkeitszwecke außerhalb des Kartellrechts, siehe hierzu aber *Engelsing/Jakobs*, WuW 2019, S. 16 (19 f.).
1688 Ähnlich schon *Lubberger*, ZWeR 2018, S. 57 (70); grundlegend aus ökonomischer Persepktive *Fichter*, in: Howaldt/Jacobsen, Soziale Innovation, 2010, S. 181 (192).
1689 *Engelsing/Jakobs*, WuW 2019, S. 16 (20); *Lübbig*, WuW 2011, S. 1142 (1150); *Fichter*, in: Howaldt/Jacobsen, Soziale Innovation, 2010, S. 181 (183 f.).
1690 Ähnlich skeptisch *Schweda/Rudowicz*, WRP 2013, S. 590 (592).
1691 Zuletzt EuGH, Urt. v. 6.12.2017 – C-230/16 (Coty Germany), ECLI:EU:C:2017:941, MMR 2018, 77 (m. Anm. v. Hoeren) = NZKart 2018, 36 = GRUR 2018, 211 (m. Anm. v. Funke/Neubauer) = ZVertriebsR 2018, 52, Rn. 25 ff.

dessen soll hiernach der Prestigecharakter eines Angebots als qualitativer Umstand berücksichtigt werden können, der ihm eine derart luxuriöse Ausstrahlung verleiht, dass Verbraucher es von anderen Angeboten unterscheiden können. Außerdem müsse eine Schädigung dieser Ausstrahlung eine Schädigung gleichzeitig der Angebote selbst darstellen. Maßgeblich ist also für Luxusangebote, dass sie sich gerade aufgrund ihrer Ausstrahlung von anderen unterscheiden. Dies sicherzustellen erscheint auf zahlreichen digitalen Plattformen, die auf die Vermittlung nach von ihnen standardisierten Vorgaben ausgerichtet sind, nicht ohne weiteres möglich.[1692]

Unklarheiten bestehen bislang noch darüber, was genau rechtlich Luxus darstellt und wann es sich um eine lediglich gewillkürte Luxusbezeichnung handelt, die tatsächlich aber einer Wettbewerbsbeschränkung dient. *Brömmelmeyer* nimmt hierfür eine Einschätzungsprärogative des jeweiligen Luxus definierenden und sich hierauf stützenden Unternehmens an, hält dagegen den Einwand vorgeschobenen Luxus für bereits nicht praxisrelevant.[1693] Hilfreicher ist eine strengere Orientierung an der Beschreibung als Ausstrahlung.[1694] So hat der EuGH in seiner Coty-Entscheidung Luxus und die Ausstrahlung nicht weiter definiert, sondern lediglich als einen möglichen den Selektivvertrieb begründenden Umstand bestätigt. Dies ist konsequent im Zusammenhang mit dem eigentlichen Zweck der Vorschrift und dem Schutzgut Wettbewerb auszulegen. Wenn der Selektivvertrieb Gegenstand wirksamen Wettbewerbs ist, so muss auch der Schutzzweck dieser Maßnahme wettbewerbsimmanent sein. Das wiederum bedeutet, dass sich die luxuriöse Ausstrahlung als Ausdruck und Inbegriff wirksamen Wettbewerbs selbst darstellen muss. Ausstrahlung kann dabei nicht nur aus der unternehmerischen Widmung folgen, sondern muss ebenso im Wettbewerb objektiv anerkennbar sein, damit es Gegenstand seines Entdeckungsprozesses ist. Entdeckt würde hierbei das die Qualität eines Angebots ausmachende Wissen, das von dem jeweiligen sich auf Luxus berufenden Unternehmen signalisiert wird. Luxus ist dann Teil des Wettbewerbs um die Anerkennung und hohe Wertschätzung durch die möglichen Abnehmer.[1695] Man kommt also nicht umhin, das Luxusimage als Ergebnis zunächst der unternehmerischen Selbstbestimmung und Selbsteinschätzung anzuerkennen. Diese ist als solche objektiv im Rahmen des Schutzzwecks effektiven Wettbewerbs am Maßstab der Sicht der betroffenen Wettbewerbsteilnehmer überprüfbar, wobei sich die Betroffenheit hier erneut nach der materiellen Einbringungsfähigkeit des objektiven Schutzbereichs der Wettbewerbsfreiheiten in die Abwägung richtet.[1696] Investitionszahlen können dabei nur indizielle Aussagekraft haben.[1697] Vorrangig ist dagegen die Prüfung,

---

1692 Hierzu mit konkreten Umsetzungsvorschlägen für Plattformen als Reaktion auf die Coty-Entscheidung des EuGH *Rohrßen*, DB 2018, S. 300 (301).
1693 *Brömmelmeyer*, NZKart 2018, S. 62 (64); zustimmend *Emde*, ZVertriebsR 2019, S. 69 (72).
1694 *Palzer*, EWS 2018, S. 90 (94).
1695 So auch zustimmend *Kersting/Otto*, JZ 2018, S. 434 (437).
1696 Hierbei auf die objektive „Verbrauchersicht" abstellend *Emde*, ZVertriebsR 2019, S. 69 (73); *Rohrßen*, DB 2018, S. 300 (302); *Kersting/Otto*, JZ 2018, S. 434 (437).
1697 A. A.: *Brömmelmeyer*, NZKart 2018, S. 62 (64); *Emde*, ZVertriebsR 2019, S. 69 (72).

wie weit Wettbewerbsfreiheiten eingeschränkt sind und ob die Maßnahme innerhalb des Gefüges eines effektiven Wettbewerbs erforderlich und angemessen ist.[1698]

ff) Zwischenergebnisse

Partikular lässt sich also ein bewirkter Schutz vor Veränderungen mit dem Schutzzweck des Wettbewerbs übereinbringen. Dies geht sogar so weit, dass sich allein aus dem dynamischen Wettbewerb unter Berücksichtigung der optimalen Wettbewerbsintensität ein Interesse an einer zeitlichen Verlängerung oder qualitativen Manifestierung des Innovationsschutzes ergeben kann.

d) Privilegierung innovationsfördernder Maßnahmen

Aus dem Vorstehenden ergibt sich, dass im Rahmen kooperativer Maßnahmen zwischen mehreren Unternehmen Umstände geschaffen werden können, die eine *prima facie* Wettbewerbsbeschränkung entfallen lassen. Diese lassen sich um Zusammenhang mit dieser Untersuchung zusammenfassen als innovationsfördernder Maßnahmen. In deren Anwendungsbereich können sogar traditionsschützende Maßnahmen fallen, sofern sie erforderlich sind. Damit eröffnet die Untersuchung hier einen Erklärungs- und Abwägungsansatz zur Erfassung dynamischer mehrseitiger Maßnahmen bei Plattformsachverhalten unter dem Gesichtspunkt des Tatbestandsausschlusses.

3. Freistellungsmöglichkeiten

Die bisherigen Ausführungen zu innovationserheblichen mehrseitigen Wettbewerbsbeschränkungen orientierten sich an der Ausfüllung des eigentlichen Verbotstatbestands. Darüber hinaus bestehen für tatbestandsmäßige Wettbewerbsbeschränkungen Möglichkeiten einer Freistellung auf zwei Wegen: Erstens durch die Geltung einer ausdrücklichen Gruppenfreistellungsverordnung (GVO) und zweitens im Wege der hierfür grundlegend maßgeblichen Einzelfreistellungsvorschriften in Art. 101 Abs. 3 AEUV sowie § 2 GWB.[1699] In beiden Fällen können die Verbote der Art. 101 Abs. 1 AEUV sowie § 1 GWB für nicht anwendbar erklärt werden. Die Einzelfreistellung hat wenig praktische Relevanz, bildet jedoch mit ihren Voraussetzungen Normsetzungsstandard und Auslegungshilfe der verschiedenen auf seiner Grundlage geltenden GVOen. Entsprechend lassen sich aus ihr verallgemeinerbare Grundsätze ableiten. Das System der Freistellung vom Verbot wettbewerbsbeschränkender Koordinierungen greift die Gedanken einer Abwägung pro- gegenüber antikompetitiven Wirkungen sowie der Verbraucherwohlfahrt wieder in einem von allgemeinen

1698 EuGH, Entsch. v. 25.10.1977 – Rs. 26/76 (Metro SB/Kommission), ECLI:EU:C:1977:167, NJW 1978, 480, Rn. 27; hierauf schon hinweisend *Louven*, CR 2018, S. 31 (36).
1699 *Bosch*, in: Bechtold/Bosch, Gesetz gegen Wettbewerbsbeschränkungen, § 2 GWB, Rn. 28.

Immanenzbetrachtungen unabhängigen Freistellungstatbestand auf.[1700] Es stellt insofern eine ausdrückliche Akzeptanz einer Abwägung dar, die sich an positiv definierten bilanziellen Wohlfahrtszielen und Effizienz orientieren. Trotz des auf „Waren" beschränkten Wortlauts sind die Freistellungsvoraussetzungen grundsätzlich ebenso auf Dienstleistungen anwendbar.[1701]

Bei den positiv definierten Wohlfahrtszielen handelt es sich erstens um das der Verbesserung der Warenerzeugung und ihrer Verteilung und zweitens um das der Förderung des technischen und wirtschaftlichen Fortschritts. Sie stellen alternativ mögliche und erfüllbare Teilfunktionen des effektiven Wettbewerbs dar, die als konkrete Ziele ausgestaltet sind. Nicht die bestmögliche Verwirklichung eines Prinzips steht im Mittelpunkt, sondern die wirtschaftlich beste Erfüllung eines vorgegebenen Ziels. Dies lässt sich bereits am Wortlaut „Verbesserung" und „Förderung" festhalten, die auf eine positive Bilanzerhöhung abstellen. Beide richten sich an einer als erreichbar feststellbaren Steigerung der Gesamtwohlfahrt aus. Insbesondere das zweite Ziel der Förderung des technischen und wirtschaftlichen Fortschritts ist dabei im Zusammenhang mit Innovation zu lesen,[1702] jedoch lediglich mit seinem progressiven Bezug.

Nicht erfasst werden aber hier zugunsten der unterstellten gesamtwirtschaftlichen Vorteile des Fortschritts die sonstigen wettbewerblichen Elemente und Prinzipien der Innovation. Dies lässt sich erneut bei einer genaueren Untersuchung der jeweiligen Effizienzmaßstäbe feststellen, die lediglich auf eine prognostische Zielerreichung statt einer wettbewerblichen Zweckerfüllung abstellen. Zwar ist mit dem Fortschritt sowohl in technischer wie wirtschaftlicher Hinsicht an denjenigen zu denken, wie er Teil des effektiven Wettbewerbs ist. Nicht der Fortschritt selbst ist das Ziel, sondern seine positiv feststellbare Förderung. Dies entspricht wiederum der wettbewerbspolitischen Definition positiver Wettbewerbsparameter oder -funktionen.

a) Produktive und allokative Effizienz

Die bereits üblichen Effizienzmaßstäbe der Produktion und Allokation richten sich nach einer statischen Betrachtung. Produktive Effizienz meint dabei das Verhältnis zwischen Aufwand und einem feststehenden Ergebnis. Dagegen meint allokative Effizienz die bestmögliche Verteilung der vorhandenen Res-

---

1700 Deutlich insofern zur Abgrenzung zwischen tatbestandsreduzierenden Auslegungen des Art. 101 Abs. 1 AEUV einerseits und der eine Rule-of-law-Prüfung angelehnten Freistellungsregelung des Art. 101 Abs. 3 AEUV andererseits *Ellger*, in: Immenga/Mestmäcker, Wettbewerbsrecht. Band 1 EU, Art. 101 Abs. 3 AEUV, Rn. 49 ff.

1701 *Schuhmacher*, in: Grabitz/Hilf/Nettesheim, Das Recht der Europäischen Union: EUV/AEUV, Art. 101 AEUV, Rn. 287 m. w. N. aus der kartellbehördlichen Praxis; ebenso *Ellger*, in: Immenga/Mestmäcker, Wettbewerbsrecht. Band 1 EU, Art. 101 Abs. 3 AEUV, Rn. 130; *Nordemann*, in: Loewenheim et al., Kartellrecht, Art. 101 Abs. 3 AEUV, Rn. 22.

1702 *Schuhmacher*, in: Grabitz/Hilf/Nettesheim, Das Recht der Europäischen Union: EUV/AEUV, Art. 101 AEUV, Rn. 306.

sourcen oder Angebote an den Kreis der tatsächlichen Nachfrager.[1703] Zu diesen können Skalen- oder Verbundvorteile gehören, die zwar Ergebnis einer kollusiven wettbewerbsbeschränkenden Maßnahme sind, jedoch gerade aufgrund der allokativen Effizienzvorteile und der übrigen erfüllten Freistellungstatbestandsmerkmale ausnahmsweise nicht von den Folgen des Verbots erfasst sind. Sie zeichnen sich vor allem durch quantitative Effizienzvorteile aus.[1704] Plattformgeschäftsmodelle mit ausgenutzten Netzwerkeffekten neigen stark zu Größenvorteilen, die wiederum derartige allokative Effizienzen darstellen können. Insofern können Plattformen zu einer besseren Verteilung der auf ihnen vertretenen Ressourcen und damit wieder Kosteneinsparungen beitragen.[1705]

Qualitative Verbesserungen oder Förderungen ergeben sich zunächst hinsichtlich der produktiven Effizienz. Diese stellt auf eine bestmögliche Kostenquote ab, die hinsichtlich der angenommenen Produktionsergebnisse anfallen.[1706] Allein die überhaupt entstehenden Kosten dürften in Plattformsachverhalten schwer nachvollziehbar und damit von den Unternehmen vorbringbar sein. Hinsichtlich der Förderung des Fortschritts ließe sich das allenfalls dann noch annehmen, wenn dessen technische oder wirtschaftliche Grundlagen als Produktionsabläufe bereits bekannt sind. Der Fortschritt allein wird damit noch nicht bewertet, sondern allein dessen Förderung. Damit ist die produktive Effizienz nur bedingt im Zusammenhang mit Innovation erfolgversprechend.

b) Zeitlich begrenzte Betrachtbarkeit dynamischer Effizienz

Allerdings sieht der Wortlaut des Art. 101 Abs. 3 AEUV keinen eindeutigen Effizienzmaßstab vor. Deshalb wären grundsätzlich weitere Effizienzbetrachtungsmaßstäbe denkbar, die sich im weiteren Sinne unter dynamischer Effizienz zusammenfassen lassen.[1707] So schlagen *Schwalbe/Zimmer* als Formel für die Bestimmung dynamischer Effizienz vor, die zusätzlichen Kosten für Entwicklungen mit ihren erwarteten Erträgen ins Verhältnis zu setzen.[1708] Demnach ergebe sich diese aus dem Verhältnis der Investitionen in den Innovationsprozess und den sich hieraus ergebenden Innovationen. Dynamisch effizient sei eine Investition, wenn die zusätzlichen Kosten genau so hoch sind wie der erwartete Ertrag. Es soll also eine monetäre Fixierung der Innovationen zugrundeliegenden Anreize stattfinden. Soll aber die Betrachtung des Wettbewerbs darüber hinaus grundsätzlich nicht mehr statisch erfolgen, kommt keine Betrachtung des

1703 *Mestmäcker/Schweitzer*, Europäisches Wettbewerbsrecht, 2014, § 3 Rn. 80 f.
1704 *Nordemann*, in: Loewenheim et al., Kartellrecht, Art. 101 Abs. 3 AEUV, Rn. 30.
1705 *Ellger*, in: Immenga/Mestmäcker, Wettbewerbsrecht. Band 1 EU, Art. 101 Abs. 3 AEUV, Rn. 146.
1706 *Mestmäcker/Schweitzer*, Europäisches Wettbewerbsrecht, 2014, § 3 Rn. 83.
1707 *Ewald*, in: Wiedemann, Handbuch des Kartellrechts, § 7, Rn. 61 ff.; Insofern auch skeptisch *Kerber*, Competition, Innovation, and Competition Law: Dissecting the Interplay, MAGKS Joint Discussion Paper Series in Economics v. 6.10.2017, https://www.uni-marburg.de/fb02/makro/forschung/magkspapers/paper_2017/42-2017_kerber.pdf (abgerufen 14.12.2019).
1708 *Schwalbe/Zimmer*, Kartellrecht und Ökonomie, 2011, S. 9; erläuternd zu dieser Definition *Künzler*, Effizienz oder Wettbewerbsfreiheit?, 2008, S. 88.

Erfolges der Investition ex post in Betracht, da dies wiederum eine Feststellung eines statischen Effizienzzustandes bedeuten würde. Es muss also nicht nur eine Untersuchung der dynamischen Effizienz, sondern an sich eine dynamische Effizienzuntersuchung stattfinden.[1709] Der Beobachtungsstandpunkt muss dabei zwar weiterhin objektiv sein. Die Unvorhersehbarkeit der Zukunft und meistens fehlende objektiv nachvollziehbare Prognosen bilden aufweichende Faktoren bezüglich dieser Feststellungen.

Soweit das wettbewerbliche Ergebnis tatsächlich bereits feststeht, stellt es eine Form der produktiven Effizienz dar. Diese ließen sich grundsätzlich objektiv in zeitliche Untersuchungsabschnitte unterteilen, die jeweils als solche einer eigenständigen Effizienzuntersuchung unterworfen werden. Eine derartige dynamische Effizienzuntersuchung würde zwar die mit Innovation verbundene Unsicherheit im Verhältnis zu den wettbewerblichen Anstrengungen beseitigen. Gleichzeitig birgt sie das Risiko ins Realitätsferne zu gleiten, indem Untersuchungsabschnitte solange atomar ausgewählt werden, dass diese nicht mehr den eigentlichen Kollusionsvorgang darstellen.

Dagegen birgt das Abstellen auf die erwarteten zusätzlichen Erträge Unsicherheiten und ein Prognoserisiko.[1710] Eine Betrachtung unter begrenzten Rationalitätsmaßstäben[1711] ist durch die Vorschriften des Rechts nicht eröffnet. Insofern mag es zwar zunächst erleichternd für die betroffenen Unternehmen wirken, dass es sich bei Art. 101 Abs. 3 AEUV nicht um eine Verbotsnorm mit Eingriffscharakter handelt, sondern um eine Privilegierung. Entsprechend könnten hier zugunsten der jeweils betroffenen Unternehmen weichere Maßstäbe herangezogen werden als noch bei der den Missbrauchsmaßstab bildenden kontrafaktischen Untersuchung. Anders als bei der allokativen oder produktiven Effizienz würden bei der dynamischen Effizienz keine objektiven wirtschaftlichen Parameter angenommen. Damit steht die Wirtschaftlichkeit als Gegenstand der Effizienz an sich auf wackelnden Füßen. Die EU-Kommission beschreibt in ihrer Prioritätenmitteilung hinsichtlich des Marktmachtmissbrauchsverbots „dynamische Effizienzvorteile in Form von Innovationen".[1712] Dies scheint auf einen Gleichlauf des Ziels dynamischer Effizienz mit Innovation und damit einem Ef-

---

1709 *Schmidt*, in: Joost/Oetker/Paschke, Festschrift für Franz Jürgen Säcker zum 70. Geburtstag, 2011, S. 937 (943); vgl. aber *von Hayek*, in: von Hayek, Freiburger Studien, 1969, S. 249 (250), der einen empirischen Nachweis dieses Optimums wirtschaftstheoretisch für unmöglich hält.

1710 *Ellger*, in: Immenga/Mestmäcker, Wettbewerbsrecht. Band 1 EU, Art. 101 Abs. 3 AEUV, Rn. 142.

1711 Zu diesem Gedanken in der US-amerikanischen Kartellrechtswissenschaft *Richter*, WUJLP 2008, S. 13.

1712 Kommission, Mitteilung der Kommission – Erläuterungen zu den Prioritäten der Kommission bei der Anwendung von Artikel 82 des EG-Vertrags auf Fälle von Behinderungsmissbrauch durch marktbeherrschende Unternehmen – Prioritätenmitteilung v. 24.2.2009, https://eur-lex. europa.eu/LexUriServ/LexUriServ.do?uri=OJ:C:2009:045:0007:0020:DE:PDF (abgerufen 23.11.2018), Rn. 30 4. Spiegelstrich; hieraus auf die „dynamische Effizienz" schließend *Jaeger*, WuW 2015, S. 702 (702 f.).

fekt hinzudeuten. Innovation kann gerade sogar zu Ineffizienzen führen, wenn sie sich als nicht erfolgreich herausstellt oder durch eine überholende Innovation sinnlos wird. Denn in diesem Fall wäre eine Investition nicht mit dem erwarteten Erfolg belohnt worden. Sie kann darüber hinaus sogar aufgrund des wirtschaftlichen Erfolges des sie betreibenden Unternehmens als ineffizient anzusehen sein und dennoch wettbewerblichen Schutz genießen.

Auf *North* geht der Gedanke der Anpassungseffizienz zurück, die eine gewisse Ähnlichkeit mit der allokativen Effizienz hat, allerdings auf den zeitlichen Faktor abstellt. Sie beschreibt die Wirtschaftlichkeit des Vorgangs, bei dem Unternehmen auf Veränderungen im Wettbewerb reagieren, und damit deren wettbewerbliche Fähigkeiten.[1713] Sie zielt damit auf die Überwindung der wettbewerbsimmanenten Unsicherheiten ab. Aus diesem Grund gewinnen hier die weiteren Freistellungsvoraussetzungen mit ihren Einschränkungen eine besondere Bedeutung, insbesondere dass der Wettbewerb nicht ausgeschaltet werden darf und die Maßnahme unerlässlich ist. Wird dann gerade durch die betreffende kollusive Maßnahme dem Verbesserungs- oder Förderungszweck entsprochen, so ist aufgrund dieser Vorteile ausnahmsweise kein Widerspruch mit einer Beschränkung des Geheimnis- und Innovationswettbewerbs anzunehmen. In den GVOen findet sich dieser Gedanke in den Regelungen wieder, die als Schranken der Freistellung eine Offenhaltung des Wettbewerbs und die Anfechtbarkeit der aufgrund der Kooperation entstehenden Stellung sicherstellen sollen.[1714]

4. Innovationsbeschränkung und Innovationsausnahme

Bei der bezweckten Wettbewerbsbeschränkung kann eine rechtliche Entscheidung beschränkt Innovationswissen annehmen, sofern dies kein angemaßtes Wissen mehr bedeutet. Eine tatsächliche Fallgruppe fehlt hierzu bislang noch. Bewirkte Wettbewerbsbeschränkungen können in Form des Abschwächens der wettbewerblichen Dynamik oder des Wettbewerbsraums, sowie durch den Austausch innovationserheblicher Informationen festgestellt werden. Innovation erfüllt hier vor allem tatbestandliche Ausnahmen, wenn und soweit sie zu einem wettbewerbsimmanenten Zweck erforderlich und angemessen ist. Eine Angemessenheitsentscheidung verlangt eine Wertung unter Einbeziehung der betroffenen Wettbewerbsfreiheiten und ihrer objektiven Wertsetzungsfunktion. Diese und ihre jeweiligen Zwecke beschränken die Ausnahmebereiche im Rahmen des

---

1713 *North*, Institutionen, institutioneller Wandel und Wirtschaftsleistung, 1992, S. 96, der auf die Bedingungen eines „*Entwicklungspfad(s) einer Wirtschaft über die Zeit*" abstellt; erläuternd *Mestmäcker/Schweitzer*, Europäisches Wettbewerbsrecht, 2014, § 3 Rn. 81.

1714 Vgl. z. B. die Voraussetzungen für eine offene Verwertung in Art. 3 Abs. 2, Abs. 3 F&U-GVO, bestimmte nicht freigestellte vertikale Vertriebsbeschränkungen über einen Zeitraum von fünf Jahren gemäß Art. 5 Abs. 1 Vertikal-GVO oder die in Art. 5 Abs. 1 TT-GVO von einer Freistellung ausgenommenen Bedingungen, bei denen die Anfechtbarkeit gewerblicher Schutzrechte ausgeschlossen würde oder bei denen Rechte an Verbesserungen exklusiv und vorab eingeräumt werden.

Verbots wettbewerbsbeschränkender mehrseitiger Maßnahmen. Damit gehen sie materiell weiter als die Möglichkeit einer Freistellung.

III. Zwischenergebnisse

Sowohl eine Machtkontrolle als auch die Durchsetzung des Verbots wettbewerbsbeschränkender mehrseitiger Maßnahmen sind grundsätzlich auch in Innovationssachverhalten möglich, allerdings einigen Vorbehalten unterworfen. So zeigt sich zum einen, dass Verdrängung Teil des dynamischen Wettbewerbs ist und damit eine Missbrauchskontrolle nur unter engen Ausnahmen erfolgversprechend ist. Vielmehr noch werden andere Zwecke der Wettbewerbsfreiheiten in einer Abwägung zu berücksichtigen sein. Hinsichtlich des Ausbeutungsmissbrauchs lassen sich konkrete zu überprüfende Ergebnisse häufig nicht feststellen, mit der Folge, dass Alternativlösungen diskutiert werden, die zu innovationsbezogenen Verkürzungen der Wettbewerbsfreiheiten führen können. Die Fusionskontrolle ist besonders mit dem Dilemma nicht ausreichend vorhandenen Wissens im Rahmen ihrer Prognoseentscheidungen konfrontiert, kann aber Innovation grundsätzlich im Rahmen des SIEC-Tests erfassen. Untersuchungen des Verbots wettbewerbsbeschränkender Maßnahmen richten sich vor allem danach, ob zugunsten Innovation zulässige Maßnahmen im Rahmen des wettbewerblich zulässigen Zwecks erforderlich und angemessen sind.

E. Zusammenfassung der Untersuchungsergebnisse

Die Fragen nach der tatsächlichen Analyse und Erfassbarkeit von Plattformsachverhalten im Kartellrecht, nach einer innovationsbezogenen Untersuchung des Schutzgutes Wettbewerb sowie nach der Rechtsfindung in derartigen innovationserheblichen Sachverhalten lassen sich unter den drei Schlagworten Dynamik, Wissen und Effektivität zusammenfassend beantworten.

Digitale Plattformen haben eine besondere wirtschaftliche Bedeutung gewonnen, die sich im Rahmen dieser Untersuchung mit ihrem Verhältnis zur Dynamik im Wettbewerb beschreiben lässt. Dies verlangt erweiterte tatsächliche Untersuchungen und die Einbeziehung multipolarer Interessenlagen und zeitlicher Abfolgen in rechtliche Bewertungen. Dynamik wohnt grundsätzlich dem Schutzgut des monopolistischen Wettbewerbs inne. Das Kartellrecht dient hier dem Schutz des Wettbewerbsprozesses vor seiner Selbstgefährdung sowie zweckentfremdeter Ausübung der Wettbewerbsfreiheiten. Die Dynamik des Wettbewerbs richtet sich nach dem jeweiligen Zweck der ihn als soziale Veranstaltung umschreibenden Wettbewerbsfreiheiten. Dynamik bedeutet Risiko für digitale Plattformen, einerseits in Form wirtschaftlicher Verluste, andererseits der grundsätzlichen Entmachtung im Wettbewerb. Dynamik und damit den Entmachtungsvorgang im monopolistischen Wettbewerb aufrecht zu erhalten ist Aufgabe des Kartellrechts. Seine offenen Tatbestände sind im Rahmen der verfassungsrechtlichen Schranken auszulegen und dabei fortzuentwickeln. Es besteht die Möglichkeit einer Rechtsfindung bei dynamischen Sachverhalten durch Diskurs und Dogmatik.

Wissen gewinnt im dynamischen Wettbewerb eine besondere Bedeutung, da Innovation der Entdeckung neuer Erkenntnisse dient. In tatsächlicher Hinsicht gewinnt Wissen eine besondere wettbewerbliche Bedeutung deshalb, weil digitale Plattformen maßgeblich auf Wissensvermittlung oder -austausch aufbauen. Wettbewerb ist ein Entdeckungsprozess zur Überwindung von Wissenslücken in der Informationsgesellschaft und damit gleichzeitig ein unvollkommener Wissensschaffungsprozess. Kartellrechtliche Entscheidungen über Wissen im Wettbewerb sind verfassungsrechtlichen Schranken unterworfen. Zu diesen zählt die Innovationsoffenheit der Wettbewerbsfreiheiten, die durch angemaßtes Wissen ungerechtfertigt beschränkt werden könnten. Gleichzeitig bedeutet dies die Einsicht, dass sich keine umfassende kartellrechtliche Kontrolle innovationserheblicher oder -geneigter Sachverhalte im Speziellen und Veränderung im Allgemeinen ergeben kann.

Schließlich hat sich aus dieser Untersuchung ein neues normatives Wettbewerbsverständnis ergeben. Es handelt sich bei Wettbewerb um eine soziale Veranstaltung, die durch die objektiven Wertungen der durch ihre Teilnehmer wahrgenommenen Wettbewerbsfreiheiten beschrieben werden kann. Ihre Wirkung wird mit Effektivität beschrieben. Effektivität beinhaltet eine graduelle Aussage über die bestmögliche Verwirklichung der wettbewerblichen Prinzipien und geht damit über die auf die wirtschaftliche Erfüllung eines feststehenden Ziels bezogene Effizienzbetrachtung hinaus. Innovation ist in diesem Zusammenhang kein Ziel, sondern Zweck des Wettbewerbs. Seine Teilnehmer entscheiden über die Zweckbestimmung und damit auch über die Zustände dieser sozialen Veranstaltung. Die Abwägung der Wettbewerbsfreiheiten im effektiven Wettbewerb kann als grundsätzliches methodisches Vorgehen in innovationserheblichen Sachverhalten eine Entscheidungsgrundlage bilden.

Literatur

Abegg, Andreas: Evolutorische Rechtstheorie, in: Sonja Buckel/Ralph Christensen/Andreas Fischer-Lescano (Hrsg.), Neue Theorien des Rechts, Stuttgart 2009, S. 371–391.

Acquisti, Alessandro/Taylor, Curtis/Wagman, Liad: The Economics of Privacy, JEL 2016, S. 442–492.

Acuña-Quiroga, Carlos: Predatory Innovation: A Step Beyond, IRLCT 2001, S. 7–33.

Adamowsky, Natascha: Vom Internet zum Internet der Dinge, in: Florian Sprenger/Christoph Engemann (Hrsg.), Internet der Dinge. Über smarte Objekte, intelligente Umgebungen und die technische Durchdringung der Welt, Bielefeld 2015.

Adolf, Marian: Die Kultur der Innovation, in: Reto M. Hilty/Thomas Jaeger/Matthias Lamping (Hrsg.), Herausforderung Innovation, Berlin, Heidelberg 2012, S. 25–43.

Albach, Horst: Europäischer Binnenmarkt 1993 und Wettbewerbsfähigkeit des europäischen Unternehmers, JBE/ZfB 1993, S. 123–136.

Albach, Horst: Innovationsstrategien zur Verbesserung der Wettbewerbsfähigkeit, JBE/ZfB 1989, S. 1338–1352.

Alexy, Robert: Theorie der juristischen Argumentation. Die Theorie des rationalen Diskurses als Theorie der juristischen Begründung; Nachwort (1991): Antwort auf einige Kritiker, 9. Aufl., Frankfurt am Main 2019.

Andelfinger, Volker P./Hänisch, Till: Internet der Dinge. Technik, Trends und Geschäftsmodelle, Wiesbaden 2015.

Areeda, Phillip/Turner, Donald F.: Predatory Pricing and Related Practices under Section 2 of the Sherman Act, HLR 1975, S. 697–733.

Armstrong, Mark/Wright, Julian: Two-sided Markets, Competitive Bottlenecks and Exclusive Contracts, ET 2007, S. 353–380.

Armstrong, Mark: Competition in Two-Sided Markets, RJE 2006, S. 668–691.

Arndt, Helmut: Kapitalismus, Sozialismus, Konzentration und Konkurrenz, 2. Aufl., Tübingen 1976.

Arndt, Helmut: Schöpferischer Wettbewerb und klassenlose Gesellschaft. Zugleich ein Beitrag zur Preis- und Beschäftigungslehre, Berlin 1952.

Arrow, Kenneth J.: Economic Welfare and the Allocation of Resources for Invention, in: Richard Nelson (Hrsg.), The Rate and Direction of Inventive Activity: Economic and Social Factors 1962, S. 609–626.

Arrow, Kenneth J.: The Economic Implications of Learning by Doing, REStud 1962, S. 155–173.

Assion, Simon: Must Carry. Übertragungspflichten auf digitalen Rundfunkplattformen, Berlin 2015.

Bach, Albrecht: Kaufpreis als zusätzliche Aufgreifschwelle?, NZKart 2015, S. 365–366.

Bader, Johann/Ronellenfitsch, Michael (Hrsg.): BeckOK VwVfG, mit VwVG und VwZG, 41. Aufl., München 2018.

Badura, Peter: Die Wirtschafts- und Arbeitsordnung der Verfassung, AöR 2015, S. 333–366.

Badura, Peter: Der Eigentumsschutz des eingerichteten und ausgeübten Gewerbebetriebes, AöR 1973, S. 153–173.

Badura, Peter: Die Rechtsprechung des Bundesverfassungsgerichts zu den verfassungsrechtlichen Grenzen wirtschaftspolitischer Gesetzgebung im sozialen Rechtsstaat, AöR 1967, S. 382–407.

Bain, Joe Staten: Industrial organization, 2. Aufl., New York 1968.

Baker, Jonathan Brody: Beyond Schumpeter vs. Arrow: How Antitrust Fosters Innovation, ALJ 2007, S. 575–602.

Bakhoum, Mor: Abuse without dominance in competition law: abuse of economic dependence and its interface with abuse of dominance, in: Fabiana Di Porto/Rupprecht Podszun (Hrsg.), Abusive practices in competition law, Cheltenham, UK, Northampton, MA, USA 2018, S. 157–184.

Barth, Christoph/dos Santos Goncalves, David-Julien: Die neue Transaktionswert-Schwelle in der deutschen Fusionskontrolle, GWR 2017, S. 289–293.

Basedow, Jürgen: Konsumentenwohlfahrt und Effizienz – Neue Leitbilder der Wettbewerbspolitik?, WuW 2007, S. 712–715.

Bechtold, Rainer/Bosch, Wolfgang/Brinker, Ingo (Hrsg.): EU-Kartellrecht, Artikel 101 – 106 AEUV, EU-Kartellrecht-VO 1/3002, Gruppenfreistellungsverordnungen, Vertikalvereinbarungen (330/2010), Kraftfahrzeugsektor (461/2010), Technologietransfer (316/2014), Forschung und Entwicklung (1217/2010), Spezialisierung (1218/2010) und Versicherungen (267/2010) sowie EU-FusionskontrollVO (139/2004) ; Kommentar, 3. Aufl., München 2014.

Bechtold, Rainer, (Begr.)/Bosch, Wolfgang (Hrsg.): Gesetz gegen Wettbewerbsbeschränkungen, (§§ 1–96, 185, 186) ; Kommentar, 9. Aufl., München 2018.

Behrens, Peter: The Ordoliberal Approach To Controlling Dominant Undertakings In The European Union, WuW 2018, S. 354–361.

Behrens, Peter: The ordoliberal concept of 'abuse' of a dominant position and its impact in Article 102 TFEU, in: Fabiana Di Porto/Rupprecht Podszun (Hrsg.), Abusive practices in competition law, Cheltenham, UK, Northampton, MA, USA 2018, S. 5–25.

Belleflamme, Paul/Peitz, Martin: Industrial Organization, Cambridge 2010.

Bernhard, Jochen: Nützlichkeit oder Notwendigkeit? – Zum Prüfungsmaßstab für notwendige Nebenabreden, NZKart 2019, S. 577–582.

Bernhardt, Lea: Algorithmen, Künstliche Intelligenz und Wettbewerb, NZKart 2019, S. 314–317.

Bester, Helmut: Theorie der Industrieökonomik, 7. Aufl., Berlin, Heidelberg 2017.

Bischke, Alf-Henrik/Brack, Sebastian: Neuere Entwicklungen im Kartellrecht, NZG 2019, S. 58–60.

Blaschczok, Martin: Kartellrecht in zweiseitigen Wirtschaftszweigen. Eine Untersuchung vor dem Hintergrund der ökonomischen Forschung zu ,two-sided markets', Baden-Baden 2015.

Boehme-Neßler, Volker: Das Ende des Staates?, ZÖR 2009, S. 145–199.

Bofinger, Peter: Grundzüge der Volkswirtschaftslehre. Eine Einführung in die Wissenschaft von Märkten, 3. Aufl., München 2011.

Böge, Ulf: Der „more economic approach" und die deutsche Wettbewerbspolitik, WuW 2004, S. 726–733.

Böhm, Franz: Demokratie und unternehmerische Macht, in: Institut für Ausländisches und Internationales Wirtschaftsrecht (Hrsg.), Kartelle und Monopole im modernen Recht. Beiträge zum übernationalen und nationalen europäischen und amerikanischen Recht, Karlsruhe 1961, S. 1–24.

Bohne, Michael: Cross-mediale Effekte in der Fusionskontrolle., WRP 2006, S. 540–548.

Bollmann, Petra: Technischer Fortschritt und wirtschaftlicher Wandel. Eine Gegenüberstellung neoklassischer und evolutorischer Innovationsforschung, Heidelberg 1990.

Böni, Franz/Regenthal, Samantha: Die Beurteilung einer marktbeherrschenden Stellung unter besonderer Berücksichtigung des „more economic approach", WuW 2006, S. 1230–1237.

Bork, Robert H.: The antitrust paradox. A policy at war with itself, New York 1978.

Bower, Joseph L./Christensen, Clayton M.: Disruptive Technologies, HBR 1995, S. 43–53.

Braun, Torsten: Geschichte und Entwicklung des Internets, IS 2010, S. 201–207.

Brinkmann, Kyra: Marktmachtmissbrauch durch Verstoß gegen außerkartellrechtliche Rechtsvorschriften, Baden-Baden 2018.

Brömmelmeyer, Christoph: Selektive Vertriebssysteme und Marktplatzverbote für Luxusartikel, NZKart 2018, S. 62–69.

Brüggemann, Sebastian: Das Recht auf Datenportabilität, K&R 2018, S. 1–5.

Buchner, Benedikt: Datenschutz und Kartellrecht, WRP 2019, S. 1243–1248.

Budszinski, Oliver/Lindstädt, Nadine: Neuere Entwicklungen in der Medienökonomik: Das Konzept der mehrseitigen Märkte, WiST 2010, S. 436–443.

Bueren, Eckart: Kartellrecht und Datenschutzrecht – zugleich ein Beitrag zur 10. GWB-Novelle und zum Facebook-Verfahren, ZWeR 2019, S. 403–453.

Burrichter, Jochen: Franz Böhm und der „Siebenjährige Krieg" um die Verabschiedung des GWB, in: Juliane Kokott/Petra Pohlmann/Romina Polley (Hrsg.), Europäisches, deutsches und internationales Kartellrecht. Festschrift für Dirk Schroeder zum 65. Geburtstag, Köln 2018, S. 165–182.

Busch, Christoph: Mehr Fairness und Transparenz in der Plattformökonomie?, GRUR 2019, S. 788–796.

Busche, Jan/Röhling, Andreas (Hrsg.): Kölner Kommentar zum Kartellrecht, Band 1, §§ 1–34a GWB, Köln 2017.

Busche, Jan/Röhling, Andreas (Hrsg.): Kölner Kommentar zum Kartellrecht, Band 3, Art. 101–106 AEUV, Köln 2016.

Busche, Jan/Röhling, Andreas (Hrsg.): Kölner Kommentar zum Kartellrecht, Band 4, VO Nr. 1/2003, FKVO (VO Nr. 139/2004), Besondere Wirtschaftszweige, Köln 2013.

Calliess, Christian/Ruffert, Matthias (Hrsg.): EUV/AEUV, Das Verfassungsrecht der Europäischen Union mit Europäischer Grundrechtecharta, Kommentar, 5. Aufl., München 2016.

Calvani, Terry: Non-Price Predation: A New Antitrust Horizon, ALJ 1985, S. 409–413.

Carlin, Tyrone M./Finch, Nigel/Ford, Guy: A Deal Too Far: The Case of the Killer Acquisition, in: Greg N. Gregoriou/Karyn L. Neuhauser (Hrsg.), Mergers and Acquisitions. Current Issues, London 2007, S. 234–248.

Cary, George S.: The European Commission's Flawed Understanding of Innovation Concerns, in: Juliane Kokott/Petra Pohlmann/Romina Polley (Hrsg.), Europäisches, deutsches und internationales Kartellrecht. Festschrift für Dirk Schroeder zum 65. Geburtstag, Köln 2018, S. 183–202.

Chamberlin, Edward H.: Die Theorie der monopolistischen Konkurrenz: Produktdifferenzierung, in: Klaus Herdzina (Hrsg.), Wettbewerbstheorie, Köln 1975, S. 76–89.

Charlesworth, Alan: Die digitale Revolution. E-Commerce. Branding. Content. Netzwerke. Online-Marketing, Offenbach 2011.

Christensen, Clayton M./Raynor, Michael E./McDonald, Rory: What is Disruptive Innovation?, HBR 2015, S. 44–45.

Christensen, Clayton M.: The innovator's dilemma. When new technologies cause great firms to fail, Boston Mass. 1997.

Clapham, Ronald: Das wettbewerbspolitische Konzept der Wettbewerbsfreiheit, in: Helmut Cox/Uwe Jens/Kurt Markert (Hrsg.), Handbuch des Wettbewerbs. Wettbewerbstheorie, Wettbewerbspolitik, Wettbewerbsrecht, München 1981, S. 129–148.

Clark, John Maurice: Wettbewerb und die Ziele der Wirtschaftspolitik: Wettbewerb als dynamischer Prozess, in: Klaus Herdzina (Hrsg.), Wettbewerbstheorie, Köln 1975, S. 269–274.

Clark, John Maurice: Zum Begriff des funktionsfähigen Wettbewerbs, in: Klaus Herdzina (Hrsg.), Wettbewerbstheorie, Köln 1975, S. 143–160.

Clark, John Maurice: Competition as a dynamic process, Washington 1961.

Clark, John Maurice: Competition: Static Models and Dynamic Aspects, AER 1955, S. 450–462.

Clark, John Maurice: Toward a Concept of Workable Competition, AEJ 1940, S. 241–256.

Colangelo, Giuseppe/Maggiolino, Mariateresa: Intel and the Rebirth of the Economic Approach to EU Competition Law, IIC 2018, S. 685–699.

Cox, Helmut/Hübener, Harald: Wettbewerb. Eine Einführung in die Wettbewerbstheorie und Wettbewerbspolitik, in: Helmut Cox/Uwe Jens/Kurt Markert (Hrsg.), Handbuch des Wettbewerbs. Wettbewerbstheorie, Wettbewerbspolitik, Wettbewerbsrecht, München 1981, S. 1–49.

Crane, Daniel A.: Legal rules for predatory innovation, Concurrences Review 2013, Art. N° 58811 2013, S. 1–7.

Dahlmann, Jesko: Das innovative Unternehmertum im Sinne Schumpeters: Theorie und Wirtschaftsgeschichte, Marburg 2017.

Delfs, Sören: Innovation-Standardisierung-Recht (Das Beispiel Internet), in: Martin Eifert/ Wolfgang Hoffmann-Riem (Hrsg.), Innovation und rechtliche Regulierung. Schlüsselbegriffe und Anwendungsbeispiele rechtswissenschaftlicher Innovationsforschung, Baden-Baden 2002, S. 171–215.

Demsetz, Harold: Economics as a Guide to Antitrust Regulation, JLE 1976, S. 371–384.

Dewenter, Ralf/Rösch, Jürgen: Einführung in die neue Ökonomie der Medienmärkte. Eine wettbewerbsökonomische Betrachtung aus Sicht der Theorie der zweiseitigen Märkte, Wiesbaden 2015.

Dewenter, Ralf/Löw, Franziska: Kommunikation zwischen Unternehmen als kollusives Instrument: Eine ökonomische Betrachtung, NZKart 2015, S. 458–466.

Dewenter, Ralf/Rösch, Jürgen/Terschüren, Anna: Abgrenzung zweiseitiger Märkte am Beispiel von Internetsuchmaschinen, NZKart 2014, S. 387–394.

Dienlein, Tobias: § 3.2 Das Privacy-Paradox aus psychologischer Perspektive, in: Louisa Specht-Riemenschneider/Nikola Werry/Susanne Werry (Hrsg.), Datenrecht in der Digitalisierung, Berlin 2019, S. 305–323.

Dienlein, Tobias: The psychology of privacy: Analyzing processes of media use and interpersonal communication, Hohenheim 2017.

Dohrn, Daniel/Huck, Linda: Der Algorithmus als „Kartellgehilfe"? – Kartellrechtliche Compliance im Zeitalter der Digitalisierung, DB 2018, S. 173–179.

Dorsey, Elyse/Rybnicek, Jan M./Wright, Joshua: Hipster Antitrust Meets Public Choice Economics, CPI AC 2018, S. 21–33.

dos Santos Goncalves, David-Julien/Karsten, Arne: Die Zulässigkeit der engen Bestpreisklausel, WuW 2019, S. 454–457.

Dreher, Meinrad: Die Kontrolle des Wettbewerbs in Innovationsmärkten, ZWeR 2009, S. 149–173.

Dreher, Meinrad: Die Zukunft der Missbrauchsaufsicht in einem ökonomisierten Kartellrecht, WuW 2008, S. 23–27.

Dreher, Meinrad: Die Verweigerung des Zugangs zu einer wesentlichen Einrichtung als Mißbrauch der Marktbeherrschung, DB 1999, S. 833–839.

Drescher, Daniel: Blockchain Basics. A Non-Technical Introduction in 25 Steps, New York 2017.

Drexl, Josef: Bedrohung der Meinungsvielfalt durch Algorithmen, ZUM 2017, S. 529–534.

Drexl, Josef: Designing Competitive Markets for Industrial Data, JIPITEC 2017, S. 257–292.

Eckardt, Martina: Technischer Wandel und Rechtsevolution. Ein Beitrag zur ökonomischen Theorie der Rechtsentwicklung am Beispiel des deutschen Unfallschadensrechts im 19. Jahrhundert, Tübingen 2001.

Eickhof, Norbert: Die Hoppmann-Kantzenbach-Kontroverse aus heutiger Sicht, in: Viktor J. Vanberg (Hrsg.), Evolution und freiheitlicher Wettbewerb. Erich Hoppmann und die aktuelle Diskussion, Tübingen 2012, S. 35–59.

Eifert, Martin: Innovationen im Recht – Methodische Zugriffe, in: Wolfgang Hoffmann-Riem (Hrsg.), Innovationen im Recht, Baden-Baden 2016, S. 35–61.

Eilmansberger, Thomas: Verbraucherwohlfahrt, Effizienzen und ökonomische Analyse – Neue Paradigmen im europäischen Kartellrecht?, ZWeR 2009, S. 437–471.

Ekardt, Felix: Die Multipoliarität der Freiheit, JZ 2007, S. 137–140.

Ellger, Reinhard: Konditionenmissbrauch nach § 19 GWB durch Datenschutzverstoß – Der Facebook-Fall des Bundeskartellamts, WuW 2019, S. 446–454.

Ellger, Reinhard: Digitale Herausforderungen für das Kartellrecht, ZWeR 2018, S. 272–291.

Emde, Raimond: Qualitativ-selektive Vertriebssysteme und Internetvertrieb – mehr als ein Jahr nach „Coty", ZVertriebsR 2019, S. 69–87.

Engelsing, Felix/Jakobs, Moritz: Nachhaltigkeit und Wettbewerb, WuW 2019, S. 16–22.

Engert, Andreas: Digitale Plattformen, AcP 2018, S. 304–376.

Epping, Volker/Hillgruber, Christian (Hrsg.): Beck'scher Online-Kommentar Grundgesetz, 37. Aufl., München 2018.

Erdmann, Georg: Elemente einer evolutorischen Innovationstheorie, Tübingen 1993.

Erhard, Ludwig: Wohlstand für alle, 8. Aufl., Düsseldorf 1964.

Esser, Michael: Die Gefahr einer Umdeutung des Konditionenmissbrauchs zu einem allgemeinen Durchsetzungsinstrument des Bundeskartellamtes, in: Juliane Kokott/Petra Pohlmann/Romina Polley (Hrsg.), Europäisches, deutsches und internationales Kartellrecht. Festschrift für Dirk Schroeder zum 65. Geburtstag, Köln 2018, S. 249–270.

Esser, Michael/Höft, Jan Christoph: Fusions- und Missbrauchskontrolle 4.0 – Die 9. GWB-Novelle als Antwort auf die Herausforderungen der Digitalisierung?, NZKart 2017, S. 259–264.

Esser, Michael/Höft, Jan Christoph: Die Einführung des SIEC-Tests durch die 8. GWB-Novelle – Folgen für die Praxis, NZKart 2013, S. 447–457.

Eucken, Walter: Die Grundlagen der Nationalökonomie, 9. Aufl., Berlin, Heidelberg 1989.

Evans, David S./Schmalensee, Richard: Matchmakers. The new economics of multisided platforms, Boston, Massachusetts 2016.

Evans, David S./Noel, Michael D.: The Analysis of Mergers that involve multisided Platform Business, JCLE 2008, S. 663–695.

Evans, David S.: The Antitrust Economics of Multi-Sided Platform Markets, YJR 2002, S. 325–381.

Faßbender, Kurt: Wettbewerbsrelevantes Staatshandeln und Berufsfreiheit: Quo vadis, Bundesverfassungsgericht?, NJW 2004, S. 816–818.

Federrath, Hannes/Desel, Jörg/Endres, Albert/Stoll, Patrick: Internet der Zukunft – sicher, schnell, vertrauenswürdig, IS 2015, S. 277–282.

Fichter, Klaus: Nachhaltigkeit: Motor für schöpferische Zerstörung?, in: Jürgen Howaldt/Heike Jacobsen (Hrsg.), Soziale Innovation. Auf dem Weg zu einem postindustriellen Innovationsparadigma, Wiesbaden 2010, S. 181–198.

Fikentscher, Wolfgang: Markt oder Wettbewerb oder beides?, GRUR Int 2004, S. 727–731.

Filistrucchi, Lapo/Geradin, Damien/van Damme, Eric/Affeldt, Pauline: Market definition in two-sided markets: Theory and practise, JCLE 2014, S. 293–339.

Filistrucchi, Lapo: A SSNIP Test for Two-sided Markets, NET Institute Working Paper, S. 8–34.

Fleischer, Holger/Körber, Torsten: Marktmacht, Machtmissbrauch und Microsoft, K&R 2001, S. 623–631.

Fleischer, Holger/Doege, Niels: Der Fall United States v. Microsoft, WuW 2000, S. 705–717.

Fleischer, Holger: Behinderungsmissbrauch durch Produktinnovation. Eine ökonomische und juristische Analyse zum deutschen, europäischen und amerikanischen Kartellrecht, Baden-Baden 1997.

Fokken, Martin: Datenschutzrechtsverstöße als kartellrechtlicher Konditionenmissbrauch?, PinG 2019, S. 195–200.

Förster, Max: Marktbeherrschende Stellung und Förderung fremden Wettbewerbs, WuW 2015, S. 233–245.

Frambach, Hans A.: Der Schumpetersche Unternehmer in der Geschichte der ökonomischen Analyse, in: Hans A. Frambach/Norbert Koubek/Heinz D. Kurz/Reinhard Pfriem (Hrsg.), Schöpferische Zerstörung und der Wandel des Unternehmertums. Zur Aktualität Joseph A. Schumpeters, Maburg 2019, S. 213–228.

Franck, Jens-Uwe: Eine Frage des Zusammenhangs: Marktbeherrschungsmissbrauch durch rechtswidrige Konditionen, ZWeR 2016, S. 137–164.

Frantziou, Eleni: The Horizontal Effect of the Charter of Fundamental Rights of the EU: Rediscovering the Reasons for Horizontality, ELJ 2015, S. 657–679.

Frenz, Walter: Abschied vom more economic approach, WRP 2013, S. 428–435.

Frenz, Walter: Die Lizenzverweigerung nach dem zweiten Microsoft-Urteil, WRP 2012, S. 1483–1488.

Fuchs, Andreas: Das Transaktionsvolumen als neue Aufgreifschwelle in der deutschen Fusionskontrolle, in: Juliane Kokott/Petra Pohlmann/Romina Polley (Hrsg.), Europäisches, deutsches und internationales Kartellrecht. Festschrift für Dirk Schroeder zum 65. Geburtstag, Köln 2018, S. 271–294.

Fuchs, Andreas: Neue Entwicklungen beim Konzept der Wettbewerbsbeschränkung in Art. 81 Abs. 1 EG, ZWeR 2007, S. 369–393.

Gauß, Nicolas: Die Anwendung des kartellrechtlichen Missbrauchsverbots nach Art. 82 EG (Art. 102 AEUV) in innovativen Märkten, Baden-Baden 2010.

Gersdorf, Hubertus/Paal, Boris P. (Hrsg.): BeckOK Informations- und Medienrecht, 29. Ed., München 2020.

Gey, Peter: Das Berufungsurteil in Sachen Microsoft – Kartellrecht in dynamischen Technologiemärkten, WuW 2001, S. 933–944.

Gilbert, Richard: Looking for Mr. Schumpeter: Where Are We in the Competition-Innovation Debate?, in: Adam B. Jaffe/Josh Lerner/Scott Stern/Joshua Lerner (Hrsg.), Innovation Policy and the Ecomomy, Cambridge, Mass. 2006, S. 160–214.

Gilbert, Richard J./Sunshine, Steven C.: Incorporating dynamic efficiency concerns in merger analysis, ALJ 1995, S. 449–481.

Glöggler, Michael: Suchmaschinen im Internet. Funktionsweisen, Ranking Methoden, Top Positionen, Berlin, Heidelberg 2003.

Goldfarb, Avi/Tucker, Catherine: Digital Economics, JEL 2019, S. 3–43.

Grabitz, Eberhard/Hilf, Meinhard/Nettesheim, Martin (Hrsg.): Das Recht der Europäischen Union: EUV/AEUV, Kommentar, 70. Ergänzungslieferung, München 2020.

Graef, Inge: EU competition law, data protection and online platforms, Alphen aan den Rijn 2016.

Grundmann, Stefan/Möslein, Florian: Vertragsrecht als Infrastruktur für Innovation, ZfPW 2015, S. 435–453.

Gundlach, Gregory T./Moss, Diana: The Role of Efficiencies in Antitrust Law, AB 2015, S. 91–102.

Günther, Eberhard: Die geistigen Grundlagen des sogenannten Josten-Entwurfs, in: Heinz Sauermann/Ernst-Joachim Mestmäcker (Hrsg.), Wirtschaftsordnung und Staatsverfassung. Festschrift für Franz Böhm zum 80. Geburtstag, Tübingen 1975, S. 183–204.

Guski, Roman: Regelbildung als Entdeckungsverfahren – Kontrolldichte, Rechtsstaatlichkeit und Prozeduralität im EU-Kartellrecht, ZWeR 2012, S. 243–271.

Häberle, Peter: Effizienz und Verfassung, AöR 1973, S. 625–635.

Hainz, Josef/Benditz, Robert: Indirekter Informationsaustausch in Hub and Spoke-Konstellationen – Der Teufel steckt im Detail, EuZW 2012, S. 686–690.

Hass, Berthold H.: Größenvorteile von Medienunternehmen: Eine kritische Würdigung der Anzeigen-Auflagen-Spirale, MedienWirtschaft Sonderheft 2007, S. 70–78.

Hassemer, Winfried/Neumann, Ulfrid/Saliger, Frank (Hrsg.): Einführung in die Rechtsphilosophie und Rechtstheorie der Gegenwart, 9. Aufl., Heidelberg 2016.

Hassemer, Winfried: Gesetzesbindung und Methodenlehre, ZRP 2007, S. 213–219.

Haucap, Justus/Rasch, Alexander/Stiebale, Joel: How mergers affect innovation: Theory and evidence, IJIO 2019, S. 283–325.

Haucap, Justus: Ökonomie des Teilens – nachhaltig und innovativ?, Wirtschaftsdienst 2015, S. 91–95.

Haucap, Justus/Schmidt, Ingo: Wettbewerbspolitik und Kartellrecht. Eine interdisziplinäre Einführung, 10. Auflage, München 2013.

Hauschildt, Jürgen: Facetten des Innovationsbegriffs, in: Wolfgang Hoffmann-Riem/Jens-Peter Schneider (Hrsg.), Rechtswissenschaftliche Innovationsforschung. Grundlagen, Forschungsansätze, Gegenstandsbereiche, Baden-Baden 1998, S. 29–39.

Haus, Florian C./Heitzer, Isabelle: Kartellrecht gegen (Sport-)Schiedsgerichtsbarkeit – 1:0 Zum Urteil des OLG München in der Sache Claudia Pechstein, WuW 2016, S. 181–186.

Hawker, Norman W./Edmonds, Thomas N.: Avoiding the Efficiency Trap, AB 2015, S. 208–220.

Heidrich, Thomas: Das evolutorisch-systemtheoretische Paradigma in der Wettbewerbstheorie. Alternatives Denken zu dem More Economic Approach, Baden-Baden 2009.

Heinemann, Andreas: Die Relevanz des „more economic approach" für das Recht des geistigen Eigentums, GRUR 2008, S. 949–954.

Heinz, Silke: Relative Marktmacht und digitale Plattformen, in: Juliane Kokott/Petra Pohlmann/Romina Polley (Hrsg.), Europäisches, deutsches und internationales Kartellrecht. Festschrift für Dirk Schroeder zum 65. Geburtstag, Köln 2018, S. 309–330.

Heitzer, Bernhard: Innovation und Wettbewerb aus kartellrechtlicher Sicht, in: FIW (Hrsg.), Innovation und Wettbewerb. Referate des 42. FIW-Symposions, Köln 2009, S. 1–9.

Henke, Christoph: Über die Evolution des Rechts. Warum ändert sich das Recht?, Tübingen 2010.

Herfurth, Constantin/Benner-Tischler, Anja: Nudging in der DS-GVO und die Wirkung von Privacy by Default, ZD-Aktuell 2017, 05901.

Heuss, Ernst: Allgemeine Markttheorie, Tübingen 1965.

Hildebrand, Doris: Der „more economic approach" in der Wettbewerbspolitik, WuW 2005, S. 513–520.

Hirsch-Kreinsen, Hartmut: Die ‚Hightech-Obsession' der Innovationspolitik, in: Jürgen Howaldt/Heike Jacobsen (Hrsg.), Soziale Innovation. Auf dem Weg zu einem postindustriellen Innovationsparadigma, Wiesbaden 2010, S. 71–84.

Hoeren, Thomas/Sieber, Ulrich/Holznagel, Bernd (Hrsg.): Handbuch Multimedia-Recht, Rechtsfragen des elektronischen Geschäftsverkehrs, München 2017.

Hoffer, Raoul/Lehr, Alexander: Onlineplattformen und Big Data auf dem Prüfstand – Gemeinsame Betrachtung der Fälle Amazon, Google und Facebook, NZKart 2019, S. 10–20.

Hoffmann-Riem, Wolfgang: Innovation im Recht: Zur Einführung, in: Wolfgang Hoffmann-Riem (Hrsg.), Innovationen im Recht, Baden-Baden 2016, S. 11–32.

Hoffmann-Riem, Wolfgang: Innovation und Recht, Recht und Innovation. Recht im Ensemble seiner Kontexte, Tübingen 2016.

Hoffmann-Riem, Wolfgang: Soziale Innovation, Der Staat 2008, S. 588–605.

Hoffmann-Riem, Wolfgang: Innovationsoffenheit und Innovationsverantwortung durch Recht, AöR 2006, S. 255–277.

Hoffmann-Riem, Wolfgang: Vorüberlegungen zur rechtswissenschaftlichen Innovationsforschung, in: Wolfgang Hoffmann-Riem/Jens-Peter Schneider (Hrsg.), Rechtswissenschaftliche Innovationsforschung. Grundlagen, Forschungsansätze, Gegenstandsbereiche, Baden-Baden 1998, S. 11–28.

Holzweber, Stefan: Innovation-Defense? – Innovation als einschränkender Parameter in der Marktmachtmissbrauchskontrolle, in: Lena Maute/Mark-Oliver Mackenrodt (Hrsg.), Recht als Infrastruktur für Innovation. München 2018, Baden-Baden 2019, S. 41–60.

Holzweber, Stefan: Daten als Machtfaktor in der Fusionskontrolle, NZKart 2016, S. 104–112.

Hoppmann, Erich: Wettbewerb als Norm der Wettbewerbspolitik, in: Nils Goldschmidt/Michael Wohlgemuth (Hrsg.), Grundtexte zur Freiburger Tradition der Ordnungsökonomik, Tübingen 2008, S. 658–674.

Hoppmann, Erich: Wirtschaftsordnung und Wettbewerb, Baden-Baden 1988.

Hoppmann, Erich: Die Funktionsfähigkeit des Wettbewerbs, JBNST 1967, S. 251–264.

Hoppmann, Erich: Das Konzept der optimalen Wettbewerbsintensität, JBNST 1966, S. 286–322.

Höppner, Thomas: Google Search (Shopping): Etablierte Missbrauchskriterien für digitalen Präzedenzfall, WuW 2017, S. 421.

Höppner, Thomas/Grabenschröer, Jan Felix: Marktabgrenzung bei mehrseitigen Märkten am Beispiel der Internetsuche, NZKart 2015, S. 162–168.

Höppner, Thomas: Netzveränderungen im Zugangskonzept. Verpflichtungen zur Anpassung der Infrastruktur im Rahmen des Essential Facilities-Konzepts unter Berücksichtigung US-amerikanischer Erfahrungen, Baden-Baden 2009.

Hornung, Gerrit: Grundrechtsinnovationen, Tübingen 2015.

Horstkotte, Christian/Wingerter, Eugen: Neueste Entwicklungen im europäischen Kartellrecht Ein praxisorientierter Überblick, IWRZ 2018, S. 3–8.

Hovenkamp, Herbert J.: Schumpeterian Competition and Antitrust, CPI 2008, S. 273–281.

Immenga, Ulrich/Mestmäcker, Ernst-Joachim (Hrsg.): Wettbewerbsrecht. Band 2 GWB, Kommentar zum Deutschen Kartellrecht, 6. Aufl., München 2020.

Immenga, Ulrich/Mestmäcker, Ernst-Joachim (Hrsg.): Wettbewerbsrecht. Band 3 Fusionskontrolle, Kommentar zum Europäischen und Deutschen Kartellrecht, 6. Auflage, München 2020.

Immenga, Ulrich/Mestmäcker, Ernst-Joachim (Hrsg.): Wettbewerbsrecht. Band 1 EU, Kommentar zum Europäischen Kartellrecht, 6. Aufl., München 2019.

Immenga, Ulrich/Mestmäcker, Ernst-Joachim (Hrsg.): Wettbewerbsrecht. Band 2 GWB, Kommentar zum Deutschen Kartellrecht, 5. Aufl., München 2014.

Immerthal, Lars: Dionysische Störungen: Ein Kommentar zur Her- und Zukunft der Metapher der ‚schöpferischen Zerstörung‘, in: Hans A. Frambach/Norbert Koubek/Heinz D. Kurz/Reinhard Pfriem (Hrsg.), Schöpferische Zerstörung und der Wandel des Unternehmertums. Zur Aktualität Joseph A. Schumpeters, Maburg 2019, S. 455–480.

Jacobson, Jonathan/Sher, Scott/Holman, Edward: Predatory Innovation: An Analysis of Allied Orthopedic v. Tyco in the Context of Section 2 Jurisprudence, LCLR 2010, S. 1–33.

Jaeger, Thomas: Brauchen wir das Kartellrecht noch?, WuW 2015, S. 702–716.

Jaeger, Wolfgang/Kokott, Juliane/Pohlmann, Petra/Schroeder, Dirk (Hrsg.): Frankfurter Kommentar zum Kartellrecht, 97. Ergänzungslieferung 8.2020, Köln, Saarbrücken.

Jarass, Hans D.: Die Bedeutung der Unionsgrundrechte unter Privaten, ZEuP 2017, S. 310–334.

Jarass, Hans D. (Hrsg.): Charta der Grundrechte der Europäischen Union, Unter Einbeziehung der vom EuGH entwickelten Grundrechte, der Grundrechtsregelungen der Verträge und der EMRK : Kommentar, 3. Aufl., München 2016.

Jarass, Hans D.: Grundrechte als Wertentscheidungen bzw. objektivrechtliche Prinzipien in der Rechtsprechung des Bundesverfassungsgerichts, AöR 1985, S. 363–397.

Jullien, Bruno/Lefouili, Yassine: Horizontal Mergers and Innovation, JCLE 2018, S. 364–392.

Jung, Nelson/Sinclair, Elizabeth: Innovation theories of harm in merger control: plugging a perceived enforcement gap in anticipation of more far-reaching reforms?, ECLR 2019, S. 266–275.

Kaben, Dennis: Die Bedeutung von Daten für den Wettbewerb zwischen Suchmaschinen, in: Torsten Körber/Ulrich Immenga (Hrsg.), Daten und Wettbewerb in der digitalen Ökonomie. Referate der 5. Göttinger Kartellrechtsgespräche vom 22. Januar 2016, Baden-Baden 2016, S. 123–146.

Kahl, Wolfgang/Schwind, Manuel: Europäische Grundrechte und Grundfreiheiten – Grundbausteine einer Interaktionslehre, EuR 2014, S. 170–195.

Kamann, Hans-Georg: Kartellrecht und Datenschutzrecht, in: Torsten Körber/Ulrich Immenga (Hrsg.), Daten und Wettbewerb in der digitalen Ökonomie. Referate der 5. Göttinger Kartellrechtsgespräche vom 22. Januar 2016, Baden-Baden 2016, S. 59–79.

Kantzenbach, Erhard/Kallfass, Hermann H.: Das Konzept des funktionsfähigen Wettbewerbs – workable competition, in: Helmut Cox/Uwe Jens/Kurt Markert (Hrsg.), Handbuch des Wettbewerbs. Wettbewerbstheorie, Wettbewerbspolitik, Wettbewerbsrecht, München 1981, S. 103–127.

Kantzenbach, Erhard: Das Konzept der optimalen Wettbewerbsintensität, JBNST 1967, S. 193–241.

Kantzenbach, Erhard: Die Funktionsfähigkeit des Wettbewerbs, 2., durchgesehene Auflage, Göttingen 1967.

Kaplow, Louis: Market Definition: Impossible and Counterproductive, ALJ 2013, S. 361–379.

Katz, Michael L./Shelanski, Howard A.: Mergers and Innovation, ALJ 2007, S. 1–85.

Kaufer, Erich/Arbor, Ann: Das Konzept der optimalen Wettbewerbsintensität, JBNST 1967, S. 242–250.

Kerber, Markus C.: Wettbewerbsfreiheit oder Effizienz?, Wirtschaftsdienst 2016, S. 287–295.

Kerber, Wolfgang: Digital Markets, Data and Privacy: Competition Law, Consumer Law and Data Protection, GRUR Int 2016, S. 639–647.

Kerber, Wolfgang: Dynamischer Wettbewerb und Evolution, in: Viktor J. Vanberg (Hrsg.), Evolution und freiheitlicher Wettbewerb. Erich Hoppmann und die aktuelle Diskussion, Tübingen 2012, S. 169–191.

Kerber, Wolfgang: Evolutionäre Marktprozesse und Nachfragemacht. Das Nachfragemacht-problem im Rahmen einer evolutionären Spielraumanalyse und Kritik seiner bisherigen wettbewerbspolit. Behandlung, Baden-Baden 1989.

Kern, Benjamin René: Innovation Markets, Future Markets, or Potential Competition: How Should Competition Authorities Account for Innovation Competition in Merger Reviews?, WOCO 2014, S. 173–206.

Kersting, Christian/Otto, Jannik: Plattformverbote im Onlinevertrieb, JZ 2018, S. 434–443.

Kersting, Christian/Podszun, Rupprecht (Hrsg.): Die 9. GWB-Novelle, Kartellschadens-ersatz – Digitale Ökomonie – Fusionskontrolle – Bußgeldrecht – Verbraucherschutz, München 2017.

Kersting, Christian/Dworschak, Sebastian: Google als Marktbeherrscher? – Zur (geringen) Aussagekraft hoher Nutzerzahlen im Internet, Ifo Schnelldienst 2014, S. 7–9.

Khan, Lina: The Separation of Platforms and Commerce, ColLR 2019, S. 973–1098.

Khan, Lina: The New Brandeis Movement: America's Antimonopoly Debate, JECLaP 2018, S. 131–132.

Khan, Lina: Amazon's Antitrust Paradox, YLJ 2017, S. 710–805.

Kirsch, Guy: Die Anmaßung von Wissen und Glauben, ORDO 2004, S. 3–17.

Kirzner, Israel M.: Wettbewerb und Unternehmertum, Tübingen 1978.

König, Carsten: Der Zugang zu Daten als Schlüsselgegenständen der digitalen Wirtschaft, in: Moritz Hennemann/Andreas Sattler (Hrsg.), Immaterialgüter und Digitalisierung. Junge Wissenschaft zum Gewerblichen Rechtsschutz, Urheber- und Medienrecht, Baden-Baden 2017, S. 89–104.

Körber, Torsten: Die Facebook-Entscheidung des Bundeskartellamtes – Machtmissbrauch durch Verletzung des Datenschutzrechts?, NZKart 2019, S. 187–194.

Körber, Torsten: Konzeptionelle Erfassung digitaler Plattformen und adäquate Regulierungs-strategien, ZUM 2017, S. 93–101.

Körber, Torsten: Ist Wissen Marktmacht?, in: Torsten Körber/Ulrich Immenga (Hrsg.), Daten und Wettbewerb in der digitalen Ökonomie. Referate der 5. Göttinger Kartellrechtsgesprä-che vom 22. Januar 2016, Baden-Baden 2016, S. 81–122.

Körber, Torsten: „Ist Wissen Marktmacht?" Überlegungen zum Verhältnis von Datenschutz, „Datenmacht" und Kartellrecht – Teil 1, NZKart 2016, S. 303–310.

Körber, Torsten: „Ist Wissen Marktmacht?" Überlegungen zum Verhältnis von Datenschutz, „Datenmacht" und Kartellrecht – Teil 2, NZKart 2016, S. 348–356.

Körber, Torsten: Analoges Kartellrecht für digitale Märkte?, WuW 2015, S. 120–133.

Körber, Torsten: Google im Fokus des Kartellrechts, WRP 2012, S. 761–772.

Körber, Torsten: GlaxoSmithKline – Parallelhandel mit Medikamenten zwischen Binnen-marktziel, Konsumentenwohlfahrt und Innovationswettbewerb, ZWeR 2007, S. 515–532.

Körber, Torsten: Wettbewerb in dynamischen Märkten zwischen Innovationsschutz und Machtmissbrauch, WuW 2007, S. 1209–1218.

Körber, Torsten: Geistiges Eigentum, essential facilities und „Innovationsmissbrauch", RIW 2004, S. 881–891.

Körber, Torsten: Grundfreiheiten und Privatrecht, Tübingen 2004.

Körber, Torsten: Machtmissbrauch durch Multimedia?, RIW 2004, S. 568–579.

Krattenmaker, Thomas G./Salop, Steven C.: Anticompetitive Exclusion: Raising Rivals' Costs to Achieve Power over Price, YLJ 1986, S. 209.

Kretschmer, Tobias: Datenkapitalismus – eine ökonomische Betrachtung, Wirtschaftsdienst 2018, S. 459–480.

Krüger, Wolfgang/Rauscher, Thomas (Hrsg.): Münchener Kommentar zur Zivilprozessordnung, Mit Gerichtsverfassungsgesetz und Nebengesetzen, Band 1, 6. Aufl., München 2020.

Krugman, Paul/Wells, Robin: Volkswirtschaftslehre, 2. Aufl., Stuttgart 2017.

Kruse, Johannes: Der Nutzer – das unbekannte Wesen: Die Nutzerbefragung im Facebook-Verfahren, NZKart 2019, S. 418–423.

Kühling, Jürgen: Innovationsschützende Zugangsregulierung in der Informationswirtschaft, in: Martin Eifert/Wolfgang Hoffmann-Riem (Hrsg.), Innovationsfördernde Regulierung, Berlin 2009, S. 47–69.

Kühling, Jürgen/Gauß, Nicolas: Expansionslust von Google als Herausforderung für das Kartellrecht, MMR 2007, S. 751–757.

Kühling, Jürgen/Gauß, Nicolas: Suchmaschinen – eine Gefahr für den Informationszugang und die Informationsvielfalt?, ZUM 2007, S. 881–889.

Kühne, Gunther/Pohlmann, Mario: Anmerkung zu BGH, Beschl. v. 15.11.1994 – KVR 29/93, JZ 1995, S. 725–727.

Kühnert, Heinrich/Xeniadis, Anastasios M.: Missbrauchskontrolle auf Sekundärmärkten, WuW 2008, S. 1054–1064.

Kulick, Andreas: „Drittwirkung" als verfassungskonforme Auslegung – Zur neuen Rechtsprechung des BVerfG, NJW 2016, S. 2236–2241.

Kumkar, Lea Katharina: Online-Märkte und Wettbewerbsrecht. Implikationen der Platform Revolution für das EU-Vertriebskartellrecht, Baden-Baden 2017.

Künstner, Kim Manuel: Facebook und die kartellrechtliche Regulierung der Datennutzungen, K&R 2019, S. 605–612.

Künstner, Kim Manuel/Franz, Benjamin: Preisalgorithmen und Dynamic Pricing: Eine neue Kategorie kartellrechtswidriger Abstimmungen?, K&R 2018, S. 688–693.

Künzler, Adrian: Effizienz oder Wettbewerbsfreiheit? Zur Frage nach den Aufgaben des Rechts gegen private Wettbewerbsbeschränkungen, Tübingen 2008.

Kuoppamäki, Petri: Tying and two-sided digital platforms, in: Paul Nihoul/Pieter van Cleynenbreugel (Hrsg.), The roles of innovation in competition law analysis, Cheltenham, UK, Northampton, MA, USA 2018, S. 307–340.

Kurz, Heinz D.: Auf der Schwelle zur „Vierten Industriellen Revolution", Wirtschaftsdienst 2017, S. 785–792.

Kurz, Heinz D.: Schumpeter and Marx, ICC 2013, S. 577–584.

Kurz, Heinz D./Sturn, Richard: Schumpeter für jedermann. Die Kraft der schöpferischen Zerstörung 2012.

Kurz, Heinz D.: Schumpeter's new combinations, JEE 2012, S. 871–899.

Kwoka, John: The effects of mergers on innovation: economic framework and empirical evidence, in: Paul Nihoul/Pieter van Cleynenbreugel (Hrsg.), The roles of innovation in competition law analysis, Cheltenham, UK, Northampton, MA, USA 2018, S. 13–32.

Ladeur, Karl-Heinz: Computerkultur und Evolution der Methodendiskussion in der Rechtswissenschaft, in: Thomas Vesting/Ino Augsberg (Hrsg.), Das Recht der Netzwerkgesellschaft. Ausgewählte Aufsätze, Tübingen 2013, S. 116–139.

Ladeur, Karl-Heinz: Die rechtswissenschaftliche Methodendiskussion und die Bewältigung des gesellschaftlichen Wandels, RabelZ 2000, S. 60–103.

Langen, Eugen/Bunte, Hermann-Josef (Hrsg.): Kartellrecht, Kommentar, Band 2 Europäisches Kartellrecht, 13. Aufl., Köln 2018.

Langen, Eugen/Bunte, Hermann-Josef (Hrsg.): Kartellrecht, Kommentar, Band 1 Deutsches Kartellrecht, 13. Aufl., Köln 2018.

Laufer, Robert S./Wolfe, Maxine: Privacy as a Concept and a Social Issue: A Multidimensional Developmental Theory, JSI 1977, S. 22–42.

Leber, Marius: Dynamische Effizienzen in der EU-Fusionskontrolle. Zum Prognoseproblem im Kartellrecht am Beispiel von Mobilfunkfusionen, Baden-Baden 2018.

Lenel, Hans Otto: Vollständiger und freier Wettbewerb als Leitbilder für die Wettbewerbspolitik gegenüber mächtigen Unternehmen, in: Heinz Sauermann/Ernst-Joachim Mestmäcker (Hrsg.), Wirtschaftsordnung und Staatsverfassung. Festschrift für Franz Böhm zum 80. Geburtstag, Tübingen 1975, S. 317–340.

Lenski, Sophie: Rechtsvergleich als Sprach- und Kulturvergleich – ein semiotisches Modell, Rechtstheorie 2014, S. 451–466.

Lettl, Tobias: Missbräuchliche Ausnutzung einer marktbeherrschenden Stellung nach Art. 102 AEUV, § 19 GWB und Rechtsbruch, WuW 2016, S. 214–221.

Lewandowksi, Dirk: D1 Suchmaschinen, in: Rainer Kuhlen/Wolfgang Semar/Dietmar Strauch (Hrsg.), Grundlagen der praktischen Information und Dokumentation. Handbuch zur Einführung in die Informationswissenschaft und -praxis, Berlin u. a. 2013, S. 495–506.

Lieberman, Marvin B./Montgomery, David B.: First-mover advantages, SMJ 1988, S. 41–58.

Liebowitz, Stan J./Margolis, Stephen E.: Path Dependence, Lock-In, and History, JLEO 1995, S. 205–226.

Loest, Thomas/Bartlik, Martin: Standards und Europäisches Wettbewerbsrecht, ZWeR 2008, S. 41–57.

Loewenheim, Ulrich/Meessen, Karl Matthias/Riesenkampff, Alexander/Kersting, Christian/ Meyer-Lindemann, Hans Jürgen (Hrsg.): Kartellrecht, Kommentar, 4. Aufl., München 2020.

Lohse, Andrea: Marktmachtmissbrauch durch Internetplattformen?, ZHR 2018, S. 321–358.

Loschelder, Michael/Gloy, Wolfgang (Hrsg.): Handbuch des Wettbewerbsrechts, 4. Aufl., München 2010.

Louven, Sebastian: Der Zugangsanspruch zu technischen Infrastrukturen nach dem neuen § 58 a ZAG, NZKart 2020, S. 426.

Louven, Sebastian: Braucht es mehr materielles Kartellrecht für digitale Plattformen?, ZWeR 2019, S. 154–191.

Louven, Sebastian: Kartellrecht als Hebel für die Durchsetzung des Datenschutzrechts?, CR 2019, S. 352–358.

Louven, Sebastian/Saive, David: Antitrust by Design – Das Verbot wettbewerbsbeschränkender Abstimmungen und der Konsensmechanismus der Blockchain, NZKart 2018, S. 348.

Louven, Sebastian: Antitrust by Design – Kartellrechtliche Technik-Compliance für Algorithmen, Blockchain und Plattformen?, InTeR 2018, S. 176–181.

Louven, Sebastian: Datenmacht und Zugang zu Daten, NZKart 2018, S. 217–222.

Louven, Sebastian: Datenzugangsverhältnis, FRAND und Wettbewerbsrecht, K&R 2018, S. 230–236.

Louven, Sebastian: Produktqualität und Luxusimage, CR 2018, S. 31–37.

Louven, Verena: Verbraucherrechte im Verbrauchsgüterkauf in Deutschland und Spanien. Rechtsvereinheitlichung in Europa am Beispiel des deutschen und spanischen Verbrauchsgüterkaufs unter Einbeziehung des Entwurfs für das optionale Kaufrecht = Diss., 2. Auflage, Berlin 2018.

Lubberger, Andreas: Wo steht der Selektivvertrieb?, ZWeR 2018, S. 57–85.

Lübbig, Thomas: Nachhaltigkeit als Kartellthematik, WuW 2011, S. 1142–1155.

Luchetta, Giacomo: Is the google platform a two-sided market?, JCLE 2013, S. 185–207.

Lukes, Rudolf: Zum Verständnis des Wettbewerbs und des Marktes in der Denkkategorie des Rechts, in: Helmut Coing/Heinrich Kronstein/Ernst-Joachim Mestmäcker (Hrsg.), Wirtschaftsordnung und Rechtsordnung. Festschrift zum 70. Geburtstag von Franz Röhm am 16. Februar 1965, Karlsruhe 1965, S. 199–226.

Maggiolino, Mariateresa: Planned Obsolescence: A Strategy in Search of Legal Rules, IIC 2019, S. 405–407.

Mailänder, Peter: Anmerkung zu BGH, Beschl. v. 26.5.1987, KVR 4/86 (Gekoppelter Kartenverkauf), GRUR 1987, S. 931–933.

Makadok, Richard: Can first-mover and early-mover advantages be sustained in an industry with low barriers to entry/imitation?, SMJ 1998, S. 683–696.

Mansfield, Edwin: The Speed and Cost of Industrial Innovation in Japan and the United States, Management Science 1988, S. 1157–1168.

Markert, Kurt: Die Verweigerung des Zugangs zu „wesentlichen Einrichtungen" als Problem der kartellrechtlichen Mißbrauchsaufsicht, WuW 1995, S. 560–571.

Marly, Jochen: Praxishandbuch Softwarerecht. Rechtsschutz und Vertragsgestaltung, 7. Aufl., München 2018.

Martinek, Michael: Die Autonomie oder die gescheiterte Interdisziplinarität der Rechtswissenschaft, JM 2018, S. 447–454.

Martinek, Michael: Vertriebsrecht und Innovation – Vertriebsvertragsrecht als Infrastruktur und Instrument für technische und administrative Innovationen, ZVertriebsR 2018, S. 139–147.

Mäsch, Gerald: De-minimis-Bekanntmachung der EU-Kommission hat keine bindende Wirkung für andere – „Expedia", GRUR-Prax 2013, S. 51.

Mason, Edward S.: Funktionsfähiger Wettbewerb versus funktionsfähiges Monopol, in: Klaus Herdzina (Hrsg.), Wettbewerbstheorie, Köln 1975, S. 172–179.

Maunz, Theodor/Dürig, Günter (Hrsg.): Grundgesetz, Kommentar, 86. Aufl., München 2019.

Mayer-Schönberger, Viktor/Ramge, Thomas: Das Digital. Markt, Wertschöpfung und Gerechtigkeit im Datenkapitalismus, Berlin 2017.

Meessen, Karl Matthias: Prinzip Wettbewerb, JZ 2009, S. 697–748.

Meinel, Christoph/Sack, Harald: Internetworking. Technische Grundlagen und Anwendungen, Berlin Heidelberg 2012.

Mestmäcker, Ernst-Joachim/Schweitzer, Heike: Europäisches Wettbewerbsrecht, 3. Aufl., München 2014.

Mestmäcker, Ernst-Joachim: Rechtliche und ökonomische Grundlagen marktwirtschaftlicher Ordnungen, in: Viktor J. Vanberg (Hrsg.), Evolution und freiheitlicher Wettbewerb. Erich Hoppmann und die aktuelle Diskussion, Tübingen 2012, S. 1–18.

Mestmäcker, Ernst-Joachim: Zwischen Lämmerweide und Wolfsrudel – Gedanken zur Naturgeschichte des Wettbewerbs, ZWeR 2010, S. 1–14.

Mestmäcker, Ernst-Joachim: Wirtschaft und Verfassung in der Europäischen Union. Beiträge zu Recht, Theorie und Politik der europäischen Integration, 2. Aufl., Baden-Baden 2006.

Mestmäcker, Ernst-Joachim: Der verwaltete Wettbewerb. Eine vergleichende Untersuchung über den Schutz von Freiheit und Lauterkeit im Wettbewerbsrecht, Tübingen 1984.

Mestmäcker, Ernst-Joachim: Die sichtbare Hand des Rechts. Über das Verhältnis von Rechtsordnung und Wirtschaftssystem, Baden-Baden 1978.

Mestmäcker, Ernst-Joachim: Wirtschaftsordnung und Staatsverfassung, in: Heinz Sauermann/Ernst-Joachim Mestmäcker (Hrsg.), Wirtschaftsordnung und Staatsverfassung. Festschrift für Franz Böhm zum 80. Geburtstag, Tübingen 1975, S. 383–419.

Mohr, Jochen: Kartellrechtlicher Konditionenmissbrauch durch datenschutzwidrige Allgemeine Geschäftsbedingungen, EuZW 2019, S. 265–273.

Mohr, Jochen: Die Interdependenz der Ordnungen als rechts- und wirtschafts-philosophische Konzeption, JZ 2018, S. 685–694.

Mohr, Jochen: Bezweckte und bewirkte Wettbewerbsbeschränkungen gemäß Art. 101 Abs. 1 AEUV, ZWeR 2015, S. 1–20.

Möllnitz, Christina: Datenschutz ist kein Wettbewerbsrecht – Eine Kurzanmerkung zu OLG Düsseldorf, Az. VI-Kart 1/19 (V), CR 2019, S. 640–643.

Möschel, Wernhard: Das Rätsel Wettbewerb, NZKart 2020, S. 245–246.

Möschel, Wernhard: Systemwechsel im Europäischen Wettbewerbsrecht?, JZ 2000, S. 61–67.

Möschel, Wernhard: Recht der Wettbewerbsbeschränkungen, Köln 1983.

Möschel, Wernhard: Die Idee der rule of law und das Kartellrecht heute: Am Beispiel der gezielten Kampfpreisunterbietung, ORDO 1979, S. 295–312.

Möschel, Wernhard: Preiskontrollen über marktbeherrschende Unternehmen, JZ 1975, S. 393–399.

Möschel, Wernhard: Der Oligopolmissbrauch im Recht der Wettbewerbsbeschränkungen. Eine vergleichende Untersuchung zum Recht der USA, Großbritanniens, der EWG und der Bundesrepublik Deutschland, Tübingen 1974.

Motta, Massimo: Competition policy. Theory and practice, 12. Auflage, Cambridge 2009.

Müller-Graff, Peter-Christian: Die horizontale Direktwirkung der Grundfreiheiten, EuR 2014, S. 3–30.

Müller, Udo: Wettbewerb, Unternehmenskonzentration und Innovation. Literaturanalyse zur These vom Wettbewerb als Entdeckungsverfahren, Göttingen 1975.

Neef, Andreas: Innovationsförderung durch den Schutz der Vertragsfreiheit in § 1 GWB, in: Reto M. Hilty/Thomas Jaeger/Matthias Lamping (Hrsg.), Herausforderung Innovation, Berlin, Heidelberg 2012, S. 65–80.

Newman, John M.: Anticompetitive Product Design in the New Economy, FSULR 2012, S. 681–734.

Norberg, Patricia A./Horne, Daniel R./Horne, David A.: The Privacy Paradox: Personal Information Disclosure Intentions versus Behaviors, JCA 2007, S. 100–126.

Nordmann, Matthias/Förster, Sven: Der Fall Pechstein und die Grenzen des kartellrechtlichen Missbrauchsverbots, WRP 2016, S. 312–318.

North, Douglass C.: Institutionen, institutioneller Wandel und Wirtschaftsleistung, Tübingen 1992.

Nullmeier, Frank: Input, Output, Outcome, Effektivität und Effizienz, in: Bernhard Blanke/ Stephan von Bandemer/Frank Nullmeier/Göttrik Wewer (Hrsg.), Handbuch zur Verwaltungsreform, Wiesbaden 2001, S. 357–363.

Oechsler, Jürgen: Die verweigerte Zusammenarbeit mit dem Wettbewerber als Missbrauch einer marktbeherrschenden Stellung im europäischen Kartellrecht, in: Detlev Joost/Hartmut Oetker/Marian Paschke (Hrsg.), Festschrift für Franz Jürgen Säcker zum 70. Geburtstag, München 2011, S. 879–892.

Okruch, Stefan: Der Richter als Institution einer spontanen Ordnung, ORDO 2001, S. 131–153.

Orth, Mark E.: Die Innovationsmarktanalyse im US-Fusionsrecht, WuW 2000, S. 473–488.

Ott, Stephan: Marktbeherrschende und öffentlich-rechtliche Suchmaschinen, K&R 2007, S. 375–380.

Paal, Boris P.: Internet-Suchmaschinen im Kartellrecht, GRUR Int 2015, S. 997–1005.

Palzer, Christoph: Nur ein Luxusproblem? – Drittplattformverbote im selektiven Vertrieb auf dem Prüfstand des EuGH, EWS 2018, S. 90–95.

Papier, Hans-Jürgen: Rechtsstaatlichkeit und Grundrechtsschutz in der digitalen Gesellschaft, NJW 2017, S. 3025–3031.

Papier, Hans-Jürgen: Unternehmen und Unternehmer in der verfassungsrechtlichen Ordnung der Wirtschaft, VVDStRL 1977, S. 55–108.

Pesch, Paulina Jo/Sillaber, Christian: Distributed Ledger, Joint Control? – Blockchains and the GDPR's Transparency Requirements, CRi 2017, S. 166–172.

Peter, Jung: Die Zwangslizenz als Instrument der Wettbewerbspolitik, ZWeR 2004, S. 379–411.

Petty, Ross D.: Antitrust and Innovation: Are Product Modifications Ever Predatory?, SLR 1988, S. 977–1028.

Podszun, Rupprecht/Kersting, Christian: Eine Wettbewerbsordnung für das digitale Zeitalter, ZRP 2019, S. 34–38.

Podszun, Rupprecht: Kartellrecht in der Datenökonomie, APuZ 2019, S. 28–34.

Podszun, Rupprecht: Außerwettbewerbliche Interessen im Kartellrecht und ihre Grenzen, in: Juliane Kokott/Petra Pohlmann/Romina Polley (Hrsg.), Europäisches, deutsches und internationales Kartellrecht. Festschrift für Dirk Schroeder zum 65. Geburtstag, Köln 2018, S. 613–632.

Podszun, Rupprecht: The pitfalls of market definition: towards an open and evolutionary concept, in: Fabiana Di Porto/Rupprecht Podszun (Hrsg.), Abusive practices in competition law, Cheltenham, UK, Northampton, MA, USA 2018, S. 68–90.

Podszun, Rupprecht: The Role of Economics in Competition Law, EuCML 2018, S. 57–65.

Podszun, Rupprecht: Wettbewerb, Werte und Recht in Zeiten der Digitalisierung: auf dem Weg zu einem Ordnungsrahmen für Google & Co., in: Randolf Rodenstock/Nese Sevsay-Tegethoff (Hrsg.), Werte – und was sie uns wert sind. Eine interdisziplinäre Anthologie, München 2018, S. 207–220.

Podszun, Rupprecht/Palzer, Christoph: Ausbeutungsmissbrauch bei Kabelkanalgebühren? Frei ausgehandelte Preise unter richterlichem Zugriff, NZKart 2017, S. 559–567.

Podszun, Rupprecht/Schwalbe, Ulrich: Digitale Plattformen und GWB-Novelle: Überzeugende Regeln für die Internetökonomie?, NZKart 2017, S. 98–106.

Podszun, Rupprecht/Kreifels, Stephan: Digital Platforms and Competition Law, EuCML 2016, S. 33–39.

Podszun, Rupprecht: The More Technological Approach: Competition Law in the Digital Economy, in: Gintarė Surblytė (Hrsg.), Competition on the Internet, Berlin, Heidelberg 2015, S. 101–108.

Podszun, Rupprecht/Franz, Benjamin: Was ist ein Markt? – Unentgeltliche Leistungsbeziehungen im Kartellrecht, NZKart 2015, S. 121–127.

Podszun, Rupprecht: Kartellrecht in der Internet-Wirtschaft: Zeit für den more technological approach, WuW 2014, S. 249.

Podszun, Rupprecht: Wirtschaftsordnung durch Zivilgerichte. Evolution und Legitimation der Rechtsprechung in deregulierten Branchen, Tübingen 2014.

Pohlmann, Petra: Algorithmen als Kartellverstöße, in: Juliane Kokott/Petra Pohlmann/Romina Polley (Hrsg.), Europäisches, deutsches und internationales Kartellrecht. Festschrift für Dirk Schroeder zum 65. Geburtstag, Köln 2018, S. 633–656.

Pohlmann, Petra/Wismann, Thomas: Digitalisierung und Kartellrecht – Der Regierungsentwurf zur 9. GWBNovelle, NZKart 2017, S. 555–563.

Pombriant, Denis: Data, Information and Knowledge, CRi 2013, S. 97–102.

Posner, Richard A.: The Chicago School of Antitrust Analysis, UPLR 1979, S. 925–948.

Rammert, Jürgen: Die Innovationen der Gesellschaft, in: Jürgen Howaldt/Heike Jacobsen (Hrsg.), Soziale Innovation. Auf dem Weg zu einem postindustriellen Innovationsparadigma, Wiesbaden 2010, S. 21–51.

Reinganum, Jennifer F.: Innovation and Industry Evolution, QJE 1985, S. 81–99.

Reiß, Winfried: Mikroökonomische Theorie. Historisch fundierte Einführung, 6. Aufl., München 2007.

Rempe, Christoph: Marktmachtmissbrauch durch Datenschutzverstöße, K&R 2017, S. 149–153.

Richter, Burkhard/Niggemann, Peter: Preisalgorithmen, Informationsaustausch und Signalling, in: Juliane Kokott/Petra Pohlmann/Romina Polley (Hrsg.), Europäisches, deutsches und internationales Kartellrecht. Festschrift für Dirk Schroeder zum 65. Geburtstag, Köln 2018, S. 683–708.

Richter, Heiko/Slowinski, Peter R.: The Data Sharing Economy: On the Emergence of New Intermediaries, IIC 2019, S. 4–29.

Richter, Rudolf: The Role of Law in the New Institutional Economics, WUJLP 2008, S. 13–36.

Robinson, Joan: The economics of imperfect competition, 2., London 1979.

Robinson, Joan: Die Unmöglichkeit des Wettbewerbs, in: Klaus Herdzina (Hrsg.), Wettbewerbstheorie, Köln 1975, S. 107–116.

Robinson, Joan: The Impossibility of Competition, in: Edward H. Chamberlin (Hrsg.), Monopoly and Competition and their Regulation. Papers and Proceedings of a Conference held by the International Economic Association, London 1954, S. 245–254.

Robinson, William T./Kalyanaram, Gurumurthy/Urban, Glen L.: First-mover advantages from pioneering new markets: A survey of empirical evidence, RIO 1994, S. 1–23.

Robrahn, Rasmus/Bock, Kirsten: Schutzziele als Optimierungsgebote, DuD 2018, S. 7–11.

Rochet, Jean-Charles/Tirole, Jean: Two-Sided Marktes: A Progress Report, RJE 2006, S. 645–667.

Rochet, Jean-Charles/Tirole, Jean: Platform Competition in Two-Sided Markets, JEEA 2003, S. 990–1029.

Rohrßen, Benedikt: Internetvertrieb von Markenartikeln: Zulässigkeit von Plattformverboten nach dem EuGH-Urteil Coty, DB 2018, S. 300–306.

Rosenberg, Nathan: Was Schumpeter a Marxist?, ICC 2011, S. 1215–1222.

Roßnagel, Alexander: „Technikneutrale" Regulierung: Möglichkeiten und Grenzen, in: Martin Eifert/Wolfgang Hoffmann-Riem (Hrsg.), Innovationsfördernde Regulierung, Berlin 2009, S. 323–337.

Rubinfeld, Daniel L.: Current issues in antitrust analysis, in: Josef Drexl/Wolfgang Kerber/ Rupprecht Podszun (Hrsg.), Competition policy and the economic approach. Foundations and limitations, Cheltenham, Northampton, MA 2011, S. 81–93.

Ruffert, Matthias: Zur Leistungsfähigkeit der Wirtschaftsverfassung, AöR 2009, S. 197–239.

Rupp, Hans Heinrich: Grundgesetz und Wirtschaftsverfassung, Tübingen 1974.

Rüthers, Bernd/Fischer, Christian/Birk, Axel: Rechtstheorie. Mit juristischer Methodenlehre, 10. Aufl., München 2018.

Rüthers, Bernd: Klartext zu den Grenzen des Richterrechts, NJW 2011, S. 1856–1858.

Rüthers, Bernd: Geleugneter Richterstaat und vernebelte Richtermacht, NJW 2005, S. 2759–2761.

Säcker, Franz Jürgen/Bien, Florian/Meier-Beck, Peter/Montag, Frank (Hrsg.): Münchener Kommentar zum Wettbewerbsrecht: Band 1, Europäisches Wettbewerbsrecht, 3. Aufl., München 2020.

Säcker, Franz Jürgen/Meier-Beck, Peter (Hrsg.): Münchener Kommentar zum Wettbewerbsrecht: Band 2, Gesetz gegen Wettbewerbsbeschränkungen (GWB). §§ 1–96, 185, 186. Verfahren vor den europäischen Gerichten, 3. Aufl., München 2020.

Säcker, Franz Jürgen: Das Verhältnis von Wettbewerbs- und Regulierungsrecht, EnWZ 2015, S. 531–536.

Saenger, Ingo (Hrsg.): Zivilprozessordnung, Familienverfahren, Gerichtsverfassung, Europäisches Verfahrensrecht : Handkommentar, 8. Aufl., Baden-Baden 2019.

Saive, David: Haftungsprivilegierung von Blockchain-Dienstleistern gem. §§ 7 ff. TMG, CR 2018, S. 186–193.

Sassenberg, Thomas/Faber, Tobias (Hrsg.): Rechtshandbuch Industrie 4.0 und Internet of Things, Praxisfragen und Perspektiven der digitalen Zukunft, 2. Aufl., München 2020.

Satzky, Horst: Missbrauchsaufsicht und Verbraucherschutz im GWB, NZKart 2018, S. 554–560.

Sauermann, Martin: Digitalisierung und unentgeltliche Angebote im Kartellrecht, ZWeR 2018, S. 341–361.

Scheer, August-Wilhelm: Nutzentreiber der Digitalisierung, IS 2016, S. 275–289.

Scherer, Frederic M./Ross, David: Industrial market structure and economic performance, 3. Aufl., Boston, Mass. 1990.

Scherzberg, Arno: Risikosteuerung durch Verwaltungsrecht: Ermöglichung oder Begrenzung von Innovationen?, VVDStRL 2004, S. 214–258.

Schilling, Melissa A.: Towards Dynamic Efficiency, AB 2015, S. 191–207.

Schmalensee, Richard: Payment Systems and Intercharge Fees, JIE 2002, S. 103–122.

Schmidt, André: Ordnungsökonomische Wettbewerbskonzepte: Die Wettbewerbspolitik im Spannungsfeld zwischen Freiheit und Effizienz, ORDO 2008, S. 209–236.

Schmidtchen, Dieter: Der „more economic approach" in der Wettbewerbspolitik, WuW 2006, S. 6–17.

Schmidtchen, Dieter: Recht, Eigentum und Effizienz, ORDO 2004, S. 127–151.

Schmidtchen, Dieter: Wettbewerbspolitik als Aufgabe. Methodologische und systemtheoretische Grundlagen für eine Neuorientierung, Baden-Baden 1978.

Schmidt, Ingo: More Economic Approach: Ökonomisches Modell oder Verbesserung der Rechtspraxis?, in: Detlev Joost/Hartmut Oetker/Marian Paschke (Hrsg.), Festschrift für Franz Jürgen Säcker zum 70. Geburtstag, München 2011, S. 937–948.

Schmidt, Ingo: Obsoleszenz und Mißbrauch wirtschaftlicher Macht, WuW 1971, S. 868–877.

Schmidt, Karsten: Gemeinschaftsunternehmen, Wettbewerbsverbote und Immanenztheorie, in: Detlev Joost/Hartmut Oetker/Marian Paschke (Hrsg.), Festschrift für Franz Jürgen Säcker zum 70. Geburtstag, München 2011, S. 949–967.

Schmidt-Preuß, Matthias: Die soziale Marktwirtschaft als Wirtschaftsverfassung der Europäischen Union, in: Detlev Joost/Hartmut Oetker/Marian Paschke (Hrsg.), Festschrift für Franz Jürgen Säcker zum 70. Geburtstag, München 2011, S. 969–984.

Schmidt-Preuß, Matthias: Kollidierende Privatinteressen im Verwaltungsrecht. Das subjektive öffentliche Recht im multipolaren Verwaltungsrechtsverhältnis, 2. Aufl., Berlin 2005.

Schoch, Friedrich/Schneider, Jens-Peter/Bier, Wolfgang (Hrsg.): Verwaltungsgerichtsordnung, Kommentar, 38. Ergänzungslieferung, München 2020.

Schrepel, Thibault: Predatory Innovation: The Definite Need for Legal Recognition, SMU STLR 2018, S. 19–73.

Schuhmacher, Florian: Effizienz und Wettbewerb. Ein Modell zur Einbeziehung ökonomischer Ansätze in das Kartellrecht, Baden-Baden 2011.

Schumpeter, Joseph A.: Kapitalismus, Sozialismus und Demokratie, 9. Aufl., Tübingen 2018.

Schumpeter, Joseph A.: Theorie der wirtschaftlichen Entwicklung. Eine Untersuchung über Unternehmergewinn, Kapital, Kredit, Zins und den Konjunkturzyklus, 7. Aufl., Berlin 1993.

Schumpeter, Joseph A.: Der Unternehmer in der Volkswirtschaft heute, in: Wolfgang f. Stolper/Christian Seidl (Hrsg.), Aufsätze zur Wirtschaftspolitik. Joseph A. Schumpeter, Tübingen 1985, S. 226–249.

Schumpeter, Joseph A.: Konjunkturzyklen. Eine theoretische, historische und statistische Analyse des kapitalistischen Prozesses. Erster Band, Göttingen 1961.

Schwalbe, Ulrich: Per-se Regeln ud der ,More Economic Approach', in: Viktor J. Vanberg (Hrsg.), Evolution und freiheitlicher Wettbewerb. Erich Hoppmann und die aktuelle Diskussion, Tübingen 2012, S. 61–77.

Schwalbe, Ulrich/Zimmer, Daniel: Kartellrecht und Ökonomie. Moderne ökonomische Ansätze in der europäischen und deutschen Zusammenschlusskontrolle, 2. Aufl., Frankfurt am Main 2011.

Schweda, Marc/Rudowicz, Jan-Christoph: Verkaufsverbote über Online-Handelsplattformen und Kartellrecht, WRP 2013, S. 590–600.

Schweitzer, Heike: Datenzugang in der Datenökonomie: Eckpfeiler einer neuen Informationsordnung, GRUR 2019, S. 569–580.

Schweitzer, Heike/Peitz, Martin: Ein neuer europäischer Ordnungsrahmen für Datenmärkte?, NJW 2018, S. 275–280.

Schweitzer, Heike/Haucap, Justus/Kerber, Wolfgang/Welker, Robert: Modernisierung der Missbrauchsaufsicht für marktmächtige Unternehmen, Baden-Baden 2018.

Schwintowski, Hans-Peter: Der Zugang zu wesentlichen Einrichtungen, WuW 1999, S. 842–853.

Shapiro, Carl: Competition and Innovation: Did Arrow Hit the Bull's Eye?, in: Joshua Lerner/Scott Stern (Hrsg.), The rate and direction of inventive activity revisited, Chicago and London 2012, S. 361–404.

Sidak, Gregory J./Teece, David J.: Dynamic Competition in Antitrust Law, JCLE 2009, S. 581–631.

Sieber, Ulrich: Informationsrecht und Recht der Informationstechnik, NJW 1989, S. 2569–2580.

Siems, Mathias M.: Der Neoliberalismus als Modell für die Gesetzgebung?, ZRP 2002, S. 170–174.

Simitis, Spiros/Hornung, Gerrit/Spiecker, gen. Döhmann, Indra (Hrsg.): Datenschutzrecht, DSGVO mit BDSG, Großkommentar, Baden-Baden 2019.

Simon, Herbert A.: Rational Decision Making in Business Organizations, AER 1979, S. 493–513.

Simonis, Georg: Die Zukunftsfähigkeit von Innovationen: das Z-Paradox, in: Dieter Sauer/Christa Lang (Hrsg.), Paradoxien der Innovation. Perspektiven sozialwissenschaftlicher Innovationsforschung, Frankfurt (Main) 1999, S. 149–173.

Smith, Adam: An Inquiry Into The Nature and Causes Of The Wealth Of Nations. In Two Volumes, London 1776.

Soldan, Helge: Das Prinzip der Widerspruchsfreiheit der Rechtsordnung, JZ 1999, S. 864–873.

Solow, Robert Merton: A Contribution to the Theory of Economic Growth, QJE 1956, S. 65–94.

Spangler, Simon/Heppner, Marcus: Innovationen in der Fusionskontrolle nach Dow/DuPont, PharmR 2018, S. 522–526.

Specht, Louisa: Ausschließlichkeitsrechte an Daten – Notwendigkeit, Schutzumfang, Alternativen, CR 2016, S. 288–296.

Specht-Riemenschneider, Louisa/Werry, Nikola/Werry, Susanne (Hrsg.): Handbuch Datenrecht und Digitalisierung, Berlin 2020.

Spiecker, gen. Döhmann, Indra: Wissensverarbeitung im Öffentlichen Recht, RW 2010, S. 247–282.

Sraffa, Piero: Die Ertragsgesetze unter Wettbewerbsbedingungen, in: Klaus Herdzina (Hrsg.), Wettbewerbstheorie, Köln 1975, S. 62–75.

Sraffa, Piero: The Laws of Returns under Competitive Conditions, EJ 1926, S. 535–550.

Stelkens, Paul/Bonk, Heinz Joachim/Sachs, Michael (Hrsg.): Verwaltungsverfahrensgesetz, Kommentar, 9. Aufl., München 2018.

Stigler, George J.: Die Ziele der Wirtschaftspolitik, in: Arthur Pfenninger (Hrsg.), George J. Stigler. Sechs Aufsätze. Eine Auswahl, Zürich 1988, S. 31–45.

Stigler, George J.: The Economies of Scale, in: Kurt R. Leube/Thomas Gale Moore (Hrsg.), The essence of Stigler, Stanford 1986, S. 25–45.

Stones, Ryan R.: The Chicago School and the formal Rule of Law, JCLE 2019, S. 1–41.

Streinz, Rudolf (Hrsg.): EUV/AEUV, Vertrag über die Europäische Union und Vertrag über die Arbeitsweise der Europäischen Union, 3. Aufl., München 2018.

Streinz, Rudolf/Michl, Walther: Die Drittwirkung des europäischen Datenschutzgrundrechts (Art. 8 GRCh) im deutschen Privatrecht, EuZW 2011, S. 384–388.

Strobel, Claus: Web-Technologien in E-Commerce-Systemen, Reprint 2017.

Stucke, Maurice E./Grunes, Allen P.: Big data and competition policy, Oxford 2016.

Sürmeli, Jan/Der, Uwe/Jähnichen, Stefan/Vogelsang, Andreas: Ein Rahmenwerk zur Protokollierung von Transaktionen in Distributed Ledgers, IS 2017, S. 595–601.

Swann, Peter: The economics of innovation. An introduction, Cheltenham 2009.

Taeger, Jürgen/Gabel, Detlev (Hrsg.): DSGVO – BDSG, Kommentar, 3. Aufl., Frankfurt am Main 2019.

Tamke, Maren: Marktmacht in digitalen Märkten nach der 9. GWB-Novelle, NZG 2018, S. 503–508.

Telle, Sebastian: Aktueller Stand zu Big Data und Kartellrecht, in: Walter Blocher/Dirk Heckmann/Herbert Zech (Hrsg.), DGRI Jahrbuch 2016, Köln 2017, S. 143–164.

Telle, Sebastian: Over-the-Top-Dienste als Telekommunikationsdienste im Lichte des geltenden und zukünftigen Telekommunikationsrechts, in: Jürgen Taeger/Sebastian Telle (Hrsg.), Aktuelle Rechtsfragen im Informationsrecht in Rumänien und Deutschland. Beiträge zum 1. Rumänisch-Deutschen Workshop zum Europäischen Informationsrecht, Edewecht 2017, S. 39–53.

Telle, Sebastian: Konditionenmissbrauch durch Ausplünderung von Plattform-Nutzerdaten, WRP 2016, S. 814–820.

Terhechte, Jörg Philipp: „Eine neue Rechtsordnung des Völkerrechts", in: Wolfgang Hoffmann-Riem (Hrsg.), Innovationen im Recht, Baden-Baden 2016, S. 159–196.

Tetzner, Heinrich: Das Diskriminierungsverbot des § 26 Abs. 2 Satz 2 GWB, JZ 1977, S. 321–326.

Thomas, Stefan: Das Anzapfverbot des § 19 Abs. 1, 2 Nr. 5 i. V. mit § 20 Abs. 2 GWB unter Berücksichtigung vertikaler Wettbewerbsdynamiken – Grundfragen (Teil 1), WuW 2019, S. 23–28.

Thomas, Stefan: Wettbewerb in der digital economy: Verbraucherschutz durch AGB-Kontrolle im Kartellrecht?, NZKart 2017, S. 92–98.

Thomas, Stefan: Der Schutz des Wettbewerbs in Europa – welcher Zweck heiligt die Mittel?, JZ 2011, S. 485–536.

Tirole, Jean: Industrieökonomik, 2. Aufl., München 2015.

Todino, Mario/van de Walle, Geoffroy/Stoican, Lucia: EU Merger Control and Harm to Innovation—A Long Walk to Freedom (from the Chains of Causation), AB 2019, S. 11–30.

Topel, Julia: Das Verhältnis zwischen Regulierungsrecht und allgemeinem Wettbewerbsrecht nach dem deutschen Rechtsrahmen in der Telekommunikation und dem TKG, ZWeR 2006, S. 27–49.

Ulmer, Peter: Der Begriff „Leistungswettbewerb" und seine Bedeutung für die Anwendung von GWB und UWG-Tatbeständen, GRUR 1977, S. 565–580.

Unseld, Christopher: Zur Bedeutung der Horizontalwirkung von EU-Grundrechten, Tübingen 2016.

van Arsdale, Suzanne/Venzk, Cody: Prefatory Innovation in Software Markets, HJLT 2015, S. 243–290.

van Cleynenbreugel, Pieter: Innovation in competition law analysis: making sense of ongoing academic and policy debates, in: Paul Nihoul/Pieter van Cleynenbreugel (Hrsg.), The roles of innovation in competition law analysis, Cheltenham, UK, Northampton, MA, USA 2018, S. 2–12.

van Vormizeele, Philipp Voet: Kartellrecht und Verfassungsrecht, NZKart 2013, S. 286–293.

Vanberg, Viktor J.: Wettbewerbsfreiheit und ökonomische Effizienz, in: Viktor J. Vanberg (Hrsg.), Evolution und freiheitlicher Wettbewerb. Erich Hoppmann und die aktuelle Diskussion, Tübingen 2012, S. 107–126.

Vanberg, Viktor J.: Friedrich A. Hayek und die Freiburger Schule, ORDO 2003, S. 3–20.

Vesala, Juha: Protecting innovation from unfair practises, in: Paul Nihoul/Pieter van Cleynenbreugel (Hrsg.), The roles of innovation in competition law analysis, Cheltenham, UK, Northampton, MA, USA 2018, S. 50–77.

Volkmann, Uwe: Gelingensvoraussetzungen von Rechtsfortbildung, in: Wolfgang Hoffmann-Riem (Hrsg.), Innovationen im Recht, Baden-Baden 2016, S. 63–91.

Volmar, Maximilian: Digitale Marktmacht, Baden-Baden 2019.

Volmar, Maximilian: Märkte ohne Geld – Der kartellrechtliche Marktbegriff im Zeitalter der Digitalisierung, WRP 2019, S. 582–587.

Volmar, Maximilian: Marktabgrenzung bei mehrseitigen Online-Plattforme, ZWeR 2017, S. 386–408.

Volmar, Maximilian N./Helmdach, Katharina O.: Protecting consumers and their data through competition law? Rethinking abuse of dominance in light of the Federal Cartel Office's Facebook investigation, ECJ 2018, S. 195–215.

von Bogdandy, Armin/Bast, Jürgen (Hrsg.): Europäisches Verfassungsrecht, Theoretische und dogmatische Grundzüge, 2. Aufl., Dordrecht 2009.

von Brunn, Johann Heinrich: Zur Frage der sogenannten „geplanten Obsoleszenz", WuW 1972, S. 615–624.

von der Groeben, Hans/Schwarze, Jürgen/Hatje, Armin (Hrsg.): Europäisches Unionsrecht, Vertrag über die Europäische Union – Vertrag über die Arbeitsweise der Europäischen Union – Charta der Grundrechte der Europäischen Union, Band 2, 7. Aufl., Baden-Baden 2015.

von Hayek, Friedrich August: Die überschätzte Vernunft, in: Wolfgang Kerber (Hrsg.), Die Anmaßung von Wissen. Neue Freiburger Studien von F. A. von Hayek, Tübingen 1996, S. 76–101.

von Hayek, Friedrich August: Evolution und spontane Ordnung, in: Wolfgang Kerber (Hrsg.), Die Anmaßung von Wissen. Neue Freiburger Studien von F. A. von Hayek, Tübingen 1996, S. 102–112.

von Hayek, Friedrich August: Die Anmaßung von Wissen, ORDO 1975, S. 12–21.

von Hayek, Friedrich August: Der Wettbewerb als Entdeckungsverfahren, in: Friedrich August von Hayek (Hrsg.), Freiburger Studien. Gesammelte Aufsätze von F. A. von Hayek, Tübingen 1969, S. 249–265.

von Weizsäcker, Christian: Konsumentenwohlfahrt und Wettbewerbsfreiheit : Über den tieferen Sinn des Wettbewerbsfreiheit „Economic Approach", WuW 2007, S. 1078–1084.

Walterscheid, Heike/Wegehenkel, Lothar: Wettbewerbspolitische Leitbilder aus institutionell-evolutorischer Perspektive, in: Viktor J. Vanberg (Hrsg.), Evolution und freiheitlicher Wettbewerb. Erich Hoppmann und die aktuelle Diskussion, Tübingen 2012, S. 127–167.

Walzel, Daisy Karoline: Plattformen auf dem kartellrechtlichen Prüfstand, CR 2019, S. 314–320.

Weber, Jan Markus: Zugang zu den Softwarekomponenten der Suchmaschine Google nach Art. 102 AEUV, Baden-Baden 2017.

Weber, Rolf H.: Information at the crossroads of competition and data protection law, ZWeR 2014, S. 169–183.

Wegner, Gerhard: Nachhaltige Innovationsoffenheit dynamischer Märkt, in: Martin Eifert/Wolfgang Hoffmann-Riem (Hrsg.), Innovationsfördernde Regulierung, Berlin 2009, S. 71–91.

Weyer, Hartmut: Zum Normzweck des Missbrauchsverbots nach § 19 GWB, in: Juliane Kokott/Petra Pohlmann/Romina Polley (Hrsg.), Europäisches, deutsches und internationales Kartellrecht. Festschrift für Dirk Schroeder, zum 65. Geburtstag, Köln 2018, S. 915–942.

Weyer, Hartmut: Neue Fragen des Mißbrauchs marktbeherrschender Stellungen nach § 19 GWB, AG 1999, S. 257–263.

Wieddekind, Dirk: Innovationsforschung, Wettbewerbstheorie und Kartellrecht, in: Martin Eifert/Wolfgang Hoffmann-Riem (Hrsg.), Innovation und rechtliche Regulierung. Schlüsselbegriffe und Anwendungsbeispiele rechtswissenschaftlicher Innovationsforschung, Baden-Baden 2002, S. 134–170.

Wiedemann, Gerhard (Hrsg.): Handbuch des Kartellrechts, 4. Auflage, München 2020.

Wiedmann, Daniel/Jäger, Tobias: Bundeskartellamt gegen Facebook: Marktmachtmissbrauch durch Datenschutzverstöße?, K&R 2016, S. 217–220.

Wilde, Erik: World Wide Web. Technische Grundlagen, Berlin, Heidelberg 1999.

Wirtz, Markus/Schultz, Max: Innovationswettbewerb in der Fusionskontrolle, NZKart 2019, S. 20–28.

Witt, Anne C.: The European Court of Justice and the More Economic Approach to EU Competition Law – Is the Tide Turning?, AB 2019, S. 172–213.

Witt, Anne C.: The more economic approach to EU antitrust law, Oxford UK, Portland, Oregon 2016.

Wittgenstein, Ludwig: Philosophische Untersuchungen, Oxford 1953.

Witt, Ulrich: Überlegungen zum gegenwärtigen Stand der evolutorischen Ökonomik, in: Bernd Biervert/Martin Held (Hrsg.), Evolutorische Ökonomik. Neuerungen, Normen, Institutionen, Frankfurt/Main, New York 1992, S. 23–55.

Wolf, Gunnar: Kartellrechtliche Grenzen von Produktinnovationen. Lehren aus den Verfahren gegen IBM und Microsoft für die Anwendung des Kartellrechts in Hochtechnologiemärkten, Baden-Baden 2004.

Wright, Julian: One-sided Logic in Two-sided Markets, RNE 2004, S. 44–64.

Wurmnest, Wolfgang: Marktmacht und Verdrängungsmissbrauch. Eine rechtsvergleichende Neubestimmung des Verhältnisses von Recht und Ökonomik in der Missbrauchsaufsicht über marktbeherrschende Unternehmen, 2. Aufl., Tübingen 2012.

Wu, Tim: The curse of bigness. Antitrust in the new gilded age, New York 2018.

Ylinen, Johannes: Digital Pricing und Kartellrecht, NZKart 2018, S. 19–22.

Zarnekow, Rüdiger/Wulf, Jochen/von Bornstaedt, Falk: Internetwirtschaft. Das Geschäft des Datentransports im Internet, Berlin 2013.

Zech, Herbert: Daten als Wirtschaftsgut – Überlegungen zu einem „Recht des Datenerzeugers", CR 2015, S. 137–146.

Zimmer, Daniel: The digital economy: a challenge for competition policy?, in: Paul Nihoul/ Pieter van Cleynenbreugel (Hrsg.), The roles of innovation in competition law analysis, Cheltenham, UK, Northampton, MA, USA 2018, S. 299–306.

Zimmer, Daniel/Blaschczok, Martin: Meistbegünstigungsklauseln und zweiseitige Plattformen, in: Thomas Ackermann/Johannes Köndgen (Hrsg.), Privat- und Wirtschaftsrecht in Europa. Festschrift für Wulf-Henning Roth zum 70. Geburtstag, München 2015, S. 713–728.

Zimmer, Daniel: Der rechtliche Rahmen für die Implementierung moderner ökonomischer Ansätze, WuW 2007, S. 1198–1209.

Zimmerlich, Antje: Marktmacht in dynamischen Märkten. Die Abgrenzung des sachlich relevanten Marktes in Märkten der Internetökonomie, Frankfurt a. M. 2007.

Zingales, Nicolo: Data protection considerations in the EU competition law: funnel or straightjacket for innovation?, in: Paul Nihoul/Pieter van Cleynenbreugel (Hrsg.), The roles of innovation in competition law analysis, Cheltenham, UK, Northampton, MA, USA 2018, S. 79–130.

Zöller, Michael: Handeln in Ungewißheit, ORDO 1979, S. 117–128.

Webquellen

Barnes, Susan B.: A privacy paradox: Social networking in the United States, firstmonday v. 4.9.2006, https://firstmonday.org/ojs/index.php/fm/article/view/1394/1312.

Bundeskartellamt: Big Data und Wettbewerb v. 6.10.2017, http://www.bundeskartellamt.de/SharedDocs/Publikation/DE/Schriftenreihe_Digitales/Schriftenreihe_Digitales_1.pdf?__blob=publicationFile&v=3.

Bundeskartellamt: Innovationen – Herausforderungen für die Kartellrechtspraxis v. 9.11.2017, http://www.bundeskartellamt.de/SharedDocs/Publikation/DE/Schriftenreihe_Digitales/Schriftenreihe_Digitales_2.pdf?__blob=publicationFile&v=3.

Bundeskartellamt: Wettbewerb und Verbraucherverhalten – Konflikt oder Gleichlauf zwischen Verbraucherschutz und Kartellrecht? v. 6.10.2016, https://www.bundeskartellamt.de/SharedDocs/Publikation/DE/Diskussions_Hintergrundpapier/AK_Kartellrecht_2016_Wettbewerb_und_Verbraucherverhalten.pdf?__blob=publicationFile&v=4.

Bundeskartellamt: Arbeitspapier – Marktmacht von Plattformen und Netzwerken v. 9.6.2016, https://www.bundeskartellamt.de/SharedDocs/Publikation/DE/Berichte/Think-Tank-Bericht.pdf?__blob=publicationFile&v=2.

Bundeskartellamt: Digitale Ökonomie – Internetplattformen zwischen Wettbewerbsrecht, Privatsphäre und Verbraucherschutz v. 1.10.2015, https://www.bundeskartellamt.de/SharedDocs/Publikation/DE/Diskussions_Hintergrundpapier/AK_Kartellrecht_2015_Digitale_Oekonomie.pdf?__blob=publicationFile&v=2.

Digital Competition Expert Panel: Unlocking digital competition v. 13.3.2019, https://assets.publishing.service.gov.uk/government/uploads/system/uploads/attachment_data/file/785547/unlocking_digital_competition_furman_review_web.pdf.

Evans, David S./Schmalensee, Richard: Was unterscheidet Plattformen von traditionellen Unternehmen? v. 14.7.2016, http://www.harvardbusinessmanager.de/blogs/was-unterscheidet-plattformen-von-traditionellen-unternehmen-a-1102862.html.

Haucap, Justus: Eingeschränkte Rationalität in der Wettbewerbsökonomie v. 1.12.2010, http://www.dice.uni-duesseldorf.de/Wirtschaftspolitik/Dokumente/008_OP_Haucap.pdf.

Ibáñez Colomo, Pablo: My Chillin' talk ('What is an anticompetitive effect?') and more, Chillin'Competition v. 20.12.2018, https://chillingcompetition.com/2018/12/20/4th-chillincompetition-conference-the-videos-pablo-ibanez-on-what-is-an-anticompetitive-effect/.

Kerber, Wolfgang: Competition, Innovation, and Competition Law: Dissecting the Interplay, MAGKS Joint Discussion Paper Series in Economics v. 6.10.2017, https://www.uni-marburg.de/fb02/makro/forschung/magkspapers/paper_2017/42-2017_kerber.pdf.

Lamadrid, Alfonso: The Suspension of the Bundeskartellamt's Facebook Decision- Part I: What the Order Actually Says, Chillin'Competition v. 3.9.2019, https://chillingcompetition.com/2019/09/03/the-suspension-of-the-bundeskartellamts-facebook-decision-part-i-what-the-order-actually-says/.

Lepore, Jill: The Disruption Machine, The New Yorker v. 16.6.2014, https://www.newyorker.com/magazine/2014/06/23/the-disruption-machine.

Maier, Robert M.: Angst vor Google, FAZ v. 3.4.2014, http://www.faz.net/aktuell/feuilleton/debatten/weltmacht-google-ist-gefahr-fuer-die-gesellschaft-12877120.html.

Podszun, Rupprecht: Die Facebook-Entscheidung: Erste Gedanken von Podszun, D'Kart v. 8.2.2019, https://www.d-kart.de/die-facebook-entscheidung-erste-gedanken-von-podszun/.

Podszun, Rupprecht: Beschränkung von Innovation: Kann das ein SIEC sein?, D'Kart v. 9.10.2017, https://www.d-kart.de/beschraenkung-von-innovation-kann-das-ein-siec-sein/.

Solon, Olivia: As tech companies get richer, is it 'game over' for startups? v. 20.10.2017, https://www.theguardian.com/technology/2017/oct/20/tech-startups-facebook-amazon-google-apple.

Thiel, Peter: Competition is for losers, The Wall Street Journal v. 2.9.2014, https://www.wsj.com/articles/peter-thiel-competition-is-for-losers-1410535536.